Joseph Strelka · Methodologie der Literaturwissenschaft

W0278883

Joseph Strelka

Methodologie der Literaturwissenschaft

Max Niemeyer Verlag
Tübingen

DEM ANDENKEN MEINES VATERS GEWIDMET

CIP-Kurztitelaufnahme der Deutschen Bibliothek

Strelka, Joseph:
Methodologie der Literaturwissenschaft / Joseph Strelka. Tübingen : Niemeyer, 1978. –
ISBN 3-484-10325-6

ISBN 3-484-10325-6

© Max Niemeyer Verlag Tübingen 1978
Alle Rechte vorbehalten. Ohne ausdrückliche Genehmigung des Verlages ist es auch nicht gestattet, dieses Buch oder Teile daraus auf photomechanischem Wege zu vervielfältigen. Printed in Germany.
Satz und Druck: Sulzberg-Druck GmbH, Sulzberg im Allgäu
Einband: Heinr. Koch, Tübingen

Inhalt

EINLEITUNG IX
ABKÜRZUNGEN XII
ALLGEMEINE BIBLIOGRAPHIE XIII

I. PRINZIPIENLEHRE 1

A. DER GEGENSTAND DER LITERATURWISSENSCHAFT 3
1. Abgrenzungen 3
2. Das literarische Werk als Gefüge 6
3. Das literarische Werk als Symbol 7
4. Konstituierende Qualitäten 9

B. DAS ZIEL DER LITERATURWISSENSCHAFT 13
1. Doppelaspekte des Erkenntnisaktes 13
2. Das Problem der Hermeneutik 14
3. Der phänomenologische Beitrag 17
4. Rezeptionsästhetische, soziologisch orientierte und Synthese-Versuche 19

II. METHODENLEHRE 27

A. VORAUSSETZUNGEN DER METHODENLEHRE 29
1. Philologische Voraussetzungen 29
a. Sprachverständnis der Texte 29
b. Konkordanzen 37
c. Fachterminologie 39

2. Quellenkundliche und textkritische Voraussetzungen 44
a. Bibliographie und Quellenkunde 44
b. Papier- und Schriftenkunde, Datierungsfragen und Autorenermittlung 47
c. Textkritik und Editionstechnik 50

3. Methodische Voraussetzungen 56
a. Theoretische Voraussetzungen 56
b. Das Ganzheits- und das Wert-Problem 57
c. Die Relativität literaturwissenschaftlicher Methoden 59

4. Stoffkataloge und Stoffgeschichte 61

B. WERKIMMANENTE METHODEN 63

1. Das Problem werkimmanenter Interpretation 63
a. Theoretische Aspekte 63
b. Werkinterpretation und Sprachwissenschaft 68
c. Die Kunst der Interpretation 72
d. Beschränkungen und Erweiterungen der Interpretation 76

2. Rhythmus, Klang und Gliederung 83
a. Rhythmus und Metrum 83
b. Klang und Melodie 93
c. Raum, Zeit und Gliederung 98

3. Rhetorische Figuren und Bildstrukturen 106
a. Die rhetorische Tradition 106
b. Emblem und Topos 110
c. Metapher, Allegorie, Symbol 112

4. Elemente und Aspekte des Gehalts (Thematologie) 124
a. Motiv – Charakter – Typus 124
b. Geschehen – Fabel – Thema 134
c. Vorwurf – Idee – Mythos 139

5. Gattungsprobleme 146
a. Grundprobleme der Gattungstheorie 146
b. Die einzelnen Gattungsformen 153
c. Jenseits der Gattungen und Arten 159

6. Der literarische Stil 166
a. Allgemeine Voraussetzungen 166
b. Stilkomponenten 175
c. Stiltypologien, ihre Einheit, ihre Tradition und ihr Wandel 187

C. WERKTRANSZENDENTE METHODEN 201

1. Das Problem werktranszendenter Interpretation 201
a. Der Stil als zentraler Begriff literarischer Einheit 201
b. Grenzen transzendenter Methoden 205
c. Kritische Einheit und Materialauswahl 207

2. Methodische Bezüge zu anderen Künsten 210
a. Querbeziehungen und ihre Grenzen zwischen der Literatur und den anderen Künsten 210
b. Das Zusammenwirken verschiedener Künste 216
c. Kunstwissenschaftliche Methoden und die Literaturwissenschaft 222

3. Biographische Methoden 228
a. Theoretische Voraussetzungen 228
b. Einzelne Aspekte der biographischen Methoden 234
c. Die literarische Biographie 240

4. Psychologische Methoden 247
a. Methodenkritische Abgrenzungen 247
b. Psychologisch orientierte Methoden der Literaturwissenschaft 251
c. Sonderprobleme psychologischer Einsichten im Rahmen der Literaturwissenschaft 259

5. Bezüge zu Philosophie und Religion 263
a. Methodenkritische Abgrenzungen 263
b. Literaturwissenschaft und Philosophie 267
c. Literaturwissenschaft und Religion 276

6. Bezüge zu Volkskunde und Anthropologie 282
a. Methodenkritische Abgrenzungen 282
b. Literaturwissenschaft und Volkskunde 286
c. Literaturwissenschaft und Anthropologie 292

7. Literaturwissenschaft und Geschichte 296
a. Methodenkritische Abgrenzungen 296
b. Theoretische Voraussetzungen 300
c. Angewandte Methoden 308

8. Literaturwissenschaft und Soziologie 313
a. Methodenkritische Abgrenzungen 313
b. Theoretische Grundlagen 318
c. Angewandte Methoden 325

D. ZUSAMMENFASSENDE ASPEKTE 331

1. Probleme der literarischen Wertung 331
2. Aspekte der literaturgeschichtlichen Gesamtdarstellung 340

ANMERKUNGEN 345

Einleitung

Dieses Buch versucht einen vereinfachten und zusammenfassenden Überblick über Wesen und Aufgaben, Möglichkeiten und Grenzen der Literaturwissenschaft zu geben. Im Mittelpunkt seiner Betrachtungen steht daher das literarische Werk, das – wiewohl als mehrschichtiges Strukturgefüge analysierbar – eine ganzheitliche Einheit darstellt, die niemals erfaßt werden kann, wenn man es auf eine einzelne jener Schichten – welche auch immer – zu reduzieren versucht. Auf Grund dieser einheitlichen Ganzheit des Werkes stehen zwei Schlüsselbegriffe im Mittelpunkt der Darstellung: der literarische Stil und die Symbolfunktion des Werkes als Ganzheit. Auf Grund dieser einheitlichen Ganzheit des Werkes versteht es sich auch von selbst, daß die einzelnen Methoden seiner Analyse einander berühren, wo nicht sogar überlagern. Ja, auf den ersten Blick könnte es sogar erscheinen, als käme es zu redundanter Doppelbehandlung einzelner Aspekte. Doch dieser erste Blick täuscht. Denn wenn etwa das Problem der Ideen zweimal angeschnitten wird, so handelt es sich um zwei verschiedene Aspekte derselben, einmal um denjenigen der werkimmanenten dichterischen Idee und einmal um von außen hereingeholte und nach außen zurückweisende philosophische, religiöse oder andere Ideen. Es geht dabei um jene Unterscheidung, die Roman Ingarden in der Schicht der Bedeutungseinheiten zwischen nominalen Ausdrücken und funktionierenden Wörtern gemacht hat. Es war auch Ingarden, der darauf hingewiesen hat, daß sich diese Scheidung nicht so leicht durchführen läßt, wie es zunächst scheinen mag, weshalb der Eindruck des Überschneidens im vorliegenden Buch verständlich, aber dennoch unrichtig ist. Leichter zu trennen mag schon die zweifache Behandlung von musikalischen oder bildhaften Elementen sein: geht es doch das eine Mal um werkimmanente klangliche, rhythmische u. a. Sprachelemente, das andere Mal indessen um Zusammenhänge zwischen dem literarischen Werk einerseits und anderen Künsten andererseits, wie etwa im musikalischen Lied oder in der Oper. Um nur noch ein allerletztes Beispiel solcher scheinbaren Doppelung anzuführen, sei auf den Mythos verwiesen, der das eine Mal im Sinn des aristotelischen

Begriffs als Erzählstruktur und Fabel, das andere Mal jedoch als Vereinigung von Ritus und Traum verstanden wird. Auch Northrop Frye fand keinen besseren Ausweg, als beide Male von Mythos zu sprechen, ihn jedoch den zwei verschiedenen Bedeutungen nach getrennt in zwei verschiedenen Kapiteln zu behandeln.

Schließlich möchte ich einen dreifachen Dank aussprechen: zuerst meinen geistigen Wegweisern, von denen ich vor allem meinen akademischen Lehrer Oskar Benda nennen möchte, der mir schon am Anfang meines Studiums den Blick für die Wichtigkeit der Klärung methodologischer Fragen schärfte, sodann dem großen Doppelgestirn theoretisch-philosophischer wie praktisch-kritischer Literaturtheorie Roman Ingarden und René Wellek, deren Werke – ganz wie im Fall von großen Kunstwerken – ich bei wiederholter Lektüre in steigendem Maße bewundern gelernt habe. Nicht zuletzt möchte ich meinen Dank Herrn Robert Harsch-Niemeyer aussprechen, der dem Buch die Ehre erwies, in dem Hause verlegt zu werden, das die Bücher Ingardens betreut. Herrn Wolfgang Prihoda danke ich für seine Hilfe bei der abschließenden Redaktion des Textes.

Eine rein technische Bemerkung erscheint noch notwendig: Dieses Buch entstand während und neben zeit- und energieraubenden akademischen Verpflichtungen in den Jahren 1970–76. Dabei waren mir zumeist nur die ein bis zwei Jahre zuvor erschienenen Arbeiten zugänglich.

Die Liebe zu den Werken der Literatur und eine gewisse Fähigkeit, sich mit ihnen identifizieren zu können, stellen die grundlegenden Voraussetzungen aller gelungenen Erfassungsversuche literarischer Werke dar. Große Kritiker von Friedrich Gundolf bis Albert Thibaudet und Emil Staiger haben dies immer wieder betont. Die Literaturwissenschaft als das genaueste und gründlichste Instrument literarischen Werkverständnisses, die im idealen Verwirklichungsfall die am weitesten getriebenen Ergebnisse einer größtmöglichen Annährung an Totalerfassung liefert, steht dazu nicht im Widerspruch. Liebe und exakte Beobachtung, Identifikationsfähigkeit und gründliche Arbeit schließen einander nicht notwendigerweise aus.

Der Begriff Literaturwissenschaft ist hier übrigens nicht im einschränkenden Sinn einer Betonung morphologisch-interpretatorischer Studien im Gegensatz zur Literaturgeschichte gebraucht, sondern im weitesten Sinn als Oberbegriff, der sämtliche Zweige wissenschaftlicher Beschäftigung mit Literatur umfaßt: sowohl jene morphologisch-interpretatorischen Studien, die weitgehend dem entsprechen, was René Wellek «criticism» nennt, als auch Literaturtheorie und Literaturgeschichte.

Der Begriff Methodologie aber steht hier für das Gesamtsystem einer Wissenschaftslehre, die sowohl die Prinzipienlehre als auch die Methodik einer Wissenschaft einschließt. Die oft vollzogene Abtrennung und Alleinbehandlung der Methodik oder Methodenlehre einer Wissenschaft führt häufig zu Schwierigkeiten, Unklarheiten und Irrtümern, die sich nicht allzu schwer hätten vermeiden lassen, wäre die Einbettung der Methodik in die Prinzipienlehre im Auge behalten worden. Schließlich sei noch in aller aufrichtigen und gebührenden Bescheidenheit darauf hingewiesen, daß das Studium der Methodologie einer Wissenschaft – und schon gar in jener vereinfachenden Weise, wie dies im folgenden geboten wird – zwar niemanden zum großen Literaturwissenschaftler machen kann, daß aber dennoch die wissenschaftstheoretische Selbstbesinnung auf die methodologischen Grundlagen einer Wissenschaft die unabdingbare Voraussetzung für geordnetes und klares Denken und Vorgehen und damit für ein gedeihliches Arbeiten darstellt.

An den Beginn des Buches wurde eine mit Sigeln versehene Liste der häufiger zitierten Periodica sowie eine Bibliographie der öfter zitierten Werke gestellt. Beide sind im hier notwendigerweise engen Rahmen höchst selektiv. Das gilt auch für die im Buch selbst dargestellten Ideen und Methoden. Das Fehlen einer bestimmten Zeitschrift, eines bestimmten Buches oder einer bestimmten Vorstellung bedeutet daher nicht notwendigerweise, daß der Autor sie nicht kennt, sondern lediglich, daß er sie nicht für so wichtig hält, um im gegebenen engen Rahmen erwähnt zu werden.

Dies hat nicht immer mit Qualität zu tun, denn die gegenwärtige Theorien- und Methodendiskussion macht es notwendig, mitunter auch auf wenig bedeutende Kritiker und Ideen einzugehen, die gerade sehr aktuell sind. Umgekehrt konnten eine ganze Reihe bedeutender Vertreter gegenwärtiger Literaturwissenschaft nicht genügend oder gar nicht erwähnt werden, da einfach nicht Raum genug war und ein oder zwei Beispiele für viele stehen mußten.

Die Bibliographie beschränkt sich auf grundlegende Werke zu allgemeinen Problemen literaturwissenschaftlicher Methodologie. Sie wird durch spezielle bibliographische Angaben im Anhang zu den einzelnen Kapiteln und Abschnitten wesentlich ergänzt. Im wesentlichen werden Bücher und nur in einigen Ausnahmefällen Zeitschriftenaufsätze angeführt. Da sich das Studium der Literaturtheorie in unserer Zeit unmöglich auf das deutschsprachige Schrifttum beschränken kann, wurden auch wichtige fremdsprachige Titel angeführt. In jenen Fällen, in denen davon deutsche Übersetzungen vorliegen, wurden diese zitiert. Ausnahmen wurden nur in jenen Fällen gemacht, in denen die deutsche Übersetzung entweder wesentlich gekürzt oder aber unbefriedigend ist.

Abkürzungen

AG	Acta Germanica (Kapstadt)
ARC	Arcadia
CG	Colloquia Germanica
CL	Comparative Literature
DB	Doitsu Bungaku
DU	Deutschunterricht (Stuttgart)
DVLG	Deutsche Vierteljahrsschrift für Literaturwissenschaft und Geistesgeschichte
EG	Etudes Germaniques
Euph	Euphorion
GLL	German Life and Letters
GQ	German Quarterly
GR	Germanic Review
GRM	Germanisch Romanische Monatsschrift
JAAC	The Journal of Aesthetics and Art Criticism
JAAK	Jahrbuch für Ästhetik und Allgemeine Kunstwissenschaft
JEGP	Journal of English and Germanic Philology
JfIG	Jahrbuch für internationale Germanistik
LiLi	Zeitschrift für Literaturwissenschaft und Linguistik
MLN	Modern Language Notes
MLQ	Modern Language Quarterly
MLR	Modern Language Review
OGS	Oxford German Studies
OL	Orbis Litterarum
PMLA	Publications of the Modern Language Association of America
RLC	Revue de littérature comparé
SM	Sammlung Metzler
WW	Wirkendes Wort
YCC	Yearbook of Comparative Criticism
YCGL	Yearbook of Comparative and General Literature
ZfÄsth	Zeitschrift für Ästhetik und allgemeine Kunstwissenschaft
ZfdA	Zeitschrift für deutsches Altertum und deutsche Literatur
ZfdP	Zeitschrift für deutsche Philologie

Allgemeine Bibliographie

Adams I — Hazard Adams: The Interest of Criticism. New York: Harcourt, Brace and World 1969.

Adams II — Hazard Adams: Critical Theory Since Plato. New York: Har-Brace, Jovanovich 1971.

Allemann — Beda Allemann: Über das Dichterische. Pfullingen: Neske 1956.

Alonso — Damaso Alonso: Poesía Española. Ensayo de Metodos y Límites Estilísticos. Madrid: Editorial Gredos 1966.

Amoroso Lima — Alceu Amoroso Lima: A Estética Literária, e o Critico. Rio de Janeiro: Agir 1954.

Anderson Imbert — Enrique Anderson Imbert: Métodos de Crítica Literaria. Madrid: Ediciones de la Revista de Occidente 1969.

Arnold — Heinz Ludwig Arnold und Volker Sinemus (Hrsg.): Grundzüge der Literatur- und Sprachwissenschaft. Bd. I. Literaturwissenschaft. München: Deutscher Taschenbuch Verlag 1973.

Asoh — Ken Asoh: Über die Wissenschaftlichkeit der Literaturwissenschaft. In: DB 40 (1968) S. 104–113.

Babilas — Wolfgang Babilas: Tradition und Interpretation. München: Hueber 1961.

Baldensperger — Fernand Baldensperger: La Littérature; Création, Succèss, Durée. Paris: Flammarion 1927.

Baran — Henryk Baran (Hrsg.): Sowjet Studies in Literature. International Arts & Science Press Translation Journals, Bd. XI, Nr. 2–3, White Plains, N.Y. 1975.

Barthes I — Roland Barthes: Le Degré Zéro de l'Écriture. Paris: Gonthier 1965.

Barthes II — Roland Barthes: L'Analyse Rhétorique. In: Littérature et société. Hrsg. vom Institut für Soziologie der Université Libre in Brüssel. Bruxelles: Editions de l'Institut de Sociologie 1967, S. 31–45.

Barthes III — Roland Barthes: S/Z. Paris: Editions du Seuil 1970.

Bate — Walter Jackson Bate: Prefaces to Criticism. Garden City: Doubleday 1959.

Bateson — Frederick W. Bateson: The Scholar-Critic. London: Routledge and Kegan Paul 1972.

Battaglia — Salvatore Battaglia: Problemi di Metodo Critico. Napoli: Liguori 1969.

Bauer, Koppen, Gsteiger — Gerhard Bauer, Erwin Koppen, Manfred Gsteiger: Zur Theorie der vergleichenden Literaturwissenschaft. Berlin & New York: de Gruyter 1971.

Beardsley I — Monroe Curtis Beardsley: Aesthetics. Problems in the Philosophy of Criticism. New York: Harcourt, Brace 1958.

Beardsley II — Monroe Curtis Beardsley: The Possibility of Criticism. Detroit: Wayne State University Press 1970.

Beaurline — Lester A. Beaurline (Hrsg.): A Mirror for modern Scholars: Essays in Methods of research in Literature. New York: Odyssey Press 1966.

BENDA	Oskar Benda: Der gegenwärtige Stand der Deutschen Literaturwissenschaft. Wien & Leipzig: Hölder, Pichler & Tempsky 1928.
BENJAMIN	Walter Benjamin: Über Literatur. Frankfurt am Main: Suhrkamp 1969.
BETTI	Emilio Betti: Allgemeine Auslegungslehre als Methodik der Geisteswissenschaften. Tübingen: Mohr 1967.
BILLESKOV-JANSEN	Frederik Julius Billeskov-Jansen: Esthetique de l'Oeuvre d'Art Littéraire. Kopenhagen: E. Munksgaard 1948.
BLOOM	Harold Bloom: The Anxiety of Influence. New York: Oxford Univ. Pr. 1973.
BLOOOMFIELD	Morton W. Bloomfield (Hrsg.): In Search of Literary Theory. Ithaca & London: Cornell University Press 1972.
BONATI	F. M. Bonati: La Estructura de la obra Literaria. Santiago de Chile: Univ. de Chile 1960.
BORGESE	Giuseppe Antonio Borgese: Poetica dell'Unità. Cinque Saggi. Milano: Fr. Treves 1934.
BOUSOÑO	Carlos Bousoño: Theoría de la Expresión Poética. Madrid: Editorial Gredos 1966.
BRANDT-CORSTIUS	Jan Brandt-Corstius: Introduction to the Comparative Study of Literature. New York: Random House 1968.
BREMOND	Henri Bremond: Mystik und Poesie. Freiburg i. Br.: Herder 1929.
BROOKS	Cleanth Brooks: The Well Wrought Urn. New York: Reynal and Hitchcock 1974.
BULTMANN	Rudolf Bultmann: Das Problem der Hermeneutik. In: Bultmann, Glauben und Verstehen. Band II. Tübingen: Mohr 1958.
BURKE	Kenneth Burke: The Philosophy of Literary Form. New York: Random House 1961.
CANNABRAVA	Euryalo Cannabrava: Estética da Crítica. Rio de Janeiro: Ministerio da Educação e Cultura 1963.
CARLONI	Jean-Claude Carloni et Jean-C. Filoux: La Critique Littéraire. Paris: Presses Universitaire 1969.
CASAIS MONTEIRO	Adolfo Casais Monteiro: Clareza e Mistério da Crítica. Rio de Janeiro: Editôra Fundo de Cultura 1961.
CHATMAN, LEVIN	Seymour Chatman, Samuel R. Levin (Hrsg.): Essays on the Language of Literature. Boston: Houghton Mifflin Company 1967.
CONRADY	Karl Otto Conrady: Einführung in die neuere Deutsche Literaturwissenschaft. Reinbeck bei Hamburg: Rowohlt 1966.
COUTINHO I	Afrânio Coutinho: Da Crítica e da Nova Crítica. Rio de Janeiro: Editôra Civilacao Brasileira 1957.
COUTINHO II	Afrânio Coutinho: Crítica e Críticos. Rio de Janeiro: Organização Simões 1969.
COY	Juan José Coy: Crítica Literaria Actual. Método y sistema. Madrid: Editorial Razón y Fe 1966.
CRANE I	Ronald S. Crane (Hrsg.): Critics and Criticism. Chicago and London: The University of Chicago Press 1952.
CRANE II	Ronald S. Crane: The Languages of Criticism and the Structure of Poetry. Toronto: Toronto University Press 1953.
CRANE III	Ronald S. Crane: Critical and Historical Principles of Literary History. Chicago and London: The University of Chicago Press 1971.
CROCE	Benedetto Croce: La Poesia. Bari: G. Laterza 1953.
CULLER	Jonathan Culler: Structuralist Poetics. Ithaca, N.Y.: Cornell University Press 1975.
CYSARZ	Herbert Cysarz: Literaturgeschichte als Geisteswissenschaft. Halle an der Saale: Niemeyer 1926.

DAICHES I	David Daiches: A Study of Literature. New York: W. W. Norton 1964.
DAICHES II	David Daiches: Critical Approaches to Literature. New York: W. W. Norton 1956.
DEMBO	L. Dembo (Hrsg.): Criticism. Madison: University of Wisconsin Press 1968.
DEMETZ, GREENE, NELSON Jr.	Peter Demetz, Thomas Greene and Lowry Nelson Jr.: The Disciplines of Criticism. New Haven: Yale University Press 1968.
DENAT	Antoine Denat: Vu des Antipodes, Synthèses Critiques. Paris: Didier 1969.
DERRIDA	Jacqes Derrida: Positions. Paris: Éditions de Minuit 1972.
DILTHEY I	Wilhelm Dilthey: Die Entstehung der Hermeneutik. In: Gesammelte Schriften. Band V. S. 317–338. Stuttgart: Teubner und Göttingen: Vandenhoeck und Ruprecht 1964.
DILTHEY II	Wilhelm Dilthey: Der Aufbau der geschichtlichen Welt in den Geisteswissenschaften. In: Gesammelte Schriften. Band VII. S. 79–188. Stuttgart: Teubner und Göttingen: Vandenhoeck und Ruprecht 1965.
DONAT	Branimir Donat [Pseudonym]: Udio Kritike. Zagreb: Znanje 1970.
DYMSHITS	Aleksandr L'vovich Dymshits: Za I Protiv. Moskau: Pravda 1972.
EATON	Trevor Eaton: The Semantics of Literature. The Hague: Mouton 1966.
ECKHOFF	Lorentz Eckhoff: Den nye Litteraturforskning. Syntetisk Metode. Oslo: Gyldendal 1930.
EGEBAK	Niels Egebak: Indskrifter: Essays om Faenomenologi og Aestetik. Fredensborg: Arena 1967.
EIBL	Karl Eibl: Kritisch-rationale Literaturwissenschaft. München: Fink 1976.
ELEMA	Johannes Elema: Poetica. Den Haag: Servire 1949.
ELLIS	John M. Ellis: The Theory of Literary Criticism. Berkeley: Univ. of Calif. Pr. 1974.
ERLICH I	Victor Erlich: Russischer Formalismus. München: Hanser 1964.
ERLICH II	Victor Erlich (Hrsg.): Twentieth Century Russian Literary Criticism. New Haven and London: Yale Univ. Press 1975.
ERMATINGER I	Emil Ermatinger: Das dichterische Kunstwerk. Leipzig und Berlin: Teubner 1921.
ERMATINGER II	Emil Ermatinger (Hrsg.): Philosophie der Literaturwissenschaft. Berlin: Junker und Dünnhaupt 1930.
EYKMAN	Christoph Eykman: Phänomenologie der Interpretation. Bern–München 1977.
FAYOLLE	Roger Fayolle: La Critique Littéraire. Paris: A. Colin 1964.
FJORD JENSEN	Johan Fjord Jensen: Den ny Kritik. Kobenhavn: Berlingske Forlag 1962.
FLACH	Brigitte und Werner Flach: Zur Grundlegung der Wissenschaft von der Literatur. Bonn: Bouvier 1967.
FLASCHKA	Horst Flaschka: Modell, Modelltheorie und Formen der Modellbildung in der Literaturwissenschaft. Wien: Böhlau 1976.
FOERSTER	Norman Foerster (Hrsg.): Literary Scholarship. Its Aims and Methods. Chapel Hill: University of North Carolina Press 1941.
FOUCAULT	Michel Foucault: L'Archéologie du Savoir. Paris: Gallimard 1969.
FOWLIE	Wallace Fowlie: The French Critic, 1549–1967. Carbondale and Edwardsville: Southern Illinois University Press 1968.
FREDÉN	Gustav Fredén: Litteraturläsnig och Litteraturanalys. Stockholm: Svenska bokförl. 1962.
FRIEDRICH I	Hugo Friedrich: Dichtung und die Methoden ihrer Deutung. In: Die Werkinterpretation. Hrsg. von Horst Enders. Darmstadt: Wissenschaftliche Buchgesellschaft 1967. S. 294–311.

FRIEDRICH II — Hugo Friedrich: Strukturalismus und Struktur in literaturwissenschaftlicher Hinsicht. In: Europäische Aufklärung. Hrsg. von Hugo Friedrich und Fritz Schalk. München: Fink 1967. S. 77–86.

FRYE I — Northrop Frye: Analyse der Literaturkritik. Stuttgart: Kohlhammer 1964.

FRYE II — Northrop Frye: The Stubborn Structure. Ithaca, New York: Cornell University Press 1970.

FRYE III — Northrop Frye: The Critical Path. Bloomington: Indiana University Press 1971.

FUHRMANN — Manfred Fuhrmann: Einführung in die antike Dichtungstheorie. Darmstadt: Wissenschaftliche Buchgesellschaft 1973.

GADAMER I — Hans Georg Gadamer: Wahrheit und Methode. Grundzüge einer philosophischen Hermeneutik. Tübingen: Mohr 1965[2].

GADAMER II — Hans Georg Gadamer: Kleine Schriften. Tübingen: Mohr 1967.

GADAMER III — Hans Georg Gadamer, Fs. z. 70. Geb.: Hermeneutik und Dialektik. 2 Bände. Tübingen: Mohr 1970.

GARDNER — Helen Louise Gardner: The Business of Criticism. Oxford: Clarendon Press 1959.

GENETTE I — Gérard Genette: Figures. Paris: Seuil 1966.

GENETTE II — Gérard Genette: Figures II. Paris: Seuil 1969.

GENETTE III — Gérard Genette: Figures III. Paris: Seuil 1972.

GEORGE — Arapura Ghevarghese George: Critics and Criticism. New York: Asia Publishing House 1971.

GIFFORD — Henry Gifford: Comparative Literature. London: Routledge and Kegan Paul 1969.

GINGER — John Ginger: An Approach to Criticism. London: University of London Press 1970.

GIRAUD — Victor Giraud: La Critique Littéraire. Paris: Aubier. Editions Montaigne 1946.

GLICKSBERG — Charles Glicksberg: American Literary Criticism 1900–1950. New York: Hendricks House 1951.

GRAFF — Gerald Graff: Poetic Statement and Critical Dogma. Evanston: Northwestern University Press 1970.

GREENE, T. M. — Theodore Meyer Greene: The Arts and the Art of Criticism. Princeton: Princeton University Press 1952.

GREENE, W. C. — William Chace Greene: The Choices of Criticism. Cambridge, Massachusetts: M.I.T. Press 1965.

GRIMM — Reinhold Grimm und Jost Hermand (Hrsg.): Methodenfragen der deutschen Literaturwissenschaft. Darmstadt: Wiss. Buchges. 1973.

GUILLÉN — Claudio Guillén: Literature as System. Princeton: Princeton University Press 1971.

GUTHKE — Karl S. Guthke: Wege zur Literatur. Bern und München: Francke 1967.

HALLBERG — Peter Hallberg und andere: Litteraturvetenskap. Stockholm: Natur och Kultur 1966.

HAMBURGER — Käte Hamburger: Die Logik der Dichtung. Stuttgart: Klett 1968[2].

HANNEBORG — Knut Hanneborg: The Study of Literature. Oslo: Universitetsforlaget 1967.

HARTMAN — Geoffrey H. Hartman: Beyond Formalism. New Haven and London: Yale University Press 1970.

HERMAND — Jost Hermand: Synthetisches Interpretieren. München: Nymphenburger Verlagshandlung 1968.

HIEBEL — Hans H. Hiebel: Dichtung. München: Fink 1976.

HIRSCH — Eric Donald Hirsch Jr.: Prinzipien der Interpretation. München: Fink 1972.

HOBSBAUM	Philip Hobsbaum: Theory of Criticism. Bloomington: Indiana University Press 1970.
HOLTHUSEN	Hans Egon Holthusen: Kritisches Verstehen. München: Piper 1961.
HOUGH	Graham G. Hough: An Essay on Criticism. London: Duckworth 1966.
HOUM	Philip Houm: Kritikk og Kritikere. Oslo: Aas & Wahlsboktr 1958.
HRUSHOVSKI	Benjamin Hrushovski: Poetics. Criticism. Science. In: PTL., A Journal for Descriptive Poetics and Literary Theory, Jg. I (1976), Nr. 1, S. III–XXXIV.
HYMAN	Stanley Edgar Hyman: The Armed Vision. A Study in the Methods of Modern Literary Criticism. New York: A. Knopf 1952.
INGARDEN I	Roman Ingarden: Das literarische Kunstwerk. Tübingen: Niemeyer 1965[3].
INGARDEN II	Roman Ingarden: Vom Erkennen des literarischen Kunstwerks. Tübingen: Niemeyer 1968.
INGARDEN III	Roman Ingarden: Erlebnis, Kunstwerk und Wert. Tübingen: Niemeyer 1969.
INGARDEN IV	Roman Ingarden: Gegenstand und Aufgaben der Literaturwissenschaft. Tübingen: Niemeyer 1976.
JAKOBSON	Roman Jakobson: Questions de poétique. Paris: Seuil 1973.
JASZI	Andrew Jaszi: Erkenntnis und Wirklichkeit. Tübingen: Niemeyer 1974.
JAUSS I	Hans Robert Jauss: Literaturgeschichte als Provokation der Literaturwissenschaft. Konstanz: Universitätsverlag 1969[2].
JAUSS II	Hans Robert Jauss: Literaturgeschichte als Provokation. Frankfurt am Main: Suhrkamp 1970.
JENNINGS	Edward M. Jennings: Science and Literature. New York: Doubleday 1972.
JOLLES	André Jolles: Einfache Formen. Tübingen: Niemeyer 1965.
JONES	Howard Mumford Jones: The Theory of American Literature. Ithaca: Cornell University Press 1948.
KAYSER	Wolfgang Kayser: Das sprachliche Kunstwerk. Bern: Francke 1951[2].
KLEIN	Wolfgang Klein (Hrsg.): Methoden der Textanalyse. Heidelberg: Quelle und Meyer 1977.
KOHLSCHMIDT, MOHR	Werner Kohlschmidt, Wolfgang Mohr (Hrsg.): Reallexikon der deutschen Literaturgeschichte. Band Iff. Berlin: de Gruyter 1958ff.
KOLBE	Jürgen Kolbe (Hrsg.): Ansichten einer künftigen Germanistik. München: Hanser 1970[4].
KRAUSS	Werner Krauss: Grundprobleme der Literaturwissenschaft. Reinbeck bei Hamburg: Rowohlt 1968.
KREUZER, GUNZENHÄUSER	Helmut Kreuzer, Rul Gunzenhäuser: Mathematik und Dichtung. München: Nymphenburger 1965.
KRIEGER	Murray Krieger: The Play and Place of Criticism. Baltimore: The Johns Hopkins Press 1967.
KUHN	Hugo Kuhn: Text und Theorie. Stuttgart: Metzler 1969.
LAUSBERG	Heinrich Lausberg: Handbuch der literarischen Rhetorik. 2 Bände. München: Max Hueber 1960.
LAWALL	Sarah N. Lawall: Critics of Consciousness. Cambridge: Harvard Univ. Press 1968.
LEHMANN	Günther Lehmann: Phantasie und künstlerische Arbeit. Berlin: Aufbau 1966.
LEMON	Lee T. Lemon: The Partial Critics. New York: Oxford University Press 1965.
LESAGE	Laurent LeSage: The French New Criticism. University Park and London: The Pennsylvania State University Press 1967.

LESAGE, YON	Laurent LeSage, André Yon: Dictionnaire des Critiques Littéraires. University Park and London: The Pennsylvania State University Press 1969.
LEVICH	Marvin Levich: Aesthetics and the Philosophy of Criticism. New York: Random House 1963.
LEVIN I	Harry Levin: Contexts of Criticism. Cambridge, Mass.: Harvard Univ. Pr. 1957.
LEVIN II	Harry Levin: Why Literary Criticism is not Exact Science. Cambridge, Massachusetts: Harvard University Press 1967.
LEVIN III	Harry Levin: Grounds for Comparison. Cambridge, Massachusetts: Harvard University Press 1972.
LEWIS	Clive Lewis: An Experiment in Criticism. Cambridge: The University Press 1966.
LINK	Franz H. Link: Amerikanische Literaturgeschichtsschreibung. Stuttgart: Metzler 1963.
LINK, LITZ	Franz H. Link, A. Walton Litz: Modern Literary Criticism. New York: Atheneum 1972.
LIU	James J. Y. Liu: Chinese Theories of Literature. Chicago and London: The University of Chicago Press 1975.
LONGHAYE	Georges Longhaye: Theorie des Belles-Lettres. Paris: P. Téqui o. J.
LOPES	Oscar Lopes: Ler e Depois. Porto: Editorial Inova 1969.
LOTMAN I	Jurij M. Lotman: Die Struktur literarischer Texte. München: Fink 1972.
LOTMAN II	Jurij M. Lotman: Vorlesungen zu einer strukturalen Poetik. München: Fink 1972.
LUNDING I	Erik Lunding: Strömungen und Strebungen der modernen Literaturwissenschaft. København: Munksgaard 1952.
LUNDING II	Erik Lunding: Literaturwissenschaft. In: Reallexikon der deutschen Literaturgeschichte. Hrsg. von Werner Kohlschmidt und Wolfgang Mohr. Band 2. Berlin: de Gruyter 1965. S. 195–212.
MAATJE	Frank Christiaan Maatje: Literatuurwetenschap.Utrecht:Oosthoek 1970.
MACKSEY-DONATO	Richard Macksey and Eugenio Donato (Hrsg.): The Structuralist Controversy. Baltimore and London: Johns Hopkins University Press 1970.
MAGNY	Claude-Edmonde Magny: Les Sandales D'Empédocle. Neuchâtel: La Baconnière 1945.
MAIER	Rudolf N. Maier: Das Gedicht. Über die Natur des Dichterischen und der dichterischen Formen. Düsseldorf: Schwann 1963[3].
MALONE	David Malone (Hrsg.): The Frontiers of Literary Criticism. Los Angeles: Hennessy and Ingalls, Inc. 1974.
MAN	Paul de Man: Blindness and Insight. New York: Oxford Univ. Pr. 1971.
MAREN-GRISEBACH	Manon Maren-Grisebach: Methoden der Literaturwissenschaft. Bern: Francke 1970.
MARITAIN	Jacques Maritain: Situation de la Poésie. Paris: Desclée, de Brouwer 1938.
MARKOV	Georgi Mitrev Markov: Vprosi na Literaturnija Analiz. Sophia: Narodna Prosvjeta 1962.
MARKWARDT	Bruno Markwardt: Geschichte der deutschen Poetik. Berlin: de Gruyter Band I 1958[2], Band II 1956, Band III 1958, Band IV 1959, Band V 1964.
MARVARDI	Umberto Marvardi: I Problemi della Critica e la Poesia. Rom: Editrice studium 1960.
MAYER	Hans Mayer (Hrsg.): Kritiker unserer Zeit. Band I: Von Oxford bis Harvard. Pfullingen: Neske 1964; Band II: Von Paris bis Warschau. Pfullingen: Neske 1967.
MECKLENBURG	Norbert Mecklenburg: Kritisches Interpretieren. München: Nymphenburger Verlagshandl. 1972.

MEYER Theodor Alexander Meyer: Das Stilgesetz der Poesie. Leipzig: S. Hirzel 1901.

MOLHO Raphael Molho (Hrsg.): La Critique Littéraire en France au XIX Siècle. Paris: Buchet-Castel 1963.

MONTANARI Fausto Montanari: Introduzione alla Critica Letteraria. Roma: Editrice studium 1936.

MOREAU Pierre Moreau: La Critique Littéraire en France. Paris: Colin 1960.

MÜLLER Günther Müller: Morphologische Poetik. Darmstadt: Wissenschaftliche Buchgesellschaft 1968.

MUKAŘOVSKÝ Jan Mukařovský: Kapitel aus der Poetik. Frankfurt am Main: Suhrkamp 1967.

MUSCHG Walter Muschg: Die dichterische Phantasie. Bern und München: Francke 1969.

NILSEN Thomas R. Nilsen: Essays on Rhetorical Criticism. New York: Random House 1968.

NIVELLE I Armand Nivelle: Frühromantische Dichtungstheorie. Berlin und New York: de Gruyter 1970.

NIVELLE II Armand Nivelle: Kunst- und Dichtungstheorien zwischen Aufklärung und Klassik. Berlin und New York: de Gruyter 1971².

OPPEL I Horst Oppel: Morphologische Literaturwissenschaft. Darmstadt: Wissenschaftliche Buchgesellschaft 1967.

OPPEL II Horst Oppel: Methodenlehre der Literaturwissenschaft. In: Deutsche Philologie im Aufriß. Hrsg. von Wolfgang Stammler. 2. Auflage, Band I. Berlin: E. Schmidt 1957. Spalte 39–82.

PAGNINI Marcello Pagnini: Struttura Letteraria e Metodo Critico. Messina e Firenze: G. D'Anna 1967.

PASTERNACK Gerhard Pasternack: Theoriebildung in der Literaturwissenschaft. München: Fink 1975.

PATANKAR R. B. Patankar: Aesthetics and Literary Criticism. Bombay: Nachiketa Pubs. 1969.

PAULHAN Jean Paulhan: Schlüssel der Poesie und kleines Vorwort zu jeder Kritik. München: Kösel 1969.

PAZ I Octavio Paz: El Arco y la lira. Mexico City: Fondo de Cultura Económica 1967.

PAZ II Octavio Paz: Alternating Current. New York: The Viking Press 1973.

PEPPER Stephen C. Pepper: The Basis of Criticism in the Arts. Cambridge, Massachusetts: Harvard University Press 1945.

PETROVIČ I Svetozar Petrovič: Kritika i Djelo. Zagreb: Zora 1963.

PETROVIČ II Svetozar Petrovič: Priroda Kritike. Zagreb: Liber izdanja Instituta za znanost o knjizevnosti 1972.

PEYRE Henri Peyre: The Failures of Criticism. Ithaca, New York: Cornell University Press 1967².

PICHOIS, ROUSSEAU Claude Pichois, André Rousseau: Vergleichende Literaturwissenschaft. Düsseldorf: Schwann 1971.

PLETT Heinrich F. Plett: Textwissenschaft und Textanalyse. Heidelberg: Quelle und Meyer 1975.

PODEWILS Clemens Graf Podewils (Hrgs.): Sprache und Wirklichkeit. München: Deutscher Taschenbuch Verlag 1967.

POLLMANN Leo Pollmann: Literaturwissenschaft und Methode. Band I und II. Frankfurt am Main. Athenäum 1971.

PORTELLA Eduardo Portella: Teoria da Communicação Literária. Rio de Janeiro: Tempo Brasileiro 1970.

POULET	Georges Poulet: Les Chemins Actuels de la Critique. Paris: Union Generale d'Editions 1968.
PREMINGER	Alex Preminger (Hrsg.): Princeton Encyclopedia of Poetry and Poetics. Princeton: Princeton University Press 1965.
PRITCHARD	John Paul Pritchard: Criticism in America. Norman: University of Oklahoma Press 1956.
QUADRELLI	Rudolfo Quadrelli (Hrsg.): I Potenti della Letteratura. Milano: Rusconi 1970.
RANSOM	John Crowe Ransom: The World's Body. Baton Rouge: Louisiana State University Press 1968.
RAWLINSON	David H. Rawlinson: The Practice of Criticism. London: Cambridge University Press 1968.
RAYA	Gino Raya: Critica Fisiologica. Rom: Editrice Ciranna 1969.
REEVES	James Reeves: The Critical Sense. Melbourne: Heinemann 1956.
REYES	Alfonso Reyes: El Deslinde. Prolegómenos a la Teoria Literaria. Mexico City: El Colegio de México 1944.
RIBEIRO	Joaquim Ribeiro: Teoria e Hermeneutica Literária. Rio de Janeiro: J. Ozon 1969.
RICHARD	Jean Pierre Richard: Littérature et Sensation. Paris: Éditions du Seuil 1954.
RICHARDS I	Ivor Armstrong Richards: Principles of Literary Criticism. London: Routledge and Kegan Paul 1924.
RICHARDS II	Ivor Armstrong Richards: Practical Criticism. London: Routledge and Kegan Paul 1929.
RICOEUR	Paul Ricoeur: Le Conflit des Interprétations. Essais d'Herméneutique. Paris: Editions du Seuil 1970.
RIGHTER	William Righter: Logic and Criticism. London: Routledge 1963.
RODWAY	Allen Edwin Rodway: The Truths of Fiction. London: Chatto and Windus 1970.
ROTHACKER	Erich Rothacker: Logik und Systematik der Geisteswissenschaften. Bonn: Bouvier 1947.
RÜDIGER	Horst Rüdiger (Hrsg.): Komparatistik. Stuttgart: Kohlhammer 1973.
SARAIVA	António José Saraiva: Message et Littérature. In: Poétique, Jg. 17 (Nr. 19), 1974, S. 1–13.
SCHOLES	Robert Scholes (Hrsg.): The Philosopher Critic. Tulsa, Oklahoma: University of Tulsa 1970.
SCHORER, MILES, MCKENZIE	Mark Schorer, Josephine Miles, Gordon McKenzie: Criticism; the Foundations of Modern Literary Judgement. New York: Harcourt Brace 1958.
SEIDLER	Herbert Seidler: Beiträge zur methodologischen Grundlegung der Literaturwissenschaft. In: Sitzungsberichte der Österreichischen Akademie der Wissenschaften. Wien: Böhlau 1969.
SENGLE	Friedrich Sengle: Vorschläge zur Reform der literarischen Formenlehre. Stuttgart: Metzler 1969².
SEGRE	Cesare Segre: I Segni e la Critica. Torino: Einaudi 1969.
SETSCHKAREFF	Vsevolod Setschkareff: Zwei Tendenzen der neueren russischen Literaturtheorie. In: JAAK IX (1964). S. 167–207.
SIMON	John K. Simon (Hrsg.): Modern French Criticism. Chicago and London: Univ. of Chicago Press 1972.
SKELTON	Robin Skelton: The Poetic Pattern. London: Routledge and Kegan Paul 1956.
ŠKLOVSKIJ	Viktor Šklovskij: Theorie der Prosa. Frankfurt am Main: S. Fischer 1966.
ŠKREB	Zdenko Škreb (Hrsg.): The Art of the Word. Umjetnost Riječi. Zagreb: Jugoslavenske Adademije 1969.

SÖRING — Jürgen Söring: Literaturgeschichte und Theorie. Stuttgart, Kohlhammer 1976.

SPARSHOTT — Francis E. Sparshott: The Concept of Criticism. Oxford: Clarendon Press 1967.

SPITZER I — Leo Spitzer: Linguistics and Literary History. Princeton: Princeton University Press 1948.

SPITZER II — Leo Spitzer: Eine Methode, Literatur zu interpretieren. München: Hanser 1966.

SPOERRI — Theophil Spoerri: Präludium zur Poesie. Berlin: Furche o. J.

SRINIVASA — Ivengar K. R. Srinivasa: The Adventure of Criticism. New York: Asia Publishing House 1962.

STAIGER I — Emil Staiger: Grundbegriffe der Poetik. Zürich: Atlantis 1951².

STAIGER II — Emil Staiger: Die Kunst der Interpretation. Zürich: Atlantis 1955.

STAIGER III — Emil Staiger: Die Zeit als Einbildungskraft des Dichters. Zürich: Atlantis 1953².

STALLKNECHT, FRENZ — Newton R. Stallknecht, Horst Frenz (Hrsg.): Comparative Literature. Carbondale: Southern Illinois University Press 1961.

STAROBINSKI I — Jean Starobinski: L'Oeil Vivant. Paris: Gallimard 1961.

STAROBINSKI II — Jean Starobinski: La Relation Critique. Paris: Gallimard 1970.

STEIN — Walter Stein: Criticism as Dialogue. Cambridge: Cambridge University Press 1969.

STEINER I — George Steiner: Language and Silence. New York: Atheneum 1967.

STEINER II — George Steiner: Extraterritorial. New York: Atheneum 1971.

STÖCKLEIN — Paul Stöcklein: Literatur als Vergnügen und Erkenntnis. Heidelberg: Quelle und Meyer 1974.

STRELKA — Joseph Strelka: Vergleichende Literaturkritik. Bern und München: Francke 1970.

STRELKA, HINDERER — Joseph Strelka, Walter Hinderer (Hrsg.): Moderne amerikanische Literaturtheorien. Frankfurt am Main: Fischer 1970.

SZONDI — Peter Szondi: Zur Erkenntnisproblematik in der Literaturwissenschaft. In: Neue Rundschau. Band 73 (1962). S. 146–165.

THIBAUDET — Albert Thibaudet: Physiologie de la Critique. Paris: Nizet 1963.

THORPE — James Thorpe (Hrsg.): Relations of Literary Study. New York: Modern Language Association of America 1967.

TITZMANN — Manfred Titzmann: Strukturale Textanalyse. München: Fink 1977.

TOBER — Karl Tober: Urteile und Vorurteile über Literatur. Stuttgart: Kohlhammer 1970.

TODOROV I — Tzvetan Todorov (Hrsg.): Théorie de la Littérature. Paris: Editions du Seuil 1966.

TODOROV II — Tzvetan Todorov: Littérature et Signification. Paris: Larousse 1967.

TODOROV III — Tzvetan Todorov: Introduction à la Littérature Fantastique. Paris: Editions du Seuil 1970.

TOMACHEVSKI — Boris Tomachevski: Théorie de la Littérature. Paris: 1965.

TORRE I — Guillermo de Torre: El Espejo y el Camino. Madrid: Ed. Prensa Española 1968.

TORRE II — Guillermo de Torre: Nuevas Direcciones de la Crítica Literaria. Madrid: Alianza Editorial 1970.

TROUSSON — Raymond Trousson: Un Problème de Littérature Comparée: Les Etudes de Thèmes – Essai de Methodologie. Paris: Lettres Modernes 1965.

TURK — Horst Turk: Literaturtheorie. Göttingen: Vandenhoeck and Ruprecht 1976.

TYNJANOV — Jurij Tynjanov: Die literarischen Kunstmittel und die Evolution der Literatur. Frankfurt am Main: Suhrkamp 1967.

ULLMANN — Stephen Ullmann: Grundzüge der Semantik. Berlin: De Gruyter 1967.

VAN TIEGHEM — Philippe van Tieghem: Tendances Nouvelles en Histoire Littéraire. Paris: Les Belles Lettres 1930.

VICKERY — John B. Vickery (Hrsg.): Myth and Literature. Lincoln: University of Nebraska Press 1966.

WALZEL I — Oskar Walzel: Gehalt und Gestalt im Kunstwerk des Dichters. Berlin-Neubabelsberg: Athenaion 1923.

WALZEL II — Oskar Walzel: Das Wortkunstwerk. Leipzig: Quelle und Meyer 1926.

WARNING — Rainer Warning: Rezeptionsästhetik. München: Fink 1975.

WEHRLI — Max Wehrli: Allgemeine Literaturwissenschaft. Bern: Francke 1951.

WEIDLÉ — Wladimir Weidlé: Die Sterblichkeit der Musen. Stuttgart: Deutsche Verlagsanstalt 1958.

WEISSTEIN — Ulrich Weisstein: Einführung in die vergleichende Literaturwissenschaft. Stuttgart: Kohlhammer 1968.

WELLEK, WARREN — René Wellek, Austin Warren: Theorie der Literatur. Frankfurt am Main und Berlin: Ullstein 1963.

WELLEK I — René Wellek: A History of Modern Criticism. 1750–1950. New Haven: Yale University Press. Volume I, The Later Eighteenth Century, 1955; Volume II, The Romantic Age, 1955; Volume III, The Age of Transition, 1965; Volume IV, The Later Nineteenth Century, 1965.

WELLEK II — René Wellek: Grundbegriffe der Literaturkritik. Stuttgart: Kohlhammer 1965.

WELLEK III — René Wellek: Discriminations. New Haven and London: Yale University Press 1970.

WESTON — Harold Weston: Form in Literature. London: Rich and Cowan 1934.

WHEELWRIGHT — Philip Wheelwright: The Burning Fountain. Bloomington and London: Indiana University Press 1968².

WIENOLD — Götz Wienold: Semiotik der Literatur. Frankfurt am Main: Athenäum 1972.

WIMSATT, BROOKS — William K. Wimsatt, Cleanth Brooks: Literary Criticism. New York: Knopf 1957.

WINKLER — Emil Winkler: Das Dichterische Kunstwerk. Heidelberg: Winter 1924.

WOLANDT — Gerd Wolandt: Philosophie der Dichtung: Weltstellung und Gegenständlichkeit des poetischen Gedankens. Berlin: de Gruyter 1965.

WOLFF — Ernst Georg Wolff: Ästhetik der Dichtkunst. Zürich: Schulthess 1944.

YATES — Frances A. Yates: The Art of Memory. London: Routledge and Kegan Paul 1966.

ZABEL — Morton Dauwen Zabel (Hrsg.): Literary Opinion in America. 2 Bände. New York: Harper and Row 1962³.

ZIEGENGEIST — Gerhard Ziegengeist (Hrsg.): Aktuelle Probleme der vergleichenden Literaturforschung. Berlin: Adademie Verlag 1968.

ŽMEGAČ — Viktor Žmegač (Hrsg.): Methoden der deutschen Literaturwissenschaft. Frankfurt am Main: Athenäum 1971.

ŽMEGAČ, ŠKREB — Viktor Žmegač und Zdenko Škreb (Hrsg.): Zur Kritik literaturwissenschaftlicher Methodologie. Frankfurt a. M.: Athenäum und S. Fischer 1973.

ZULETA — Emilia de Zuleta: Historia de la Critica Española Contemporánea. Madrid: Editorial Gredos 1966.

I. PRINZIPIENLEHRE

A. Der Gegenstand der Literaturwissenschaft

1. Abgrenzungen

Der Gegenstand der Literaturwissenschaft ist das sprachliche Kunstwerk, und seit Kant kann kein Zweifel darüber bestehen, daß es sich dabei um ein ästhetisches Phänomen sui generis handelt, das nicht mit empirischer Wirklichkeit und ihrer direkten Darstellung verwechselt werden darf. Darum wurde immer schon bei Definitionsversuchen der sprachkünstlerische Charakter der Literatur im engeren Sinn den nichtliterarischen Sprachphänomenen gegenüber besonders betont. Die Sprachen der Wissenschaft, der Sachliteratur, die Umgangssprache, auch wenn sie nicht Gedanken, sondern Gefühle ausdrücken, sind bezeichnend und darstellend und verweisen auf empirische Tatsachen, während die literarische Sprachkunst nach Wolfgang Kayser[1] eine Gegenständlichkeit eigener Art hervorruft. René Wellek[2] hat die «denotative» Eigenschaft der Wissenschaftssprache der «connotativen» Literatursprache gegenübergestellt, und ebenso hat später auch Roland Barthes[3] erklärt, daß in der Dichtung zum «message dénoté» ein «message connoté» hinzutritt. Die Sprache des literarischen Kunstwerks ist demnach nicht nur verweisend und darlegend, sondern auch ausdrucksvoll in einem besonderen Sinn der Vermittlung der inneren Haltung des Autors und darauf angelegt, auch die innere Haltung des Lesers oder Hörers zu beeinflussen.

Das Moment der Beeinflussung und Überredung des Hörers oder Lesers allein ist jedoch keineswegs ein Kriterium für die Eigenart eines literarischen Kunstwerks. So wenig die manchenorts zwecks leichteren Memorierens angefertigten Anatomieskripten von Medizinstudenten in Reimen literarische Kunstwerke sind, so wenig sind es die meisten Predigten, Gerichtsreden oder politischen Reden, die sich oft sehr bewußt und systematisch rhetorischer Traditionen bedienten, um durch diese Technik die Überredung zu erreichen. Es bedeutete eine mechanistische Reduktion und Verfälschung des Sachverhalts, wollte man aus der Anwendung solch äußerlicher Techniken auf die Zugehörigkeit eines Sprachwerkes zur Dichtung schließen. Einzelne Fortsetzer des russischen Formalismus, einzelne Vertreter des Strukturalismus und bis heute fast alle Vertreter der Linguistik denken jedoch in solch mechanistischen Begriffen. Die fruchtbare Anregung der Literaturwissenschaft durch eine idealistische Sprachwissenschaft, wie sie Max Wehrli[4] nach dem Zweiten Weltkrieg noch begrüßen konnte, scheint vorübergehend einer weit weniger fruchtbaren Konfrontierung mit einer neuen Sprachwissenschaft zu weichen, wenngleich von dieser oft große Einmischungsansprüche gestellt werden. Jean Paulhan[5] hat schon sehr früh davor gewarnt, sich in diesem Zusammenhang Hilfe von seiten der Linguistik zu erhoffen und hat gleichzeitig auf die besondere Eigenart der Dichtung hingewiesen. Die entscheidende Klärung des Sachverhalts hat jedoch Bateson[6] herbeigeführt, als er dem linguistischen Zyklus de Saussures einen parallel wirkenden ästhetischen Zyklus gegenüberstellte und dadurch die literaturwissenschaftliche Irrelevanz des ersteren sichtbar machte. Das bedeutet keineswegs, daß ein literarisches Kunstwerk nicht aus Sprache besteht oder daß ein gewisses linguistisches Verständnis dessen, was Hugo Friedrich[7] den primären Wortsinn genannt hat, nicht auch einen Bestandteil des literarischen Werkes beträfe. Gleichgültig aber, ob man von der Voraussetzung ausgeht, daß das sprachliche Kunstwerk im Unterschied zum nichtkünstlerischen Sprachwerk zusätzliche sprachliche Elemente enthält, wie etwa Michael Riffaterre[8] annimmt oder aber weniger Elemente enthält, da die sprachlichen Möglichkeiten in einem bestimmten literarischen Sinn eingeschränkt sind, wie Radoslav Katačić[9] annimmt, ein Unterschied ist vorhanden, und Bateson hat gezeigt, daß gerade in der Konzentration auf jenen Unterschied die eigentliche Tätigkeit der Literaturwissenschaft besteht. Wie es eine horizontale oder zeitliche Einheit des literarischen Kunstwerks gibt, die man nicht negieren kann, ohne ihm Unrecht anzutun, etwa indem man sich ein Theaterstück erst nach dem 2. Akt anzusehen beginnt oder es vor dem Beginn des 5. Aktes verläßt, so gibt es auch eine vertikale Einheit, welche die üblichen, von der Linguistik gewöhnlich erfaßten Elemente der Sprache verändert und in vor- wie nachlinguistische Bereiche eingreift. Das zunächst nur halbbewußte Thema, das durch eine Verbindung von Bild und Vorstellung in der Phantasie des Autors zu Symbolbildungen führt, deren besondere literarische Stilisierung noch vor ihrem Ausdruck in der sprachlichen Form von Vokabular und Grammatik gegeben ist, in deren endgültiger Fassung es dann zum literarischen Text wird, stellt die Grundlage dieses Unterschiedes dar.

Für die einfachsten und für alle zentralen Fälle mag ein so äußerliches Unterscheidungskriterium wie die präsentierende Form ausreichen, die nach Käte Hamburger[10] richtungweisend ist. Das heißt, daß es letztlich ausschlaggebend sei, ob ein sprachliches Werk in der Form eines Gedichts, eines Dramas oder eines Romans geschrieben ist. Da es jedoch Grenzfälle gibt und da sich zudem der jeweilige Bestand der Literatur, wie unsere Perspektiven von ihr, in ständiger Entwicklung befinden, ist ein differenzierteres Unterscheidungskriterium wohl von entscheidender Bedeutung. Ein solches hat Wladimir Weidlé[11] geliefert, indem er den Begriff der Mimesis im vorsokratischen Sinn als eine Praxis einführt, die zu einer Poiesis führt. Er unterscheidet in diesem Sinn zwischen mimetischen und rein signitiven Sprachzeichen, von denen die ersteren nichts anderes bezeichnen als was sie ausdrücken, während die letzteren Hinweise auf anderes sind. Nicht daß sämtliche Bestandteile der dichterischen Sprache in diesem Sinn mimetisch wären. Aber das Mimetische stellt doch das wesentliche Unterscheidungskriterium der Dichtung dar. Es stellt zugleich dar, was es ausdrückt und zwar so, daß es mit dem Gesagten in eins fällt und den Sinn in der Lautgestalt der Dichtung oder in ihrer Bedeutungsform sichtbar werden läßt oder aber in beiden, in der Lautgestalt sowohl wie in der Bedeutungsform. Dementsprechend wird neben der signitiven Sprache der Wissenschaft zwischen zwei verschiedenen mimetischen Sprachen der Sprachkunst unterschieden, deren eine in den poetischen Ausdruckswerten, deren andere in den fiktionalen Gestaltungsformen besteht.

Die verschiedenen sprachlichen Aussageweisen stehen sich nach Weidlé nicht in einander ausschließender Gegensätzlichkeit gegenüber, sondern sind als eine Art breites Spektrum mit graduellen Übergängen zu sehen, an dessen einem Ende die Sprache eines Pindar oder Hölderlin und an dessen anderem Ende die Sprache eines Euklid oder Boltzmann steht. Die Sprache eines Ranke oder eines Wölfflin liegt irgendwo dazwischen, aber weit näher der Redeweise Pindars, und zwar in der Mitte etwa zwischen Kunstprosa im engeren Sinn und der schriftlichen Umgangssprache. Dementsprechend haben Literaturtheoretiker bei der Abgrenzung literarischer von nichtliterarischen Phänomenen immer wieder das Bild eines konzentrischen Kreissystems benützt, um diese Übergänge sichtbar zu machen. Bei Max Wehrli[12] etwa lauten die Bezeichnungen der verschiedenen Sphären Sprache – Literatur – Schöne Literatur – Poesie. Bei Leo Pollmann[13] fehlt der äußerste Kreis, und der Sphäre der Literatur Wehrlis entspricht bei ihm die Basis, von wo aus sich die Kreise über die schöne Literatur zur Dichtung hin verengen.

Die eigentliche Grenzlinie zwischen literarischen und nichtliterarischen Sprachwerken wird im Praktischen von verschiedenen Theoretikern verschieden weit gezogen, wobei in allen Fällen lediglich die literarischen Eigenschaften der Sprache und nicht der ästhetische Wert das Unterscheidungskriterium bilden. Die einzig allenfalls mögliche Implikation von Werturteilen stellt der Ausschluß der reinen Trivialliteratur aus dem engeren Phänomen des ernsthaft Literarischen dar, wie ihn etwa Bateson[14] vornimmt. Sieht man von besonderen Extremfällen ab, etwa der besonders eng gefaßten Grenzziehung Benedetto Croces oder einer ebenso radikal weit gefaßten Abgrenzung, die eine ganze Reihe von Sachprosaformen einschließen möchte, so herrscht im allgemeinen Übereinstimmung über weitgehend objektive Zuerkennung dessen, was in den Bereich des Literarischen fällt und was nicht. Diese Grenzen sind im Praktischen gewissen Entwicklungen unterworfen, und in der letzten Zeit ist mehr denn je essayistische Prosa im weitesten Sinn in den Kreis literarischer Phänomene eingeschlossen worden, eine Entwicklung, für die im deutschsprachigen Raum die Anregungen Sengles[15] bezeichnend sind. Nicht alles, was sich Essay nennt, und nicht alles, was Autobiographie und Tagebuch, Reisebericht und Predigt, Dialog und Brief ist, fällt jedoch in den Bereich des Literarischen, sondern lediglich jene essayistische Prosa im weitesten Sinn, deren Aussageweise im wesentlichen mimetisch ist, während die Beispielsfälle jener Sachprosa derselben Gattungsformen mit signitiver Ausdrucksweise außerhalb des Literarischen liegen.

2. Das literarische Kunstwerk als Gefüge

Wenn die Literaturtheorie sich anschickt, das literarische Kunstwerk analytisch zu zerlegen, um seine einzelnen Elemente in ihrem Zusammenwirken sichtbar zu machen, dann erweist sich als das fruchtbarste Modell die Vorstellung von einem mehrschichtigen Gefüge. Wenn aber Wolfgang Kayser vom Gefügecharakter des sprachlichen Kunstwerks spricht oder Günther Müller[16] einfach von einem sprachlichen Gefüge, dann geht dies ebenso auf die grundlegende Arbeit Roman Ingardens[17] zurück wie die Darstellung Welleks,[18] der das literarische Werk als ein System von Normen beschreibt, das aus mehreren Schichten besteht, deren jede wiederum ihre eigene Untergruppe enthält.

Die erste Schicht im Sinne Ingardens ist die Schicht der sprachlichen Lautgebilde, welche den Ton sowohl wie die klanglichen und rhythmischen Qualitäten nicht etwa einzelner isolierter Worte, sondern größerer Gefüge in ihrem untrennbaren Zusammenhang mit der Bedeutung meint, von der her Reflexe auf die lautlichen Gestaltcharaktere zurückfallen. Durch die sprachlautliche Schicht wird nicht nur die Polyphonie des literarischen Werkes um eigene ästhetische Wertqualitäten bereichert und modifiziert, sondern diese

Schicht stellt zugleich die äußere, unentbehrliche Hülle für die zweite werkkonstituierende Schicht der Bedeutungseinheiten dar. Auch hier ergeben sich aktuelle und bestimmte Bedeutungen erst aus einem größeren Zusammenhang, in dem sich höhere Sinneinheiten zeigen. Der Umfang dieser Schicht geht über die Verständnisvoraussetzung der rationalen Seiten des Werkes weit hinaus und schließt vor allem das Wie der verschiedenen möglichen Darstellungsweisen von Sachverhalten ein. Die Sinneinheiten der Bedeutungsschicht führen damit zur Vorbestimmung der Mannigfaltigkeiten der Ansichten, in denen die dritte Schicht, jene der dargestellten Gegenständlichkeiten, zur Erscheinung gelangt. Diese Schicht umfaßt die meistens im Werk zuerst wahrgenommene «Welt» des Autors, die trotz gelegentlicher Ähnlichkeiten nicht mit der realen Welt verwechselt werden darf. Die dargestellten Gegenständlichkeiten können im Werk durch die Sachverhalte nur zur Schau gestellt, nicht aber zur anschaulichen Erfassung gebracht werden. Aus diesem Grund spielt der Faktor der jeweiligen Ansichten eine wichtige Rolle. Da es sich dabei nicht um die konkreten Ansichten, sondern lediglich um gewisse Schemata von ihnen handelt, unterscheidet Ingarden noch eine vierte Schicht: die der schematisierten Ansichten im Gefüge des Kunstwerks.

Nicolai Hartmann[19] hat noch mehr «Schichten» unterschieden, doch kann man auch weniger annehmen, und besonders die Schicht der «schematisierten» Ansichten wurde auch schon als ein Teil der dritten Schicht betrachtet. Zweifellos wird jedoch viel gewonnen, wenn man die sprachliche Schicht, die selbst wieder in eine Laut- und eine Bedeutungsschicht zerfällt, von der Schicht der dargestellten Dinge und Sachverhalte trennt. Sie fehlt oft weitgehend, aber wenn sie vorhanden ist, dann vollzieht sich hauptsächlich in ihr die Mimesis, die das Sprachwerk zum literarischen Kunstwerk macht. Northrop Frye[20] hat in diesem Zusammenhang das Sprachkunstwerk aus vier Symbolschichten zusammengesetzt dargestellt.

3. Das literarische Werk als Symbol

Obwohl man zum Zweck der Analyse einzelne Schichten des literarischen Kunstwerks unterscheiden kann, bildet die Struktur des Werkes doch eine einheitliche Ganzheit, und zwar nicht nur in vertikaler Richtung durch die integrale Verschmelzung der einzelnen Schichten miteinander, sondern auch in horizontaler Richtung durch die Ordnung der Aufeinanderfolge der Teile des Werkes. Ingarden[21] bezeichnet es als einen Bau von organischer Einheitlichkeit und warnt lediglich davor, den Begriff organisch wörtlich und nicht metaphorisch zu verstehen. Ein solch profundes Mißverständnis, das bereits auf eine ehrwürdige Geschichte in der Literaturtheorie zurückblicken kann, wird am besten durch Vermeidung des Organismus-Begriffes umgangen. Wesentlich geeigneter zur Umschreibung jener einheitlichen Ganzheit, die ein mehrschichtiges Gefüge einschließt, ist der Begriff des Symbols, den Ingarden nur darum nicht verwendet, weil er ihn viel zu eng faßt. Darum wurde auch immer wieder der Symbolcharakter des literarischen Kunstwerks hervorgehoben, von Vjaceslàv Ivánov[22] bis zu Gaston Bachelard[23] und von Philip Wheelwright[24] bis zu Käte Hamburger.[25] Hier gibt es allerdings wieder die Möglichkeit semantischer Mißverständnisse, denn mitunter ist der Symbolbegriff so weit gefaßt, daß er für den vorliegenden Zusammenhang fast bedeutungslos wird, etwa bei Wilbur Marshall Urban,[26] trotz wertvoller Beobachtungen über die Symbolform der Dichtersprache. Das Kernproblem hier ist weniger das Vorhandensein einzelner verschiedenartiger Symbole innerhalb bestimmter literarischer Werke als die symbolische Eigenschaft des Sprachkunstwerkes selbst als Ganzes. Die von Horst Oppels[27] morphologischer Literaturwissenschaft aufgeworfene Frage, wie sich Existenz im Symbolganzen des Dichtwerks verwirklicht, zielt ins Zentrum der vorliegenden Problemstellung, und auch hier war es Weidlé,[28] der im Chaos der Begriffsbestimmungen des Symbols im Hinblick auf die Frage nach dem literarischen Kunstwerk Ordnung geschaffen hat. Demnach bedeutet Symbol im literaturwissenschaftlichen Zusammenhang nicht, was es in der Regel bei den angelsächsischen Semantikern, den neupositivistischen Philosophen und den französischen und deutschen Linguisten bedeutet; nicht ein rein konventionelles, unmotiviertes, beliebig ersetzbares Zeichen, also ein rein signitives Zeichen, sondern es bedeutet Sinnbild wie schon bei Goethe, «die Sache selbst, ohne die Sache zu sein, und doch die Sache», eine zur Anschauung gebrachte intersubjektive Wirklichkeit des jeweils Gemeinten.

Während der Aspekt des Gefügecharakters die analytische Perspektive des literarischen Kunstwerks darstellt, steht der Symbolcharakter für die synthetische Perspektive, und für eine fruchtbare literaturtheoretische Arbeit sind beide Aspekte wichtig. Die phänomenologische Zerlegung in Schichten macht die einzelnen Aufbauelemente in ihrem Strukturzusammenhang einsichtig, der Symbolaspekt unterstreicht die wichtige Tatsache der einheitlichen Ganzheit des literarischen Werkes. Die synthetisierende Kraft der Verschmelzung mehrerer Schichten und verschiedener Aspekte, deren das Symbol fähig ist, hat im Fall des Sprachkunstwerks ja vieles zusammenzufassen. Abgesehen von den Schichten der Lautung, der Bedeutungseinheiten und der Gegenständlichkeiten vermag es dieser Symbolbegriff auch, die zwei Aspekte des Ahistorisch-Ontologischen und des Literarhistorischen zu vereinen, deren Verschmelzung Karl Tober[29] betont. Schließlich ist dieser Symbolbegriff besonders geeignet, die Stellung des literarischen Kunstwerks als seinsheteronomes ästhetisches Phänomen mit ontologischer Eigenwürde zu beschreiben, das aber dennoch mit der realen Welt zusammenhängt, aus ihr entsteht und auf sie zurückwirkt.

4. Konstituierende Qualitäten

Gewiß stellen Ingardens[30] Schichten bereits die konstituierenden Qualitäten des literarischen Kunstwerks dar, doch sollte diese höchst abstrakte Analyse durch konkretere Hinweise näher ausgeführt und ergänzt werden. Ingarden selbst tat einen ersten Schritt in diese Richtung, wenn er außerhalb seiner vier Schichten von den metaphysischen Qualitäten des literarischen Kunstwerks sprach, die nicht mit theologischen Vorstellungen identisch sind, sondern jene besonderen, nicht-alltäglichen Erlebniswerte bezeichnen, die dem Dasein besondere Richtung und Erhebung geben und die auch religiös sein können. Ein anderes Mal spricht Ingarden[31] vom opalisierenden und vielstrahligen Charakter der Sprache des literarischen Kunstwerks. Es sind dies Qualitäten des Kunstwerks, die es als Ausdruck besonderer Formen der Imagination ausweisen, wie sie Jean Starobinski[32] neuerdings untersucht hat. Probleme des Klanges, des Rhythmus, der Musikalität sind dabei ebenso wichtig wie jene der tatsächlichen Gefügestruktur und der Form, wie sie von Wolfgang Kayser,[33] Emil Staiger[34] und Rudolf Maier[35] behandelt worden sind. Walter Muschg[36] hat bei den Imaginationsformen zwischen magischer, mystischer und mythischer Phantasie unterschieden und hat demgemäß drei verschiedene Grundformen dichterischer Sprache dargestellt, die wohl auch mit drei grundsätzlichen Stilhaltungen zusammenhängen.

Die Einsicht in das Wesen der ganzheitlichen Einheit des sprachlichen Kunstwerks als eines eigenen Erkenntnisobjekts sui generis beantwortet die Frage nach dem Gegenstand der Literaturwissenschaft noch nicht vollständig. Denn obwohl man im konkreten Fall und zunächst immer vom einzelnen Werk in seiner Geschlossenheit auszugehen hat, stellt den vollständigen Gegenstand der allgemeinen Literaturwissenschaft doch die Gesamtheit aller mündlich oder schriftlich tradierten sprachlichen Kunstwerke dar, den Gegenstand der deutschen Literaturwissenschaft aber die Gesamtheit der deutschsprachigen Werke. Da einerseits immer neue Werke geschrieben oder entdeckt werden, andererseits immer Werke verlorengehen oder vergessen werden können, haben wir es nicht einmal vom Gegenstand her mit einem statischen, fest umrissenen Phänomen zu tun.

Dazu kommt, zumal in der literaturwissenschaftlichen Praxis, noch ein weiterer Umstand. Es zeigt sich nämlich, daß die jeweilige Grenzziehung zwischen Texten, die als literarisches Kunstwerk betrachtet werden, und solchen, die nicht als solches aufgefaßt werden, innerhalb bestimmter Kulturtraditionen und Zeiten so sehr wechselt, daß manche Theoretiker, wie etwa John M. Ellis,[37] die Definition überhaupt so weit relativieren wollen, daß es lediglich von der jeweiligen Akzeptierung durch die Gemeinschaft abhängt, was ein literarisches Kunstwerk ist und was nicht.

Nun besagt eine solche Verankerung an sich noch sehr wenig. Sie kann einfach, wie dies etwa Ingarden getan hat, zwischen dem künstlerischen Werk selbst als Abstraktum und dem durch Konkretisierung zum Leben gebrachten künstlerischen Gegenstand unterscheiden und das Hauptgewicht auf jenes legen. Bei Ingarden oder bei dem ihm vielfach verpflichteten, im übrigen vom russischen Formalismus herkommenden, israelischen Strukturalismus eines Benjamin Hrushovski[38] bedeutet dies nach wie vor die Ausrichtung auf das Werk selbst, während es bei anderen, etwa der zumeist eher extremen Haltung der rezeptionsgeschichtlichen Schule, wie Rainer Warning[39] sie trefffend charakterisiert hat, oder in Earl Miners[40] «Warnung vor einer ‹Objective Fallacy›», auf eine weitgehende Abwendung vom Werk als solchem und die Hinwendung zum Akt der Konkretisierung, mehr noch, zu den Akten der Rezeption hinausläuft.

Gewiß, auch die rezeptionsästhetische Schule ist keine homogene Einheit, und Wolfgang Isers[41] Idee vom impliziten Leser etwa führt eher zum literarischen Werk hin als von ihm weg. Auch der Strukturalismus, eine der heterogensten Erscheinungen in der Literaturtheorie, zu dem die rezeptionsästhetische Schule zumindest durch Hans Robert Jauss engere Verbindung unterhält, sieht den Leser als wichtigen, bedeutungserzeugenden Faktor an. Aber – und dies gilt zumindest von den bis jetzt relativ wenigen, literaturwissenschaftlich bedeutenden Beiträgen des Strukturalismus wie etwa demjenigen Jonathan Cullers,[42] – im Mittelpunkt steht hier die Bedeutung des Textes und damit der Text selbst. Denn Culler, der sich wenig um Linguistik und vorwiegend um Literatur kümmert und der die diesbezüglichen Einseitigkeiten und Schwächen von Jakobson, Greimas und Barthes schärfer analysiert und bloßgestellt hat als die anderen Kritiker, erklärt in seiner Definition des literarischen Werkes ausdrücklich, daß es nicht Kommunikation ist – wie in Isers Theorie vom impliziten Leser – noch Darstellung, sondern «eine Reihe von Formen, welche die Hervorbringung einer Bedeutung erfüllen helfen oder ihr widerstreben».

Auch die nachstrukturalistische Semiotik ist nicht so einheitlich in ihren Definitionsversuchen des literarischen Werkes wie man vielleicht anzunehmen geneigt wäre. Umberto Eco[43] geht von der textorientierten Auffassung Jakobsons aus, wonach sich die «ästhetische Botschaft» als «zweideutig strukturiert darstellt» und sich «auf sich selbst beziehend (autoreflexiv)» die «Aufmerksamkeit des Empfängers vor allem auf ihre eigene Form lenken will».

In verschiedenem Ausmaß beginnt sich das Hauptgewicht dann mehr und mehr auf den Empfänger, d.h. Leser zu verlagern. Bei Götz Wienold[44] ist dies vorsichtig im Konjunktiv formuliert. Nach ihm «könnte» die Literaturwissenschaft auf dem Weg sein «von einer Disziplin, die sich mit Werken oder Texten als Gegenständen» beschäftigt, zu einer Disziplin, die sich «mit Prozessen über Texte» befaßt. Ein derart dynamisierter oder strategischer Zeichenbegriff verlangt zunächst nur, daß zusätzlich zur Beschreibung von Texteigenschaften auf die «Zeichenbenutzer einer Sozietät» eingegangen wird, wodurch die «Rollen von Produzenten und Rezipienten oder die Rollen von verschiedenen Sorten von Rezipienten in Verarbeitungsprozessen von Zeichen und Zeichenagglomeraten» in den Vordergrund treten.

In Dieter Breuers[45] «pragmatischer» und das heißt in diesem Fall gleichfalls semiotischer Texttheorie liegt das Hauptinteresse bereits völlig auf der «historisch-sozialen Vermitteltheit und Funktionalität» der Texte. Aber dieses Abwenden vom Text selbst auf andere, gleichwohl mit ihm verbundene Gebiete, ist nicht die einzige mögliche Gefahr, die von der Semiotik droht. Dies zeigen besonders deutlich die Ausführungen Heinrich F. Pletts,[46] der von der am Beispiel der Romantik entwickelten Darstellung der vier Dimensionen der Literatur von M. H. Abrams[47] ausgeht, (Welt-Künstler-Werk-Publikum), um von ihr auf die breitere, allgemeinere Parallelsituation der allgemeinen Zeichenlehre der Semiotik zu schließen. Nicht, daß Grundideen semiotischer Art bereits viel älter sind als ihre systematische Zusammenfassung durch Charles Sanders Peirce, ist dabei das Interessante – Terence Hawkes[48] hat gezeigt, wie sich solche Ideen bis ins 18. Jh., ja bis Vico zurückverfolgen lassen –, sondern daß das literarische Modell in einem größeren und umfassenderen, nämlich dem semiotischen (wo für die Welt der Referent steht, für den Künstler der Sender, für das Werk der Code und für das Publikum der Empfänger), aufgeht. Das ist lediglich hilfreich und fruchtbar, wenn man die Semiotik als umfassende Zeichenwissenschaft, die *alle* «kulturellen Vorgänge ... als Kommunikationsprozesse untersucht» vor Augen hat, für welche die Literaturwissenschaft lediglich ein Teilsystem der literarischen Textzeichen darstellt, nicht aber wenn letztere im Mittelpunkt steht.

Dies muß jedoch nicht der Fall sein. Die bemerkenswerte Synthese von Paul Hernadi,[49] die sich strukturalistischer wie semiotischer und auch noch vieler anderer Aspekte bedient, um sie umgekehrt der Literaturwissenschaft dienstbar zu machen, bietet ein gutes Beispiel dafür. Bei ihm erscheint das literarische Werk ausgespannt zwischen der Abszisse einer rhetorischen Achse der Kommunikation und der Ordinate einer mimetischen Achse der Darstellung. Er geht durchaus von der Gegenstandsbestimmung Welleks aus, findet sich mit jener Ingardens in Übereinstimmung und nimmt von einem literaturwissenschaftlichen Standpunkt aus am Rande hinzu, was von neueren theoretischen Versuchen an brauchbaren und fruchtbaren Aspekten oder Ideen entwickelt wurde. In der fortschreitenden Entwicklung dieser Rand- und Kontrasterscheinungen wird sein Koordinatensystem zunehmend komplexer und differenzierter. Die zusätzlichen Aspekte kommen als neue Einzelkonstituenten hinzu, wobei jedoch das literarische Werk selbst unverändert als Gegenstand im Mittelpunkt bleibt. Dies aber wird zweifellos trotz aller vorübergehenden und noch so heftigen Infragestellungen die gediegenste und solideste Antwort auf die Frage nach dem Gegenstand der Literaturwissenschaft bleiben.

B. Das Ziel der Literaturwissenschaft

1. Doppelaspekte des Erkenntnisaktes

Das Ziel der Literaturwissenschaft besteht im Erkennen des literarischen Kunstwerks. Aus dessen vielschichtiger und komplexer Eigenart, die dennoch zur Einheit eines Symbolganzen integriert ist, ergibt es sich von selbst, daß seine Erkenntnisweise verschiedenartige Probleme aufwirft. Man konnte mitunter früher – und man kann noch heute – zwei extreme und einseitige Einstellungen dazu finden. Die erste geht von dem begreiflichen Wunsch aus, die Präzision naturwissenschaftlicher Methoden unverändert auf die Literaturwissenschaft zu übertragen; die zweite geht von der Einsicht aus, daß es die Literaturwissenschaft, im Unterschied zu den Naturwissenschaften, nicht mit dem Allgemeinen, Konkreten, experimentell Wiederholbaren zu tun hat, sondern mit Individuellem, Einmaligem und Besonderem, und folgert daraus, daß die einzig mögliche Erkenntnisweise eine höchst irrationale, nämlich intuitive sei, die ihre Evidenz in sich selbst trage. Die erste Ansicht wird gegenwärtig vor allem von einzelnen Vertretern der Linguistik, der Kybernetik, der Semiotik und der Soziologie geteilt. Jens Ihwe[1] etwa, ein Vertreter des Strukturalismus, der in der Literaturwissenschaft eine empirische Wissenschaft sehen möchte, will die allgemeinen Prinzipien der modernen Wissenschaftstheorie auf die Literaturwissenschaft angewendet wissen, wenngleich er schließlich einsehen muß, daß die Hoffnung auf eine exakte Literaturwissenschaft qua struktureller Linguistik nicht zu erfüllen ist. Helmut Kreuzer,[2] der von der Anwendungsmöglichkeit der Erkenntnismethoden mathematischer Informationstheorie auf die Literaturwissenschaft schrieb, war vorsichtig genug, nicht nur von den Möglichkeiten, sondern auch von den Grenzen einer solchen exakten Literaturwissenschaft zu sprechen. Der Soziologe Jürgen Habermas[3] etwa versucht, durch die Einführung des Begriffes der «Erfahrungen zweiter Stufe» empirische und exakte Erkenntnisweisen für die Geisteswissenschaften zu entwickeln, die auf diese Weise jedoch völlig soziologisiert würden. Die Literaturwissenschaft ist aber schon durch ihren Gegenstand, das seinsheterogene Phänomen des literarischen Kunstwerks, weder eine empirische noch eine Sozialwissenschaft, weshalb deren Erkenntnismethoden nicht einfach uneingeschränkt auf sie übertragen werden können.

Aus dieser Einsicht ließe sich die ebenso mögliche radikale Gegenposition ableiten, die allerdings in der Praxis heute kaum existiert, daß nämlich die einzig mögliche Erkenntnisweise des literarischen Werkes zuletzt auf einen schrankenlosen intuitiven Subjektivismus hinauslaufe. Eher schon gibt es Versuche, das Kunstwerk völlig von der kulturellen Umwelt, in der es entstand und auf die es zurückwirkt, zu isolieren und rein werkimmanente Deutung zu betreiben, was auf einem Verkennen des Symbolcharakters des literarischen Werkes beruht. Selbst bei Durchführung einer solchen Isolierung gibt es einzelne Teilbereiche, wie etwa die Metrik, innerhalb deren exakte mathematische Erkenntnismethoden überaus fruchtbar sein können. Das bedeutet aber, daß jede dieser extrem einseitigen Ansichten allein mit ihrem Totalitätsanspruch unhaltbar ist.

Die meisten Literaturtheoretiker, die sich mit dem Problem der Erkenntnismethoden beschäftigen, unterstreichen darum die Notwendigkeit zumindest eines Doppelaspekts der literaturwissenschaftlichen Erkenntnisweisen. Heselhaus[4] etwa spricht von Auslegung *und* Erkenntnis, Pollmann[5] von Deutakt *und* Feststellungsakt, Bloomfield[6] von wissenschaftlicher *und* existenzieller Kritik. Das heißt, daß das Erkennen des Sprachkunstwerks zumindest doppelschichtig ist und daß neben das wissenschaftlich exakte und unmittelbar verifizierbare Sammeln von äußeren Indizien innerliterarischer wie außerliterarischer Art ein Deutungsakt tritt, der völlig eine Angelegenheit des Subjekts oder der Persönlichkeit des Literaturwissenschaftlers ist, ohne deshalb notwendigerweise in schrankenlos subjektiven Relativismus ausarten zu müssen.[7] Es besteht kein Zweifel darüber, daß hierbei andere Kräfte als die des Verstandes eine wesentliche Rolle im Erkenntnisakt spielen, gleichgültig ob man dieses besondere künstlerische Einfühlungsvermögen nun mit Dilthey Intuition, mit Pascal «raison du coeur», oder mit Helmholtz künstlerisch-instinktive Induktion nennt.

2. Probleme der Hermeneutik

Man hat diesen Akt des Verstehens eines Sinnzusammenhanges und der Deutung künstlerischer Phänomene, der zur Umsetzung ins Begriffliche führt und überdies die individuelle Einmaligkeit des einzelnen Kunstwerks in überindividuelle Zusammenhänge und rationale Schemata einordnet, Hermeneutik genannt. Das Risiko des Irrtums ist bei dieser Kunstlehre des Ausdeutens und Verstehens sowie der Verständnisvermittlung natürlich groß, doch ist in vielen Fällen der literarischen Interpretation eine mittelbare Verifikationsmöglichkeit im nachhinein gegeben, worauf neuerdings Pollmann[8] hingewiesen hat.

Die Hermeneutik, die in ihrer neueren Form von Schleiermacher begründet, von Dilthey auf die Literaturwissenschaft übertragen und von Heidegger in der Zeitlichkeit des Daseins ontologisch begründet wurde, ist als spezifische literaturwissenschaftliche Erkenntnismethode zuletzt von Peter Szondi[9] und Ulfert Ricklefs[10] zusammenfassend dargestellt worden. Sie spielt in der Literaturkritik der westlichen Welt eine wichtige Rolle, wofür unter anderen René Wellek,[11] I. R. Richards[12] und William Empson[13] in den angelsächsischen Ländern und Paul Ricoeur[14] in Frankreich Zeugnis ablegen.

Wenn das literarische Kunstwerk in seiner Einheit so komplexe und anscheinend widersprüchliche Elemente zu einem Ganzen verschmilzt, so daß etwa Cleanth Brooks[15] die Sprache der Poesie als Sprache der Paradoxie und das Sprachkunstwerk als Paradox bezeichnen konnte, dann ist es nicht weiter überraschend, daß auch von der Erkenntnisweise her die rein logischen und exakten Methoden allein rasch an ihren relativ eng gezogenen Grenzen anlangen, wenn sie auf das Sprachkunstwerk angewendet werden, während die Methode des logisch unerlaubten hermeneutischen Zirkels erstaunliche praktische Ergebnisse zeitigt. Es ist besonders der hier als Symbol definierte Ganzheitscharakter des literarischen Kunstwerks, der das Funktionieren dieses Zirkelverfahrens verständlich macht. Der Akt des Erkennens eines literarischen Kunstwerks setzt ein wie immer geartetes Verständnis des Ganzen voraus, das nur durch das Verstehen des Zusammenwirkens der einzelnen Elemente sichtbar gemacht werden kann, welches wieder zum Verständnis des Ganzen zurückführt. Dabei ergibt es sich von selbst, daß ein wirkliches Verstehen der besonderen Eigenart und Funktion der einzelnen Elemente vom Verständnis des Zusammenhanges des Ganzen abhängig ist und daß nur jenes Zirkelverfahren, das vom Ganzen auf das Einzelne und wieder zurück schließt, zu fruchtbaren Einsichten führen kann. Das Gleiche gilt natürlich auch für das Verstehen größerer ganzheitlicher Zusammenhänge, die sich auf ganze Gruppen von literarischen Werken beziehen, wie ewa den Individualstil, die Gattungsstrukturen oder den Periodenstil.

Trotz der individuellen Eigenart des einzelnen literarischen Kunstwerks und trotz der ganzheitlichen Geschlossenheit seines Charakters steht es keineswegs isoliert, und für das Erkennen des einzelnen Werkes ist oft das Verständnis bestimmter Züge größerer Zusammenhänge erforderlich. Von Aristoteles bis René Wellek ist immer wieder darauf hingewiesen worden, daß das literarische Kunstwerk nicht nur individuell, sondern auch allgemein ist. Wellek,[16] Collingwood,[17] Sorokin[18] unterscheiden darum genauigkeitshalber zwischen Individualität und völliger Einzigartigkeit und sprechen dem Sprachkunstwerk nur die erstere Qualität zu. Gewisse Verallgemeinerungen sind nicht nur möglich, sondern sogar notwendig, denn nur aus der Einsicht in Gleichartigkeiten einerseits und Kontraste andererseits läßt sich ein Verständnis sowohl für die besonderen Eigenarten des einzelnen Werkes wie für die Gemeinsamkeit größerer, überindividueller Zusammenhänge gewinnen. Auch hier wirkt die Zirkelstruktur des Verstehens fruchtbar, da von jeweils größeren Zusammenhängen auf das einzelne Werk und wieder zurück geschlossen wird und eine gegenseitige Abhängigkeit von Einzelnem und Ganzem dem Verstehensprozeß zugrunde liegt.

Der gesamte Verstehensprozeß ist jedoch vielschichtig, da in jedem Interpretations- oder Darstellungsvorgang Deutungselemente aus mehreren Primärzusammenhängen kombiniert werden, die jeweils wechseln können: parallele oder widersprechende aufhellende Textstellen, Hinweise des Autors, Belege ästhetischer Zusammenhänge umfassenderer Art, biographische Zeugnisse usw., die alle wieder selbst durch Sinndeutung und Verstehen bestimmter Bedeutungszusammenhänge gewonnen worden sind.

Trotz dieser Vielschichtigkeit bezieht sich dies alles nur auf einen Aspekt des hermeneutischen Zirkels, der in einem verschiedenen Sinn gleichfalls einen Doppelaspekt besitzt. Bis jetzt wurde nur auf den «philologischen Zirkel» hingewiesen, der das Erkenntnisobjekt im Auge hat, der aber notwendig und untrennbar mit dem Zirkel der Geschichtlichkeit des Verstehens verbunden ist, der sich auf das Erkenntnissubjekt hin richtet. Dieser zweite Aspekt des hermeneutischen Zirkels bezieht sich nicht auf die selbstverständliche und in verschiedenen Fällen verschieden weit gehende notwendige historische Deutung des Kunstwerks aus seinem geschichtlichen, ästhetischen wie aus seinem sozialen Realitätszusammenhang heraus, sondern er bezieht sich auf die Geschichtlichkeit des deutenden Kritikers. Der Text des Kunstwerks ist dieser Geschichtlichkeit gegenüber ebenso autonom wie dem Erlebnis und den Intentionen des Schaffensprozesses gegenüber. Die Kenntnis der jeweiligen Zusammenhänge dieser Art kann für das Verstehen förderlich sein, kann jedoch nicht die Autonomie des Werkes aufheben, das als Bedeutungsganzes für sich steht. Auf dieses ist das verstehende Bewußtsein von vornherein bezogen und realisiert es nicht erst durch den einfühlenden Nachvollzug von Erlebnissen. In diesem Zusammenhang ist die Vorstellung

Schleiermachers[19] vom Verstehen als Umkehrung des Schaffensprozesses ebenso unrichtig, wie es eine psychologische Deutung von Batesons ästhetischem Zyklus als literarische Erkenntnismethode wäre.

Die Vertiefung des Erkenntnisaktes als Aufgabe des Verstehens und damit die Nötigung zu literaturwissenschaftlich relevanter Interpretation ist nicht nur eine durch die Entwicklung der Literaturwissenschaft immer dringlicher werdende Forderung, sondern, in der neueren Zeit eines erwachten historischen Bewußtseins und eines Abnehmens des selbstverständlichen Begreifens einer Literatur, deren bedeutendste Beispielsfälle recht hermetischen Charakter aufweisen, eine bittere Notwendigkeit. Bedeutende Literaturkritiker von Staiger[20] bis Holthusen[21] haben auch immer wieder auf die Hermeneutik hingewiesen. Dennoch hat die Literaturwissenschaft bis jetzt die systematische Ausarbeitung einer hermeneutischen Theorie der Philosophie überlassen [22] und ist es bis jetzt zu einer systematischen Hermeneutik des Poetischen kaum gekommen. Den ersten systematischen Beitrag einer hermeneutischen Erkenntnistheorie der Literaturwissenschaft hat E. D. Hirsch geliefert.[23]

3. Der phänomenologische Beitrag

Eine ausführliche literarische Erkenntnistheorie wurde bis jetzt nur von phänomenologischer Seite, und zwar von Roman Ingarden,[24] vorgelegt. Obwohl der Begriff Hermeneutik nicht gebraucht wird, entspricht doch die Husserlsche Ausgangsbasis der Korrelation von Erkenntnisweise und Erkenntnisgegenstand ganz der hermeneutischen Tradition.[25] Auch hier zeigt sich zunächst ein Doppelaspekt des literarischen Erkennens in seiner aktiv nachschöpferischen Funktion, und zwar bezieht sich der eine Aspekt auf die vertikale Schichtung und ist demnach für sich bereits aus mehreren, heterogenen, jedoch miteinander verbundenen Funktionen zusammengesetzt, während sich der zweite Aspekt auf die horizontale Schichtung des zeitlichen Nacheinanders bezieht. Der Unterschied zwischen dem Verstehen eines nichtliterarischen und eines literarischen Sprachwerks wird systematisch dargelegt. Der letztere Akt besteht aus drei ineinander verschmelzenden Abwandlungen der Erfassung des Werkes: dem vorästhetisch betrachtenden Erkennen, dem ästhetischen Erleben und dem betrachtenden Erkennen dieser Konkretion in ihrer werthaften Gestalt.

Ingarden hat für den Akt des Erkennens des literarischen Kunstwerks vieles erfüllt und verwirklicht, was die hermeneutische Tradition vor ihm versprochen und angestrebt hat, besonders in ihrem philologischen Zirkel. Er hat, differenzierter und weiterreichend als es jemals vorher geschah, eine Erkenntnistheorie entwickelt, die vom Erlebnisakt der ästhetischen Konkretion mit ihren sich rapid vollziehenden Erleuchtungsakten, die nicht beliebig hervorzurufen sind, bis zur analytisch-funktionalen Untersuchung alle notwendigen Aspekte zusammenfassend sichtbar macht, um dem Verstehensakt eines so komplexen Gebildes wie dem literarischen Kunstwerk gerecht zu werden.

Das Problem, das dabei etwas zu kurz kommt, ist in der hermeneutischen Terminologie der Zirkel der Geschichtlichkeit des Verstehens. Anstatt den Mittelweg zwischen den beiden Extremen eines erkenntniskritischen Absolutismus einerseits und eines grenzenlosen historischen Relativismus andererseits zu gehen, hält sich Ingarden etwas zu nahe am ersteren Extrem.[26]

Eine Geschichtlichkeit des Verstehens, die der Geschichtlichkeit der Gegenstände entspricht und die bei Ingarden nur so gesehen wird, daß mitunter ganze Lesergenerationen ein Werk verfehlen, spielt eine bedeutende Rolle für das Selbstverständnis des literarischen Erkennens, das in die historische Entwicklung des Lebens eingebettet ist und durch die jeweilige Gegenwart und ihre Interessen motiviert wird.

Ein anderes Problem, das in der Erkenntnistheorie Ingardens weitgehend ausgeklammert und an anderer Stelle behandelt wird, ist das Problem der Wertung. Es wurde jedoch von Wellek[27] und seither immer wieder bestritten, daß eine wirkliche Trennung des Verstehens- und Wertungsprozesses überhaupt möglich sei.

Schließlich aber, und dies stellt die schwächste Seite des ansonsten bahnbrechenden Werkes Ingardens dar, liegt seine Stärke wie seine Schwäche in seinem abstrakt-theoretischen Charakter. Die praktischen Beispiele sind oft weniger treffend als die Theorie, die sie illustrieren sollen; und die Einheit der verschiedenen literaturwissenschaftlichen Zweige wurde nicht umsonst immer wieder mit Nachdruck als unabdingbar gefordert: von der Hermeneutik als Teil ihrer Frage innerhalb der Ganzheit von historischer Interpretation, Poetik und Ästhetik; von Wellek als die Einheit von Literaturtheorie, praktischer Literaturkritik und Literaturgeschichte.

Die «häretische» Gefahr der Literaturwissenschaft, im Hinblick auf den Erkenntnisakt wie auf den Gegenstand, ist es demnach, den Teil für das Ganze zu nehmen, sei es in der Verstehensweise, sei es im einzelnen Kunstwerk, in dem statt seiner Ganzheit nur bestimmte Elemente oder Schichten gesehen werden, sei es schließlich, im Hinblick auf den Gesamtgegenstand der Literaturwissenschaft, die Literatur schlechthin, über die man immer zu schiefen Urteilen gelangen wird, solange man nur eine national oder zeitlich oder sozial oder wie auch immer abgegrenzte Gruppe von Werken vor Augen hat. In diesem Sinn verstanden, hat Northrop Frye[28] eine gewichtige Unterscheidung getroffen, wenn er als echte Kritik jene bezeichnet hat, die auf das Verständnis der Gesamtheit der Literatur hinzielt. Die Vertreter einer «allgemeinen» Literaturwissenschaft haben seit jeher ein solch umfassendes und universales Objekt und Ziel vor Augen gehabt.[29]

4. Rezeptionsästhetische, soziologisch orientierte und Synthese-Versuche

Seit dem Erscheinen der beiden bisher wichtigsten Bücher über literaturwissenschaftliche Epistemologie, nämlich E. D. Hirschs mehr praktisch orientiertem und hermeneutisch begründetem und Roman Ingardens mehr theoretisch orientiertem und phänomenologisch begründetem, sind eine ganze Anzahl von neuen Ansätzen, Richtungen und Versuchen im Hinblick auf besondere literaturwissenschaftliche Erkenntnisweisen entstanden, die zum Teil einzelne neue Perspektiven erschlossen, zum Teil auch von den Hauptproblemen eher wegführten, denen fast durchwegs in keiner Beziehung die zusammenfassende und grundlegende Bedeutung der Werke Hirschs und Ingardens zukommt und die dennoch gewisse Beiträge zum Thema leisteten.

Manche dieser Beiträge entstanden in bewußtem Gegensatz zu hermeneutischen oder phänomenologischen Grundhaltungen, manche knüpften indessen auch an die eine oder andere dieser Richtungen an und verbanden ihre Ergebnisse mit anderen. Paul Ricoeur[30] etwa hat, von einer hermeneutischen Phänomenologie[31] ausgehend, durch seine linguistische Orientierung auch strukturalistische Züge in seinem Werk verarbeitet, das längst in die Literaturwissenschaft Eingang gefunden hat.[32] Ausgehend von Ricoeur hat Michel van Esbroeck seinen hermeneutischen Strukturalismus entwickelt, der zwar rein theologisch orientiert ist, dessen Hauptergebnis jedoch, Texte nach vier Seiten hin zu untersuchen, nach der historischen, der allegorischen, der tropologischen und der anagogischen, unschwer für die Literaturwissenschaft adaptiert werden könnte.[33]

Was die strukturalistische Position betrifft, so hat einmal einer ihrer bedeutendsten Vertreter, Michel Foucault erklärt: «Strukturalismus ist eine Kategorie, die für die anderen existiert, die es nicht sind.»[34] Wie weit diese Widersprüchlichkeit innerhalb des strukturalistischen Lagers geht, zeigt besonders nachdrücklich der Umstand, daß etwa Manfred Titzmann seiner *Strukturalen Textanalyse* wohl als ein Motto den Ausspruch von Claude

Lévi-Strauss vorangestellt hat: «Der Strukturalismus bietet den Humanwissenschaften ein epistemologisches Modell von unvergleichlicher Stärke, gemessen an all jenen, über die sie vorher verfügten», um dann jedoch selbst seine Ausführungen im Hinblick auf erkenntnistheoretische Probleme auf einige handfeste und simple, praktische «elementare Interpretationsregeln» zu beschränken[35] und im übrigen in einem einzigen Satz[36] auf die gerade in dieser Hinsicht auch nicht sehr ergebnisreichen Arbeiten zweier Linguisten zu verweisen.

Ähnlich problematisch liegen die Verhältnisse, was Jürgen Habermas betrifft, der sich um 1971 von einer epistemologischen Kritik technokratischer Forschungsinteressen und von praktisch orientierter Analyse der sozialen Verhältnisse abwandte, um eine an J. R. Searle orientierte kommunikationsbezogene Soziologie zu entwerfen,[37] innerhalb deren er eine Typologie der allgemeinen Intentionen beziehungsweise Wirkungen sprachlicher Kommunikation aufstellte. Abgesehen von grundsätzlicher Kritik, welche Siegfried J. Schmidt[38] daran übte, muß vor allem im Hinblick auf die literaturwissenschaftliche Anwendung gesagt werden, daß diese vier Klassen von möglichen Sprechakten viel von ihrer illokutiven Kraft verlieren, wenn sie in einen seinsheterogenen, literarischen Rahmen gestellt werden und daß dieser Verlust an pragmatischer Kraft dazu führt, daß diese Sprechakte innerhalb von Literatur die Aufmerksamkeit des Lesers auf die lokutiven Akte selbst und auf deren perlokutive Wirkungen lenken, wie Richard Ohmann[39] ausgeführt hat.

Sofern man die Theorie von der Erkenntnisweise und Konkretisierung von Literatur durch einen Kommunikationsprozeß als besonderes erkenntnistheoretisches Problem auffaßt, so haben alle diesbezüglichen Theorien gemeinsam, daß sie das literarische Werk als Text sehen innerhalb eines Prozesses der Nachrichtenübermittlung, in dem dieser Text als Mitteilung figuriert. Diese Haltung allein impliziert bereits eine unzulässige Partialität der Ergebnisse, da das literarische Werk zugleich mehr und weniger als eine solche Mitteilung sein kann. Zusätzliche Elemente im Kommunikationsprozeß sind dann neben demAutor und dem Leser der Code oder die Codes, die beiden gemeinsam sind oder sein sollen.

Hierher gehören die hochformalisierten und mehr linguistisch als literarisch relevanten textgrammatischen Modelle von Siegfried J. Schmidt, dessen Texttheorie von kommunikativen Handlungsspielen als Basis ausgeht,[40] oder Dieter Breuers Ausführungen zur Theorie des Kommunikationsvorgangs.[41]

Von besonders weitreichendem, internationalem Einfluß sind die epistemologischen Arbeiten von Michel Foucault, und da er sich mitunter literarischer Beispiele bedient, wie etwa seine hervorragende Analyse des Don Quijote oder seine Ausführungen über Hölderlin[42] zeigen, hat er auch in der Literaturwissenschaft[43] wesentlichen Einfluß gehabt. Dennoch bleibt er auch in seiner Epistemologie, die sich gegen jegliche transzendentale Ausgangsposition und zugleich gegen alle einsträngig gegenwartsbezogenen Direktansprüche von Objektivität stellt, ob sie nun vom Neupositivismus, von der Phänomenologie oder von der Geschichtsphilosophie herkommen, der geschichtlich orientierte Ideenhistoriker, was einen großen Unterschied zum Literaturhistoriker macht.[44] Wie Lévi-Strauss Anthropologe bleibt, auch wenn er über Literatur schreibt und Roman Jakobson Linguist bleibt, auch wenn er über Literatur schreibt, so bleibt Foucault Ideenhistoriker.

Von den älteren deutschen Vertretern ideengeschichtlicher Richtung unterscheidet sich Foucault darin, daß sein Denken nicht in Hegel, sondern in Marx und Nietzsche gründet und daß er, im Unterschied zu manchen von jenen, nicht eine mehr oder weniger säkularisierte Metaphysik erstellt, sondern eine Ontologie der Diskontinuität. Seine literaturwissenschaftliche Bedeutung liegt denn auch mehr in jenen Beispielfällen begründet, in denen Literarhistoriker, wie etwa Edward W. Said,[45] seine Ideen in ihren literarischen Kontext einbauen, was naturgemäß mehr kulturkritischen und kulturgeschichtlichen Hintergrund abgibt als literarische Zusammenhänge.

Dem französischen Strukturalismus benachbart, wenn nicht in einzelnen Zügen verwandt, ist die deutsche rezeptionsgeschichtliche Schule, die gerade im Hinblick auf epistemologische Probleme, wenngleich in einseitiger Weise, auf einen neuen Aspekt hingewiesen hat. Steht doch im eigentlichen Zentrum der Ideen von Hans Robert Jauss die «hermeneutische Differenz zwischen dem einstigen und dem heutigen Verständnis des Werkes.»[46] Nicht die praktischen Methoden der möglichen Objektivierbarkeit des jeweiligen Erwartungshorizonts in Geschichte und Gegenwart sind dabei hier von Interesse, sondern die zugrundeliegende epistemologische Theorie. Diese wurde bis jetzt innerhalb der rezeptionsgeschichtlichen Schule am weitesten von Wolfgang Iser vorangetrieben.

Schon in seinem frühen Vortrag über *Die Appellstruktur der Texte,*[47] der wie die kommunikationstheoretischen Arbeiten von einer Kritik der herkömmlichen Hermeneutik ausgeht, nimmt das epistemologische Problem einen wichtigen Raum ein. Die Ingardensche Unterscheidung zwischen dem literarischen Werk selbst und dem durch seine Konkretisierung kostituierten ästhetischen Gegenstand aufnehmend, legt Iser sein gesamtes Augenmerk auf den letzteren. Dies führt ihn einerseits zu bemerkenswerten Ergebnissen:

Etwa daß das Gelesenwerden ein wichtiges Element der Struktur des Textes ausmacht, oder daß die aus dem Text erweisbare Bedeutung von diesem koordiniert wird, jedoch in einer Form, die vom Leser selbst erzeugt wird; schließlich aber, daß wir aus der Semiotik wissen, daß das Fehlen eines einzigen Elements innerhalb eines Systems bedeutsam ist und daß dies, auf den literarischen Text übertragen, bedeutet, daß das wichtigste seiner Elemente ungesagt bleibt, da er in der Regel seine Intention nicht ausformuliert. Die durch den Rezipienten zu füllenden, daraus resultierenden Leerstellen Isers, die sich weitgehend mit Ingardens Unbestimmtheitsstellen überdecken, bilden ein zentrales Anliegen seiner Theorie.

Dies führt andererseits zu einer so total relativierenden Haltung subjektiver Rezeptionen, daß sie wissenschaftlich einfach unbefriedigend ist. Denn für die Füllung der Leerstellen im besonderen wie für die Rezeption des Werkes im allgemeinen gilt für ihn, daß es eine bestimmte Bedeutung des Textes einfach nicht gibt, und das einzige epistemologische Problem besteht in der Beantwortung der transzendentalen Frage nach den Bedingungen der Möglichkeit, durch die Konkretisierung des Textes Bedeutungen aus ihm hervorzubringen. Die Frage nach einem Maßstab für richtiges oder falsches Verständnis angesichts mehrerer verschiedener Textverständnisse, – die Hauptfrage in den erkenntnistheoretischen Büchern von Hirsch wie von Ingarden – wird nicht gestellt.

Wollte man beim frühen Iser eine Möglichkeit in der Richtung auf richtige oder falsche Einsicht stellen, dann müßte man – was von ihm unterlassen wird – untersuchen, welche Grenzen sein «Spielraum von Aktualisierungsmöglichkeiten» hat und wo sie liegen. Aber die Antwort auf eine solche Frage ließe sich natürlich nur durch genauere Betrachtung des Werkes selbst erstellen, das aus seiner funktionalistischen Betrachtungsweise, die nur Rezipient und Rezeptionsakt sieht, verschwunden ist.

Später hat Iser seinen Standpunkt in dem Buch *Der Akt des Lesers*[48] wesentlich differenziert und modifiziert. Zwar steht nach wie vor eine Analyse des Rezeptionsaktes im Vordergrund und bildet den epistemologischen Hauptteil eine überaus eingehende und interessante «Phänomenologie des Lesens», aber das Werk selbst hat doch fast die Bedeutung wiedergewonnen, die es schon vor den rezeptionsgeschichtlichen Arbeiten hatte, und die Wirkung des Werkes ist für Iser nun weder ausschließlich im Text, noch ausschließlich im Leserverhalten zu fassen, sondern in einer Interaktion von Text und Leser.

Allerdings geht er bei der Erklärung dieser Interaktion nicht von der Einsicht in die Intentionalität des Bewußtseins und der Idealität der Bedeutungseinheiten aus, sondern von einer Art Psychologismus, vor allem den sozialpsychologischen Untersuchungen von Edward E. Jones und Harold B. Gerard. Dazu mißt er besondere Bedeutung nicht nur der Konkretisierung der positiven Stellen, sondern vor allem den Leerstellen und Negationen des Textes zu, durch welche die der Asymmetrie von Text und Leser entspringende Konstitutionsaktivität eine bestimmte Struktur gewinnt, die den Interaktionsprozeß aussteuert.

Nun mag Iser zweifellos recht haben, wenn er, zumal in neuerer Literatur, den Leerstellen mehr Gewicht zuschreibt als Ingarden seinen Unbestimmtheitsstellen. Die wesentliche Scheidung der Geister im Hinblick auf die epistemologischen Schlußfolgerungen bleibt jedoch unverändert: Nach wie vor klammert Iser das von Ingarden behandelte Problem richtiger und falscher Konkretisierungsbegriffe aus und wirft ihm vor, daß sein Konkretisierungsbegriff nicht die Interaktion zwischen Text und Leser bezeichnet, sondern die Aktualisierung der vom Text parat gehaltenen Ansichten im Lektürevorgang, und daß er damit anstatt eines reziproken Verhältnisses ein unilineares Gefälle vom Text zum Leser meine. Hier wird jedoch weitaus klarer, was Iser im Sinn hat, als was Ingarden meint, denn ernsthaft kann es keine echte Konkretisierung geben, die nicht reziprok wäre. Die unilineare Einseitigkeit ist tatsächlich auf Isers Seite, der den Text weitgehend ausklammern und alles Augenmerk auf den Lektürevorgang allein richten möchte, wodurch er sich der Möglichkeit begibt, inhaltliche wie formale Gegebenheiten des Textes genau genug zu prüfen, um die im Text selbst liegenden Bedeutungen zu erhellen.

Selbst und gerade im Hinblick auf Rezeptionsprobleme sind daher Jauss und seine Schule wiederholt kritisiert worden und wurde versucht, andere Wege einzuschlagen. Eine Art Syntheseversuch, der in epistemologischen Fragen auf Rezeptionsprobleme bezogen den hermeneutischen Ansatz Gadamers mit Einsichten des Prager Strukturalismus, besonders Karel Kosiks und Jan Mukařovskys, verbindet, hat in engstem Rahmen Erika Fischer-Lichte zu erstellen unternommen. Danach soll die Bewegung der hermeneutischen Reflexion vom Rezipienten zum Werk, vom Werk zum Produzenten und damit zu den seine Wirklichkeit konstituierenden Faktoren, vom Produzenten zurück zum Werk und wiederum zum Rezipienten und so fort verlaufen.[49]

Zweifellos haben die Vertreter der rezeptionsgeschichtlichen Schule und besonders Iser eine Reihe von neuen Einsichten im Hinblick auf die Phänomenologie des Leseaktes und die Konstitutionsaktivität des Konkretisierungsvorgangs geleistet. Andererseits haben sie ebenso zweifellos ein Zerrbild der hermeneutischen Tradition aufgerichtet, um sie besser attackieren zu können. Diese hermeneutische Tradition ebenso wie die philosophische Phänomenologie vornehmlich Ingardens haben den Vorzug, vom Werk selbst als einem intentionalen Gegenstand und einer Gegebenheit auszugehen und auf dieses als Hauptkriterium im Erkenntnisakt immer wieder zurückzuprojizieren.

Der möglichen Gefahr vom Verlust des Werkes als Mittelpunkt entspricht in der Semiotik etwa eines Umberto Eco[50] die parallele mögliche Gefahr vom Verlust des literarischen Zeichensystems als Mittelpunkt durch das Aufgehen in und die Hinwendung zu einem größeren, umfassenderen System. Der Erkenntnisakt wird hier als Transaktionsverhältnis gesehen, nicht unähnlich der Interaktion Wolfgang Isers, wobei nicht durch einen Isomorphismus zwischen transzendentalem Subjekt und statisch gegebenem Objekt eine bestimmte Konfiguration von Elementen erfaßt werden kann, sondern wobei der fluktuierende Prozeß einer Strukturationstätigkeit stattfindet, in dem die Strukturen kraft einer Dialektik Gestalt gewinnen, die sich in aufeinanderfolgenden Einsichten ständig erneuert und wieder ins Gleichgewicht bringt. Dabei mögen Erkenntnisobjekt wie Subjekt durch den Erkenntnisprozeß verändert werden, um die Erkenntnis zu ermöglichen.

Dieser offene Prozeß von Kommunikationserscheinungen, in dem die Botschaft je nach den Codes variiert, die selbst wiederum verschieden funktionieren können, wodurch das ganze Zeichensystem sich ständig in einem Zustand als *Semiose in progress* umstrukturieren kann, stellt lediglich die andere Komplementärhälfte zur Beschreibung der einzelnen, «geschlossenen» semiotischen Systeme dar. Das heißt, daß der offene Erkenntnisprozeß nur als Aufeinanderfolge von geschlossenen und formalisierten Welten identifiziert werden kann.

Hier liegt die potentielle Gefahr der Semiotik für eine autonome Literaturwissenschaft, denn das literarische Zeichensystem muß zwar nicht, kann jedoch durch seine Einbettung in ein größeres, allgemeines Zeichensystem einen Wandel durchlaufen, der einerseits zwar seine inneren und äußeren Zusammenhänge klären helfen mag, andererseits jedoch eine unstatthafte Reduktion auf außerliterarische Kräfte und Gebiete bedeutet.

Der wohl interessanteste und bedeutendste neuere Syntheseversuch einer literaturwissenschaftlichen Epistemologie stammt von Christoph Eykman.[51] Er umgreift ein weites Spektrum, das von der traditionellen Hermeneutik von Schleiermacher bis Gadamer und dem Problemkreis des Historismus einerseits bis zu literaturwissenschaftlich relevanten Aspekten der Linguistik, der strukturellen Textsemantik eines Algirdas J. Greimas, den Ansätzen zu einer utopischen generativen Poetik Teun A. van Dijks und der Semiotik andererseits reicht. Die gemeinsame und zentrale erkenntnistheoretische Basis, auf der alle älteren Methoden der Interpretation wie neueren Methoden der Textanalyse gleicherweise aufbauen und welche die epistemologische Voraussetzung literaturwissenschaftlichen Erkennens darstellt, bildet dabei die Phänomenologie als eidetische Wissenschaft und besonders die noetisch-noemische Korrelation Husserls, die deren Erkenntnistheorie zugrundeliegt.

Natürlich nimmt bei Eykman die Anwendung von Gedanken Husserls auf die Literaturwissenschaft wie deren entsprechender Weiterentwicklung durch Ingarden eine besonders zentrale Position ein. Da ist zuerst sein Hinweis darauf, daß der einzelne Bewußtseinsakt (Husserls Noesis) niemals isoliert ist, sondern immer über sich hinausweist. Was demnach an einem literarischen Werk als geistiges Prinzip bloßgelegt werden kann, offenbart zugleich seine Vorläufigkeit und Unabgeschlossenheit und setzt sich durch sein Über-sich-Hinausweisen in Beziehung zum dadurch überholten, aber auch in seinen Eigenkonturen profilierter gewordenen Bedeutungsstand des Werkes, von dem ausgegangen wurde.

Ferner ist da der Vergleich von realer Gegenstandswahrnehmung mit der literarisch-fiktiven Evozierung von raumzeitlichen Dingen. Obwohl in beiden Fällen die Erfassung nur ausschnitthaft ist, kann man die Sachverhalte oder Aspekte des Betrachtens und Erkennens des Dargestellten unendliche Male wechseln, so daß die Auffassung des Werkes oder zumindest der in ihm dargestellten Gegenstände immer reicher wird.

Da ist schließlich die Problematik der «Unbestimmtheitsstellen» im literarischen Werk, die von Eykman nicht im Sinne Isers, sondern Ingardens gesehen wird. Da sind schließlich, abgesehen von den Darstellungen epistemologischer Grundlagen verschiedener Interpretationsmodelle, die Ausführungen über den Bestimmtheitsgrad und die Bedeutungstypik literarischer Texte. Es mag kein Zufall sein, daß dieser fruchtbare Beitrag von der Phänomenologie Husserls und Ingardens herkommt.

II. METHODENLEHRE

A. Voraussetzungen der Methodenlehre

1. Philologische Voraussetzungen

a) Sprachverständnis der Texte

Die Methodenlehre oder Methodik einer Wissenschaft ist die Lehre von den praktischen und theoretischen Wegen und Mitteln, mit deren Hilfe sie ihr Ziel anstrebt. Im Fall der Literaturwissenschaft empfiehlt es sich, zur Klärung der Sachlage zwischen den Methoden eigentlicher literaturwissenschaftlicher Arbeit und solchen, die lediglich die Voraussetzung dieser Arbeit bilden, zu unterscheiden. Diese Funktion als Voraussetzung sollte hinreichend sein, die Stellung dieser Methoden zu klären und kontroverse Meinungen darüber verhindern zu helfen. Sie sind zwar nicht die eigentlichen, zentralen, literaturwissenschaftlichen Methoden, sie sind aber nicht nur wichtig, sondern stellen die unabdingbare Voraussetzung literaturwissenschaftlicher Arbeit dar. Die extremen Haltungen, die sie entweder bagatellisieren und zum Teil sogar ganz ausschließen oder umgekehrt, mitunter mit Ausschließlichkeitsanspruch, in den Mittelpunkt literaturwissenschaftlichen Bemühens stellen wollen, sind darum gleichermaßen verfehlt.

Die wichtigste dieser Voraussetzungen ist die linguistische Klärung des primären Wortsinns eines literarischen Kunstwerks. So wichtig aber diese Voraussetzung auch ist, so hat Hugo Friedrich[1] doch darauf hingewiesen, daß damit nicht einmal die gesamte Erfassung des Gehalts gegeben ist, von Gestaltproblemen ganz zu schweigen. Die Forderung mancher Linguisten, darunter so bedeutender wie Roman Jakobson,[2] die literaturwissenschaftlichen Bestrebungen um literarische Strukturen zu einer Unterabteilung der Linguistik als der umfassenderen Disziplin zu machen, kann darum nur so verstanden werden, daß es sich dabei nur um die Erfassung der rein linguistischen Schichten im literarischen Kunstwerk, und dies obendrein in einem wertfreien Sinn, handelt. Denn wie Michael Riffaterre[3] erklärte, kann keine grammatische Analyse eines Gedichts mehr bieten als eben nur die Grammatik des Gedichts, weshalb F. W. Bateson bei seiner Beschreibung literaturwissenschaftlicher Tätigkeit auch ausdrücklich zwischen einer vorlinguistischen, einer linguistischen und einer nachlinguistischen Schicht unterscheidet.

Die linguistischen Arbeiten, die literaturwissenschaftliche Problemstellungen anschneiden, beschränken sich auf eine nicht-literarische linguistische Schicht und enthalten gar keine oder recht geringe Beiträge zur literarischen Stilforschung, wie die Sammelbände von Enkvist, Ihwe und anderen zeigen.[4] Ganz wenige Beiträge sind bis jetzt für literarische Stilforschung relevant, von denen in einem eigenen Abschnitt über den literarischen Stil die Rede sein wird. Der Rest dieser linguistischen Arbeiten besteht in Zukunftsprophetie hoffnungsvollen Wunschdenkens, im Entwerfen allgemein gehaltener, vager Programme für die Zukunft und in Forderungen zu entsprechender Zusammenarbeit an die Literaturwissenschaft, wie sie in realistischer und gebührend vorsichtiger Weise etwa von W. P. Lehmann[5] erhoben wurden.

Die linguistischen Anstrengungen und Hoffnungen basieren auf der Tatsache, daß Dichtung aus Sprache gestaltet ist, von der Gerhard Storz festgestellt hat, daß sie so allgemein bindenden Charakters ist, daß selbst der ungewöhnlichste Mensch von größter Formkraft nicht vollständig seine eigene Sprache sprechen könnte. Die Linguistik im weitesten Sinn hat in ihrer alten Form als Philologie durch Textkritik, Textnormalisierung und Autorenzuschreibung auf dem Gebiet der Voraussetzungen literaturwissenschaftlicher Arbeit viele fruchtbaren Ergebnisse gezeitigt. Sie setzt in ihrer modernen Form zum Teil diese Tradition fort, wendet sich aber mehr als zuvor auch werkimmanenten Problemen wie Lautsystem und Intonation, morphologischen Einheiten, grammatischen Kategorien und syntaktischen Strukturen zu.[6] Die Ergebnisse sind allerdings literaturwissenschaftlich gesehen dürftig. So hat sich etwa gezeigt, daß parallele Prozeßerklärungen der Transformationsgrammatik den tatsächlichen Entstehungsprozeß eines literarischen Denkmals ebensowenig völlig erklären können wie der Vergleich von Fassungen bei der Edition, oder daß die Linguistik zwar ein brauchbares Klassifikationsschema der Beziehungen zwischen Laut und Symbolik erstellen kann, daß jedoch die Lautästhetik als das literaturwissenschaftlich relevante Problem dadurch im Grunde ungelöst bleibt.

Mögen sich auch Gegenstände und Ziele von Literaturwissenschaft und Linguistik auf einzelnen Sektoren einander überlagern, so sind doch die Verschiedenheiten größer als die Gemeinsamkeiten, und die Entwicklung der beiden Wissenschaften verläuft in verschiedene Richtungen. Was eine synchronisch orientierte Linguistik betrifft, so hat Hugo Friedrich[7] gezeigt, daß das, was im literarischen Werk bedeutsam ist, linguistisch belanglos sein kann und umgekehrt, abgesehen davon, daß literarische Texte nur teilweise der linguistisch so wichtigen Formalisierbarkeit entsprechen und abgesehen ferner davon, daß selbst da, wo in der Literatur rekurrente Topoi und Motive immer wiederkehren, sie keine absoluten Konstanten sind, sondern daß sie in veränderten Zusammenhängen einen sinnverändernden Stellenwert besitzen, wodurch eine rein systematisch-generelle, ahistorische Aussage über Literatur unmöglich wird. Was eine diachronisch orientierte Linguistik betrifft,[8] so hat Bateson darauf hingewiesen, daß beispielsweise die genaue phonetische Rekonstruktion eines Shakespearestückes, wie es am Globe-Theatre seinerzeit aufgeführt wurde, für diese Art von Linguistik ein wichtiges Problem darstellt, während sie für die Literaturwissenschaft irrelevant und höchstens als philologische Kuriosität denkbar ist. Gewiß gibt es hier Grenzen und sind über weitere Zeitabstände hinweg sprachliche Veränderungen oft auch für die Literaturwissenschaft wichtig. So etwa ist die größere Sprachdichte wie die Verschiedenheit vieler Ausdruckswerte im Mittelhochdeutschen gegenüber dem Neuhochdeutschen auch ästhetisch und literarisch belangvoll und drohen in einer modernen sprachlichen Adaption völlig verloren zu gehen.

Es ist gleicherweise notwendig, die Wichtigkeit wie die Grenzen linguistischer Hilfestellungen für die Literaturwissenschaft im Bereich der Voraussetzungen ihrer Methodenlehre zu erkennen. Besonnene Linguisten wie Peter von Polenz[9] treten aus diesem Grund für eine Entflechtung von Sprach- und Literaturwissenschaft ein, aus der beide Disziplinen gleicherweise gewinnen können, da die Schaffung eines autonomen Bereichs der Erforschung soziolinguistischer Regularitäten und seine Konfrontierung mit literarisch-ästhetischem Sprachbestand zur Verständnisvertiefung beider Sphären beitragen kann. Die Verkennung dieser Grenzen kann nicht nur zu einer förmlichen linguistischen Begriffsinflation führen, wie Beda Allemann[10] befürchtet, sondern zu einer totalen Linguistisierung der Literaturwissenschaft, wie sie Ilpo Tapani Piirainen[11] beschrieben hat.

Die Beziehungen zwischen Linguistik und Literaturwissenschaft hängen zur Zeit vielfach mit dem Problem des Strukturalismus zusammen, sofern man überhaupt generell von einem Strukturalismus sprechen kann, da es tatsächlich die verschiedensten Variationsformen gibt. Abgesehen überdies davon, daß Strukturalismus zur Zeit nicht mehr mit moderner Linguistik gleichbedeutend ist, da er durch die formalisierte Metasprache und das generative Prinzip abgelöst worden ist, deren mechanistischen Charakter und deren damit gegebene literarästhetische Unzulänglichkeit George Steiner[12] aufgezeigt hat, ist das Strukturalismusproblem in der Literaturwissenschaft noch keineswegs überholt. Hugo Friedrich[13] hat hier klärend eingewirkt, indem er den literaturwissenschaftlichen Strukturbegriff, den auch Wellek[14] zu definieren unternahm, vom linguistischen Strukturbegriff trennte. Beda Allemann[15] hat den möglichen Einfluß des letzteren auf die Literaturwissenschaft zu klären versucht und dabei sowohl die unmittelbare Anwendung linguistischer Strukturbefunde auf den Gegenstand der Literaturwissenschaft wie auch die Verlängerung der linguistischen Strukturanalysen in den Bereich der Literaturwissenschaft hinein methodenkritisch abgelehnt. Eine offenbleibende Möglichkeit strukturalistischer Methoden auf dem Gebiet der Literaturwissenschaft würde keine Direktübertragung linguistischer Modelle sein, sondern, ebenso wie Lévi-Strauss als Ethnologe die Mythen der Eingeborenen nicht linguistisch, sondern auf die Struktur des mythischen Denkens hin analysiert hat, müßte eine solche literaturwissenschaftliche Arbeitsweise parallel dazu literarische Strukturen freilegen. Dies allerdings reduziert die Beziehungen zwischen linguistischem und literaturwissenschaftlichem Strukturalismus auf die methodologische Bedeutungslosigkeit eines reinen Analogieverhältnisses. Solche Arbeiten haben jedoch weder mit Linguistik zu tun, noch gehören sie in diesen Abschnitt methodenkritischer Voraussetzungen der Literaturwissenschaft.

Im Zentrum der linguistischen Voraussetzungen literaturwissenschaftlicher Arbeit als Hauptquelle der Erfassung des primären Wortsinns stehen die Wörterbücher. Das *Deutsche Wörterbuch* der Brüder Grimm oder, im Hinblick auf wichtige geschichtliche Bedeutungsänderungen, das Etymologische Wörterbuch von Kluge-Götze sind nur die bekanntesten Beispiele dafür.[16] Dazu kommen zeitlich wie räumlich sondernde Spezialwörterbücher und Wortschatzuntersuchungen und Wörterbücher zur Sprache einzelner Dichter. In neuerer Zeit werden gerade auch in der Lexikographie mit großem Nutzen Computermethoden verwendet, wobei im deutschen Sprachraum das Forschungsinstitut für deutsche Sprache in Marburg mit seiner Arbeit an einem Sprachatlas eine führende Rolle spielt.[17] All diese linguistischen Voraussetzungen betreffen das Sprachverständnis literarischer Texte außerhalb ihrer Literarität als der differentia specifica literaturwissenschaftlichen Bemühens.

Die neuere Linguistik hat versucht, über eine rein beschreibende Lexikologie hinaus fortzuschreiten. Zunächst ist hierbei die Entwicklung der Semantik von Wichtigkeit. Wie Leo Spitzer und nach ihm Stephen Ullmann[18] gezeigt haben, können semantische Einsichten wichtige Vorbedingungen auch für die Literaturwissenschaft und Ästhetik darstellen, zumal da, wo es um sprachtheoretische Erkenntnisse über gefühlsmäßige Bedeutungen von Ausdrücken geht oder um die semantischen Einsichten in Leitbilder. Louis Hjelmslev, der der älteren Semantik die Begrenzung auf eine quasi unwissenschaftliche, «anekdotische Existenz» vorgeworfen hat, erhob die Forderung, im Anschluß an die Phonologie und strukturale Grammatik auch eine «strukturale Semantik» zu entwickeln.[19] Die Anwendung der strukuralistischen Methode der Linguistik auf die Semantik bleibt zunächst allerdings theoretisches Programm und Forderung, deren Verwirklichung das Ergebnis erzielen soll, über die rein semantische Beschreibung der analysierten inhaltlichen Einzelelemente hinauszugehen und die strukturalen Erscheinungsformen der Einheiten im weiteren Sinne und größerer Zusammenhänge zu beschreiben. Es ginge um eine Synthese zwischen den Ebenen der Zeichen und den semantischen Ebenen. Das Resultat wäre die Ausarbeitung des semantischen Aspekts für jene für den Strukturalismus bezeichnenden, interdisziplinären, übergreifenden kulturanthropologischen Gefüge der Kulturen einzelner Gesellschaften. Fände eine strukturale Semantik dann die «Schlüsselwörter,» die für eine bestimmte Gesellschaft in einer bestimmten geschichtlichen Situation wesentlich sind, und gelänge es, das Funktionsnetz der von diesen abhängigen untergeordneten Wörter in ihrem jeweiligen Zusammenhang freizulegen, dann würde eine so verstandene strukturale Semantik eine Hauptaufgabe der Kulturanthropologie erfüllen und zudem eine wichtige Voraussetzung vom sprachgeschichtlichen wie literatursoziologischen Standpunkt aus für die Literaturwissenschaft darstellen.

Es scheint auch kein Zufall zu sein, daß einer der wenigen wirklich bedeutenden Vertreter des sogenannten Strukturalismus in der Literaturwissenschaft, Gérard Genette, bei einer der frühesten Programmerstellungen für eine «strukturalistische Literaturkritik» immer wieder semantische Probleme in den Mittelpunkt stellt.[20] Schon beim Übergang von der Phonetik zur Phonematik bei der literarischen Sprache geht es ihm um das zum rein formalistisch-lautlichen Aspekt hinzukommende *Bedeutungssystem* in Verbindung mit Laut und Klang. Ja der gesamte «Horizont», den der Strukturalismus in der Literaturkritik abschreitet, ist nach Genette, der das Gedicht, ganz im Sinne Valérys, als «verhaltenes Zögern zwischen Laut und Sinn» auffaßt, von «semantischer Art». Er verweist darauf, daß Jakobson bedeutungstragende Tropen, nämlich die Metapher und die Metonymie zu den beiden Polen seiner Typologie der Sprache und der Literatur macht, und er betont, daß es neben semantischen Phänomenen allenfalls noch semiologische Probleme sind, welche ein Hauptanliegen strukturalistischer Literaturkritik darstellen.

Was Genettes Programmerstellung von vielen ähnlichen abhebt, was sie so fruchtbar und bedeutend macht, ist seine Einsicht in die notwendigen Grenzen der linguistischen Methode par excellence, die man allgemein als Strukturalismus bezeichnet. Was diese Grenzziehung im vorliegenden Rahmen so wichtig macht, ist der Umstand, daß sie in einigen Punkten mit den Möglichkeiten und Grenzen linguistischer Voraussetzungen und Fruchtbarkeit für die literaturwissenschaftliche Arbeit zusammenfällt. Genette geht dabei zunächst von Poulets Unterscheidung aus, die zwischen den für die Literaturkritik wichtigen Erfahrungsakten, die entweder vom schöpferischen oder aber vom kritischen Bewußtsein herkommen, und einem Prinzip objektiver Verständlichkeit, das nur für eine Art geometrischen Geist auf analytischem und kommunikativem Wege erfaßt werden kann, trennt. Sodann zitiert er Paul Ricoeurs Grenzziehung zwischen solchen Gebieten, auf denen die hermeneutische Wiedererfassung des Sinnes – im intuitiven Einklang des zweifachen Bewußtseins – möglich und wünschenswert ist, und solchen Gebieten, wo die strukturale Analyse ihre fruchtbare Funktion entfalten kann. Genette unterscheidet sodann zwischen «lebendiger» Literatur, die nur Ricoeurs hermeneutischer Wiedererfassung voll zugänglich ist und «nicht gerade toter», aber gewissermaßen ferner und schwer entzifferbarer Literatur, deren nicht mehr bekannter Sinn nur mit Hilfe strukturaler Denkvorgänge erschlossen werden kann. Besser noch wäre es allerdings vielleicht, nicht zwischen zweierlei Arten von literarischen Werken zu trennen, sondern eine horizontale Schichtenlinie quer durch alle Werke zu legen, die allerdings in verschiedenen Fällen in verschiedener Höhe verlaufen kann. Unter dieser Linie können nicht nur strukturalistische, sondern verschiedenste Arten linguistischer Voraussetzungen fruchtbare Beiträge leisten. Oberhalb dieser Linie setzt eine spezifisch literarische Zone ein, wo dies nicht mehr möglich ist. Genette argumentiert denn auch, daß die Beziehung, welche strukturalistische und hermeneutische Methoden verbindet, nicht eine solche mechanischer Trennung und sich gegenseitigen Ausschließens sein soll, sondern eine der gegenseitigen Ergänzung, was für die hermeneutische Methode wesentlich leichter zu akzeptieren ist als für die strukturalistische.

Der letzte Teil von Genettes Programmerstellung wendet sich denn auch konsequenterweise jenen rein literarischen Zonen zu, dem «Gebiet der Literatur», die er als ein in sich zusammenhängendes Ganzes sieht, eine Art homogenen Raums, der als solcher wiederum in einen größeren, umgreifenden «Kultur»-Raum eingebettet ist. Es geht sodann um die innere oder äußere Strukturuntersuchung der Literatur in ihrer Gesamtentwicklung, wobei das zentrale Augenmerk auf jeweilige Funktionsänderungen gerichtet werden soll. Trotz der Wichtigkeit eines solchen Programms kann es nur einen Teil literaturwissenschaftlichen Bemühens bedeuten, und es liegt überdies bereits jenseits linguistischer Voraussetzungen der Literaturwissenschaft.

Die Grenzen sind indessen nicht immer leicht zu ziehen, denn in einer ganzen Reihe von Fällen sind solche Voraussetzungen zum Verständnis der literaturwissenschaftlichen Implikationen notwendig, in manchen bleiben die Arbeiten linguistisch, wie denn überhaupt die Frage, was man unter Strukturalismus versteht, keineswegs allgemein geklärt ist. Fritz Schalk etwa faßt den Begriff so weit, daß Leo Spitzer noch als eine Art Vorläufer darunter fällt,[21] wie denn seine wichtigsten Zeugen neben Gérard Genette, nämlich Jean Starobinski[22] und Paul Zumthor,[23] die sich alle bei der Betrachtung von Strukturen auf die Historie zurückverwiesen sehen, reine Literaturwissenschaft fast ohne Linguistik treiben. Enger und gedrängter gefaßt in seiner geschichtlichen Entwicklung bis zur poststrukturalistischen Phase der Semiologie hin hat den Strukturalismus Patrick Brady.[24]

Die meisten kontroversen Probleme, Widersprüche und Auseinandersetzungen rings um den Strukturalismus haben Macksey und Donato in ihrer umfassenden Anthologie sichtbar gemacht, die Beiträge von René Girard bis Derrida umfaßt.[25] Zur Frage der Abgrenzung linguistischer Voraussetzungen für das Verständnis von Literatur ist der Beitrag von Nicolas Ruwet besonders wichtig, zur Problematik des Strukturbegriffs im allgemeinen der Beitrag Derridas. Die methodischen Parallelen und Zusammenhänge von Linguistik und Literaturwissenschaft, von der rein linguistischen, geistigen Ahnenrolle de Saussures, der noch nicht von «Struktur» sondern von «System» sprach, über die strukturalistische Vorläuferrolle Merleau-Pontys bis hin zu dem rein literaturwissenschaftlichen Strukturbegriff eines Eugene Falk, hat Diane Hinkle besonders klar abgegrenzt und einsichtig gemacht.[26] Beispiele anglo-amerikanischer Literaturkritik, die man im weitesten Sinn des Wortes dem Begriff des Strukturalismus als einer Art einheitlicher Feldtheorie subsummieren könnte, da die Beziehungen zwischen sozialen Institutionen oder Mythen und literarischem Ausdruck im Zusammenhang eines kulturanthropologischen Gefüges sichtbar werden, hat Geoffrey Hartman zusammengestellt.[27]

Einen ebenso informativen wie eindrucksvollen Überblick über die Vielzahl methodischer und thematischer Möglichkeiten linguistischer Einsichten als Voraussetzung literaturwissenschaftlicher Arbeit gibt die «kommentierte Bibliographie» *Textlinguistik* von Wolfgang Dressler und Siegfried J. Schmidt.[28] Auch hier sind indessen die Grenzen oft schwer zu ziehen, denn vieles verbleibt völlig im Bereich der Linguistik, manches wieder bedient sich linguistischer Voraussetzungen, um reine Literaturkritik zu betreiben, sei es unter dem Titel «angewandte Linguistik», sei es als Textanalyse wie etwa die strukturale Textsemantik von Algirdas J. Greimas.[29] Seine Stärke liegt in der Enthüllung des dem Werk unterliegenden Bedeutungsgerüsts in allen seinen Verzweigungen.

Manche der linguistisch orientierten Arbeiten beschränken sich auf eine linguistisch präzise Beschreibung der vordergründigen Sprachschichten des Werkes und lassen alle eigentlich literarischen Fragestellungen völlig unberührt. Wie es überhaupt überraschend ist, wie wenig manchmal mit großem Aufwand an linguistischer Voraussetzung literaturkritisch erreicht wird.

Eine an Greimas gemahnende textsemantische Methode hat Walter A. Koch[30] entwickelt, die sich vor allem mit der Verbindung und Rückführung von Bedeutungen auf einen größeren Kontext befaßt. Eine Kombination oder Synthese von textsemantischen Ideen von Greimas und linguistischen Vorstellungen Noam Chomskys hat zur Entwicklung einer literaturkritischen Methode bei Teun A. van Dijks geführt, deren letztes Ziel die Erarbeitung einer umfassenden generativen Poetik sein soll.[31] Im Grunde beruht die Vorgangsweise van Dijks auf der Annahme, daß literarische Werke nichts als Paraphrasen ihrer darunterliegenden semantischen Struktur seien. Die literaturkritische Aufgabe besteht dann im wesentlichen im Sichtbarmachen jener darunterliegenden Tiefenstruktur. Dabei ist sich van Dijks der Grenzen solchen Vorgehens sehr bewußt, da eine derartige reine Textsemantik nur einzelne Aspekte oder Schichten des Werkes erfassen kann, während andere, wichtige literarische Aspekte davon völlig unberührt bleiben.

Es ist, im Sinne wissenschaftlicher Objektivität, vor allem die Präzision linguistischer Terminologie, die sowohl deren Anreiz, wie deren Grenzen bezeichnet und die immer mehr Vertreter der Literaturwissenschaft dazu veranlaßt, sich ihrer zur Beschreibung elementarer und zumeist nichtliterarischer Sachverhalte im literarischen Werk zu bedienen. Aus diesem Grund bauen auch eine Reihe von neuen Einführungen in die Literaturwissenschaft zunächst auf linguistischen Voraussetzungen auf. So sind etwa die ersten drei Lektionen von Jürgen Links literaturwissenschaftlicher Propädeutik[32] semiotischen und linguistischen Problemen, Begriffen und Methoden gewidmet, und die Einführung in die Literaturwissenschaft von J. Schulte-Sasse und R. Werner[33] widmet den Problemen der Semiotik oder der strukturalen Semantik jeweils ein eigenes Kapitel.

Manche Forscher haben allerdings die herkömmliche Grundlage der Systemlinguistik durch eine erweiterte, neue Art von Texttheorie ersetzt, da sie sich mit Tatsachen der Textlinguistik und Sprechtheorie konfrontiert sahen, für deren Erklärung sich eine strukturalistische oder generative Grammatik als unzureichend erwiesen. Eine derart erweiterte Texttheorie hat etwa Siegfried J. Schmidt[34] erstellt, der nicht nur die grammatische Untersuchung von Sätzen auf Satzsequenzen und Gesamttexte ausgedehnt hat, sondern der auch die Pragmatik im Hinblick auf die Text-Kontextrelationen als Bedingung für das Entstehen und Funktionieren von Verständigung in kommunikativen Handlungsspielen erweitert hat. Die Grundlage bildet dabei nicht mehr Chomskys Sprechermodell eines «abstrakten Automaten», sondern ein Modell des Sprechers als «homo communicationis».

Auch die für die Literaturwissenschaft besonders wichtige Frage nach verschiedenen Textsorten oder Gattungen hat man durch ein völliges Zurückgehen auf linguistische Voraussetzungen zu lösen versucht, wobei ein «intuitiver» und gleichsam unwissenschaftlicher «prätheoretischer» Textsortenbegriff der einzelnen Textwissenschaften (Literaturwissenschaft, Theologie, Jurisprudenz etc.) durch die Textlinguistik wissenschaftlich fundiert und objektiv expliziert werden kann. Die verschiedensten einzelnen methodischen Ansätze dabei haben nicht nur in den meisten Fällen zu einer Erweiterung der rein linguistischen Kriterien in Richtung auf die Pragmatik textexterner Fakten geführt, sondern haben ergeben, daß die Linguistik zumindest bis jetzt noch nicht in der Lage ist, Kriterien zu erstellen, die zur vollständigen Beschreibung und Erklärung «intuitiv gegebener Textsorten» ausreichten.[35]

b. Konkordanzen

Der größten Popularität auf dem Gebiete der Anwendung von Computermethoden erfreuen sich bis jetzt Konkordanzen. Was ihre Herstellung – nicht jedoch ihre Verwendung – betrifft, so gehören sie jenem Sektor methodischer Voraussetzungen der Literaturwissenschaft an, auf dem sich Literaturwissenschaft und Linguistik überlagern. Im Unterschied zu vielen anderen linguistischen Arbeitsergebnissen, die nur eine Schicht des jeweiligen literarischen Ganzen erfassen und die für die literaturwissenschaftliche Methodenlehre oft eher durch Kontrast oder Unterschiedlichkeit als durch Gleichartigkeit fruchtbar sind, handelt es sich hier um durchaus literarische Phänomene. Das bedeutet natürlich nicht, daß Konkordanzen oder auch literarische Werke nicht auch als Material für die Linguistik verwendet werden können, die mit ihren Methoden ihren eigenen Gegenstand, nämlich hier die linguistische Schicht außerhalb der Literarität, untersucht, was aber mit literaturwissenschaftlicher Methodenlehre nichts zu tun hat.

So weist etwa Edda Schrader[36] in der Einführung zu ihrem Wortindex zu Gottfried Kellers Roman *Der grüne Heinrich* vor allem auf seine Eignung als Arbeitsmaterial für linguistische und stilistische Analysen im Sinn der Sprachwissenschaft hin. Dennoch dienen Konkordanzen vorrangig als Grundlage für literarische Analysen. Hier könnten z.B. Wortformenregister verschiedener Werke von Keller oder verschiedener Autoren des poetischen Realismus fruchtbar werden. Von besonderer Nützlichkeit für literaturwissenschaftliche Untersuchungen sind jedoch Konkordanzen der Werke von Autoren, die sich einer besonderen metaphorisch oder symbolisch umschreibenden Sprache bedienen, da durch den Vergleich solcher bestimmten, ansonsten schwer deutbaren Wörter in verschiedenen Kontexten eine Deutung möglich wird und die Konkordanz eine präzise und vollständige Nebeneinanderstellung solcher Stellen am leichtesten ermöglicht. Ein Beispiel dafür ist Heinz Wetzels[37] Konkordanz zu den Dichtungen Georg Trakls.

Genauso wie Texteditionen können auch Konkordanzen gewissenhaft oder nachlässig, sachgerecht oder verständnislos zusammengestellt sein. Kenntnisse des Textes, des Autors und bestimmter Editionsprinzipien bilden eine wichtige Voraussetzung. Eine hervorragend genau und umsichtig gearbeitete Konkordanz ist beispielsweise jene zu den Werken von Wallace Stevens[38] und eine besonders schlechte jene zu Henry Vaughans *Silex Scintillans*[39], die beide im gleichen Verlag erschienen sind.

Die Auswahl der zugrunde zu legenden Textversionen stellt den Bearbeiter von Konkordanzen vor dieselben Probleme wie den Herausgeber von literarischen Texten. Eine Einführung in die Grundprobleme der Herstellung von Konkordanzen haben unter anderem Helmut Schanze[40] für das neuere Fach, Lenders, Lutz und Römer[41] für das ältere Fach, ferner Philip H. Smith Jr.[42], James A. Painter[43] und Roy Wisbey[44] gegeben, um nur einige Beispiele zu nennen. Einen laufenden Überblick über die Forschungslage sowie eine laufende Bibliographie, welche auch deutschsprachige germanistische Arbeiten einschließt, gibt die Zeitschrift *Computers and the Humanities*[45]. Auch die Zeitschriften *Germanistische Linguistik* und *Literaturwissenschaft und Linguistik*[46] sind hier von Wichtigkeit.

Welche Entwicklung die Herstellung von Konkordanzen bis jetzt durchlaufen hat, zeigt sich besonders deutlich, wenn man ein frühes und ein spätes Beispiel einer der ältesten Wortindex-Reihen, der Cornell Concordance Series, miteinander vergleicht. Eines der ersten Beispiele ist die Konkordanz zu Matthew Arnold, die der Herausgeber der ganzen Serie, ein Pionier auf diesem Gebiet, Stephen Maxfield Parrish[47] bearbeitet hat; eines der neueren Beispiele ist die Konkordanz zu Beowulf, für die J. B. Bessinger[48] verantwortlich ist. Die Beowulf-Konkordanz bietet, außer dem Wortindex selbs… nur eine Häufigkeitsliste, sondern auch eine Homographenliste und e… zusätzlichen Index kollationierter formelhafter Wendungen des Epos.

Einerseits besteht kein Zweifel, daß bei der Herstellung von Konkordanzen noch wesentliche graduelle Verbesserungen möglich sind. Nun halten sich aus psychologisch verständlichen, für die Sache jedoch abträglichen Gründen, in der Regel bis jetzt die bedeutenden Literaturkritiker von der Konkordanzenherstellung ebenso fern wie die Computer-Experten von sensitiver Literaturkritik, die ihre Arbeit allzu schwierig, wo nicht unmöglich machen könnte. Dazu kommt, daß zwischen der Sprache der Dichtung und der Sprache des Computers oft unüberwindliche Abgründe gähnen, worauf James A. Painter[49] in seiner Einleitung als Programmierer zur Yeats-Konkordanz hingewiesen hat.

Andererseits wird auch die hervorragendste Konkordanz gewisse Grenzen nie überwinden können und wird, genauso wie jede Text-Edition, immer zum Gebiet der Voraussetzungen und nicht zu jenem der eigentlichen literaturwissenschaftlichen Methodenlehre gehören.

Zu den bedeutendsten Konkordanzen-Serien gehören neben der bereits erwähnten, von Stephen Maxfield Parrish in Cornell edierten, die Serie, die Roy Wisbey[50] in Cambridge herausgibt, sowie die Aachener Reihe von Helmut Schanze[51] und die Marburger Serie von Ludwig Erich Schmidt.[52] Eine Übersichtsliste über «altdeutsche» Text-Konkordanzen hat H. D. Lutz gegeben. Die Herstellung von Konkordanzen ist zur Zeit in stetem Zunehmen begriffen, und die Möglichkeiten bei der Herstellung sind, trotz der notwendigerweise recht engen Begrenzung, noch nicht ausgeschöpft.

c. Fachterminologie

Zu den linguistischen Voraussetzungen im weitesten Sinn gehört auch, außer dem sprachlichen Verständnis der Texte, das Sprachverständnis der literaturwissenschaftlichen Fachterminologie; ein Problem das wichtiger ist und tiefer reicht, als man erwarten könnte. Wie schon aus den knappen Hinweisen auf die Begriffe «Symbol» und «Struktur» weiter oben hervorgegangen ist, herrscht auf diesem Gebiet vielfach eine chaotische Situation, und von Emil Staiger[53] bis zu T. S. Eliot wurde die Konfusion der Begriffe beklagt und eine Klärung und Übereinstimmung der Begriffsverwendung gefordert. Die Konfusion der Begriffe wurde sogar wiederholt für die Konfusion in der Methodenlehre verantwortlich gemacht, und Robert Escarpit hat 1958 auf

Übersimplifikation steckenbleiben muß. So sehr daher auch Heinrich Lausbergs *Handbuch der literarischen Rhetorik*[59] ein überaus wichtiges terminologisches Hilfsmittel zur Darstellung des literarischen Werks bedeutet, so unrealistisch ist die Implikation des Untertitels, eine Grundlegung der Literaturwissenschaft allein aus der Rhetorik geben zu wollen. Im Fall der Rhetorik ist dies überdies doppelt problematisch, da rhetorische Figuren nicht nur in literarischen , sondern auch in nichtliterarischen Sprachwerken eine Rolle spielen können. Dennoch gibt es in der gegenwärtigen methodologischen Krisensituation der Literaturwissenschaft noch größere Gefahren, und auf eine der größten hat Manfred Bierwisch[60] hingewiesen, als er die Verfechter einer radikalen Axiomatisierung vor der Tatsache warnte, daß der exakte Apparat, den sie einführten, am Ende nichts mehr mit dem sachlichen Problem zu tun hätte, von dem sie ausgegangen waren. Dies weist auf ein methodisches und terminologisches Problem zugleich, da es im Falle totaler linguistischer oder mathematischer Formalisierung die Begriffssysteme sind, die dem Gegenstand des literarischen Kunstwerks nicht angemessen sind.

Einen praktischen, wenngleich begrenzten Weg zur Lösung des terminologischen Problems bieten manche Sachwörterbücher der Literaturwissenschaft und zwar am meisten solche, die der Differenziertheit ihres Gegenstandes am ehesten gerecht werden. Das sind jene, die erstens eine möglichst universale und umfassende Anzahl von Terminologien einschließen, die sich also nicht auf etliche oder gar nur eine Methode beschränken und zweitens jene, die keine statisch standardisierte Norm, sondern gleichsam eine vergleichende Begriffsgeschichte der jeweiligen Termini bieten oder doch im Auge haben. Innerhalb der damit gegebenen gegenwärtigen Grenzen ist die deutsche Literaturwissenschaft mit ihrem *Reallexikon,*[61] mit Wilperts *Sachwörterbuch,*[62] Rüdigers und Koppens *Kleinem literarischen Lexikon*[63] und der *Clavis Medievalis*[64] in einer glücklicheren Situation als die übertrieben zentralistisch standardisierende Disziplin Frankreichs mit ihrem *Vocabulaire d'initiation a la critique*[65] oder gar jene des totalitären Sowjetrußland mit ihrer *Kratkaja liternaturnaja enciklopedija.*[66] Die angelsächsischen Länder besitzen eine Vielzahl zum Teil sehr nützlicher Sachwörterbücher, von denen hier nur Shipleys *Dictionary of World Literary Terms,*[67] die *Princeton Encyclopedia*[68] und M. H. Abrams' *Glossary of Literary Terms*[69] genannt seien.

Nicht einmal die reine Fachterminologie, und das heißt die wissenschaftliche Sekundärsprache, vermag ein Produkt freier Willkür oder reiner Konvention allein zu sein, ganz abgesehen davon, daß auch diese Sekundärsprache mit der ursprünglichen Primärsprache verbunden und weitgehend in sie eingebettet ist. Was die neuere Sprachphilosophie und was der Sprachrelativismus eines Benjamin Lee Whorf und die von ihm gestellte metalinguistische Frage an Einsichten geliefert hat, ist auch für die Literaturwissenschaft höchst bedeutungsvoll. Ja, die Problematik der literaturwissenschaftlichen Fachsprache geht tiefer und hat weiter reichende Folgen, als manche Forscher erwarten, und vieles an den Leistungen der Literaturwissenschaft beruht auf Sprachkritik. Das kann so weit gehen, daß etwa der englische Literaturwissenschaftler John Casey,[70] von der Sprachkritik Wittgensteins herkommend, die gesamte Grundlegung seiner eigenen Literaturtheorie «Die Sprache der Kritik» genannt hat, oder daß etwa Roland Barthes[71] die gesamte Literaturkritik als eine Metasprache betrachtet, deren einzige Aufgabe darin besteht, sich selbst eine Sprache auszuarbeiten, durch deren Systematik die größtmögliche Quantität der Sprache ihres Gegenstandes, der Literatur, integriert werden kann.

Hermann Wein[72] hat die Komplexität der gegenseitigen Beziehung von Sprache und Wissenschaft so formuliert, daß einerseits Sprache Wissenschaft erst sein läßt, die ohne sie nicht ist, daß jedoch andererseits Wissenschaft die Sprache nicht sein läßt, was diese ohne sie war und daß Wissenschaft der Sprache gegenüber dennoch nicht selbständig wird. Erich Rothacker[73] hat darauf hingewiesen, daß diese Unselbständigkeit im Fall der historisch-philologischen Disziplinen besonders groß ist, da die anschauliche Phänomenwelt ihre unentbehrliche Basis darstellt und durch diese ein unaufhebbarer Bezug zur vorwissenschaftlichen oder Primär-Sprache gegeben ist. Aber auch die wissenschaftliche Sprache, die Realbegriffe der Literaturwissenschaft umfassend, besteht nur zum Teil aus echten theoretischen Begriffen, die einem auf Setzungen beruhenden theoretischen System von Möglichkeiten angehören, und bleibt vielfach auf den Kontext anschaulicher Schilderungen angewiesen.

Eine rein willkürliche oder dogmatische Begriffsbildung ist aber auch darum unfruchtbar, weil sie sowohl gewisse geistesgeschichtliche Perspektiven der Begriffsbildung außer acht läßt – Rothacker spricht von langjährigen «Bewährungen» in unzähligen Seelen – als auch, weil sie nicht jenen Formen anschaulicher Abstraktion entspricht, wie sie dem Gegenstand der Literaturwissenschaft adäquat sind. Als Damaso Alonso[74] einmal versuchte, die Unterscheidung zwischen «signifikant» und «signifikat» durch Einführung der Begriffe eines partiellen signifikant und partiellen signifikat für eine zu entwickelnde Literaturwissenschaft vorzuschlagen, war er sich durchaus der Grenzen bewußt, die einem solchen Unternehmen gesetzt sind. Er umschrieb es mit dem Bild, wonach beim Knüpfen der Maschen eines Begriffsnetzes nur allzu leicht der Fisch, den man fangen will, das Weite sucht.

Die Praxis zeigt, daß genaue und sinnvolle Bestimmungen wichtiger Fachbegriffe vieles an eigentlicher literaturwissenschaftlicher Bemühung implizieren, und daß sowohl literaturgeschichtliche, wie literaturtheoretische und literaturkritische Perspektiven dabei eine Rolle spielen. René Welleks[75] Klärungen der Begriffe Evolution, Form und Struktur etwa oder Karl Tobers[76] Abgrenzung des Romantikbegriffs oder Welleks[77] Periodenstil-Untersuchungen zeigen dies sehr deutlich. Umgekehrt laufen literaturwissenschaftliche Arbeiten oft im wesentlichen auf Begriffsklärungen hinaus oder sind doch von ihnen nur schwer zu trennen, wofür etwa Konrad Burdachs[78] Untersuchung über Reformation, Renaissance und Humanismus oder Wolfgang Kaysers[79] Erarbeitung bestimmter Gattungsgefüge Beispiele darstellen.

Zusammenfassend kann gesagt werden, daß sowohl der epistemologische Erkenntnisakt des literarischen Kunstwerks wie die praktischen Methoden, die ihm dienen, ohne die literaturwissenschaftliche Fachsprache unmöglich wären und daß die Beherrschung und Verbesserung dieser Terminologie durch sprachkritische Selbstbesinnung zu den wichtigsten Voraussetzungen literaturwissenschaftlicher Arbeit gehören.

2. Quellenkundliche und textkritische Voraussetzungen

a. Bibliographie und Quellenkunde

Zu den wichtigsten Voraussetzungen für die literaturwissenschaftliche Arbeit gehören die bibliographischen Hilfsmittel, deren beste oft von Bibliothekaren oder beruflichen Bibliographen geschaffen werden. Im Unterschied zu anderen Disziplinen geht es dabei nicht nur um die systematische Erfassung der Bücher und Aufsätze, die das bisherige Corpus und damit die bisherige Leistung der Wissenschaft selbst darstellen, sondern auch der überwiegende Großteil dessen, was den Gegenstand der Literaturwissenschaft darstellt, die Literatur, ist in Form von Büchern und Zeitschriftenbeiträgen überliefert. Darum gewähren Fachbibliographien, die in verschiedener Einschränkung nach verschiedenen Absichten angelegt sind, einen ersten und zuverlässigen Zugang zur Primär- wie zur Sekundärliteratur und dienen zum Nachschlagen von Realien.

Eine hervorragende Einführung in die Bücherkunde zur deutschen Literaturwissenschaft stammt von Paul Raabe,[80] der die Einfachheit des Einführungs-Charakters mit einer vorbildlichen Selektion der wesentlichen Titel verbindet und dessen Tabellen eine ebenso übersichtliche wie vollständige bibliographische Erfassung aller anfallenden Problemmöglichkeiten erschließen. Andere Einführungen sind das reichhaltige Handbuch von Robert Franz Arnold,[81] das auch die wichtigsten Werke der verschiedenen Randgebiete anführt und Johannes Hansels[82] systematisch angelegte Bücherkunde für Germanisten, die eine Art Bibliographie der Bibliographien darstellt.

An umfassenderen Bibliographien zur deutschen Literaturwissenschaft seien hier der berühmte Grundriß Karl Goedekes[83] sowie die Bibliographien von Josef Körner[84] und Clemens Köttelwesch[85] genannt. Der «Goedeke», längst nicht mehr ein individuelles Vorhaben, sondern ein Unternehmen der Deutschen Akademie der Wissenschaften zu Berlin, erreicht eine gewisse Vollständigkeit der Aufzählung aller Schriften von Autoren einschließlich der Sekundärliteratur vom Mittelalter bis zur Romantik, während das kenntnisreich selektierende Handbuch Körners ein imposantes Nachschlagewerk über die gesamte deutsche Literatur in einem Band liefert. Da das Buch mit der Literatur des Jahres 1948 abschließt, bilden die Bibliographien von Clemens Köttelwesch eine brauchbare Ergänzung.

Die Bibliographie Körners zeigt, wie auch das Bibliographieren nichts weniger als eine mechanische Aneinanderreihung von Titeln sein muß. Nur durch die souveräne Beherrschung des gesamten behandelten Gebietes wurde sie zu einem so imposanten Handbuch, das Unwesentliches fortläßt, auf Lücken in der Forschung hinweist und auf verhältnismäßig engem Raum eine überraschende Fülle an Material bietet. Ganz selten hielt Körner auch eine kurze kommentierende Bemerkung für notwendig. Stellen solche Bemerkungen bei ihm eine Ausnahme dar, so können sie in manchen Fällen auch die Regel werden und zur Form der «beschreibenden Bibliographie» führen. Die wohl ausführlichste Spielart einer solchen und eine im Grunde neue Form der literarischen Bibliographie hat John M. Spalek[86] mit seiner Toller-Bibliographie geliefert. Er führt nicht nur Bücher, Aufsätze, Manuskripte und Briefe Tollers an, sondern auch alle Übersetzungen, ja die zeitgenössischen Besprechungen von Tollers Büchern und Stücken, Erwähnungen Tollers und Hinweise auf seine politische Tätigkeit in Büchern, Zeitschriften und selbst Zeitungen. Nahezu alle Eintragungen, mit Ausnahme der biographischen Hinweise in Zeitungen, sind kurz aber sorgfältig charakterisiert. Dazu kommen Standortnachweise der einzelnen Buchausgaben. Eine solche Bibliographie bietet nicht nur die Grundlage einer Autorenmonographie, sondern auch Einzelheiten, die eine durchschnittliche Monographie gar nicht enthielte. Noch weiter in mancher Hinsicht geht Rudolf Billetta mit seiner Carl Sternheims Werk und Wirkung gewidmeten, beschreibenden Bibliographie, die er mit Recht ein *Sternheimkompendium* nennt.[86a]

Über die Möglichkeiten und Grenzen des Bibliographierens hat Hans Fromm[87] geschrieben. Die mögliche Bedeutung der bibliographischen Arbeit für die literaturwissenschaftliche Methodenlehre hat W. W. Greg[88] aufgezeigt. Als wichtiges bibliographisches Werk der vergleichenden Literaturwissenschaft sei auf die hervorragende *Bibliography of comparative literature* von Fernand Baldensperger und Werner P. Friedrich[89] hingewiesen, bei der nur leider ein Sachregister fehlt. Was Bibliographien nicht-deutschsprachiger Literaturen und Literaturwissenschaften betrifft, finden sich Aufzählungen im Anhang zu den Querschnittartikeln über einzelne Nationalliteraturen im ersten Band von Kindlers Literaturlexikon[90] sowie in den *Publications of the Modern Language Association of America*[91] als laufende Bibliographie.

Eine notwendige Ergänzung zur Bibliographie stellt die Quellenkunde dar, die auf dem Gebiet der neueren Literaturwissenschaft dem entspricht, was auf dem Gebiet des sogenannten «älteren» Faches die Handschriftenkunde darstellt. Beide werden oft als «Grundforschung» bezeichnet, und Paul Raabe,[92] einer der Pioniere neuerer Quellenkunde, hat sowohl darauf hingewiesen, daß solche generelle Vorarbeit für die Forschung geleistet werden sollte, die es dem einzelnen Literaturwissenschaftler dann ermöglicht, mehr Zeit auf seine eigentliche Forschung zu verwenden, wie er auch bitter über die Unzulänglichkeit des bisher Geleisteten geklagt hat. Im Unterschied zur reinen Geschichtsschreibung ist der Literaturwissenschaft der Begriff vielfach unbekannt, obwohl ihr die Probleme der Quellenkunde sehr wohl bekannt sind. Das Hauptproblem stellt dabei weniger die Bewahrung der Quellen dar, als vielmehr die unzureichende Kenntnis der Quellenlage und die bibliographische Aufbereitung des Vorhandenen.

Die Quellenkunde hat es nicht mit dem Text als literarischem Kunstwerk in seiner abgeschlossenen Gestalt zu tun, sondern mit den historischen Überlieferungsträgern dieser Texte, mit Handschriften, verschiedenen Drucken, ja mit brieflichen oder aufgezeichneten mündlichen Überlieferungen zur Geschichte der Werke und ihrer Dichter überhaupt, die mit den Werken selbst nur indirekt zu tun haben. Auch wenn der alte Aberglaube des Positivismus, durch Ausschöpfung solcher Quellen eine Dichtung vollständig erklären zu können, längst überwunden ist, stellen diese Quellen doch unentbehrliche Hilfsmittel für die Literaturwissenschaft dar. Ihre Erfassung und Kenntnis ist also durchaus notwendig, hat aber mit der eigentlichen literaturwissenschaftlichen Arbeit noch nichts zu tun. Diese beginnt frühestens mit der sinnvollen Selektion und Anwendung des von den Quellen überlieferten Wissens.

Die Quellenkunde beschäftigt sich einerseits mit der allgemeinen Kenntnis der Überlieferung von Manuskripten, einzelnen Autographen, Briefen, Drucken, ihrer Beschaffenheit und Beschreibung, wozu noch Werkzeugnisse kommen, wie etwa Ankündigungen und Rezensionen, sowie autobiographische und biographische Lebenszeugnisse. Andererseits befaßt sie sich mit konkreter Bibliotheks- und Archivkunde sowie mit der Lokalisierung der Quellen überhaupt. Da das alte Standardwerk von Wilhelm Frels[93] nicht nur zeitlich beschränkt, sondern durch die Ereignisse des Zweiten Weltkriegs in manchen Einzelheiten auch überholt ist, stellt Paul Raabes kleines Quellenrepertorium zur Zeit das beste grundlegende Buch für die neuere deutsche Literaturgeschichte dar. Bücher wie jenes von Fritz Schlawe[94] über Briefsammlungen des 19. Jahrhunderts zeigen, daß die Erkenntnis der Notwendigkeit quellenkundlicher Arbeit mehr und mehr an Boden gewinnt. Die mehrbändige Darstellung der deutschen Exilliteratur seit 1933,[95] eines Gegenstandes also, dessen Quellen über die halbe Welt verstreut und in manchen Fällen besonders schwer aufzufinden sind, gibt im Anhang zu den einzelnen Autorendarstellungen nicht nur einen bibliographischen, sondern auch einen kurzen quellenkundlichen Anhang.

Das sogenannte ältere Fach, dessen Handschriftenkunde der Quellenkunde des neueren Faches entspricht, wie seine Handschriften den gedruckten Büchern des letzteren, kann diesbezüglich auf eine größere Tradition zurückblicken und ist weitaus besser entwickelt. Es genügt hier, auf Karl Löfflers[96] Standardwerk hinzuweisen wie auch auf seine Zusammenstellung der Kataloge von Handschriftensammlungen großer Bibliotheken.

b. Papier- und Schriftenkunde, Datierungsfragen, Autorenermittlung

Die reine Text-, Dokumenten- und Faktenakkumulation ist selbstverständlich nutzlos ohne ihre Entzifferung und Analyse. Die Kenntnis von Schreibmaterial und Einbänden, von Dichter- und Sekretärhandschriften sowie Drucktypen ist eine weitere wichtige Voraussetzung literaturwissenschaftlicher Arbeit und gehört im weiteren Sinn zur Quellenkunde.

Auch was die Schriftenkunde und ihre Pflege betrifft, haben die Mediävisten einen zweifellosen Vorsprung vor dem «neueren» Fach. Das zeigen schon Ludwig Traubes[97] Ausführungen zur Geschichte der Paläographie. Die neuere deutsche Literaturgeschichte besitzt jedoch zumindest ein so umfangreiches Werk wie H.M. Elsters[98] *Deutsche Dichterhandschriften* als eine erste Grundlage. Die Probleme der Schriften- wie auch jene der Papier- und Wasserzeichenkunde hat übrigens Paul Raabe[99] in seiner Quellenkunde mitbehandelt. Eine etwas umfassendere Einführung, die auch Tinten- und Drucktypenkunde, Einbandkunde, Epigraphik, Heraldik, Diplomatik und Sphragistik einschließt und bibliographische Hinweise dazu bietet, stammt von Chauncey Sanders.[100]

Nicht nur die Wichtigkeit der Datierung einzelner Texte, sondern auch der Kenntnis einer umfassenden Chronologie literarischer Zusammenhänge als Voraussetzung literaturwissenschaftlicher Arbeit wird von allen betont, die das Thema je behandelt haben. André Morize[101] empfahl in jedem Fall die Aufstellung eines chronologischen Rasters, der während des Fortschreitens der Arbeit laufend ergänzt werden sollte und ein festes Grundgerüst bei der Arbeit darstellte. René Wellek[102] bezeichnet aus guten Gründen jene Art einer Werkausgabe als die beste, welche alle überlieferten Texte vollständig und in chronologischer Anordnung darbietet.

Was die Datierung einzelner Texte betrifft, so ist sie keineswegs immer durch das Publikationsjahr auf der Titelseite eines Buches oder durch zeitgenössische Publikationszeugnisse gesichert, sondern muß bei alten Drucken oder Handschriften oft erst durch manchmal schwierige Untersuchungen festgestellt werden. Dabei können nicht nur quellenkundliche Kenntnisse wie das Wissen um biographische Umstände eine wichtige Rolle spielen, sondern auch werkimmanente sprachliche oder metrische Untersuchungen. So hat etwa Karl Zwierzina[103] die Auseinandersetzung um die Reihenfolge der Epen Hartmanns von Aue durch eine Untersuchung der Reime entschieden.

Die Bewußtmachung chronologischer Zusammenhänge wurde zunächst durch Tafeln im Anhang zu Literaturgeschichten gefördert wie etwa in der berühmten alten Geschichte Lansons.[104] Sehr früh schon entstanden jedoch eigene Tabellenwerke, die nicht nur chronologische Querschnitte durch einzele Nationalliteraturen bieten, sondern in synoptischer Zusammenfassung mehrere Literaturen nebeneinanderstellen oder aber außerliterarische historische und kulturgeschichtliche Ereignisse verzeichnen.[105] Ein Werk wie jenes von Fritz Schmitt und Gerhard Fricke[106] ergänzt die chronologischen Längsschnitte der Tabellen, aus denen es besteht, durch andere Querschnitt-Tabellen stoffgeschichtlicher, gattungsgeschichtlicher und anderer Art. Ja, die grundlegende Wichtigkeit der Voraussetzung chronologischer Zusammenschau hat bei Heinz Otto Burger[107] zu einer annalistischen Anordnung der deutschen Literaturgeschichte geführt, die durch ein eigenes Tabellenwerk ergänzt wird.

Höchstens noch für Zitate und Titel gilt in gleich hohem Maße die Mahnung, alle Angaben nachzuprüfen und zu verifizieren. Abgesehen von den verhältnismäßig häufigen Druckfehlern gibt es auch immer wieder Fälle wie etwa jenen von Alfred Polgar, der zum Spaß Kürschners deutschem Literaturkalender ein falsches Geburtsdatum mitgeteilt hatte, das daraufhin durch Jahrzehnte in Literaturlexika einging, wobei ein Autor vom andern das falsche Datum übernahm.

Nicht nur im Fall von Datierungsproblemen, auch im Fall von Autorenermittlungen hat die Literaturwissenschaft nicht nur gegen Irrtümer, sondern gegen bewußte Irreführungen und Fälschungen zu kämpfen. Von den fiktiven Werken Ossians und der sogenannten Grünberger oder Königinhofer Handschrift bis zur Konstruktion des deutschen Nachkriegslyrikers George Forestier gibt es eine so umfangreiche Tradition literarischer Fälschungen, daß eine eigene Literatur darüber von Quérard[108] bis Maassen entstand.

Wichtig für Autorenzuschreibungen sind auch Anonymen- und Pseudonymen-Lexika.[109] Dabei hängt die Frage der Autorenermittlung mit dem

Echtheitsproblem und dem Problem eines Kanons der Werke bestimmter Autoren zusammen. Manche älteren Werke, die oft über lange Zeit einem bestimmten Autor zugeschrieben wurden, gehören ihm gar nicht zu und umgekehrt. Richard Alewyns Entdeckung des Johann Beer etwa hatte für eine Reihe von deutschen Barockromanen weitreichende Bedeutung. Ja, die Autorenzuschreibung kann sogar wesentlich mit dem Verständnis der in Frage stehenden Dichtungen zusammenhängen. Je nachdem etwa, ob man Cristóvão Falcãos oder Bernardim Ribeiro als Autor der Ekloge «Crisfal» annimmt, muß man sie entweder naturalistisch und wörtlich oder aber allegorisch auslegen.

Genauso wie die Datierung kann auch die Autorenbestimmung aus Quellen her erfolgen, vor allem aus Werkzeugnissen oder aus literarischen, archivalischen oder musealen Formen von Lebenszeugnissen, wie Paul Raabe[110] sie beschrieben hat, oder aber aus immanenter Textanalyse heraus, wie es grundsätzlich von Wolfgang Kayser[111] gezeigt wurde.

Einer der bekanntesten Fälle in der deutschen Literatur, der die Germanistik viele Jahrzehnte hindurch beschäftigt hat, ist die Autorenschaft der «Nachtwachen von Bonaventura». Neuerdings vermutet man, daß Jean Paul der Autor ist.[112] Einen übersichtlichen Querschnitt über die methodischen Möglichkeiten und Probleme der Autorenermittlung an Hand praktischer Beispiele gibt ein von David V. Erdman und Ephim G. Fogel herausgegebener Sammelband, dessen Beispiele allerdings sämtlich den angelsächsischen Literaturen entnommen sind.[113]

Auch auf dem Gebiet der Autorenermittlung hat man sich statistischer Methoden und der Hilfe eines Computers bedient. Besonders in den ersten Jahren, als man rein mechanisch Satzlängen und Worthäufigkeit ohne Berücksichtigung auf besondere Zusammenhänge zählte, waren die Ergebnisse sehr begrenzt und fragwürdig zugleich. Neuerdings versucht man sinnvoller zu differenzieren, wie das Beispiel von Alford[113] zeigt. Er fordert, die absolute Worthäufigkeit innerhalb des gesamten untersuchten Materials zur Häufigkeit in bestimmten inhaltlichen und formalen Zusammenhängen in Beziehung zu setzen und ungewöhnliche Besonderheiten des Ausdrucks zu berücksichtigen. Alles in allem hat aber bereits verhältnismäßig früh Wilhelm Fucks[114] darauf aufmerksam gemacht, daß Übereinstimmung quantitativer Stilcharakteristiken für die Ermittlung von Autorengleichheit oder Autorenverschiedenheit wenig oder nichts besagt. Dadurch, daß Nichtübereinstimmung eine wesentlich größere Bedeutung besitzt, beschränkt Fucks die Brauchbarkeit des Computers in diesem Zusammenhang auf die negative Beweisfähigkeit des Ausschließens nicht in Frage kommender Autoren.

c. Textkritik und Editionstechnik

Alle bisher behandelten Voraussetzungen spielen in verschieden hohem Maße eine wichtige Rolle für die wohl wichtigste Voraussetzung literaturwissenschaftlicher Arbeit, nämlich die Herstellung verläßlicher Textausgaben. Auch hier gibt es Unterschiede zwischen dem älteren und dem neueren Fach. Während die Textkritik neuerer, im Buchdruck vorliegender Werke das Ziel verfolgt, eine dem Willen des Autors entsprechende Ausgabe unter Verwendung von autorisierten Drucken und eigenhändigen Manuskripten herzustellen, muß sich die Textkritik älterer Werke darauf beschränken, einen überlieferten Text einfach getreu zu reproduzieren oder aber aus mangelhaften und widersprüchlichen Überlieferungen einen Text zu rekonstruieren, der dem ursprünglichen, unbekannten Original möglichst nahe kommt.

So unglaublich groß auch die Anzahl der Fehler und Abweichungen ist, die die meisten solcher Werkausgaben enthalten, die nicht nach wissenschaftlichen Gesichtspunkten sorgfältig ediert wurden, so hat man andererseits mitunter auch die wissenschaftliche Textkritik übertrieben, indem man Texte genau emendiert und kommentiert hat, die solche Mühe gar nicht verdienen, so daß die editorische Arbeit zum Selbstzweck wurde.

Bekannt ist das Beispiel, wonach dreißig Jahre zwischen dem Tod Storms und der wissenschaftlichen Neuausgabe seiner Werke durch Albert Köster genügten, um in mehr als 1550 Fällen die Eliminierung eingeschlichener Fehler notwendig zu machen, wobei die reinen Druckfehler gar nicht mitgezählt wurden. Im Fall des Nachlaßbandes von Gedichten Georg Heyms «Umbra vitae» sind bei der Erstausgabe Titeländerungen, Strophenvertauschungen und Strophenweglassungen geschehen, von kleineren Lesefehlern zu schweigen. Auch die Leistungsfähigkeit kritischer Textausgaben wird oft weitgehend überschätzt und die zuvor erwähnten Konkordanzen zu Werken Gottfried Kellers der Marburger Serie beruhen beispielsweise auf einer Textausgabe mit stillschweigenden Konjekturen und einer so begrenzten Variantenzusammenstellung, daß zumindest für bestimmte Auswertungsmöglichkeiten das ganze Unternehmen unbrauchbar wird.

Bevor die eigentliche textkritische Arbeit beginnen kann, muß vorbereitend alles notwendige Material zusammengetragen werden, was nach Wellek[115] oft Probleme praktischer Natur aufwirft, aber auch Spezialwissen oder detektivischen Spürsinn erfordern kann. Rose-Maria Hurlebusch[116] hat versucht, diese Vorbereitungsarbeiten vom Gesichtspunkt der Materialerschließung her in systematischer Ordnung aufzuzählen und über die reine

Werkerschließung hinaus auch die Erschließung der Briefe, Lebenszeugnisse und eine Mitteilung über die Überlieferungskonstruktion gefordert. Betrachtet man den praktischen methodischen Vorgang der Textkritik von den Vorbereitungsarbeiten bis zur Fertigstellung des Textes etwas näher, dann zeigt sich, daß sich auch die literaturwissenschaftliche Voraussetzungsarbeit der Editionstätigkeit in einem Zirkel abspielt. Wellek hat darum vom oftmals notwendigen Einschließen von Fragen der Interpretation und geschichtlichen Forschung in die Herausgabearbeit gesprochen, und Hans Zeller hat den Doppelaspekt von Befund und Deutung bei der Textkritik betont und das unvermeidliche Zusammenwirken der Notwendigkeit subjektiver und der Möglichkeit objektiver Verfahren bei der Edition unterstrichen. Dabei versteht er die Begriffe subjektiv und objektiv jeweils im Sinn von abhängig oder unabhängig von der Individualität des Herausgebers. Vom Wortlaut des Textes, der durch Lesefehler beeinflußt sein kann, über die Textgliederung bis zu Echtheitsbestimmungen und der Ablehnung der Aufnahme privater Notizen ist die Persönlichkeit des Herausgebers in den Prozeß impliziert. Die Bewußtmachung dieser Tatsache hilft einerseits, den wissenschaftlichen Wert einer Edition zu erhöhen, macht aber andererseits auch die Grenzen völliger Formalisierbarkeit sichtbar.

Die Textkritik geht zunächst von der Feststellung der Überlieferung der zu edierenden Texte aus (Recensio). Dieser folgt eine Textanalyse, die zur Aufstellung eines Deszendenzschemas, dem Stemma, führt. Diese grundsätzlichen Vorarbeiten sind für das alte wie für das neue Fach im Prinzip gleich, und es gilt allgemein, was Paul Maas für die klassische Philologie als Regeln aufgestellt hat.

Wenn die Prüfung der Überlieferung (Examinatio) ergeben hat, daß der Text verderbt ist oder geändert wurde, dann kommt es zur Verbesserung des Textes (Emendatio) beziehungsweise zur Wahl des jeweils der Ausgabe zugrundegelegten autorisierten Textes. Hier beginnen sich altes und neues Fach in der Technik vielfach zu unterscheiden. Da sich im alten Fach auch die direkte Textüberlieferung in den meisten Fällen nur auf nichtautorisierte Abschriften stützen kann, muß man sich an die dem Original vermutlich nächste Handschrift halten, oft aber spielen ergänzende Emendatio und Conjecturalkritik eine große Rolle. Karl Stackmann[117] hat darauf hingewiesen, daß Fragen der Kontamination zur Zeit eine Hauptrolle spielen. Im neueren Fach ist Kontamination unzulässig; dafür treten die Probleme der für den Text zu wählenden Fassung und der Gestaltung des kritischen Apparates in den Vordergrund.

Was die dem Text zugrunde zu legende Fassung der Überlieferung betrifft, so standen sich zeitweilig zwei Gruppen gegenüber, von denen die erste die Ausgabe letzter Hand, die zweite die jeweilige Erstausgabe befürwortete. Die erste Gruppe konnte als Argument nicht nur auf den letzten Autorwillen hinweisen, sondern auch auf die künstlerisch weiter fortgeschrittene Entwicklung und Reife, die in der Letztfassung zum Ausdruck kommt, während die zweite Gruppe die unmittelbare Frische der Erstfassung für wichtiger hielt. Zweifellos gibt es auch hier keine feste Regel und sollte die Entscheidung bei verschiedenen Texten verschiedener Autoren verschieden ausfallen. Fritz Strich schlug als allgemeinen Leitsatz vor, stets diejenige Fassung zu wählen, in der ein Werk seine eingeborene Idee und seine innere Form, kurz, sich selbst, am ehesten erfüllt.

Der kritische Apparat verzeichnet im Idealfall alle Korrekturen, die der Dichter an einem Werk vornahm, und zwar so, daß die Entstehung des Textes dadurch sichtbar wird, daß nicht nur angegeben wird, ob, sondern auch wie und wo auf dem Blatt etwas getilgt wurde. Was die Gestaltung dieses Apparates betrifft, so hat auf dem Gebiet der neueren deutschen Literatur Friedrich Beissner[118] mit seiner großen Stuttgarter Hölderlin-Ausgabe ein vorbildliches Beispiel gesetzt, indem er die Entwicklung des Textes durch stufenweise Anordnung der Varianten sichtbar machte. Die Diskussion über die Apparatgestaltung steht zur Zeit im Vordergrund, wie das Sammelwerk von Martens und Zeller zeigt.

Was die grundsätzlichen Aufgaben des Variantenapparates sind, hat Herbert Kraft[119] in seiner kleinen Editionstheorie zusammenfassend zu umschreiben versucht. Was die praktischen Möglichkeiten der verschiedenen Formen des Variantenapparates betrifft, so haben an verschiedenen Beispielen Friedrich Beissner,[120] Klaus Kanzog[121] und Gerhard Seidel[122] wichtige neue Wege gezeigt, wobei die Grundidee der Theorie Seidels allerdings schon vorher in der französischen Editionspraxis verwirklicht worden ist.

Eine der grundsätzlichsten Fragen bleibt dabei, ob, wann und wie weit historisch-kritische Ausgaben mit Anmerkungen sinnvoll oder gar notwendig sind und wie weit man dabei gehen soll. Es geht dabei nicht nur darum, daß Anmerkungen, die dem Benützer einer Ausgabe eröffnen, daß Jean Jacques Rousseau ein französischer Schriftsteller und Philosoph war oder daß Königin Elisabeth eine Protestantin gewesen sei, die Aufklärungsbereitschaft zu weit treiben, sondern auch darum, daß nicht in jedem Fall die von einem geschulten Philologen betreute kritische Textausgabe die einzig richtige Lösung sein muß. Es gibt Fälle, wo sowohl zu Lebzeiten von Autoren wie postum eine solche Ausgabe weder notwendig, noch möglich ist, sondern wo nur das Rettungswerk einer Bearbeitung durch einen anderen Autor den

Text veröffentlichungsreif macht. Gewiß können solche Bearbeitungen mitunter notwendig sein, mitunter immer noch berechtigt sein, mitunter auch schon völlige Willkürakte und mitunter schließlich geradezu Betrug darstellen, wenn sie sich als reine Herausgebertätigkeit tarnen.

Umgekehrt fehlt gelegentlich selbst Fachleuten wie Autoren, Tageskritikern und Verlegern das fundamentalste Verständnis für Sinn und Bedeutung kritischer Ausgaben, ja sie halten sie oft geradezu für Hindernisse der unmittelbaren und direkten Wirksamkeit großer Dichtung. Nüchterne Sachkenntnis und ein Minimum an Erfahrung lehren indessen, daß wichtige Werke bedeutender Autoren, auch wenn ihr erstes Erscheinen nur wenige Jahrzehnte zurückliegt, ohne kritischen Apparat und ohne fachkundige Anmerkungen der ursprünglichen und wichtigsten Sinnerschließung gegenüber unzugänglich bleiben, nicht erst davon zu reden, wie viel sorgfältige Editionsarbeit für die Werke älterer Autoren von Shakespeare bis Goethe geleistet hat.

Um die Alternative zu umgehen, entweder eine perfekte historisch-kritische Ausgabe zu schaffen oder aber lediglich eine Gesamtausgabe vorzulegen, hat Karl Ludwig Schneider[123] für bestimmte Autoren als eine sinnvolle Kompromißlösung eine wissenschaftliche Teilausgabe vorgeschlagen. Das bedeutet, daß lediglich ein Teil der Gesamtausgabe bestimmter Autoren, und zwar jener Teil, der eine solche Behandlung verdient, mit einem kritischen Apparat versehen werden sollte, während der Rest der Werke, beispielsweise unreife Jugendgedichte ohne literarischen Wert, ohne Apparat und nur mit den notwendigen Anmerkungen versehen, veröffentlicht werden sollte. Gewiß könnte man einwenden, daß der Apparat beispielsweise für derartige Jugendgedichte keinen allzu umfangreichen Ballast darstellen würde, da es kaum allzu viele Varianten gibt. In der Praxis wird die Verwirklichung einer solchen Idee allerdings immer von der Einsichtstiefe und Begabung des einzelnen Herausgebers abhängen, was im Grunde auch für vollständige historisch-kritische Ausgaben gilt. Abgesehen davon verlangen die literarischen Werke verschiedener Zeiträume die Erfüllung besonderer editorischer Rücksichten, wie dies unter anderem besonders die Herausgeber-Konferenzen an der Universität von Toronto[124] in Erinnerung gerufen haben.

Neu eingeführt von der angelsächsischen Literaturwissenschaft in die Editionstechnik wurde das Verfahren der internen Kollation zur Kontrolle von Textvarianten in bekannten Doppeldrucken sowie zur Ermittlung neuer, noch unbekannter Doppeldrucke. Eine solche Arbeit ist wohl nur zur Sicherstellung jener Buchfassung sinnvoll, die der Textausgabe zugrundegelegt wird, zur editorischen Fundierung dieses Grundtextes aber ist sie notwendig. Doppeldrucke sind berechtigte oder unberechtigte Nachdrucke eines Werkes durch den ursprünglichen Verlag oder Drucker, wobei Titelblatt, Verlag, Erscheinungsjahr und -ort übereinstimmen, der Satz aber vom Originaldruck verschieden ist und oft Textvarianten aufweist. Um die dadurch entstehenden, mitunter nicht unbeträchtlichen Ungenauigkeiten zu beseitigen, hat man die übliche historische Kollation oder Textvergleichung, die verschiedene Auflagen miteinander vergleicht, durch interne Kollation, die verschiedene Exemplare derselben Auflage des Grundtextes miteinander vergleicht, ergänzt. Walter Wilson Greg[125] und Fredson Bowers[126] haben die grundsätzlichen Zusammenhänge dieses Vorgehens verdeutlicht, und zur Erleichterung des Vorgangs hat Charlton Hinman[127] ein optisches Gerät konstruiert, den sogenannten Hinman Collator, der ihm den Textvergleich von mehr als achtzig Exemplaren der ersten Folio-Ausgabe Shakespeares, der nach der alten Methode mehr als vierzig Jahre beansprucht hätte, in einem winzigen Bruchteil dieser Zeit ermöglicht hat.

Für historische Kollationen hat man sich auch eines Computers bedient, wie der Computer überhaupt zu editionstechnischen Zwecken bemüht wurde. V. A. Dearing, der Herausgeber der kalifornischen Dryden-Ausgabe, hat ein erstes Handbuch in diesem Sinn geschrieben.[128] Eines der interessantesten und wirkungsvollsten Programme hat William M. Gibson[129] für einen Textvergleich zweier Fassungen eines Henry James-Romans ausgearbeitet. Der wohl am weitesten reichende Vorschlag der Computerbenützung für editorische Zwecke stammt von Harold Love,[130] der anregte, den Text auf magnetisches Band aufzunehmen und vom Computer selbst produzieren zu lassen.

Hans Zeller[131] vertritt den Standpunkt, daß die neuphilologische Editionstechnik den Anschluß an die allgemeine Literaturwissenschaft verloren hat, da sie nach wie vor auf den alten Prinzipien von Autorintention und Erlebnis fußt und nicht ihre eigenen Schlußfolgerungen aus der Entwicklung zu Rezeptionsgeschichte, Kommunikationsforschung und Semiotik gezogen hat. Diese Beurteilung mag, was das Verharren auf teilweise überholten Prinzipien angeht, richtig sein, weniger aber im Hinblick auf das verabsäumte Neue. Zumindest was erste Ansätze einer Adaptierung von Einsichten der Rezeptionsforschung für die Editorik betrifft, so hat zwar Günter Damman[132] den historischen Ansatz des Problems bereits bei den Brüdern Grimm sichtbar gemacht, aber im Hinblick auf praktische Anwendungsmöglichkeiten bleibt es entweder beim Anknüpfen an ältere Einsichten oder bei Ansätzen, die über wenig wichtige Details oder rein programmatische Forderungen nicht hinausreichen, wie etwa Rainer Kohlmayers oder Norbert Oeller's Forderungen zeigen.[133] Lediglich bei Gunter Martens finden[134] sich tatsächlich fruchtbare neue Ansätze.

Was gewiß auch von einer neuen Editorik einbezogen werden muß, ist die Einsicht in die «Offenheit» (Martens) und wirkungsgeschichtliche Dynamik literarischer Werke. Denn die aktualisierende Wirkung beim Leser ist nicht schon in sich selbst ein Wert, sondern wird weitgehend zur Funktion außerästhetischer Kräfte und Werte. Die ästhetische Struktur des literarischen Werkes mag tatsächlich «eine Funktion des sich verändernden Kontexts» sein,[135] wie F. Vodicka es einmal ausgedrückt hat, doch kann dies noch lange nicht die grenzenlose Relativierungsmöglichkeit rechtfertigen, die alle Fassungen eines Textes historisch gleichberechtigt nebeneinanderstellt, wie dies Hans Joachim Kreutzer[136] vorschlägt, eine Auffassung, der im Nachwort desselben Buches von Klaus Kanzog heftig widersprochen wird.

Sehr viel sinnvoller ist die Behandlung einer Art ganz besonders «offener» volkssprachlicher Texte des Mittelalters durch Jürgen Kühnel.[137] In diesem Fall wurde schon immer die vorgegebene historisch-kritische Rekonstruktion mittelalterlicher «Originale» oder Archetypi in Wahrheit zu einem rezeptiven Vorgang. Kühnel zieht daraus die Schlußfolgerung, diese Art von Editionen auch «rezeptive Editionen» zu nennen und sie den wirklich «historischen Editionen» gegenüberzustellen, die möglichst nahe an die mittelalterlichen Überlieferungsverhältnisse heranführen, und die vorläufig noch ein offenes Desiderat der mediaevistischen Forschung sind.

Trotz der unerhörten Wichtigkeit der quellenkundlichen und textkritischen Arbeit als notwendige Voraussetzung literaturwissenschaftlicher Bemühungen, sollte man sich darüber im klaren sein, daß alle diese Arbeiten nur die Grundlage für die eigentliche literaturwissenschaftliche Arbeit und Methodenlehre liefern und daß auch ihr Wert und ihre Wichtigkeit davon abhängig sind, was und wieviel dieses eigentliche Ziel der Literaturwissenschaft von ihnen profitieren kann.

3. Methodische Voraussetzungen

a. Theoretische Voraussetzungen

Allzu oft werden literaturwissenschaftliche Prinzipienlehre und Methodenlehre oder Methodik getrennt von einander behandelt, was für beide von Nachteil ist. Diese Trennung begünstigt nämlich einerseits die Gefahr, daß die Prinzipienlehre als Selbstzweck und gewissermaßen unabhängig als Theorie der Theorie behandelt wird, und es ist kein Zufall, daß mitunter etliche der praktischen Beispiele, mit denen einer der bedeutendsten Theoretiker der Prinzipienlehre, Roman Ingarden, seine richtigen Theorien zu illustrieren versucht, daneben gehen. Umgekehrt führt die getrennte Behandlung der Methodik oder Methodenlehre gleichsam als Theorie der Praxis ohne die notwendige Grundlegung durch eine entsprechende Prinzipienlehre zu fundamentalen Irrtümern, von denen die wichtigsten die Außerachtlassung des eigentlichen Gegenstandes der Literaturwissenschaft und die Verwechslung des epistemologischen Erkenntnisaktes mit den praktischen Methoden oder der sprachkritischen Voraussetzung der Ausdrucksprobleme sind. Eine integrale Einheit soll abschließend der Erkenntnisakt darstellen, obwohl auch er sich in verschiedenen Stadien oder Schichten vollzieht, wobei Kombinationen verschiedener Methoden als Weg zur Bewußtmachung der einzelnen Einsichten während des Vollzugs dieses Erkenntnisaktes dienen. Es gibt keine integrale Methode, sondern es gibt lediglich ein Vielzahl von Methoden, die in jeweils verschiedenen Kombinationen in verschieden weitreichendem Maß zu möglichst weitreichender Erkenntnis beitragen können.

Die wichtigste Voraussetzung jeglicher theoretischen wie praktischen Überlegung in der Methodenlehre ist es, durch sinnvollen Bezug und durch Einblick in die Prinzipienlehre sowohl wie auch in die praktischen Voraussetzungen literaturwissenschaftlicher Arbeit jenen ganzheitlichen Zusammenhang herzustellen, welcher der Methodenlehre und ihrer Anwendung erst ihre Rechtfertigung und ihre Bedeutung gibt.

Was den Gegenstand der Literaturwissenschaft betrifft, so gehört die Bewahrung ihrer Eigenwürde als selbständiger Disziplin hierher und damit die Abwehr aller Reduktionsversuche auf andere Disziplinen, sei es die Soziologie, die Linguistik, die Psychologie, die Geschichte oder was immer, zu deren jeweiliger Unterabteilung sie dann degradiert würde.

Auch das von René Wellek[138] betonte gleich wichtige Zusammenwirken der drei verschiedenen Zweige der Literaturwissenschaft gehört hierher, von denen bei bestimmten Themenstellungen der eine oder andere wohl in den Vordergrund treten mag, von denen aber kein einziger entbehrt werden kann: die Kritik, die Theorie und die Geschichte der Literatur.

Schließlich gehören zu den theoretisch-methodischen Voraussetzungen, die als eine Art Bindeglied den sinnvollen Zusammenhang zwischen Prinzipienlehre und Methodik darstellen, die grundlegenden Prämissen von Funktion und Möglichkeit literaturwissenschaftlicher Arbeit überhaupt, wie sie im weitesten Sinn in einem Humanismus begründet liegen, dessen aktuellste Formen Roy Harvey Pearce[139] unter besonderem Hinweis auf Henry Nash Smith und Ralph Waldo Emerson beschrieben hat.

Wie aber die literaturwissenschaftliche Prizipienlehre im Hinblick auf die methodischen Voraussetzungen das Ganzheitsproblem impliziert, so schließt sie auch notwendigerweise das Wertproblem ein, das durch die humanistische Grundlegung der methodischen Voraussetzungen einen zusätzlichen wichtigen Aspekt erhält.

b. Das Ganzheits- und das Wertproblem

Den «Angriff auf die Literatur» hat René Wellek[140] jene zahlreichen Bestrebungen genannt, die unter verschiedenen Vorzeichen und mit verschiedenen Motivationen Sinn und Bedeutung der Literatur und damit indirekt konsequenterweise auch der Literaturwissenschaft in Frage stellen. Er hat dabei systematisch zwischen politischen, linguistischen, antiästhetischen und gleichsam technologischen Angriffen unterschieden, welch letztere die Ablösung der an die Buchform gebundenen Literatur durch andere Medien prophezeien. Wellek ist nicht nur im einzelnen auf die verschiedenen, manchmal überaus seltsamen Argumente der mannigfachen Angriffsrichtungen eingegangen, um sie zu entkräften, er hat auch auf den gemeinsamen Nenner der überwiegenden Mehrzahl dieser Angriffe hingewiesen: auf die mangelnde Beachtung oder Anerkennung des Wertbegriffes als Kriterium für die Literatur.[141] Hierbei geht es nicht um einzelne konkrete Bewertungen, die ein praktisches Problem der Methodenlehre darstellen, sondern um die theoretische

Voraussetzung und Einsicht, daß literarische Werte dem Wesen der Literatur als Literatur eignen und daß ihr Übersehen oder das Bestreiten ihres Vorhandenseins ein schiefes und verzerrtes Bild von der Literatur impliziert und ihr nicht gerecht werden kann.

Jede solche Auffassung, die bereit ist, den implizierten Wertaspekt auszuklammern, ist auch bereit, andere essentiell literarische Wesensmerkmale zu übersehen, um sich auf außerliterarische Aspekte zurückzuziehen, seien sie nun linguistischer oder sozialer, biographischer oder historischer Natur, die selbstverständlich ebenfalls eine wichtige Rolle spielen können, und die ebensowenig ausgeklammert werden dürfen, wie die Aspekte des literarischen Wertes oder des Literarischen überhaupt. Hier berührt sich das Wertproblem mit dem Ganzheitsproblem, und jegliche Auffassung, die das literarische Kunstwerk als eine auf besondere Art zusammenhängende, ganzheitliche Sprachstruktur sieht, wird nur schwerlich in die Fehler der verschiedenen, oft anzutreffenden und unzulässigen Reduktionsversuche verfallen. Ingarden spricht denn auch geradezu vom literarischen Kunstwerk als einer polyphonen Harmonie von Wertqualitäten; eine Bezeichnung, die beide Aspekte einschließt, die Ganzheitlichkeit und den Wert. Sowohl jede Reduktion des literarischen Werkes auf außerliterarische Qualitäten, Schichten oder Strukturen, wie auch jede Reduktion auf Teilqualitäten oder Teilstrukturen, die sich dieser Ganzheitlichkeit nicht bewußt ist und den Teil für das Ganze nimmt, verfehlt bereits im Ansatz eine fundamentale methodische Voraussetzung, ohne die sinnvolle Ergebnisse nicht zu erzielen sind.

Sowohl das Wertproblem wie auch das Problem der Ganzheitlichkeit des einzelnen Kunstwerks hängen aber mit dem Problem einer anderen Ganzheit eng zusammen: dem Problem der Ganzheit sämtlicher überlieferten literarischen Werke, der ganzen Literaturtradition und mit dem Problem der Ganzheit aller literaturwissenschaftlichen Methoden. Als T. S. Eliot[142] einmal die grundsätzliche Frage nach den Grenzen der Literaturkritik stellte, nach jenen Grenzen, deren Überschreiten nach der einen Richtung das Wesen des Literarischen und nach der anderen das Merkmal der Kritik verfehlt, da konnte er nicht umhin, auch die Frage nach einer zureichenden Gesamtgrundlage der Literaturkritik, nach ihrem wesentlichen Ziel zu stellen. Er hielte es keineswegs für erstaunlich, schrieb er, wenn die Kritik als ganzes ihr Ziel aus den Augen verloren haben sollte, hätten doch alle Disziplinen heute den Punkt erreicht, wo man über einzelne Spezialgebiete so viel wissen muß, daß kein Forscher darüber hinaus über ein anderes Gebiet viel wissen kann. Was die Literaturwissenschaft betrifft, so kann jedoch nicht nur jeder, sondern so sollte jeder zumindest einige bedeutende Dichtungen außerhalb seines Spezialbereiches kennen und sollte sich jeder mit jenen allgemeinen theoretischen und methodologischen Grundfragen beschäftigen, welche die methodischen Voraussetzungen für alle verschiedenen Abschnitte und Räume der Literaturgeschichte bilden. Auf diese Weise wird am ehesten eine Einsicht und ein Verständnis für ein allumfassendes Ganzes, einschließlich der implizierten Wertaspekte, gewonnen, wie solche Zusammenhänge eine weitere unabdingliche methodische Voraussetzung darstellen.

c. Die Relativität literaturwissenschaftlicher Methoden

Der jeweilige Zusammenhang oder Kontext konstituiert den bestimmenden Faktor für die praktische Seite der jeweils sinnvollen Methode oder Methodenkombination und damit die Einsicht in die Relativität literaturwissenschaftlicher Methoden. Trotz aller Verschiedenheiten im einzelnen hat eine ganze Reihe von Vertretern der Literaturwissenschaft von Harry Levin[143] bis Stephen C. Pepper[144] und von Ronald Crane bis Murray Krieger[145] diesem Begriff des jeweiligen Kontextes eine führende Rolle zugewiesen. Die Relativität der praktisch anzuwendenden literaturwissenschaftlichen Methoden, die sich von einem solchen Standpunkt aus ergibt, ist weder ein schrankenloser Relativismus, der in einer Art willkürlich subjektivem Eklektizismus besteht, noch eine unkritische Summierung, Synthese oder Integration sämtlicher vorhandener Methoden ohne Rücksicht auf irgendwelche Zusammenhänge. Gewiß ist es eine Form von Relativität, die jeglichem monistischen Methodenabsolutismus, welcher Richtung auch immer, widerstrebt, und zwar ist es eine Form der Relativität, wie sie René Wellek[146] als Perspektivismus beschrieben hat, eine kontextuelle Relativiät, die von verschiedenen praktischen Voraussetzungen abhängig ist.

Die jeweils anzuwendende Methode oder Kombination von Methoden muß erstens gegenstandsadäquat sein, das heißt, daß verschiedene literarische Werke oder Werkgruppen die Anwendung verschiedener, ihnen besonders entsprechender Methoden notwendig machen.

Die gegenstandsadäquate Abhängigkeit des praktischen Methodengebrauchs betrifft jedoch nur eine Seite der kontextuellen Relativität. Eine zweite wichtige Seite stellt die publikumsadäquate Abhängigkeit dar. Die unterschiedliche Herkunft des Publikums nach Raum, Zeit und Bildung, für das eine literaturwissenschaftliche Arbeit bestimmt ist, kann wesentliche Änderungen der anzuwendenden Methoden erfordern. Als Boccaccio Dantes Komödie in Florenz für die Zeitgenossen Dantes interpretierte, konnte er sich vieles an biographischen und geschichtlichen Details ersparen, die heute berücksichtigt und dargestellt werden müssen, da sie keineswegs mehr selbstverständlich sind.

Schließlich ist ein dritter, methodenbestimmender Faktor innerhalb jener kontextuellen Methodenrelativität die jeweilige Themenstellung. Denn natürlich verändern verschiedene Themen, gleichgültig ob sie von anderen gestellt sind oder selbst gestellt werden, durch Eingrenzung oder Erweiterung die jeweils anzuwendende Kombination von Methoden oft beträchtlich.

Nicht nur aus der Weiterentwicklung der einzelnen Methoden selbst, die aus immanenter Eigengesetzlichkeit wie aus der Anpassung an neue Kunstformen erfolgen kann, sondern auch aus den unvermeidlichen Änderungen, die publikumsbedingt sind, ergibt sich der dynamische Charakter der literaturwissenschaftlichen Methodenlehre, die niemals abgeschlossen sein kann, sondern sich notwendig in ständiger Entwicklung befindet.

4. Stoffkataloge und Stoffgeschichte

Außerhalb der eigentlichen literaturwissenschaftlichen Methodenlehre stehen auch alle Arbeiten und Untersuchungen zum Stoff als reinem «Rohstoff» oder Inhalt literarischer Werke, für welche keinerlei Gestaltungsprobleme eine Rolle spielen. Schon Goethe[147] unterschied sorgfältig zwischen dem Stoff, der dem Dichter von der Welt, das heißt von außen geliefert wird, dem Gehalt, den der Dichter aus seinem Innern bezieht und der Form, in welcher sich das dichterische Genie ausdrückt. Das besagt keineswegs, daß Goethe der Wahl des Stoffes durch den Autor keinerlei Bedeutung beimaß, sondern lediglich, daß er bereits in solch einer Wahl die gegenseitige Beeinflussung und «Durchdringung» von Stoff und Form erblickte, die bereits ein Problem des Gehalts darstellt. Zumindest seit Oskar Walzel[148] wurden darum in der deutschen Literaturwissenschaft nicht mehr Inhalt und Form, sondern Gehalt und Gestalt behandelt, wobei der Gehalt bereits Form- und Strukturelemente enthält und auf den Charakter der gegenseitigen Durchdringung und Einheit von Inhalt und Form hinweist. Einen allgemeinen geschichtlichen Überblick über die Entwicklung des Stoff-Begriffes im Sinne von «Rohmaterial» und anderer ästhetisch relevanter Begriffe des Gehalts hat Karel Svoboda[149] gegeben.

Aus guten Gründen hat darum René Wellek[150] die «Stoffgeschichte» die am «wenigsten literarische» aller Geschichten genannt, hat Harry Levin[151] von der niederen Stufe rein stofforientierter Quellenforschung gesprochen, und hat auch Elisabeth Frenzel[152] den reinen Stoff, wie ihn Natur und Geschichte dem Dichter liefern, als außerhalb des Kunstwerks stehendes Element gesehen.

Gleichwohl können stoffgeschichtliche Arbeiten und Kataloge von großem Wert als methodische Voraussetzungen zu literaturwissenschaftlicher Arbeit sein, und zwar nicht nur im Sinne Walzels als Mittel zum Zweck der Beweisführung geistesgeschichtlicher Zusammenhänge, sondern als Grundlage literaturästhetisch orientierter Arbeiten im Sinn einer neuen Gehaltsforschung oder Thematologie, wie sie in einem späteren Zusammenhang besprochen werden soll. Die nicht-literarischen Begriffe des ungeformten Stoffes oder Inhalts als Rohmaterial dienen dann auf vergleichender Grundlage als allgemeine Basis zur literarisch relevanten Untersuchung von Gehalt, Thema, poetischer Idee im Zusammenhang mit motivischen Elementen, oder Problemen literarischer Topoi. Die frühen Hinweise auf die Verwertung stoffgeschichtlicher Methoden in der Literaturforschung, etwa durch E. Sauer,[153] sind zweifellos durch die neuen Arbeiten eines Eugene Falk oder Hellmuth Petriconi[154] überholt.

Diese Brauchbarkeit und Wichtigkeit rein stoffgeschichtlicher Arbeiten, die darauf beruht, daß der «Rohstoff» auf vergleichender Grundlage kontrastierend dem gestalteten Gehalt gegenübergestellt wird, ähnlich wie das äußerliche, graphisch-metrische Schema dem tatsächlichen Rhythmus des einzelnen Gedichtes, soll jedoch nicht darüber hinwegtäuschen, daß sich die reine Stoffgeschichte außerhalb des literarischen Bereiches abspielt und daß daher Max Wehrlis Bemerkung verständlich erscheint, wenn er den Arbeiten Arthur Luthers[155] oder André Ferrés[156] nachsagte, daß sie bedenklich in die Nähe von Reisehandbüchern geraten.

Die meisten stoffgeschichtlichen Arbeiten, von den von Merker und Lüdtke[157] edierten bis zu den von Frenzel und Bauerhorst[158] zusammengestellten, bilden als gleichsam lexikographische Zusammenstellungen von Stoffreihen eine brauchbare, ja notwendige Voraussetzung zu thematologischen Studien. Es liegt in der Vielfalt und Unübersehbarkeit der literarischen Werke begründet, daß auch nur annähernde Vollständigkeit des Verzeichnens aller Stoffe und ihrer Gestaltungen unmöglich ist. Mitunter fehlen in den Stoffkatalogen allerdings selbst sehr wichtige Stichworte oder Autoren völlig.

Verwandt mit stoffgeschichtlichen Arbeiten ist die Toposgeschichte von Ernst Robert Curtius, doch wurde sie von vornherein so gestaltorientiert und stilgeschichtlich ausgerichtet begründet, daß sie weitaus mehr in das Gebiet literarischer Bildstrukturen als in das Gebiet außerliterarischer Stoffkataloge gehört.

B. Werkimmanente Methoden

1. Das Problem werkimmanenter Interpretation

a. Theoretische Aspekte

Der ursprüngliche und natürliche Ausgangspunkt eigentlicher literaturwissenschaftlicher Methodik ist die Interpretation des einzelnen Werkes, und nach Wilhelm Dilthey beruhen die humanistischen oder Geistes-Wissenschaften überhaupt auf der Interpretation von Texten. Nun ist die Interpretation des einzelnen Werks weder die einzige Aufgabe der Literaturwissenschaft, noch ist sie ausschließlich auf werkimmanente oder innerliterarische Methoden beschränkt. Ja es wird kaum einen ernsthaften Vertreter der Literaturwissenschaft geben, der das methodische Extrem rein werkimmanenter Interpretation verfechten wollte, und nach Emil Staiger[1] ist es barer Hochmut, sich wirklich nur auf den zu interpretierenden Text beschränken zu wollen. Es wird jedoch immer fruchtbar, wenn nicht notwendig sein, vom Werktext selbst auszugehen. Grundsätzlich werden werkimmanente Methoden im Fall einer Einzelinterpretation oft eine überwiegende Rolle spielen, was nicht heißt, daß sie nicht auch bei anderen Problemstellungen von größter Wichtigkeit sein können. Andererseits werden werktranszendente Methoden oft bei Gesamtdarstellungen einer literarischen Epoche oder gar einer ganzen Nationalliteratur dominieren, was umgekehrt aber nicht bedeutet, daß ihnen nicht auch im Fall von Einzelinterpretationen mitunter eine ausschlaggebende Rolle zukommt.

Auch die Gegenüberstellung von Einzelinterpretation und Gesamtdarstellung entspricht keinem echten Gegensatz, sondern in der Praxis kann auch hier das eine ohne das andere nicht bestehen: nicht nur daß jede gediegene Gesamtdarstellung auf zahlreichen genauen Einzelinterpretationen aufbaut, auch wenn dies nicht immer sichtbar ist: auch die Einzelinterpretation wird in der Regel um so tiefgreifender sein, je mehr der Interpret auf ein möglichst breites literaturwissenschaftliches Wissen außerhalb des in Frage stehenden einzelnen Textes zurückgreifen kann. Auch hier, ja gerade hier, gewinnt das Prinzip des hermeneutischen Zirkels überragende Bedeutung.

Der oft bis ins Extreme geführte theoretische Streit darüber, ob textimmanente oder texttranszendente Methoden zu bevorzugen seien, umkreist ein Scheinproblem, denn in Wahrheit geht es nicht um ein Entweder – Oder, sondern um ein Sowohl – Als auch. Zu einem relevanten Problem wird die Auseinandersetzung jedoch, wenn sie im Zusammenhang mit einzelnen, konkreten Interpretationen die Frage abwägt, bis zu welchem Grade immanente und transzendente Methoden anzuwenden seien und dazu noch welche von ihnen. Daß es zu grundsätzlichen Auseinandersetzungen über das Scheinproblem sich gegenseitig ausschließender immanenter oder transzendenter Methoden gekommen ist, hängt mit der geschichtlichen Entwicklung der Literaturwissenschaft zusammen. Das wird aus einer knappen Darstellung der Zusammenhänge durch Edgar Lohner[2] deutlich, die zeigt, wie sehr verschiedengeartete und keineswegs immer radikal denkende Kritiker Sinn und Wert der immanenten Interpretationsmethoden, zusammen mit der Besinnung auf den eigentlichen Gegenstand der Literaturwissenschaft, das literarische Kunstwerk, vielfach erst in Auseinandersetzungen mit anderen Ansichten durchsetzen mußten.

Die ältesten Einzelinterpretationen, wie etwa Gudes[3] Erläuterungen deutscher Dichtungen oder die Anfänge der französischen «explications de texte» Gustave Rudlers,[4] und später noch Gustave Lansons und Louis Cazamians standen noch innerhalb der alten positivistischen Tradition. Anders war es schon, als um 1914 der russische Formalismus mit Roman Jakobson, Viktor Šklovskij und Boris Eichenbaum[5] rasch an Interesse und Einfluß zu gewinnen begann. Die Betonung des literarischen Werkes, ein Antipsychologismus, eine relativistische Auffassung literarischer Phänomene, die Überwindung der alten Form-Inhalt-Dichotomie gingen Hand in Hand mit der Untersuchung und Entwicklung verschiedener Techniken und Probleme werkimmanenter Interpretation. Von außen wirkten dabei Einflüsse der phänomenologischen Philosophie mit herein, in Rußland anfangs durch den Husserlschüler Gustav Špet, wie in Deutschland durch Roman Ingarden.

Im deutschsprachigen Raum waren zunächst Oskar Walzel[6] und Leo Spitzer[7] führende Namen der Entwicklung werkimmanenter Interpretation, denen nach dem Zweiten Weltkrieg Emil Staiger und Wolfgang Kayser[8] folgten. Der britische Literaturwissenschaftler I. A. Richards und T. S. Eliot gaben Anregungen zur Entwicklung des amerikanischen «New Criticism»,[9] zu dem unter anderen John Crowe Ransom, Cleanth Brooks, Allen Tate und W. K. Wimsatt beitrugen.

Die extremen Einstellungen entstanden zum Teil aus den Auseinandersetzungen mit Vertretern eines extremen Historismus oder Psychologismus. Zum anderen Teil bestanden sie in Wahrheit gar nicht, sondern waren Unterstellungen der methodischen «Gegner».

Im Grunde gibt es keinen bedeutenden Literaturwissenschaftler, der die Ausschließlichkeit werkimmanenter Methoden befürworten würde. Das zeigen alle neueren Theorien der Interpretation mit programmatischer Deutlichkeit durch Hinweise auf die Objekt- und Autorbezogenheit literarischer Werke oder durch den Hinweis auf den hermeneutischen Zirkel.

Es scheint in der Natur der Sache, nämlich der praktischen Seite eigentlicher Methodik, zu liegen, daß etliche Theorien trotz ihrer Richtigkeit ziemlich steril sind, gleichgültig, ob sie, wie jene Arthur Childs[10], auf den alten deutschen Philologen August Boeckh und auf den fast ebenso alten amerikanischen Theologen Josiah Royce zurückgreifen, oder ob sie, wie die Skizze Elisabeth Walthers,[11] auf dem Werk des modernen amerikanischen Linguisten Charles Sanders Peirce aufbauen.

Heide Göttner[12] versucht, die Denkmethoden eines revidierten philosophischen Neopositivismus, die sie «Analytische Methodologie» nennt, und die zweifellos im Bereich der empirischen Wissenschaften angebracht sind, auf die Werkinterpretation der Literaturwissenschaft zu übertragen, die sie fälschlich für eine solche empirische Wissenschaft hält. Zweifellos sind solche Denkmethoden auf dem Gebiet methodischer Voraussetzungen wie auf Teilgebieten der eigentlichen literaturwissenschaftlichen Methodenlehre anwendbar, werden aber gerade auf dem Gebiet der Werkinterpretation bald auf gewisse Grenzen stoßen. Nicht zufällig demonstriert Göttner ihre Logik der Interpretation auch an zwei Interpretationsbeispielen, in denen, abgesehen von einer Gattungszuordnung, ästhetische Probleme kaum eine Rolle spielen und die sich auf textkritische, semantische und historische Schlußfolgerungen beschränken. Selbst hier jedoch findet sie neben zwei anderen Denkprozessen den psychologischen Prozeß einer Hypothesenfindung, der sich dem Schema ihrer Logik nicht einordnen läßt und von dem sie hofft, er könne später einmal durch eine empirische Psychologie des Forschungsprozesses abgelöst werden.

Wesentlich ergebnisreicher ist E. D. Hirschs[13] theoretisches Buch *Prinzipien der Interpretation*. Hirsch wollte einen Beitrag zur hermeneutischen Theorie liefern, aber nicht nur wegen seines Scharfblicks als Theoretiker, sondern gewiß auch wegen der praktischen literaturwissenschaftlichen Implikationen zieht er Emilio Bettis philosophische Grundlage derjenigen Gadamers vor, wie er auch die Gefahren eines extremen Psychologismus zunächst von praktisch literaturwissenschaftlichen Überlegungen her abgelehnt hat und gleichsam erst im nachhinein eine theoretische Begründung unter Verwendung phänomenologischer Terminologie beibringt. Es ist der breite literaturwissenschaftliche Hintergrund, jene kundige Zusammenschau und Darstellung der Zusammenhänge von literaturkritischer Praxis und philosophischer Theorie, der dieser Grundlegung relativer Objektivität literarischer Interpretation ihren besonderen Wert verleiht. Das Ausschalten eines jeden radikalen Historismus, wie jedes extremen Psychologismus, wie schließlich jenes absoluten Autonomismus, der das Werk vom Willen des Autors völlig unabhängig machen will, liefert die notwendige Voraussetzung dafür. Die Basis aber, auf welcher die ganze Theorie ruht, ist die Einsicht, daß seit Aristoteles jegliches Interpretationsproblem eine bestimmte, eigene Kenntnis seines jeweiligen größeren Zusammenhanges bedarf.

In bezug auf diese Einsicht sei hier am Rande vermerkt, daß es zwei verschiedene Arten von Kontextualismus zu unterscheiden gilt: jene Form, welche die Einheit und Ganzheitlichkeit des literarischen Kunstwerks leugnet und es in andere Zusammenhänge aufzulösen trachtet und jene Form, die sich größerer Zusammenhänge bedient, um das Kunstwerk in seiner Einheit und Integrität verständlicher zu machen.

Leo Pollmann[14] hat es unternommen, eine theoretische Typologie grundsätzlich verschiedener Arten der Werkinterpretation aufzustellen und hat dabei zwischen einer ganzheitlich-subjektiven Interpretationsmethode, einer form-analytischen, einer struktur-analytischen Methode, einer stilistischen Werkinterpretation und anderen unterschieden. Eine solche Typologie hat zweifellos vom Gesichtspunkt der geschichtlichen Entwicklung literaturwissenschaftlicher Methoden her gesehen großen Wert und hat ihn auch von einer Perspektive der Systematik her, die sich allein auf die Interpretation des Einzelwerks beschränkt. Da hier jedoch im vorliegenden Rahmen nach den Aspekten der singulären Werkinterpretation immanente Methoden im Hinblick auf überindividuelle Zusammenhänge hin dargestellt werden sollen, fallen manche dieser «Typen» in diesen größeren, mehr grundsätzlichen Zusammenhang, wird die Methode Staigers etwa im Abschnitt über werkimmanente Zeitvorstellungen, die Methode Kaysers vor allem im Abschnitt über Gattungsprobleme, die Methode Damaso Alonsos vor allem im Abschnitt über Stilprobleme behandelt werden.

Eine gewisse Ausnahme stellt die Methode Hugo Friedrichs[15] dar, nicht nur, weil sie die verschiedensten Aspekte stofflicher und motivkundlicher, gattungsmäßiger, verstheoretischer, stilistischer usw. Untersuchungen ohne besonderen Schwerpunkt in eine bestimmte Richtung verwendet, sondern weil sie von der besonderen theoretischen Voraussetzung ausgeht, das dem Dichter selbst oft nicht ganz einsichtige Bedeutungspotential des literarischen Werkes ans Licht zu heben. Im Zusammenhang damit hat Friedrich auf den wichtigen Unterschied zwischen Wißbarem und Wissenswertem hingewiesen und die Art wie den Umfang des Wissenswerten bei der Werkinterpretation so definiert, daß nicht die Wissenschaft, sondern die interpretierte Dichtung darüber entscheidet. Friedrichs Theorie zufolge ist es das Ziel solchen interpretatorischen Verstehens, das Wort einer Dichtung aus dem Zufall seines Vorhandenseins in die Notwendigkeit seines Gesetztseins zurückzuholen. Die Zirkelstruktur des Verstehens beschreibt er dabei als Doppelrhythmus von Ausweitung und Konzentration.

Eine andere Ausnahme stellt die Methode von Clemens Heselhaus dar, weil auch ihr eine, besonders auf die Einzelinterpretation ausgerichtete, besondere Theorie zugrundeliegt. Heselhaus,[16] der streng zwischen Auslegung und Erkenntnis unterscheidet, macht sich die systematische Gründlichkeit mittelalterlichen theologischen und philosophischen Denkens zunutze, die er auf dichtungsästhetische Probleme anwendet. Was das Auslegungsproblem betrifft, so ist es die alte Lehre vom vierfachen Textsinn, die er adaptiert und die sich als überraschend fruchtbar erweist. Was die Erkenntnis betrifft, so ist es das Schema des sogenannten accessus, das er gleichfalls sinngemäß säkularisiert und für die ästhetische Anwendung angepaßt hat.

Schließlich sei noch auf die Methode pluralistischer Analyse von Roland Barthes[17] als einer besonderen Methode verwiesen, die auf einer eigenen theoretischen Grundlegung beruht. Die Grundhaltung eines interpretativen Inklusivismus, wie er übrigens auch die Stellung von Friedrich und Heselhaus kennzeichnet, wird hier zum Ausgangspunkt im Hinblick auf die Entwicklung einer eigenen Methode gemacht. Hier liegt die Schwäche von Hirsch, der Welleks Perspektivismus angreift und der hier in seiner an sich wohlbegründeten Objektivitätssucht über das Ziel hinausschießt.

Die Methode von Barthes gehört jedoch nicht im engeren Sinne hierher, da es ihm, wie den meisten Strukturalisten, nicht um die Einheit des Werkes, sondern, im Gegenteil, um dessen Durchbrechung geht. Sie sei jedoch, infolge ihrer theoretischen Voraussetzung, hier genannt, da eine solche Untersuchung pluralistischen Vorgehens ohne Implikation der Einschließlichkeitsauffassung nicht möglich wäre. Die theoretischen Grundlegungen solcher Pluralität finden sich allerdings eher bei Philip Wheelwright[18] oder in einzelnen Beiträgen des Sammelwerkes von Hopper[19] und Miller. Daß und wie sehr das einzelne Werk, dessen ganzheitliche Interpretation die ursprünglichste literaturwissenschaftliche Aufgabe ist, eine kontextuelle Einschließlichkeitsauffassung notwendig macht, hat Murray Krieger[20] in seiner Studie über Vermittlung, Sprache und Vision in der Literatur gezeigt.

b. Werkinterpretation und Sprachwissenschaft

Als Leo Spitzer[21] 1925 die Kluft zwischen Literaturwissenschaft und Sprachwissenschaft beklagte, machte er einerseits die Kunstfremdheit, ja die Kunstfeindschaft des Durchschnittsphilologen beziehungsweise Linguisten dafür verantwortlich, andererseits aber die mangelnde sprachwissenschaftliche Detailschulung der Literaturwissenschaftler. Daran hat sich in fast einem halben Jahrhundert kaum etwas geändert, sonst würde nicht Roland Posner[22] im gleichen Zusammenhang in die aggressiv formulierte Klage über zwei Haupthindernisse ausbrechen: über die traditionelle Ignoranz der Geisteswissenschaftler gegenüber allen mechanikorientierten Methoden und über die übertriebenen Erwartungen harmloser Techniker, die nicht imstande sind, nach dem Zweck ihrer Apparate zu fragen. Die Zahl der beschrittenen Irrwege und die Größe der beschworenen methodischen Gefahren sind jedenfalls bis heute umfangreicher als die erzielten Ergebnisse, zumindest auf dem Gebiet der Interpretation des einzelnen Werkes.

Der Grund dafür liegt darin, daß die meisten Vertreter der modernen Sprachwissenschaft, trotz aller übrigen Verschiedenheiten, sich um die ganzheitliche Einheit des literarischen Werkes nicht kümmern und der hermeneutischen Methode ablehnend gegenüberstehen, mit anderen Worten, daß sie ebenso wissenschaftlich wie antiliterarisch orientiert sind. Die Reduktion als Einschränkung oder Ausweitung auf Außerliterarisches, die von der Ganzheit des Werkes selten ausgeht und nie zu ihr zurückführt, ist für diese Haltung bezeichnend. Leo Pollmann[23] hat dies so ausgedrückt, daß er der Interpretation des einzelnen Werkes als einem «interpretari» die unumgehbare Hinwendung zum Individuellen zuschreibt, der im Rahmen der modernen Sprachwissenschaft und des Strukturalismus eine Antinomie der Ausrichtung auf das Allgemeine gegenübersteht.

Der Grund, weshalb hier ausführlicher darauf eingegangen wird, ist die Flut von Arbeiten, die in die Richtung sprachwissenschaftlicher Analyse dichterischer Werke gehen und für die, wieder bei aller Verschiedenheit im einzelnen, die Anthologie Jens Ihwes[24] oder das an die Transformationstheorie Chomskys anknüpfende Buch Samuel R. Levins,[25] Zeugnis ablegen.

Einzelne Züge in den Theorien besonders der ästhetisch aufgeschlosseneren Vertreter des Strukturalismus oder der Sprachwissenschaft überhaupt weisen durchaus in erfolgversprechende Richtungen. Die Ausführungen Jurij M. Lotmanns[26] etwa über das Prinzip und die Aspekte von Wiederholungen im literarischen Text systematisieren und präzisieren ein Interpretationsprinzip, das im einzelnen, auf jeweils verschiedene Texte bezogen, unter anderen Leo Spitzer[27] verwendet hat. Grundsätzlich und zusammenfassend hat auch hier Roman Ingarden[28] die Grenzen abgesteckt. Er hat sich dagegen verwahrt, im literarischen Werk nichts anderes als eine zu künstlerischen Zwecken hochgezüchtete Sprache zu sehen, er hat auf die Furcht positivistisch beeinflußter Sprachwissenschaftler vor der Annahme rein intentionaler Gebilde hingewiesen, wie es die «dargestellten Gegenständlichkeiten» im literarischen Kunstwerk sind, und er hat gezeigt, wie die Arbeitsfelder der Poetik und der Sprachwissenschaft auf ganz verschiedenen Gebieten liegen und sich nur auf einem Teilsektor überlagern.

Gewiß, das Medium des literarischen Werkes ist Sprache, und jede Interpretation muß von der Sprache der Dichtung ausgehen und wird die Wirkungen des Werkes nur in der Sprachform finden können. Eine dem literarischen Werk adäquate, und das heißt bis jetzt in der Regel, eine nicht sprachwissenschaftlich orientierte Interpretation wird nicht nach der Sprache an sich, um ihrer selbst willen fragen, sondern nach der Sprache als Ausdruck. Vieles der literaturwissenschaftlichen Arbeiten, die sich auf die Sprache und die Sprachformen literarischer Werke konzentrieren, haben darum vielfach die fruchtbarsten und zentralsten Ergebnisse der ganzen Disziplin geliefert von Wilhelm Schneiders *Ausdruckswerten der deutschen Sprache*[29] bis zu Karl Ludwig Schneiders Untersuchungen der Sprache Klopstocks oder der Frühexpressionisten.[30] Eine Hauptrolle spielt das Enthüllen dichterischer Sprachformen in zahlreichen Interpretationen führender Vertreter des New Criticism.[31] Trotzdem gibt natürlich die literaturwissenschaftliche Ausgangsbasis allein keine Garantie für Erfolg, und gerade einer der klügsten und interessantesten Kritiker, William Empson,[32] hat seine Methode der Wortanalyse mitunter so weit getrieben, daß sie jeden Zusammenhang mit dem Werk verliert. Es ist der besondere literarische Gebrauch der Sprache, wie ihn David Daiches[33] beschrieben hat, der für die literaturwissenschaftliche Methodenlehre allein zählt, während er für die Sprachwissenschaft uninteressant ist.

Betrachtet man das zur Zeit berühmteste Musterbeispiel moderner sprachwissenschaftlicher Werkinterpretation, die Interpretation des Baudelaire-Gedichts «Les Chats» durch Roman Jakobson und Claude Lévi-Strauss,[34] etwas genauer, dann zeigt sich, daß sie sich auf ein relativ gründliches Verfahren zur Untersuchung der Gliederung des Textes reduziert. Dazu kommt noch, wie Riffaterre[35] gezeigt hat, daß auch hier manche der durch dieses Verfahren aufgezeigten Strukturen eben lediglich sprachwissenschaftlich relevant und literarisch ohne jegliches Interesse sind.

Im allgemeinen gilt für die meisten dieser Versuche, daß sie ihre Terminologie zum Teil einem komplizierten linguistischen Begriffsapparat entlehnen, zum Teil aber sich einer Bildersprache bedienen, die ihre Metaphern dem Gebiet der Technik entlehnt, um den Eindruck wissenschaftlicher Exaktheit zu erwecken. Wie aber schon Roger Fowler[36] gesehen hat, ist die Linguistik, wenn sie erst einmal ihrer terminologischen Verzweigungen entkleidet ist, eine recht einfache Disziplin. Allerdings ist nicht die Linguistik selber, sondern sind lediglich gewisse Vertreter der Disziplin für Fehler verantwortlich, die bei literarischen Themenstellungen durch die Behauptung allzu naiver Wechselbeziehungen zwischen einem Laut und einer Bedeutung oder einer Struktur und einer Bedeutung in Erscheinung treten. Die Grundvoraussetzung für solche Fehler ist allerdings auch wieder oft der Glaube an die Unabhängigkeit einzelner Teilelemente von jeglichem größeren Zusammenhang und dem Werkganzen. Daß es um dessen grundsätzliche Zerstückelung geht, wenn linguistisch interpretiert wird, zeigt schon der Titel der Interpretation eines Gedichts von Philip Larken durch J. Mc. H. Sinclair: «Ein Gedicht in Teile zerlegen».[37]

Auch die literaturwissenschaftliche Interpretation besteht zum Teil in einem analytischen Zerlegen, doch ist sie sich dabei nicht nur bewußt, daß hier ein Ganzes seziert wird, sondern es folgt dem Akt der Analyse in der Regel ein solcher des Wiederzusammensetzens, ein Akt der Synthese. J. Mc. H. Sinclair aber faßt das Ergebnis seiner grammatikalisch ebenso komplizierten wie literarisch sinnlosen Interpretation dahingehend zusammen, die Übung zeige doch, wie die Bedeutung eines Gedichts unabhängig von jeglicher Wertung beschrieben werden könne. Was jedoch gleichfalls nicht im dichtungsästhetischen Interesse liegt.

Von der Sprachwissenschaft, und zwar von de Saussure, kommt dem Namen nach auch die «sprechwissenschaftliche» Methode her, wie sie Irmgard Weithase[38] am Beispiel einer Interpretation des Mörike-Gedichts «Auf eine Lampe» exemplifiziert hat. Es handelt sich bei dem Beispielsfall um eine kluge, mit literarischem Verständnis durchgeführte Arbeit, die sich von anderen, nicht-sprachwissenschaftlichen Interpretationen lediglich durch eine gewisse Betonung der Rhythmus- und Klang-Probleme unterscheidet. Gewiß wird eine solche Methode allen jenen Gedichten gegenüber versagen, bei denen, wie bei den chinesischen, bildliche Ideogramme einen wesentlichen Bestandteil ausmachen oder bei denen optische oder typographische Mittel eine wichtige Rolle spielen, von den antiken Akrosticha bis zur Lyrik eines Stefan George, Apollinaire oder E. E. Cummings. Ihr Ausbau kann aber gewiß einzelne und wesentliche Teile oder Schichten des literarischen Werkes besser erschließen helfen. Auch in Batesons ästhetischem Zyklus spielt das innere Sprechen des Dichters vielfach eine wesentliche Rolle.

Nun hat auf einzelnen Teilgebieten, vor allem auf jenen der Metrik und der Phonologie, die Sprachwissenschaft seit Jahrzehnten Hervorragendes für die Literaturwissenschaft geleistet, und neuerdings auch auf dem Gebiet der Stilforschung. Das Hauptproblem ist hier wie bei allen anderen interdisziplinären Begegnungen ein methodologisches. Es kommt darauf an, daß, von der Seite der Literaturwissenschaft her gesehen, die Ergebnisse der Sprachwissenschaft für ihre Themenstellungen, ihrer eigenen Methodenlehre entsprechend, nutzbar gemacht werden und daß nicht umgekehrt literaturwissenschaftliche Gegenstände von der Sprachwissenschaft als Material für ihre Forschung verwendet und, auf sprachwissenschaftliche Themenstellungen und Methoden reduziert, als literaturwissenschaftlich relevant betrachtet werden. Es ist für die Sprachwissenschaft völlig legitim, literarische Werke als Material für die eigenen Zwecke zu benutzen, aber es ist unhaltbar, diese Arbeiten als literaturwissenschaftlich zu erklären. Sollten ihre Ergebnisse literaturwissenschaftlich belangvoll sein, dann ist es Aufgabe der Literaturwissenschaft, sie methodisch gleichsam umzuwenden und in literaturadäquater Weise nutzbar zu machen. Hier liegt der Hauptgrund dafür, weshalb einige der bedeutendsten Vertreter der Literaturwissenschaft vor gegenwärtigen sprachwissenschaftlichen Moden und Modeansprüchen gewarnt haben: nicht weil sie gegenüber den sprachwissenschaftlichen Leistungen blind wären, sondern weil sie sich gegen die Reduktion literaturwissenschaftlicher Probleme auf linguistische Prinzipien verwahren. Gerhard Storz[39] in Deutschland, F. W. Bateson[40] in England, Raymond Picard[41] in Frankreich, René Wellek[42] und Philip Hobsbaum[43] in den USA, um nur einige Beispiele anzuführen, haben diesen Sachverhalt klargestellt. Emil Staiger aber hat einmal erklärt, daß man innerhalb der Literaturwissenschaft allzu leicht entweder die Wissenschaft oder aber die Literatur verfehle. Kaum irgendwo in der Literaturwissenschaft aber ist es gefährlicher, die Literatur zugunsten eines inadäquaten Wissenschaftsverständnisses zu verfehlen als auf dem Gebiet der Einzelinterpretation. Aus diesem Grunde wohl sind es immer noch die zahlreichen guten Beispiele praktischer Interpretationen, durch die auch das methodologische Verständnis des Interpretationsproblems die stärkste Förderung erfahren hat.

c. Die Kunst der Interpretation

Die praktische Interpretation literarischer Werke ist fast so alt wie die Beschäftigung mit Dichtung überhaupt. Seit der literaturwissenschaftlichen Rückbesinnung auf das Sprachkunstwerk als eigentlichen Gegenstand und Ausgangspunkt in den Vierzigerjahren ist indessen die Zahl der Einzelinterpretationen, ja die Zahl von Sammlungen und ganzen Serien von Interpretationen so angewachsen, daß eigene bibliographische Erfassungen notwendig wurden.[44] Das sollte weiter nicht überraschen, wenn man bedenkt, daß im Grunde erst die gekonnte Interpretation die einzelne Dichtung in ihrem Wesen als literarisches Kunstwerk erschließt. Aus diesem Grunde ist Heinz Otto Burger,[45] ähnlich wie einzelne Vertreter der französischen Explication de Texte oder des amerikanischen New Criticism, so weit gegangen, zu erklären, daß die Literaturwissenschaft als Dichtungswissenschaft erst durch die Interpretation einen Eigenbereich zugewiesen erhält zwischen der Philologie, von der sie sich abgespalten hat und der Geistesgeschichte, in die sie aufzugehen droht.

Eine große Zahl von Literaturwissenschaftlern hat in der Praxis der Interpretation eigene Methoden entwickelt, und einige wenige der wichtigsten seien hier kurz erwähnt. Leo Spitzer[46] verstand seine Interpretationen lange Zeit hindurch als die praktische Anwendung von Theorien Karl Vosslers. Er geht von auffälligen und eigenartigen Erscheinungen kleinster Textstellen aus, von denen er auf das Ganze des Werkes schließt. Von so etablierter Einsicht aus sucht er nach neuen, solcher Gesamteigenart entsprechenden Einzelheiten, und dieses Pendelverfahren zwischen Wort und Werk führt zu eindrucksvollen Einsichten in die künstlerischen Eigenschaften eines Werkes in seiner Ganzheit. Dabei geht es Spitzer, obwohl er vielfach von der Sprachwissenschaft ausgeht, um das Verschwindenlassen der anfänglichen Herauslösung des Sprachlichen und Stilistischen in der Analyse des Kunstwerks. Statt das Werk auf sprachwissenschaftliche Schemata zu reduzieren, geht es ihm um die Darstellung des phänomenal gegebenen Kunstwerks als Ganzem, und man kann die Praxis solcher Methode phänomenologisch nennen.

Nach Heinz Otto Burger[47] geht die Interpretation zunächst vom Gehalt des Ausgesagten aus, um später durch ständigen Wechselbezug von Inhalts- und Formbetrachtung zu zeigen, wie das Werk durch die besonderen Konjunktionen oder Fügungen der poetischen Einbildungskraft zu poetischem Gehalt und poetischer Gestalt gelangt. Die wichtigste Konjunktion dieser Art stellt nach Burger das Symbol dar, in dessen Interpretation seine Methode gipfelt, obwohl es keineswegs allein auf das Symbol ankommt. Die sprachliche Implikation, der Rhythmus, die Synästhesie und anderes schließen sich erst mit ihm zur Werkeinheit zusammen!

Auch Wolfgang Kayser[48] geht es um das Gefüge der Ganzheit des Werkes, was auf die Deutung und Darstellung der Sinn- und Funktionseinheit des Formkomplexes hinausläuft. Burgers Konjunktionen werden hier als Formelemente behandelt, und der Begriff wird dabei so weit gefaßt, daß nicht nur Rhythmus, Klang, Syntax, Aufbau, Symbole, sondern auch Gestalten, Ideen, Gehalt und Atmosphäre darunterfallen. Als besondere Interpretationskriterien im Zusammenhang mit dem künstlerischen Wert des Werkes hat Kayser die Stimmigkeit, die Spannungsweite, die Situationsangemessenheit und die Intentionalität des Werkes unterschieden und betont.

Leo Pollmann[49] beschreibt vier Phasen oder Abschnitte werkimmanenter Interpretationspraxis: 1. die artikulierte Umschreibung des Textes, 2. die analysierende Beschreibung der einzelnen Zuordnungen von Sprache, Aufbau und Stil, 3. die Ausweitung auf größere Zusammenhänge, besonders auf Intention und Selbstverständnis des Autors, und 4. die Deutung des Textganzen im Zusammenhang.

F. E. Sparshott[50] relativiert die Verschiedenheiten der Methoden, indem er sie auf die verschiedenen Perspektiven zurückführt, unter denen sich den einzelnen Interpreten jeweils das Werk als Ausdruck darstellt, das sie kritisch beurteilen. Dies bedeutet keineswegs die Rechtfertigung eines schrankenlosen oder willkürlichen Subjektivismus, sondern weist lediglich auf die Forderung nach Werkangemessenheit der jeweiligen Methode hin, wobei die Intentionen des Autors durchaus in gleichwohl kritischer Weise in Rechnung gestellt werden und überdies das Klassifikationsinstrumentarium der Literaturwissenschaft in gleichfalls werkangemessener Weise Verwendung finden soll. Bei F. W. Bateson[51] aber ergibt es sich schon durch die Ausgangsbasis, seinen «ästhetischen Zyklus», daß in seiner Interpretationsmethode gleichfalls die Intention des Autors eine gewichtige Rolle spielt. Dabei ist er sich nicht nur der Schwierigkeiten bewußt, diese Intentionen zu rekonstruieren, sondern behandelt sie überdies gleichfalls in höchst kritischer Weise, vom vollendeten Text ausgehend und stets zu ihm zurückkehrend.

In Frankreich ist einer der wichtigsten Vertreter der Interpretationsmethode Raymond Picard,[52] der den Zusammenhang, ja die Einheit von Gehalt und Form hervorhebt, das Gattungsproblem betont und besondere Rücksicht auf die Konkretisierung des Werkes durch den Leser fordert. Seine Haltung steht in grundsätzlichem Gegensatz zu den französischen Strukturalisten, obgleich der Strukturalismus eine so uneinheitliche und komplexe Strömung darstellt, daß ausnahmsweise auch einzelne seiner Vertreter, wie etwa Gérard Genette,[53] für die Einzelwerkinterpretation eintreten, ja sogar den Strukturalismus als ein Äquivalent für die Methode des «close reading» im New Criticism oder für Spitzers interpretatorische Stilstudien betrachtet wissen möchten.

Zweifellos hat Paul de Man,[54] der von gallischer Turbulenz und der Krise der kontinentalen Kritik spricht, zumindest unter anderem, die verschiedenartigen strukturalistischen Bestrebungen im Auge, wenn er bei einer kritischen Darstellung des New Criticism und seiner Interpretationsmethoden seinen amerikanischen Kollegen mehr Verständnis für die Ganzheit des einzelnen Werks und einen Sinn für Zusammenhänge zugute hält. Nachdem Cleanth Brooks und Austin Warren[55] einen gleichwohl einfachen, jedoch elementaren Grundstein gelegt hatten, entwickelte sich die Praxis moderner Werkinterpretation in den USA bald zu jener Bedeutung, wie sie repräsentative Interpretations-Anthologien, von jener W. K. Wimsatts[56] bis zu jener Morton Bloomfields,[57] auszeichnen.

Brooks und Warren unterstrichen die Wichtigkeit der unmittelbaren Wirkung des Werkes und forderten seine Beurteilung, bevor es noch nach Verfasser, Periode oder Schule klassifiziert wird. Für Wimsatt bedeutet Interpretation Kritik und hängt, wie bei Kayser, mit der Wertung des Werkes zusammen. Er wünscht, im Gegensatz zu Bateson, daß die Intentionen des Autors ausgeklammert werden; doch werden in der Interpretationspraxis die beiden extremen Auffassungen – gar keine Berücksichtigung des Autorwillens oder Gleichsetzung des Autorwillens mit dem Werk – kaum ernsthaft angenommen werden. Bateson interessiert sich vor allem dafür im Hinblick auf den Entstehungsprozeß des Textes, und zwar nicht wegen des psychologischen Schöpfungsprozesses als solchem, sondern wegen der Einsicht, die der Formungsprozeß des Werkes in seine endgültige Gestalt gewähren kann. Niemand wird annehmen, daß der Autorwille stets völlig verwirklicht wird, und Gegenstand der Interpretation ist natürlich nicht der Wille, sondern das Werk. Bei der Deutung des Werkes aber kann die Kenntnis des Autorwillens oft hilfreich sein, um bei Unbestimmtheitsstellen gewisse Möglichkeiten ausschließen zu können. Die Kenntnisse verschiedener Versionen eines Textes und der vom Autor vorgenommenen Veränderungen können oft von größter Wichtigkeit für die Interpretation der Endfassung sein, weil sie Einblick in die Intentionen des Verfassers geben.

R. P. Blackmur, einer der Vertreter des New Criticism, der sich noch am ehesten in Einzelelemente verliert, erklärt von seiner Methode, daß sie sich vor allem mit der Technik der Ausführung von Dichtung befaßt und damit im Grunde mit einer bestimmten Art sprachlicher Technik. In der Theorie widerspricht solcher Auffassung eine andere, formal interessierte Schule amerikanischer Kritiker, die sogenannte Chicago-Schule der Neu-Aristoteliker. Stellt man aber zwei hervorragende Beispiele praktischer Werkinterpretation nebeneinander, etwa die Deutung des Gedichts «On a Grecian Urn» von Keats durch den Vertreter des New Criticism Cleanth Brooks und jene des Gedichts «Sailing to Byzantium» von Yeats durch den Neu-Aristoteliker Elder Olson,[58] wie dies Wilburg S. Scott getan hat, dann sieht man, daß die Gemeinsamkeiten in der Praxis weitaus größer sind als die Gegensätze in der Theorie. Worauf es vor allem ankommt, ist der Entschluß zur Werkinterpretation und die Durchführung in werkangemessener Weise mit künstlerischem Einfühlungsvermögen. Ja, diese durch solche Praxis gegebene Verwandtschaft geht so weit, daß Cleanth Brooks höchst überrascht war, als er nach Niederschrift der genannten Interpretation auf eine solche desselben Gedichts durch Kenneth Burke stieß, der, was die formale Dichtungsbetrachtung in der Theorie angeht, mit jenem kaum etwas gemein hat, und feststellen mußte, daß jenseits aller Verschiedenheiten von Theorie und Methode die Ergebnisse der beiden praktischen Interpretationen überaus ähnlich waren.

Gewiß sollte ein solcher Fall nicht dazu verführen, theoretische Probleme oder Verschiedenheiten einander widersprechender Theorien überhaupt zu bagatellisieren. Er sollte auch nicht dazu verleiten, kunstfremde Interpretationen, gleichviel ob sie das Werk auf außerliterarische Fakten sprachwissenschaftlicher, soziologischer, psychologischer oder welcher Ebene auch immer, reduzieren, mit werkangemessenen Interpretationen zusammenzuwerfen. Er zeigt jedoch deutlich, daß es gerade auf dem einen Gebiet praktischer Kritik des Interpretierens weniger auf System, Methodik und Theorie ankommt, als auf irgend einem anderen Gebiet der Literaturwissenschaft. Dies ist aber zweifellos darum der Fall, weil die praktische Interpretation von allen Zweigen der Literaturwissenschaft den künstlerischsten Ausdruck besitzt. Es gibt Meisterwerke der Interpretation, die in ihrer überzeugenden und gelungenen Enthüllung der Kunst der gedeuteten Werke selbst eine Art von Kunstwerken darstellen. Nicht von jener impressionistischen Interpretationsweise ist dabei hier die Rede, welche durch unkritisches Paraphrasieren und den Gebrauch hochtrabend oder poetisch klingender Worte in Ergänzung zu dem ursprünglichen Werk erstrangiger Kunst, das betrachtet wird, in gleichsam nachschaffender Weise ein anderes, weniger bedeutendes Kunstwerk produziert, dadurch im besten Fall einen Abklatsch des betrachteten Werkes bietend, sondern von künstlerischer Kritik. Diese Kritik als Kunst ist rational und wissenschaftlich, begrifflich abstrahierend und dennoch kunstnäher als andere wissenschaftliche Bestrebungen. Manche der Interpretationen Erich Auerbachs[59] oder Emil Staigers gehören dem Bereich solcher kritischer Kunst an, sowie Benno von Wieses[60] Deutung von Gotthelfs «Schwarzer Spinne», Robert Louis Jacksons[61] Interpretation des 18. Kapitels von Tolstois «Anna Karenina», oder Cleanth Brooks' Deutung von Wordsworths Ode «Intimations of Immortality from Recollections of Early Childhood»,[62] um nur einige wenige Beispiele anzuführen. Aus diesem Grunde haben auch immer wieder Literaturwissenschaftler in diesem Sinn von einer Kunst der Interpretation als Kritik gesprochen: Theophil Spoerri[63] und F. Germain,[64] F. E. Sparshott,[65] Ronald S. Crane[66] und R. P. Blackmur.[67] Teils ist es Vorsicht, teils ein Bescheidenheitstopos, was Heinz Politzer[68] lediglich vom «Handwerk» der Interpretation sprechen läßt. Ein besonders beredter Vertreter der Interpretation als Kunst ist Emil Staiger,[69] der diese Auffassung durch die Praxis seiner eigenen Dichtungsdeutungen wiederholt bekräftigt hat. Ihm geht es um die notwendige Überwindung der Kluft zwischen dem Liebhaber und dem gelehrten Kenner von Dichtung. Eine Interpretation, die nur auf reiner Theorie und Gelehrsamkeit fußt, ohne Gefühl und ohne unmittelbaren Sinn für Dichtung, wird ihren Gegenstand ebenso verfehlen wie die umgekehrte Einseitigkeit reinen Gefühls ohne gelehrte Kenntnis. Die harmonische Ausgeglichenheit beider Voraussetzungen, ja ihre Einheit, durch welche das Kriterium der Einfühlungsfähigkeit auch zum Kriterium der Wissenschaftlichkeit wird, macht die Interpretation zu einer Art Kunst, deren Interesse am Menschen sie lebendig erhält und deren Lust die unerschöpfliche Tiefe der Kunst selber ist.

d. Beschränkungen und Erweiterungen der Interpretation

Manche neueren literaturtheoretischen Strömungen versuchen, die Methode der Werkinterpretation weitgehend einzuschränken, wo nicht überhaupt aufzuheben. Der Begründer der rezeptionsgeschichtlichen Schule, Hans Robert Jauss, nennt sie ein «platonisierendes Dogma der philologischen Metaphysik»,[70] und in womöglich noch weitergehender Weise entwarf Wolfgang Iser ein verkürztes Zerrbild der Interpretation, um ihre Überflüssigkeit erweisen zu können. Für ihn ist sie «nichts weiter als ein kultiviertes Leseerlebnis und damit nur eine der möglichen Aktualisierungen des Textes.»[71] Dem hat Gerhard Kaiser mit Recht entgegengehalten, daß die wissenschaftliche Interpretation im Unterschied zum einfachen, kultivierten Leseerlebnis die «Reflexion auf die Bedingungen ihrer Erkenntnis von Sinnstrukturen in den Erkenntnisakt» einbringt.[72] Zudem wirft Iser der Interpretation eine Reduktion des Textes auf eine hinter ihm liegende Bedeutung vor. Tatsächlich sucht sie jedoch keineswegs im Zuge einer Rückübersetzung aus der literarischen Einheit von Form und Inhalt das zu vermitteln, was hinter beiden liegt, sondern zielt ihr «Interesse auf die dialektische Einheit von Form und Inhalt.»[73] Im Unterschied zur rezeptionsästhetischen Auffassung, die vom Text selbst wegführt und auf die Konkretisierung hinzielt, kann die Interpretation gar keine Aussagen in Ablösung vom literarischen Werk machen, weil sie lediglich von der dichterischen Form getragen und eingelöst werden, «also alsbald in diese zurückverweisen, so daß Interpretation immer nur als im Prinzip unaufhörlich sich verfeinerndes Verweisungsspiel von Form auf Inhalt und zurück bestehen kann.»[74] Ja, Kaiser dreht den Spieß um und stellt schließlich dem nichtwissenschaftlichen Rezeptionsakt des Leseerlebnisses die wissenschaftliche Interpretation gegenüber. Er kann dies um so leichter, als nach dem Modell Isers die Reaktion des Lesers auf das Werk auf eine Ja/Nein-Entscheidung reduziert ist. Entweder

«1. es steht etwas da, – dann ist es bestimmt, oder
2. es steht etwas nicht da, – dann ist es unbestimmt.

Im ersten Fall braucht man keine Interpretation, im zweiten ist sie sinnlos. Die eigentlich interessanten Kombinationen, nämlich

3. es steht etwas da, aber es ist unbestimmt, und
4. es steht etwas nicht da, aber es ist bestimmt,

fallen aus dem theoretischen Rahmen, den Iser anbietet, und damit entfällt auch die Interpretation.»[75] Diese Darlegung Hannelore Links trifft ins Zentrum des Problems, wozu noch kommt, daß bei Isers Konzeption wie bei so manchen anderen extremen Theoriebildungen der neueren Zeit, literaturwissenschaftliche Theorie und Praxis hoffnungslos auseinanderfallen, denn trotz seiner theoretischen Ablehnung der Interpretation interpretiert er in seiner eigenen Praxis nicht nur andauernd, sondern zielen seine Interpretationen in durchaus traditioneller Weise, «genau besehen, alle auf die Absicht, die der Romanautor vermutlich hatte, als er die betreffende Stelle anlegte».[76] Die bisherige tatsächliche Leistung der rezeptionsgeschichtlichen Schule im Hinblick auf die Interpretation besteht jedenfalls nicht in ihrer Aufhebung, sondern allenfalls in einer sehr begrenzten Beschränkung und Erweiterung zugleich, im Hinblick auf die Betonung der Konkretisierungsakte, was jedoch weder ganz neu ist noch anders als im Sinn der traditionellen Interpretation lediglich in dauerndem Rückgreifen auf den Text selbst zu brauchbaren Ergebnissen führt.

Ähnliche Angriffe gegen die Interpretation wurden in neuerer Zeit zum Teil aus den Lagern der Textlinguistik und des Strukturalismus erhoben. So hat etwa Roland Harweg[77] die hermeneutische Interpretation durch auf dem Wege stilkritischer Analyse gewonnene textgrammatische Regeln zu ersetzen versucht. Obwohl es ihm am Beispiel eines Textes von Thomas Mann gelingt, die Existenz eines textgrammatischen Systems aufzuzeigen, das unser Stilgefühl begründet, und sogar einzelne Gesetzmäßigkeiten vermutbar zu machen, stellt sich doch anderseits gerade wiederum in der Praxis an jenem Beispiel heraus, daß neben den textgrammatischen Regeln und über sie hinausgehend im gedeuteten Text ein ästhetisches Gestaltungsprinzip existiert, das diese Kohärenz und Aussage mitbestimmt. Dieses Gestaltungsprinzip entzieht sich jedoch textgrammatischer Erfassung und ist am ehesten hermeneutischer Interpretation zugänglich.

Auch von der generativen Grammatik Chomskys ausgehend wurde versucht, literarische Ergebnisse wie etwa den Begriff der «narrativen Struktur» mit Hilfe von Textgrammatiken formal zu explizieren, was das herkömmliche Interpretationsverfahren als wissenschaftlich nicht objektiv und nicht systematisch genug ausschließt.[78] Die damit verbundene Intention vollständiger textgrammatischer Ableitung des jeweiligen Textes – im Beispielsfall eine 25 Zeilen umfassende Kalendergeschichte Brechts – führt zu einer förmlichen Karikatur eines Ergebnisses, nämlich einem in zwei Modellen von nicht weniger als dreißig bzw. zwanzig Seiten präsentierten Regel- und Beschreibungsapparat, der nur dem in mathematischer Formelsprache und Modallogik geschulten Linguisten zugänglich ist und dessen Umständlichkeit in keinerlei echtem Verhältnis zu den literarisch überaus begrenzten und mageren Ergebnissen steht.

Die grundsätzliche Kritik an aller rein textlinguistischen Bemühung hat Gunter Martens geübt, der die hoffnungslose Begrenzung aller rein linguistischen Bemühungen gegenüber einer adäquaten Textästhetik hervorhob: «Mehr als die übrigen Vorgänge der Sprachproduktion und -rezeption gehören die ästhetischen Phänomene vor allem dem Performanzbereich an und entziehen sich durch ihre Variabilität, durch ihre jede sprachliche Gesetzmäßigkeit durchkreuzende Dynamik einem formalisierenden Zugriff . . . Alle . . . Eigenheiten, die ich der ästhetischen Funktion zurechne, werden von dem komplizierten Apparat der Formations-, Transformations- und Selektionsregeln nicht erfaßt.»[79]

Komplizierter liegt die Situation bei einem so heterogenen Phänomen wie dem sogenannten Strukturalismus, innerhalb dessen sich direkte Widersprüche finden. Gerade auch im Hinblick auf die Interpretation ist es so, daß ein Vertreter des Strukturalismus, wie etwa Louis Hjelmslev, dem dieser eine Art superlinguistische Methode par excellence ist, keinerlei Verwendung für sie hat.[80] Hier wird die Interpretation um einer linguistischen Wissenschaftlichkeit willen, die ganz auf der Ebene der oben behandelten Textlinguistik liegt, einfach ausgeklammert. Andererseits bedeutet strukturale Analyse für einen der literaturwissenschaftlich bedeutendsten Strukturalisten, wie Gérad Genette, nichts anderes als «einfache Entsprechung zu dem ... was die Amerikaner close reading nennen und was in Europa, zum Beispiel von Spitzer, als immanente Werkinterpretation bezeichnet wird.»[81] Hier kommt die Interpretation voll und ganz zu ihrem Recht, auch wenn es sich bei der strukturalen Analyse um eine besondere Art immanenter Kritik handelt, da letztere äußerst weit gefaßt sein und im literarischen Werk sowohl Objekt wie auch Subjekt sehen kann.

Solcher Widerspruch im Hinblick auf die Interpretation findet sich keineswegs nur im Strukturalismus. Karl Eimermacher, der in einem Sammelwerk über verschiedene Modelle der Interpretation[82] Formalismus, Strukturalismus und Semiotik behandelt hat, erklärt ausdrücklich, daß keine dieser Richtungen «sie allein charakterisierende Analysetechniken ausgebildet» habe.[83]

Was die Semiotik betrifft, so behandelt Eimermacher vor allem diejenige der Moskauer und Tartuer Schule, da sie die methodologisch konsequentesten und von den Materialbereichen her umfassendsten sind. Er nennt es einen generellen Zug der Semiotik, daß sie eine am Material, also dem literarischen Werk, gewonnene Beobachtung «mittels einfacher oder mehrmaliger Operationen als allgemeines Organisationsprinzip abstrakt formuliert und in systematischer Form als Untersuchungskategorie im Zuge der Analyse auf das Untersuchungsmaterial zurückprojiziert.»[84] Diese Methode ist von Leo Spitzers Pendelverfahren nicht allzu weit entfernt und kann durchaus als Interpretation bezeichnet werden. Wenn man allerdings eine allgemeine Semiotik – etwa jene Umberto Ecos – betrachtet,[85] dann ist die Gefahr der Reduktion nicht nur des Gegenstandes, sondern auch der interpretatorischen Methoden der Literaturwissenschaft auf ein größeres und allgemeineres Zeichensystem offenkundig, und die literarische Interpretation stellt, wenn überhaupt möglich, einen ungewöhnlichen Ausnahmefall dar. Jurij M. Lotman spricht niemals von Interpretation, sondern nur von «Strukturbeschreibung.»[86] Nach Götz Wienold soll die Semiotik der Literatur «die Basis, auf der Interpretationen einen gewissen Grad von Verbindlichkeit haben ... angeben und die Art der Verarbeitung eines Ausgangstextes zu einem Interpretationstext unter bestimmten Aufgabenstellungen bestimmen.»[87] Also auch hier der Hang zu einer quasi objektivierenden und verwissenschaftlichenden Beschränkung und Erweiterung der Interpretation zugleich. Jacques Derrida[88] unterscheidet in einer der Semiotik nahen Arbeit zwei Arten von Interpretationen, die miteinander unvereinbar sind: die herkömmliche Art, welche zu entziffern sucht und eine andere Art, die über den Menschen und jeglichen Humanismus hinausweist: die der Semiotik gemäße Art.

Die meisten der neueren einzelnen Tendenzen zielen auf zunehmende «Verwissenschaftlichung», und so ist es nur konsequent, daß auch die grundsätzlichen Darstellungen der Interpretation dieselbe Neigung widerspiegeln. «Interpretation als Wissenschaft» nannte Heinrich Henel seine Ausführungen, die auch auf vier Kriterien spezifischer Wissenschaftlichkeit der Interpretation hinauslaufen,[89] und Wolfgang Klein[90] wählt den Titel «Die Wissenschaft der Interpretation», polemisiert gegen die Auffassung von der Kunst der Interpretation, von welcher er eine Art extremes Zerrbild entwirft und erstellt ein dreistufiges Schema für sie: Analyse der Form, Analyse der Bedeutung und Analyse der ästhetischen Eigenschaften.

Hand in Hand mit solchen Beschränkungen geht die wachsende Einsicht, daß vieles an Textbeschreibung und Textanalyse lediglich als vorbereitendes Verfahren, als Basis und Voraussetzung der Interpretation von Belang sein kann. In dem Sammelband, der durch Wolfgang Kleins Ausführungen eingeleitet wird, schrieb Eberhard Lämmert, daß «exakte textanalytische Befunde» den Boden bilden könnten, auf dem «Interpretationsgebäude ihre gemeinsame Basis finden könnten.»[91] Wie denn der Band eine Reihe von Einführungen in linguistische, strukturelle, stilkundliche, informationstheoretische und andere Perspektiven der Textanalyse weniger als einzelne Methoden denn als Voraussetzungen der Interpretation enthält.

Umfassender noch ist die theoretische Überschau, die Gerhard Pasternak liefert.[92] Den Hauptteil seines Buches bildet eine Darstellung des «Interpretationspluralismus», wobei jedoch nicht nur textanalytische Voraussetzungen, sondern auch die verschiedensten möglichen Methoden und methodologischen Grundlagen literarischer Interpretation nebeneinandergestellt werden. Obwohl die Beschreibung dieser «inventorischen Darstellung von Materialien» ausgezeichnet ist, bleibt es bei der relativ willkürlichen Reihung dem Leser vorbehalten zu entscheiden, welche Möglichkeiten einander ergänzen, welche einander ausschließen und welche einander auf solche Weise überlagern, daß einmal die eine, ein anderes Mal die andere relevant sein wird.

So wie Pasternak textanalytische Voraussetzungen und interpretatorische Methoden gleicherweise nebeneinanderstellt, macht Manfred Titzmann überhaupt keinen Unterschied zwischen den Begriffen «Textanalyse» und «Interpretation», sondern behandelt sie als Synonyme. Allerdings entwickelt er seine eigene Methode der Textanalyse, die weitgehend struktural-semiotisch orientiert ist und auf eine «Rekonstruktion einer dem ‹Text› zugrundeliegenden Ordnung» oder Struktur hinausläuft.[93] Auch seine Interpretationstheorie ist von dem Streben nach zunehmend objektiver, logischer, verifizierbarer Eindeutigkeit bestimmt. Auch seine Präzision bedeutet Beschränkung und Erweiterung zugleich, führt ebenso zu fruchtbaren Klarstellungen wie zu mancher Umständlichkeit und mancher Ausklammerung wesentlicher Aspekte.

Auch der «pragmatischen Texttheorie» Dieter Breuers[94] geht es um zunehmende Präzision und Wissenschaftlichkeit vor allem im Hinblick auf das Verständnis der historisch-sozialen Vermitteltheit und Funktionalität des Werkes. Sein Interpretationsverfahren, das pragmatisch im semiotischen Sinn ist, zielt auf die Rekonstruktion des jeweiligen Textprozesses. Das Verfahren schreitet dabei von der Festlegung des zu rekonstruierenden Textprozesses über die Ermittlung des für den speziellen Prozeß geltenden Normensystems, die Ermittlung der konkreten kommunikativen Situation, und die Ermittlung der medialen Bedingungen zur Ermittlung der medienabhängigen Argumentation fort.

Während sich Breuers durchaus gediegene Ausführungen aber vor allem auf reine Theorie – zumal jene der Strukturierung des Kommunikationsvorgangs – beschränken, entwickelt Heinrich F. Plett,[95] gleichfalls von der Semiotik herkommend, Kriterien und Methoden einer Art «integrativer» Interpretation, die schichtenweise von den phonologischen und morphologischen Figuren über die syntaktischen und semantischen zu den graphemischen Figuren fortschreitet.

Vieles an den neuen linguistischen, strukturalistischen und semiotischen Theorien – zumal von jener Art steriler Theoriebildung um ihrer selbst willen, wie sie sich des öfteren findet – hat zunächst nur zu einer weitreichenden Trennung von theoretischer Forschung einerseits und praktischer Interpretation und literaturkritischer Arbeit andererseits geführt. Dennoch besteht kein Zweifel, daß eine Reihe – wenngleich keineswegs alle – der neuen theoretischen Einsichten die harte Prüfung an der Praxis früher oder später bestehen wird und daß, was bis jetzt eher wie eine Beschränkung der langsam zurückgehenden Tätigkeit des Interpretierens erscheinen könnte, richtig verstanden, im Laufe der Zeit zu einer Erweiterung dieser Tätigkeit umschlagen wird. Es gibt bis jetzt auch – wenngleich selten – Fälle, in denen diese Theorien indirekte oder direkte Auswirkungen auf die praktische Interpretationsarbeit gehabt haben. Ein besonders positives und fruchtbares Beispiel dafür scheint die Untersuchung der hohen äthetischen und symbolischen Bedeutung einzelner Buchstaben des Alphabets in Wallace Stevens Lyrik durch Philip Furia und Martin Roth zu sein.[96]

Auch wenn die quantitative Basis etwas schmaler geworden sein mag und besonders die theoretischen Untermauerungen vielfach gänzlich verschiedenen theoretischen Bestrebungen gewichen sind, spielt im allgemeinen in der literaturwissenschaftlichen Praxis die Werkinterpretation nach wie vor eine Hauptrolle. Wolfgang Wittkowskis Hebbelbuch steht und fällt mit der Interpretation einzelner Dramen, wobei Wittkowski der rein werkimmanenten eine «korrektive» Interpretation gegenüberstellt,[97] die zusätzlich zu den immanenten auch werktranszendente Aspekte berücksichtigt.

Vor allem aber ist die Kunst der Interpretation nicht tot. Unbeschadet sämtlicher theoretischer Behauptungen oder Programme, die sie als irrelevant erscheinen lassen wollen, zeugt sie durch neue Ergebnisse von ihrer zeitlosen Bedeutung. Klaus Weissenbergers Interpretationen von Gedichten der Lasker-Schüler, von Nelly Sachs und Paul Celan können hier als Beispiel stehen. Die Interpretationen Werner Webers[98] aber, der in diesem Sinn die große Tradition Emil Staigers fortsetzt, seine Deutungen etwa von Mörikes «Auf ihrem Leibrößlein», Paul Celans «Mandorla», oder einer Grabschrift Shakespeares gehören zum Bedeutendsten, was Literaturkritik hervorzubringen vermag. Die Haltung jedoch, die dahinter steht, ist von gleichfalls zeitloser Wahrheit, gleichgültig ob sie mit gewissen rezeptionsgeschichtlichen oder pragmatisch-semiotischen Theorien in Einklang steht oder nicht: «Der Glücksfall jedes Menschen, der Sprache braucht, heißt vollkommene Deutlichkeit. Der Literaturkritiker aber, der ja über Sprache spricht, wird doppelt verzweifeln, wenn er die Deutlichkeit verfehlt. Hat er jedoch die vollkommene Deutlichkeit erreicht, dann ist er jenseits von Irrtum und richtiger Einsicht; dann ist er eine Stimme des Daseins, die zur Melodie der Zeit gehört und mithilft, diese Melodie deutlich und verständlich zu machen.»[99]

2. Rhythmus, Klang und Gliederung

a. Rhythmus und Metrum

Der Rhythmus ist als werkimmanentes Element für die Dichtung von solcher Wichtigkeit, daß Wolfgang Mohr[1] sie gemeinsam mit Musik und Tanz den rhythmischen Künsten zurechnet. Schon August Wilhelm Schlegel[2] fragte, ob nicht neben der Folge und Anordnung der Wörter der Rhythmus es sei, worin der poetische Charakter der Dichtung bestehe. Der Rhythmus kennzeichnet nach seiner Vorstellung vom Heranwachsen der Naturpoesie jene wichtige zweite Entwicklungsstufe, auf welcher sich die Absonderung der poetischen Sukzessionen in unserem Inneren von anderwärtigen Zuständen durch ein äußeres Gesetz der Form vollzieht. Nach Octavio Paz[3] aber ist Rhythmus nicht nur Maß, sondern Vision der Welt.

Auch in einem weniger weit gefaßten Sinn des Begriffes, etwa bei Emil Staiger, hängt der Rhythmus mit der zeitlichen Einbildungskraft und damit mit dem innersten Wesen des Stils auf das engste zusammen, und soweit er sie nicht überhaupt mit umfaßt, berührt sich der Rhythmus doch unmittelbar mit der Lautschicht wie auch mit der Gliederung des Werkes als Kontinuum und Ganzes. Franz Saran[4] wollte den Rhythmus geradezu zum Charakteristikum des Literarischen machen und schrieb darum der nichtdichterischen Prosa lediglich Akzent und Melos, der literarischen Prosa und dem Vers Rhythmus und Melodie zu. Obwohl diese Auffassung gewiß über das Ziel hinausschießt und Andreas Heusler[5] zweifellos recht hat, wenn er jeder prosaischen oder versmäßigen Redefolge Rhythmus zuerkennt, liegt in dieser Grenzziehung, die quer durch die Prosa geht, doch ein grundsätzlich richtiger Gedanke. Rhythmus ist eben eine allgemeine, in keiner Weise auf die Literatur beschränkte Lebenserscheinung, die auch für die nichtliterarische Prosa von Bedeutung ist, während die Literaturwissenschaft lediglich am Problem des literarischen Rhythmus interessiert ist und höchstens die allgemeinen Grundlagen von Wesen und Wirkung des Rhythmus, wie sie auch in der Literatur wirksam werden, in ihre Betrachtung einbeziehen sollte.

Was den literarischen Rhythmus betrifft, so unterscheidet er sich zunächst gradmäßig vom Rhythmus nichtliterarischer Prosa insofern, als das Akzentuelle und das Metrische in der Dichtung mehr betont werden und mehr bewußt sind, zumal was ihre Wirkung betrifft. Darüber hinaus wird der literarische Rhythmus geradezu dadurch konstituiert, daß ein literarisches Rhythmussignal auf ein Rhythmizomenon stößt, das von sich aus bereits seine eigene rhythmische Gestalt mitbringt, nämlich die Sprache.

Zweifellos kann man von einem literarischen Rhythmus im allgemeinen sprechen, wenn auch seine einzelnen Konkretisierungen überaus variieren. Das geht so weit, daß Heusler etwa einmal beim Vergleichen verschiedener nationaler Versstile beinahe den Eindruck gewann, es nicht mit einem Lehrstoff bei verschiedenen Nationen, sondern mit ganz ungleichen Wissensgebieten zu tun zu haben. Dietrich Seckel[6] wieder betont zunächst die individuellen Unterschiede bis zu einem solchen Grad, daß er den literarischen Rhythmus geradezu als die individuell charakteristische, gestalthafte Bewegungsform definiert, die sich in dem durch feinste dynamische Abstufungen unterschiedenen Akzenten eines sprachlichen Gebildes ausprägt. Daß es neben den individuellen Unterschieden, die bis ins einzelne Werk reichen, auch andere, überindividuelle Gemeinsamkeiten gibt, zeigt die eigentliche praktische Interpretation Seckels selbst, in welcher er, anscheinend beeinflußt von der Sieversschen Schallanalyse,[7] zu einer gewissen Typenbildung neigt. Individuelle Ausformung einerseits und Typisierungen andererseits stellen dabei keineswegs notwendig einen Widerspruch dar, da das Wesen des Rhythmus, nach Übereinkunft der meisten Forscher von Wolfgang Kayser[8] bis Robert Bräuer,[9] in der Variation in der Gleichheit besteht. Seine tiefe Wirkung beruht darauf, daß er mit unmittelbarsten Erscheinungen der menschlichen Existenz zusammenhängt. So hat man den Grundzeitwert des Rhythmus mit der Dauer eines mittleren Pulsschlages gleichgesetzt und hat erklärt, daß die nächst höhere rhythmische Phase, die sogenannte Periode, in der Regel in ein Verhältnis zu der Atemperiode tritt, mit der sie auch die Beziehung von Spannung und Lösung gemeinsam hat. Gewöhnlich wird dem Rhythmus ja ein polarer Charakter zweier Grundprinzipien zugrundegelegt: einer Folge von kleinsten Einheiten, die gleichsam den Rhythmus signalisiert, steht eine zweite Phase gegenüber, in der er spontan als Gestalt wahrgenommen wird. Nach Mohr erweckt das Signal Spannung, die in der zweiten Phase des Wahrnehmens der Gestalt ihre Erfüllung oder Lösung findet. Neuerdings etwa bei Bräuer – findet sich die Erweiterung solcher Polarität zu einer Dreiheit, doch spricht auch er von zwei Grundbestandteilen des Ur-Rhythmus.

Schon die griechische Theorie kannte das Substrat eines Rhythmizomenon, in welchem der immanente Rhythmus zur aktuellen Gestalt wird, und da im Falle des literarischen Werkes dieses Substrat die Sprache ist, liegen die Dinge besonders schwierig, da ja die Sprache selbst bereits dem Rhythmus ihr eigenes, verschiedenartig bestimmtes, außerästhetisches System einer rhythmischen Schallform entgegenbringt. Aus diesem Grunde wird auch auf dem Gebiet der Rhythmusforschung die Grenzlinie zwischen literarischem und nichtliterarischem Rhythmus, zwischen literaturwissenschaftlicher und linguistischer Arbeit sichtbar. Die sprachwissenschaftlichen Arbeiten zum Rhythmus sind oft, zumindest direkt, für den literarischen Rhythmus irrelevant, obwohl sie oft indirekt dadurch Bedeutung für ihn gewinnen können, daß ihre Ergebnisse literaturkritisch ausgewertet und auf ästhetische Funktionen der Sprache bezogen werden. Bei der konkreten Analyse eines Textes finden sich meist beide Aspekte, der sprachwissenschaftliche wie der literaturwissenschaftliche miteinander verknüpft, doch klammern viele rein linguistische Arbeiten andererseits das literarisch relevante Moment der ästhetischen Funktion grundsätzlich aus, selbst wenn es sich mitunter um scheinbar literarische Themenstellungen handelt, wie es etwa Hans-Joachim Schädlich in seinem Aufsatz «Über Phonologie und Poetik» tut.[10] Diese Grundhaltung ist es und nicht das statistische oder experimentelle Verfahren mit seinen Formeln und Tabellen, welche die literarische Sterilität sprachwissenschaftlicher Arbeiten verursacht.

Friedrich Beissner[11] hat in einer grundlegenden Studie über den literarischen Rhythmus bei Kleist gezeigt, daß viele Züge, die, rein sprachwissenschaftlich betrachtet, als stilistische Schwäche, als eigenwillig und damit gesetzlos, als «Schachtelstil» und Ungeschick negativ bewertet werden, von ihrer ästhetischen Funktion her betrachtet, gerade die hervorragende Großleistung ausmachen. Voraussetzung ist dabei natürlich, daß die Sprache nicht grammatikalisch-abstrakt und autonom, abgelöst vom konkreten literarischen Werk, betrachtet wird, sondern daß dieses Werk in seiner Ganzheit, die den Gehalt mit einschließt, zum Ausgangspunkt der Untersuchung gemacht wird. Daraus ergibt sich dann, daß das kleinste Element des literarischen Rhythmus das sinntragende Wort ist, daß die Einheit, innerhalb deren der Rhythmus in Vers wie in Prosa zuerst beobachtet werden muß, auf dem Satz beruht, und daß sich der Rhythmus gleicherweise in Vers und Prosa an den eigentümlichen Relationen zwischen Wörtern und Wortgruppen darstellt, jenen Sinnabschnitten der Rede, die sich durch die Anordnung der Worte zu besonderen Abschnitten zusammenschließen.

Um den Rhythmus bestimmen zu können, muß der Kritiker zuallererst mit feinem Ohr auf diese Relationen hinhören lernen. Das aber bedeutet, daß zumindest vorläufig persönliches Einfühlungsvermögen notwendig ist und daß sich gerade auch auf dem Gebiet des Rhythmus ein Verifikationssystem durch experimentell wiederholbares Nachweisen auf weiten Strecken zumindest bis jetzt nicht begründen ließ. Ja, der Fall der «Schallanalyse» von Eduard Sievers hat gezeigt, daß die erstaunlichen Ergebnisse, die er durch seine Sensitivität erreichte, überhaupt kaum allgemein objektivierbar sind. Sievers hatte, im Anschluß an Rutz, das Vorhandensein gewisser Grundtypen der inneren rhythmischen Haltung erkannt. Zu ihrer Darstellung und Festlegung entwickelte er ein Signalsystem, das beide rhythmischen Grundprinzipien ansprach: das Prinzip des Taktschlagens und eines damit verbundenen Systems von Bewegungskurven und das Prinzip, das durch regelmäßige Wiederkehr eine gewisse Neigung auslöst und befriedigt, sich darauf einzustellen, darin einzuschwingen.

Die besondere Sensitivität eines inneren Einschwingens liegt auch Wolfgang Kaysers Aufstellung einer Rhythmus-Typologie zugrunde.[12] Er unterschied zwischen fließendem, bauendem, gestautem und strömendem Rhythmus und weist ausdrücklich darauf hin, daß er dabei über die Grenzen des gesicherten, wissenschaftlichen Gemeingutes hinausging.

Dies bedeutet in keiner Weise die Notwendigkeit des Ausartens in einen anarchistischen Subjektivismus. Der einer bestimmten Wortlautsmannigfaltigkeit immanente Rhythmus, wie Ingarden[13] sagt, ist eine Tatsache; das Einschwingen in ihn kann analysiert, in kritischen Begriffen mitgeteilt und von allen dazu Fähigen nachvollzogen werden. Die Literaturwissenschaft hat auch begonnen, gewisse objektive Kriterien auszuarbeiten. Ein sehr wichtiges ist beispielsweise der historische Aspekt, wie er besonders nachdrücklich und überzeugend in der Kritik Habermanns durch Georg Baesecke[14] zum Ausdruck kommt. Morris Halle[15] unternahm sogar einen ersten Versuch, universelle Beschreibungsschemata zur Bestimmung von Versrhythmen jenseits der alleräußerlichsten metrischen Kriterien zu entwerfen.

Zwischen dem literarischen Prosarhythmus und dem Versrhythmus besteht kein grundsätzlicher Unterschied, sondern lediglich ein solcher des Grades und gewisser Sonderwirkungen des Versrhythmus. Ja, wenn Bräuer unter die allgemeinen Erkenntnisse seiner Untersuchung des Versrhythmus eine aufnimmt, die besagt, daß bei allen Texten die rhythmischen Freiheiten am seltensten am Versende auftreten, dann gilt dies in gleichem Maße für den Prosarhythmus, der, abgesehen von gelegentlichen lyrischen oder emphatischen Stellen, oftmals ganz und gar auf der Erscheinung des jeweiligen Satzschlusses, des Cursus, beruht, wo sich gewisse meßbare Regelmäßigkeiten zeigen. Der Prosarhythmus wird jedoch in der Praxis gewöhnlich getrennt vom Versrhythmus untersucht, obwohl die Untersuchung Beissners am Stil Heinrich von Kleists zeigt, wie fruchtbar solche gemeinsame Betrachtung sein kann, indem sie hilft, gemeinsame Stilzüge sichtbar zu machen. Dem Prosarhythmus wird außerdem vielfach nicht die gebührende Aufmerksamkeit geschenkt, was einerseits so unbeholfene Vorstellungen wie jene der Anwendung von Karl Marbes Theorie auf die Untersuchung des Prosarhythmus von Kleist durch Bianchi[16] ermöglicht hat, andererseits aber zu einer Unterschätzung des Prosarhythmus etwa bei Viktor Šklovskij[17] geführt hat, der ihn dem Versrhythmus entgegensetzt und lediglich als automatisierenden Faktor betrachtet. Selbst Wolfgang Kayser,[18] ansonsten so feinhörig für sprachliche Formelemente der Dichtung, betont mehr die Unterschiede als die Gemeinsamkeiten von Prosa- und Versrhythmus und meint, ein Prosaautor würde niemals erst von einem Rhythmus besessen sein, zu dem sich dann die «musikalisch» passenden Worte einstellen, wie dies beim Versrhythmus oftmals der Fall sei. Nun ist dies keineswegs richtig und ein Prosaerzähler vom Range Alfred Döblins[19] bekannte beispielsweise im Fall seines Wallenstein-Romans, daß gerade dies stattgefunden hatte : Ein Anfangssatz war ihm gleichsam aus dem Unterbewußtsein aufgestiegen, dessen Inhalt er belanglos fand, dessen Dynamik und Rhythmus aber für das ganze Buch in positiver Weise bestimmend waren : «. . . . die Melodie und der Rhythmus waren da, ich konnte anfangen, mir konnte nichts mehr passieren.»

Gewiß hat Kayser recht, wenn er vor einer übertriebenen Rhythmisierung der Prosa warnt und ein Beispiel Storms anführt, wo der Dichter selbst den Verscharakter seiner Prosa so sehr als Entgleisung empfand, daß er ihn selbst wieder tilgte. Dieses Beispiel besagt aber lediglich, daß es oft schwerer ist, gute Prosa zu schreiben als Verse, worauf David Daiches[20] hinwies. Alfred Behrmann[21] hat in seiner klugen Einführung in die Analyse von Prosatexten dargelegt, daß das Problem des Prosarhythmus einerseits eine sehr diffizile Erscheinung darstellt und daß andererseits bis jetzt nicht allzu viel zu seiner Erfassung und Lösung getan wurde.

Patterson[22] versuchte, das Wesen des Prosarhythmus zunächst durch ein differenziertes System des Synkopierens zu erfassen, während Croll[23] sich auf die Kadenz des abschließenden Satzrhythmus konzentrierte. Nicht nur am Satzende, sondern auch am Satzanfang entdeckte Boris Tomaschewskij[24] bei der Untersuchung von Puschkins Prosa rhythmische Regelmäßigkeiten. Eduard Norden,[25] der die Kunstprosa vom 6. vorchristlichen Jahrhundert bis herauf zur Renaissance untersucht hat, fand, daß es für den modernen Menschen gar nicht einfach sei, ein unmittelbares Gefühl für den rhythmischen Satzschluß zu entwickeln, wie es für den in der Tradition der Antike stehenden Hörer fast selbstverständlich war. Die Übertragung falscher metrischen Theorien der Spätantike auf die Rhetorik hat zudem die Analysemöglichkeiten mehr verwirrt als verbessert. Innerhalb der deutschen Literatur hat Konrad Burdach[26] einen Anfang gesetzt, die Klauseln und den Cursus am Satzende zu untersuchen. Der Versuch, eine zusammenfassende Darstellung aller Aspekte des Prosarhythmus zu umreißen, wobei dem Cursus nur ein kleiner Abschnitt gewidmet ist, wurde von Paull Franklin Baum[27] für die englische Prosa unternommen und zeigt trotz interessanter Ergebnisse, wie sehr die literaturwissenschaftliche Methodenlehre hier noch in den ersten Anfängen steckt.

Der literarische Prosarhythmus ist zwar von dem Rhythmus der nichtliterarischen Prosa ebenso verschieden wie vom Versrhythmus, doch gibt es eine so breite Skala von graduellen Abstufungen, von reiner Akzenthäufung bis zu einer so weitgehend entwickelten rhythmischen Gliederung, daß er der Regelmäßigkeit des Versrhythmus bereits nahe kommt. Gerhard Storz[28] hat in der deutschen Literatur an Ähnlichkeiten Gleichmaß, Gleichlauf, ja sogar Gleichklang der Kola genannt, den Wechsel von Spannung und Lockerung, einprägsam fallende Satzschlüsse, die an Kadenzen erinnern. Die französiche Literaturwissenschaft kennt als typische Übergangsform den verset, in dem jeweils auf jeder zweiten akzentuierten Silbe eine Betonung liegt, so daß ein rhythmisches Gebilde entsteht, das an dipodische Verse erinnert. René Wellek[29] hat auf die «poetische Prosa» in englischer Sprache von Emerson und Melville bis Gertrude Stein und James Joyce hingewiesen und darauf aufmerksam gemacht, daß solch gut durchgeführter Prosarhythmus zu genauerem Erfassen des Textes zwingt und dem künstlerischen Grundprinzip des Versrhythmus durch bewußte Anordnung der Rede parallel läuft und damit zur Kunst wird. Obwohl nur ein Stilzug, ist der Prosarhythmus in manchen Romanen so entwickelt, daß er, zusammen mit anderen Elementen, Grenzfälle der Gattung schaffen hilft, so daß Ralph Freedman[30] von lyrischen Romanen sprechen konnte.

Die Grenze zwischen Prosarhythmus und Versrhythmus reduziert sich streng genommen wahrscheinlich darauf, daß Verse in Reihen abgesetzt sind und Prosa nicht. Zwar hat Heusler, dem am Unterschied mehr lag als an der Gemeinsamkeit, diesen Unterschied zwischen Prosa- und Versrhythmus in einem Gegensatz von erfühlbaren und unberechenbaren Zeitverhältnissen sehen wollen, doch wies Wolfgang Mohr[31] darauf hin, daß es auch Verse ohne beschreibbares Metrum gibt. Heuslers Begründung aller Versdichtung auf dem Taktprinzip ist zu eng und unhaltbar, und Mohrs Vorsicht und Unterscheidung zwischen takthaften, hebigen, alternierenden, metrischen, silbenzählenden und freirhythmischen Versen sind wohl angebracht.

Obwohl es nicht für alle Verse ein beschreibbares Metrum gibt, stellt ein metrisches Schema doch für einen so großen Teil von ihnen ein abstraktes Gerüst dar, daß Versrhythmik und Metrik immer wieder als zwei Teildisziplinen einer umfassenden Verslehre behandelt werden. In Alfred Behrmanns *Einführung in die Analyse von Verstexten*,[32] die trotz des geringen Umfangs das Gesamtgebiet zu umfassen unternimmt, wird der Versrhythmus als Teil der Metrik behandelt. Durch Jahrzehnte haben im deutschsprachigen Raum die Arbeiten von Heusler und Saran tiefen Einfluß auf beiden Gebieten ausgeübt. Die Metrik von Otto Paul und Ingeborg Glier[33] baut auf Heusler auf, während sich jene von Erwin Arndt[34] an Saran anschließt. Friedrich Lockemanns[35] Buch über den Rhythmus baut aber sowohl auf Saran wie auf Heusler auf. Pretzel[36] und Kayser[37] gehen eigene Wege, wobei Kayser vor allem von einer breiteren Basis der Versprobleme der westlichen Literaturen ausgeht. Beide weisen vor allem auch über Saran und Heusler hinaus, die geglaubt hatten, bereits zu sicheren Aussagen über die metrische Gestalt im sprachlichen Medium gekommen zu sein.

Das Verhältnis der Metrik mit ihren festgelegten Vers- und Strophenschemata zum Rhythmus hat Alfred Verwey,[38] zum Teil von E. W. Scripture[39] herkommend, so zu bestimmen versucht, daß der Rhythmus alles, das Metrum allein aber nichts sei. Andererseits zeigt er jedoch auf, wie in allen modernen Sprachen entweder Akzent oder Silbenzählung oder aber beide den Vers bestimmen und wir dem Metrum als dem Schema unserer Gattung nicht entkommen können. Der eigentliche Rhythmus entsteht aus der Spannung zwischen dem metrischen Schema und der dem jeweiligen Gedicht eigentümlichen Sprachfügung. Nach Wellek[40] aber wird der Vers vom Kontrapunkt bestimmt, der zwischen dem metrischen Schema der Phrasierung, dem rhythmischen Impuls und dem tatsächlichen, durch individuelle Phrasierung bedingten Rederhythmus besteht. Die Meinungsverschiedenheiten über das Verhältnis von Rhythmus und Metrum beruhen vielfach nur auf verschiedenen Perspektiven der Betrachtung, die alle für sich gerechtfertigt sind: sei es, daß das metrische Schema als formprägender Faktor besonders beachtet und zum Hauptgegenstand gemacht wird, was zur Gleichsetzung von Rhythmus und Metrum führen kann, sei es, daß die rhythmische Erfüllung der Versart in der einzelnen Dichtung im Vordergrund steht, was zu der Auffassung eines Gegensatzes zwischen Rhythmus und Metrum führen kann. Geht es aber um eine Perspektive, welche die rhythmische Gesamtgestalt zu erfassen sucht, dann wird man den Rhythmus als das höhere Prinzip betrachten, das gleichwohl vom Schema des Metrums abhängig ist.

Ebenso bestehen zwischen den drei Grundtypen metrischer Theorien, wie sie Wellek in ebenso kluger wie notwendig vereinfachender Weise unterscheidet, keine wirklichen Gegensätze. Sie betonen vielmehr jeweils verschiedene Aspekte und eröffnen innerhalb der damit gesteckten Grenzen fruchtbare Möglichkeiten. Der älteste Typus der «graphischen Prosodie» mit seinen bekannten Schemata von Versfüßen, Vers- und Strophenformen negiert einerseits den Laut und die individuellen Einzelheiten und schafft ein Handwerkszeug zur Erfassung jener allgemeinen metrischen Muster, wie sie dem wirklichen Gedicht zwar nur selten vollständig zugrundeliegen, deren Erkenntnis aber unerläßlich ist, um die wirkliche rhythmische Gestalt des Gedichts im Kontrast zu jenem metrischen Muster zu erfassen.

Es war jene abschätzig als «papierene» Metrik bezeichnete Theorie, welche im deutschsprachigen Raum von Saran und Heusler durch einen zweiten Typus einer «musikalischen Theorie» ersetzt werden sollte. Die Anfänge der damit verbundenen Ideen gehen jedoch gleichwohl bereits auf die deutsche Romantik und Richard Roe[41] zurück, und eine erste Grundlegung hat Sidney Lanier[42] geschrieben. Nach diesem System werden die einzelnen Silben je nach ihrer Länge durch halbe, Viertel- oder Achtelnoten wie in der Musik bezeichnet, und die Verwendung gleicherweise musikalischer Pausenzeichen und Taktarten macht tatsächlich die Erfassung auch komplexer rhythmischer Erscheinungen möglich. Dem Vorteil der Flexibilität in der Wiedergabe sonst nur schwer erfaßbarer Metren steht hier die Gefahr gegenüber, daß zu einem willkürlichen Subjektivismus in der Interpretation solcher Metren geradezu eingeladen wird. Die Stärke dieser Theorie liegt in der Erfassung isochroner Verse, die Schwäche in der Erfassung freier Verse. Schließlich aber hebt dieser zweite Typus den ersten keineswegs völlig auf und macht ihn überflüssig, sondern erweitert und bereichert ihn vor allem. Wie wenig im übrigen jene «äußeren» und «papierenen» Vers- und Strophenformen leere Hohlräume sind, in welche nach Belieben jeder Inhalt gegossen werden kann, und wie tief jene Schemata der graphischen Prosodiker mit dem innersten Kern der Kunst zu tun haben können, zeigt sich sofort, wenn ein Literaturwissenschaftler mit dem Einfühlungsvermögen Hermann Meyers[43] eine Untersuchung vornimmt. Er hat die direkten Beziehungen dieser Schemata zum Geist der Dichtung, den sie ausdrücken, ein für allemal deutlich gemacht.

Den dritten Typus metrischer Theorien hat Wellek die «akustische Metrik» genannt. Diese Richtung bedient sich experimenteller Untersuchungen der akustischen Wiedergabe von Dichtungen durch verschiedene Leser. Saran, Verrier und Scripture haben sich bereits wissenschaftlicher Instrumente zu Lautuntersuchungen bedient. Neben Oszillographen bediente man sich nach dem zweiten Weltkrieg auch einer Art von Schwachstromröntgenfilmen zur Aufzeichnung von Lauten. Wilbur L. Schramm[44] und George E. McSpadden[45] verzeichnen einige der Experimente, welche interessante Ergebnisse wie auch die Grenzen solcher Versuche enthüllen. Zu den wichtigsten Ergebnissen gehört die erwiesene Einsicht, daß Tonhöhe, Lautstärke, Klangfarbe und Zeitdauer voneinander getrennte, verschiedene und objektiv meßbare Erscheinungen darstellen. Außerdem haben die Messungen die Erkenntnis einer gewissen Relativität von Silbenlängen und Silbenbetonungen gezeitigt. Objektiv betrachtet und aus dem jeweiligen engeren Zusammenhang gerissen, können nämlich oft theoretisch lange Silben kürzer ausgesprochen werden, als manche kurze, und unbetonte betonter, als manche betonte. Auf eine solche Relativität hatte allerdings bereits von ihrer Seite her die musikalische Metriktheorie hingewiesen, die gemeinsam mit der akustischen Metrik insofern subjektiv begrenzt ist, als die Ergebnisse alle auf einer oder einigen Reproduktionen des Werkes durch lautes Lesen beruhen. Diese Begrenzung gilt in einem gewissen Sinn für die gesamte Literaturwissenschaft, die auf Konkretisierungen der jeweiligen Werke angewiesen ist, und sie wirkt weniger einschränkend als der größte Nachteil sowohl musikalischer wie akustischer Metriktheorien, der darin besteht, daß sie die Bedeutung der Texte ausklammern. Immer wieder, neuerdings von Georgiades,[46] wurde auf die Wichtigkeit der Wort- und Satzbedeutung für die Betonung im allgemeinen und den Rhythmus im besonderen hingewiesen. Was in der deutschen Sprache betont wird, ist die Wurzelsilbe, welche die Bedeutung trägt, die dadurch betonungs- und rhythmusbildend wirkt.

In gewissem Sinn der «Laboratoriumsmetrik» der akustischen Theorien verwandt sind manche Arbeiten, die mit Hilfe eines Computers mathematisch-statistische Methoden anwenden. In einer im allgemeinen jeglicher ästhetischen Einsicht baren Arbeit hat beispielsweise Helmut Lüdtke[47] ein Bindeglied zwischen metrisch so heterogenen Erscheinungen wie dem antiken Hexameter, dem altfranzösischen Epenvers, dem Alexandriner und der altgermanischen Langzeile gefunden und hat damit, auf einem gleichwohl begrenzten Gebiet, die Voraussetzung zu einer vergleichenden Metrik erweitert. Die vorläufige U ntersuchung der metrischen Redundanz der genannten Verse hat zu einem interessanten Ergebnis geführt, auch wenn noch keine künstlerisch relevanten Schlußfolgerungen daraus gezogen wurden. Die codierten Äußerungen aller Sprachen enthalten einen bestimmten Anteil an sogenannter Redundanz, der auf rund 50% geschätzt wird und dazu dient, die Störanfälligkeit sprachlicher Kommunikation herabzusetzen. Die Redundanz kommt durch die unterschiedliche Häufigkeit einzelner Sprachelemente und die Beschränkung ihrer Kombinationsmöglichkeiten in linearer

Folge auf Grund der grammatischen und phonologischen Regeln zustande. Dieser Überfluß nicht ausgenützter Informationsmöglichkeiten auf Grund sprachlicher Strukturen ist bei der Versdichtung noch größer als bei der Prosadichtung, da der Zwang des metrischen Schemas zusätzliche Einschränkungen des Entscheidungsgehaltes (der Information) bedingt. Jene zusätzliche oder metrische Redundanz kann festgestellt und statistisch erfaßt werden, und sie erwies sich bei verschiedenen Versarten als verschieden groß. Überraschenderweise ist der Redundanzbetrag pro Silbe beim lateinischen Hexameter, beim altfranzösischen Epenvers, beim Alexandriner und auch bei der germanischen Langzeile weitgehend gleich groß. Der Computer scheint hier geholfen zu haben, ein Gestaltgesetz künstlerischer Formgebung an den Tag zu bringen.

Im Grunde beleuchten die drei verschiedenen metrischen Theorien verschiedene Aspekte von Metrum und Rhythmus, die einander nicht ausschließen, sondern die zusammen mit anderen Elementen, nicht zuletzt der Klangschicht, die Gesamtheit der «Kunstfigur» als Gestaltungsprinzip ergeben, von der Alfred Behrmann spricht. Diese gesamte Klanggestalt schließt jenseits der metrisch erfaßbaren oder sprachlich zum metrischen Schema in Spannung stehenden rhythmischen Formen auch noch jene damit zusammenhängende rhythmischen Schwingungen ein, die durch Stimmung, Atmosphäre und die jeweilige Richtung der ausgedrückten oder imaginierten seelischen Haltung bedingt werden. Marie-Hed Kaulhausen[48] hat sie «irrationale Sprachkräfte» genannt, deren Strukturen und Bedeutung jedoch rational beschrieben und sichtbar gemacht werden können. Hier ist der Punkt erreicht, wo nicht mehr einfach die Bedeutung der Wörter und Sätze die Betonung und den Rhythmus bestimmt oder mitbestimmt, sondern wo der Rhythmus bedeutungsbestimmend wird. Als Hölderlins Wunsch nach Aufdeckung der Geheimnisse dichterischer Gestaltungstechnik ihn zur entschlossenen Aufstellung eines Systems von möglichst weitgehender theoretischer Präzision antrieb, da sprach er bei Behandlung jener weitreichenden, gattungs- und stilbestimmenden Grundprinzipien nicht zufällig von einem «Wechsel der Töne».[49] In den Kombinationsformen der «Töne» und hinter deren Abfolge oder Umkehrung der Abfolge als Gestaltung der Universalität des Organismus jedes Gedichts wird der Grundton hörbar, der die Bedeutung des Gedichts repräsentiert.

b. Klang und Melodie

Mögen mitunter mehr rhythmische Gesetze sichtbarer im Vordergrund stehen, mitunter mehr klangliche Effekte wie Alliterationen,Gleichklänge oder andere, oder aber Bedeutungsaspekte, es werden immer alle drei Schichten vorhanden sein. Wolfgang Kayser,[50] der den Klang ein Gefüge mit eigenem Aufbau nannte, hat andererseits auch die engen Zusammenhänge des Klanges mit rhythmischen wie mit Bedeutungsaspekten gesehen, wie sie durch die Ganzheitlichkeit des literarischen Werkes bedingt werden. Die Schicht von Klang und Musikalität spielt immer eine gewisse Rolle, mitunter eine hervorragend wichtige, und zur Zeit stimmen die meisten Kritiker im Grunde mit John Hollander[51] überein, der auf die Analogie- und Übertragungsvorgänge hingewiesen hat, durch welche Klangformen und sogar dichterische Formgefüge, die nicht gehört werden können, die gleiche Wirkung ausüben wie Musik. Gewiß, Musik selbst einerseits und Sprachmusikalität andererseits, ja sogar echt musikorientierte oder musikbeeinflußte Züge innerhalb der Dichtung und Sprachmusikalität, sind etwas sehr verschiedenes, wie etwa Frye[52] gezeigt hat, so verschieden sogar, daß manche den Begriff «Musikalität» oder auch «Melodie» aus der literaturwissenschaftlichen Terminologie ganz verbannt wissen wollen. Dennoch ist Dichtung in gewissem Sinn auch eine Art Tonkunst, und der Begriff allein wird kaum jemanden verführen, eine Identität von Musik und dichterischer Sprach-Musikalität anzunehmen. Georg Reichert[53] hat insofern zur Begriffsklärung beigetragen, als er vorschlug, die in Musiktheorie wie Phonetik längst übliche Unterscheidung von Sprachmelodie einerseits und Klang oder Klanglichem andererseits in der Literaturwissenschaft zu übernehmen. Bei der Melodie kommt es dabei auf die realtiven Unterschiede der Höhenlage und die jeweiligen Tendenzen der Tonhöhenveränderung an, während es bei den klanglichen Elementen vor allem um Assonanz, Stab- und Endreim sowie um Lautmalerei und Orchestrierung geht.

In der Sache selbst hat über die Rolle der Lautbedeutsamkeit und darüber hinaus über die Rolle des Klanglichen in der Dichtung überhaupt Wilhelm Schneider wichtige Voraussetzungen geklärt. Nicht nur hat er gezeigt, daß die Lautbedeutsamkeit in der dichterischen Sprache keineswegs allein in einer Steigerung jener Lautbedeutsamkeit besteht, wie sie in der Sprache von vornherein angelegt ist, sondern daß sie auch Formen annehmen kann, die dem Sinn der Sprache selbst geradezu widersprechen, indem sie die feste Beziehung zwischen Wortschall und Wortbedeutung lockern oder gar lösen. Er hat auch klargestellt, daß es zwar keine absolute und direkte Lautsymbolik gibt, daß es aber zu weit ginge, jegliche Lautsymbolik und damit verbundene Klangwirkungen zu negieren. Es gibt angemessene Entsprechungen und eine gewisse Relationstreue der Laute, die sich positiv schwerer erweisen läßt als negativ, insofern nämlich, als die gegensätzlichen Kombinationen von Laut und Bedeutung unmöglich wären. Fruchtbar ist auch Schneiders Unterscheidung zwischen nachbildender Lautbedeutsamkeit oder lautbedeutsamen Wörtern des Eindrucks und ausdrückender Lautbedeutsamkeit oder lautbedeutsamen Wörtern des Ausdrucks.[54] Hier schließen sich Laut und Ausdrucksbedeutung zur Ganzheit zusammen.

Wenn René Wellek auf die Wichtigkeit des Unterschiedes zwischen den inhärenten Elementen des Lautes und den Lautbezügen in einem gegebenen literarischen Kontext hingewiesen hat, dann trifft sich dies durchaus mit Schneiders Beobachtungen, der ersteres als kaum relevant darstellt, dem zweiten jedoch die größte Wichtigkeit beimißt, da der ausschlaggebende Vergleichspunkt keineswegs in der ursprünglichen Qualität des Lautes liegen muß, sondern auch in der Quantität und in Wiederholungen liegen kann, in Länge oder Kürze, Tonhöhe oder Akzent, in der besonderen Weise oder der besonderen Stelle der Betonung, in der Ähnlichkeit oder im Gegensatz mit anderen Lauten oder auch in der Silbigkeit des Wortes. Die Ausnützung einzelner Laute und ihrer Qualitäten in größeren Zusammenhängen dichterischer Sprachgestaltung führt zu jener «Orchestrierung», wie sie von einem französischen Kritiker erstmals beschrieben, von den russischen Formalisten außerordentlich entwickelt und schließlich von Ernest M. Robson[55] zu einer allgemeinen und umfassenden Systematik auf naturwissenschaftlich-experimenteller Grundlage zusammenzufassen versucht wurde.

Eine Sonderrolle im Zusammenhang von Lautbedeutsamkeit und Orchestrierung spielen der Leitlaut oder die Leitlautverbindung. Davon wird dann gesprochen, wenn ein Laut im Zusammenhang mit einem Wort als direkte klangliche Entsprechung dieses Wortes lautbedeutsam aufgefaßt wird. Der Laut behält diese Bedeutsamkeit bei, wenn er bald darauf in anderen Wörtern unverhältnismäßig oft wiederkehrt, gleichgültig ob die Bedeutung dieser nachfolgenden Wörter mit der einmal gegebenen Lautbedeutung übereinstimmt oder nicht. Der Laut hat damit, so lange er als Wiederholung empfunden wird, Eigenwert gewonnen, einen Eigenwert allerdings, der nicht ursprünglich vorgegeben und durch den Laut selbst determiniert ist, sondern der aus der Bedeutung des ersten, besonders wichtigen und betonten Wortes stammt, des klanglichen Leitwortes gleichsam, in dessen Lautverband er zum ersten Mal auftritt. Nachdem Wilhelm Schneider auf das Phänomen aufmerksam gemacht hatte, sprach Heinrich Lützeler[56] im Anschluß daran als erster von «Leitvokalen», worauf Schneider auch auf «Leitkonsonanten» hinwies.

Die Grundformen möglicher Lautgefüge sind von Osip Brik[57] dargestellt worden. Er stellte Lautfiguren entsprechend der Anzahl der wiederkehrenden Laute zusammen und zwar nicht nur nach der Zahl der Wiederholungen, sondern auch nach der Ordnung, in welcher die Laute einander in den wiederkehrenden Gruppen folgen und nach der Position der Laute innerhalb der rhythmischen Einheiten. Solche systematisch formalistischen Bestrebungen werden neuerdings durch Zuhilfenahme von Informationsverarbeitungsgeräten noch präziser weitergetrieben. So hat etwa Karl Knauer[58] durch Laut- und Klanguntersuchungen am Beispiel der Sonette Baudelaires gezeigt, was die mathematische Auswertung verständnisvoll aufgestellter Rekurrenzformeln und Rekurrenzindices leisten kann. Ein echtes literaturwissenschaftliches Ergebnis dieser Arbeit liegt im Nachweis, daß der Quartett-Teil und der Terzett-Teil des Gedichts «Correspondences» sich vor allen anderen Sonetten Baudelaires durch eine Symmetrie-Erscheinung im Bereich der Klangfarbenrekurrenzen auszeichnet.

Allerdings zeigen sich auch hier wiederum die Grenzen solcher Methoden, denn nicht nur muß in einem größeren ästhetischen Zusammenhang die Frage gestellt werden, ob eine solche Symmetrie notwendigerweise und immer eine positiv zu bewertende Auszeichnung darstellt, wie hier, sondern vor allem erfassen solche Lautuntersuchungen keineswegs die letzten Feinheiten literarischer Klangwirkungen. Daran ändert auch die Tatsache nichts, daß Knauer von der Untersuchung von «Feinstrukturen» spricht. Welch eine breite Skala bis hinein in tatsächlich letzte Feinheiten die Untersuchung dichterischer Klangwirkungen umfassen kann, hat etwa John Crowe Ransom[59] in seiner Untersuchung von Robert Frosts Sonett «Mowing» gezeigt. Experimentelle Aufnahmen des Gedichtes auf ein Tonband durch verschiedene Sprecher nach der Methode Trager-Smith ergaben, daß außer den bei dieser Methode üblichen Bezeichnungen zur Leseanleitung noch zusätzliche Bezeichnungen notwendig gewesen wären, um dem Klangkörper des Textes wirklich gerecht zu werden: zusätzliche Bezeichnungen über Stimmanpassung und Stimmdifferenzierung, die Stimm-Tremolo und ungewohnte Lautstärke, Dehnung und Tonlosigkeit, Klarheit und Stocken einschließen. Gewiß löst das Eingehen auf solche Probleme eine ganze Reihe schwer zu lösender, wo nicht unlösbarer Fragen aus. Gewiß besteht die Gefahr, daß von einem falschen Vortrag des Gedichts ausgegangen werden könnte, um so mehr, als es den einzig richtigen Vortrag oft gar nicht geben wird, sondern nur eine ambivalente Offenheit, die zwei oder mehr Möglichkeiten einschließt. Umgekehrt kann das literarische Kunstwerk nur in seiner Konkretisierung verstanden werden, und ein individuell-persönlicher Anteil ist beim Verstehen des stumm gelesenen Gedichts ebenso vorhanden wie beim Lesen des laut gelesenen Gedichts. Das laute Lesen allein bedeutet noch nicht notwendigerweise anarchisch-willkürlichen Subjektivismus, und, eingeengt auf den Bereich des Klanglichen, hat die oben erwähnte sprechwissenschaftliche Methode zweifellos einen Sinn.

Darüber hinaus hat Harvey Gross[60] aber auch noch auf eine besondere Art von Musikalität des literarischen Werkes hingewiesen, die rein akustisch allein nicht wahrnehmbar ist. Am Beispiel der Lyrik T.S. Eliots spricht er von einer Musik, die man in der Bedeutung der Worte und in der grammatischen Struktur «hören» kann. Dabei setzt er das Wort «hören» in Anführungszeichen, weil es nicht um ein akustisches Phänomen geht. Dennoch handelt es sich nicht einfach um eine Metapher, sondern es wird durch die gesamten Phänomene wie sonst nur durch solche akustisch-musikalischer Art Spannung und Lösung vermittelt und stehen diese Erscheinungen außerdem mit den akustischen in engstem Zusammenhang.

Ähnlich wie auf dem Gebiet des Rhythmus gelten auch auf dem Gebiet von Klang und Melodie die meisten Untersuchungen der Lyrik und die wenigsten der dichterischen Prosa. Dabei geschieht dies sehr zu Unrecht, und allein schon die Hinweise etwa T. S. Eliots auf die Musikalität und ihre Rolle in Shakespeares Dramen[61] oder E. M. Forsters Ausführungen über Musikalität[62] in seiner Romantheorie zeigen die überragende Bedeutungsmöglichkeit der Klangschicht außerhalb der Lyrik. Einen zusammenfassenden und systematischen Aufriß der Möglichkeiten und Implikationen der Klangschicht im literarischen Werk auf knappstem Raum hat David I. Masson,[63] gleichfalls von der Lyrik ausgehend, gegeben. Er unterscheidet nicht weniger als achtzehn verschiedene Funktionsmöglichkeiten der Klangschicht, die sich entweder auf die Formstruktur, den Sinn, die Szenerie, die Gefühlsgrundlage oder die besondere ästhetische Atmosphäre beziehen. Im Anschluß daran zeigt er die wichtigsten Unterschiede und Relativierungen, die durch die verschiedenen Eigenarten westlicher Sprachen im Hinblick auf literarische Klangprobleme bestehen und gibt überdies ein Gerüst eines geschichtlichen Abrisses der Klangprobleme in der Lyrik der westlichen Literaturen.

An einigen repräsentativen Beispielen der deutschen Literatur hat das literarische Klangproblem und die Wortmusikalität im weitesten Sinn Steven Paul Scher[64] behandelt, wobei er sich auf literarische Prosa beschränkte und bei den fünf untersuchten Autoren fünf verschiedene Arten literarischer Darstellung von Musik fand, woraus er fünf verschiedene Techniken solcher literarischer Gestaltungen ableitet. Von der literarischen Prosa der russischen Literatur ausgehend, aber auch Volkslied, Kinderdichtung und religiöses Ritual einschließend, hat Viktor Šklovskij[65] auf sinnüberschreitende Klangphänome der Sprache hingewiesen, und ein anderer Formalist, Lev Jakubinskij,[66] hat, von funktionaler Linguistik herkommend, gerade das Klangproblem zum Kriterium der Scheidung zwischen umgangssprachlicher und literarischer Sprachgestaltung erhoben: in der Umgangssprache haben nach Jakubinskij die klanglichen Elemente keine eigenständige Existenz, da sie nur der Kommunikation von Bedeutung dienen, während sie als Laute in anderen Redeweisen Eigenwert besitzen können. In der französischen Literatur hat Etienne Souriau[67] Klang- und Melodieprobleme aufgezeigt, in der englischen Literatur Yoshida Minoru[68].

Neben allgemeinen theoretischen Erörterungen der literarischen Klang- und Lautprobleme, oft im Rahmen der Gegenüberstellung von Musik und Literatur, von Calvin Brown[69] bis Heinz Becker[70], ist ein besonders häufig behandeltes Teilproblem das des Reimes. Immer wieder wurde er gesondert untersucht, obwohl im Hinblick auf die Ganzheitlichkeit des literarischen Werkes der Reim im Zusammenhang mit verwandten Erscheinungen, wie Alliteration und Assonanz, behandelt werden sollte, wie der Reim ja auch den nicht-klanglichen Formen des Parallelismus, des Vergleichs und des Wortspiels benachbart ist. Die Entsprechung des Reims mit neuerer harmonischer Musik hat bereits Schelling[71] weiter ausgeführt als der von physikalisch-experimentellen Untersuchungen ausgehende Henry Lanz,[72] der auf die Möglichkeiten des Reims als Hinweis auf rhythmisch besonders wichtige Stellen, wie auch als Wiederhersteller des durch Unterbrechungen gestörten metrischen Gleichmaßes hingewiesen hat. René Wellek[73] unterstrich die ästhetische Bedeutung des Reims in seiner metrischen Funktion und als Regulator. Dabei hat bereits Walzel[74] darauf aufmerksam gemacht, daß der Reim, zumindest in neuerer Dichtung, doppelte, ja geradezu gegensätzliche Funktion insofern besitzen kann, als er einer klaren Sonderung der Teile eines Gedichts, wie auch der Beseitigung des Isolierens und der Verschmelzung dienen kann. Fritz Strich[75] zeigte die Verbindung zwischen den jeweils vorherrschenden einzelnen Funktionen und den Periodenstilen auf. Nach ihm diente der Reim in der klassischen Dichtung dazu, die Verse abzuschließen und die Strophen zu gliedern, während er in der Romantik zur Paarung und Verschmelzung diente. Der Geschichte des Reimes überhaupt, die über Persien und Indien nach China zurückführt, hat John Draper[76] nachgespürt.

Zusammenspiel oder Gegensatz von Rhythmus und Reim, Zusammenhang oder Gegensatz von Reimwörtern und ihrer Bedeutung, Überbetonung oder bewußte Abschwächung des Reims, sind einige der wichtigsten Probleme, was seine Funktion und Wirkung betrifft. Die bis jetzt eingehendste Behandlung aller wesentlichen Reimprobleme und dazu noch einen geschichtlichen Abriß über die Entwicklung des Reims in den wichtigsten europäischen Literaturen hat Victor Žirmunskij[77] geliefert.

Zusammenfassend läßt sich sagen, daß das Gesamtphänomen von Klang und Melodie im literarischen Werk sich über ein weites Spektrum erstreckt und daß es nicht immer in all seinen Feinheiten wie seiner Intensität und Bedeutung erfaßt wird. Selbst ein Lyriker vom Range Valérys hat von sich bekannt, erst spät die Musik der Worte erkannt zu haben. E. M. Forster[78] forderte eine besondere Musikalität des Hörens, dann aber käme man, von der Schicht des Tones ausgehend, den Feinheiten des Stils näher als irgend sonst. Rudolf Maier[79] aber erklärt nicht nur, daß die Musik der Worte seelische Schwingung oder Stimmung ausdrücke, sondern daß erst die Melodie den Rhythmen Leben, Farbe und Stimmungsgehalt gebe.

c. Raum, Zeit und Gliederung

Metren sowohl wie Klangwiederholungen einschließlich der Reime haben unter anderem gliedernde Funktion im literarischen Werk, wobei diese Gliederung nicht notwendig gleichlaufender oder symmetrischer Art sein muß. In vielen Fällen handelt es sich dabei um eine Gliederung über kürzere Strecken innerhalb längerer Werke. Aber selbst wo diese Art von Gliederung das ganze Werk umfaßt, können sich zu jenen rhythmisch-klanglichen Gliederungen zwei weitere wichtige aufbau- und wesensbestimmende Elemente gesellen, das der literarischen Raumgestaltung und das der literarischen Zeitgestaltung.

Es wird hier ausdrücklich von literarischer Raumgestaltung gesprochen, weil dieses Problem mit dem empirischen Raum im Grunde nichts zu tun hat. Mit ihm hat höchstens jene ursprüngliche Frühform von Figurengedichten etwas zu tun, die in besonderer äußerer Form, bestimmten Formen von Weihgaben im Tempel angepaßt, abgefaßt wurden, auf die sie geschrieben werden sollten und auf die sie raummäßig passen mußten. Herman Meyer[80] hat darauf hingewiesen, daß bei der literarischen Raumgestaltung das schöpferisch-gestaltende Element das literarisch ausschlaggebende ist und daß selbst im Fall eines realistischen Romans eine simplifizierte Mimesistheorie schlecht angebracht ist und das schöpferische Element sich lediglich mehr verhüllt, keineswegs aber weniger formprägend ist.

Zu den wichtigsten Arbeiten, die das Problem literarischer Raumgestaltung grundsätzlich in den Mittelpunkt der Betrachtung rücken, gehören jene des Amerikaners Joseph Frank[81] und des Holländers Herman Meyer. Es ist vielleicht kein Zufall, daß diese grundsätzlichen Arbeiten vom neueren Roman ausgehen, denn hier gewinnt die Idealität des Raumes eine Art Eigenleben, und hier wird der Raum als strukturbildender Sinnbereich besonders einsichtig. Frank etwa hat gezeigt, wie in den Romanen von Joyce, Djuna Barnes, Virginia Woolfe, aber auch Proust, syntaktische Ordnung um einer Struktur willen aufgegeben wird, die auf der Erfassung von Beziehungen zwischen getrennten Wortgruppen besteht. Diese Wortgruppen müssen nebeneinandergestellt gedacht und simultan erfaßt werden, wodurch eine Art sprachlicher Verräumlichung entsteht. An die Stelle von einsträngigem zeitlichem Ablauf tritt kontemplative Stasis.

Herman Meyers Darlegungen über literarische Raumgestaltung sind weniger periodengebunden und grundsätzlicher Art.[82] Sie gehen von der Voraussetzung alles Geschehens in Raum und Zeit aus, behandeln Raum und Zeit als korrelative Begriffe und zeigen am Beispiel von Raabes Roman *Stopfkuchen* nicht zuletzt auch, wie Raum und Zeit mit anderen «Fügungskräften» zusammenwirken, obgleich ihnen größtes Gewicht zukommt. Herman Meyer unterscheidet dabei, nach dem Vorbild von Robert Petsch, zwischen «Lokal» und «Raum», wobei die Raumteile, rein als Lokal betrachtet, eine gewisse vordergründig deutlich werdende Anschaulichkeit besitzen, jedoch erst in ihrer übergreifenden Raumkonstellation des Zusammenwirkens zu strukturbildender Bedeutung gelangen. Es gelingt ihm, als wesens- und sinnbestimmendes Strukturgerüst eine Art Koordinationssystem sowohl vertikaler wie horizontaler Raumkonstellation im *Stopfkuchen* sichtbar zu machen.

Gewiß ist die grundsätzliche Bedeutung der literarischen Raumgestaltung methodenkritisch wichtiger als die Bedeutung der Verschiedenheiten von Raumgestaltung und Raumbedeutung im Zusammenhang mit Unterscheidungen von Periodenstilen oder verschiedenen literarischen Gattungen, doch bilden solche Untersuchungen geschichtlicher Sonderentwicklungen keinen Widerspruch, sondern nur eine differenzierende Ergänzung zu den systematisch gegebenen Grundproblemen. Wenn man etwa in Dante, als «Entdekker» von Raum und Plastizität, den Begründer neuerer Literatur hat sehen wollen,[83] wobei das Raumkonzept im einzelnen von jenem der Joyce, Barnes und Woolfes natürlich sehr verschieden ist, wenn Fritz Strich[84] bei seiner Gegenüberstellung von Klassik und Romantik auch die Verschiedenheit der Raumgestaltung deutlich macht, oder wenn etwa Edwin Muir[85] annimmt, daß bei seinem Typus des dramatischen Romans die Zeitgestaltung im Vordergrund steht, während der Typus des Charakterromans besonders durch die Raumgestaltung bestimmt wird, dann wurde gleichermaßen die Wichtigkeit literarischer Raumgestaltung unterstrichen.

Herman Meyer nennt als zwei wichtige Vorläufer seiner Arbeiten zur literarischen Raumgestaltung Theophil Spoerri[86] und Robert Petsch;[87] doch kennt er eine Reihe von weiteren Arbeiten, die etwa verschiedene Raumtypen der mittelhochdeutschen Dichtung unterscheiden[88] oder Hölderlins Raumgestaltung als stilbestimmend für sein Werk überhaupt zu zeigen versuchen.[89] Meyer, dessen Betonung der Wichtigkeit grundsätzlicher Untersuchungen der Raumgestaltung von Eugene Timpe[90] aufgegriffen wurde, hat seine Arbeit später auf die besondere Entwicklung der modernen Erzählkunst (und Malerei) konzentriert und eine rationale geometrische Grundlage etwa bei Broch wie bei Feininger aufgezeigt, auf der sich eine supra-rationale Raummagie entwickelt.

Raumgestaltung als gliederndes und strukturbildendes Element im literarischen Werk bezieht sich nicht oder nicht nur auf abstrakte Vorstellungen, und vieles, was nicht ausdrücklich als «Raumproblem» oder «Raumgestaltung» bezeichnet wird, gehört dennoch hierher, wie etwa die Anlage, Perspektiven und Symbolentwicklungen der Landschaftsschilderung, wie sie etwa Richard Alewyn[91] bei Eichendorff untersucht hat, die strukturbildende Bedeutung einzelner örtlicher oder ortsbezeichnender Objekte, wie etwa der Judenbuche für die gleichnamige Erzählung der Annette von Droste-Hülshoff, was Benno von Wiese[92] unterstrichen hat, oder die strukturbildende Bedeutung des Weges als Verbindung verschiedener Orte, worüber etwa Wolfgang Harms[93] eine eingehende Arbeit vorgelegt hat.

Daß die Wichtigkeit dieser Problematik sich nicht auf die epische Literatur beschränkt, hat eindrucksvoll Wolfgang Staroste[94] gezeigt, als er die Strenge und Souveränität der Raumgestaltung Goethes in seinem Drama *Die natürliche Tochter* nachwies, oder aber Werner Günther,[95] als er die überragende Bedeutung der Raumgestaltung in Rilkes Lyrik sichtbar machte.

Die Begriffe Raum, räumlich und Raumgestaltung werden natürlich oftmals in recht verschiedenem Sinn gebraucht. So etwa gebraucht E. M. Forster[96] den Begriff Raum in einem recht allgemeinen Sinn, verbunden mit der Vorstellung von Stimmung und Atmosphäre, wenn er den Raum als den eigentlichen Helden von Tolstois *Krieg und Frieden* bezeichnet, während Eberhard Lämmert[97] viel präziser vorgeht, wenn er etwa von räumlicher Raffung spricht. Von ganz eigenen Vorstellungen ging Gaston Bachelard[98] aus, als er eine eigene Poetik des Raumes schrieb. Er beschränkte sich in seinem Buch auf «Bilder des glücklichen Raums», wobei diese Raumbilder in einer sehr flexiblen, offenen und symbolischen Weise oft überraschende Deutungsmöglichkeiten bieten und ein Haus etwa sinnbildlich für die menschliche Seele, ein Baum für «rundes Dasein» stehen kann.

Vielleicht noch wichtiger als die literarische Raumgestaltung und gewiß wichtiger, als es der Auffassung vieler Literaturwissenschaftler entspricht, ist die literarische Zeitgestaltung. So verwirklicht sich Dichtung nicht im Raum, sondern in der Zeit, was viele zur Auffassung der Dichtung als reine Zeitkunst geführt hat, und Roman Ingarden[99] hat in seiner literaturwissenschaftlichen Erkenntnistheorie der Zeitperspektive in der Konkretisierung des literarischen Kunstwerks ein ausführliches eigenes und wichtiges Kapitel gewidmet. Hier geht es allerdings nicht um jene Struktur der Aufeinanderfolge der Teile des Werkes, sondern um die literarische Zeitgestaltung oder, um die Begriffe Günther Müllers[100] in seiner Untersuchung über das Zeitgerüst des Erzählens zu verwenden: nicht um die Erzählzeit, sondern um die erzählte Zeit. Daß man beide zueinander in Beziehung setzen kann und daß die erzählte Zeit durch solche Kontrastierungsmöglichkeit klarer und profilierter erfaßt werden kann, ist ein weiterer Vorzug der Zeitperspektive vor der Raumperspektive im literarischen Werk.

Die Darstellungsweise der dichterischen Welt und ihrer Vorgänge hat, von der Zeitperspektive her gesehen, viele verschiedene Aspekte. Von der Vermittlung eines gliedernden Zeiterlebnisses durch ein Metrum – Rhythmen vermitteln kein solches Erlebnis, wie Beissner[101] ausgeführt hat – bis zu jener grundlegend strukturbildenden, skelettartigen Gestalt, die Günther Müller[102] Zeitgerüst genannt hat, erstreckt sich eine breite Skala von Möglichkeiten. Freilich ist die reine Erwartungszeit der Metren, trotz ihrer ästhetischen Relevanz, hier weniger wichtig, als das oft äußerst komplexe und vielschichtige Zeitgerüst, in dem sich die literarische Zeitgestaltung konzentriert.

Besondere typische Formen dieses Zeitgerüsts sind mitunter mit verschiedenen Stilperioden verbunden. So ist der Entwicklungsroman des 19. Jahrhunderts durch die Form einer einseitigen Lebenskurve gekennzeichnet, während mit dem Zertrümmern der Uhr durch den Erzähler Marcel Proust, wie durch Quentin in Faulkners *The Sound and the Fury*, nach Walter Jens[103] der neue Roman beginnt. Durchaus parallel dazu weist Hugo Friedrich[104] auf dem Gebiet der modernen Lyrik darauf hin, daß die mechanische Zeit und die Uhr als ihr Sinnbild von Baudelaire bis Machado gehaßt werden und daß die Zeit eine «abnorme Funktion» erhält, entweder indem sie als eine Art vierter Dimension des Raumes gesehen wird oder aber indem es zu einer gänzlichen Aufhebung der Zeitstaffelung oder der Zeit selber kommt. Nach

Fritz Strich[105] steht etwa der klassischen Idee vom ewigen Menschen, der über die Verschiedenheit von Raum und Zeit erhaben ist, jene romantische Spannung zwischen endlicher und unendlicher Zeit oder zwischen Zeit und Ewigkeit gegenüber, auf die «alles» ankam. Wie Günther Müller Erzählzeit und erzählte Zeit zueinander in Wechselbeziehung setzt, so Walther Killy[106] Gedichtzeit und thematische Zeit, wie er auch das Problem verschiedener Zeitperspektiven und verschiedener Zeitauffassungen in der Lyrik darstellte. Ähnlich aber, wie Peter Pütz[107] eine umfassende systematische Darstellung der Techniken, Funktionen und Möglichkeiten der Zeit im Drama schrieb und durch solche theoretische Grundlegung der praktischen Auswertung viele Hilfen erschloß, spielt die Zeit eine Hauptrolle in Eberhard Lämmerts Abriß über die *Bauformen des Erzählens*,[108] wenngleich das Buch nicht ausschließlich den Zeitperspektiven gewidmet ist. Die Sukzession als ordnendes Prinzip verschiedener Geschehnisstränge, der Hinweis auf die Raum-Zeit-Konstellation aller erzählerischen Fiktion, die Unterscheidung von Vorzeithandlung und Gegenwartshandlung, die Untersuchung der Zeitfügung im Rahmen von Zyklen, die Probleme der Vorausdeutung und Zukunftseinsicht, die Differenzierung zwischen «eigentlicher Zeitraffung», «sukzessiver Raffung» und «iterativ-sukzessiver Raffung», die Behandlung der zeitlichen Erzählweisen, die Aspekte von Rückwendung und Vorzeithandlung, aber auch von Vorgriffen, dies alles führt zur systematischen Untersuchung literarischer Zeitgestaltung in der Erzählung und schließlich zur Einbeziehung des Geschichtlichen und zur Einsicht, daß es dabei um mehr geht als um lediglich technische Regeln, nämlich um «grundsätzliche Erscheinungsformen der Zeit», die im alltäglichen Erleben wie im Kunsterleben eine Hauptrolle spielen.

Wie die Zeit im Roman förmlich zelebriert werden und zu dessen eigentlichem Helden gemacht werden kann, hat schon früh E. M. Forster[109] am Beispiel von Arnold Bennetts *The Old Wives' Tale* gezeigt, wie auch schon Viktor Šklovskij[110] den Unterschied zwischen Handlung und Fabel in häufig auftretenden besonderen Abweichungen von der natürlichen, chronologischen Reihenfolge sah, wie ebenfalls schon früh, ausgehend von Sartres Zeitbegriff, Jean Pouillon[111] eine ganze Reihe von Aspekten literarischer Zeitgestaltung im Roman behandelt hat. Schließlich hat, gleichfalls schon sehr früh, A. A. Mendilow[112] eine der eingehendsten Untersuchungen verschiedener Techniken der Zeitgestaltung im Roman gegeben.

Nicht nur wie bestimmend und wichtig, sondern vor allem auch wie differenziert und weitreichend das Zeitproblem in dichterischer Gestaltung sein kann, hat in seiner Theorie wie Praxis Hermann Broch erwiesen, und als Beate Loos[113] die drei Aspekte Mythos, Zeit und Tod in seinem Werk untersuchte, ergab es sich nicht von ungefähr, daß der Zeitaspekt auch in seiner Auffassung von Mythos und Tod eine Hauptrolle spielt. Hier bei Broch wird dichterisch etwas gestaltet, was in der Literaturwissenschaft für Georges Poulet[114] und für Emil Staiger als methodologischer Ausgangspunkt diente: die Vorstellung von der als Zeit verstandenen Existenz des Menschen. Staiger[115] hat, ausgehend von Bergson und Heidegger, eine ganze Poetik auf dieser Vorstellung aufzubauen unternommen, nicht indem er die objektive Zeit und ihre Gestaltung als Technik im literarischen Werk untersucht, sondern indem er dem Phänomen der inneren, erlebten Zeit nachgespürt und die Zeit als Einbildungskraft des Dichters untersucht hat.

Eine Ausdehnung dieser Untersuchungen auf dichterisch objektivierte, naturhafte Zeitbegriffe (Tages- und Jahreszeiten) hat Peter Paul Schwarz[116] unternommen. Die wesentliche Leistung der zeitbezogenen Poetik Staigers, der an Hand der Beispiele aus Dichtungen Brentanos, Goethes und Gottfried Kellers zwischen «reißender», augenblicksverhafteter und «ruhender» Zeit unterscheidet, liegt in der Sichtbarmachung des ganzheitlichen Zusammenhanges zwischen der Zeitvorstellung und Zeitgestaltung als innerem Erlebnis, dem Rhythmus und dem «Stil» im weitesten Sinn als literarisch manifestierter Weltgestaltung. Die innere Zeit als Erlebnis des Dichters wird hier zum zentralen Schnittpunkt, von dem aus die Einheit von gliedernder Struktur und gestaltetem Thema oder Gehalt sichtbar wird.

Rhythmus und Klang, Raum- und Zeitdarstellung, wirken gestaltbildend. Nach Ingarden[117] ist der Rhythmus selbst eine spezifische Gestaltqualität, und in direkterer Weise noch wirken Metren und Klangwiederholungen strukturbildend. Alfred Behrmann[118] spricht im Hinblick auf Gliederung und Gestalt von der «Kunstfigur» des Gedichts, die sich aus Rhythmus, Klangschicht und «Bauform» konstituiert. Zu den Elementen der Schicht der sprachlichen Lautgebilde gesellen sich im Hinblick auf strukturbildende Qualitäten Raum- und Zeitgestaltung, die Ingarden[119] zur Schicht der dargestellten Gegenständlichkeiten gezählt hat. Dazu kommen als weitere Elemente Formen aus der Schicht der schematisierten Ansichten, wie etwa Cleanth Brooks[120] die Ironie als mögliches Strukturprinzip dargestellt hat. Ein weiteres gestaltbildendes Element stellen die «individuellen Problemsubjekte» dar, auf die Clemens Lugowski[121] hingewiesen hat, als den Subjekten oder Schnittpunkten aller Probleme eines Werkes. Verwandt damit sind die auf Hauptpersonen bezogenen Entwürfe und Absichten, die David L. Minter[122] «designs» genannt hat.

Hier zeigt sich bereits, daß auch Elemente aus der Schicht der Bedeutungseinheiten form- und strukturbildend wirken können, und dies gilt auch für andere mehr gehaltsbezogene Elemente, wie etwa Motive und Themen, von der Symbolisierungsfunktion der gegenständlichen Schicht und ihren strukturbildenden Möglichkeiten ganz abgesehen. Die gehaltbezogenen Elemente sollen erst in einem späteren Zusammenhang besprochen werden. Jedenfalls zeigt sich, daß die Trennung in Gehalt und Gestalt, allenfalls fruchtbar als analytische Technik der literaturwissenschaftlichen Methodenlehre und als fiktive Arbeitshypothese, nicht der Tatsache der Ganzheitlichkeit des literarischen Werkes entspricht. Hier erweist sich der von Karl Guthke[123] geprägte Begriff der «Sinnstruktur» als besonders aufhellend und fruchtbar, da er auf diese Einheit durch die bipolare Gegensätzlichkeit der beiden Teile des Begriffes selbst hinweist. Guthke[124] hat auch gezeigt, wie viel sich mit der Auffassung von einer mehrschichtigen Sinnstruktur in der praktischen literaturwissenschaftlichen Methodik darstellen und erreichen läßt. Dieser Begriff und die mit ihm verbundene Auffassung wird auch darum dem literarischen Werk eher gerecht als viele linguistische und die meisten «strukturalistischen» Gestaltauffassungen, weil er im Unterschied zu diesen nicht von einer einseitig-radikalen Formalisierbarkeit literarischer Strukturen ausgeht, sondern den literaturgeschichtlichen Aspekt mit einbegreift.[125] Dieser Einschluß des historischen Aspektes, zusammen mit der selbstverständlichen Zugrundelegung der Ganzheitlichkeit des literarischen Werkes und seiner Gestalt, ist auch kennzeichnend für den Strukturbegriff Diltheys,[126] Hugo Friedrichs[127] und René Welleks[128] oder den durch besondere Darstellung gekennzeichneten Gestaltbegriff Ernest Stahls.[129] Hier wird der die verschiedenen Elemente zur Einheit verschmelzende Zusammenschluß sichtbar, der nicht nur die Struktur des einzelnen Werkes, sondern auch das einzelne Symbolgefüge, wie die überindividuellen Gattungs- und Stilgefüge, bestimmt.

Wie sehr die Elemente des Klanges, des Rhythmus und selbst einzelne Facetten der natürlichen Sprache gliedernd wirken und die Struktur eines Werkes bestimmen können, hat Nicolas Ruwet am Beispiel einer Interpretation des Baudelaire-Sonetts «Je te donne ces vers ...» gezeigt.[130] Allein, obwohl er sich auf die *parole* konzentriert und nicht auf die *langue*, obwohl er in vieler Hinsicht in traditioneller Weise die literarischen Sprachbezüge im Auge hat, und obwohl das Neuartige der Untersuchung im wesentlichen nur darin besteht, daß die Sprachanalyse besonders weit getrieben wird, (so weit, daß ganze Tabellen über klangliche und andere Elemente aufgestellt werden), bleibt das Ganze bestürzend trocken und macht mehr das sprachliche Mikrogefüge als die künstlerische Größe des Gedichts sichtbar.

In bewußtem Gegensatz zu Bachelard hat Frank C. Maatje[131] eine rein literarische Raum-Gliederung zum Kriterium seiner Untersuchung gemacht, wobei der Raum im Werk der Zeit als gleichwertige Kategorie an die Seite tritt und zum Ausgangspunkt für eine neue Gattungspoetik werden soll. Selbst gemeinsam mit der nachträglichen Erweiterung bringt dieser «Versuch» indessen kaum bemerkenswerte Ergebnisse. Im Unterschied zu Maatje mißt Bruno Hillebrand dem literarischen Raum geringere Wichtigkeit für die Gliederung und den Aufbau des literarischen Werkes bei als der Kategorie der Zeit.[132] Dennoch kommt er zu weiter reichenden Ergebnissen als seine meisten Vorgänger, nicht nur weil er sowohl innerliterarische wie außerliterarische geschichtliche und entwicklungs-geschichtliche Aspekte einbezieht und zwischen verschiedenen Arten möglicher Gliederung durch den literarischen Raum unterscheidet, sondern weil er besonders im Hinblick auf die erzählende Literatur neue Einblicke der philosophischen Raumfrage an die Literatur heranträgt, wie sie in anthropologischer Ausrichtung zunehmend ins Blickfeld geistiger Orientierung treten. Trotz ihrer literaturästhetisch beschränkteren Bedeutung gegenüber der Zeitkategorie wächst hier dem Raumproblem neue Wichtigkeit und Bedeutung zu. Das formale Gliederungsproblem berührt sich nämlich – zumal im Licht der Auffassung Bollnows vom «bergenden Charakter des Raumes» – mit thematischer Problematik und dem eigentlichen Wesen der Dichtung.

3. Rhetorische Figuren und Bildstrukturen

a. Die rhetorische Tradition

Die antike Rhetorik stellte bestimmte grammatische, lexikalische aber auch klangliche Formen des Sprechens und Schreibens in kunstvoller Anordnung der Worte zu einem lehr- und lernbaren System zusammen, dessen Formen bewußt oder unbewußt auch das dichterische Schaffen, wie die Rezeption dieses Schaffens, bis heute in verschiedener Weise beeinflußt hat. Gewisse Grundvoraussetzungen der alten Schulrhetorik und verschiedener ihrer späteren Ausformungen sind für die gegenwärtige Literaturwissenschaft in direkter Weise weder von Gültigkeit noch von Interesse. So etwa ist der Doppelaspekt der Rhetorik als Kunstlehre und Kunstübung ebenso irrelevant wie die alte rhetorische Regel-Poetik. Abgesehen davon haben bereits Goethe und Kant die Verschiedenheit der Intentionalität von praktischer Redekunst und ästhetischer Gestaltung hervorgehoben. Jenseits dieser Unterschiede zwischen rhetorischer Tradition und moderner Literaturwissenschaft kann die Kenntnis der Rhetorik für die praktische Methodenlehre jedoch von allergrößter Bedeutung sein und zwar in dreifacher Hinsicht.[1]

Erstens ist sie in historischer Hinsicht in vielen Fällen als die der jeweiligen Dichtung einer bestimmten Periode zugrundeliegende Theorie zum Verständnis dieser Dichtung unerläßlich. Ja, in manchen Perioden findet sich die gesamte Dichtungstheorie der Zeit in den Werken der Rhetorik und mitunter auch der Logik. Bei solcher historisch notwendigen Gegenüberstellung von zeitgenössischer Rhetorik und Dichtungspraxis kann es oft notwendig werden, nicht nur den damals gegebenen normativen Charakter und die Verbindung von Theorie und Praxis mit in Rechnung zu stellen, sondern, über die Beschränkung auf Rhetoriklehrbücher hinausgehend, die gesamte damals bewußt kultivierte und lebendige rhetorische Kulturtradition mit ihren verschiedenen sozial- und bildungsgeschichtlichen Aspekten einzubeziehen, wie dies etwa Wilfried Barner für die Periode der deutschen Barockdichtung gezeigt hat. Wesentliche dichtungsästhetische Auswertungen solcher Einsichten hat beispielsweise Sister Miriam Joseph[2] am Beispiel Shakespeares geliefert. Sie legt dar, wie sich die gesamte Dichtungstheorie der Zeit in Werken über Rhetorik und Logik findet, wobei sie diese Theorie in zwei Formen unterteilte: eine Form, die von solchen Vertretern der Rhetorik geschaffen wurde, die sowohl über Rhetorik wie auch über Logik schrieben und eine andere Form, die von Rhetorikern geschaffen wurde, die sich auf die Analyse sprachlicher Figuren beschränkten. So verschieden beide Formen von außen her betrachtet sind, so verwandt und gleichartig sind sie im Hinblick auf ihre Bedeutung für die Dichtungstheorie. Die Theorie beider Formen in ihrer gesamten Breite aber findet sich, von zwei oder drei unwichtigen Ausnahmen abgesehen, in Shakespeares Werk dargestellt, das sie zugleich umfaßt und durch die Kunst der dichterischen Gestaltung transzendiert, gleichzeitig zeittypische und zeitlose Qualitäten entwickelnd. Schon zuvor hatte Rosemund Tuve[3] die Bildwelt der englischen «metaphysischen Dichter» und ihre Bedeutung aus ihrem Zusammenhang mit der Logik des Petrus Ramus zu erklären unternommen. Die Einbeziehung der eindrucksvoll differenzierten und hoch entwickelten Formen der Analyse des Denkens und des Ausdrucks durch die rhetorische Tradition in die Dichtungsdeutung hat überraschend neues Licht auf viele Werke geworfen und wesentliche Erkenntnisse gezeitigt. Die Arbeiten etwa von Y. L. Hire[4] über französische Lyrik, von R. Hildebrandt-Günther,[5] J. Dyck[6] und Ludwig Fischer[7] über die deutsche Barockdichtung, von Klaus Dockhorn[8] über englische und deutsche Dichtung des 18. Jahrhunderts, von Gert Ueding[9] über Schiller oder von Charles A. Beaumont[10] über Swift sind nur einige Beispiele, die dies belegen.

Zweitens wurde versucht, durch eine gleichsam ahistorisch-systematische neue Darstellung der Rhetorik in größtmöglichem Umfang die literaturwissenschaftliche Methodenlehre zu erneuern. Zweifellos wurden wertvolle neue Impulse auf diese Art übermittelt, aber die teils ausgesprochene, teils implizierte Hoffnung, der uneinheitlichen, zersplitterten und oftmals widerspruchsvollen, jedoch lebendigen und auf die Zeiterfordernisse eingestellten Methodenlehre durch die Gegenüberstellung eines geschlossenen rhetorischen Systems ein unübertreffliches Vorbild zu liefern, in dem alle Probleme gelöst wären, ist natürlich überspannt. Die Methodenlehre hat gewiß auf einzelnen Sektoren Verarmungen und Regressionen gegenüber der differenzierten Ausdrucksanalyse und ihrem Begriffsapparat aufzuweisen, auf der anderen Seite hat sie sich auf einzelnen Sektoren weit darüber hinausentwikkelt. Die einzelnen «Verkümmerungserscheinungen» hatten überdies immer tiefer reichende historische Ursachen. Der Hauptvertreter einer Auffassung möglicher Gesamterneuerung der Methodenlehre durch die Rhetorik ist wohl Heinrich Lausberg,[11] dessen imposantes Handbuch solche Hoffnungen psychologisch verständlich erscheinen läßt, andererseits aber nicht zufällig als eine «Größe geschichtsloser Konstanz» etwa von Windfuhr[12] als limitiert betrachtet wurde. Hier liegen Größe wie Problematik dieser Arbeit, deren große Möglichkeiten der Fruchtbarkeit für die Methodenlehre ebenso selbstverständlich wie begrenzt sind. Die zahlreichen neuen größeren und kleineren Handbücher rhetorischer Begriffe gehören nur zum Teil hierher, da sie zumindest indirekt, mitunter jedoch auch direkt, auf die geschichtliche Erschließung der literarischen Phänomene in ihrem jeweiligen Entwicklungszusammenhang abzielen und mitunter sogar darauf hinweisen, wie bestimmte rhetorische Begriffe selbst im Verlauf der Zeit geschichtliche Wandlungen durchliefen.[13]

Drittens schließlich wurden einzelne Teilgebiete aus dem Gesamtumfang der rhetorischen Tradition von einzelnen Forschern herausgegriffen, und zwar solche Teilgebiete, die für die gegenwärtige Methodenlehre von besonderem Interesse sind. Sie wurden weiterentwickelt oder umgestaltet, wobei es stets um Neugestaltung im Sinn einer historischen anstatt einer normativen Rhetorik geht. Trotz aller Freiheit und trotz der Verschiedenartigkeit der Richtungen, in die diese Unternehmungen laufen, handelt es sich hier am ehesten um eine lebendige Weiterführung der rhetorischen Tradition, angepaßt an die tatsächlichen Bedürfnisse der Zeit. So hat etwa Ernst Robert Curtius[14] seine systematische Begründung der Toposforschung als eine Art historischer Rhetorik betrachtet wissen wollen. Doch darüber wird später gesprochen werden. Angrenzend sowohl an die rhetorische Tradition wie an die Toposforschung und auch an die literarische Raumproblematik ist die Wiederentdeckung und methodische Anwendung der Kunst der Erinnerung auf literarische Werke durch Frances A. Yates,[15] die interessante Einsichten in rhetorische wie literarische Zusammenhänge aufschloß. Kenneth Burke[16] schuf bewußt eine «New Rhetoric», die nicht nur Elemente der alten, vergessenen Rhetorik wieder bewußt machen, sondern die vor allem, über die Grenzen dieser Rhetorik hinaus, auch Bereiche des nur halb bewußten Ausdrucks einbeziehen sollte und deren Schlüsselbegriff, im Unterschied zur «Überredung» der alten Rhetorik, «Identifikation» sein sollte. Gerade in ihren neuen Ansätzen gehört Burkes «Neue Rhetorik» nicht in diesen Zusammenhang, da es ihm nicht nur um immanente Interpretation von rhetorischen Figuren im literarischen Werk selbst geht, sondern auch um außerliterarische und besonders soziologische Bezüge.

Um eine Erneuerung der Rhetorik im Zusammenhang mit literaturwissenschaftlicher Methodenlehre haben sich H. Morier[17] und Rosemond

Tuve,[18] Wayne Booth,[19] Edwin Black[20] und Thomas R. Nilsen[21] bemüht, und schließlich hat Geoffrey Leech seiner Hoffnung Ausdruck gegeben, die Linguistik möge eine neue, deskriptive Rhetorik schaffen. Welchen Auftrieb das Studium rhetorischer Figuren und Formen in den Sechzigerjahren in der Germanistik erfahren hat, zeigte Birgit Stolt[22] in ihrem Forschungsbericht. Nicht ohne Grund hat Peter Dixon vor Überspitzungen oder Übertreibungen gewarnt und dabei William K. Wimsatt als hervorragendes Beispiel eines Kritikers angeführt, der mit der rhetorischen Tradition wohl vertraut ist, ohne jedoch in ihren Grenzen befangen zu bleiben.

Während einerseits die Rhetorikforschung im historischen Rahmen fortgesetzt wird, um durch Gegenüberstellung von rhetorischer Theorie der jeweiligen Zeit mit der dichterischen Praxis die letztere zu erhellen,[23] ist die neuere pragmatische und semiotische Literaturtheorie weder mit einer Aktualisierung der alten rhetorischen Begriffsbildung – wie etwa durch Lausberg – noch mit einer Nutzbarmachung der Rhetorik in relativierend historischem Rahmen zufrieden, sondern will versuchen, am alten rhetorischen Modell neue, pragmatische oder semiotische Kategorien zu gewinnen, die nicht nur für die Textsorte «Rede», sondern für alle Textsorten Gültigkeit haben. Was dabei im Falle von Dieter Breuers Theorie noch theoretisches Programm bleibt,[24] wird bei Heinrich F. Plett bereits zur ausgeführten Theorie.[25] Ähnliche Tendenzen finden sich in Belgien vor allem unter dem Einfluß der «group μ», wobei das griechische «M» für Metapher und Metapher lediglich als Beispielsfall für eine Erneuerung der Rhetorik steht.[26] Natürlich kommt es jeweils auf die einzelnen Formen, auf die jeweilige Flexibilität eines solchen Begriffsnetzes allgemeiner Textregeln an und nicht zuletzt auch auf den, der es handhabt, was seine Brauchbarkeit und Nützlichkeit betrifft. Ein blinder Glaube an das verläßliche Ausreichen derartiger Schemata kann noch gefährlicher sein als das gegenteilige Extrem ihrer ebenso dogmatischen Ablehnung, wie sie etwa von Henri Meschonnic[27] vertreten wird, der gegen jegliche überindidivuelle Begriffsbildung zu sein scheint und bei dem nicht nur eine im übertriebenen Sinn gleichsam naturwissenschaftlich exakte Regelpolitik auf die alte Rhetorik hinausläuft und abzulehnen ist. Gleichwohl ist vieles von der Betonung der Einmaligkeit des einzelnen Werkes und der Notwendigkeit des individuellen Beschreibens und Nachvollziehens, das Meschonnic betont, durchaus im Recht vor allem auch gegenüber einer allzu einengenden Rhetorik. Überindividuelle Begriffe wie Struktur und Gattung können indessen auch so verwendet werden, daß die künstlerische Einmaligkeit des Werkes mit ihrer Hilfe sichtbar gemacht wird.

b. Emblem und Topos

Mit den Sprungtropen und besonders den Metaphern der rhetorischen Tradition ist die Emblematikliteratur verwandt, und Mario Praz,[28] der auch eine grundlegende Bibliographie der Emblembücher zusammenstellte, hat den Kult der Metapher in der italienischen Literatur des 16. Jahrhunderts, zusammen mit mißverstandener Hieroglyphendeutung und der Abzeichenmode des Adels, als Grund für die Entwicklung der Emblemkunst angegeben. Ein Emblem in jenem engeren Sinn besteht aus drei Teilen, einem Bild (pictura), einer Überschrift (inscriptio) und einer aus dem Bild gezogenen Einsicht oder Lehre zumeist in Form eines Epigramms. Die in Emblembüchern gesammelten Embleme wuchsen im sechzehnten und siebzehnten Jahrhundert in ganz Europa zu einer riesigen Emblemliteratur an und fanden direkt wie indirekt ihren Niederschlag in der Dichtung bis hinein in das 18. Jahrhundert. Da viele Dichtungen der Zeit ohne Kenntnis der Embleme nicht verstanden werden können und da der Sinn der jeweiligen Embleme aus dem jeweiligen gebrauchten und oft direkt in Dichtung umgesetzten Bild keineswegs immer aus sich selbst heraus einsichtig ist, ja da die Zuordnung einer bestimmten Bedeutung zu einem bestimmten Bild oft ein Akt rein persönlicher Überlegung war, hat eine Art vergleichender Emblemforschung zur Zusammenstellung großer Handbücher wie etwa jenem von Arthur Henckel und Albrecht Schöne[29] geführt, das über 3700 Embleme und ihre oft sehr unterschiedlichen Bedeutung nach mehr als vierzig Emblembüchern anführt. Die praktische Anordnung nach Bildinhalten sowie die zusätzlichen Motto-, Bild- und Bedeutungs-Register erleichtern dem Benutzer die Auffindung.

Obwohl die Embleme selbst und ihre direkte Bedeutung in der Regel von rationaler Eindeutigkeit sind, weshalb Albrecht Schöne sie mit Recht von Symbol und Allegorie abgegrenzt hat, haben doch schon Barockautoren auch andere Aspekte gesehen. So etwa erblickte Harsdörffer die Eigenart der Embleme in der durch sie bewirkten Aufwühlung der Sinne und Gefühle durch den Kontrast zwischen Rätselbild und intellektueller Deutung. Herder aber war nicht zufällig durch das Studium des Barockmystikers Johann Valentin Andreae versucht, geradezu von einem emblematischen Zeitalter zu sprechen. Vollends was diejenige Seite der Emblematik betrifft, die sich auf das Aufgreifen hellenistischer Hieroglyphenentzifferungsversuche im Zusammenhang mit esoterischen Traditionen und ihrer Symbolik stützt, so hat Liselotte Dieckmann[30] gezeigt, wie hier sich weitere Perspektiven eröffneten, die tief in wesentliche Bereiche von Dichtung und Dichtungsverständnis hineinreichen, wie sie von der Sache sowohl wie von der historischen Wirkung her über die eigentliche Emblematik weit hinausgehen.

Diese eigentliche Emblematik hat Schöne bestens charakterisiert, als er sie ein Gewebe von Verweisungen und Bezügen nannte, durch welche die Wirklichkeit sinnvoll, der Lauf der Welt begreifbar erscheint, und durch welches die in Analogien gedeutete Welt zum Regulativ des menschlichen Verhaltens werden kann. Solche im Grunde rationale und lehrhafte Welterfassung führte zu nichts weniger als einer einheitlichen Bildtradition, dafür aber zu einer Traditionsvielfalt mannigfacher Variationsformen, die ihren Ausdruck in einem großen Teil der Dichtungen von mehr als zwei Jahrhunderten fand.

Von weitaus grundsätzlicherer Bedeutung als das Emblem ist der Topos in der Literatur. Der Topos ist ursprünglich ein Teil der Rhetorik, und zwar ein Teil ihrer Findungslehre (inventio), und befaßte sich mit Grundformen der Argumentation. Vor allem Ernst Robert Curtius[31] hat die Erforschung der Topostradition in den westlichen Literaturen zu einer fruchtbaren historisch-vergleichenden Methode entwickelt. Nach Curtius sind literarhistorische Topoi eine Art fester Klischees oder Denk- und Ausdrucksschemata, und wenngleich es sich aus der Natur des literarischen Werkes ergibt, daß Motiv- und Themenprobleme darin impliziert sind, handelt es sich im wesentlichen doch um Bildgefüge. Übrigens hat Walter Veit die mangelnde Trennung des Toposbegriffes vom Motivbegriff Curtius als Nachteil seiner Methode vorgeworfen.

Das Bildgefüge des Topos unterscheidet sich jedenfalls grundlegend vom Emblem, nicht nur, weil es sich um rein dichtungsimmanente Bilder handelt, sondern vor allem, weil die Topoi erstens eine Angelegenheit jahrtausendelanger Tradition und nicht nur einer Periode sind und weil zweitens die Topoi nicht durch persönliche Erfindung jede beliebige Sinnänderung erfahren können, sondern eine feststehende Bedeutung besitzen, die in überraschender Konsequenz tradiert wurde.

Einerseits hat sich die Erkenntnis der Toposforschung als außerordentlich fruchtbar erwiesen, indem sie das Auge des Literarhistorikers für die Topostradition geschärft hat und ihn von dem Fehler abhält, Werke oder Werkteile als mehr oder minder realistische Darstellungen und Aussagen zu nehmen, die in Wahrheit toposhafte Formeln gestalten. Andererseits hat man vor allem Curtius den Vorwurf gemacht, daß er, infolge seiner einseitigen Blickrichtung auf die überindividuelle Topostradition, das literarische Werk, wenngleich es aus lauter solchen Topoi zusammengesetzt sein mag, in seiner Einheit und Ganzheit aus den Augen verliert und zweitens, daß durch die Betonung des gleichbleibend Unveränderlichen der Topostradition das Problem des Schöpferischen, der persönlichen Gestaltung und seines Eingreifens in den Traditionszusammenhang zu kurz kommen. Solche Einwände sind wertvoll als Warnungen gegen mögliche einseitige Überspitzungen. In vernünftigen Grenzen gehandhabt, hebt die Toposforschung keineswegs notwendig die Einsicht in die Ganzheit des literarischen Werkes auf, sondern kann sie sogar deutlicher sichtbar machen helfen. Komposition und Tradition sind nicht notwendigerweise einander ausschließende Gegensätze, wie Walter Veit[32] dies sehen will, sondern können zur wechselseitigen Erhellung führen. Der historische Ausgangspunkt von Curtius ist hier zweifellos eher ein Vorteil als ein Nachteil. Es gibt eine Dauer der Topostradition im Wechsel der individuellen Gestaltungen, und je nach der Themenstellung wird man die eine oder die andere Seite betonen, ohne daß es zu echten Widersprüchen in der Sache selbst kommt. Sowohl Vorläufer von Curtius, wie etwa Otto Weinreich,[33] als auch Nachfolger von ihm wie etwa Max L. Baeumer,[34] haben beide Aspekte sichtbar gemacht. Dabei zeigt es sich auch, daß eine einseitige Überschätzung des Toposproblems wohl zu einer gefährlichen Mißachtung geistesgeschichtlicher wie außerliterarisch sozialgeschichtlicher Einflüsse führen kann, daß dies jedoch keineswegs notwendig ist. Bäumer etwa hat gerade die zeitgeschichtliche Funktion eines bestimmten Topos in einer bestimmten Periode sichtbar gemacht.

Die Topostradition bestimmter Bildgefüge mit festgelegter Bedeutung wird, im Unterschied zu den Emblemen, leichter auch unbewußt im dichterischen Schaffen wirksam, und sie zu erkennen und zu verstehen, kann oft von ausschlaggebender Bedeutung sein, um einem literarischen Werk gerecht zu werden. Reinhold Grimm hat angeregt, verschiedene Grundtypen in der Entwicklung der einzelnen Topoi zu unterscheiden und hat vorgeschlagen, vom Entstehungsphänomen echter oder geglaubter Wirklichkeit auszugehen, zur geprägten Form, die ihre volle Wirksamkeit entfaltet, fortzuschreiten und schließlich davon die spätere leere Form des entwerteten Klischees zu unterscheiden. Dabei ist es selbstverständlich, daß es, der Natur des Topos entsprechend, keineswegs nur einsträngige geschichtliche Entwicklungen solcher Art gibt, sondern daß es neue Sinnerfüllungen von bereits zu entleerten Klischees gewordenen Topoi gibt und daß alle Transformationsmöglichkeiten der verschiedenen Typen stets offen und gegeben sind.

c. Metapher, Allegorie, Symbol

Welch unterschiedliche Struktur und Funktion verschiedene Arten oder Typen bildhafter Ausdrücke bereits in der antiken Rhetorik und noch mehr in der gegenwärtigen Literaturwissenschaft haben mögen, die Bildhaftigkeit als gemeinsamer Nenner vereinigt sie alle, Topos und in Dichtung umgesetzte Emblematik, dichterisches Symbol und, nach René Wellek,[35] selbst die ursprünglich als Bildgefüge vorgestellte Erfahrung des Mythos. Mit Nachdruck weist er die mechanistische Auffassung, in den bildhaften Ausdrücken lediglich Ausschmückungen, rhetorische Verzierungen und damit abtrennbare Teile des literarischen Werkes zu sehen, zurück und zeigt, wie Bedeutung und Funktion der Literatur gerade im Wesen solcher Bildhaftigkeit begründet liegen. Auch nach Max Wehrli[36] wird das literarische Werk nächst der Lautschicht mit ihren metrischen und rhythmischen Formen durch die Welt der Bilder konstituiert, wozu er neben den Metaphern und Topoi auch die Symbole, Motive und Stoffe zählt. Für Hermann Pongs,[37] dem nicht von ungefähr die Untersuchung qualitativer Stilelemente der dichterischen Sprache zu einem dreibändigen Werk über das Bild in der Dichtung anwuchs, besteht das Wesen aller großen Dichtung in bildschaffender Ekstasis, und nach Walter Muschg[38] bestehen Quelle und Eigenart aller Dichtung in der Phantasie und besteht deren Ausdruck und damit die eigentliche Gabe des Dichters im Sehen und im Reden in Bildern.

Die elementarste Form bildhaften Ausdrucks ist wohl die Metapher, deren Beherrschung bereits Aristoteles als bei weitem am wichtigsten ansah. Ein Topos kann auch eine Metapher sein, ist mit ihr aber keineswegs identisch; eine Metapher kann ein Symbol sein, ist jedoch mit ihm keineswegs identisch; eine Metapher, als Struktur einer Erzählung zugrundegelegt und über die ganze Erzählung hin durchgeführt, ergibt eine Allegorie, ist jedoch mit der Allegorie nicht identisch. Solche grundsätzlichen Hinweise bedeuten nicht terminologisches Chaos – das nebenbei übrigens auch existiert –, sondern zeigen lediglich die differenzierten Verzahnungen im Gefügecharakter des literarischen Werkes und seiner Bildhaftigkeit und weisen auf die Notwendigkeit genauerer Unterscheidung hin. Darum hat Victor Erlich[39] auch den Hinweis der russischen Formalisten, wonach es nicht auf das bloße Vorhandensein von Bildern ankommt, sondern auf den Gebrauch, den man von ihnen macht, die wichtigste und fruchtbarste Phase der formalistischen Diskussion poetischer Bilder genannt.

Wie aufschließend für das Erkennen eines Werkes die Analyse bildhafter Ausdrücke sein kann, hat etwa Cleanth Brooks[40] gezeigt, als er die immer wiederkehrenden «bemäntelnden Bilder» in Shakespeares *Macbeth* untersuchte und sie zur Bedeutung des ganzen Werkes in Beziehung setzte. Die gleiche wichtige, geradezu werkkonstituierende Wirkung konnte etwa Leo Spitzer[41] bei der Verfolgung des Bildes der Fischreuse am Beginn und Ende jeder der fünfzehn Novellen der *Quinze joyes de mariage* demonstrieren, da jede der Novellen dadurch formell «eingekerkert» wurde, und das Bild der Reuse, abgesehen von seinem durchgehenden inhaltlichen Bedeutungsbezug auf das Ehegefängnis, ein zusammenfassendes Kompositionsschema für die Novellensammlung bildet. Karl Ludwig Schneider[42] aber hat am Beispiel des Frühexpressionismus bewiesen, daß ganze Personal- ja Periodenstile gleichsam aus dichterischen Bildern konstituiert werden können.

Wie weit der Begriff des Bildes gefaßt werden kann, zeigt zum Beispiel Francis Fergussons[43] Buch über das dichterische Bild des Menschen im Drama. Welch vielfältige Eigenschaften das dichterische Bild repräsentieren kann, zeigte etwa Middleton Murry,[44] wenn er zwischen anschaulichen, akustischen und psychologischen Bildern unterschied oder Max Wehrli,[45] wenn er elementare metaphorische Abbreviaturen, Bildgefüge höherer Ordnung und etwa archetypische Bilder im Sinne C. J. Jungs nebeneinanderstellt. Die Variationsvielfalt der möglichen Funktionen des dichterischen Bildes aber macht beispielsweise C. Day Lewis[46] sichtbar, wenn er darauf hinweist, daß die Bilder in der augusteischen Dichtung vorwiegend am Faden eines logischen Arguments vom Zentrum des Gegenstands ausgehend aneinandergereiht wurden, während sie in der Romantik eher durch elastischere Verbindungen des Darstellens von Erfahrungen zusammengehalten wurden, wogegen sie in der Lyrik des 20. Jahrhunderts selbst das Grundmaterial und Bindemittel darstellen, aus denen die Gedichte gefügt sind.

Aus solchen flüchtigen Umrissen erhellt sich bereits die überragende Bedeutung des dichterischen Bildes für das literarische Werk, und die frühen russischen Formalisten hatten zweifellos unrecht, wenn sie diese Bedeutung verkleinern wollten, aus dem Eifer heraus, die banale Selbstverständlichkeit zu unterstreichen, daß es sich bei dichterischen Bildern nicht um sinnliche Bilder, sondern um rein sprachlichen Ausdruck von imaginären Bildern handle.[47] Wohl mögen die Sinnesqualitäten dichterischer Bilder mitunter zu sehr betont worden sein, doch spielen sie dennoch eine gewisse Rolle. Hier hat zweifellos Ivor Armstrong Richards[48] richtig gesehen, wenn er die Wirkung der dichterischen Bilder weniger auf ihre Anschaulichkeit zurückführt als auf ihren Charakter, der sie als psychisches Ereignis in besonderer Weise mit der Empfindung verbindet. Ein solches «Überbleibsel» und eine solche «Stellvertretung» der Empfindung vermag auch wirkliche Empfindung zu evozieren, oder wie Roger Judrin[49] es ausdrückte: das dritte Auge (der konkretisierten Imagination) öffnet die beiden anderen. Auf diese Weise werden auch besonders synästhetische Metaphern, ja Synästhesien überhaupt, wie sie für die romanischen Literaturen Ludwig Schrader[50] hervorragend beschrieben hat – oftmals durch Intensivierung mittels Symbolfunktionen –, wirksam. Darum sehen jene Theoretiker wesentlich schärfer als die frühen russischen Formalisten, die von vornherein die große Bedeutung der bildhaften Ausdrücke in der Dichtung erkannten, wie etwa René Wellek, der diese Ausdrücke in ihren verschiedenen Ausformungsmöglichkeiten als die zentrale poetische Struktur im Gesamtkomplex der Strukturen eines Gedichtes sieht oder Jean Starobinski,[51] der bei seiner Suche nach Grundformen des Dichterischen vor allem zu solchen gelangte, die mit visuellen Bildern oder Symbolen verbunden sind, oder aber Philip Wheelwright,[52] der das Wesen des literarischen Werkes in seiner Zusammensetzung aus Plurizeichen, im Unterschied zu Monozeichen, erblickte und das bildhafte Symbol dieses Plurizeichens so beschreibt, daß sein Wert nicht ausschließlich in seiner Zweckbestimmtheit liegt (wie beim Monozeichen), sondern daß es durch seine weitgehend ästhetische Natur einen Wert an sich darstellt.

Was die wohl bekannteste Form und kleinste Einheit der dichterischen Bilder, die Metapher allein, betrifft, so ist die Literatur über sie fast nicht mehr übersehbar. Auch wenn man bedenkt, daß der Begriff so weit gefaßt ist, daß vielfach das Symbol miteingeschlossen wird und daß auch andere Disziplinen als die Literaturwissenschaft berücksichtigt sind, ist die Zahl von mehr als dreitausend Titeln in Warren Shibles' Bibliographie zur Metapher[53] eindrucksvoll genug. Zunächst ist es auch hier für die literaturwissenschaftliche Methodenlehre wichtig, zwischen der Metapher als «allgegenwärtigem Prinzip der Sprache» und der spezifisch dichterischen Metapher zu unterscheiden, wie dies Richards[54] getan hat. Tatsächlich erweisen sich bei näherer Betrachtung manche linguistisch orientierte Bücher über die Metapher, wie etwa jenes von Embler,[55] in ihren allgemeinen Ansprüchen ebenso unbescheiden wie in ihren – zumindest literaturwissenschaftlich relevanten – Ergebnissen bescheiden. Andere sind nicht nur in ihren Ansprüchen bescheidener, sondern auch in ihren Ergebnissen wesentlich bedeutender, wie etwa das Buch Werner Ingendahls,[56] das eine systematische Typologie der möglichen Formen und Funktionen der Metapher gibt, das als Grundlage für literaturwissenschaftliche Betrachtungen, unter sinnvoller Einbeziehung des jeweiligen literaturgeschichtlichen Kontexts, sehr fruchtbar werden kann.

Die Einbeziehung des entwicklungsgeschichtlichen Aspekts und die damit verbundene Einsicht in eine gewisse Relativität der Funktion und Wirkung der Metapher ist die zweite wichtige Voraussetzung für die Erzielung fruchtbarer Ergebnisse in der literaturwissenschaftlichen Methodenlehre. Dabei können Vergleiche der allgemeinen Sprachentwicklung mit der Entwicklung der literarischen Konventionen von großer Wichtigkeit sein. Sowohl im Bereich der allgemeinen Sprachentwicklung wie im Bereich der literarischen Tradition gibt es die Erscheinung einer Art Abnützung von Metaphern, die dann gar nicht mehr als solche empfunden werden, wie es auch in beiden Bereichen Phasen gibt, in denen eine relativ metaphernarme Sprache Spannkraft und Leben genug besitzt, um der wirkungsvollsten Gestaltungen fähig zu sein. Umgekehrt bedeutet die Hinwendung zu einer Spracherneuerung durch einen verhältnismäßig breiten Strom neuer Metaphorik nicht notwendigerweise nur künstlerische Hochleistung, sondern kann auch Überladenheit und Schwulst bedeuten.

Die Metapher ist nicht nur mit ihr ähnlichen, anderen Tropen wie der Synekdoche oder Metonymie verwandt, sondern eine Art zentraler Einheit, mit der sich verschiedene andere Möglichkeiten bildhaften Ausdrucks berühren, wie Thomas[57] gezeigt hat. Nach Wellek gibt es vier Grundbestandteile der Auffassung metaphorischer Möglichkeiten, nämlich Analogie, doppelte Sicht, das sinnliche Bild, das Nicht-Wahrnehmbares offenbart und die beseelende Projektion. Das leitet bereits zu den zahlreichen Typologien der Metaphorik über, von denen einige der wichtigsten erwähnt seien.

Stephen J. Brown[58] hat einerseits die Metonymie, andererseits die Metapher als strukturbildende Formen zweier verschiedener literarischer Typen gesehen: einerseits einer durch Begriffsverwandtschaft assoziierenden Dichtung, die sich innerhalb einer Sprachwelt allein bewegt und andererseits einer durch Vergleiche aus verschiedenen Bereichen assoziierenden Dichtung. Damit verwandt ist Kenneth Burkes[59] Unterscheidung von vier Haupttropen, die weit größer an Reichweite, Bedeutung und Funktion sind, als die ursprüngliche rhetorische Formulierung vermuten läßt. Aus diesem Grund können die ursprünglichen rhetorischen Begriffe durch neue ersetzt werden, die dieser umfassenderen Funktion Rechnung tragen und zwar der Begriff Metapher durch «Perspektive», Metonymie durch «Reduktion», Synekdoche durch «Repräsentation» und Ironie durch «Dialektik».

Eine reine Typologie der Metapher schuf Henry Wells,[60] noch bevor Hermann Pongs seinen ersten Versuch unternommen hatte. Wellek[61] hat die sieben Bildtypen von Wells neu geordnet. Er hat auch darauf hingewiesen, daß man Unterscheidungen und Typologien nicht nur nach Bildbereichen, sondern auch nach der Art des Bildgebrauches festlegen kann und daß die Entdeckung großangelegter Entsprechungen zwischen zwei Sphären sinnvoller sind als rein stoffliche Reihen-Kataloge. Verschiedene Arbeiten zur Metapher von Karl Ludwig Schneider bis Ingendahl haben auch beide Aspekte – man könnte sagen, den inhaltlichen wie den formalen Aspekt der Metapher – gleicherweise berücksichtigt. Eine recht eingehende Typologie verschiedener

Formen des Gebrauches von bestimmten Wortgattungen her gesehen, hat Christine Brooke-Rose[62] in ihrer «Grammatik» der Metapher gegeben. Ausgehend von Wittgensteins Sprachphilosophie hat Marcus B. Hester[63] zunächst zwischen zwei Metapher-Theorien unterschieden und daraufhin einige der wichtigsten Aspekte verschiedener metaphernbildender Elemente sowie verschiedene Theorien über die dichterische Metapher ausgearbeitet.

Eine der besten Untersuchungen dichterischer Metaphorik stammt von Wolfgang Clemen,[64] der dem Typus lyrischer Bilder bei Shakespeare den Typus epischer Bilder gegenüberstellt. Eine nicht unwesentliche Rolle spielt dabei die sachgerechte und methodisch vorbildliche Rolle der Einbeziehung des besonderen literaturgeschichtlichen Kontexts. Aus dem gleichen Grund zeichnet sich auch die wesentlich differenziertere Typologie der barocken Metaphorik von Manfred Windfuhr[65] aus, der zunächst neben einer Grammatik auch noch eine Rhetorik, eine Poetik und eine Soziologie der Metaphorik unterscheidet und danach sechs Grundtypen barocker Bildlichkeit aufführt.

Auf die von Ernst Robert Curtius[66] gegebene Anregung, der historischen Rhetorik seiner Toposforschung eine vergleichende «historische Metaphorik» an die Seite zu stellen, bezogen sich Victor Pöschl[67] in seiner Bibliographie zur antiken Bildersprache wie Hans Galinsky[68] bei der Untersuchung der Entwicklung einer einzigen Metapher von ihren antiken Anfängen bis hinein in die amerikanische Literatur.

Wenn die geschichtlichen Aspekte in den Vordergrund zu treten beginnen, geht es dann, entsprechend der Themenstellung, oft nicht mehr um grundsätzliche Typologien, sondern um das Herausarbeiten von Gemeinsamkeiten innerhalb bestimmter Periodenstile, wie dies etwa Kurt Hillmann für die Bildlichkeit der Romantik zu zeigen unternommen hat. Von der gemeinsamen Tendenz zur Auflösung des Bezugs und seiner Verselbständigung in der romantischen Metapher gegenüber jener der Aufklärung setzt er dann die einzelnen Variationsformen der Ausformung in den Personalstilen Tiecks, Wackenroders, Hoffmanns und Eichendorffs ab. Die Fruchtbarkeit der Einbeziehung geschichtlicher Perspektiven zeigt auch die Darstellung der Wandlungen lyrischer Bildlichkeit durch Walther Killy[69] in aller wünschenswerten Deutlichkeit.

Hermann Pongs hat seine «morphologische» Typologie auf einem polaren Gegensatz aufgebaut: der mythischen Metapher, in welcher eine Natur und Dinge beseelende und belebende Einbildungskraft als Projektion nach außen wirksam wird, stehen gleichsam gegensätzlich die Formen der mystischen und der magischen Metapher gegenüber, in denen eine entsubjektivierte Einbildungskraft sich an das Fremde, das Nicht-Ich hingibt. Die beiden Grundhaltungen, wie sie sich in den entsprechenden Metaphern ausdrücken, sind mit Lebensanschauungen verbunden, wobei eine subjektiv-anthropomorphisierende einer objektiven, sich selbt aufgebenden Haltung gegenübersteht. Keineswegs im Detail so ausgeführt, sondern fast nur angedeutet und frei von weltanschaulichen Implikationen findet sich auch bei Wheelwright eine Art Polaritätsauffassung. Dichterische Sprache transformiert nach ihm entweder Vielheit in Einheit oder Einheit in Vielheit, und da die Metapher «das wichtigste Element» dieser Sprache darstellt, weisen ihre Spannungen ähnlich in eine dieser beiden Richtungen. Er stellt die Metapher als Ganzes dabei eher dem Mythos gegenüber, beide sind notwendige Ausdrucksformen des zentralsten Spannungsfeldes der menschlichen Seele.

Im Grunde ergibt sich daraus ein doppeltes Polaritätsproblem für die Metapher: ein erstes ihre Struktur betreffendes, da sie zwei zumindest verschiedene, wo nicht gegensätzliche Elemente, jenes des zu Vergleichenden und jenes des Vergbleichsobjekts, zusammenbringt und ein zweites, das eine mögliche Typologie von grundsätzlich verschiedenen Metapherngruppen betrifft. Die erste der beiden Polaritäten ist auch ein Kennzeichen der Allegorie, die immer wieder als eine Art Bild charakterisiert wurde und in der R. M. Meyer[70] grundsätzlich eine «gedehnte Metapher» gesehen hat. Mit anderen Worten und genauer ausgeführt, findet sich die gleiche Charakterisierung bei Northrop Frye,[71] der auf die offenkundige und fortgesetzt durchgeführte Verweisung auf eine andere, gleichzeitig gegebene Struktur von Vorfällen oder Ideen als die unmittelbar dargestellten als Hauptwesensmerkmal hinweist. Edwin Honig[72] hat im Zusammenhang damit von Polaritäten als Verwandlung von Gegensätzen gesprochen.

Die Allegorie ist sowohl der Metapher wie dem literarischen Symbol im engeren Sinn benachbart, und sie stellt zusammen mit Metapher und Symbol die wichtigste dichterische Bildstruktur dar. Es ist kein Zufall, daß einige der größten Werke der Weltliteratur von Dante[73] bis Kafka[74] als Allegorien angelegt sind. Und die Tatsache, daß es neben hervorragenden auch unglaublich magere, ja armselige Allegorien gibt, gilt ebenso für die Metapher wie für das Symbol. Gerhard Priesemann[75] hat auf den Hauptunterschied zwischen Symbol und Allegorie hingewiesen, indem er die besondere Art der Relation des Dargestellten hervorhob. Danach repräsentiert das Symbol mehr-als-nur-eines, während die Allegorie nicht-mehr-als-eines, oder vielleicht besser: nicht-mehr-als-ein-zweites abbildet, auf welches das eine verweist. Die Frauenfigur mit Augenbinde und Waage als Gerechtigkeit, das Schiff als Staat, der Kranz als Sieg sind solche eindeutige Bezugsverhältnisse. Trotzdem sind, wie Symbole, auch Allegorien nicht immer sofort verständlich, entweder weil die Verweisstruktur, auf die sich alles bezieht, nicht eindeutig klargestellt wird oder aber auch, weil bei großen Werken, die in der Gesamtstruktur als Allegorien angelegt sind, durch Verwendung einzelner literarischer Symbole weitere Perspektiven oder Horizonte eröffnet werden.

Auch hier vermag die Einbeziehung historisch-entwicklungsgeschichtlicher Perspektiven, wie dies etwa durch Peter Berek[76] geschehen ist, ein breiteres und besseres Bild der Sachlage zu vermitteln, und überdies ist das Zusammenwirken von allegorischer Grundstruktur mit nicht-allegorischen Elementen ein wichtiger Faktor. Walter Benjamin[77] hat etwa am Beispiel des barocken Trauerspiels gezeigt, wie sich dessen Bild vom Hintergrund allegorisch gestalteter Erkenntnis in lebendigen Farben abhebt. Benjamin war es auch, der den Ursprung der Allegorie in der Einsicht in die Vergänglichkeit des Irdischen erblickt hat, sowie in der Sorge, die Dinge ins Ewige zu retten.

Die barocke und die aufklärerische Poetik haben oft auch die Bildlichkeit des Mythos als eine Art Allegorie betrachtet, wobei das Problem der Personifikation von Kräften, Dingen und Begriffen durch Versinnbildlichung das Bindeglied bildete. Northrop Frye will noch heute nicht nur in der Fabel, sondern auch im Mythos Formen sehen, die der Allegorie verwandt sind oder mitunter als Allegorie benützt werden. Im allgemeinen wird heute der Mythos mit der Allegorie in der Regel nur dann in engere Verbindung gebracht, wenn der Begriff der Allegorie unangebracht weit gefaßt und fast synonym mit Symbol gebraucht wird, wie dies etwa bei Hinks[78] der Fall ist.

Wenn im allgemeinen auch zweifellos Mythos und Symbol enger verbunden sind als Mythos und Allegorie, so stehen letzterer doch die Formen der Parabel und des Gleichnisses nahe. Nach R. M. Meyer ist eine Parabel nichts anderes als eine «lehrhafte Allegorie», ganz ähnlich dem Gleichnis. Die Kafka-Parabel «Von den Gleichnissen» zum Ausgangspunkt nehmend, hat Ingrid Strohschneider-Kohrs[79] bei ihrer Untersuchung von Erzähllogik und Verstehensprozeß auch die Verschiedenheit von Parabel und Gleichnis behandelt, wobei sie sich an Friedrich Theodor Vischer anschließen möchte und den Begriff der Allegorie ausgeklammert läßt. Sie beschreibt jedoch im Grunde als Gleichnis oder, weiter ausgeführt, als Parabel jene Diskrepanz zwischen Sein und Sinn, die Georg Lukács «allegorische Diskrepanz» genannt und als Ausgangspunkt der Suggestionskraft von Kafkas Werk bezeichnet hat. Auch Wladimir Weidlé und Hermann Pongs[80] haben als Allegorie bezeichnet, was von Strohschneider-Kohrs oder Philippi als Erscheinungen des Gleichnisses oder der Parabel beschrieben worden ist. Die Existenz einer differentia specifica hängt nicht zuletzt davon ab, wie eng oder wie breit der Begriff der Allegorie gefaßt wird.

Es liegt dabei in der Natur der Sache, daß Arbeiten über die literarische Allegorie im Mittelalter im allgemeinen den Begriff enger fassen – wie etwa Walter Blank,[81] John Payne Collier,[82] Hans Robert Jauss[83] oder James I. Wimsatt[84] –, während Arbeiten über neuere Literatur gar nicht umhin können, ihn oft ganz außerordentlich weit zu fassen, wie etwa Vjačesláv Ivánov,[85] Monroe Engel,[86] Francis Fergusson[87] und Louis Broussard.[88] Auch in den Fällen, in denen der Begriff sehr weit gefaßt ist und in denen die Bezugsstruktur, auf die das Dargestellte hinweist, nicht eindeutig fixierbar ist, handelt es sich um echte Allegorien, solange eine kontinuierliche Parallelität und Spannung zwischen den beiden Strukturen besteht. Damit wird auch eine feste Grenze zwischen Allegorie und Symbol festgelegt. Gewiß, das Symbol kann sich in Extremfällen der Allegorie annähern, wenn es in einer besonderen Gestaltung zu fast völliger Eindeutigkeit erstarrt, und die Allegorie kann sich dem Symbol annähern, wenn die Schicht der tragenden Grundstruktur des Dargestellten von anschaulicher Lebendigkeit ist, die Grundformen bleiben dennoch getrennt.[89]

Diese Verschiedenheit von Allegorie und Symbol wurde im allgemeinen seit dem Iealismus und der Romantik im frühen neunzehnten Jahrhundert generell anerkannt und führte überdies zu der Etablierung einer inzwischen bereits ehrwürdig gewordenen internationalen Tradition der Höherbewertung des Symbols gegenüber der Allegorie in der Dichtung. Dies hat nicht nur verständliche Gründe in der geschichtlichen Entstehung solcher Auffassung, sondern hat auch sachliche Argumente für sich. Zur Vorsicht sollte hierbei nur insofern gemahnt werden, als die Verschiedenwertigkeit einzelner Elemente, wie der literarischen Allegorie oder des literarischen Symbols im engeren Sinn, nicht notwendigerweise bewirkt, daß jede grundsätzlich allegorisch angelegte Dichtung darum notwendig gegenüber jeder grundsätzlich symbolisch angelegten Dichtung als Ganzheit inferior sei. Im übrigen gibt es sogar überzeugte Vertreter der Überlegenheit der Allegorie gegenüber dem Symbol, wie etwa Angus Fletcher, der im «kosmischen Bezug» wahrhaft allegorischer Sprache mit ihrer Grundlage allgemeiner Lehre das zentralste Anliegen der Kunst erblickt.

Andere Theoretiker, wie etwa Edwin Honig, nehmen die Allegorie zwar gegen unberechtigte, zu weit gehende Unterbewertung gegenüber dem Symbol in Schutz, drehen aber darum nicht gleich den Spieß um und liefern über Eigenart, Funktion und Möglichkeiten der Allegorie fruchtbare Einsichten. Dies gilt vor allem auch für Rosemond Tuves Buch über allegorische Bildlichkeit.[90]

Überhaupt lenken alle Versuche des gegeneinander Ausspielens von Allegorie und Symbol von der Einsicht in die notwendige Funktion beider und ihre polare Komplementärrolle ab, auf die Hermann Pongs hinwies, als er erklärte, die Allegorie gehöre zum Symbol, wie der Schatten zum Licht.

Wenn im folgenden kurz vom literarischen Symbol im engeren Sinn die Rede ist, dann muß vor allem klargestellt werden, daß dies nichts mit der Auffassung zu tun hat, die in jedem sprachlichen Zeichen ein Symbol sieht. Der Symbolbegriff ist hier enger gefaßt. Es hat aber auch nichts mit jener einleitend gebrauchten Bezeichnung des gesamten dichterischen Werkes in seiner Ganzheit als Symbol zu tun, sondern mit einzelnen seiner Elemente oder Schichten, die als einzelne Symbole, Symbolreihen oder Symbolverbindungen verschieden weitgehend integrierende Bestandteile jenes umfassenden Symbolgefüges des Werkganzen ausmachen.

Nach Northrop Frye[91] sind es die besonderen literarischen Symbole, die in ihrer Verstrebung zu einem Gefüge das Wesen des literarischen Werkes ausmachen. Denn es geht nach ihm bei der Literatur weniger um die Frage nach der Wahrheit oder nach Tatsachen, sondern in erster Linie um die Gestaltung einer Wortstruktur um ihrer selbst willen. Demgemäß werden die Zeichenwerte von Symbolen ihrer Bedeutung als einer Struktur untereinander verbundener Motive untergeordnet. In dieser Eigenschaft liegt die besondere Art literarischer Symbole begründet, die – um einen Ausdruck von Pongs zu gebrauchen – den symbolischen Kosmos des Werkganzen konstituieren.

Obwohl Metapher und literarisches Symbol verschiedene Dinge sind, stellen sie keineswegs einen solchen völligen Gegensatz dar, wie Martin Foss[92] das zeigen wollte, über dessen Buch William Wimsatt[93] ironisch bemerkte, daß alle Eigenschaften, die Foss der Metapher zuschreibt, gut und richtig, alle jene, die er dem Symbol zuschreibt, jedoch schlecht und falsch seien. Hier hat Pongs – wie auch Wimsatt – viel richtiger gesehen. Er zeigt, daß die Metapher Symbolfunktion erhalten kann und daß es Fälle gibt, in denen Metapher und Symbol nicht nur nicht als Gegensatz einander gegenüberstehen, sondern sich verbinden, indem sie einander durchdringen. Auf solche Weise kann das Symbol erneut und erweitert, kann die Metapher kraftvoller und gültiger werden.

Was das literarische Symbol in seiner Reinform grundsätzlich von der Metapher unterscheidet, ist seine Fähigkeit, über die Grenzen des rein Sprachlichen hinauszugreifen. Es gibt auch andere als sprachliche Möglichkeiten, ein Symbol darzustellen. Dieser Zug verbindet das Symbol mit der Allegorie, von der es aber anderes wieder scheidet. Man könnte vielleicht sagen, daß im Symbol die beiden Pole des Darstellenden und des Bedeutenden vereinigt sind, die Funktion des Bedeutens aber in gleichsam zentrifugaler Art über das Darstellende hinausweist, während im Falle der Allegorie die beiden Pole getrennt sind, zur Einheit verschmolzen werden sollen und können, wobei die Tendenz eher zentripedal ist. Auch hier war es wieder Pongs,[94] der auf die Möglichkeiten des Zusammenwirkens beider Formen, der Allegorie wie des Symbols, hingewiesen hat und der gezeigt hat, wie allegorische Deutungen vom symbolischen Sinn geradezu «aufgesogen» werden können. Es ist diese weitreichende Absorbierungs- und Verschmelzungskraft auch gegenüber vielfältigen Aspekten oder Schichten, die dem Symbol seine besondere Kraft und Bedeutung verleiht.

Darum hat Wilhelm Emrich[95] seine Methode der Symbolinterpretation als eine Art Schichteninterpretation entwickelt, als er zunächst am praktischen Beispiel der Deutung von Faust II das Symbol- und Bildnetz sowohl genetisch, d.h. unter Einbeziehung der entwicklungsgeschichtlichen Voraussetzungen der einzelnen Symbole in der Vorstellungswelt Goethes, als auch darüber hinausgehend, in ihrer tatsächlichen Gestaltung einsichtig machte und später die allgemeinen theoretischen Folgerungen aus seinem Vorgehen zog. Dabei hat er auf die wichtige Tatsache verwiesen, daß Symbolinterpretation immer anstreben sollte, das Inkommensurable des Symbols zu erfassen, wie es in der Spannung zwischen Sinn und Bild zutage tritt. Aus diesem Grunde kann es bei der Symboldeutung keine eindeutig fraglosen Sinndeutungen geben, wie dies bei der Deutung der Metapher oder Allegorie möglich ist.

Die großen geschichtlichen Umrißlinien der Entwicklung der Einsicht in die überragende Bedeutung des literarischen Symbols für die Dichtung hat René Wellek[96] nachgezeichnet, soweit es die westlichen Literaturen betrifft. Ein Literaturtheoretiker wie Victor Erlich[97] aber stimmt auf seinem Gebiet mit den weit allgemeineren philosophischen Überzeugungen Susanne K. Langers[98] und Ernst Cassirers[99] überein, wonach eine große Umwälzung unserer Denkformen und Forschungsmethoden im letzten halben Jahrhundert insofern durch eine Überwindung des extremen Empirismus bestimmt wurde, als das Problem der Deutung über jenes der Beobachtung zu dominieren begann und der Mensch wie seine Sicht von seiner Eigenschaft als «animal symbolicum» geprägt erscheint. Im Bereich der Literaturtheorie hat Hermann Pongs[100] durch den zweiten und wahrscheinlich wichtigsten Band seines Werkes dieser Entwicklung Rechnung getragen. Im Anschluß an Goethe definiert er das Symbolische als ein dem Logischen übergeordnetes Weltprinzip, das nicht nur Natur und Geist in eins zu verschmelzen fähig ist, sondern das im Menschen die Fähigkeit erschafft, in Symbolen der Kunst das Sinngefüge der Welt offenbarend zu spiegeln.

Die Vielschichtigkeit des literarischen Symbols bringt es mit sich, daß es eine breite Skala von Möglichkeiten erfaßt. So konnte einerseits Victor Erlich[101] in seiner zusammenfassenden Darstellung des russischen Formalismus von Jakobsons und Mukařowskys Versuch sprechen, die Poetik einer im Entstehen begriffenen Philosophie der symbolischen Formen einzugliedern. Die so erfaßten Symbolschichten betreffen aber nur Oberflächenschichten. Andererseits hat beispielsweise J. Christopher Middleton[102] gezeigt, welche Tiefenschichten die literarische Symbolik überdies enthalten und ausdrücken kann. In einem ähnlichen Sinn hat William York Tindall[103] von vornherein verschiedene Arten von Symbolen unterschieden. Pongs[104] unterschied grundsätzlich zwischen den Schichten einer unbewußten und einer bewußten Symbolik, die er allerdings zuletzt in einer Symbolik der Existenz als einem Ganzen zusammenfaßte. Austin Warren[105] unterschied in einem gewissen Sinn insofern zwischen zwei Arten von literarischen Symbolen, als er den magisch orientierten, die von wörtlichen Bildern als ein Mittel beim Gebrauch magisch-symbolischer Bilder ausgehen, die mystisch orientierten gegenüberstellte, bei denen es sich um ein expressives und nicht um ein kausatives Bild handelt, das austauschbar ist, da die gleiche geistige Verfassung sich auch in anderen Symbolen ausdrücken kann. Philip Wheelwright hat die Vielzahl der Symbolschichten und die damit verbundene Vielzahl der Bedeutungsmöglichkeiten in seiner Poetik symbolisch-dichterischer Ausdruckssprache schon durch den Begriff des Plurizeichens nachdrücklich unterstrichen und zugleich auch darauf verwiesen, daß dies nichts mit schrankenlosem Einbruch des Irrationalen und anarchisch-willkürlichen Deutungsmöglichkeiten zu tun hat, sondern durch den Kontext des jeweiligen Werkes geformt, gebändigt und in bestimmte Ordnung gebracht ist. Gewiß kommt Pongs, ausgehend von dem späten Goethewort, wonach alles, was geschieht, Symbol ist und, indem es sich vollständig darstellt, auf das übrige deutet, zu der Schlußfolgerung, daß sich von hier aus die Frage nach dem Wesen des Symbols immer von neuem stellt und verschiedene Dichter wie Forscher zu verschiedenen Einsichten kommen, die von späteren Generationen nicht geteilt werden. Trotzdem bedeutet dies nicht, daß nicht einmal annäherungsweise Deutungen, Analysen und Wertungen des Symbols möglich sind, wie dies Pongs selbst, Emrich und viele andere gezeigt haben. Es bedeutet lediglich, daß viele und ganz besonders einige der größten literarischen Symbolgestaltungen so vielschichtig sind, daß sie verschiedenen Generationen von Kritikern neue Aspekte erschließen lassen.

4. Elemente und Aspekte des Gehalts (Thematologie)

a. Motiv – Charakter – Typus

Mit guten Gründen haben die ersten neueren Kritiker, die versucht haben, Ordnung in das terminologische Gewirr zu bringen, in das die Begriffe des Gehalts, vor allem aber die Begriffe Stoff, Thema und Motiv verstrickt sind, darüber geklagt, daß die babylonische Sprachverwirrung literaturwissenschaftlicher Methodenlehre hier besonders weit fortgeschritten sei. Elisabeth Frenzel[1] und Ulrich Weisstein[2] haben hier erste Pionierarbeit zu leisten versucht. Noch Trousson[3] verwendet Stoff und Thema als austauschbare Begriffe, wie Tomaschevskij[4] dies mit den Begriffen Thema und Motiv tut. Die Begriffe wurden und werden mit Vorliebe benützt, wenn es gilt, allgemeine Sammeltitel für verschiedenartigste Aufsätze zu finden, unter deren unverbindlicher Weiträumigkeit sich nahezu alles rubrizieren läßt. Neuerdings haben vor allem Hellmuth Petriconi[5] und Leo Pollmann[6] in Deutschland, Z. Czerny[7] in Frankreich, Paul Zumthor[8] in Kanada sowie Eugene Falk[9] und Harry Levin[10] in den USA eine tatsächliche Klärung für die Themenforschung herbeigeführt, wie schon zuvor deutsche und russische Literaturwissenschaftler neue Grundlagen für die Motivforschung entwickelten. Diese neue Motiv- und Themenforschung unterscheidet sich von den meisten Beispielen der alten «Stoffgeschichte» insofern, als sie sich nicht mit stofflichem Rohmaterial allein beschäftigt und als sie vor allem die Formqualitäten des Gehalts wie der gehaltlichen Elemente im literarischen Kunstwerk erkennt und als solche berücksichtigt. In der deutschsprachigen Literaturwissenschaft hat Oskar Walzel die alte, ohnehin nur als Hypothese zu Zwecken der Analyse mögliche Dichotomie von Inhalt und Form durch die Begriffe Gehalt und Gestalt ersetzt, nicht aus rein terminologischen Gründen, sondern um die im «Inhalt» und den «inhaltlichen» Elementen gegebenen Formstrukturen sowie die in der «Form» und den «Form»elementen mitenthaltenen inhaltlichen Bedeutungswerte zu unterstreichen. Die grundsätzliche Einheit von «Inhalt» und «Form» gilt nicht nur für das literarische Werk in seiner

Ganzheit, sondern auch für seine einzelnen Schichten und Elemente, gleichviel ob hier «formale» oder «inhaltliche» Momente dominieren mögen. So ist es kein echter Widerspruch, sondern lediglich die Auswirkung einer im Ganzen eher formalästhetischen oder gehaltsästhetischen Grundeinstellung, wenn beispielsweise Max Wehrli[11] die Topoi als Stilfiguren und Bildschemata, Ulrich Weisstein[12] dagegen als gehaltliche Kategorien betrachtet.

Die Einsicht in das Vorhandensein gehaltlicher Formqualitäten, gleichsam durch bestimmte Inhalte vorgegebener Grundstrukturen, wurde besonders unterstrichen durch das auch literaturwissenschaftlich interessante Buch des Philosophen Richard Kuhns[13] über Strukturen der Erfahrung und, gänzlich außerhalb des literarischen Bereiches, durch Vertreter des Strukturalismus.[14] Was die Literaturwissenschaft im allgemeinen betrifft, so spricht Northrop Frye[15] von thematischen Formen und, was die Themenforschung im besonderen betrifft, so lautet bereits der Titel von Eugene Falks[16] wichtigem Buch «Typen thematischer Strukturen». Harry Levin[17] setzt in seiner programmatischen Forderung nach einer neuen Thematologie oder Themen- und Gehaltsforschung diese von der alten deutschen «Stoffgeschichte» als zwar weniger solid aber um so anspruchsvoller bewußt ab, und diese neuen Ansprüche zielen auf vergleichende Themenforschung im Sinn verschiedener Gestaltungen des gleichen Themas, etwa des «Cid» einmal als spanisches Epos und zum anderen in der Fassung Corneilles. Themen sind nach Levin vieldeutig, und es ist nicht nur die Wahl eines bestimmten Themas durch einen Autor eine ästhetische Entscheidung, sondern es kann eine literaturwissenschaftlich überaus belangvolle Frage sein, warum ein bestimmtes Thema in einer bestimmten Zeit, an einem bestimmten Ort, von einem bestimmten Autor gewählt wurde, wobei das damit verbundene Rezeptionsproblem von vornherein strukturelle Implikationen enthält.

Es versteht sich dabei, dem Aufbau des vorliegenden Buches entsprechend, von selbst, daß im folgenden niemals von Stoff als Rohstoff, wie er auch außerhalb literarischer Werke existiert, gesprochen wird oder von Stoff als werkimmanenter reiner Inhaltsangabe. Diese Probleme gehören zu den Voraussetzungen der eigentlichen literaturwissenschaftlichen Methodenlehre. Hier geht es lediglich um in einzelnen Werken gestaltete Themen und Motive, wobei es in der Natur der Sache liegt, daß vergleichende Themen- und Motivforschung sich nicht auf die einzelnen konkreten Werkgestaltungen beschränkt, sondern in überindividuell abstrahierender Weise verallgemeinert und zusammenfaßt. Es handelt sich jedoch grundsätzlich um aus gegebenen Werken abgezogene Themen und Ideen, während das Problem der von außen her an Werke herangetragenen Ideen später unter den werktranszendenten Methodenproblemen besprochen werden soll. Wie schwierig und problematisch solche Unterscheidungen praktisch mitunter auch zu treffen sein mögen, so haben sie doch für den Aufbau eines systematischen Methodologie-Gerüsts einen unschätzbaren Ordnungswert. Abgesehen davon ergänzen beide Aspekte notwendigerweise einander, denn die besondere künstlerische Eigenart der Gestaltung eines Themas in einem bestimmten Werk wird um so deutlicher hervortreten, wenn man sie mit einer anderen Gestaltung desselben Themas oder dem Thema überhaupt vergleicht. «Sujet donné» und «sujet traité» erhellen einander wechselseitig.

Die kleinste selbständige Einheit eines literarischen Gehalts oder einer Handlung ist das Motiv.[18] Diese Vorstellung wurde in der neueren deutschen Literaturwissenschaft bereits von der alten Schererschule übernommen und im russischen Formalismus bereits von Aleksandr Veselovskij.[19] Daß sie bis heute noch in Frankreich und den USA gilt, haben Pollmann[20] und Eugene Falk[21] gezeigt.

Wehrli definiert das Motiv als Strukturelement und betont den Umstand, daß es sich nicht nur auf äußeres, sondern auch auf inneres Geschehen beziehen kann, was besonders für die Lyrik von Wichtigkeit ist. Nach Falk ist es ein Element des literarischen Textes, das eine bestimmte Geisteshaltung, ein Gefühl, eine Tat oder einen Umweltbezug enthüllt. Was Motive zu einer zusammenhängenden Gruppe vereinigt, ist ihre thematische Bedeutung. Wie Falk hat auch William Freedman[22] nur die Erzählprosa im Auge, und wie Falk betont auch er die besondere Spannung zwischen Assimilation und Dissimilation, die das Motiv mit dem Thema verbindet. Als konstituierende Eigenschaften des Motivs nennt er nämlich neben der Wiederholung die «Vermeidbarkeit», womit er weder meint, daß das Motiv besonders ausgefallen oder gar kontrastierend zum Gesamtthema sein muß, noch, daß es nicht der Problematik des Gesamtthemas entnommen sein sollte, sondern er versteht darunter eben jene Spannung, die sich aus der besonderen Stellung des Motivs ergibt. Freedman zeigt auch, daß das Motiv im Zusammenhang mit der Ganzheit des literarischen Werkes auch Symbolfunktion haben kann, obwohl es von sich aus kein Symbol ist. In Grenzfällen kann das Motiv auch zum Thema oder Sujet des ganzen Werkes werden, wie dies Pollmann[23] am Beispiel eines Kurzgedichtes von Antonio Machado gezeigt hat. Solche Kurzgedichte stellen aber eher Ausnahmefälle dar, und in der Regel, vor allem in Dramatik und Epik, verhält sich das Motiv zum Thema oder zum Sujet ähnlich wie der Teil zum Ganzen. Daraus ergibt sich von selbst, worauf Elisabeth Frenzel besonders hinweist, daß nämlich das gleiche Motiv Bestandteil nicht nur ähnlicher, sondern gänzlich verschiedengearteter Stoffe sein kann.

Welche Elemente oder Einheiten es auch sein können, die Motivfunktion annehmen, ob Vorfälle (Falk),[24] Situationen (Weisstein),[25] Charaktertypen (Frenzel),[26] Mythen (Pollmann):[27] sie werden als Motive immer primär geschehnisorientiert sein, sowohl auf inneres wie auf äußeres Geschehen bezogen. Ja selbst Zitate können sich zu ganzen Motivketten zusammenschließen, wie Herman Meyer[28] gezeigt hat, und ebenso einzelne Worte und Wortverbindungen («semantische Nester»), wie sie nach Erlich[29] russische Formalisten untersuchten, können als Motive dienen. Hier berühren sich Motivstrukturen mit der Leitworttechnik wie sie Vickie Ziegler[30] untersucht hat. Selbst Gebärden können unter Umständen Motive werden.

Die künstlerische Bedeutung des Motivs hat jedoch weniger mit seinen Bauelementen zu tun als vielmehr mit seiner Funktion und Stellung im Ganzen des Themas, der Handlung des Werkes. Man hat demgemäß zunächst nach der Wichtigkeit dieser Stellung im Ganzen zwischen Kern-, Rahmen- und Füllmotiven unterschieden oder von Mittel-, Seiten- und Randstellung eines Motivs gesprochen.[31] Unter dem Einfluß der Tiefenpsychologie auf die Motivforschung unterschied man dann auch primäre und sekundäre Motive, stellte neben die Untersuchung der Extensität die Intensität der Motive und trennte zwischen einfachen, unvollständigen und wuchernden Motiven. Die von der Psychoanalyse beeinflußten Motivuntersuchungen Josef Körners,[32] der vor allem verschiedene Werke jeweils derselben Autoren untersuchte und einen besonderen Scharfblick für unscheinbare, ja versteckte Motive entwikkelte, wurden wiederholt etwa von Elisabeth Frenzel oder Adolf Beiss abgelehnt. Selbst wenn man die methodischen Implikationen ablehnt, wird man kaum die Fruchtbarkeit der praktischen Ergebnisse, an Werken von Kleist, Arnim und Schnitzler erzielt, in Abrede stellen können. Diese Ergebnisse lagen nicht nur im Einfühlungsvermögen und in der analytischen Fähigkeit Körners begründet, sondern vor allem auch in der Methode des Vergleichens der Gestaltungen gleicher Motive in verschiedenen Werken, eine Methode, wie sie ohne psychologische Implikationen auch Viktor Žirmunskij[33] erfolgreich angewendet hat.

Eine besondere Stellung nimmt das Leitmotiv ein, ein Begriff, der von der Musik Richard Wagners auf die Literatur übertragen wurde und der hier in paralleler Weise die Wiederholung der gleichen, motivischen Wortfolge, sei es wörtlich, sei es mit leichten Variationen, innerhalb eines Werkes bedeutet.

Bestimmte Gruppierungen und Komplexe von Motiven, Motivhäufung oder Motivsteigerung sind oft nicht nur struktur- und bedeutungsbestimmend für das ganze Werk, sondern Elisabeth Frenzel[34] hat auch darauf hingewiesen, daß Motivkomplexe oft so verzahnt sind, daß selbst das Fortfallen eines Randmotivs oder Füllmotivs die Ganzheit des Werkes wesentlich beeinträchtigen würde. Allerdings geht sie so gut wie überhaupt nicht auf die verschiedenen möglichen Arten solcher Motivverzahnungen ein. Hier hat Eugene Falk einige wichtige Typen unterschieden, vor allem was die Beziehungen und die Verstrebungen verschiedener Motive und Motivgruppen im Hinblick auf den Zusammenhang innerhalb bestimmter Teile und Schichten des Werkes wie im Hinblick auf die Gesamtstruktur des Werkes betrifft. Dementsprechend unterscheidet Falk zwischen dem wahrscheinlichen Zusammenhang der Aufeinanderfolge von Motiven im größeren Kontext der «Geschichte» eines Romans und dem notwendigen kausalen Zusammenhang von Motiven in der «Fabel» des Romans. Diese Untersuchungen berühren sich mit dem Problem der Morphologie der Motive, die Fragen umfaßt, wie etwa die nach Ausdehnung oder Schrumpfung von Motiven, je nach dem Einwirken innerer Kräfte des Gesamtzusammenhanges, die dabei eine Rolle spielen, oder etwa die nach den Gründen einer fast zwangartigen Wiederkehr oder beinahe unausweichlichen Zusammenstellung bestimmter Züge. Max Lüthi[35] hat dies am Beispiel des Märchens untersucht. Er hat auch auf die Haupttendenzen der Sublimation und Isolation der Motive im Märchen hingewiesen, und gleichfalls am Beispiel des Märchens hat Hedwig von Beit[36] die Austauschbarkeit von Motiven gezeigt, vorausgesetzt daß ihr Symbolgehalt derselbe ist. Im allgemeinen gelten jedoch für die Kunstliteratur in diesem Zusammenhang oft ganz andere und meist viel differenziertere Gestaltungsregeln als für die Volksliteratur.[37]

Die fruchtbarsten Ergebnisse in der praktischen Anwendung motivkundlicher Untersuchungen in der Methodenlehre werden vor allem erzielt, wenn theoretische Fundiertheit und Einfühlungsvermögen in die Kunst, unter Einbeziehung entsprechender entwicklunggeschichtlicher und literarhistorischer Aspekte, zusammenwirken. Die Kombination etwa von statistischer Genauigkeit, einsichtsvoller Gestaltanalyse und Periodenkenntnis, wie sie das Buch von Adelheid Beckmann[38] über Motive in der Barocklyrik kennzeichnet, oder der sensitive, kunstkritische Scharfsinn eines Ronald Peacock[39] anläßlich der Untersuchung des Leitmotivs bei Thomas Mann, sind willkürlich herausgegriffene Beispiele für viele andere. Die Einbeziehung historischer Aspekte hat in der Kunstwissenschaft zu der Beobachtung geführt, daß es im Mittelalter zu einer Trennung von Themen und Motiven kam, denen in der Renaissance eine Wiedervereinigung folgte. Harry Levin[40] gelangte zu einer anderen, außerordentlich allgemeinen Überzeugung, nämlich der, daß Motive sich im Unterschied zu den Themen geschichtlich nicht so leicht, wenn überhaupt, erschöpfen.

Das zweite gehaltliche Grundelement, zumindest in Epik und Dramatik, ist der Charakter. Gewiß kann man infolge der ganzheitlichen Ineinanderverwobenheit des literarischen Werkes keine starre Dichotomie aufstellen und dem geschehnisorientierten Motiv die personenorientierte Charakterschilderung als völlig von ihr getrennt gegenüberstellen. Es gibt mannigfache Verbindungsmöglichkeiten zwischen Motiv und Charakter. So kann unter Umständen ein Charakter zum Motiv werden oder kann vor allem ein «Leitmotiv» mehr zur Charakterschilderung als zur Geschehnisförderung beitragen, wie schon Walzel[41] gezeigt hat, auch wenn es im Zusammenwirken mit anderen Motiven oder Leitmotiven Aufbauelement der Gesamtstruktur ist. Ebenso kann ein Werk so angelegt sein, daß ein Charakter auf Grund seiner Persönlichkeitsstruktur die Handlung in eine bestimmte Richtung treibt, wie umgekehrt mitunter die Schilderung rein äußerlicher Geschehnisse den Hauptbeitrag, wenn nicht den einzigen Beitrag, zur Charakterbeschreibung darstellt.

Angesichts der grundlegenden Wichtigkeit der Charakterdarstellung für einen großen Teil der schönen Literatur ist es überraschend, wie wenig allgemein Wichtiges zur Theorie der literarischen Charaktere bis jetzt veröffentlicht wurde. Gewiß ist sehr viel über die Charakterdarstellung an konkreten einzelnen Beispielen erarbeitet worden, wie beispielsweise die Geschichte der Charakteruntersuchungen im Werk Jean Pauls von Johannes Volkelt[42] bis Günther Voigt[43] zeigt, und mitunter wurden sogar bestimmte Teilaspekte einzelner Charaktere immer wieder analysiert, wie etwa Emilia Galottis Schuld von Harry Steinhauer[44] bis Henry Hatfield.[45] Gewiß verbirgt sich viel Wichtiges zu diesem Thema oft unter dem Titel «Psychologie», von Fritz Brüggemann[46] bis Leon Edel.[47] Um so seltsamer ist es, daß verhältnismäßig wenig theoretisch Allgemeines und literaturästhetisch Wichtiges zu dem Problem geschrieben wurde. Selbst ein Wolfgang Kayser[48] etwa beschränkt sich auf die Unterscheidung zwischen «direkter» und «indirekter» Charakterisierung, was im Grunde eine wenig bedeutende Frage reiner Darstellungstechnik ist, Austin Warren[49] trennt zwischen «statischer» und «dynamischer» Charakterisierung, und David Daiches,[50] der in seinem Buch über den modernen Roman ein eigenes Kapitel der Charakterisierungskunst gewidmet hat, unterscheidet drei ältere «Methoden» literarischer Charakterisierung, nämlich die langsame Entwicklung des Charakters während des gesamten Handlungsablaufs, die extensive Charakterdarstellung am Beginn, worauf der so ausgeführte Charakter, gleichviel ob er sich wandelt oder nicht, auf seine Weise Einfluß auf das Geschehen nimmt, und schließlich eine Kombination beider Methoden. Diesen drei älteren Methoden stellt er als neu und weiterführend die Möglichkeiten gegenüber, welche durch die Erzähltechnik des inneren Monologs geschaffen werden.

Zu den wichtigsten Beiträgen gehören die beiden längst allgemein bekannten Kapitel aus E. M. Forsters[51] Romantheorie über «Menschen», wobei seine Unterscheidung zwischen «runden» und «flachen» Charakteren am stärksten gewirkt hat. Mary McCarthy[52] hat in einem Kapitel ihres Buches *On the Contrary* zu zeigen versucht, welche Eigenschaften Charaktere lebendig erscheinen lassen und welche Wichtigkeit ihnen zukommen kann. Eine der umfassendsten und am tiefsten greifenden Darstellungen des Problems hat, gleichfalls im kurzen Umriß eines einzigen Kapitels eines seiner Bücher, Wladimir Weidlé[53] gegeben. Er betont als Hauptcharakteristika des lebendigen Bildes bedeutender literarischer Charakterschilderung den irrationalen und unberechenbaren Ursprung des Bildes, die ebenso irrationale Einschaltung von Elementen der Wirklichkeit und besonders die Tatsache, daß das Bild von vornherein als Ganzes gegeben ist, und daß die Hauptarbeit des Künstlers darin besteht, es von seinen Trübungen zu befreien. Er weist darauf hin, daß bei Charakterdarstellungen in großen Werken, trotz der manchmal gegebenen photographischen oder analytischen Absicht der Autoren, der Instinkt dieser großen Schöpfer sich ihren Absichten gegenüber als überlegen erwiesen hat. Im übrigen haben von Theophrasts Charakteren bis zu den Lehren Freuds immer wieder psychologische Vorstellungen auf die Charakterdarstellung literarischer Werke Einfluß ausgeübt. Austin Warren,[54] Getrud Gelderblom[55] und andere haben solche Einflüsse aufgezeigt. Dabei versteht es sich von selbst, daß ein großer Autor es sich auch leisten kann, solche Theorien zu verarbeiten, ohne daß die Lebendigkeit seiner Menschenzeichnung darunter leidet, während einem schwachen Autor alle Theoriekenntnis nicht helfen kann.

Im übrigen hat Weidlé, der Gesamtanlage seines Buches entsprechend, insofern zwischen zwei grundsätzlichen Formen literarischer Charakterdarstellung unterschieden, als er einer traditionellen Methode, die im 19. Jahrhundert späte Höhepunkte erlebte und die versuchte, die literarische Figur gleichsam von allen Seiten zugleich zu sehen, eine moderne Methode des 20. Jahrhunderts gegenüberstellt, die dazu nicht mehr fähig ist. Das allgemeine Phänomen jener Persönlichkeitsauflösungstendenzen mag es übrigens auch sein, das an der weitgehenden Nichtachtung der Personenzeichnung in der Literaturwissenschaft des 20. Jahrhunderts wesentlich beteiligt ist. Weidlé unterstreicht jedenfalls die Tatsache, daß die verlorene Fähigkeit der Autoren des 20. Jahrhunderts zu solch lebendiger Charakterdarstellung zu zwei verschiedenen Hauptreaktionen geführt hat. Erstens nämlich dazu, daß manche der Autoren dem schwachen Dasein ihrer Helden durch Anleihen bei großen literarischen Vorbildern aufzuhelfen versuchen, was jedoch in rettungsloses Epigonentum führt, oder aber zweitens, daß andere Autoren sich zu Zeugen und Gestaltern der Persönlichkeitsauflösung machen, und daß sie dementsprechend zu Entdeckungsfahrern und Pionieren des Unbekannten werden, die den Menschen und seine Persönlichkeit nicht als geschlossene Ganzheit zeigen, sondern gespalten, solche Ganzheit zumeist ergebnislos suchend, unentschieden und hilflos einer feindseligen Welt ausgeliefert.

Obwohl das groß angelegte entwicklungsgeschichtliche Schema der literarischen Charakterdarstellung, wie es der britische Literaturtheoretiker Christopher Gillie[56] entworfen hat, etwas anders aussieht, steht es zu Weidlés Darstellung doch nicht in unlösbarem Widerspruch. Im Gegenteil: Weidlé würde der ersten Phase des Charakters als Rolle in einem Ritual gewiß weitgehend zustimmen. Mit dem 17. Jahrhundert beginnt sich nach Gillie bereits eine Art moderner Einsamkeit zu entwickeln, und Emily Brontë ist sein erstes Beispiel jener «Moderne» im weitesten Sinn als dritter Stufe, die er mit «Charakter und Gesellschaft» betitelt, was keineswegs mit einer Überwindung der schon früher entstandenen Einsamkeit verwechselt werden darf.

W. J. Harvey,[57] der besonderes Augenmerk auf das Zusammenspiel der Charaktere, den Zusammenhang der Konfiguration legt, verbindet seine fruchtbaren Ausführungen mit einer etwas engen mimetischen Theorie. Was die Konfiguration der Charaktere betrifft, so unterscheidet er zwischen einer Perspektive der Weite und einer solchen der Tiefe und sieht die Möglichkeiten der letzteren durch drei Kategorien bestimmt: die Helden des Vordergrunds, die «Hintergrund»-Charaktere und dazwischen eine große Variationsbreite von Verbindungsfiguren. Bei den letzteren unterscheidet er vor allem den Faden-Charakter («ficelle»), der als einziger Faden bestimmte Funktionen im Handlungsablauf oder zur Charakterschilderung des Helden zu erfüllen hat, und den «Karten»-Charakter, der als unwandelbar, zumeist als durch wenige Züge festgelegter Typus wirkt. Was dieses Zusammenspiel der Charaktere und ihre möglichen Funktionen betrifft, so hat Harvey überraschende Einsichten eröffnet.

Was die praktischen literaturkritischen Beispiele von Untersuchungen der Charakterisierungskunst in bestimmten Werken betrifft, so gibt es neben zahllosen Detailarbeiten auch einige allgemeinere, von Levin Schückings Buch über Shakespeares Charaktere[58] bis zu Käte Hamburgers Analyse griechischer Dramenfiguren in Altertum und Gegenwart.[59] Käte Hamburger erblickt in der relativen Identität der machtvollen altgriechischen Dramenfiguren durch alle Veränderungen der Problematik hindurch ein Zeichen für die

Unveränderlichkeit der Grundsituationen menschlicher Existenz, wie sie die griechischen Tragiker zum ersten Male in solcher Deutlichkeit dichterisch gestaltet haben.

Der literarische Charakter sowohl wie die motivgewordene Situation eines Geschehens können entweder so angelegt sein, daß sie originell, realistisch, konkret und einmalig wirken oder aber so, daß bestimmte Formen oder Klischees der literarischen Tradition, also allgemeine Typen, neu gestaltet sind. Dabei hat besonders Curtius[60] durch seine Arbeiten den Blick wieder besonders für die Tatsache geschärft, daß oft auch unerhört original wirkende Charaktertypen oder Situationstypen nichts weniger als erstmalige Entdeckungen oder Gestaltungen darstellen, sondern aus der professionellen und institutionellen Vorratskammer literarischer Tradition stammen.

Der Begriff des Typus ist so brauchbar und beliebt für literaturwissenschaftliche Generalisierungsversuche, daß er in verschiedensten Zusammenhängen verwendet wurde. Neben gattungsmäßigen, metrischen und stilbestimmten Typen hat etwa Hugo Kuhn Typen besonderer literarischer Überlieferungsformen im 14. Jahrhundert untersucht und dies in einem Sammelband, der unter dem Titel Typologia Litterarum noch weitere Möglichkeiten aufzeigt. Hier ist lediglich von Typen im Zusammenhang mit literarischen Charakteren oder motivbildenden Geschehnissen die Rede, weiter unten allenfalls von thematischen Typen.

Die Schaffung eines besonders großartigen und originalen Charakters, wie etwa die des Don Quijote, kann zur Entwicklung eines ganzen Typus «quijotischer» Charaktere führen, wie umgekehrt die Neugestaltung eines oft gebrauchten Typus durch einen großen Autor zu originaler Charakterdarstellung führen kann. Grundsätzlich gibt es jedoch die beiden «typischen» Möglichkeiten, daß entweder die Züge des Typus oder die des individuell Einmaligen dominieren, wie es etwa bei Plautus und Terenz, in der Commedia dell'arte, bei Jonson und Molière eine deutliche literarische Charaktertypologie gibt, während bei den Helden des realistischen Romans im 19. Jahrhundert die individuellen Züge in der Darstellung zweifellos das Übergewicht haben. Gerade aus dem Vergleich und der Gegenüberstellung solcher Einzelgestalten mit ihnen verwandten Figuren, also einer Art überindividuellen Typus, lassen sich die fruchtbarsten Beobachtungen machen, wie etwa Herman Meyers Studien zur Figur des Sonderlings[61] in der deutschen Literatur zeigen.

Nach Trousson[62] steht der Begriff des Typus zwischen Motiv und Thema und bezeichnet die Gestaltung eines Motivs, das nicht zur Individuation gelangt, gleichsam im Zustand der Verpuppung geblieben, oder ohne Beschönigung gesagt: unvollkommen ist. Obwohl dies in vielen Fällen zutrifft, sollte eine solche Ansicht mit den in ihr implizierten Wertungen doch nicht vorschnell verallgemeinert werden. Neben der dominierenden Rolle von Motiv oder Charakter in einem Werk gibt es, jenseits aller Wertproblematik, als eine dritte Kategorie eben auch die dominierende Rolle durch eine literarisch gestaltete Idee, wie sie sich in der Tendenz zu ausgeprägter Typisierung äußert. Ronald S. Crane,[63] das Haupt der amerikanischen Neu-Aristoteliker oder der Chicago-Schule, hat zwischen drei möglichen Grundformen der Fabel im Roman unterschieden: Handlungsfabel, Charakterfabel und Gedanken- oder Ideen-Fabel. Um letzteres Problem geht es bei der dominierenden Rolle der Typisierung. Darum hat Weidlé,[64] als er von den maskenhaften Typen in den Stücken Pirandellos sprach, erklärt, daß wir eigentlich diese Figuren als Masken gar nicht selbst sehen, sondern durch sie hindurch die Landschaft von Pirandellos Denken. Man kann dann die gesamte Kategorie der Ideendichtung mit der ihr innewohnenden Typisierungstendenz als solche zurückweisen oder doch problematisch finden, weil sie es mit der abstrakten Idee von Musterbeispielen statt mit dem konkreten Menschen zu tun hat, und dieses Bedenken hat gleichfalls Weidlé mit Nachdruck angemeldet. Die endgültige Antwort wird aber letztlich von der jeweiligen einzelnen dichterischen Gestaltung abhängen.

Im übrigen gibt es natürlich Mischformen verschiedener Art, nicht nur weil einzelne Typen sich in bestimmten Werken miteinander vermischen, wie etwa Harry Levin[65] findet, daß Leopold Bloom weniger mit Odysseus als mit dem ewigen Juden und Mozarts Don Giovanni zu tun hat, sondern auch, weil nach Elisabeth Frenzel[66] Charaktertypen Motivfunktion einnehmen können und demnach die Reinform von Motiv-, Charakter- und Ideen-Fabeln nicht immer garantiert ist.

Auch was das Problem des Typus betrifft, hat die Einbeziehung entwicklungsgeschichtlicher Perspektiven in der literaturwissenschaftlichen Methodenlehre zu erstaunlichen Ergebnissen geführt. So hat etwa Erich Auerbach[67] mit Hilfe des typologischen Begriffs der «figura» gezeigt, wie in literarischen Werken christlicher Autoren nicht nur jüdische Propheten, sondern auch antike Halbgötter in eine neue Typologie von Heiligen einverschmolzen wurden. Mario Praz[68] aber hat gezeigt, wie es historisch überlieferte, typologische Gefühlsstrukturen bei der Gestaltung der femme fatale oder des «dunklen» satanischen Antihelden gibt und wie sich die geschichtliche Entwicklung solcher Typen erklärt.

b. Geschehen – Fabel – Thema

Während Motiv, Charakter und Typus, in dem Sinn wie diese Begriffe hier behandelt wurden, einzelne Aufbauelemente des literarischen Werkes darstellen – wobei sie auch das Hauptelement bilden können –, handelt es sich bei den Begriffen Geschehen – Fabel – Thema um Gehalts- oder Bedeutungsformen, die sich auf das Ganze des Werkes beziehen. Gewiß ist die wirkliche Ganzheit des Werkes nur das Werk selbst als solches und handelt es sich hier um abstrahierende Reduktionen, doch eben um Abstraktionen, die vom Gehalt her das Bedeutungsgerüst des ganzen Werkes von verschiedenen Perspektiven her im Auge haben. Schon der Hinweis darauf, daß es sich um Bedeutungs-«Formen» handelt, im Zusammenhang mit Problemen des Gehalts und nicht des Inhalts, weist auf die besondere Stellung literarischer Gehaltsprobleme hin. Ingarden[69] hat auf die Schwierigkeiten, wie sie sich aus dem Form-Inhalt-Problem ergeben, besonders aufmerksam gemacht und unter Benutzung phänomenlogischer Terminologie auf die gegenseitige Bezogenheit und Abhängigkeit von Gehalt und Gestalt hingewiesen. Ein Hauptproblem bildet dabei das Eingehen auf die Verschiedenheit von «Inhalt» und «Form» im literarischen Werk selbst und wie diese sich im ästhetischen Erleben der Konkretisierung des Werkes realisieren. Der zeitliche Charakter der Lektüre während der Konkretisierung wird zunächst mehr das Geschehen in den Vordergrund treten lassen, die rückwirkend simultane Zusammenschau eher die gesteigerte Abstraktion des Themas, und beide Perspektiven zusammengenommen werden erst zu einer weitergehenden Annäherung an das Werk selbst führen, als jede der Perspektiven für sich allein.

Das Geschehen, sowohl das äußere wie das innere natürlich, wird aus der Spannweite der einzelnen Phasen des Werkes in ihrem Nacheinander am deutlichsten sichtbar. Es kommt in der Erzählung am direktesten in der «Geschichte» zum Ausdruck, das heißt in jenem Geschichten-Erzählen, das E. M. Forster ein wenig traurig und bedauernd als die am wenigsten künstlerische, zugleich aber auch als die grundlegend wichtigste Seite des Romans darstellt. Neben dem Schwund ganzheitlicher und glaubhafter Charaktere in der neueren Literatur hat Weidlé[70] vor allem auf die «Verdrängung der Fabeln» als weiteres typisches Symptom hingewiesen, und er hat damit nicht Fabeln im engeren Sinn verstanden, sondern vielmehr das Geschehen als Ausdruck einer durch Fabulierkraft und Imagination erschaffenen überzeugenden Welt der Phantasie. Zweifellos gibt es aber auch im neueren Roman ein Geschehen, und es zeigt sich nur, daß in verschiedenen Gattungen wie in verschiedenen Perioden dieses Geschehen auf verschiedene Weise seinen Ausdruck findet. Auf dem Gebiet des Dramas ist es die Handlung, nach Aristoteles der wichtigste Aspekt der Tragödie, dem die Charaktere erst an zweiter Stelle folgen. Auf dem Gebiet der Lyrik ist es infolge des geringen äußeren Umfangs zwar so, daß Staiger[71] Sinn (des Ganzen) und Motiv gelegentlich als Synonyme verwenden kann, doch ist die Bedeutung des Gehalts darum von kaum geringerer Wichtigkeit. Ja, wenn man bedenkt, daß etwa Ingarden[72] alle seine «Schichten», einschließlich der Schicht der sprachlichen Laute, als inhaltsbezogen und nur die Gesamtheit der Beziehungen unter den Schichten als formbezogen betrachtet, bliebe selbst für den Grenz- und Extremfall der konkreten Lyrik genug, um wesentliche Gehaltsprobleme aufzuwerfen. Wenn also etwa Hugo Friedrich[73] – parallel zur Darstellung des Entfabelungsprozesses in der Epik durch Weidlé – auf einen Enthumanisierungsprozeß in der neueren Lyrik aufmerksam gemacht hat, dann ist damit die Kategorie des Geschehens, zumindest des inneren Geschehens oder gar des Gehaltes überhaupt, keineswegs eliminiert, sondern hat sich lediglich verlagert.

Das Geschehen steht im Grunde zwischen dem Stoff als Rohstoff und der Fabel, in welcher bereits das gestaltete Nacheinander in ein kausales, modales, konsekutives etc. Zueinander und Miteinander übergegangen ist und die ein Gerüst oder eine entwickelte Struktur des Gehalts darstellt. Geschehen bezieht sich auf das Geschichten-Erzählen, auf die Erzähltradition, wie sie von Scholes und Kellogg[74] untersucht wurde, die auch im Drama eine fiktiv erzählte Geschichte einfach ohne den epischen Geschichtenerzähler sehen. Es bezieht sich auf die Situation und die Situationsbezogenheit der Motive, in denen Goethe so sehr die wahre Kraft eines Gedichtes liegen sah, daß er sich zu der Erklärung hinreißen ließ, eine Übertragung in Prosa zeige erst, was in einem Gedicht an echtem Leben enthalten sei. Das hört sich besonders seltsam an, wenn man an neuere Lyrik denkt, in der sich die Formen des Gehalts vielfach geändert haben. Des eigentlichen Sinnes des Goethe-Wortes über die ursprüngliche Kraft des Geschehens – und dazu der Charaktere – wird man sofort gewahr, wenn man an unbeholfene und oft geradezu kunstfeindliche Verfilmungen großer literarischer Werke denkt, deren ursprüngliche Kraft und Wirkung selbst durch die ärgste Bearbeitung nicht völlig zu zerstören ist.

Das Geschehen ist die einfachste Form der Gestaltung eines Stoffes zu einem Gehalt, es ist die Grundlage der literarischen Welt oder des literarischen Milieus des Werkes, das mit der Welt oder dem Milieu des Autors oder des Lesers keineswegs identisch ist und die Jean Hankiss[75] näher untersucht hat.

Das Geschehen überschneidet sich fast vollständig mit der inhaltlichen Bedeutung des Werkes. Bei genauerer Betrachtung zeigt sich hier, daß in der literaturwissenschaftlichen Methodenlehre der Semantik eine beschränkte, jedoch wichtige Rolle zukommen kann. Die extreme Auffassung allerdings, die von der Semantik oder Bedeutungsanalyse eine Lösung aller literaturwissenschaftlichen Probleme erwartet, ist keineswegs fruchtbar. Die sprachwissenschaftlich begründete Semantik, vielfach verwandt mit der Semasiologie, wurde für mehrere Wissenschaften bedeutsam und wurde auch wiederholt zu einer methodenkundlichen Grundlegung literaturwissenschaftlicher Arbeiten benützt. I. A. Richards[76] und William Empson[77] sind von hier aus wesentlich beeinflußt worden, und Trevor Eaton[78] hat versucht, eine Literaturtheorie auf rein semantischer Grundlage aufzubauen.

In einer so ausgezeichneten Darstellung der allgemeinen Semantik, wie etwa jener Stephen Ullmanns,[79] nehmen die spezifisch literarischen Implikationen und Beispiele einen verhältnismäßig engen Raum ein und spielen nur in einzelnen Abschnitten, vor allem jenen über panchronische Tendenzen in der Synästhesie, eine Hauptrolle. Ullmann, der die Überschneidungen sowohl wie die Abgrenzungen zwischen Semantik und literarischer Stilanalyse deutlich sichtbar gemacht hat und der in der Stilanalyse nicht lediglich einen Zweig der Linguistik erblickt, sondern eine parallele und gleichwertige Disziplin, welche dieselben Phänomene von einer anderen Perspektive aus untersucht, hat sich in seinen eigenen wichtigen literarischen Stiluntersuchungen keineswegs auf die Anwendung sprachwissenschaftlicher Semantik beschränkt.

Genauso wird es in der semantischen Studie Tzvetan Todorovs[80] über literarische Bedeutungen deutlich, daß verschiedene, auch vorwiegend formal orientierte Ebenen oder Schichten eine Rolle spielen, aus deren gesamtem Zusammenhang sich erst die jeweilige Bedeutung ergibt. Dies führt über alle eng gezogenen rein sprachwissenschaftlichen Grenzen ebenso weit hinaus wie über den Bereich des Geschehens, ja es führt sogar über Fabel, Sujet und Thema hinaus und zielt auf das Werkganze selbst.

Für die Werkanalyse, im Sinn literaturwissenschaftlicher Methodenlehre, spielt jedoch die Klarstellung der Begriffe Geschehen-Fabel-Thema eine oft wichtige Rolle. Eugene Falk[81] hat gezeigt, wie selbst die Funktion des Motivs ganz verschieden sein kann, je nachdem ob man es als Motiv der Geschichte oder der Fabel betrachtet. Falk geht dabei von E. M. Forsters Definition von Geschichte und Fabel aus, was nicht nur im Hinblick auf eine bis Aristoteles zurückreichende Tradition, sondern auch aus praktisch-terminologischen Gründen der Unterscheidung der russischen Formalisten und besonders Tomaschevskijs[82] vorzuziehen ist, welche die Summe aller Motive «Fabel», die künstlerisch geordnete Darbietung der Motive aber «Sujet» nannten. Im folgenden wie auch bei Forster und Falk bezieht sich der Begriff «Geschichte» in der Erzählepik auf ein rein zeitliches Nacheinander von Vorfällen, während sich «Fabel» bereits auf einen zweckhaft motivierten oder kausalen Zusammenhang jenseits der äußeren Chronologie bezieht und bereits auf Strukturmerkmale hinweist. Der «Geschichte» in der Poetik des Romans entspricht die «Handlung» im Drama und dem «Sujet» im Gedicht oder Essay.

Über die Fabel sagt Kayser,[83] daß sich bei ihrer Untersuchung, im größeren Rahmen auf das ganze Werk bezogen, wiederholt, was sich bei der Herausarbeitung des Motivs oder der Motive zeigt, daß nämlich alle individuelle Festlegung und alle äußerliche räumliche und zeitliche Fixierung für ihr zusammenfassendes und gliederndes Schema belanglos ist und daß die Erfassung der Fabel wesentlich zum Werkverständnis beiträgt. Von der großen Zahl besonderer Untersuchungen und Bestimmungen der Funktion der Fabel wie einzelner Unterarten von ihr seien hier nur genannt: Ronald Cranes[84] Unterscheidung zwischen Handlungs-, Charakter- und Gedanken-Fabel, Norman Friedmans[85] sehr viel weitergehende Differenzierung zwischen nicht weniger als vierzehn Unterarten der Fabel und Geoffrey Hartmans[86] Unterscheidung zwischen einer ersten, vordergründigen und einer zweiten, gleichsam versteckten, gegenläufigen und darum nicht weniger wichtigen Gegen-Fabel, die mit der ersten kontrapunktisch verbunden ist.

Verbunden mit dem Problem der Fabel ist die Problematik des Themas, und nachdem bereits Tomaschevskij, Trousson, Barthes und Pollmann[87] sich um Klärung der theoretischen Voraussetzungen bemüht haben, ist vor allem durch Harry Levin,[88] Eugene Falk[89] und Hellmuth Petriconi[90] eine neue Grundlegung der Themenforschung geschaffen worden. Falk stellt dem alten Begriff des Themas, der gegenstands- und rohstoffbezogen und der im Grunde außerliterarisch ist, einen neuen Themenbegriff gegenüber, welcher der Grundidee des jeweiligen Werkes verwandt ist und welcher sich aus der besonderen Struktur der Motive als einzelner Textelemente des Werkes ergibt. Dies bedeutet im Sinn der deutschen kritischen Tradition die Überwindung der alten Stoffgeschichte und die Hinwendung zu einem Gehalts-Begriff, wie er bereits von Walzel geprägt wurde und vom Strukturzusammenhang der jeweiligen Stoff-Formung abhängig ist. Das Thema kann da mitunter etwas ganz anderes sein als der Stoff. So hat etwa Hugo Friedrich[91] am Beispiel von zwei Versen von Mallarmés *Herodiade* gezeigt, daß der Stoff eigentlich die Beschreibung von Kerzen darstellt, während das wirkliche Thema Weinen, Nichtigkeit und Fremdheit sind.

Auf eine Verwandtschaft des Themas mit dem Topos hat Margot Kruse[92] hingewiesen, und zweifellos gibt es hier vielfache Überschneidungen. Vor allem aber ist es im Falle eines Themas oft, wenn nicht meistens, doch so, daß es sich um einen einzelnen Motiven übergeordneten Begriff handelt, der sich auf das ganze Werk bezieht, während die einzelnen Topoi oft, wenn nicht meistens, ähnlich wie die Motive, zu denen sie werden können, einzelne Werkelemente bilden.

Harry Levin wies darauf hin, daß Themen, im Unterschied zu Motiven, gewissen Zyklen oder Perioden unterliegen, während Motive durch unerschöpfliche Zeitlosigkeit gekennzeichnet zu sein scheinen.

Die Vielzahl der praktischen thematologischen Arbeiten reflektiert ein weites Spektrum an Variationsvielfalt. Da bestehen Arbeiten, welche wesentliche methodenkritische Schlußfolgerungen anregen, ja nahelegen, sie jedoch dem Leser überlassen, wie jene von Volker Klotz[93] oder Robert S. Fowler,[94] da gibt es daneben Arbeiten, welche methodenkritische Einsichten in einzelne Aspekte geben, wie etwa jene von Manfred Krüger oder Walter Rehm,[95] und da sind schließlich Arbeiten, wie etwa jene von Bernhard Blume[96] oder Jacques Bousquet,[97] die von einem thematologischen Ausgangspunkt aus in das Zentrum von Wesen und Eigenart alles Literarischen zielen.

Trotz größtmöglicher Tragweite sind jedoch diese praktischen Arbeiten von geringerer direkter methodenkritischer Bedeutung als theoretische Beobachtungen etwa Emil Staigers,[98] der die Wichtigkeit von Motiv und Thema für viele lyrische Werke geringer hoch ansetzt als für dramatische und epische Werke, oder besonders die Ausführungen Northrop Fryes,[99] der die unterschiedliche Bedeutung des Thematischen nicht für die verschiedenen Gattungen selbst, sondern innerhalb der einzelnen Gattungen aufzuzeigen versucht hat. Nach Frye besitzt jedes literarische Werk sowohl einen fiktiven als auch einen thematischen Aspekt, und es rückt bei dem letzteren die äußere Beziehung zwischen Autor und Leser stärker in den Vordergrund. Der Begriff «Thema» ist für Frye eine Entsprechung des aristotelischen Dianoia-Begriffs, steht also gleichsam für den poetischen Gedanken einer Dichtung und überschneidet sich mit dem hier erst im folgenden genannten Begriff der Idee. Bei Werken, in denen er besonders im Vordergrund steht, spricht Frye von Werken mit thematischer Aussageweise.

Für Harry Levin ist das Thematische grundsätzlich interessant, gleichgültig, ob es in einem Werk besonders im Vordergrund steht oder nicht. Er sieht, wie die Kulturtradition den Autor mit einer Vielzahl von Themen versieht, denen gegenüber die Imagination des Autors entsprechend reagiert, so daß sich sowohl die individuelle Ausformung wie das Funktionieren kollektiver Vorstellungskraft an den Werken jeweils ablesen lassen.

Im Unterschied zu Levin sieht Hellmuth Petriconi[100] die Themen als zeitlose Formen, die allgemein menschlichen Konstanten des Empfindens, Wollens, Verstehens entsprechen und die weder an bestimmte Epochen noch an einzelne Literaturen gebunden sind. Von dieser Voraussetzung ausgehend, entwickelte er das Konzept einer rein innerliterarischen Literaturgeschichte als Themengeschichte, die sich weder um Biographisches noch außerliterarisch Historisches kümmert, und deren innere Struktur einzig auf dem literarischen Zusammenhang zwischen den Werken selbst beruht. In Richtung auf psychologische Zusammenhänge hin hat Jean Paul Weber[101] eine thematologische Methode entwickelt.

Petriconis Themenbegriff stimmt in einem Punkt mit jenem von Eugene Falk völlig überein: was Falk die literarisch irrelevante Themen-Auffassung nennt, bezeichnet Petriconi nicht einmal als Thema, sondern als reinen Stoff, der an bestimmte Figuren gebunden oder jedenfalls räumlich oder zeitlich fixiert ist. In einem zweiten Punkt unterscheiden sich die beiden Auffassungen, widersprechen einander jedoch nicht: für Petriconi sind Themen allgemeinere und umfassendere Abstraktionsformen, die in verschiedenen Variationsformen wiederkehren, während Falk das strukturbildende Element der Motive für das Thema der Werke in den Vordergrund stellt. Der Unterschied rührt lediglich von der verschiedenen Perspektive des jeweiligen Ausgangspunktes her, der bei Petriconi eine universale themengeschichtliche Gesamtschau darstellt, während er bei Falk die Interpretation einzelner Werke ist. Die keineswegs ausgeschlossene Vereinigung beider Perspektiven, als des thematologisch Allgemeinen und Besonderen, ist im Grunde bereits in den Arbeiten der beiden Forscher angelegt und würde, voll ausgearbeitet, zu einer wesentlichen Vertiefung thematologischer Literaturbetrachtung führen. Die allgemeine Richtung hat bereits, von einer verschiedenen Problemstellung ausgehend, Karl Guthke gewiesen, dessen Begriff der «Sinnstruktur» nicht nur Gehalt- und Gestaltproblematik, sondern auch die Aspekte der Struktur des Einzelwerkes mit einem Sinn für historische Entwicklungen vereinigt.

c. Vorwurf – Idee – Mythos

Mit dem Thema eines Werkes eng verwandt und oftmals direkt verbunden sind die erste intuitive Auffassung, die poetische Idee und die strukturierte Handlung in ihrer komplexen Vielschichtigkeit, die hier als Vorwurf, Idee und Mythos bezeichnet werden sollen.

Der allererste Vorwurf, die früheste, dem Autor selbst noch halbbewußte Erfassung des Werkes als Ganzes, wurde von Bateson[102] als erster Punkt seines ästhetischen Zyklus geradezu als Thema bezeichnet. Die unmittelbare

Verbindung von Thema und Idee wird in Arthur Lovejoys[103] ideengeschichtlicher Auffassung sichtbar, für welche ein Thema die Entwicklung und den Einfluß von Ideen darstellt, die von der Literatur aufgenommen und absorbiert werden. Nicht weniger deutlich spiegelt sich diese Verbindung bereits in Rudolf Ungers[104] Auffassung von der Literaturgeschichte als Problemgeschichte wider oder in Northrop Fryes[105] weitgehender Gleichsetzung seiner thematischen Aussageweisen mit dem aristotelischen Dianoia-Begriff. Die enge Verbindung des Themas mit dem Mythos-Begriff wird ebenso bei Frye sichtbar, der letzteren auf zwei ganz verschiedene Arten benützt, nämlich einerseits als rückweisend auf eine ferne Götterwelt, wie auch im eigentlichen Sinn als «Erzählung» oder «Sage», und andererseits spricht er vom tragischen Mythos als Aufbau der Handlung. Pierre Albouy[106] treibt es so weit, die Begriffe Thema und Mythos überhaupt als Synonyme zu gebrauchen, und Leo Pollmann[107] trennt nachdrücklich zwischen Symbolforschung im engeren Sinn einerseits und einer «Themen- und Mythenforschung» andererseits, die er als verwandt und einander überlagernd zusammenstellt.

So sehr eine solche Trennung, wie jene Pollmanns, besonders vom innerliterarischen Standpunkt und vom berechtigten Wunsch nach Erstellung eines sauberen, methodologischen Ordnungsschemas her berechtigt erscheint, so wenig darf dabei allerdings übersehen werden, daß viele Aspekte des Mythos nicht anders als durch die sie ausdrückenden Symbole zu erfassen sind und daß sowohl für den Mythos wie für die Idee und den halbbewußten Vorwurf vor allem die tiefenpsychologische Symbolforschung, zumal jene der Schule C. G. Jungs, unvermeidliche Pionierarbeit zum Verständnis geleistet hat. Zum Teil geht dies aber über die innerliterarische Ebene hinaus und soll darum in einem späteren Abschnitt Erwähnung finden. Sogar in einer so abstrakten Thematologie, wie jener von Roland Barthes,[108] finden sich Thema, Symbol und Mythos verbunden. Verfolgt man die methodischen Strömungen weiter in jene Richtung und über Barthes hinaus, so stößt man auf jene Verfechter stilistischer, ja wohl gar rein linguistischer Methoden, welche die Berechtigung all solcher thematologischen und mythenorientierten Arbeiten in Abrede stellen und sie völlig der Psychologie oder Kulturgeschichte zuweisen wollen. Obwohl Untersuchungen des literarischen Stils eine wichtige und zentrale Rolle in der literaturwissenschaftlichen Methodenlehre spielen, schließen sie solche thematologischen Untersuchungen nicht nur nicht aus, sondern können sich mit ihnen sogar auf das engste berühren, zumal wenn man an den strukturorientierten Themenbegriff von Eugene Falk denkt. René Wellek[109] hat denn auch die Berechtigung solch thematischer Perspektiven geradezu einen Gemeinplatz genannt.

Diese grundsätzliche Berechtigung thematologischer Arbeiten hat jedoch nicht das geringste mit einer ganzen Reihe besonderer methodischer Schwierigkeiten praktischer Art zu tun, besonders wenn es zur Begriffsreihe Vorwurf-Idee-Mythos kommt.

Was den «Vorwurf» im hier gemeinten Sinn betrifft, nämlich im Sinn der ersten Stufe von Batesons[110] ästhetischem Zyklus, so lassen sich nur in jenen relativ wenigen Fällen Aussagen über ihn machen und das heißt: läßt er sich nur dann methodisch nutzbar machen, wenn autobiographische Äußerungen des jeweiligen Autors über die ersten Stufen des literarischen Schaffensprozesses über ein bestimmtes Werk vorliegen. Bateson selbst hat die Nutzbarmachung in solch einem seltenen Fall am Beispiel einer praktischen Interpretation eines Gedichtes von Robert Graves gezeigt.

Eine ganz andere Schwierigkeit ergibt sich oft bei der methodischen Nutzbarmachung der «Idee» eines Werkes. Denn obwohl bereits Aristoteles im Fall seiner Dianoia den spezifisch poetischen Gedanken, streng zu unterscheiden von der nicht-poetischen, abstrakten und außerliterarischen Idee, vor Augen hatte, ist es besonders in der deutschen Literaturwissenschaft geradezu ein Syndrom geworden, ausgehend von Hegel, gerade solch abstrakte und nicht-literarische Ideen in den Mittelpunkt kritischer Tätigkeit zu stellen, was dieselben methodologischen Gefahren in sich birgt, gleichviel ob es politisch von «rechts» oder von «links» her geschieht, und einzelne hervorragende Leistungen praktischer Kritik, von Korff[111] bis Lukács,[112] sollten über die Grenzen solch methodenkritischer Möglichkeiten nicht hinwegtäuschen. Die Grundgefahr besteht in einer Reduktion der Ganzheit des literarischen Werkes auf darin ausgedrückte abstrakte Ideen. Die Idee im Sinne Hegels kann demzufolge als konkretes Problem, als Typus, als Motiv, ja selbst als Gestalt aufgefaßt werden, und unter dem Einfluß des bläßlichen Gespensts hegelianischer Abstraktion erscheint selbst das dichterische Genie entweder lediglich als Geschäftsführer des Weltgeistes oder als dialektischer Imitator sozialer Zustände im Sinn einer fragwürdigen Widerspiegelungstheorie. Dies führt notwendig zu Verkürzungen und Verzerrungen der literarischen Wirklichkeit ebenso wie der empirischen und ist auf literaturwissenschaftlichem Gebiet in ebensolcher Weise ein Produkt fortschreitender Säkularisierung, wie sie auf dem Gebiet der Literatur selbst von Karl Guthke[113] unter dem Aspekt der Mythologie einer entgötterten Welt beschrieben worden ist.

Trotz aller notwendigen Vorbehalte und Einschränkungen, gibt es jedoch eine ganze Reihe von Arbeiten, welche nicht außerliterarische Ideen an literarische Werke herantragen, sondern welche, von diesen Werken selbst ausgehend, Leitideen untersuchen und sichtbar und verständlich machen, ohne die nicht nur die Bedeutung der in Frage stehenden Werke hätte verkannt werden müssen, sondern die auch wichtig für die Erfassung der eigentlichen Struktur- und Gestaltprobleme sind. Um nur einige Beispiele solcher eher inner- als außerliterarischen Ideen klärender oder ideengeschichtlicher Werke zu erwähnen, so seien hier die Darstellung der deutschen Mystik zwischen Mittelalter und Neuzeit von Wentzlaff-Eggebert,[114] oder die Deutung von Dantes Werk durch Robert L. John[115] unter Enthüllung seiner templergnostischen Züge genannt. Von ähnlich entscheidendem Einfluß für das Verständnis der Werke Shakespeares oder Baudelaires war das Sichtbarmachen der ihnen zugrundeliegenden Ideen durch Paul Arnold[116] wie für jenes der Werke Goethes das Buch Rolf Christian Zimmermanns.[117]

Trotz des schon erwähnten Säkularisierungsprozesses seit dem 18. Jahrhundert sind weder die Mythen im engeren Sinn als Göttersagen und allgemeine mythische Vorstellungen aus der Literatur verschwunden, noch hat sich die literaturwissenschaftliche Methodenlehre von der Sichtbarmachung und Deutung mythologischer Elemente abgewendet. Abgesehen davon, daß in den alten, völlig «mythischen» Zeiten eine Dichtung im engeren Sinn noch gar nicht bestand und daß auch die ältesten uns überlieferten Epen nicht mehr den Mythos in seiner Reinform enthalten, sondern «mythopoetische» Gestaltungen darstellen, kann man sagen, daß Zeiten besonders weitgehender rationalistischer Austrocknung der Dichtung von einem besonderen Hunger nach dem Mythos begleitet oder gefolgt werden, ein Phänomen, das Theodore Ziolkowski[118] beschrieben hat. Ja, die neuere literarische Darstellung der Ironie im ausgehenden 19. und im 20. Jahrhundert hat sich eigene neue Formen einer oftmals gelehrten und zumeist überaus komplexen Mythendichtung geschaffen, von Camus bis Joyce und von Kafka bis O'Neill. Northrop Frye[119] ging sogar so weit zu behaupten, daß die Strukturprinzipien der Literatur ganz allgemein und durchgehend ebenso eng mit Mythologie und vergleichender Religionswissenschaft verwandt seien, wie jene der Malerei mit der Geometrie. Die Richtigkeit solcher Aussagen hängt zweifellos nicht zuletzt davon ab, wie weit man den Begriff des Mythos faßt. René Wellek[120] etwa spricht auch von in der Neuzeit entstandenen Mythen, die jedoch nur dann echten mythischen Charakter besitzen, wenn der «Mythos» von der Gemeinschaft angenommen, durch die «Zustimmung der Gläubigen» bestätigt worden ist und seine Urheber nicht mehr bekannt oder für seine Gültigkeit unwesentlich sind. Dies führt allerdings bereits mitten hinein in die mythenkritischen Methoden der Literaturwissenschaft.

Wenngleich dem Mythos und dem Mythischen, wie auch seinen Sublimierungsformen des Mystischen und Esoterischen, wie sie zuvor in ihrer literarischen Erscheinungsform als poetische Idee beschrieben wurden und wie ihnen selbst in der embryonalen und halbbewußten Frühform des Vorwurfs eine überaus große Bedeutung zukommt, so geht es doch zu weit, das Mythische allein oder gar nur einen bestimmten Mythos in den Vordergrund literaturwissenschaftlicher Methodik zu stellen. Dies wird indessen von einer breiten Strömung «mythologischer Kritik», vor allem in den USA und teilweise in England, vielfach getan. Diese Strömung war so mächtig, daß sie nach René Welleks[121] Überzeugung die Stelle des New Criticism einnahm, den sie ablöste.

Natürlich sind die einzelnen Vertreter dieser Methodenströmung verschieden weit gegangen und haben ihre mythenkritischen und mythopoetischen Überlegungen oft mit wesentlichen literaturwissenschaftlichen Einsichten verbunden, ohne in ein Extrem zu verfallen. Vor allem haben verschiedene Forscher auch den Begriff des Mythos verschieden weit gefaßt, so daß die Grenzen dessen, worüber sie sprechen, etwa bei Klaus Ziegler,[122] Gerhard Schmidt-Henkel,[123] und Karl Guthke[124] oder bei Francis Ferguson,[125] Philip Wheelwright,[126] Northrop Frye[127] und Theodore Ziolkowski,[128] verschieden verlaufen. Einen anschaulichen Überblick darüber, wie verschieden die Perspektiven und demgemäß die methodischen Ansatzpunkte sind, vermitteln am besten die zahlreichen Anthologien über mythenorientierte Literaturwissenschaft, von Hoffmann[129] bis Fuhrmann[130] und von Sebeok[131] bis Vickery.[132]

Diese Verschiedenheit der Perspektiven und methodischer Details ist nicht notwendig von vornherein gefährlich, da viele von ihnen einander nicht gegenseitig ausschließen, sondern lediglich verschiedene Aspekte der gleichen Sache behandeln und überdies die ernsthaften Kritiker in der Regel genau definieren und umreißen, was sie unternehmen. Wiederholt wurde überdies, von Klaus Ziegler[133] bis E. W. Herd[134] versucht, unannehmbare Extreme auszuschließen und eine relative Ordnung durch einen Überblick auf breiterer Grundlage zu schaffen.

Bedenklicher scheint ein gewisser Verdünnungs- und Austrocknungsprozeß zu sein, der, parallel zu einzelnen mythopoetischen Phänomenen, auch manche mythenkritischen Arbeiten kennzeichnet, da auf diese Weise zur Nichtbeachtung und dadurch zum Übersehen einzelner wesentlicher Züge des Mythischen wie Mythopoetischen verleitet werden kann. So etwa führen die Bestrebungen von Claude Lévi-Strauss nicht nur zu wertvollen Einsichten, sondern zugleich auch zu einem überaus abstrakten Bild der Mythen, da er stets ein Corpus, wenn nicht gar die «objektive Strukturierung des mythischen Universums» vor Augen hat.[135] Harald Weinrich[136] hat darum erklärt, daß man durch diese Methode nicht nur vieles gewinnt, sondern auch manches verliert, und zwar vor allem die Einsicht in den literarischen Textzusammenhang. Weinreichs Schlußfolgerung , die strukturalistische Semantik der Mythen durch eine linguistische Syntax der Mythen zu ergänzen, stellt zweifellos eine Verbesserung, andererseits jedoch gleichfalls eine so weitgehende Abstraktion dar, daß sie dem Untersuchungsgegenstand des Mythischen oder Mythopoetischen nicht völlig adäquat ist. Denn es gehört zu den wesentlichen Eigenschaften nicht nur des ursprünglichen Mythos, sondern selbst moderner Kunstmythologie, über Verstand und Vernunft hinauszureichen. Das Mythopoetische wurde darum auch von Guthke[137] als Ausdruck einer Welt- und Selbstauffassung gesehen, die der Begegnung «des ganzen Menschen mit seinem Gegenüber» entstammt und dadurch besondere Affinität zur Dichtung besitzt.

Dieser Verdünnungs- und Austrocknungsprozeß, und zwar nicht so sehr in den mythopoetischen Gestaltungen, als in den kritischen und literaturwissenschaftlichen Beurteilungen, tritt besonders deutlich in der historischen Darstellung des Dionysischen durch Max Baeumer[138] zutage. Es zeigt sich hier, wie das über eineinhalb Jahrhunderte tradierte Verständnis des Dionysos-Mythos, zusammen mit seiner positiven Beurteilung, in den Fünfzigerjahren auf breiterer Basis völlig abbricht und einer oft barbarischen Verständnislosigkeit weicht. Viel früher schon hat Kerényi[139] «Zerlegung und Auflösung» als Ergebnisse wissenschaftlicher Beschäftigung mit dem Mythos seit K. O. Müller beklagt. Er sieht im Mythischen die paradoxe Vereinigung verschiedenartiger Elemente, vor allem des Gegenwärtigen und des vergangenen Ursprünglichen und als seine Objektivierungsformen außer dem Wort auch das Bild, das Tun im Bilde, und dies führt ihn schließlich zu archetypischen Bildern im Sinne Jungs.

Während Walter F. Otto[140] die Beziehungen des Mythos zum künstlerischen Schöpfungsakt und zum Rhythmus betonte, haben viele Forscher, von Ernst Cassirer[141] bis Mircea Eliade,[142] die Funktion des Symbols als Ausdrucksform betont, und von hier eröffnet sich der direkteste Weg sowohl zur Literatur wie zur Literaturwissenschaft. André Jolles[143] hat die Grundform der literarischen Mythe als mit Mythe geladenes sprachliches Symbol definiert, Wilhelm Emrich[144] hat Symbolinterpretation und Mythenforschung als komplementäre Begriffe zusammengestellt, und Johannes Kleinstück[145] hat die «symbolische Sprache des Mythos» behandelt. Karl Guthke[146] aber spricht davon, wie sich mythische Wahrnehmung und mythenbildende Kraft gerade im dichterischen Gestalten, und zwar in poetischen Bildern und Symbolen, bewahrt haben.

Harry Slochower[147] hat den mythischen Helden als Vertreter der elementaren Quellen des Lebens gesehen und den Mythos als die Offenbarung jener lebendigen Kette, welche die immer aufs neue sich ereignenden Wiedererkennungsszenen des menschlichen Dramas verbinden. Die mythischen Formen stellen ein Hin- und Herschwingen zwischen historischer Ideologie und dem universalen Archetypus dar und umspannen in polarer Weise jeweils die positive wie die negative Erscheinungsform eines Geschehens, einer Eigenschaft oder einer Person, wie etwa Zeus-Nimrod, Jacob-Kronos, Rebekka-Rhea, Abel-Kain. Die integrale und symbolisierende Funktion der Dichtung (und Kunst) gestaltet Wieder-Schöpfungen der alten Erzählungen, wobei eine Umformung in verallgemeinernd-symbolisierender Weise erfolgt, ja die mythopoetischen Gestaltungen entstehen oft gerade in einer Zeit, in welcher der engere und besondere Inhalt einer mythischen Überlieferung nicht mehr annehmbar erscheint.

Auch wenn man den Kreis des eigentlich Mythischen eng faßt und die Gestaltungen der Homerischen Epen oder des Alten Testaments bereits als Neuinterpretationen und Mythopoesis auffaßt, so gelten die Bedingungen dieses Umformungsprozesses doch auch innerhalb der mythopoetischen Tradition.

Die Bedeutung des Mythischen für die fiktionalen Elemente, im Hinblick auf Geschehen und Charaktere in Erzählkunst und Drama in der Vielfalt ihrer einzelnen Möglichkeiten, ist bis jetzt kaum übersehbar. Auf dem Gebiet des neueren Romans hat John J. White[148] eine gewisse methodische Ordnung zu schaffen versucht, und auch auf dem Gebiet des Dramas gibt es sowohl historische wie systematische Versuche einer Klärung der Sachlage. Diese Affinitäten des Mythischen zu Erzählkunst und Drama erscheinen auf Grund der ursprünglichen Struktur des Mythos natürlich. Aber auch auf dem Gebiet der Lyrik werden die mythopoetischen Kräfte neuerdings deutlicher gesehen und methodisch systematischer ans Tageslicht gebracht, als in manchen früheren Perioden. Walther Killy[149] etwa behandelt die Mythologie als eines der Grundelemente keineswegs «nur klassizistischer» Lyrik, und Lilian Feder[150] ist den Erscheinungsformen mythischer Erbschaft in moderner Lyrik nachgegangen.

5. Gattungsprobleme

a. Grundprobleme der Gattungstheorie

Die Einteilung der Literatur in Gattungen stellt den wohl ältesten Versuch dar, literarische Phänomene zu typisieren, zu klassifizieren, zu ordnen. Im Verlauf der Jahrtausende wurden extreme Gegenpositionen entwickelt, wobei der Auffassung von der normativen Eindeutigkeit und Vorgegebenheit gattungsmäßiger Urformen eine andere gegenübersteht, für welche die wesensmäßige Einmaligkeit des literarischen Werkes jeglicher Einordnung in Gruppen so entgegengesetzt ist, daß eine solche sich nur auf nichtssagende Äußerlichkeiten beziehen kann und darum unterbleiben sollte. In seiner abstrakten und überspitzten Widersprüchlichkeit geht es bei dieser Auseinandersetzung um ein Scheinproblem, da es sich tatsächlich um eine Frage der jeweiligen Themenstellung und Perspektive handelt, ob das Besondere im Allgemeinen oder das Allgemeine im Besonderen zu untersuchen und zu betonen sei. Da, wo es sich jedoch um die besondere Grundlegung einzelner Gattungstheorien im allgemeinen handelt, wird die Frage zu einem echten Problem und zieht sich durch die in jahrzehntelangen Auseinandersetzungen unter stets neuen Nomenklaturen immer wieder in alter Weise auftauchenden Gegensätze zwischen einer normativen Gattungslehre einerseits, die sich an bestimmten Mustern orientiert, und einer empirischen Gattungstheorie andererseits, die von vorliegenden Fällen ausgeht. Eine geschichtliche Darstellung der Gattungslehre als Teil der Poetik im deutschsprachigen Raum hat Bruno Markwardt[1] gegeben, eine Darstellung der neueren Gattungstheorien Irene Behrens.[2]

Die radikale Negation des Gattungsbegriffes im 20. Jahrhundert durch Croce hat sowohl zu vorübergehendem Rückgang der Behandlung von Gattungsproblemen, wie auch zu fruchtbarer Weiterentwicklung der Gattungslehren geführt. Man suchte der tatsächlich gegebenen Gefahr der Entleerung und Veräußerlichung des Gattungsbegriffes durch Vertiefung und Erneuerung der Gattungstheorien zu begegnen. Diese Erneuerung wurde jedoch von verschiedenen Forschern in außerordentlich unterschiedlicher Weise zu begründen versucht. So etwa ist das Wesen des Gattungsmäßigen nach Staiger[3] mit ursprünglichen menschlichen Strukturen und demnach mit anthropologischen Tatsachen verbunden, während René Wellek[4] zusammen mit N. H. Pearson[5] in den Gattungen lediglich Institutionen erblickt, die man je nach Bedarf, einfach benützen oder auch umformen kann. Nach Viktor Šklovskij ist die literarische Sprache lediglich eine Funktion der Gattung, nach Michail Bachtin[6] ist umgekehrt die Gattung eine Funktion der poetischen Sprache. Nach Käte Hamburger[7] sind die Gattungen feste Formen, ist die präsentierende Form des Werkes selbst ausschlaggebend und kann nur durch Deutung in Erlebnis- oder Ausdrucksformen aufgelöst werden, nach A.W. Levi[8] sind sie Ausdrucksformen verschiedener Imaginationsarten. Nach Henri Bonnet[9] stellen die Gattungen verschiedene Möglichkeiten literarischer Erkenntnisfunktion dar, nach Northrop Frye[10] sind sie eine rein rhetorische Angelegenheit der eigentlichen Darstellungsweise.

Für eine Klärung des Gattungsproblems selbst ist es von geringerer Bedeutung, ob sich eine Gattungslehre auf das literarische Phänomen selbst beschränkt oder zusätzlich philosophische, psychologische, anthropologische oder andere Begründungen dafür vorbringt. Auf das wesentliche Kriterium für den Wert einzelner Gattungslehren hat Max Wehrli[11] hingewiesen, als er das Versagen vieler solcher Theorien darauf zurückführte, daß sie nur einen bestimmten Aspekt des literarischen Werkes erfassen - zum Beispiel lediglich die äußere Form, die Weltanschauung, die sinnliche Vorstellungswelt, das Seelenleben, die grammatischen Kategorien - und daß sie durch solche Einseitigkeit das Stilganze verfehlen.

Die Einsicht in die Kategorie der literarischen Gattung als Ausdruck solcher Stilganzheit von Gehalt und Gestalt ist überall dort gegeben, wo die Erkenntnis der ganzheitlichen Geschlossenheit des literarischen Werkes von vornherein der gesamten methodologischen Auffassung zugrundeliegt, wie etwa bei Staiger oder Wellek. Diese Einsicht in die Gattung als typologische Kategorie eines Stilganzen wird besonders deutlich in jenen Theorien sichtbar, in denen die Gattungen jeweils von zwei ganz verschiedenen Seiten her konstituiert werden, einer mehr gehaltlich und einer mehr formal orientierten. Beispiele dafür sind Wolfgang Kaysers[12] Auffassung vom Gefüge der Gattung, das durch die synthetische Verschmelzung einer bestimmten «Haltung» mit einer «Form» zustandekommt, oder Walter Muschgs[13] interessante Synthese verschiedener Grundarten visionärer Kraft, nämlich magischer, mystischer oder mythischer Phantasie mit bestimmten Grundformen der Sprache. Dabei ist es von geringer Bedeutung, ob die Bestrebungen, im

Falle Kaysers, auf die Erstellung bestimmter, direkter Gattungsformen hinauslaufen oder aber, im Falle Muschgs, auf die Freilegung charakteristischer innerer Eigenart jenseits der jeweiligen repräsentierenden Form.

Die Einsicht in die Gattung als Ausdrucksform eines Stilganzen ist auch dort gegeben, wo sie auf den ersten Blick vielleicht nicht sofort sichtbar sein mag, wie etwa in der systematisch-zusammenfassenden Darstellung Gerhard Priesemanns,[14] der von der Situationsbedingtheit als Grundlage der Gattungen ausgeht und, in Weiterführung der Ideen von André Jolles, die einzelnen Gattungsarten als Kristallisationen oder Differenzierungen «einfacher Formen» sieht, die sich aus typischen Situationen ergeben, wie etwa das Gespräch, die Erzählung, die Belehrung, Klage und Aufschrei, oder das Gebet. Dabei versteht es sich von selbst, daß die bestimmte Entwicklung einzelner Gattungsformen mit dem jeweiligen historischen Rahmen in Zusammenhang steht.

Die Einsicht in die Gattungsform als Ganzheit geht jedoch besonders häufig und drastisch bei linguistisch orientierten Vertretern der Poetik oder besonderer Gattungstheorien verloren. Dabei ist es keineswegs so, daß die Vertreter der Ganzheitlichkeit des Gattungstils die Wichtigkeit der einzelnen sprachlichen Elemente und Züge nicht genau genug sehen oder nicht hinreichend betonen. Kayser[15] baut die Synthese seiner Gattungsgefüge gänzlich aus sprachlichen Formen auf, und bei Muschg[16] sind die verschiedenen Imaginationsformen mit bestimmten sprachlichen Formen verbunden, die sie zum Ausdruck bringen. Hamburgers[17] Poetik ist in der sprachtheoretischen Grundlage von Bühlers[18] Unterscheidung zwischen sprachlichem Zeigfeld und sprachlichem Symbolfeld verankert, Staigers[19] Poetik ist mit Cassirers[20] sprachphilosophischen Lehren verschmolzen, und Fritz Martini[21] fordert für die Poetik engste Verbindung mit der Sprachphilosophie überhaupt. Es ist vielmehr so, daß die Vertreter einseitig linguistisch orientierter Gattungstheorien die einzelnen sprachlichen Elemente und Züge nicht mehr als Funktionen der literarischen Gattungsganzheit sehen, sondern diese einzelnen Elemente und Züge zum Selbstzweck machen. Dies geschieht in verschiedener Weise. Bayerdörfer[22] etwa sieht noch das Problem und erkennt es, spricht indessen zunächst von einer Überschätzung des Gesichtspunkts der Einheitlichkeit und vollzieht schließlich die völlige Umkehrung der Abhängigkeiten, indem er die Einheitlichkeit des Sprachduktus selbst in den Mittelpunkt rückt und im literarischen Werk nicht mehr ein sprachliches Sinngebilde oder eine Formstruktur erblickt, sondern es als Selbstmanifestation der Sprache auffaßt. S. Ejsensteyn legt in der von ihm skizzierten Poetik, die eine Art «generativer Grammatik» der Kunstwerke darstellt, das Hauptgewicht auf die

Elemente einzelner Ausdrucksmittel. Obwohl die Perspektive des Gehalts dadurch hereinkommt, daß die Ausdrucksmittel im Hinblick auf die Organisation der Themenfassung betrachtet werden, löst sich dennoch alles in im Grunde unzusammenhängende Einzelelemente solcher Ausdrucksmittel auf: etwa der Wiederholung, der retardierten Bewegung, der Spannungskomprimierung, des Kontrasts etc. A. K. Žolkovskij und Jurij Ščeglov[23] aber machen sich über das Ganzheitsproblem geradezu lustig, ohne zu verstehen, daß sich und vor allem wie sich die einzelnen Strukturelemente zu der größeren Strukturganzheit eines Gattungsgefüges oder Werkganzen zusammenschließen.

Immer schon hat man versucht, einzelne literarische Strukturelemente zu trennen, von Gozzis Versuch, zwischen 36 tragischen Grundsituationen zu unterscheiden, bis zu den 14 verschiedenen Formmöglichkeiten der Fabel im Roman, die Normann Friedmann unterschieden hat.[24] Solche schematischen Gerüste der Analyse können überaus hilfreich sein, solange man sich einerseits ihres Teilcharakters innerhalb einer größeren ganzheitlichen und vor allem literarischen Struktur bewußt ist und solange man außerdem die Wichtigkeit des schon von Herder geforderten unmittelbaren Gefühls für die individuelle historische Qualität erkennt. Selbst wo die Ganzheit sowohl des Werkes wie der Gattungsstruktur nicht mehr im Vordergrund steht und zudem eine statisch-diachronische Haltung eingenommen wird, wie etwa bei der Untersuchung des Volksmärchens durch den Volkskundler V.I.Propp,[25] der den russichen Formalisten nahestand, oder viel später, unabhängig von ihm, durch die Psychologin Hedwig von Beit,[26] kann es zu wertvollen Ergebnissen kommen. Erstens ist eine solche methodologische Ausgangsbasis für diese Forscher durchaus legitim, da sie keine Literaturwissenschaftler sind, und zweitens erweist sich das Volksmärchen in verhältnismäßiger Einfachheit gründlich und über die Zeiten hinweg als relativ gleichmäßig durchgeformt. Überdies erhöht ein Mangel an direkten psychologischen Motivierungen hier die Formalisierbarkeit. Als demgemäß Propp in einer Art morphologischer Analyse die scheinbare Vielzahl der einzelnen Handlungen auf einige Grundtypen reduzierte, ging er vom Kriterium der Funktion aus und erstellte eine Typologie von sieben Aktanten oder Handlungspersonen. Die einzelnen Funktionen dieser sieben Grundtypen faßte er in ein festes Schema von 31 Möglichkeiten zusammen. Etwas problematischer wird die Situation schon bei einer, äußerlich betrachtet, parallelen Arbeit Souriaus und später Michauds[28] über das Drama, und völlig bedenklich wird sie bei Greimas.[29] Hier werden literarische Probleme mitunter gänzlich auf linguistische Kategorien reduziert.

Es versteht sich von selbst, daß jene Ganzheitlichkeit, von der hier gesprochen wird, eine solche der inneren Ausdrucksstruktur darstellt und nichts mit jenen äußeren und mechanischen Schemata zu tun hat, die jene Fächer bilden, in denen man literarische Werke nach bestimmten, äußerlich sichtbaren Merkmalen einordnen kann. Sowenig diese äußeren Merkmale ganz übersehen werden dürfen, sowenig haben sie oft mit der inneren Eigenart eines Werkes zu tun. Staiger[30] hat diese Sachlage deutlich sichtbar gemacht, obwohl er äußerlich noch an der Dreiteilung von lyrisch, episch, dramatisch festhält. Rolf Tarot sieht sodann nicht mehr die Notwendigkeit, zwischen «Lyrik» und «lyrisch» zu trennen, sondern stellt lediglich zwei neue Gattungskriterien in den Vordergrund: Mimesis und Imitatio, die quer durch die alten Gattungen hindurchgehen, denn auf dem epischen, wie auf dem dramatischen und lyrischen Gebiet gibt es sowohl mimetische wie imitative Ausdrucksformen und Beispiele im Sinne Tarots.[31] Beide Aussagen, die mimetische wie die imitierte, sind nicht empirische, sondern literarische Wirklichkeitsaussagen. Die mimetische Aussage ist dabei dargestellte Wirklichkeit, das heißt Fiktion oder Nicht-Wirklichkeit, während die imitierte Aussage eine fingierte Wirklichkeitsaussage darstellt.

Auch Tarots poetische Begriffe sind von einer sprachtheoretischen Grundlage aus entwickelt, doch zielen sie ins Literarische. Sie würden wohl nur technische Details erfassen, wären sie nicht mit überlieferten Gattungsvorstellungen verbunden, deren Voraussetzung und Unterscheidung ihnen erst zu ihrer Wirksamkeit und einer Art Ganzheitlichkeit verhelfen.

Tarot knüpft an die Gattungstheorie von Käte Hamburger an, und die Annahmen von zwei literarischen Grundgattungen, anstatt drei, geht zeitlich gesehen noch viel weiter zurück. Obwohl Staiger[32] seine Dreizahl der Gattungen auf verschiedene Weise fest verankert hat, da sie Ausdrucksformen des menschlichen Daseins überhaupt entsprechen, da sie ontologisch begründbar sind, da sie auf der Dreidimensionalität der Zeit aufbauen, erklärt er es doch für «bare Theorie», annehmen zu wollen, daß in der Dreizahl das Wesen des Sprachkunstwerkes erschöpft sei. Käte Hamburger[33] fand den tiefgreifendsten Unterschied literarischer Grundgattungen in zwei Kriterien: literarische Werke sind nach ihr entweder fiktional oder lyrisch. Schon vor Käte Hamburger hat David Daiches[34] in seiner Literaturtheorie nur zwei Grundgattungen beschrieben: die fiktionale, die, wie bei Hamburger, Episches und Dramatisches einschließt und die lyrische. Auch Henri Bonnet[35] hat zwischen den beiden gleichen grundlegenden Hauptformen unterschieden.

Tarot differenziert etwas genauer, was nicht zuletzt mit der weitgehenden Auflösung der überlieferten drei Gattungsformen in der Dichtungspraxis zusammenhängt. In einer Zeit, in der Ralph Freedman[36] bereits ein Buch über die Form des lyrischen Romans schreiben konnte und in der, schon durch die Brechtmode, zumindest *eine* Theorie eines nicht-aristotelischen, «epischen» Theaters allgemein bekannt ist, ist eine Gattungstheorie, deren zwei Grundkategorien des Mimetischen und Imitatorischen quer durch die drei überlieferten Gattungsformen durchlaufen, nicht nur möglich, sondern fast schon natürlich.

Neben den verschiedenen Möglichkeiten, zwei Gattungskategorien anstatt der üblichen drei anzunehmen, wobei diese drei auf die neue Zweiteilung aufgeteilt werden, gibt es auch Ansätze und Versuche, der neuen Gattungstheorie eine Vierteilung zugrunde zu legen. Einen der bekanntesten Beispielsfälle dafür stellte Friedrich Sengle [37] in seinen Vorschlägen zur Reform der literarischen Formenlehre auf. Sengle ging es um nichts weniger als um eine grundsätzliche Revolutionierung der überlieferten Gattungstheorien. Er ließ die überkommene Dreiteilung unangetastet und vertrat lediglich mit Überzeugungskraft die nachträgliche theoretische Sanktionierung einer längst in der Praxis geübten Anerkennung bestimmter literarischer Arten und Formen, die keiner der drei überlieferten Gattungen angehören, als einer gleichsam vierten Gattung. Es geht dabei vor allem um die Biographie und Autobiographie, um den Dialog, die Rede, die Predigt, das Tagebuch, den Aphorismus, den Brief und den Essay. Sowenig ein Zweifel darüber besteht, daß manche Biographien literarische Werke darstellen, sowenig läßt es sich andererseits überzeugend bestreiten, daß dies bei anderen Biographien nicht der Fall ist. Die Trennungslinie verläuft auch hier quer durch die Gattungsart selbst hindurch, und das Kriterium des Unterschiedes ist nicht einfach ein solches des Wertes, sondern in wertfreier Weise dasjenige der Literarität. In jenen Fällen, in denen, an Stelle der objektiven Faktenakkumulation und der reinen Wissensvermittlung, die Verinnerung der Wirklichkeit durch subjektive Gestaltungsform, vielleicht könnte man allgemein erklären, in «essayistischer» Weise, als wesensbestimmend in den Vordergrund tritt, handelt es sich zweifellos um literarische Werke. Diese Werke, und auch dies hat wiederum nichts mit ihrem jeweiligen Wert zu schaffen, gehören jedoch keiner der überlieferten drei oder neuerdings auch zwei Grundformen literarischer Gattungen an. Die Anerkennung der einzelnen Formen solch nichtpoetischer Literatur hat nichts mit dem völligen Niederreißen aller Grenzen zu tun und mit der Eingliederung aller sprachlichen Texte in den Bereich der Literatur. Obwohl es sich um Formen einer Übergangszone zwischen nicht-dichtender und dichtender Sprache handelt, liefert das Gestaltungsproblem literarischer und nicht einfach allgemein linguistischer Strukturen das Unterscheidungskriterium.

Innerhalb einzelner Arten dieser «vierten Gattung» sind die besonderen Gestaltungsprobleme und Kriterien der jeweiligen Literarität schon oft untersucht worden, so zum Beispiel für den Essay, den literarischen Reisebericht, u. a.[38] Für Rolf Tarot etwa, der sich mit guten Gründen gegen Sengles Benennung «Zweckformen» wendet, stellt diese vierte Gattung, soweit einzelne ihrer Werke nicht der ersten mimetischen oder zweiten imitatorischen Gattungskategorie entsprechen, nicht eine vierte, sondern eine neue dritte Gattung dar.

Mario Fubini[39] hat vor allem den historischen Aspekt der Entwicklung der Gattungen in den Vordergrund gestellt. Was die systematisch-theoretische Seite betrifft, so spielen die Gattungen in der Literaturtheorie Bousoños[40] etwa eine mehr äußerliche und nicht allzu bedeutende Rolle, während sie in den Theorien von Raymond Picard oder George Watson[41] eine wichtigere Stellung einnehmen.

Die Theorie der Gattungen stand oftmals im Zentrum aller Bestrebungen der Poetik als Lehre vom Dichterischen überhaupt, ja sie hat mitunter ihren fast alleinigen Gegenstand ausgemacht. Es war die Lehre von den Gattungen, welche, voreilig und normativ formuliert, die Poetik als Ganzes in Verruf gebracht hat, und es war die Lehre von den Gattungen, die, in den Hintergrund gedrängt, der Poetik nicht nur Verlegenheit bereitet, sondern auch neue Wege gewiesen hat. Wie ja nach Paul Valéry die Poetik sich überhaupt weniger vornehmen sollte, Probleme zu lösen, als vielmehr Probleme zu formulieren.

Wenn es in bestimmten Ländern oder zu bestimmten Zeiten dazu kommt, daß sich die poetische Theorie als Ganzes von der Lehre der Gattungen abwendet, wie dies etwa nach Croces Angriff der Fall war und wie dies wieder der Fall sein könnte, wenn die an sich interessanten und wichtigen Bestrebungen Zygmunt Lempickis[42] um eine «reine Poetik» größere Breitenwirkung gewinnen, dann treten nach nicht allzulanger Zeit, wo nicht im Bereich der Literaturwissenschaft, so doch im Bereich der theoretischen Bestrebungen der Dichter selbst, Orientierungs- und Abgrenzungsversuche zu bestimmten, einzelnen Gattungsarten bald wieder in den Vordergrund.

So verdienstvoll und wichtig darum die Begründung der ästhetischen Grundlage einer phänomenologischen Poetik ist, wie sie etwa Lempicki anregt, und so sehr er die reine Theorie mit dem historischen Aspekt zu verbinden sucht, so wenig fruchtbar wird solche Bemühung auf die Dauer sein, wenn sie sich nicht mit der praktischen Literaturkritik und der Dichtungspraxis selbst verbindet, und das heißt nicht zuletzt, mit den einzelnen Gattungsarten und den dichterischen Gattungen überhaupt.

b. Die einzelnen Gattungsformen

Wenn man eine Zusammenstellung poetologischer oder literaturtheoretischer Äußerungen von Autoren selbst in Form einer Ars Poetica betrachtet,[43] dann überrascht es, welchen großen Raum Gattungsprobleme einnehmen. Die Literaturwissenschaft hat sich, der steten Entwicklung neuer Gattungsformen im Verlauf der Dichtungsgeschichte folgend, mit der Beschreibung und Erfassung der einzelnen Arten und Unterarten immer wieder beschäftigen müssen, und ihre Anzahl ist seit den literarischen Anfängen nahezu unübersehbar geworden. Wenn aber schon die Vertreter allgemeiner Gattungstheorie, von Henri Bonnet[44] bis Emil Staiger,[45] das Problematische der Reinheit verschiedener Verwirklichungen des Gattungshaften sichtbar machten und sich – ohne daß damit Wertungen verbunden wären – mit Zwischenbereichen, Übergangserscheinungen und Mischformen befassen mußten, dann gilt dies in nicht minderem Ausmaß für die einzelnen Gattungsformen. Es geht einfach nicht ohne Vergröberungen, Vereinfachungen und Typisierungen ab, und auf der Ebene der Einzelarten wiederholt sich, was auf jener der allgemeinen Gattungsbegriffe notwendig war. Nicht nur hat etwa Staiger[46] auf den tiefgreifenden Wesensunterschied zwischen ursprünglich lyrischen und unlyrisch-artistischen Elementen in den Oden von Horaz hingewiesen, und nicht nur sind selbstverständlich die meisten Epigramme nichts weniger als lyrisch, obwohl sie wegen ihrer äußeren Versform und Kürze immer wieder unter Lyrik subsummiert werden. Vor allem ist der Aspekt des geschichtlichen Wandels nicht zu unterschätzen, und es wurden durch die verschiedenen Zeiten von ihren Anfängen an die verschiedensten Kriterien angewendet, um beispielsweise eine Elegie von nicht-elegischen Gedichten zu unterscheiden. Ein auch nur kurzer Blick auf die griechischen Anfänge dieser Art, auf den von Friedrich Beissner[47] behandelten Abschnitt ihrer Geschichte in der deutschen Literatur bis zum Ende des 19. Jahrhunderts und auf Klaus Weissenbergers[48] Interpretationen von Elegien des 20. Jahrhunderts, zeigt die Größe der Verschiedenheiten. Man hat das Problem auf verschiedene Arten zu lösen versucht: A. F. Potts,[49] indem er, wie schon viele ältere Theoretiker, ein unveränderliches Wesensmerkmal hinter all den geschichtlichen Wandlungen herausarbeitet, Weissenberger, indem er verschiedene Unterarten der elegischen Form unterscheidet.

Solche Schwierigkeiten sind keineswegs das Ergebnis einer gewissen Auflösungstendenz der Gattungsformen im zwanzigsten Jahrhundert, sondern sie sind fast so alt wie die Literatur selbst. Wie problematisch und verworren die Dinge diesbezüglich bereits in der frühmittelalterlichen Literatur liegen, zeigt die entsprechende Darstellung Joseph Szövérffys.[50] Im Hochmittelalter aber komplizieren sich die Verhältnisse derart, daß Hugo Kuhn[51] etwa zunächst allgemeine Gattungsbegriffe und Gattungsnamen völlig beiseite läßt und die Vielfalt der einzelnen geschichtlichen Phänomene von drei verschiedenen Ordnungsbereichen her untersucht: vom Bereich des Typenproblems, des Schichtenproblems und des Entelechieproblems aus. Wohl gelangt er zuletzt zu drei normativen Hauptgattungen mittelhochdeutscher Dichtung, nämlich dem höfischen Epos, dem Heldenepos und der Sang-Lyrik, doch bleiben dabei nicht nur die lateinischen Dichtungen der Zeit ausgeklammert, sondern auch die verschiedenen Formen der Didaktik, der religiösen Literatur und der literarischen Prosa. Welch komplexe Probleme eine einzige, frühe, auf den ersten Blick vielleicht simpel erscheinende, Gattungsart in sich bergen kann, zeigt beispielsweise Walter Blanks[52] Darstellung der deutschen Minneallegorie.

Die zunehmende Einsicht in die Kompliziertheit der Verhältnisse und die zunehmende Beschäftigung mit einzelnen Gattungen, mit einzelnen Arten, ja Unterarten, haben dazu geführt, daß die Literatur dazu unübersehbar geworden ist, und wenn Max Wehrli[53] noch vor einigen Jahrzehnten in seiner großartigen Zusammenfassung die Hauptergebnisse des wichtigsten Schrifttums aufzeigen konnte, so ist dies in der Zwischenzeit unmöglich geworden.

Um so wichtiger erscheinen darum jene synthetisierenden Versuche, die, notwendigerweise vereinfachend und selektiv, eine Darstellung aller Arten der literarischen Gattungen in einem Überblick zu geben versuchen und die als erste Einführung oft von größtem Wert sein können. Artur Kutscher[54] hat eine zusammenfassende Darstellung der wichtigsten Arten in größerem Zusammenhang gegeben, Herbert Seidler[55] hat kurze Abrisse auf knappstem Raum zu geben versucht, und Helmut Prang[56] hat einen einführenden Überblick sogar unter Einbeziehung der wichtigsten geschichtlichen Aspekte geboten.

Je mehr die einzelne Art, ja Unterart oder besondere Form einer Gattung in den Vordergrund der Betrachtung tritt, desto wichtiger wird das konkrete, geschichtliche Beispiel und seine Stellung innerhalb einer gleichfalls entwicklungsgeschichtlich festgelegten Formtradition. Etwas ausführlichere, gleichfalls jedoch noch sehr knappe Darstellungen über einzelne Gattungsarten, finden sich am ehesten in Reallexika oder literarischen Sachwörterbüchern. Etwas ausführlichere, ja, trotz einer gewissen Tendenz zur Zusammenfassung, dennoch erschöpfende und oftmals definitive Darstellungen, sind vielfach in Kleinbuchreihen verfügbar, wie etwa Hellmut Rosenfeld[57] einen

Aufriß der Legende gegeben hat oder Roland Bourneuf und Réal Ouellet[58] eine Darstellung des Romans versuchten.

Ein wesentlicher Teil der Schwierigkeiten und Widersprüche auf dem Gebiet der Gattungsbegriffe rührt daher, daß einseitig entweder nur abstrakte Gattungstheorie oder konkrete Beschreibung der historischen Phänomene der einzelnen Arten betrieben wird. Gewiß wurde immer wieder versucht, die wichtige Verbindung zwischen den allgemeinen Gattungsideen und den besonderen Artformen herzustellen, doch setzten der dynamische Charakter der Entwicklungsabläufe, wie auch die komplexe Natur der einzelnen Werke selbst, diesen Versuchen immer wieder größte Schwierigkeiten entgegen.

Ein Versuch solcher Verbindung der allgemeinen Gattungsbegriffe mit den besonderen Gattungsarten wurde von Emil Staiger[59] unternommen, dessen Adjektive lyrisch, episch, dramatisch als Wesensbezeichnungen, in Ergänzung zu den adäquaten Substantiven, neben anderem auch eine Art Brükkenschlag in dieser Richtung darstellen. Staiger hat indessen die Schwierigkeiten im einzelnen genau gesehen, und obwohl er – besonders nach Einführung des Begriffes «Spielraum» in einer Typologie der Arten – eine «Musterpoetik» als möglich angesehen hat, scheut er vor einer Durchführung zurück. Die Verhältnisse scheinen ihm einfach zu kompliziert, so daß er es vorzieht, direkt von den allgemeinen Grundbegriffen aus zur Interpretation überzugehen.

Nicht sehr viel weiter geht Wolfgang Kayser, dem nicht zufällig von Weisstein[60] vorgeworfen wurde, daß die einzelnen konkreten Gattungsarten äußerst knapp und unsystematisch dargestellt werden. Er geht jedoch in dieser Hinsicht weiter als Staiger, da er neben den Darbietungsformen des Gattungshaften innerhalb jeder Gattung verschiedene Haltungen unterscheidet, die zu einer Unterteilung innerhalb der Gattungen führen. So trennt er etwa zwischen lyrischem Nennen, lyrischem Aussprechen und liedhaftem Sprechen, sowie zwischen figur-, raum- und geschehnisorientierten epischen und dramatischen Dichtungen.

Ein weiterreichender Schritt dahin, wo nicht eine solche Verbindung selbst, so doch die Voraussetzung zu solcher Verbindung schaffen zu helfen, ist es, gewisse Kategorien, die gleichsam Grundelemente in jeder Gattung darstellen, zu unterscheiden und zu beschreiben, deren verschiedenartige Zusammenstellung bestimmte Arten, Unterarten und spezielle Gattungsformen ergibt. Auf dem Gebiet des Lyrischen sind etwa Beispiele für solches Vorgehen der mehr einheitlich und systematisch geschlossene Versuch einer Darstellung der Elemente des Lyrischen durch Walther Killy[61] oder die mehr pragmatisch-flexibel und mehr offen angelegte Anthologie von Calderwood und Toliver.[62] Auf dem Gebiet des Epischen können Lämmerts Bauformen des Erzählens[63] oder Heinrich Meyers Kategorien der Kunst des Erzählens[64] als Beispiele dienen, auf dem Gebiet des Dramatischen die Bücher von Robert Petsch[65] oder Robert Champigny.[66]

Manche Darstellungen, die einzelnen historischen Arten selbst gewidmet sind, beschränken sich nicht auf einen darstellenden historischen Längsschnitt, sondern geben einen ästhetisch-systematischen Querschnitt und zerlegen selbst die Arten noch in Einzelelemente. Solange dabei die Ganzheitlichkeit der Gestalt sowohl der Art wie des einzelnen Werkes im Auge behalten wird, gehören manche dieser Arbeiten zum Aufhellendsten und Interessantesten, was auf dem Gebiet der Gattungen und Gattungsarten geschaffen wurde. Dabei ist es eine reine Äußerlichkeit und macht keinen wesentlichen Unterschied, ob eine Arbeit periodengebunden ist und von bestimmten Beispielsfällen und Autoren ausgeht, wie etwa Hugo Friedrichs[67] Darstellung der Struktur moderner Lyrik, oder ob die Ausgangsbasis eine abstrakt-allgemeine ist und einzelne Werke als Beispielsfälle je nach Bedarf herangezogen werden, wie etwa in Rudolf Nikolaus Maiers[68] einführender Darstellung der Bauelemente eines Gedichts. Forsters[69] Ansichten des Romans oder die Theorie des Romans von Norman Friedman[70] gehören ebenso hierher wie Walter Benjamins[71] Abhandlung über den Ursprung des deutschen Trauerspiels oder Nino Ernés[72] Kunst der Novelle.

Noch einen Schritt weiter in dieser Hinsicht, bis zum Versuch einer Etablierung gleichsam vorliterarischer Urelemente aller Gattungsarten und Gattungen, hat André Jolles[73] mit seiner Konstituierung von neun «einfachen Formen» unternommen. Hier ist eine hegelianische Abstraktion am Werk, die nicht von der Einheit und Integrität des literarischen Werkes ausgeht, sondern von sprachlichen Gestaltelementen, die als Bausteine Grundstrukturen für solche Werke bilden können und die im Zusammenhang des Werkganzen eine mehr oder weniger wesentliche Rolle spielen. Dennoch ist die Art der Abstraktion wie auch die Strukturqualität dieser Einzelelemente einfacher Formen so beschaffen, daß sie mit der Goetheschen Gestalt-Idee in Einklang stehen und wohl tatsächlich die einfachsten möglichen morphologischen Ganzheitsstrukturen von literarischer Bedeutung darstellen. Es sind Legende, Sage, Mythe, Rätsel, Spruch, Kasus, Memorabile, Märchen und Witz, und Jolles selbst erwog, als zehnte Form die Fabel zu nennen.

Jolles geht von der Sprache aus, was er bei der Frage nach Gestaltproblemen – die nach ihm nur eine literaturwissenschaftliche Problemgruppe neben den beiden anderen Hauptfragen nach Schönheit und nach dem Sinn bildet – als den natürlichen Ausgangspunkt ansieht. Doch es geht ihm nicht um Sprache um der Sprache oder gar um der Sprachwissenschaft willen, sondern es geht ihm darum, wann, wo und wie Sprache, ohne aufzuhören Zeichen zu sein, zu gleicher Zeit Gebilde werden kann. Der geschichtliche Aspekt spielt eine Rolle, symbolische Vielschichtigkeit kommt zur Sprache, und die einzelnen «Gebärden» der Sprache, welche die Elemente der, zumindest teilweise, vorliterarischen Grundarten der einfachen Formen bilden, werden zur ganzheitlichen Gestalt dieser Formen zusammengefügt.

Es ist kein Zufall, daß die besten und sensitivsten Linguisten, wie etwa W. P. Lehmann,[74] auf die Ansätze und potentiellen Möglichkeiten hinweisen, die für eine Anwendung strukturalistischer und generativer Linguistik auf literarische Phänomene gerade bei Jolles angelegt sind. Die Einfachheit und der Modellcharakter dieser «einfachen Formen», ihre Lage im Grenzbereich von Literarischem und Außerliterarischem, ihr Ausgehen von sprachlichen Voraussetzungen, lassen sie besonders prädestiniert erscheinen, Ansatzpunkte für eine sinnvolle systematisch-linguistische, wo nicht vertiefende, so doch verbreiternde, Präzision zu bilden. Was Jolles die «geladenen Einheiten» seiner Sprachgebärden nennt, entspricht weitgehend den signifikanten Einheiten der Linguistik, und die abstrakte Form etwa der Legende, von Jolles metaphorisch an einer Schachpartie exemplifiziert, entspricht dem linguistischen Kompetenzmodell, die Aktualisierung der Legende – im Falle von Jolles ist das praktische Beispiel die St. Georgs-Legende – dem Handlungsmodell der Linguistik.

Bei den praktischen Beiträgen von linguistischer Seite zur Problematik literarischer Gattungen und Gattungsarten geht es bis jetzt in der Regel jedoch nicht wie bei Jolles um das Sichtbarmachen gestalthafter Ganzheitlichkeit unter Verwendung einer morphologischen Methode, sondern die Analyse und Darstellung einzelner sprachlicher und funktionaler Elemente führt zur Auflösung solcher Ganzheitlichkeit und zur Reduktion auf Sprachwissenschaftliches. Dennoch enthalten diese Arbeiten mitunter für die Literaturwissenschaft bedeutende Ergebnisse und dies besonders häufig, wenn es um die Untersuchung einfacherer und kleiner Formen geht. So etwa liefert der Beitrag von Serge Meleuc über die Form der Maxime linguistisch eindrucksvoll gestützte und begründete Einsichten in die rhetorische Dichte, welche die knappe Maximenform charakterisiert.[75] Manches an der Arbeit bleibt jedoch fragwürdig, und vollends zeigen sich mehr Grenzen als Möglichkeiten, wenn eine so umfangreiche und komplexe Form wie die des Romans zum Untersuchungsgegenstand gemacht wird. Ein Versuch solch linguistischer Analyse der Gattungsart des Romans selbst, unternommen an einem vergleichsweise so primitiven Beispiel wie Patricia Highsmiths Kriminalroman

«The talented Mr. Ripley», ist von bestürzender Banalität und Ergebnisarmut.[76] Nicht umsonst gelangt wohl Klaus Baumgärtner[77] in seiner Darstellung des methodischen Standes einer linguistischen Poetik zuletzt zu der Schlußfolgerung von der Unmöglichkeit der erschöpfenden linguistischen Konstruktion einer Poetik.

Zusammenfassend läßt sich methodenkritisch sagen, daß die aus der Einsicht in die Schwierigkeiten erwachsende Ablehnung, auf die Konstituierung einzelner Gattungsarten einzugehen, wie dies die Position Emil Staigers kennzeichnet, uns einer Lösung ebensowenig näherbringt, wie das Übersehen der Schwierigkeiten und die unzulässige, weil literarisch unrichtige, Linguistisierung und Reduktion der Probleme auf sprachwissenschaftliche Begriffe. Die ergebnisreichsten Arbeiten liegen für die Herausarbeitung einzelner Gattungsformen wohl in der Mitte zwischen diesen beiden Haltungen, da, wo aus einzelnen Gattungen durch Analyse ihrer Elemente bestimmte Formen aus ihnen abgeleitet werden können, oder da, wo die Darstellung einzelner Arten oder Gattungsformen, sowohl vom Entwicklungsgeschichtlichen her wie vom systematischen Aufbau der Einzelelemente her, sich zu einer Art invariablem Gestaltkern zusammenfügt. Man wird dabei jedoch die Verdienste Staigers nicht übersehen dürfen, die wichtige Voraussetzungen für eine Arbeit nicht nur durch terminologische Klarstellungen geschaffen haben, sondern vor allem auch dadurch, daß hier das Mustermodell einer Gattungstypologie insofern geschaffen wurde, als sie auf die Ganzheitlichkeit und Einheit des Gesamtstils der Gattungen abzielt, sowohl sprachtheoretisch wie ontologisch fundiert ist und schließlich und nicht zuletzt, vom Phaenomen der literarischen Werke als Zentrum ausgeht und immer wieder zu ihnen zurückführt. Man wird daneben gut tun, die gelegentlichen, literaturwissenschaftlich relevanten Ergebnisse einzelner linguistischer Arbeiten zu Arten und Gattungsformen nicht zu übersehen, die wertvolle Details liefern können, auch wenn ihnen die für die Literaturwissenschaft fruchtbare, fundamentale Voraussetzung eines methodologischen Unterbaus fehlt.

Es gibt allerdings einen breiter angelegten, bedeutenden Versuch einer neuen Gattungstheorie, die struktural-linguistische, informationstheoretische und rezeptionsästhetische wie auch kommunikativ-semiotische Elemente einbezieht und zugleich von einer eigenen und gediegenen methodologischen Basis ausgeht, nämlich von der konstruktivistischen Synthese der genetischen Epistemologie Piagets. Dies bedeutet die Einbeziehung einer zweifachen entwicklungsgeschichtlichen Perspektive, einer sowohl soziogenetischen als auch psychogenetischen. Diese neue Gattungstheorie Klaus W. Hempfers[78] erkennt die gattungstheoretischen Ergebnisse einer Reihe von

«Vorläufern» an, wie etwa des Neuaristotelikers Elder Olson, des Epistemologen Eric Donald Hirsch oder des italienischen Gattungstheoretikers Mario Fubini. Die Gattungen werden in Übereinstimmung mit semiotischen Vorstellungen als «Normen der Kommunikation» aufgefaßt und im Sinne Piagets als «faits normatifs» verstanden.

Die positiven Ergebnisse von «Hempfers» Theorie bestehen wohl vor allem darin, daß er die Gattungstheorie auf eine breite Grundlage stellt, wie sie von der Semiotik wiewohl keineswegs erfunden, so doch vertreten wird und wie sie neben dem Text auch den Autor (Sender) und Leser (Empfänger) einbezieht, sowie in einer relativ flexiblen und pragmatischen Haltung, die sich nicht verrennt, strikte, deterministische Gesetze formulieren zu wollen. Ihre Gefahren bestehen wohl vor allem darin, gleichfalls im Zusammenhang mit semiotischen Vorstellungen, eine eigenständige literarische Kompetenz zu negieren, die literarischen Phänomene auf eine semiotisch verstandene, universale kommunikative Kompetenz zu reduzieren und die Literaturwissenschaft als eine empirische Wissenschaft zu sehen.

Der Nachteil dieser Theorie liegt in der Magerkeit ihrer Ergebnisse, die im Grund darauf hinauslaufen, das Gattungsmäßige als Dialektik von Genese und Struktur zu sehen und im übrigen in theoretischer Theorie und reiner Forderung ohne praktische Folgerungen stecken zu bleiben. Das Positive dieser Theorie liegt wiederum im Bewußtsein um diese Magerkeit der Ergebnisse, das sich zuletzt bescheidet, «die relevanten Fragen zu stellen», ohne zu Antworten fortzuschreiten.

c. Jenseits der Gattungen und Arten

Als im 19. Jahrhundert einige der breit angelegten Werke zur literarischen Gattungslehre entstanden, da gingen sie oft nicht nur durch besondere philosophische, psychologische oder historische Grundlegungen über die rein literarischen Gattungsprobleme hinaus, wie etwa das Buch Brunetières,[79] sondern sie waren von vornherein eingebettet in größere Zusammenhänge der Poetik oder der Literaturkritik überhaupt, wie bei Arnold,[80] oder sie waren gar nur Teil einer literarischen oder allgemeinen Ästhetik, wie bei Hegel[81] oder Vischer.[82] Alle diese Werke haben die literaturwissenschaftliche Detailarbeit auf dem Gebiet der Gattungen und Arten verhältnismäßig wenig beeinflußt. Dennoch sind auch im Zusammenhang mit der eigentlichen literaturwissenschaftlichen Arbeit immer wieder Probleme behandelt worden, die zumindest indirekt auf das engste mit dem Problem der Gattungen zusammenhängen. Rudolf Lehmann[83] sprach dabei noch sehr vage und unbestimmt von «Richtungen» der Poesie, Kutscher[84] von elementaren «geistig-seelischen Auffassungen und Ausdrücken» und Wehrli[85] von «Grundhaltungen». Die besondere Schwierigkeit der Behandlung dieser Phänomene liegt darin, daß sie nicht nur quer durch die Gattungen hindurchgehen, sondern daß sie ebenso literarische wie außerliterarische Probleme darstellen: zum Beispiel ist das Komische eine Erscheinung, die nicht nur auf die Gattungsart der Komödie beschränkt ist, sondern in den verschiedensten Gattungsformen enthalten sein kann. Es stellt aber nicht nur eine literarische Erscheinung dar, sondern tritt auch gänzlich abgelöst von der Literatur in allen möglichen menschlichen Lebenshaltungen und Lebensäußerungen auf und ist dann Gegenstand philosophischer oder psychologischer, anthropologischer oder physiologischer Behandlung.

Obwohl sich das literaturwissenschaftliche Interesse an diesen Phänomenen selbstverständlich nur auf ihre Eigenschaft als Elemente in literarischen Werken beschränkt, können mitunter Ergebnisse wie Methoden in Untersuchungen derselben Phänomene als außerliterarische Erscheinungen durch andere Disziplinen wertvolle Einsichten liefern.

Die unmittelbare Nähe und mögliche direkte Beziehung dieser Erscheinungen zu Gattungen und Arten zeigt sich schon darin, daß sie einzelne Gattungsformen in so charakteristischer Weise beherrschen oder doch zeitweise beherrscht haben, daß diese ihre Namen angenommen haben. Dies gilt etwa vom Komischen und der Komödie, dem Tragischen und der Tragödie, dem Satirischen und der Satire, dem Idyllischen und der Idylle, dem Heroischen und der Heroide, dem Utopischen und der Utopie. Wie bei den einzelnen Arten oder Gattungsformen so ist auch, was diese Erscheinungen angeht, hier kein Raum, um auf jede einzelne von ihnen auch nur flüchtig einzugehen. Lediglich die für die literaturwissenschaftliche Methodenlehre wichtigen Implikationen sollen kurz erörtert werden, soweit sie von allgemeiner Bedeutung sind.

Zunächst können jene Grundhaltungen, ganz ähnlich wie die Staigerschen Adjektiva des Lyrischen, Epischen oder Dramatischen, nicht einfach Fächer bezeichnen, in denen man einzelne literarische Werke unterbringen kann, sondern können als Namen bestimmter Qualitäten stilbestimmende innere Wesensmerkmale bezeichnen, an denen eine bestimmte Dichtung Anteil haben kann.

Diese Grundhaltungen sind zunächst an sich ebenso wertfrei wie die Staigerschen Gattungsbegriffe. Friedrich Sengle[86] hat darauf hingewiesen, daß ein historischer Aspekt in zweifacher Hinsicht von Wichtigkeit ist, um falsche Wertvorurteile zu vermeiden und diesen Grundhaltungen wirklich gerecht zu werden. Zuerst geht es um die Überwindung des weitgehend geschichtlich bedingten Geschmacks der eigenen Zeit des jeweiligen Kritikers, sodann aber auch um ein entsprechendes historisches Einfühlungsvermögen in den Geist der Entstehungszeit der jeweiligen Dichtungen. Weil man einfach nicht fähig war einzusehen, daß das Pathetische eine Grundform des Sprechens in der Tragödie ist, sah die Geschichte der Schillerkritik so beschränkt aus, wie sie ist. Ein ähnliches Verständnis wie das für das Pathos bei Schiller beginnt sich auch für das Gegenteil, die Ironie in den Werken Wielands, Heines, Thomas Manns anzubahnen. Empfindsamkeit und Pathos, Tragikomik[87] und Groteske[88] beginnen mehr und mehr die gebührende Aufmerksamkeit, die notwendige Analyse und das gebührende Verständnis zu finden.

Am Beispiel der Ironie hat Beda Allemann[89] gezeigt, was für alle diese Grundhaltungen gilt, daß nämlich methodenkritisch von den verschiedensten Ansatzpunkten her ausgegangen werden kann. Es kann entweder ein philosophischer oder anderer nicht-literarischer Aspekt im Vordergrund stehen, oder aber es kann vom Phänomen der literarischen Gestaltung ausgegangen werden. Wenn letzteres geschieht, gibt es indessen wiederum verschiedene methodische Ansatzpunkte: Das Hauptgewicht kann entweder auf den Aspekt der Werkentstehung und die besondere innere Einstellung des Autors gelegt werden oder aber auf bestimmte stilistische Mittel und sprachliche Techniken, durch welche die entsprechende Grundhaltung im Werk selbst zum Ausdruck gebracht wird.

Dabei kommt es weniger auf die äußeren Begriffsbezeichnungen an als auf die innere methodische Anlage einer Arbeit. Auf den ersten Blick könnte es etwa erscheinen, daß Walter Höllerer[90] beim Ausgehen von den Begriffen Lachen und Weinen in seiner hervorragenden Darstellung der deutschen Literatur zwischen 1832 und 1856 von einer außerliterarischen Problemstellung ausginge, da er seine Schlüsselbegriffe aus dem philosophisch-anthropologischen Buch Helmut Plessners[91] übernahm, in dem dieser weit über die üblichen Begriffe des Komischen und Tragischen hinaus, sowohl allgemeinere wie auch extremere Grenz-Reaktionen des Menschen beleuchtet. Bei näherem Zusehen stellt sich jedoch heraus, daß er die beiden Begriffe lediglich um ihrer «stärksten übergreifenden Funktion» willen gewählt hat und daß er sie nur innerhalb dichterischer Bildbezüge behandelt. Das Ausgehen von rein dichterischen Bildbezügen, die weit mehr sind als visuelle Anhaltspunkte und die in das Bewegungszentrum des Dichterischen selbst weisen, macht das Buch zu einer rein literaturwissenschaftlichen Arbeit par excellence, die sich mit zwei der wichtigsten, polar einander entgegengesetzten Grundhaltungen befaßt.

Die Schillersche Ästhetik, die bereits mit besonderem Nachdruck und Verständnis auf etliche der wichtigsten dieser Grundhaltungen aufmerksam gemacht hat, wurde im Grunde erst in den letzten Jahrzehnten in diesem Punkt im ganzen bestätigt und im einzelnen überholt. Diese Grundhaltungen bilden teilweise einen wesensbestimmenden Kern einzelner literarischer Gattungsformen, sind ihnen andernteils wieder nur benachbart und weisen in engstem Zusammenhang mit diesen Formen zugleich über sie hinaus. Den gleichen Doppelaspekt besitzt eine vergleichende Untersuchung von Gattungstheorien und Formproblemen des Gattungshaften, der ihr Autor Paul Hernadi mit Recht den Titel «Jenseits der Gattung» gegeben hat.[92]

Hernadi erreicht sein Ziel, indem er die überlieferten drei Gattungsbegriffe, zusammen mit einem vierten, «thematischen», vor einem umfassenderen theoretischen Hintergrund behandelt. In den Zusammenhang eines größeren Umgreifenden gestellt, in das die Gattungen ebenso hinausweisen wie sie von ihm beeinflußt werden, ergibt sich für das Gattungshafte eine tatsächliche theoretische Vertiefung durch die Überschreitung der üblicherweise gesteckten Grenzen. Indem versucht wird, die invariablen Konstanten einerseits und die dem geschichtlichen wie immanenten Wandel unterworfenen Elemente andererseits zu trennen und indem weiterhin versucht wird, die unmittelbar angrenzenden Bereiche einzubeziehen und mitzuerfassen, entsteht ein großangelegtes Schema oder Modell, das, bei aller Abstraktion, auch im Praktischen eine gute Arbeitsvoraussetzung bietet und zur Klärung der Probleme tatsächlich beiträgt. Dieses mehrschichtige Schema setzt sich aus vier Arten gattungshafter Gestaltung zusammen, dem Thematischen, dem Dramatischen, dem Erzählerischen und dem Lyrischen, wobei das Thematische weitgehend essayistisch-literarischer Prosa und verwandten Formen entspricht. Dazu kommen vier verschiedene mögliche Perspektiven, nämlich die auktoriale, in welcher der Autor sich selbst mit darstellt, die interpersonale, die dualistische und die private. Dazu kommen weiter die konzentrische, kinetische oder ökumenische Basis und die tragische, komische oder tragikomische Gestimmtheit oder Grundhaltung.

Daß ein solch vielschichtiges, ineinander verstrebtes und die wesentlichen umfassenden Bereiche einbeziehendes System vielstrahlig über die reinen Gattungsprobleme hinausweist und sie zugleich damit klarer erfaßt, als wenn lediglich die Grundhaltungen des Komischen, Satirischen, Ironischen u.s.w. beachtet werden, versteht sich von selbst. Andererseits sind hier nur die wichtigsten und allgemeinsten Grundzüge berücksichtigt und gibt es Ansätze in der Literaturtheorie, die über die reinen Gattungen und ihre Grenzen noch weiter hinausweisen, wenngleich jeweils nur in eine bestimmte Richtung.

In beiden hier folgenden Beispielsfällen handelt es sich um Zweiteilungen, wie ja auch das Schema Hernadis sowohl als vierfaches wie auch als zweifaches aufgefaßt werden kann, da umgreifende Gemeinsamkeiten die unmittelbar lyrischen und thematischen Phänomene von den fiktionalen des Dramatischen und Erzählerischen absondern. Die erste der weiterreichenden Zweiteilungen stammt von Jurij Lotman,[93] der von der Grundeigenschaft der Kunst ausgeht, die Wirklichkeit im Modell abzubilden, wobei der Leser, Zuschauer oder Zuhörer die Bilder dieses Modells nicht nur auf die Struktur seiner künstlerischen Erfahrung projiziert, sondern auch auf die Struktur seiner existenziellen Erfahrung. Daraus ergibt sich eine zweifache Möglichkeit der Beziehungen zwischen dem tatsächlichen Kode der Werkstruktur und der vom Rezipienten erwarteten oder imaginierten Struktur. Die erste Beziehungsmöglichkeit ist so geartet, daß das Werk und seine vorgegebenen Strukturen die Erwartungen des Lesers erfüllen, und daraus ergibt sich eine ganze große Gruppe von Werken, die dadurch zustandekommt, daß die Wirkung der Werke darauf beruht, daß die Lesererwartung bestätigt wird. Daneben gibt es die zweite Beziehungsmöglichkeit, die darin besteht, daß im Werk alles auf Überraschung und Gegenüberstellung angelegt ist. Die dadurch gegebene zweite Gruppe von Werken entsteht dadurch, daß der dem Leser bekannten und von ihm erwarteten Modellierung der Wirklichkeit eine eigene, unerwartete gegenübergestellt wird. An die Stelle der Generalisierung und Übereinstimmung des Rezeptionsprozesses tritt eine Komplizierung. Die beiden, von der verschiedenen Grundstruktur der jeweiligen Beziehung des Lesers zum Werk her bestimmten, neuen «Gattungen» der Identität einerseits und der Gegenüberstellung andererseits haben einen wichtigen Berührungspunkt mit der herkömmlichen Gattungstheorie, über welche sie gleichwohl hinausweisen. Das Problem der Selbstbestätigung oder aber der Überraschung des Lesers hängt keineswegs lediglich mit der Eigenschaft des Werkes als Wirklichkeitsmodell zusammen, die von Lotman einseitig in den Vordergrund gestellt wird, sondern nicht zuletzt auch mit den Möglichkeiten und Grenzen, welche der Erwartung des literarisch geschulten Lesers durch die jeweils überlieferte und lebendige Gattungstradition gesteckt sind.

Die zweite Zweiteilung, die über die herkömmlichen Gattungstheorien weit hinausreicht, obwohl sie mit ihnen im Grunde noch inniger verbunden ist, stammt von Wladimir Weidlé.[94] Er geht dabei von seiner Idee zweier Sprachen der Sprachkunst aus, die in Ergänzung zur normalen, nichtliterarischen Sprache, das eigentliche Wesensmerkmal aller Literatur ausmachen. Die erste dieser beiden zusätzlichen Sprachen bezieht sich auf die fiktionalen Eigenschaften literarischer Werke, die zweite auf die unmittelbare literarische Sprachschicht, wie sie besonders im Lyrischen, aber auch in nichtfiktionalen Prosaformen, wie etwa im Aphorismus und selbst in literarisch-essayistischer Prosa erscheint. Weidlé bezieht sich einmal ausdrücklich auf eine Beobachtung Staigers, wonach die Odyssee auch in der lockeren Auflösung und Vereinfachung durch Gustav Schwab noch Leser zu fesseln vermag, wonach auch eine gelungene Nacherzählung der Wallenstein-Trilogie Schillers vorstellbar wäre, wonach jedoch lyrische Verse das Wesentliche durch eine Nacherzählung einbüßen, während umgekehrt ein Nichts an Motiv und fiktionaler Qualität ein lyrisches Kunstwerk höchsten Ranges ergeben kann. Weidlé nimmt diese richtige Beobachtung zum Anlaß, um aufzuzeigen, daß sie eigentlich weit über die reinen Gattungsunterschiede hinausweist, da sie die beiden fiktionalen Gattungen des Epischen und Dramatischen einerseits und die Gattungen des Lyrischen und – wie Hernadi sagen würde – des Thematischen anderseits als Einheit behandelt. Der tatsächliche Unterschied reicht nach Weidlé tiefer als die allgemeinen Gattungsunterschiede, und er findet die Antwort in seiner Konzeption von zwei Sprachen der Sprachkunst, welche einerseits die fiktionalen und andererseits die poetischen Elemente literarischer Werke herausarbeitet und sichtbar macht, wobei es sich als selbstverständlich versteht, daß in manchen einzelnen Werken beide Qualitäten oder Sprachen der Sprachkunst, die fiktionale wie auch die poetische zusammen mit der gewöhnlichen Sprache als Kommunikationsmittel zur Einheit verschmolzen sein können und daß es auch hier um theoretische Typisierung, um Abstraktion oder Modellvorstellungen geht.

Über die engeren Gattungsvorstellungen im herkömmlichen Sinn weisen auch komparatistische Perspektiven hinaus, zumal wenn sie nicht einfach Gattungsformen in verschiedenen Nationalliteraturen vergleichen, was keineswegs neu ist, sondern tatsächlich völlig verschiedene methodenkritische Aspekte kombinieren. Gerhard Kaiser[95] etwa, für den Gattungen Ensembles inhaltlicher, technisch-stilistischer, kompositioneller, intentionaler und funktionaler Momente darstellen, zeigt die Möglichkeit des Zusammenspielens der soziologischen These von Lukács mit der informationstheoretischen Trzynadlowskis[96] auf, wonach die Gattungsform als Kode verstanden wird. Solches Zusammenwirken kann indessen nur dann zu fruchtbaren literaturwissenschaftlichen Ergebnissen führen, wenn die äußerlich-formalistische Seite des Linguistischen ihre entsprechende Ergänzung im Sinn der von Wellek und Warren geforderten Kombination äußerer *und* innerer Form zur Gattungsbestimmung findet. Todorov,[97] der in seiner strukturalistischen Miniaturpoetik so flexibel ist, daß er ein so «altes», allerdings höchst wichtiges Buch für Gattungsprobleme, wie Kaysers *Sprachliches Kunstwerk*,[98] in die Bibliographie aufnahm, bietet kaum wesentlich Neues. Da liegt der Fall schon anders bei Klaus W. Hempfer,[99] der sich um eine kritische Überschau der verschiedensten Gattungstheorien sowie um die Einbeziehung älterer wie neuerer Vorstellungen bemüht. Gerade die Bescheidenheit der Darbietung seiner Ergebnisse als «zusammenfassende Thesen», die sich auf die richtigen Fragestellungen beschränken wollen, bietet wesentlich mehr als so manche anspruchsvollen und zugleich einseitigen und unzulänglichen Hypothesen.

Schließlich aber weisen über das rein Gattungshafte im engeren und eigentlichen Sinn seit jeher alle jene Arbeiten hinaus, welche den Gattungsbegriff nicht als alleinige Ausgangsbasis und letztes Ziel betrachten, sondern als Stil oder Stiltypus auffassen. Dies ist im Grunde bei Staiger[100] der Fall, der nicht zufällig abwechselnd vom «Epischen» oder vom «epischen Stil» spricht, und dessen Gattungstheorie über solch rein terminologische Bestätigung hinaus auf Stilganzheit bezogen ist. Ja, er betrachtete es als seine Hauptaufgabe, die «längst in stilistischer Bedeutung verwendeten Begriffe» episch, lyrisch und dramatisch ganz als Stilbegriffe zu fixieren. Für Artur Kutscher[101] ist die Gattungslehre lediglich ein Teil der «Stilkunde». Henri Bonnet[102] spricht vom allgemeinen Stil des Romans und vom allgemeinen Stil der Lyrik wie von der Gattung des Romans und der Gattung der Lyrik, so daß die Begriffe austauschbar sind. Für R. W. Bateson[103] stellt das Gattungsproblem eine Unterabteilung des Stilproblems dar, und die Beispiele ließen sich vervielfachen. Dies aber leitet bereits über zu einem anderen Kapitel; dem vom literarischen Stil überhaupt.

6. Der literarische Stil

a. Allgemeine Voraussetzungen

Die wichtigste Voraussetzung für die literaturwissenschaftliche Methodenlehre auf dem Gebiet des Stils besteht in der Abgrenzung und Definition eines literarischen Stilbegriffs. Denn allzuviele Mißverständnisse, nicht nur fruchtbare, sondern auch zahlreiche bedenkliche, kamen einfach dadurch zustande, daß der literarische Stil mit ganz anderen Stilbegriffen zusammengeworfen oder verwechselt wurde, seien es Stilbegriffe anderer, nichtsprachlicher Künste oder Stilbegriffe anderer, nichtkünstlerischer Sprache.

Die Verhältnisse sind so kompliziert, daß es nicht einmal ganz einfach ist, vom Negativen her zu definieren, was literarischer Stil nicht ist. Gewiß, er hat nichts zu schaffen mit normativer Stilistik, die lehrt, wie man gute Briefe oder schöne Schulaufsätze schreibt und auch nichts mit dem Stilbegriff der Tradition antiker Schulrhetorik. Aber komplizierter wird es schon, wenn der Stilbegriff der Sprachwissenschaft oder jener der anderen Kunstwissenschaften aufscheint. So wenig die literaturwissenschaftliche Stilforschung nach Gegenstand und Ziel mit den entsprechenden Bestrebungen innerhalb der Sprachwissenschaft oder der anderen Kunstwissenschaften identisch ist, so wenig läßt sich doch auch leugnen, daß es Berührungspunkte, Parallelen und Gemeinsamkeiten durch stoffliche Überlagerung gibt: Manche Typisierungsprobleme und methodischen Erfassungsversuche von Gestaltungsprinzipien laufen mit den anderen Kunstwissenschaften parallel, während der literarische Stil schon durch das Sprachmaterial, aus dem er hervorgeht, mit der Sprachwissenschaft verbunden ist. Manche sprachwissenschaftlichen Einsichten mögen dem Literaturwissenschaftler von Nutzen sein. Grundsätzlich aber handelt es sich jedoch um zwei verschiedene Dinge, ob man einerseits Stilforschung einer Sprache, vergleichende oder allgemeine Stilistik treibt oder aber ob man sich andererseits die Erfassung und Darstellung des literarischen Stils zur Aufgabe gesetzt hat. Mit gutem Grund hat Wellek[1] nachdrücklich auf den Unterschied hingewiesen, denn auch hier hat ein

Mangel an methodologischer Selbstbesinnung, zusammen mit einzelwissenschaftlichen Verabsolutierungstendenzen, dazu geführt, daß die Probleme mehr verwirrt als geklärt worden sind. Selbst auf dem so sehr sprachbezogenen Gebiet des Stils macht es einen wesentlichen Unterschied aus, nicht nur, ob man Sprachstil im allgemeinen oder aber literarischen Stil untersucht, sondern vor allem auch, ob man den literarischen Stil von der Perspektive literaturwissenschaftlicher oder sprachwissenschaftlicher Methodenlehre her untersucht.

Gewiß hat Hugo Kuhn[2] recht, wenn er darauf hinweist, daß der Literaturhistoriker für seine Interpretationen zumindest so viel Sprachwissenschaft benötigt, wie es das sprachliche Verständnis der Texte erfordert, und der Sprachwissenschaftler so viele literarische Kategorien benötigt, wie zur sprachwissenschaftlichen Erfassung literarischer Texte notwendig sind. Dennoch wäre nichts weniger berechtigt, als wenn der Literaturwissenschaftler alle sprachlichen Erscheinungen, auch die nicht-literarischen, auf literarische Kategorien zu reduzieren versuchte oder als wenn der Sprachwissenschaftler literarische Stilprobleme auf linguistische reduzierte. Obwohl sich beide, Literatur- wie Sprachwissenschaft, gerade auf dem Gebiet des Stils zum Teil mit denselben sprachlichen Phänomenen beschäftigen, ist nicht nur ihr Ziel ein gänzlich verschiedenes, sondern überlagert sich auch ihr Gegenstand nur teilweise und ist keineswegs im ganzen identisch.

Sprachwissenschaftliche Erkenntnisse von der Phonologie bis zu Vokabular und Syntax, und nach Kayser[3] oder Levin[4] sogar auch übersatzmäßige Formen oder Strukturen, können für die Literaturwissenschaft wichtig sein, und die Lage mag um so komplizierter erscheinen, als das Verhältnis von Sprache und Literatur ein dialektisches ist, da nicht nur die Sprache die Literatur beeinflußt, sondern auch umgekehrt die Literatur die Sprache. Was aber die Literaturwissenschaft interessiert, ist nicht so sehr das Problem, was Dante, Chaucer, Goethe, Puschkin für die Sprache als solche, sondern was sie für die Dichtung geleistet haben. Daß sich diese Probleme überschneiden, bedeutet keineswegs, daß sie identisch sind. Wiederholt hat Wellek[5] darum aufgezeigt, daß die Frage nach dem literarischen Stil nicht eine sprachwissenschaftliche ist, ja daß Literatur als Phänomen gar nicht vollkommen von der Sprache abhängt. Darum wurde von sachlichen und besonnenen Vertretern linguistischer Methoden bei der Untersuchung des literarischen Stils, wie etwa von Nicolas Ruwet,[6] auch immer wieder darauf hingewiesen, daß der sprachwissenschaftliche Kompetenzbereich überschritten werden muß, will man zu mehr oder weniger vollständiger Erfassung der literarischen Phänomene gelangen, und darum werden Versuche, wie etwa jene von James

Thorne,[7] Stilanalyse nur im Rahmen gutausgebildeter grammatikalischer Modelle vorzunehmen, immer auf bestenfalls partielle Resultate beschränkt bleiben, die dem Gesamtphänomen eines literarischen Stils auch im günstigsten Fall nicht völlig gerecht werden können.

Es gibt Literaturwissenschaftler, wie etwa Richard Ohmann,[8] die eine Klärung literarischer Stilprobleme von der Sprachwissenschaft und vor allem vom Transformationsmodell ihrer generativen Grammatik erwarten, und zwar in doppelter Hinsicht: sowohl im Hinblick auf die Klärung allgemeiner theoretischer Grundfragen wie auch im Hinblick auf eine Verfeinerung der Praxis literarischer Stilanalyse. Betrachtet man aber Richard Ohmanns Ausführungen etwas genauer, dann stellt sich alsbald heraus, daß seine Erwartungen auf dem Gebiet theoretischer Klärung mehr prophetisches Wunschdenken als bewiesenes Ergebnis darstellen und daß sich sein praktischer Versuch einer entsprechenden Verfeinerung der Stilanalyse auf formale Stil-Beschreibung beschränkt, ohne den wesentlichen Schritt zur kritischen und semantischen Interpretation hin zu tun.

Als René Wellek[9] einmal am Ende einer Konferenz, auf der Probleme des Sprachstils vom Standpunkt der Psychologie, der Kulturanthropologie, der Sprachwissenschaft und der Literaturwissenschaft behandelt wurden, als Vertreter der letzteren eine zusammenfassende kritische Bewertung geben sollte, da nannte er die Literaturwissenschaft die Disziplin, die bei ihrem Studium literarischer Strukturen und Werte sich dankbar sprachwissenschaftlicher Ergebnisse bedienen sollte, doch er ließ keinen Zweifel darüber, daß es einen Punkt gibt, an dem der Gegenstand der Literatur über die Erfassung durch die Sprachwissenschaft hinausreicht und sich ihr entzieht. Dennoch gibt es auch Fälle, in denen nach einer grundsätzlichen Trennung von allgemeinem Sprachstil und dichterischem Stil die Ergebnisse problematisch werden können. W. Turbin[10] etwa sieht nach einer solchen Trennung das Problem des dichterischen Stils unter dem Gesichtspunkt der Frage nach der erzieherischen Bedeutung der schöngeistigen Literatur, und da erheben sich die Fragen, ob dies nicht zu einseitig inhaltsbezogen ist, wie auch, welche bestimmte erzieherische Bedeutung man vor Augen hat, die einer Parteidoktrin oder die universaler Menschlichkeit.

Das Gebiet der Stilforschung ist nicht nur das weiteste und zugleich zentralste Gebiet literaturwissenschaftlicher Beschäftigung, sondern zugleich auch eines, in dem am wenigsten Übereinkunft und Klarheit herrscht, und es trägt zur Klärung der Verhältnisse keineswegs bei, daß manche Literaturwissenschaftler wie Sprachwissenschaftler es so wichtig finden, daß sie es einer eigenen Disziplin jenseits ihrer eigenen Wissenschaft, einer «Stilistik» anvertrauen wollen. Nicht alle mit «Stilistik» betitelten Bücher erheben diesen Anspruch, wie sie überhaupt sehr verschieden angelegt sein können, als allgemeine oder vergleichende Stilistik auf die Sprache im allgemeinen bezogen, unter Ausschluß der Literatur, manchmal aber auch den literarischen Stil einbeziehend. Umgekehrt bedarf es nicht einer eigenen «Stilistik» in Buchform, um solche weitgesteckten Ansprüche zu erheben. Damaso Alonso[11] zum Beispiel erklärt in seiner berühmten *«Poesía española»*, daß im Grunde die Stilistik die Literaturwissenschaft überhaupt darstelle, und Wellek[12] verwehrt sich mit Recht dagegen, da für die Erfassung des literarischen Werkes, und damit für die Literaturwissenschaft, Gegenstände und Methoden notwendig sein können, die jenseits der rein sprachlichen Ebene liegen. Alvin Eustis[13] verallgemeinert so weit, daß er den französischen Vertretern der Stilistik die Tendenz nachsagt, positivistisch orientiert zu sein und sich als letztes Ziel die Konstituierung einer eigenen Wissenschaft der Stilistik mit einem Überblick über alle stilistischen Elemente der Sprache gesetzt zu haben. Manche Arbeiten, von Guiraud[14] bis Schiaffini,[15] scheinen, gemeinsam mit den Überzeugungen Alonsos, eine soche Tendenz für die romanischen Vertreter der Stilistik im allgemeinen zu bestätigen.

Aber nicht nur die Literaturwissenschaft und ihr Gegenstand lassen sich nicht gänzlich auf Sprache reduzieren, auch der Stil selbst ist nicht einfach identisch mit der Sprache an sich, sondern setzt sich aus besonderen Zügen in der Art der jeweiligen Sprachbehandlung zusammen. Stephen Ullmann[16] hat darauf hingewiesen, daß die verschiedensten Perspektiven und Methoden der Stilforschung in der Regel eines gemeinsam haben, nämlich die Annahme der Existenz solcher Züge, die für den Stil charakteristisch sind und ihn von der Sprache im allgemeinen trennen. Es fällt ja auch niemandem ein, beispielsweise den literarischen Werkstil mit der sprachlichen Gesamtheit des jeweiligen Werkes zu identifizieren, sondern es ist klar, daß der Werkstil sich aus bestimmten charakteristischen, strukturbildenden Zügen zusammensetzt, die wiewohl eine Ganzheit, so doch nicht die Gesamtheit der Sprache des Werkes bilden. Ullmann schlußfolgert daraus sogar, daß Stilistik aus diesem Grund nicht einfach ein Zweig der Sprachwissenschaft sein kann, sondern eine parallele eigene Disziplin darstellt, welche die gleichen, nämlich die sprachlichen Phänomene, von ihrer Perspektive aus untersucht. Dagegen ist für die literarische Stilistik vom Standpunkt der Literaturwissenschaft so lange nichts einzuwenden, als sich solche Stilistik dem größeren Rahmen literaturwissenschaftlicher Methodologie einfügt und nicht aus eigener Autonomie heraus literarische Problemstellungen auf nichtliterarisch-stilistische reduziert.

Stil nannte man ursprünglich den persönlichen Duktus der Handschrift. Der Begriff wurde später einfach von der besonderen Art der Linienführung des jeweils Geschriebenen – etwa kurze, dicke und weit auseinandergezogene Buchstaben – auf die besondere Art des sprachlichen Ausdrucks des Geschriebenen übertragen. Daß es eine «besondere» Art gibt, setzt erstens eine gewisse freie Wahlmöglichkeit zwischen verschiedenen möglichen Arten voraus, und es ist die Wahl dieser besonderen Art und nicht die Gesamtheit des Geschriebenen, was den Stil ausmacht. Richard Ohmann[17] hat darauf hingewiesen, daß dabei die wichtige Unterscheidung zwischen festliegenden und variablen Komponenten in der Literatur gar nicht so offenkundig ist. Das Problem ist um so komplizierter, als es sich nicht einfach um eine statische Gegenüberstellung unveränderlicher sprachlicher Normen mit allfälligen, gleichfalls unwandelbaren, Auswahlmöglichkeiten handelt, sondern daß alle diese Faktoren einem entwicklungsgeschichtlichen Wandel unterworfen sind und als überdies die freie Wahlmöglichkeit keine willkürliche darstellt, sondern gleichfalls in einen entwicklungsgeschichtlich bedingten Rahmen eingegliedert ist.

Daß es eine «besondere Art» gibt, setzt aber zweitens auch besondere, charakteristische Eigenschaften dieser Art voraus, welche das eigentliche Wesen dieser Art bestimmen. Sie wird durch die Wiederkehr formprägender äußerer wie innerer Strukturen bestimmt, die sie durch eine unübliche Häufigkeit von anderen, vergleichbaren Ausdrucksarten unterscheiden. Dabei handelt es sich jedoch nicht um ausnahmslose und determinierte Einseitigkeit, sondern lediglich um allgemeine Tendenzen, Inklinationen in eine bestimmte Richtung. Lubomír Doležel[18] hat darum, bei seinem Versuch einer wissenschaftlich-statistischen Beschreibung, den Stil einen Wahrscheinlichkeitsbegriff genannt. Damit ist nichts anderes ausgedrückt, als was in der Tradition literatur- wie überhaupt geisteswissenschaftlicher Bemühung mit dem Typusbegriff umschrieben wurde.

Nun gibt es jedoch in literarischen Werken verschiedene Kategorien «besonderer Arten» des Ausdrucks, die keineswegs immer «den Stil» darstellen. Sie können einzelne Stilzüge, Stilmittel, können Technik und Manier sein, was alles insofern weniger als Stil bedeutet, als es sich um einzelne Teile gegenüber dem Stil als Phänomen einer integralen Ganzheit handelt. Klassische Vertreter deutscher Stilforschung, wie Walzel[19] und die bedeutendsten Vertreter des russischen Formalismus, wie Žirmunskij,[20] haben diese Ganzheitlichkeit als Hauptcharakteristikum des Stils mit Nachdruck betont. Unter Zuhilfenahme neuerer sprachwissenschaftlicher Begriffe hat Michael Riffaterre[21] auf diese Ganzheitlichkeit hingewiesen, und zumindest zur abstrakten

Grundidee davon hat sich, von mathematisch-statistischen Methoden herkommend, auch Lubomír Doležel[22] bekannt, wenn er von einer stilistischen Theorie forderte, daß sie eine Beschreibung der Ursachen *und* der zugrundeliegenden Faktoren geben müsse, die für die Verschiedenartigkeit von Stilen verantwortlich sind.

Nach Ulrich Leo[23] bedeutet Stil die Ganzheit aller einzelnen Züge des «Wie» des Ausgedrückten, und es versteht sich von selbst, daß die besondere Art des «Wie» vom «Was», das es ausdrückt, im Grunde nicht getrennt werden kann. Das bedeutet keineswegs die Identität von Stil und Werk, sondern lediglich, daß Stil sich auf die Ganzheit der besonderen Art bezieht, wie das Was im Werk ausgedrückt wird. Stil bezieht sich auf besondere Strukturen, die durch das Zusammenwirken von vielerlei einzelnen Stilzügen eines Werkes, etwa in Grammatik, Rhythmus, Vers, Rhetorischen Figuren etc., zustandekommen, und dieses gesamte «Wie» der besonderen Darstellungsart des Ausdrucks ist natürlich vom «Was» des Gestalteten nicht zu trennen. So versteht sich W. K. Wimsatts[24] Theorie des Stils als Bedeutung, wie er sie in seiner hervorragenden Untersuchung von Samuel Johnsons Prosastil entwikkelt hat.

Es ist bezeichnend, daß gerade auf dem zentralen Gebiet der Stilforschung die bedeutendsten Vertreter einer neuen «Verwissenschaftlichung» der literaturwissenschaftlichen Theorie, wie etwa Richard Ohmann,[25] ausdrücklich darauf hinweisen, daß vom Standpunkt der Praxis und der erzielten Ergebnisse her, die besten Arbeiten von Kritikern wie W. K. Wimsatt stammen. Das aber bedeutet, daß es sich nach ihrer Überzeugung um Arbeiten handelt, die, methodenkritisch gesehen, aus der «bloßen Intuition» hervorgingen, und die «gegen das leere Geschwätz der Unwissenheit allein durch literarische Erfahrung und das zerschlissene Gewand der traditionellen Grammatik gewappnet» sind.

Diese Tatsachen sollten auch den Literaturtheoretikern zu denken geben, denn sie sind alles andere als zufallsbedingt. Vieles an den modernen linguistischen Theorien ist, bei aller systematischen Wissenschaftlichkeit, dem Wesen gerade der Ganzheitlichkeit des literarischen Stils weniger angemessen als Methoden wie jene Wimsatts. Nicht nur, daß die zitierte literarische Erfahrung nicht unterschätzt werden sollte, ist doch auch die berufene «Intuition» nicht notwendigerweise nur eine heillos subjektive, wo nicht gar willkürliche Erkenntnismethode, die in ihrer Unbeweisbarkeit an das Wunder ebenso grenzt wie an das Bedenkliche, sondern es lassen sich auch weitere, sehr natürliche Begründungen und Erklärungen für die optimalen Erfolge anführen. Zwei der wichtigsten Punkte dabei sind erstens der kaum zu überschätzende Vorsprung, den die ästhetische Sensitivität einer bedeutenden Kritikerpersönlichkeit vor allen rein wissenschaftlich-technischen Systemen voraus hat und zweitens, der nicht minder große Vorsprung, den solches sensitive Einfühlungsvermögen, kombiniert mit der zur Stilerfassung notwendigen persönlichen Flexibilität adäquater Werkerfassung, auch vor dem raffiniertesten und differenziertesten sprachwissenschaftlichen Modell bedeutet. Ohne solche sprachwissenschaftliche Hilfen, die gleichwohl erst weiter entwickelt werden müßten, unterschätzen zu wollen, kommt ihnen doch eher die Funktion nachträglicher Begründung als jene der unmittelbaren Ergebnisfindung selbst zu. Vor allem aber verlangen die durch die «wissenschaftlichsten» Operationen erlangten, formalen Daten schließlich nach einer Interpretation. Wie aber Stanley E. Fish[26] in einer methodenkritischen Analyse gezeigt hat, stolpern die Vertreter gerade sprachwissenschaftlich präziser oder mathematisch-statistischer Stilforschung, an diesem Punkt angelangt, besonders hilflos in die verschiedensten Fallgruben willkürlicher Auslegung oder aber bleiben in literarisch irrelevanten äußerlichen Fakten der Linguistik stecken.

Methodenkritisch gesehen ist das Problem alt und entstand keineswegs erst mit dem französischen Strukturalismus, der Transformationsgrammatik Chomskys und den computerangepaßten Methoden mathematischer Informationstheorie. Leo Spitzer[27] hat dasselbe literaturwissenschaftliche Methodenproblem am Beispiel älterer Stilistik und Sprachwissenschaft schon 1930 behandelt und kam dabei zu der Schlußfolgerung, daß eine autonome Stilistik, ja daß die Herauslösung des Sprachlichen aus dem Kunstwerk überhaupt verschwinden müßte und die Stilfrage in der Analyse des Kunstwerks aufgehen sollte. Das direkte Herangehen an Sprachliches durch persönliches Empfinden ist dabei Hauptvoraussetzung. Spitzer räumt natürlich der Sprachwissenschaft seiner Zeit das Recht ein, die Sprache «fühllos» als Wachstumsprodukt und als gesetzmäßig entstandenes Kommunikationsmittel zu betrachten. Jedoch ebenso unbestreitbar fordert er für die Literaturwissenschaft das Recht, die Sprache des Werkes als Geschaffenes, als Ausdruck von Gefühltem und daher dem Gefühle zugänglich, aufzufassen.

Spitzer ging in der Praxis seiner Stiluntersuchungen zwar von gleichsam mikroskopischen Untersuchungen sprachlicher Ausdrücke aus, doch hatte er bei seinem phänomenologischen Verfahren als Ziel stets die Totalität eines Stils in seiner Ganzheitlichkeit im Auge. Von einzelnen Eigenheiten besonderer Art in Darstellung und Ausdruck eines Werkes ausgehend, suchte er nach größeren Zusammenhängen, ja nach dem psychischen Zentrum, das diese Formen bedingt, um von dorther wieder zur Deutung anderer Spracheigenheiten vorzudringen.

Spitzers Methode erscheint der Eigenart des literarischen Stils als Ausdruckssprache und seiner Ganzheitsstruktur besonders angemessen. Sie ist theoretisch angreifbar, und Emil Winkler[28] hat dies schon sehr früh besorgt. Seinem berechtigten Haupteinwand, wonach das Pendel- oder Zirkelverfahren Spitzers darum unvertretbar sei, weil ein und derselbe Sprachausdruck verschiedene Antriebe haben könnte, stehen die eindrucksvollen praktischen Ergebnisse Spitzers gegenüber, sowie seine unanfechtbare theoretische Entgegnung, wonach die Möglichkeit von Fehlerquellen kein Kriterium für den Wert einer Methode darstelle.

In ähnlicher Weise auf die jeweilige Ganzheitserfassung eines Stils zielen die beiden Methoden, die Stephen Ullmann[29] grundsätzlich unterschieden hat, und welche die theoretisch nicht ungefährlichen Rückschlüsse auf ein psychisches Zentrum vermeiden. Die erste der Methoden geht, wie jene Spitzers, von einem besonderen Stilmittel aus und schließt von da auf die verschiedenen Wirkungsmöglichkeiten, die zweite ist gleichsam gegenläufig und schließt, von einer bestimmten stilistischen Wirkung ausgehend, auf die verschiedenen dahinterstehenden Stilmittel.

Worauf aber jene Ganzheitlichkeit des Stils beruht, diese integrale Einheit von innerer Haltung und äußerem Ausdruck, jene umfassende und zugleich im einzelnen erschöpfende Strukturgesamtheit, das hat Marcel Proust angedeutet, als er erklärte, daß Stil für den Autor nicht nur eine Frage der Technik bedeute, sondern eine solche der Vision.

Während manche neuere Versuche, das Problem des literarischen Stils zu lösen, trotz der programmatischen Forderung nach neuen Verfahrensweisen einer «exakten Textwissenschaft» in der Reduktion auf zumeist einige wenige linguistische oder semiotische Elemente stecken bleiben, gibt es auch Ausweitungen und neue Einsichten, etwa wenn man im Ausdrucksproblem nur einen bestimmten Aspekt des allgemeinen Zeichencharakters der stilistischen Phänomene erkennt.

Unter den bedeutenden und fruchtbaren neueren Arbeiten lassen sich dabei weitgehend zwei gemeinsame Tendenzen feststellen: erstens wird als notwendige Ergänzung zu den sprachlich und ästhetisch deskriptiven Elementen besonderer Wert auf die von jenen gar nicht zu trennenden geschichtlichen Elementen gelegt. So sind etwa für Paul Hernadi die Aufgaben der Stilistik die «paroles», während die mimetischen Botschaften Sache der Poetik, Aufgaben der Semiotik und Mythographie die «langues» einerseits, die Welthaltungen andererseits sind.[30] Johannes Anderegg betont, daß die Auffassung vom Stil als Abweichung von einer Norm, soweit sie überhaupt durchführbar sei, nur dann Gültigkeit haben könne, wenn sie eine gleichsam universelle Norm durch eine jeweilige «Erwartungsnorm» geschichtlich relativiert.[31] Morton Bloomfield aber, indem er alle Möglichkeiten der Rolle und Funktion einer literarischen Stilkunde durchgeht, führt als besondere Gruppen die «historische Stilkunde» und die «Kulturelle und Gruppenstilkunde» an.[32]

Zweitens wird auf verschiedene Weise die Ganzheitserfassung der Stilstrukturen betont. Bei Anderegg zeigt sich dies mehr noch als in seiner Forderung nach einer umfassend auf «Synthese angelegten Theorie des Stils» in dem nachdrücklichen Hinweis darauf, daß den Bemühungen um die Erstellung «objektiv nachweisbarer Merkmale» des Stils insofern wenig Erfolg beschieden zu sein scheint, als eine verbindliche Lösung der Frage unmöglich sein dürfte, welche sprachliche Einheit denn als potentielles Merkmal gelten dürfe oder durch welche Kategorien bzw. auf welcher Ebene die Sprache in Merkmale zu gliedern sei.[33] Hier wird implizite die Reduktion auf einzelne, notwendig partielle innersprachliche Kategorien abgelehnt, welche der Erfassung solcher Ganzheitlichkeit im Wege steht.

Aus diesem Grund hat auch D. R. Tallentire erklärt, daß zumindest für die Gegenwart noch immer als bestmögliches Werkzeug für stilistische Bewertung die Intuition bleibe.[34]

Für Frank J. D'Angelo, der als besonders kennzeichnende Eigenart jeglichen Stils das jeweilige Strukturgefüge betont, ist Stil insofern eine Ganzheit, als er die jeweilige «Totalität» der entsprechenden, sich durch das «Werk ziehenden, stilbildenden Züge ausmacht, deren ineinander wirkende, einheitsstiftende Eigenschaft mehr als eine summierende Aneinanderreihung einzelner isolierter Elemente darstellt.[35] Auch Itamor Even-Zohars Auffassung vom Stil als Polysystem einer diglossischen Sprachstruktur betont solche Ganzheitlichkeit, wobei die «Zweisprachigkeit» sich natürlich nicht auf zwei verschiedene nationale Sprachen bezieht, sondern auf zwei verschiedene sprachliche Schichten innerhalb der literarischen Stil zum Ausdruck bringenden Werke.[36] Morton Bloomfield aber, obwohl er erklärt, daß nach Jakobson, Lévi-Strauss und Chomsky eine neue Art von Stilanalyse nötig sei, führt nicht weniger als acht verschiedene Auffassungen von Stil an, die er alle einschließen will, gleichgültig, ob sie dem üblichen kommunikationstheoretischen Modemodell entsprechen oder nicht.[37] Eine strukturalistische Analyse von Literatur, erklärte er, könne nur in sekundärer Weise Stilkunde sein und eine semiotische Analyse betone grundsätzlich den referentiellen Aspekt des jeweiligen Codes, der den Text bestimmt und beschränke sich damit gleichfalls auf weit weniger als den gesamten Stil. Aus diesem Grund geht er bei seinem eigenen Erfassungsversuch sämtlicher stilbildenden Elemente zwar zunächst von linguistischen Perspektiven aus – beginnend mit Anwendungsversuchen der Stiluntersuchungen –, steigt jedoch von einer zu anderen Schichten auf, um durch eine entsprechend ganzheitliche Auffassung vom Stil dem «Ganzen» des Werkes gerecht zu werden. Es sind vor allem rhetorische Aspekte, literarische Techniken und Gattungsprobleme, die er behandelt.

Nun ist allerdings versucht worden, von der Semiotik ausgehend, ein literarisch relevantes, auf die Ganzheitlichkeit des Stils zielendes Stilmodell zu entwerfen. Heinrich F. Plett hat nach kurzer und kursorischer Behandlung der vorwiegend rhetorisch-linguistisch orientierten Stilmodelle von G. N. Leech,[38] Quintilian und der Lütticher Gruppe, [39] ein eigenes Modell entworfen, das als linguistische Hypothese über die zeichensyntaktische Dimension der Sprachästhetik gedacht ist,[40] das auf den beiden Polen linguistischer Abweichung und linguistischer Einheit jener Abweichung ruht. Beide Pole bilden ein Koordinatennetz, in dem vor allem die meisten rhetorischen Figuren lokalisierbar sind. Vor allem aber auch grundlegende linguistische Elemente von der Lautschicht aufsteigend über die Wort-,Satz- und Sinn-Schicht finden entsprechende Berücksichtigung. Das Hauptproblem der vielleicht doch allzu engen Begrenzung liegt dabei nicht nur in den allgemeinen Grenzen der Rhetorik, sondern trotz des weitgefaßten Abweichungsbegriffs, der regelverstärkende sowohl wie regelverletzende Abweichungen umgreift, in den allgemeinen Einwänden, die gegen jegliche Abweichungstheorie geltend gemacht wurden. Nicht so sehr Inger Rosengrens Position,[41] wonach Stil sowohl Abweichung wie auch Wahl bedeutet, ist also hier ein ernster Einwand – ihm begegnet die Weite von Pletts Abweichungsbegriff –, sondern die grundlegenden Überlegungen Johannes Andereggs über die notwendige historische Relativierung jeglichen Systems von Norm und Normabweichung sowohl wie auch besonders über die Interdependenz von Besonderem und Allgemeinen.[42] Dazu kommt noch, daß sich doch gewisse Grenzen der vier grundlegenden Transformationsarten der transformativen Grammatik zeigen, auch wenn man, wie dies bei Plett der Fall ist, tatsächlich Literatur und nicht Linguistik im Auge hat und jene Transformationsarten lediglich in Analogie auf die Heuresis sprachästhetischer Abweichungen anwendet.

b. Stilkomponenten

Wenn der literarische Stil eine Ganzheit darstellt, dann muß es möglich sein, zumindest zum Zweck literaturwissenschaftlicher Analyse, ihn in jene einzelnen Teile und Elemente zu zerlegen, die ihn konstituieren, und wenn Proust den Stil mehr als eine Frage der Technik nennt, dann muß Technik weniger sein als Stil. So zum Beispiel bedient sich Schnitzler in seinen Werken oftmals impressionistischer Techniken, doch der Stil der Werke ist naturalistisch. Die Technik ist nichts weniger Wertvolles, sie ist nur quantitativ weniger, ist Teil der Stilganzheit, und oberflächliche Beobachter können sie mit der Ganzheit verwechseln. In einem ähnlichen Zusammenhang wird der Stilbegriff aber auch wertend gebraucht. Etwa wenn gesagt wird, daß das, was im Frühexpressionismus aus echter innerer Ausdrucksnot entstand und sich zum Stil gestaltete, im Spätexpressionismus zur reinen Manier absank.

Auf den ersten Blick sieht dieses Problem einfach aus: die Technik, mag sie auch mehr auf äußerliche Details beschränkt sein, verhält sich zum Stil wie der Teil zum Ganzen, und der Teil ist nicht minderwertiger, sondern nur weniger. Die Manier hingegen, als totale Veräußerlichungsform des Ganzen, scheint minderwertiger zu sein. Entwicklungsgeschichtliche Betrachtungsweise und vorurteilsloser Wille zur Objektivität lehren allerdings, daß in manchen Fällen sich aus solcher Manier ein neuer ganzheitlicher Stil konstituieren kann, von dem niemand überzeugend behaupten könnte, er wäre schlechter als der vorhergehende: er ist nur anders.

Die Begriffe «Technik» sowohl wie «Manier» beziehen sich jedoch, wenngleich nicht auf die Ganzheit des Stils, so doch auf umfassendere Strukturzusammenhänge, und es gibt natürlich sehr viele Teilglieder des Stils als Ganzen. So spricht man etwa von Stilschichten, Stilzügen, Stilmitteln, Stilfiguren und Stilelementen.

René Wellek[43] beispielsweise bezieht sich auch, im Zusammenhang mit dem literarischen Stil, auf Ingardens Schichtensystem, das bis zu einem gewissen Grad auch wirklich sowohl auf das literarische Werk als Ganzes als auch auf die Abstraktion der Ganzheit seines eigentümlichen Stils angewendet werden kann. Von einzelnen Stilschichten wird man aber auch sprechen können, wenn man, wie etwa Viktor Vinogradov[44] bei seiner Stiluntersuchung der Werke Puschkins, zwischen verschiedenen Sprachterritorien trennt, deren bestimmtes Zusammenwirken den jeweiligen Stil bildet. Im Falle der Untersuchung von Puschkins Sprache fanden sich als besondere Schichten, zusätzlich zur normalen Schriftsprache seiner Zeit, als stilbildende Kräfte das Kirchenslawisch, die Volkssprache und Einflüsse französischer und deutscher Elemente im Russischen.

Als Stilzüge werden in der Regel Einheiten bezeichnet, die kleiner sind als Stilschichten, doch hat Kayser[45] darauf hingewiesen, daß ihre Ausdeutung auf Kategorien führt, deren Formwirkung sich auch in anderen Schichten ausprägen kann als in jener, welcher der einzelne Stilzug entstammt. Dies hängt mit dem Umstand zusammen, den die russischen Formalisten mit einem Ausdruck Tolstois ein «Labyrinth von Verknüpfungen» genannt haben. Es versteht sich eigentlich von selbst, daß einzelne Stilzüge oder Stilmittel, ebenso wie ganze Techniken, verschiedene Funktionen innerhalb des Stilganzen haben können, woraus sich eine völlige Verschiedenheit ihrer Stilbedeutsamkeit ergibt. Stilzüge und Stilmittel können alle jene Erscheinungen sein, die zuvor unter den Kategorien werkimmanenter Interpretation besprochen wurden, Erscheinungen also wie Rhythmus, Klang und Gliederung, wie Tropen und Symbole, Motive, thematische Aspekte und auch Gattungsstrukturen, soweit sie stilbildende Bedeutung haben. Der Ausdruck «Stilfiguren» ist dabei gewöhnlich – wie etwa bei Kerkhoff[46] – für Stilmittel der Bildlichkeit reserviert. Der Ausdruck Stilelemente wird gewöhnlich auf kleinste phonetische oder grammatische Einheiten bezogen, wie etwa die Zeichensetzung, deren große Bedeutungsmöglichkeit für die Stilbildung Jürgen Stenzel[47] untersucht hat.

Das jeweilige Zusammen- und Ineinanderwirken der Vielheit von Stilzügen, Stilmitteln, Stilelementen oder Stilistika führt zu jener Ganzheit oder, wie Kerkhoff[48] sagt, ‹‹Einheit›› des Stils, die aus der Analyse dieses Zusammenwirkens und der einzelnen Elemente jener Vielheit am ehesten erschlossen werden kann. Aus diesem Grunde sind die meisten Versuche, ein theoretisches oder praktisches System zur Erfassung literarischer Stile aufzustellen, immer schon davon ausgegangen, Schemata oder Modelle von einander komplementären Stilzügen aufzustellen. Dabei handelte es sich allerdings, je nach der Perspektive des jeweiligen Autors, um verschiedene Arten von Stilzügen. Emil Winkler[49] etwa stellt vor allem einer Gruppe von denkmechanischen Stilwerten eine andere Gruppe operationsmechanischer Werte gegenüber. Wilhelm Schneider[50] unterscheidet in seinem besonders umfassenden Versuch einer Darstellung stilbildender Kräfte vier Gruppen von Ausdruckswerten: die Ausdruckswerte nach den Beziehungen der Worte zum Gegenstand, nach den Beziehungen der Worte untereinander, nach den Beziehungen der Worte zur Gesamtsprache und nach den Beziehungen der Worte zum Verfasser. Kayser[51] erscheint die Unterscheidung zwischen brüchigem und einheitlichem Stil besonders hervorhebenswert.

Ein umfassendes System, das alle Möglichkeiten der Kombinatorik von Stilzügen zu allen potentiellen Arten von Stilen einschließt und das nicht so gewalttätig abstrahiert, so daß es für die praktische Methodenlehre noch sinnvoll ist, scheint nach Wellek[52] unmöglich zu sein. Kayser ist auch viel zu sensitiv, zu erfahren und zu klug, um ein solches auch nur zu versuchen. Wilhelm Schneiders Buch aber versucht, eine Mittelstellung einzunehmen zwischen den Elementarformen einzelner Stilzüge und bestimmten Aspekten des Stils als Ganzheit. Zdenko Škreb[53] hat Schneiders Ideen terminologisch korrigierend in einzelnen Punkten weitergeführt.

Die meisten sinnvollen gegenwärtigen Darstellungen des Problems, die eine Einführung in die Stilkunde oder Stilanalyse geben wollen, vermeiden in der Regel auch die Erstellung eines Vollständigkeit anstrebenden Systems, ja manche von ihnen, wie etwa Alfred Behrmanns Einführung, vermeiden sogar den Begriff «Stil», obgleich das, was Behrmann «Kunstfigur»[54] nennt, sich weitgehend mit dem, was hier als «Stil» bezeichnet wird, deckt. Nun wurde allerdings ein Versuch einer solchen Gesamtsystematik unternommen, und zwar von Georg Michel[55] zusammen mit Günter Starke und Franz Grähn. Ein solcher Versuch hat auf jeden Fall seine Verdienste, zumal gewisse terminologische Präzisierungen notwendig werden und die unternommene Zusammenführung mehrerer Sektoren die jeweilige Stellung der einzelnen Aspekte der Stiluntersuchung im Rahmen des Ganzen sichtbar macht. Michel trennt zwischen den Begriffen Stilanalyse und Stiluntersuchung und erblickt in letzterer etwas weit Umfassenderes, das die Stilanalyse mit einschließt. Die Michelsche Stiluntersuchung besteht aus vier Teilen, die sich, aufsteigend von der Erfassung des Redeganzen, der Stilelemente und der Stilzüge, zur Stilbeschreibung entwickelt.

Einerseits wird es niemals ein völlig ausreichendes und vollkommenes System aller möglichen Stilelemente und Stilzüge geben, da sich ihr Ausdruckswert nicht eindeutig festlegen läßt und da sich die gleichen Elemente auf verschiedenste Weise zur jeweiligen Ganzheit des Stils zusammenschließen. Dazu kommt noch die von Kayser besonders betonte Tatsache, daß man, in Analogie zum doppelten Aspekt der Sprache als Ergon und Energeia, nur gleichsam durch einen Sprung vom System zum Individuum kommen kann und daß die jeweilige konkrete und individuelle Stilanalyse nur in sehr begrenztem Maß durch ein stilistisches System vorbereitet werden kann. Andererseits hat Kayser[56] selbst in seinem Buch «Das sprachliche Kunstwerk» eine im Grunde systematisch aufgebaute Aufzählung der stilbildenden sprachlichen Formen versucht, und der begrenzte Rahmen eines solchen Systems ist ebensowenig ein Grund dafür, es gar nicht erst aufzustellen, wie es etwa nicht angeht, die Beschäftigung mit Metrik und ihren Ausbau abzulehnen, weil ja die metrischen Schemata sich doch niemals mit dem tatsächlichen Rhythmus der einzelnen Werke decken werden.

Wie ungeheuer eng die Grenzen radikaler Systematisierung im einzelnen gezogen sind und wie sehr sich doch selbst innerhalb dieser Grenzen Möglichkeiten ergeben, wünschenswerte Ergebnisse zu erhalten, zeigt besonders die Anwendung der Methoden der Linguistik und besonders der statistischen Informationstheorie auf die Stilanalyse.

Innerhalb solch enger Grenzen hat beispielsweise E. Bach[57] gezeigt, wie einzelne Stilelemente in der Syntax von Hölderlins Gedichten, wie etwa Satzlänge oder die Verbindung eines Nominalkerns mit einer Genetiv-Nominalphrase, in statistisch präziser Weise erfaßt und beschrieben werden können. Josephine Miles und Hanau C. Seloin[58] haben bei der Untersuchung einer bestimmten Worthäufigkeit in englischen Werken des 17. Jahrhunderts gewisse Ergebnisse erzielt, deren Auswertung durch eine weiterreichende Stilanalyse von Bedeutung sein kann. So wenig ein Zweifel darüber bestehen kann, daß die Untersuchung rein formalistischer Aspekte einzelner Stilelemente mit Hilfe statistischer Informationstheorie mit guten Erfolgen durchgeführt werden kann, so wenig Zweifel kann auch über den geringen Wert dieser Untersuchungen zur Erfassung eines Gesamtstils herrschen. Aus diesem Grund wurde immer wieder versucht, die Anwendung statistischer Methoden auf Bedeutungsbeziehungen innerhalb des Stils auszuweiten. Ein solcher Versuch glückte etwa Thomas S. Sebeok[59] bei der Untersuchung eines finno-ugrischen Volksliedtextes der Tscheremissen, wobei es allerdings bestimmt eine Rolle spielte, daß das Gedicht einfach und kurz ist und zugleich weitgehend durchgeformt und außerordentlich symmetrisch in seinen inneren Beziehungen.

Einen wesentlichen Vorstoß zur Einbeziehung semantischer Probleme in die Stilanalyse einer mathematisch-statistisch orientierten Textwissenschaft hat Burghart Rieger[60] mit seinen Untersuchungen von Wort- und Motivkreisen als Konstituenten lyrischer Umgebungsfelder unternommen.

Wilhelm Fucks,[61] der eine erste Zusammenfassung mathematisch orientierter Techniken der Stilanalyse, beschränkt auf formale Struktureigenschaften der Werke unter Ausklammerung semantischer Probleme, unternommen hat, erklärte mit Nachdruck, daß das Ästhetikmaß der mathematischen Informationsästhetik nur eine Stilcharakteristik unter vielen anderen geben kann. In einer umfassenden, exakten, deskriptiven Ästhetik, der es um die Ganzheit des Stils geht, braucht man aber viele Beschreibungsgrößen, von denen die Methode mathematischer Informationstheorie nur eine zu liefern vermag.

Die Möglichkeit einer völligen «Stilkontrolle» solcher Art, wie sie Sheldon Klein[62] vorschwebt, erscheint auch für die fernere Zukunft als höchst unwahrscheinlich. Klein meint sogar, man könnte auch Stilmerkmale kontrollieren, die gewöhnlich als nicht-quantitativ angesehen werden, indem man ein Paraphrasierungs-System konstruiert, das ein grammatisches Schichtenmodell enthält. Stanley Fish[63] hat die Konsequenzen zu Ende gedacht. Um zur Ganzheit des Stils zu gelangen, müßten die Methoden der Analyse einzelner Elemente insofern differenziert werden, als man sie in den jeweiligen größeren Zusammenhang stellt. Man müßte einfach Methoden entwickeln oder Regeln aufstellen, welche die verschiedene Bewertung derselben Formen in verschiedenem Zusammenhang ermöglichen. Nahezu jeder neue zu untersuchende Werkstil würde jedoch neue Probleme aufzulösen geben und Beispiele enthalten, die mit den vorgefaßten Regeln nicht zu bewältigen wären, so daß mit jedem neuen Beispiel eine neue Regel notwendig würde. Dies aber würde den Totalitätsanspruch solcher Stilkontrolle ad absurdum führen.

Von einer anderen Perspektive her gesehen und noch viel allgemeiner ist Paul Böckmanns[64] Warnung zum Problem literarischer Stilforschung. Je mehr sie um wissenschaftliche Genauigkeit und sachliche Feststellungen bemüht ist, sagt er, desto mehr läuft sie Gefahr, am eigentlichen Wesen der Dichtung vorbeizugehen. Keiner der alten Versuche, ein umfassendes System aufzustellen, von Arnould bis Morris, hat denn auch wirklich richtungsweisend gewirkt.

Sowohl die Wichtigkeit wie die Schwierigkeit der Bewältigung des Problems der Sichtbarmachung des Verhältnisses zwischen dem Ganzen und seinen Teilen, die bei der Erfassung des literarischen Werkes schon im allgemeinen eine so große Rolle spielen, werden auf dem Gebiet der Stiluntersuchung besonders deutlich. Selbst einem so sehr in das Zentrum des Dichterischen zielenden, feinsinnigen und differenzierten Versuch, wie jenem William Empsons,[65] der die Stilmöglichkeiten des Literarischen durch die Darstellung von «sieben Arten von Mehrdeutigkeit» (und sehr viel mehr Unterarten) in systematischer Allgemeinheit zu erfassen versuchte, konnte von Olson vorgeworfen werden, daß hier in unzulässiger Weise alles auf eine Behandlung der Diktion, ja auf das Problem der Mehrdeutigkeit der Diktion reduziert würde.

Wenn Viktor Šklovskij[66] das Wesen des Literarischen in der Verfremdung erblickte – wie Empson in der Mehrdeutigkeit – dann führte dies doch weder bei ihm noch bei anderen bedeutenden russischen Formalisten zu einem geschlossenen System der Darstellung sämtlicher literarischer Verfahrensweisen in dieser Richtung. Man ging vielmehr zunächst an die Untersuchung der bestimmten Probleme innerhalb einzelner Verfahren. Hier drohte allerdings die Gefahr einer anderen unzulässigen Reduktion, auf die Aleksandar Flaker[67] hingewiesen hat, nämlich diejenige der Reduktion ganzer Stiltypen auf ihre Beziehung zu einem einzigen solchen Verfahren.

Die eindrucksvollen Ergebnisse der Stiluntersuchungen eines Emil Staiger[68] beruhen keineswegs auf der Vollständigkeit und Universalität seiner Stiltheorie als eines geschlossenen Systems, die vom Rhythmus in einem sehr weiten Sinn als beseelenden Geist des ganzen Werkes ausgeht, von Gustav Beckings «Schlagfiguren» angeregt wurde und auf die Zeit als innere Einbildungskraft des Dichters als stilbildende Hauptkonstituente schließt. Staigers Ergebnisse beruhen vielmehr auf seiner praktischen, persönlichen Meisterschaft, deren Hauptelemente sein Einfühlungsvermögen, seine Flexibilität, seine hohe Sprachkultur, seine umfassenden Kenntnisse mehrerer Literaturen als Vergleichsbasis und andere Eigenschaften bilden. So wird es verständlich, daß er von der «bloßen Theorie», also vor allem von einer von praktischer Literaturkritik und von Literaturgeschichte völlig losgelösten Theorie, nicht viel hält. Dennoch kommt der Literaturtheorie größte Berechtigung und Wichtigkeit zu, wenn sie sich der Notwendigkeit dieser Verbindung bewußt bleibt und wenn sie auch im vorliegenden Fall einer Darstellung der Konstituenten literarischer Stile nicht voreilig auf die Konstruktion eines geschlossenen Systems verfällt, sondern sich darauf beschränkt, einzelne wichtige Elemente und Aspekte aufzuzählen. Wie diese sich dann jeweils zu größeren Einheiten und zu einem Stilganzen zusammenschließen und welche Bedeutung ihnen zukommt, das hängt im einzelnen Fall von den Werken ab, um die es geht, und von der methoden-kritischen Themenstellung, welche Gegenstand, Mittel und Ziel der Untersuchung bestimmt.

Was die einzelnen Stilelemente betrifft, so beginnt bereits Kayser[69] mit jenen der Lautschicht. Er beschäftigt sich vor allem mit der literarisch wichtigen Klangmalerei und Lautsymbolik, die nach de Saussure,[70] dem Vater der modernen Linguistik und Semiotik, sprachwissenschaftlich gesehen irrelevant und völlig willkürlich ist. Dell H. Hymes[71] hat die Rolle von Lautaspekten als Elementen literarischer Stile grundsätzlich zu untersuchen unternommen, und David I. Masson[72] hat Methoden thematischer Analyse auf die Lautuntersuchung angewendet. Die methodenkritisch oft ungemein aufschlußreichen und fruchtbaren Lautuntersuchungen, am Beispiel von Werken einzelner Autoren durchgeführt von Kaysers Harsdörffer-Studie[73] bis zu Ants Oras' Aufsatz über die Lautbehandlung bei Spenser und Milton,[74] sind kaum mehr übersehbar.

Über das Wort und seine möglichen Funktionen als Stilelement oder für Stilzüge hat D. Tschiżewskij[75] zusammenfassend Grundlegendes dargelegt. Vor allem hat er auf sogenannte «semantische Felder» aufmerksam gemacht, die bestimmte Stilzüge signalisieren oder bilden und denen Worte oder Wortgruppe angehören, die mit sonst ungewöhnlicher Häufigkeit auftreten.

Das Problem der ungewöhnlichen Häufigkeit weist auf dem Gebiet der Lexik mehr noch als auf dem Gebiet der Lautung auf eine bestimmte Einbeziehung und notwendige Hilfeleistung der Sprachwissenschaft hin. Der Gegensatz der Ungewöhnlichkeit kann ja nur sichtbar gemacht werden, wenn der Stil eines Werkes oder einer Gruppe von Werken gegenüber dem Stil anderer Werke oder aber gegenüber dem allgemeinen Sprachgebrauch der Zeit abgesetzt werden kann. Das Wissen über den letzteren und über die geschichtliche Entwicklung der gewöhnlichen, unliterarischen Sprache kann jedoch nur von der Sprachwissenschaft vermittelt werden. Auf dem Gebiet der slavischen Literaturen wurden diese Verbindungen vor allem von Viktor Vinogradov[76] und Jan Mukařovský[77] untersucht und methodisch nutzbar gemacht, wie der tschechische Strukturalismus überhaupt, mehr als manche russische Formalisten und gewiß weit mehr als die meisten französischen Strukturalisten, von einer synthetischen Auffassung des literarischen Stils ausging, und die Abhängigkeit einzelner Stilkomponenten von der gesamten Werkstruktur und ihre funktionale Verknüpfung zur Einheit besonders betonte.

Neben den Worten und Wortgruppen als solchen sind als Stilkomponenten die besondere Art der Gruppierung, sind Wortstellung und Wortordnung von besonderer Wichtigkeit. Was den Bereich des Wortes überhaupt wie auch, was die Wortstellung betrifft, so hat Kayser[78] eine erste Einführung in ihre Funktion für den literarischen Stil gegeben. Auch bei der Wortstellung ist selbstverständlich die charakteristische und besondere Art von Wichtigkeit, die sich von der üblichen Wortstellung unterscheidet. So haben etwa Damaso Alonso[79] die Wichtigkeit der Wortstellung im Stil Luis Gongoras, R. A. Sayce[80] die stilbildende Funktion von Wortpaaren und Wortgruppen bei Montaigne oder Emilija Grubačič[81] die Wortstellung in deutscher Prosadichtung des 20. Jhdts. untersucht. Einen besonderen formalen Aspekt und zudem ein Problem von besonderer Wichtigkeit stellt im Zusammenhang mit Wortstellung und Wortordnung das Problem des Rhythmus dar. Am Beispiel von Rhythmusuntersuchungen des deutschen Blankverses hat hier Robert Bräuer[82] eine besondere Methode entwickelt, die er dazu benutzt hat, um bestimmte Eigenarten eines «Persönlichkeits-Rhythmus» aufzuzeigen. Es könnte aber wohl auch möglich sein, jene Stilkomponente des Rhythmus für die Herausarbeitung anderer Stiltypologien als jener des Persönlichkeitsstils nutzbar zu machen.

Nicht nur die Wortstellung kann als Stilkomponente von Bedeutung sein, auch Wortbildungen, wie Spitzer[83] es etwa an Rabelais gezeigt hat. Ja von einem anscheinend so unwichtigen Detail wie der Ungleichheit und der Verschiedenartigkeit der Benennung bestimmter Charaktere im *Don Quijote* ausgehend, konnte gleichfalls Spitzer[84] einen Einblick in den stilbestimmenden Zug des Perspektivismus jenes Romans geben. Solche Wichtigkeit der Namenswahl stellt im Grunde lediglich einen Sonderfall der Wortwahl dar. Die Wortwahl selbst wiederum läßt sich als Sonderfall des Themas «Stil als Wahl» betrachten, wie es Hans Graubner[85] zusammenfassend beschrieben hat. Semantische Probleme der Stiluntersuchung, wie sie etwa Philip Wheelwright[86] und Josephine Miles[87] theoretisch aufgeworfen haben und wie sie W. K. Wimsatt[88] am Beispiel von Samuel Johnsons Stil praktisch untersuchte, überschneiden sich damit ebenso wie die Problematik bildhafter Ausdrücke. Sowohl dies wie auch die bei Kayser[89] und Stenzel[90] behandelte Interpunktion und gewisse Probleme der Wortstellung, wie sie etwa Lerch[91] und Richter[92] untersucht haben, leiten bereits über zur nächsten Ebene, nämlich zum Stilelement des Satzes.

Was den Satz, aber auch übersatzmäßige syntaktische Strukturen im Rahmen der Stiluntersuchung betrifft, so hat bereits Wilhelm Havers[93] einen weiter ausgreifenden Versuch zur Erforschung ihrer Bedingungen und Triebkräfte unternommen und hat W. v. Wartburg[94] wesentliche elementare Zusammenhänge sichtbar gemacht. Unter den zahlreichen neueren Arbeiten seien Morton W. Bloomfields[95] spezifische Darstellung syntaktischer und metonymischer Elemente gegenüber den häufiger untersuchten semantischen und metaphorischen genannt, da er besonders das literarische Kunstwerk und seinen Stil im Auge hat, was auch für W. Nelson Francis'[96] Versuch der Etablierung «syntaktischen Lesens» einer Dichtung gilt. Sehr viel fragwürdiger ist Richard Ohmanns[97] Versuch, in syntaktischer Analyse literarischer Werke die alte und unhaltbare Dichotomie von Form und Inhalt auf linguistische Oberflächen- und Tiefenstrukturen im Sinne Chomskys zu beziehen.

In unmittelbarem Zusammenhang mit den Elementen einzelner Sätze stehen natürlich übersatzmäßige Strukturen, und zwar keineswegs nur rein literarische, wie etwa Strophen und andere poetische Formen in der Lyrik, Szenen und Akte im Drama, motivische und thematische Bezüge in der Epik, sondern in Verbindung mit diesen gleichsam innersprachliche Strukturen. Kayser[98] hat bereits auf die stilistische Bedeutung solch «übersatzmäßiger Gebilde» im Stil des literarischen Werks hingewiesen, Herbert Grierson[99] hatte schon zuvor die eigene Problematik von «Absätzen» untersucht, und neuerdings hat die Linguistik Untersuchungen zur Sprachperformanz in dieser Hinsicht angestellt. Dabei ist es interessant, daß ein reiner Sprachwissenschaftler, wie William O. Hendricks,[100] bei der Verfolgung dieser Aufgaben, wiewohl von rein grammatikalischen Voraussetzungen ausgehend, sich vor die Notwendigkeit einer Erweiterung einer von der Funktion zur Form fortschreitenden Sprachwissenschaft gestellt sah und damit ein Analyseverfahren wählte, das von den formalen Mitteln der Literaturwissenschaft ausgeht. Gewisse Grundformen satzmäßiger wie übersatzmäßiger Strukturen in der Dichtung hat Lawrence Gaylord Jones[101] am Beispiel der Lyrik konstituiert. Schließlich gehören jene «verborgenen Strukturierungen» in literarischen Werken hierher, die geradezu das Wesen des Dichterischen ausmachen helfen und die Erwin Leibfried[102] als «Kryptotypen» bezeichnet und dargestellt hat.

Radikal vereinfacht zusammengefaßt stellen die drei Grundelemente des Lautens (Silbe), des Bedeutens (Wort) und des Meinens (Satz) eine ebensolche Einheit dar, wie die vier «Schichten» Ingardens. Denn im Grunde werden diese einzelnen Elemente erst im Satz lebendig, ja im Grunde erst im übersatzmäßigen Gebilde der «Rede», die nur durch ihr eigenes Meinen Wirklichkeitsbezug erhält. In jenem zwischen den abstrakten Worten und der «Wirklichkeit» liegenden Bereich jener Stilelemente findet jener Vorgang kategorialer Erfassung und Formung der Wirklichkeit statt, den Humboldt als «innere Sprachform» bezeichnete und den Husserl als sinngebenden «Akt» beschrieben hat. Von solch «innerer Sprachform» her eröffnet sich ein Einblick in die ganzheitliche Einheit des «Stils», und nach Gunther Ipsen[103] dekken sich beide Begriffe geradezu.

Die jeweilige Eigenart eines Stils ergibt sich dabei natürlich nur aus der vergleichenden Kontrastierung mit anderen besonderen oder allgemeineren Sprachformen. In anderen Worten: Die Schichten des Lautens, Bedeutens und Meinens schließen sich zu einer übersatzmäßigen konkreten Redeform zusammen, die in der Dichtung besonders eindringlich sein wird. Die Erfassung der inneren Form des Ganzen der Redeform eines Werkes kann jedoch nur analysiert und dargestellt werden, wenn sie im Zusammenhang mit der allgemeinen Sprachform gesehen wird, welche der Autor zur Zeit der Abfassung des Werkes vorfand, sowie im Zusammenhang mit vorherigen und allenfalls auch späteren literarischen «Redeformen», denn nur aus der Beobachtung von Gemeinsamkeiten sowohl wie Verschiedenheiten kann die jeweilige Besonderheit sichtbar gemacht werden, die sich aus dem Zusammenwirken einzelner Stilzüge ergibt. Wenn Wolfgang Kayser ursprünglich zwischen «Sprachform» und «Redeform» unterschied,[104] so ist Hans Graubners Bezeichnung «Sprachstil» und «Redestil» noch glücklicher gewählt.[105] Aus demselben Grund hat Leo Pollmann[106] über den ersten Abschnitt seines Kapitels werkorientierter Interpretation den Untertitel «Von der *‹langue›* zur *‹parole poetique›* (zur Stilistik)» gesetzt und unterscheidet die neuere Linguistik zwischen sprachlicher Kompetenz und sprachlicher Performanz. Lubomír Doležel[107] hat in einer Darstellung über den stil-formenden Prozeß die Entsprechungen zwischen einer Theorie der Kompetenz und einer Theorie des Stils aufgezeigt, wie nämlich «Grammatikalität» der «stilistischen Abweichung» entspricht, «Mehrdeutigkeit» dem «stilistischen Effekt der Mehrdeutigkeit» und «Ähnlichkeit» der «stilistischen Auswahl».

Indessen ist es für die Erkenntnis und Darstellung eines literarischen Stils nicht nur wichtig, Sprachstil und literarischen Redestil oder langue und parole poétique voneinander abzusetzen, sondern die jeweilige besondere Form der parole poétique mit anderen Formen der parole zu vergleichen, da für die jeweilige Fügung literarischen Stils nicht nur einfache sprachliche und nicht notwendig literarische, phonetische, lexische und syntaktische Stilzüge von Bedeutung sind, sondern darüber hinaus sehr oft besondere poetische Formen und ganz besonders jene Eigenschaft, die Artur Kutscher[108] in seiner Stilkunde einfach als dichterische «Macht zum sprachlichen Ausdruck» bezeichnet hat. Denn besondere Stilfiguren, seien es solche der alten Schulrhetorik, seien es jene im Hinblick auf die ältere Stilistik, etwa eines Richard M. Meyer,[109] seien es besondere Kategorien neuerer Linguistik, sind im Grunde lediglich Teile der jeweiligen «Redeform» und ermöglichen keine besonderen Unterscheidungen, vor allem nicht zwischen literarischen und nichtliterarischen Stilen. Wo eine solche Unterscheidung von einer sprachwissenschaftlich orientierten Stilistik her versucht wurde, wie etwa von Kloepfer und Oomen,[110] die zwischen rein sprachlichen Textkonstituenten und poetischer Textkonstitution auf solche Weise trennen wollten, blieb sie problematisch.

Es sind also nicht besondere Stilfiguren, seien sie nun inhalts- oder formbezogen, sondern es sind eher gestaltende Faktoren und zusammen mit ihnen bestimmte *Stilhaltungen*, die, zusammen mit den sprachbezogenen und sprachverbundenen poetischen Formen, zusätzlich zu den drei Schichten des Lautens, Bedeutens und Meinens, eine eigene literarische Schicht prägen oder genauer: welche als zusätzliche Schicht die drei ersten durchdringen und zu einer neuen, verschiedenartigen Ganzheit umprägen helfen.

Wolfgang Kayser[111] hat die Stilhaltung unentbehrlich für die Stilforschung genannt, das Zentrum der jeweiligen funktionalen Eigenheit eines Stils und zugleich das Letzte, was sich bei der Analyse eines Stils ergibt. Sie hängt mit den von Kutscher[112] beschriebenen Haltungen des Idyllischen, Erhabenen, Heroischen, Komischen, Humoristischen, Tragischen etc. zusammen. Sie hängt aber auch auf das engste mit dem innersten Kern von Kaysers eigener Poetik, den literarischen «Darbietungsformen» zusammen, in denen sprachliche Schichten und Schichten des literarischen Aufbaus und der Gattungen einander begegnen und durchdringen. Hans Graubner[113] hat das gleiche im «Stil als Stimmigkeit» beschrieben, Leibfried als Konstitution der jeweiligen Gestimmtheit, welche durch das Zusammenwirken von «Figur» und «Grund» ausgelöst wird. Horst Daemmrich[114] hat eine eigene Typologie der Stilhaltungen entwickelt, die er literarische Relations- und Spannungsfelder genannt hat.

Verwandt mit den Stilhaltungen, wenngleich mehr auf das literaturwissenschaftlich problematische Gebiet der Autor-Intention ausgerichtet, ist der Stilwille, wie ihn etwa R. Bräuer[115] am Beispiel Mérimées darzustellen unternommen hat und Flakers[116] Begriff der Motivation. Enger verwandt noch damit ist das Stilprinzip, ein Begriff, der zumeist mehr auf überindividuell typische Stilhaltungen angewendet wird und der in gleicher Weise die zentrale Triebkraft eines Stils darstellt, in der alle einzelnen Stilzüge wie die Speichen eines Rades in seiner Nabe zusammenlaufen.

Nicht zufällig ist der Stilbegriff seit Fritz Strich[117] und Oskar Walzel[118] immer wieder zur Grundlage aller literaturwissenschaftlichen Forschung gemacht worden. Wenn Strich dabei den Stil noch relativ vage als die einheitliche und eigentümliche Erscheinungsform der ewig menschlichen Substanz in Zeit und Raum beschrieb, so hat Andrew Jaszi[119] gewisse grundlegende Zusammenhänge in dieser Hinsicht wesentlich präzisiert. Praktisch alle einzelnen werkimmanenten Methodenprobleme hängen entweder mit dem Problem des Stils zusammen oder münden in ihm. Diese weitausgreifende und umfassende Qualität des Stils hat Hans Graubner[120] als «Kombination konnotativer Synonymien» beschrieben und daraus gefolgert, daß nur solche Stilklassifikationen für die Erfassung eines Gesamtstils zulässig sind, die den Konnotationen auf allen drei Sprachebenen (der Phonetik, Lexik und Syntaktik) zugleich gerecht werden und, sollte man hinzufügen, auch der Ebene sprachbezogener poetischer Formen. Michael Riffaterre[121] hat die weitausgreifenden Zusammenhänge solch umfassender stilistischer Einheit und Ganzheit durch die Darstellung des stilistischen Mikrokontexts sowohl wie des Makrokontexts einsichtig gemacht.

Auch wenn man die Stiluntersuchung noch so einschränkend auf einen Akt des Beschreibens auf der Ebene sprachlicher Ausdruckskraft bezieht, wie dies etwa Stephen Ullmann[122] tut, so hängt sie doch auf das unmittelbarste mit der Werkinterpretation zusammen, ja überschneidet sich weitgehend mit ihr, wie dies etwa Leo Spitzer an praktischen Beispielen so meisterhaft gezeigt hat. Dabei versteht es sich von selbst, daß, im Hinblick auf die praktische

Methodenlehre, auch das am kompliziertesten und differenziertesten ausgearbeitete System von einzelnen Stilkomponenten und Stilzügen, gleichsam mechanisch an das einzelne Werk angelegt, zwar helfen, aber keineswegs zu idealen Ergebnissen führen kann. Nicht umsonst wurde von Kayser[123] bis Pollmann[124] immer wieder darauf hingewiesen, daß es in der Natur des literarischen Werkes und der ihm adäquaten Erkenntnisweise liegt, vom Werk selbst und von der Sensitivität des einzelnen Kritikers für das Werk auszugehen. Erst in dem Wechsel und Zusammenspiel von Hingabe und Abstand, in der Verbindung von intuitivem Einfühlungsvermögen und stilkundlichem Wissen, wird sich in steigender Weise zeigen, wie das Zusammenwirken der verschiedenen sprachlichen Formen im Stil und zum Stil immer deutlicher hervortritt. Dabei wird in gleichfalls zunehmender Weise klar werden, wie sehr das Wesen des Werks und die Eigentümlichkeit seines Stils miteinander verschmolzen sind.

c. Stiltypologien, ihre Einheit, ihre Tradition und ihr Wandel

Alles was bisher über Stilkomponenten und ihren Zusammenschluß in der Einheit eines Stils gesagt wurde, gilt, wenn nicht ausschließlich, so doch vorwiegend für den jeweiligen Stil eines einzelnen literarischen Werkes. Nun ist auch solcher Werkstil keineswegs mit dem Werk als Ganzem identisch. Er beschränkt sich vielmehr auf die seine Eigentümlichkeit prägenden Formkräfte und das gegenseitige Zusammenwirken der einzelnen Züge und Komponenten dieser Formkräfte. Für die von der neueren Linguistik so gerne verwendete mathematisch-statistische Informationstheorie ist darum Stil ein Wahrscheinlichkeitsbegriff, und als solcher wurde er auch von Lubomír Doležel[125] ausdrücklich bezeichnet. Wie richtig dies auch vom Standpunkt der Informationstheorie her gesehen ist, so scheint es doch wesentlich sinnvoller und fruchtbarer, vom Standpunkt der Literaturwissenschaft her gesehen, von einem Typusbegriff zu sprechen, dessen einzelne Merkmale, soweit sie mathematisch-statistisch erfaßbar sind, tatsächlich auf einen Wahrscheinlichkeitsbegriff hinauslaufen.

Typus bezeichnet seinem ursprünglichen Wortsinn nach «Schlag, Gepräge» und bezieht sich auf die gemeinsame Grundform oder Urgestalt, die einer Gruppe von Dingen eignet, so daß Typisierung in einer Schau übereinstimmender Momente besteht. Es scheint kaum ein anderer allgemeiner Begriff klarer das eigentümlichkeitsprägende Wesen literarischen Stils zu treffen. Erwin Leibfried,[126] der Begriff und Leistung des Typusbegriffs für die Literaturwissenschaft zusammenfassend dargestellt hat, wies vor allem darauf hin, daß ein einzelnes Werk ohne weiteres mehreren Typen angehören kann.

Auf dem Gebiet des literarischen Stils hat man von einer Dreistufigkeit gesprochen: auf der untersten, konkretesten Ebene steht das literarische Werk in seiner Gesamtheit mit einer Fülle von Stilzügen. Auf der nächsten Ebene oder Stufe wird diese Fülle von Stilzügen auf eine geringere Zahl von Stilkategorien gebracht, die den Werkstil konstituieren. Auf der wieder nächsten und dritten Stufe werden in fortschreitender Generalisierung und Abstrahierung überwerkmäßige Stilstrukturen entdeckt und dargestellt, wie etwa Personalstil, Gattungsstil, Zeitstil und Nationalstil. Es versteht sich dabei von selbst, daß diese Stilstrukturen um so schwieriger zu erfassen sind und um so mehr Ausnahmen von der jeweils typischen Eigentümlichkeit werden erlauben müssen, je weiter der Kreis gezogen wird und je breiter die jeweilige Induktionsbasis der jeweils einbezogenen einzelnen Werkstile ist. Es ist daher verständlich, wenn einzelne Forscher, wie etwa Wolfgang Kayser, Stiltypologien der dritten Stufe völlig ablehnten,[127] weil sie von den rein sprachlich bedingten Stilzügen der ersten Stufe zu weit entfernt sind, zumal da sie durch den Einfluß von Nachbarwissenschaften und besonders der Kunstwissenschaft zu literaturfremden Schlußfolgerungen geführt haben. Dennoch ist es falsch, eine solche Haltung einzunehmen, nicht nur weil die Möglichkeit von Fehlerquellen kein berechtigtes Argument gegen eine Methode darstellt, sondern weil die verschiedenen überwerkmäßigen Stiltypen durchaus legitime Ordnungskategorien auf dem Gebiet der Literaturwissenschaft darstellen, die um so fruchtbarer sein können, je mehr man sich der ihnen innewohnenden Unsicherheitskoeffizienten bewußt ist. Kayser selbst hat eine Ausnahme gegen seinen eigenen ursprünglichen Einspruch im Hinblick auf überwerkmäßige und überindividuelle Gattungsstile gemacht, da seine stilkundlichen wie poetischen Bemühungen in klärender Präzisierung allgemeiner literarischer Typen von Gattungsgefügen geradezu gipfeln.

Die typologische Gestalt, die dem Ganzen des einzelnen Werkes am nächsten kommt, die am wenigsten abstrahiert und generalisiert und mit der auch die meisten systematischen Darstellungen beginnen, ist der *Werkstil*. Als Kennzeichen wird immer wieder typische Einheitlichkeit und Ganzheitlichkeit genannt, von Wellek als durchgehendes «einigendes Prinzip» gesehen,[128] von Wehrli als jene «Einheitlichkeit», «Stimmigkeit» und «Ganzheit»,[129] jene «apriorische «Welt» des Werks, aus der allein die einzelnen Stilzüge und Komponenten Stelle und Sinn erhalten. Fast alle Kennzeichnungen, auch jene, die davon scheinbar abweichen, sind im Grunde nur Variationsformen davon. So etwa betont Kayser[130] als wesentliche stilbildende

Kraft solcher Ganzheitlichkeit die «einheitliche Perzeption» oder spricht Graubner,[131] unter dem modischen Einfluß der Linguistik, zunächst von einer auf Lexik, Grammatik, Phonetik beschränkten «charakteristischen Kombination» hierarchisch gestaffelter «semantischer Informationen» und erweitert diese Definition notwendigerweise später auf die «charakteristische Beziehung der Konnotationen eines Textes auf seine Denotationen.»

Es gibt eine lange Reihe berühmt gewordener praktischer Werkstilbestimmungen, von Helmut Hatzfelds *Don Quixote als Wortkunstwerk*[132]bis zu Michael Riffaterres Analyse von Baudelaires Sonett «Les Chats».[133] Riffaterres Untersuchung geht dabei vom Gegensatz zur einseitigen und linguistisch beschränkten Analyse desselben Gedichts durch Roman Jakobson und Claude Lévi-Strauss aus und bestimmt schließlich als das stilbestimmende Prinzip das Symbol als in den Gehalt gegossene Form.

Die meisten systematischen Zusammenfassungen allgemein anwendbarer Kategorien-Schemata, auch die besten davon, blieben bis jetzt im Grunde unbefriedigend, weil es nahezu unmöglich erscheint, den Möglichkeiten individueller Mannigfaltigkeit der Gesamtheit literarischer Werke ein Ordnungsprinzip gegenüberzustellen, das zugleich vereinfachend-typisierend und flexibel-differenzierend genug ist, um befriedigende praktische Ergebnisse zu gewährleisten. Das gilt von den entsprechenden Abschnitten in Herbert Seidlers *Allgemeiner Stilistik*[134] über Peter Cassirers beschreibende Stilistik[135] bis zu den Versuchen von Gray,[136] Guiraud und Kuentz.[137] Die neuerdings erfolgte Präzisierung quantitativer Untersuchungen durch die Anwendung mathematischer Informationstheorie hat zwar die alten Techniken in gewisser Hinsicht verfeinert, zur Lösung des eigentlichen Problems aber kaum wirklich Neues beigetragen. Im Grunde läuft alles nach wie vor auf die Voraussetzung der Hingabe eines sensitiven und kundigen Kritikers an das Werk im Sinn der «sympathie pénétrante» der Genfer Schule hinaus und in der Durchführung auf zwei Grundmethoden: Die erste Methode ist jene einer systematischen Analyse des literarischen Sprachsystems eines Werkes. Als Beispiel sei etwa Benno von Wieses[138] Analyse der Novelle *Die Judenbuche* angeführt, die deren einheitliches Stilprinzip zuletzt als Einheit verschiedener Einzelsituationen sichtbar macht, die in wechselseitiger Spiegelung das nirgends ganz aufgelichtete Geheimnis als Geheimnis bewahren und zugleich erst offenbar machen: Situationen, die rings um die Mitte des düsteren Brederholzes und später rings um das Zentrum der magisch symbolischen Judenbuche angelegt sind. Die zweite Methode ist jene der Untersuchung von einzelnen Stilkomponenten eines Werkes unter vergleichender Gegenüberstellung von anderen Komponenten verwandter Werke, sei es desselben Autors, derselben Gattung oder derselben Zeit. Als Beispiel sei hier Richard Exners Studie über Hofmannsthals «Lebenslied» genannt,[139] in der das bekannte vierstrophige Gedicht mit dem gesamten Thema des Lebenslieds als solchem in Hofmannsthals Poesie konfrontiert wird.

Abgesehen davon, daß die beiden genannten Methoden einander natürlich keineswegs ausschließen, wird auch keineswegs immer der Begriff «Werkstil«, ja überhaupt «Stil» gebraucht, wenn sie praktisch zur Anwendung gelangen. Alfred Behrmanns Begriff der «Kunstfigur»[140] oder Rudolf Maiers Begriff der «baulichen Fügung»[141] überschneiden sich weitgehend mit dem Begriff des Werkstils.

Eine Frage, die sich aus dem Problem des Werkstils gleichsam von selber ergibt, ist diejenige nach stiltypischen Gemeinsamkeiten mehrerer Werke, einer Gruppe von Werken oder aller Werke eines Autors, ist die Frage nach dem Typus des Personalstils. Ja, nach der Theorie mancher Kritiker, wie etwa Jean Roussets,[142] der sich zwar in seiner literaturkritischen Praxis mit Vorliebe der Analyse einzelner Werkstile zuwendet, der jedoch, im Unterschied etwa zu Gaëton Picon oder zu mehreren Vertretern des russischen Formalismus oder der amerikanischen «Neuen Kritik», im einzelnen Werk nicht ein unabhängiges und objektives, in sich ruhendes Sprachgefüge sieht, sondern seine Identität mit der Persönlichkeit des Autors als wesentlich betrachtet, kann die Frage nach dem Personalstil gar nicht ausgeklammert werden. Denn nach Rousset schreibt der Autor, unbeschadet seiner eigenen vordergründigen Intentionen, im Grunde niemals «etwas», sondern immer «sich selbst». Gundolf[143] hat in einer äußerst sensitiven Untersuchung von Goethes frühen Gedichten gezeigt, wie deren dynamische Sprache Goethes dynamischer Naturauffassung stilistisch vollauf entspricht, da sich in dieser Lyrik Goethes Durchbruch zu seinem eigenen Wesen als Sprache vollzieht und diese Gedichte stilistisch eine unmittelbare Selbstdarstellung bilden. Leo Spitzer[144] aber, und vor allem der frühe Spitzer, hat aus feinsinnigen Stiluntersuchungen geradezu psychologische Merkmale der Besonderheiten von Dichterpersönlichkeiten zu erschließen versucht. Solche Vorgangsweise, wie sie auch von Henry A. Murray[145] geübt wurde, kann jedoch überaus problematisch werden, und Spitzer selber hat später derart «psychologische Stilistik» auf Autoren eingeschränkt sehen wollen, die nach individueller Schreibweise streben, also zumeist Autoren aus dem 18. oder einem späteren Jahrhundert. Er ist jedoch wiederholt durch die Praxis solcher Methoden zum Irrtum der Konstituierung außerliterarischer und außerstilistischer Werte und ihrer Anwendung auf literarische Werke verführt worden, wenn es ihm gelang, bei zweitrangigen Autoren, wie Charles Louis Philippe oder Jules Romains, solch direkte Beziehungen zwischen der geistigen Eigenart eines Autors und seinem Stil herzustellen.

Dennoch ist die Herausarbeitung und Darstellung von Personalstilen nicht nur eine äußerst legitime und fruchtbare literaturwissenschaftliche Aufgabe, sondern der Personalstil ist auch – besonders in bestimmten Fällen – eines der offenkundigsten und sichtbarsten Phänomene, so sehr, daß er in der Regel die Grundlage für die Wirkung populärer literarischer Parodien bildet.

M. H. Abrams,[146] der eine hervorragende Darstellung der geschichtlichen Ursprünge der Vorstellung von Literatur als Offenbarung der Persönlichkeit im 18. und 19. Jahrhundert geschrieben hat, unterscheidet drei verschiedene Arten kritischer Tätigkeit im Hinblick auf die gegenseitige Bezogenheit von persönlicher und stilistischer Eigenart. Die erste versucht die Eigenart der Werke aus dem Charakter, dem Leben, den Neigungen und der Umwelt des Autos zu erklären, geht also im Grunde als biographische Methode der Literaturwissenschaft über reine Stilforschung hinaus und soll später behandelt werden. Die zweite Art ist gar nicht am Werk selbst und am Personalstil als letztem Ziel interessiert, sondern verwendet die Werke lediglich als Material zur Nachzeichnung der Biographie eines Autors. Sie liegt überhaupt außerhalb des Bereichs der Literaturwissenschaft und gehört in den Bereich von Biographik, Geschichte oder Psychologie. Die dritte Art geht von den literarischen Werken aus, jedoch in einzelnen extremen Fällen betrachtet sie diese als ein Medium, von dem aus sich direkte Einblicke in die Seele des Autors ergeben. Dies kann jedoch, wenn überhaupt, dann nur sehr bedingt in bestimmten Fällen gelten und kann zu höchst problematischen Schlußfolgerungen führen, wie jenen des frühen Spitzer oder Murrays. Die beste Methode zur Analyse und Darstellung eines Personalstils wird auf die Werke selbst eine strukturelle Methode anwenden, die sich um die Herausarbeitung der konstituierenden Prinzipien des Personalstils ohne Rücksicht auf die Autorpersönlichkeit selbst bemüht.

In diesem Sinn hat etwa Viktor Vinogradov[147] dieselbe stilkritische Methode des Enthüllens der Wechselwirkung zwischen Wortgefüge und stilistischer Absicht zuerst auf einen Werkstil, denjenigen der Autobiographie Avvakums, angewendet und dann auf den Personalstil Puschkins. Es ist eine häufig geübte Praxis, besonders hervorstechende Stilzüge als stilbestimmend für einen Personalstil aufzusuchen und darzustellen. So etwa hat R. A. Sayce[148] den Stil Montaignes von dessen besonderem Gebrauch von Wortpaaren und Wortgruppen her darzustellen versucht oder hat Wilhelm Franz[149] den Stil Shakespeares von einer Shakespeare-Grammatik her zu analysieren unternommen. Eine durch besonderes Einfühlungsvermögen ausgezeichnete Untersuchung, die alle wichtigen Stilzüge der Werke eines Autors sichtbar macht und in ihrem Zusammenwirken zu einem Personalstil darstellt, ist Karl Ludwig Schneiders Klopstockbuch.[150] Franz Dornseiffs Untersuchung von Pindars Stil[151] oder William K. Wimsatts Darstellung des Prosastils von Samuel Johnson[152] sind andere Musterbeispiele der Herausarbeitung von Personalstilen.

So wenig es angebracht ist, einseitig den Stil aus der Person des Autors oder umgekehrt, die Person aus ihrem Stil abzuleiten, so angezeigt ist es, in literaturwissenschaftlichen Monographien, neben anderem, auch dem Personalstil gebührende Achtung zuzuwenden, und einige der besten Monographen gipfeln geradezu in einer solchen Stildarstellung als Abschluß, wie etwa Uwe Schweikerts kleine Jean Paul-Monographie.[153]

In manchen Fällen wird sich die Eigenart eines Personalstils auf den ersten Blick ergeben, in anderen Fällen wieder wird es großen Scharfsinns und bedeutender Anstrengung bedürfen, um typische wiederkehrende Stilzüge in den Werken eines Autors zu erfassen, besonders wenn es sich um einen Autor handelt, der dem einheitlichen Stilideal einer Gruppe huldigt oder der einer Schule oder einer besonders ausgeprägten Zeitstilphase angehört. Die Erfassung des Personalstils kann aber nicht nur schwierig, sie kann nahezu unmöglich sein, wenn der Autor eine lange und wandlungsreiche Entwicklung durchläuft, so daß man nicht infolge des Wandels seiner Persönlichkeit, sondern infolge der völligen Veränderung seiner Haltung, gar nicht mehr von einem Stil sprechen kann, sondern von mehreren Stilen sprechen muß. Goethes Werke, die sich vom Rokoko über Sturm und Drang zur Klassik und schließlich im Grunde zur Romantik hin entwickeln, stellen einen solchen Beispielsfall dar. Gewiß, es hat auch nicht an Versuchen gefehlt, alle derartigen großen Wandlungen und Unterschiede durch die Konstituierung überindividueller, unwandelbarer Persönlichkeitstypen an den Rand zu schieben, Persönlichkeitstypen, die kontinuierlich die eine und gleiche Stilhaltung verkörpern. Einer der methodenkritisch interessantesten Versuche in dieser Richtung stammt von Hermann Hohl,[154] der die drei Sievers-Rutzschen Rhythmustypen mit den Diltheyschen Weltanschauungstypen verband. Im allgemeinen jedoch zeigt sich die zweifellos wichtigste Beziehung zwischen dem Personalstil und überindividuellen Stiltypen beim Vergleich zwischen dem Personalstil und dem Stil von Zeitstilphasen oder, in größeren Umfang, dem Periodenstil.

Es ist eine reine Frage der Themenstellung, welcher Typusbegriff jeweils in den Vordergrund gerückt wird und welcher dabei allenfalls dazu dient, in komparatistischer Weise danebengestellt zu werden, um den ersten deutlicher hervortreten zu lassen. Natürlich gibt es immer sowohl Überschneidungen und Parallelen wie Unterschiede zwischen den beiden Stiltypen, denn in gewisser Weise ist jeder Personalstil mehr oder weniger einem bestimmten Zeitstil verbunden. Man könnte vielleicht sagen, daß im allgemeinen die bewußten Programmatiker einer bestimmten kleineren Zeitstilphase kaum die größten Autoren einer Zeit darstellen, während Autoren, die sich zumindest in direkter Weise nicht um bestimmte Zeitstilprogramme kümmern, mitunter durch ihre universelle Erfassung aller Komponenten einer Zeit deren wirkliche literarische Erfüllung bewirken und gerade dadurch zu den größten Persönlichkeiten und Künstlern einer Zeit werden. Fritz Martini hat einige der wichtigsten Aspekte des Verhältnisses zwischen Persönlichkeitsstil und Zeitstil dargelegt[155] und vor allem auf die Unmöglichkeit der Lösung des Problems durch generelle Regeln hingewiesen und darauf aufmerksam gemacht, daß es sich um eine historische Frage handelt, da Zeitstil und Persönlichkeitsstil in verschiedenen Zeiten verschiedene und fließende Verbindungen eingegangen sind. Auch auf die Implikationen des schwierigen Wertungsproblems weist er hin.

Ein Musterbeispiel praktischer Stiluntersuchung, die sich das Herausarbeiten sowohl der Unterschiede dreier Personalstile wie deren Gemeinsamkeiten einem Zeitstil gegenüber zum Ziel gesetzt hat, ist Karl Ludwig Schneiders Buch über den bildhaften Ausdruck in den Dichtungen der drei Frühexpressionisten Heym, Trakl und Stadler.[156]

Die meisten älteren Versuche, eine Art zusammenfassender Gesamtschau eines literarischen Zeitstils zu geben, blieben unbefriedigend, entweder weil sie zu weit von den Werken und ihrer Sprache entfernt blieben oder aber, weil ihre Einzelgesichtspunkte sich nicht zu einer völligen, ganzheitlichen Gestalt, geschweige denn zum vollen Bild des geschichtlichen Verlaufs zusammenfügen lassen. Einerseits etwa ist es unmöglich, Zeitstilbegriffe wie «klassische» und «romantische» Dichtung auf rein sprachliche Züge, zudem gar nur einen, nämlich den Gebrauch entweder der Metapher oder der Metonymie als Hauptkennzeichen zurückzuführen, wie dies Žirmunskij[157] versucht hat. Andererseits darf die Konsequenz und Durchdachtheit, mit der sich etwa in Paul Böckmanns[158] Formengeschichte zeitlich betimmte Stilgepräge nicht nur über den persönlichen Ausdruckscharakter, sondern oft über geradezu gegensätzliche Werkphänomene legen, so daß diese in solcher objektivierten Epochalstruktur völlig zu verschwinden scheinen, nicht dazu verführen, die ungelösten Einzelprobleme dahinter zu übersehen. Auch der amerikanische Kritiker Robert E. Spiller[159] verwendet Zeitstilbegriffe wie Naturalismus,

Realismus und Romantik in einem ähnlichen Zusammenhang systematischer Zyklendarstellung in einem so weit gefaßten Sinn, daß sie ihren ursprünglichen Sinn verlieren und einzelne Phänomene einschließen, die man sonst kaum darunter subsumieren würde.

Als Hugo Kuhn[160] versuchte – wie dies nicht unähnlich Paul Zumthor[161] wenig später tat –, eine Art kleines Modell einer Stilgeschichte des Mittelalters aufzustellen, da begann er mit einem Katalog der themenbedingten Schwierigkeiten, der nicht nur die allgemein herrschende Konfusion auf diesem Gebiet verständlich macht, sondern beinahe jegliche Hoffnung auf völlig befriedigende Lösungsmöglichkeiten in Frage zu stellen scheint. Tatsächlich wird ja kaum ein Typusbegriff ausnahmslose Regel und uneingeschränkte Zustimmung erlangen können. Es sollte aber auch nicht übersehen werden, wie vieles bereits in Richtung auf eine Klarstellung doch auch schon geleistet wurde, und vor allem zur Klärung der Begriffe selbst ist schon manches geschehen.

Zur indirekt vergleichenden Begriffsklärung haben eine Reihe deutscher Anthologien von Richard Brinkmann,[162] Heinz Otto Burger,[163] Helmut Prang[164] und anderen beigetragen; eine direkte Komparatistik von wichtigen Zeitstilbegriffen wie Barock, Romantik, Realismus, Klassik und Symbolismus, lieferte René Wellek.[165] Ein distanzierter Blick auf Entwicklung und Gebrauch von Zeitstilbegriffen läßt erkennen, daß es auch innerhalb der Geschichte der Literaturwissenschaft wechselnde Phasen gibt, von denen die einen mehr durch minutiöse Detailforschung gekennzeichnet sind, während die anderen eher zu weitausgreifenden überindividuellen Typisierungen bereit sind. Gewiß sind bestimmte methodenkritische Richtungen, wie etwa der amerikanische New Criticism, die explication de texte oder die immanente Werkinterpretation, wie etwa auch früher der Positivismus, bei weitgehendem Vorherrschen weder an Zeitstilbegriffen, noch an Geschichtlichkeit überhaupt besonders interessiert und wird die Arbeit an Zeitstilproblemen oft automatisch von anderen methodischen Richtungen gefördert, die sich im Widerspruch oder in Ergänzung zu den ersteren entwickeln.

Unter den zahllosen Unternehmungen zur Klärung des Zeitstilproblems seien hier nur die klug durchdachte Zusammenfassung Karl Tobers[166] genannt, der auf dem komplexen Gebiet der Querbeziehungen zwischen Geschichtlichkeit, Dichtung und Zeitstilbegriff am Beispiel der Romantik Ordnung zu schaffen versuchte, und Murray Kriegers[167] neuer Ansatz zu einer, verschiedene Perspektiven vereinenden, neuen Gesamtkonzeption «klassischer Schau».

Einige der grundlegendsten Mißverständnisse und Schwierigkeiten auf dem noch immer recht chaotischen Gebiet der Zeitstile könnten vermieden werden, wenn es gelänge, allgemeine Einsicht und Verständnis zur Klärung und Unterscheidung dreier Grundprobleme zu erzielen.

Erstens wird nicht immer, wie dies nötig wäre, zwischen Perioden- und Periodenstil-Begriff unterschieden, ja mehr noch: derselbe Begriff wird oft unterschiedslos sowohl zur Bezeichnung von Epochen wie von Epochenstilen verwendet. So etwa war der Barockbegriff ursprünglich als Zeitstil-Begriff verstanden worden, entwickelte sich aber dann zur Epochenbezeichnung schlechthin, ohne echte stilistische Bezüge zu enthalten und wurde schließlich in beiden Funktionen gleichzeitig gebraucht. Wellek sieht mit Recht keinen Widerspruch in der unvermeidlichen Willkür der Konzeption eines Begriffes, so lange seine Problematik und die zunehmende Verwirrung seiner Bedeutungsmöglichkeiten erkannt wird.

Zweitens sollte zwischen verschiedenen Arten von Zeitstiltypen unterschieden werden: zwischen den weitausgreifenden, umfassenden und großen Epochenstilen, zwischen den weitaus kleineren Zeitstilphasen innerhalb dieser Epochenstile und schließlich vielleicht sogar noch zwischen einzelnen kleinen literarischen Moden als kleinsten Segmenten überindividueller Stiltypologie im Hinblick auf Geschichtlichkeit.

Drittens aber sollte das dialektische Problem der Beziehung von Zeitstiltypen zu überzeitlichen, allgemeinen literarischen Stilhaltungen in seinem geschichtlichen wie ästhetischen Kontext verstanden werden. So gab es etwa durch die vielen Jahrhunderte überschaubarer geschichtlicher Entwicklung zahlreiche einzelne Formen sowohl von Realismus wie auch von Romantik oder Klassik, die einander gegenseitig nicht nur relativieren, sondern auch bestimmen und eingrenzen. Ich habe das Ineinandergreifen zeitlos allgemeiner menschlicher Grundhaltungen und besonderer, einmaliger historischer Konstellationen besonders von der Perspektive sozialgeschichtlichen Wandels her darzustellen versucht.[168]

Im Grunde sind nicht Gegenstände oder Geschehen im Werke ausschlaggebend, sondern stilbestimmend ist das Prinzip der Darstellung und des Ausdrucks, und im Bereich des Zeitstils führt in der Praxis am ehesten eine zusammenfassende Gegenüberstellung von sprachlichen Mitteln und Sinngehalt zu fruchtbaren Ergebnissen. Einen Sonderfall solcher Gegenüberstellung bietet das Modell Erich Neumanns[169] in seiner Untersuchung über «Kunst und Zeit», in welcher er dem gleichbleibenden Sinngehalt der Archetypen des Jungschen kollektiven Unbewußten ihre nach Zeit und Ort wechselnden Gestaltungs- und Äußerungsformen gegenüberstellt. So bleibt etwa der Mutterarchetyp als bewegende psychische Hintergrundsfigur immer «er selbst», aber ob er in Ägypten, in Mexiko oder Spanien, in der Frühzeit, im Mittelalter oder in der Moderne in Erscheinung tritt, bedingt verschiedene Stilformen seiner Gestaltung.

Sowenig ein Zweifel darüber besteht, daß viele der bisherigen Typisierungsversuche von literarischen Zeitstilen unbefriedigend waren, so wenig kann dies ein völliges Abwenden von der Zeitstil-Problematik oder gar ein modisches Ausspielen anderer Stiltypisierungen, etwa des Werkstils, Personalstils oder Gattungsstils gegen den Zeitstil rechtfertigen. Im Gegenteil, zuletzt wird ein der Literaturwissenschaft adäquates Periodisierungsprinzip nur in Perioden- oder Zeitstilen gesucht und gefunden werden können. Wenn literarhistorische Gesamtdarstellungen nach Generationen, nach real- oder sozialgeschichtlichen oder einfach nach rein annalistischen Gesichtspunkten gegliedert sind, dann geschieht dies – sofern nicht unberechtigte, außerwissenschaftliche, ideologische Vorurteile im Spiel sind – aus der verständlichen und berechtigten Befürchtung der ungenügenden Tragfähigkeit bisher erarbeiteter Periodenstilbegriffe heraus. Wenn aber in einer Gesamtdarstellung zeitstilbezogene und außerliterarische Periodisierungsprinzipien abwechseln, dann muß man daraus keineswegs auf einen Mangel an systematisch-logischer Denkfähigkeit des Autors schließen, sondern es kann auch geschehen, weil er die eigentlichen literaturwissenschaftlichen Periodisierungsprinzipien da benutzt, wo sie ihm genügend entwickelt und brauchbar erscheinen und dort ablehnt, wo sie noch nicht hinreichend gesichert sind. So hat etwa Mirskij in seiner Geschichte der russischen Literatur es als angemessen betrachtet, einzelne Kapitel dem Klassizismus, Realismus, Symbolismus zu widmen, während in anderen Fällen periodenstilgeschichtliche Zusammenfassungen noch nicht möglich waren.

Eine weitere wichtige Typisierungsform des literarischen Stils ist der Gattungsstil. Natürlich berührt und überschneidet sich der Gattungsstil einerseits mit den anderen Stilformen, andererseits mit der Gattungsform. Es hat jedoch immer wieder Literaturwissenschaftler gegeben, die besonders im Zusammenhang mit Stilproblemen die Gattung behandelten, wie etwa Bateson[170] oder Larthomas.[171] Beide unterstreichen die Wichtigkeit des Problems, wie bestimmte Stilzüge eine Gattungsform erfüllen oder wie umgekehrt eine bestimmte Gattungsform gewisse stilistische Elemente verlangt. Schon Ermatinger[172] hatte von «lyrischem», «epischem», «dramatischem» Stil gesprochen.

In der Geschichte einer bestimmten literarischen Gattung, etwa der Novelle oder der Elegie, wird man nicht nur verschiedene persönliche Ausdrucksgestaltungen ein und derselben Gattungsform durch verschiedene einzelne Autoren finden, sondern auch verschiedene überpersönliche Gemeinsamkeiten von Ausdrucksgestaltungen derselben Gattungsform in verschiedenen Zeitstilen. Was all diese Verschiedenheiten übergreift und umfaßt und die Dauer im Wandel der Entwicklung darstellt, das ist der Gattungsstil. Es versteht sich von selbst, daß es sich um einen weitgehend abstrahierten literarischen Gestalttyp handelt.

Hier kommt manches von den Ergebnissen sogenannter strukturalistischer Analysen der Sache selbst sehr nahe: etwa Todorovs[173] bekannter Versuch, eine Art Grundstruktur der «Intrige», also einer Unterart der kurzen Erzählgattung, zu schaffen. Es ist eine typische Eigenschaft des Strukturalismus, die von manchen als seine Stärke empfunden wird, die Werkganzheit in solche Einzelelemente aufzuspalten, die sich auf überwerkmäßiger Ebene zu größeren neuen Struktureinheiten (ensembles compréhensibles) zusammenschließen können. Dies erweist sich gerade auf einem eine so weitausgreifende Abstraktion erfordernden Gebiet als überaus nützlich. Die andere übliche Eigenschaft des Strukturalismus, oft als seine Schwäche empfunden, nämlich die Beschränkung auf synchronische Betrachtung unter Ausklammerung der Diachronik, wirkt hier nur bedingt hinderlich, da ein tragfähiger Gattungsstilbegriff alle einzelnen geschichtlichen Stilerscheinungen übergreifend umfassen muß, ohne ihnen besondere Aufmerksamkeit zu widmen. Gewiß wird ein Gattungsstilbegriff, der sich um die dialektische Verbundenheit von Synchronik und Diachronik bemüht, wie man ihn etwa aus Forsters Theorie des Romans[174] oder Ernés Buch zur Novelle[175] ableiten kann, kaum wesentlich befriedigendere Ergebnisse bieten. Doch wird dies vor allem darum der Fall sein, weil hier, neben den rein sprachlichen und allenfalls den simpelsten fiktionalen Elementen, die Gesamtheit literarästhetischer Komponenten berücksichtigt ist, was zumindest bisher bei Vertretern des Strukturalismus kaum jemals der Fall war.

Gewiß, auch für Tomaschevskij,[176] der hier stellvertretend für mehrere russische Formalisten steht, stellen Gattung und Gattungsstil nichts anderes dar als eine Häufung kompositioneller Kunstmittel. Jedoch sind sich die meisten Formalisten der Eigenschaft dieser Kunstmittel als Kunstmittel bewußt und sind etwa Šklovskijs[177] Ausführungen über einen so abstrakt formalisierten Begriff wie die stufenartige Anhäufung von Motiven der Erzählkunst noch viel literaturnäher und literaturadäquater als die strukturalistischen Versuche der Reduktion solcher Formen auf ein möglichst rein grammatikalisches Gerüst.

Wie groß die Schwierigkeiten beim Versuch der Konstituierung eines Gattungsstils sind, zeigen nicht nur die vorsichtigen, nur locker zusammenhängenden Bemerkungen Roy Pascals[178] zur Autobiographie als Kunstform, sondern zeigt noch deutlicher der Umstand, daß ein Forscher vom Rang Jean Starobinskis,[179] gleichfalls bei der Behandlung der Autobiographie, es überhaupt ablehnt, in diesem Zusammenhang von einem eigenen «Stil» zu sprechen.

Noch weiter ausgreifend und daher noch weitaus schwieriger zu erfassen als der literarische Gattungsstil, ist der literarische Nationalstil. Es versteht sich von selbst, wie ungeheuer schwierig es sein muß, eine Art typisierender Stilgemeinsamkeit für die literarischen Hochleistungen nicht nur verschiedener Autoren, sondern auch verschiedener Zeit- und Gattungsstile zu etablieren, und abgesehen von den ideologischen Vorurteilen in manchen Versuchen, eine Art Nationalstil darzustellen, ist es auch für manche sachlichen Theorien oder Modelle oft einfacher, eine Fülle negativer statt positiver geschichtlicher Beispiele anzuführen.

Erfordert es bereits ein ungeheures Wissen, um bei der Darstellung auch nur einzelner Elemente oder Teilaspekte des Problems zu echten Ergebnissen zu gelangen, wie dies etwa Robert Minder[180] in seiner Gegenüberstellung deutscher und französischer Literatur gelang, so ist es bisher kaum in zufriedenstellender Weise gelungen, die Gesamtstruktur von einzelnen Nationalstilen in allgemeingültiger Weise festzustellen und darzulegen. Zumindest zum Teil aus dem Bewußtsein dieser Schwierigkeit heraus entstanden die Versuche, charakteristische Eigentümlichkeiten eines Nationalstils am radikal begrenzten Beispiel eines einzelnen Autors aufzuzeigen, wie dies etwa Marianne Moore am Beispiel des amerikanischen Romanciers Henry James getan hat[181] oder Robert E. Spiller am Beispiel Emersons.[182]

Dennoch sind zumindest Ansätze zu einer sachlichen Behandlung des Themas vorhanden. Im Bereich der deutschen Literatur hat etwa Karl Viëtor[183] als einer der ersten das Problem eines Nationalstils im Anhang zu einem Barockaufsatz angeschnitten. Diltheys Mahnung, daß im geisteswissenschaftlichen Bewußtsein kein Begriff enthalten sein soll, der sich nicht geformt hat an der ganzen Fülle des historischen Nacherlebens, und kein Allgemeines, das nicht Wesensausdruck einer historischen Realität ist, wurde vor allem in seiner eigenen deutschen Heimat keineswegs immer beherzigt. Der Versuch von Howard Mumford Jones,[184] einheitsstiftende Elemente in der literarischen Entwicklung der USA in ihrem Zusammenwirken sichtbar zu machen, hält sich jedoch mit guten Gründen an konstante Züge der Kulturmorphologie sowie der Sozial- und Ideengeschichte auf breiter Grundlage und gelangt als zu einem Hauptergebnis zur Einsicht in die wiederkehrende stilbildende Antriebskraft eines «moralischen Idealismus».

Hinweise zu einem kroatischen Nationalstil hat A. Flaker[185] gegeben, Hinweise zu einem österreichischen habe ich zu geben versucht.[186] Eine großangelegte Zusammenschau dreier großer Stiltypen, die er zunächst auf Epochen anwandte, die sich aber ebenso in Nationalstilen äußern können, hat Pitirim A. Sorokin versucht.[187]

Ein besonderes und äußerst wichtiges Problem all dieser literarischen Stiltypologien stellen, zusammen mit ihrer Enstehung und Wirksamkeit, ganz besonders ihre Konstanz und ihr Wandel dar. Für die russischen Formalisten etwa bedeutete literaturwissenschaftliche Arbeit überhaupt in erster Linie die Erforschung der Funktionalität bestimmter Unterschiede zur Norm und das Herausfinden der Ursachen für den Gebrauch neuer «konstruktiver Grundsätze» in literarischen Werken. Das heißt mit anderen Worten: da, wo sie über die Untersuchung eines einzelnen Werks hinausgingen und zumal wo sie Gruppen von Werken im gegenseitigen Kontext untersuchten, wurde ihnen Literaturgeschichte zu einer diachronen Abfolge von Stilwechseln, worin eben das Wesen der Literaturgeschichte besteht. Es waren allerdings nur einzelne Vertreter des Formalismus, wie etwa Tynjanov, die durch ihre Arbeiten über rein literaturimmanente Zusammenhänge hinausgeführt wurden und die einzelne der literaturtranszendenten Bezüge mitbehandelten. Nun sind aber zumindest bis zu einem gewissen Grad alle literarischen Stiltypen und am meisten natürlich die Zeitstile, zumindest unter anderem, Ergebnisse geschichtlicher, soziologischer und außerliterarisch geistesgeschichtlicher Entwicklungen. In ebensolchem Maß gilt dies von den Nationalstilen und in teilweise weitaus geringerem Maß von den Gattungs- und Persönlichkeitsstilen. Der Umstand, daß es sich dabei um nichts weniger als leicht durchschaubare, direkte Determination der Wirkung von realgeschichtlichen Faktoren auf literaturgeschichtliche Phänomene, sondern um überaus indirekte und komplizierte Zusammenhänge handelt, macht die Klärung des Problems zwar schwieriger aber nicht weniger bedeutungsvoll.

Es besteht kein Zweifel darüber, daß in jeder Zeit vielerlei Möglichkeiten zur Entwicklung verschiedenster Stiltypen angelegt sind und daß die Frage nach dem Stilwandel darauf hinausläuft, zu ergründen, warum der eine gewählt und entwickelt wurde, während die anderen unbeachtet blieben und verkümmern mußten. Im Fall der Zeitstile wird es hier von besonderer Wichtigkeit, zwischen umfassenden, großen Epochenstilen und innerhalb dieser zwischen kleineren Phasenzeitstilen zu unterscheiden. Im Fall der letzteren werden es in der Regel literaturimmanente Kräfte sein, welche die Entwicklung weitertreiben und den Wandel bewirken. Emil Staiger[188] hat als drei mögliche Grundfaktoren die Tendenzen zu «Vollendung», «Steigerung» und

«Verflüchtigung» unterschieden. Im Fall der großen Epochenstile werden literaturtranszendente Kräfte weitaus mehr als ausschlaggebend in den Vordergrund treten.

Wie sehr die literarische Stilentwicklung und ihr Wandel an die allgemeine Sprachentwicklung gebunden ist, zeigt etwa Eric A. Blackalls[189] Buch über die Entwicklung des Deutschen zur Literatursprache in aller Deutlichkeit. Dabei ist jedoch die Sprachentwicklung selbst wieder in einen größeren geschichtlichen und kulturgeschichtlichen Entwicklungsprozeß eingebettet und kann man überhaupt nicht von einem einseitigen Kausalnexus sprechen, da sowohl Sprache wie Literatur auf die geschichtlichen Triebkräfte zurückwirken. Ja es wird überhaupt angeraten sein, keinerlei Kausalbeziehungen, sondern äußerstenfalls Motivierungen und Modalbeziehungen anzunehmen.

Obwohl jedoch die Macht und der Einfluß geschichtlicher Entwicklungen, der Platz, den der einzelne Autor in ihnen einnimmt und die damit verbundenen Chancen und Begrenzungen der Erfüllungsmöglichkeiten kaum überschätzt werden können, liegt die wesentliche Entscheidung, was er aus den jeweiligen Möglichkeiten macht, dennoch beim einzelnen Künstler. Er ist es, der potentielle stilistische Wertmöglichkeiten aktualisiert, der verbrauchte Stilmittel und Funktionen durch neue ersetzt, der unbenützten alten neue Kraft einhaucht, der Stilkomponenten, die dem Alltagssprechen entgehen oder von der Sprachgemeinschaft völlig vergessen waren, zu neuem Gebrauch gewinnt und gelegentlich zu solchem Glanz bringt, daß sie bestimmte Gedanken und Begriffe übertönen. Aufgabe der Literaturwissenschaft jedoch und besonders ihrer immanenten Methoden ist das Erkennen, Verstehen und Begreifen sowohl der Einzelheiten wie der Ganzheit solch kunstschöpferischer Leistungen literarischer Stilwerte.

C. Werktranszendente Methoden

1. Das Problem werktranszendenter Interpretation

a. Der Stil als zentraler Begriff literarischer Einheit

Wie der literarische Stil weder aus rein sprachlichen noch aus rein literarischen Formelementen, sondern aus einer Einheit beider besteht, so drücken sich in ihm auch gleichzeitig die ästhetischen und die geschichtlichen Aspekte des literarischen Werks aus, und so enthält er in seiner alle diese Elemente integrierenden Einheit auch zugleich literaturimmanente wie literaturtranszendente Komponenten. Die literaturimmanenten Stilkomponenten verstehen sich von selbst: alle die einzelnen Züge von Rhythmus, Klang und Gliederung, bildhaften Ausdrücken und Gattungsformen, können in verschiedenster Kombination zusammenwirken und stilbildend wirken, und stilbildende Werte können sich rein immanent durch allzu lange Wiederholung abnützen oder aber gerade auch durch Wiederholung gewinnen. Immer wieder ist aber auch auf die Tatsache und Funktion werktranszendenter Elemente im literarischen Stil hingewiesen worden. Die Stiluntersuchung von Ben Jonsons *Poetaster* durch A. H. King[1] bringt durch eine genaue Analyse von Dialekten der Gesellschaft und der Klassen der Entstehungszeit die satirische Funktion dieses Stils durch den Umstand zutage, daß er direkter Ausdruck sozialer Spannungen und Unterschiede ist. Herbert Seidler hat in seiner *Allgemeinen Stilistik*[2] ein ganzes Kapitel über «soziale Stilwerte» eingeschoben, in dem er die Beziehungen des Stils zu Lebensgemeinschaften, zu Bildungsgemeinschaften und zu geschichtlichen Bezügen darzustellen unternimmt. Ich habe in meinem Buch *Die gelenkten Musen*[3] das Modell einer systematischen literarischen Stilsoziologie zu entwerfen versucht. All dies ist nur durch das Einbeziehen transzendenter Aspekte in das Werk selbst möglich und macht transzendente Methoden neben den immanenten nicht nur möglich, sondern vielfach sogar notwendig.

Der literarische Stil ist jener zentrale Begriff, in dem die Verbindung immanenter und transzendenter Elemente in ihrer Einheit am deutlichsten sichtbar wird, woraus sich die Notwendigkeit beider Methodenarten für die Literaturwissenschaft von selbst ergibt. Es wäre ebenso unrichtig wie unfruchtbar, von welcher der beiden Seiten her immer, eine schroffe Dichotomie zwischen beiden Aspekten und Methoden aufzustellen oder in dogmatisch-engstirniger Einseitigkeit gar nur entweder die eine oder die andere gelten lassen zu wollen.

Hans Eichner[4] hat zwei grundsätzliche Modellfälle solcher Methoden, die sich ergänzen, einander gegenübergestellt: dichterische Absicht und literarische Deutung. Die letztere Methode ist werkimmanent, die andere, unter Berufung auf biographische, psychologische und andere außerwerkmäßige Fakten werktranszendent. Er hat keinen Zweifel darüber gelassen, daß es sich dabei um zwei völlig verschiedene Methoden handelt, die von verschiedenen Voraussetzungen ausgehen und verschiedene Fragen beantworten, wenngleich sie aufeinander bezogen sind und einander ergänzen.

Nichts wäre nun allerdings falscher, als bei der Deutung eines Werkes mechanisch in einer solchen methodischen Zweistufenfolge vorzugehen: Zuerst eine Reihe möglicher Bedeutungen des Werksinns durch immanente Methoden zu ermitteln und sodann, durch Einbeziehung der Autorenabsicht, eine einzige davon in gleichsam historischer Rekonstruktion als die objektiv einzig richtige auszusondern. Derartige «Objektivität» wäre so übersimplifizierend und reduzierend – besonders im Fall bedeutender Werke –, daß das Ergebnis zumeist schlicht und einfach falsch sein müßte. Dies aber nicht nur wegen der bekanntlich fatalen Subjektivität der Intention des Autors, die zur Konstituierung von Wimsatts und Beardsleys Prinzip der «intentional fallacy» geführt hat. Es besteht kein Zweifel, daß in manchen, ja in vielen Fällen, die Kenntnis der Autorabsicht zu einer relativ objektiven Klärung zumindest einer wichtigen Bedeutung wird führen können. Es ist also nicht gemeint, daß man sich um des Autors eigenes Anliegen und seine ursprüngliche Absicht überhaupt nicht kümmern dürfte, sondern lediglich, daß nichts falscher wäre, als die Autoren-Intention mit dem Werk als ganzem zu identifizieren. Immanente und transzendente Methoden werden sich vielmehr abwechselnd und dynamisch fortschreitend einander zu ergänzen haben, und es werden sich, gerade bei bedeutenden Werken, zusätzlich zu den bewußten Absichten des Autors noch ganz andere Bedeutungen ergeben.

Gerade im Fall der größten literarischen Werke wuchs die Bedeutungsfülle über die vergleichsweise ursprünglich relativ beschränkte Absicht des Autors (die durch transzendente Methoden objektiv belegbar sein mag) in der Regel so weit hinaus – oft erst im Laufe von Generationen von Kritikern und Lesern

–, daß sich der tatsächliche Gesamtsinn des Werkes als vom Autorwillen durchaus verschieden erwies.

«Wir können den Doppelsinn vieler Worte nicht erfassen», sagt Wellek,[5] «der einen wesentlichen Teil der Bedeutung eines jeden Dichters ausmacht». Darüber hinaus ist offenbar einige Anstrengung unserer Einbildungskraft erforderlich, um uns – und dies auch nur mit sehr begrenztem Erfolg – in den Götterglauben der Griechen oder ihre ethischen Wertungen zurückzuversetzen. Und doch läßt sich eine wesentliche Identität der «Struktur» kaum bestreiten, die durch die Zeiten hindurch gleichgeblieben ist. Diese Struktur ist jedoch dynamisch. Sie wandelt sich im Laufe des historischen Prozesses, in dem sie durch den Geist ihrer Leser, Kritiker und anderer Künstler geht. Auf diese Weise wächst und wandelt sich das Normensystem und wird in gewissem Sinne immer unvollständig und unvollkommen realisiert bleiben. Diese dynamische Auffassung bedeutet jedoch keinen bloßen Subjektivismus oder Relativismus. All die verschiedenen Standpunkte haben durchaus nicht in gleichem Maße recht. Es wird immer möglich sein zu bestimmen, welcher Gesichtspunkt den Gegenstand am gründlichsten und tiefsten erfaßt. Im Begriff der adäquaten Interpretation ist eine Hierarchie der Standpunkt, eine Kritik des Verständnisses der Normen enthalten. Aller Relativismus wird letztlich durch die Erkenntnis überwunden, daß «das Absolute im Relativen, obschon nicht letztlich und völlig, enthalten ist».

Nichts liegt Wellek dabei ferner, als das literarische Werk und seine adäquate Erfassung im Sinn einer einseitig extremen und naiven Version rezeptionsästhetischer Auffassung mit der Summe aller seiner einzelnen Lesererfahrungen zu identifizieren. Wohl aber impliziert diese Stelle die Notwendigkeit der Erreichung jenes «Gesichtspunktes», welcher den Gegenstand am gründlichsten und tiefsten erfaßt. Es besteht dabei kein Zweifel, daß alle fruchtbaren und ergebnisreichen Methoden, immanente wie transzendente, dazu beitragen sollen. Den transzendenten Methoden fällt dabei nicht nur die Aufgabe der Erhellung des ursprünglichen geschichtlichen und allenfalls auch biographischen Kontexts zu (der «Götterglaube der Griechen» oder «ihre ethischen Wertungen»), sondern auch jene der Erhellung kritischer Sonderung und Erfassung späterer rezeptionsästhetischer Faktoren, soweit diese in einem «adäquaten» und das bedeutet objektiven Sinn neuerlichen Bedeutungszuwachs nicht nur ermöglichen, sondern geradezu notwendig machen.

Leider hat einer der bedeutendsten Literaturforscher unserer Zeit, Eric Donald Hirsch,[6] gerade diese wichtige Stelle bei Wellek mißverstanden. In seinem berechtigten, ja vorbildlichen Objektivitätsstreben stellt er dem dynamischen Erkenntnisprozeß Welleks einen statischen gegenüber, und trotz seiner zwei «Horizonte» des Textsinns ist sein Objektivitätsbegriff vom Textsinn allzu eingeschränkt, verglichen mit dem differenzierteren und höheren Objektivitätsbegriff Welleks.

«Für Leser der gleichen Epoche werden häufig ähnliche kulturelle Gegebenheiten bestehen, weshalb sie auch darin, was der Text für sie bedeutet, übereinstimmen werden», sagt Hirsch und: «Aber kann es nicht so sein, daß sie sich deshalb darüber einig sind, was der Text ‹für sie› bedeutet, weil sie zuerst seinen Sinn verstanden haben? Könnte sich der Textsinn selbst ändern, so hätten auch Leser derselben Epoche keine Grundlage für Übereinstimmung oder Meinungsunterschiede.» Tatsächlich können nicht nur einzelne Leser, sondern auch Lesergenerationen den Textsinn natürlich verfehlen. Ja, gerade im Fall bedeutender Kunstwerke wird der Gesamtsinn eines Werkes auch von der Generation seiner Entstehungszeit nicht völlig erfaßt. Durchaus im Sinn der von Hirsch mit Recht geforderten Objektivität, können und werden sich neue Aspekte des Sinns erst im Verlauf der kritischen Arbeit späterer Generationen neu erschließen. Dieser Prozeß erklärt sich keineswegs dadurch, daß eine spätere Generation infolge verschiedener kultureller Gegebenheiten ein Werk ganz anders und neu sieht, weil sie etwas hineinsieht, das gar nicht drinnen ist: das gibt es natürlich auch, liefert aber literaturwissenschaftlich kein Ergebnis. Der Prozeß erklärt sich vielmehr aus dem Umstand, daß nicht nur die vereinte Anstrengung kritischer Tradition mehrerer Generationen mehr zu Tage fördern kann, als selbst ein großer einzelner Kritiker in der Lage ist, sondern daß infolge veränderter Umstände zuvor verborgene ästhetische Eigenschaften und Werte sichtbar gemacht und aktualisiert werden. Obwohl die «Struktur» des Werkes identisch und gleich bleibt, «ändert» sich sein Sinn auf solche Weise, als bislang unerschlossene Aspekte des Gesamtsinns dem älteren Sinnverständnis hinzuwachsen.

Bei der kritischen Unterscheidung, ob es sich um die Enthüllung objektiv gerechtfertigten Sinnzuwachses oder um ungerechtfertigtes Hineinprojizieren subjektiver oder kollektiv-subjektiver Vorurteile handelt, spielt vom praktisch-methodenkritischen Gesichtspunkt her der Gebrauch literaturtranszendenter Methoden eine Hauptrolle. Da diese Methoden äußere, zu den immanenten Methoden und ihren Ergebnissen vielfach kontrastierende Aspekte biographischer, psychologischer, geschichtlicher, soziologischer Natur in den kritischen Vorgang einbeziehen, sind sie oft besonders geeignet, einen kritischen Kontrollapparat im Hinblick auf die komplizierte Dynamik des fortschreitenden Gesamtsinn-Verständnisses bereitzustellen. Dabei versteht es sich von selbst, daß diese transzendenten Methoden nicht nur in dauernder Wechselwirkung mit immanenten Methoden fruchtbar werden können, sondern daß sie ihre kritische Fragestellung in zwei Richtungen werden lenken müssen: in jene sowohl der Entstehung des Werkes mit all den Autoren-Intentionen wie dem überindividuell-kulturellen Kontext und in jene auch rezeptionsgeschichtlicher Gegebenheiten, um in kritischer Weise richtige und falsche Sinnaspekte aussondern zu helfen. Es sollte dabei nicht übersehen werden, daß die ergebnisversprechenden Perspektiven der rezeptionsästhetischen Betrachtungsweise in der Idee und rein theoretisch bereits bei Ingarden und methodenkritisch bei Wellek angelegt und verwirklicht waren, bevor sie noch durch Jauss und seine Schule zu einem modischen Schlagwort wurden.

b. Grenzen transzendenter Methoden

Da sich alle folgenden Kapitel mit den Möglichkeiten transzendenter Methoden beschäftigen, soll hier zunächst eine allgemeine Abgrenzung all dieser Methoden gegeben werden. Diese Abgrenzung versteht sich methodenkritisch im Rahmen der Literaturwissenschaft eigentlich von selbst, da sie sich schon aus dem Gegenstand und Ziel dieser Wissenschaft ergibt. So gibt es methodenkritisch grundsätzlich zwei Möglichkeiten der Beziehungen zwischen Literaturwissenschaft einerseits, Psychologie, Geschichte, Soziologie, Anthropologie, Volkskunde, Religionswissenschaft, Kunstwissenschaft, Philosophie usw. andererseits: Entweder kann sich der Literaturwissenschaftler der Ergebnisse und Methoden all der anderen Wissenschaften für seine eigenen Zwecke bedienen, indem er eigene literaturwissenschaftliche transzendente Methoden entwickelt, durch die er jene Ergebnisse nutzbar machen kann für die Verfolgung seines eigenen Ziels, des Erkennen literarischer Werke oder Werkgruppen. Oder aber Vertreter der anderen genannten Wissenschaften bedienen sich eines literarischen Werks oder einer Gruppe lediglich als Material, um die Ziele ihrer eigenen Wissenschaft, des Erkennens der menschlichen Seele, der Geschichtsabläufe, der sozialen Verhältnisse usw., zu verfolgen. Letzterer Fall stellt, vom Standpunkt der Literaturwissenschaft aus, eine ungerechtfertigte Reduktion dar. Dabei ist es wichtig, das Epitheton «ungerechtfertigt» nicht wegzulassen. Denn die Literaturwissenschaft arbeitet streng genommen selbst mit einer ganzen Anzahl von abstrahierenden Reduktionen, etwa den Stiltypologien, die jedoch durchaus gerechtfertigte Reduktionen darstellen.

Der Anschaulichkeit halber sei ein kleines praktisches Beispiel angeführt:

In nahezu allen älteren Poetiken westlicher Literaturen finden sich auch psychologisch fundierte, wie etwa, im deutschen Bereich, die Poetik von Robert Hartl.[7] Diese Arbeiten setzen sich mit literaturwissenschaftlichen Problemen aus einer literaturwissenschaftlichen Sicht auseinander, und gleichgültig ob sie nun gut oder schlecht, überholt oder anregend sein mögen: sie repräsentieren die Anwendung literaturwissenschaftlicher Methoden auf einen literaturwissenschaftlichen Gegenstand, und sie gehören aus diesem Grund zu den legitimen Beispielsfällen legitimer transzendenter Methoden in der Literaturwissenschaft. Anders verhält es sich, wenn etwa Freud[8] literarische Werke analysiert. Er verwendet einen literaturwissenschaftlichen Gegenstand lediglich als Material, um ihn mit Hilfe psychologischer Methoden zum Zweck der Erreichung psychologischer Ziele zu untersuchen. Tatsächlich analysiert er auch die literarischen Figuren genauso, als wären sie lebendige Patienten. Hier handelt es sich, vom Standpunkt literaturwissenschaftlicher Methodenlehre her gesehen, um eine ungerechtfertigte Reduktion. Allerdings natürlich nur von diesem Standpunkt aus, denn aus der Perspektive psychologischer Methodenlehre ist es die einzig legitime und annehmbare Vorgangsweise.

Nun habe ich absichtlich ein etwas krasses Beispiel gewählt und eine literaturwissenschaftlich legitime Arbeit, die praktisch ohne Folgen und Früchte blieb, einer psychologischen Arbeit gegenübergestellt, die unabsehbare Folgen hatte. Aus diesem Beispiel allein versteht es sich von selbst, daß sehr oft «ungerechtfertigte Reduktionen» von seiten der Psychologie, Soziologie, Philosophie und anderen Disziplinen für die Literaturwissenschaft fruchtbarer werden können als manche eigenen literaturwissenschaftlichen Arbeiten. Sollen ihre Ergebnisse aber von einem Vertreter der Literaturwissenschaft für seine eigene Disziplin nutzbar gemacht werden, dann muß er das Ganze methodologisch umkehren, so daß dasjenige, was vorher nur Mittel war, nunmehr zum Zweck erhoben wird.

Ja, es besteht kaum ein Zweifel, daß ein Philosoph wie Ingarden zur Prinzipienlehre der Literaturwissenschaft mehr beigetragen hat als irgendein Literaturwissenschaftler vor ihm, oder daß etwa ein Kunsthistoriker wie Heinrich Wölfflin, Psychologen wie Sigmund Freud und C. G. Jung, oder Soziologen und Ökonomen wie Karl Marx oder ein Linguist wie de Saussure durch ihre Arbeiten ganze internationale Methodenströmungen in der Literaturwissenschaft ausgelöst haben.

Manche Forscher, wie etwa Dieter Jähnig,[9] haben sogar nicht ganz grundlos über die Animosität von Kunsthistorikern einerseits und Literaturwissenschaftlern andererseits gegenüber philosophischer Ästhetik geklagt, und Jähnig tat dies zudem in einer Arbeit über den Kunstbegriff Nietzsches, in der er die Bedeutung dieses ebenso großen Sprachkünstlers wie Philosophen auch für die Literaturwissenschaft in Erinnerung ruft. Auch ein philosophischer Ästhetiker wie Johannes Volkelt,[10] bei dem nicht zufällig der Einfühlungsbegriff eine wichtige Rolle spielt, hat an Subtilität und Scharfsicht bis jetzt nicht übertroffene Beobachtungen gemacht, die auch auf die Literaturwissenschaft Einfluß nehmen.

Trotz all dieser Fakten bleibt es notwendig, eine methodenkritische Grenzlinie zu ziehen, und die verläuft nun einmal auf Grund methodologischer Voraussetzungen so, daß nur literaturwissenschaftliche Zielsetzungen literaturwissenschaftliche Methoden ermöglichen, ja erfordern. Um auch die bedeutendsten Ergebnisse anderer Disziplinen adäquat zu erfassen und in die Literaturwissenschaft einzubauen und einzubeziehen, ist es notwendig, methodologisch eine kopernikanische Wendung zu vollziehen und diese Ergebnisse mit literaturwissenschaftlichen Methoden zu erfassen, um in Richtung auf Literaturerkenntnis hin zu wirken.

Diese Unterscheidung ist weit mehr als eine formalistisch-wissenschaftstheoretische Laune. Man muß nur einmal beobachtet haben, in welch radikal reduzierender Verkürzung äußerst komplexe und differenzierte literaturwissenschaftliche Probleme durch die Patentlösung einer nicht-literaturwissenschaftlichen «Erklärung» erledigt werden und wie durch einen einzigen Begriff, etwa «Feudalismus» oder «Schizophrenie», oder «Idealismus», literaturwissenschaftliche Probleme als «gelöst» betrachtet werden, ehe sie überhaupt noch in ihrer gesamten Eigenart und Vielfalt gesehen worden sind. Abgesehen von den notwendig eingeschlossenen barbarisierenden Vereinfachungen wird noch extra oft ein Kausalnexus behauptet, der in Wahrheit zumeist gar nicht existiert. Methodologische Korrektheit und Sauberkeit ist also auch hier ein Hauptpunkt und eine wichtige Gewährleistung für eine gedeihliche Entwicklung der Literaturwissenschaft.

c. Kritische Einheit und Materialauswahl

Der Einheit und Ganzheit des literarischen Werkes als Symbol und seinem Stil mit seinen immanenten wie transzendenten Implikationen steht im Grunde als ebensolche werk- und stiladäquate Erscheinung eine unteilbare Einheit der Kritik und literaturwissenschaftlichen Bemühung als Einheit immanenter und transzendenter Methoden gegenüber. Hugo Friedrich[11] hat das praktische Funktionieren dieser kritischen Einheit als eine Art «Doppelrhythmus» beschrieben, der den Ur-Rhythmus alles literaturwissenschaftlichen Verstehens bildet: Das kritische Pendel schwingt demnach zuerst einmal vom literarischen Werk weg und zu seinen historischen und biographischen Bedingungen hin und sodann wieder zurück zur Konzentration auf das Werk selbst. Die beiden einander komplementär ergänzenden Pole der gesamten kritischen Einheit heißen demnach Ausweitung und Konzentration. Während die geschichtliche Analyse vom Bedingenden und Typisierenden auszugehen hat, um im Kontrast dazu die Einmaligkeit und Freiheit des Werks zu erkennen, muß die Werkanalyse selbst von seinen einzelnen Stilelementen ausgehen, die sich zur Stilganzheit zusammenschließen und die wiederum im Kontrast zu den transzendenten Faktoren und Verhältnissen besonders deutlich werden. Der literaturwissenschaftlich kritische Prozeß ist demnach ein kontinuierlich fortschreitender Wechsel solchen Doppelspiels von Ausweitung und Konzentration, aus dem sich in gleicherweise fortschreitendem Maß die kritischen Resultate ebenso ergeben wie die Einheit des kritischen Prozesses.

Gewiß, das Übergewicht der einen oder anderen Methode wird sich jeweils, wie schon oben ausgeführt, aus den jeweiligen Gegebenheiten des behandelten Werks (oder der Werkgruppe), dem zu vermutenden Publikum und vor allem auch aus der jeweiligen besonderen literaturwissenschaftlichen Themenstellung ergeben. Dabei ist es zunächst vor allem wichtig, eine sinnvolle Proporzionierung der verschiedenen einzelnen Methoden und ihrer Anwendung, dem jeweiligen Kontext und der jeweiligen Breite und Tiefe der Arbeit entsprechend, zu finden. Würde alles außerliterarische Material, das zur Verfügung steht, angeführt und verwertet werden, so entstünde eine unfreiwillige Parodie literaturwissenschaftlichen Bemühens. Aber nicht nur in quantitativer Weise darf nicht über das Ziel hinausgeschossen werden. René Wellek[12] hat auf eine andere Gefahr hingewiesen, die allzuhäufig zu Trugschlüssen verführt; diejenige der versuchten Rückführung des literarischen Werkes auf äußere Umstände durch eine «Kausalerklärung». Ohne den exegetischen Wert werktranszendenter Methoden auch nur im geringsten in Frage zu stellen, weist er doch mit gebührendem Nachdruck auf die Unmöglichkeit vorherbestimmbarer Determiniertheit hin. Wenn Wellek allerdings auf den tieferen Zusammenhang solch radikaler und extremer Versuche literaturwissenschaftlicher Kausalerklärungen hinweist, indem er auf ihre philosophischen Bindungen an den Positivismus und die Naturwissenschaften des ausgehenden 19. Jahrhunderts verweist, dann hat sich dies in der Zwischenzeit geändert. Die philosophischen Bindungen derart naiver Kausalerklärungen sind andere geworden. Sie orientieren sich heute nicht mehr an jenen naturwissenschaftlichen Zusammenhängen, sondern an einem funktionalistisch ausgerichteten Behaviorismus, an einem ebenso funktionalistisch ausgerichteten soziologischen Standpunkt der Prägung von Georg Lukács, oder an literaturwissenschaftlich inadäquaten Formen eines gewaltsam literarischen Gegenständen oder Zusammenhängen aufgezwungenen Empirismus, sowie an der gelegentlichen methodischen Überforderung mathematischer Informationstheorie als literaturwissenschaftliches Werkzeug. Was Klaus Laermann[13] als neuen literaturwissenschaftlichen Positivismus bezeichnete, ist im Grunde das Gegenteil von Positivismus, nämlich das Bestehen auf der Tatsächlichkeit des Fiktiven.

Die radikalen Überspitzungen und extremen Auswüchse solch unhaltbarer Reduktionsversuche von Literarischem auf Außerliterarisches haben nicht das geringste mit der legitimen Möglichkeit, ja der Nützlichkeit und gelegentlichen Notwendigkeit der Verwendung werktranszendenter Methoden im Bereich der Literaturwissenschaft zu tun, die außerordentlich aufhellend und ergebnisreich sein können.

Sinnvoll gehandhabt stellen jedenfalls werkimmanente und werktranszendente Methoden, die im Verlauf des kritischen Prozesses einander wechselseitig und fortschreitend ergänzen, gemeinsam eine kritische Einheit dar, und nichts wäre unbesonnener als sie als Gegensätze zu sehen und sie gegeneinander ausspielen zu wollen, jeweils die einen oder die anderen allein als richtig betrachtend.

2. Methodische Bezüge zu anderen Künsten

a. Querbeziehungen und ihre Grenzen zwischen der Literatur und den anderen Künsten

Die erste und nächstliegende Ausweitung literaturwissenschaftlicher Methoden über den werkimmanenten Raum hinaus betrifft die anderen Künste. Denn die gemeinsame Erfassung aller Künste spielt sich im wesentlichen auf einer ästhetischen Ebene ab, während der Rahmen des rein Literarischen durchbrochen wird. Die enge Beziehung einer Kunst – wie der literarischen – zu den Nachbarkünsten ist eine auf den ersten Blick so einleuchtende Tatsache, daß es nicht verwunderlich ist, wenn besonders viel darüber gesagt und geschrieben wurde, allerdings auch besonders viel Bedenkliches und Unhaltbares. Die Konstituierung von Parallelen beschränkt sich allzu oft auf recht vage Analogien oder sogar auf weniger als das. Denn die Beziehung, die zwischen den Künsten hergestellt wird, ist oft überhaupt nur auf der Verwechslung metaphorischer mit eigentlicher Bedeutung aufgebaut, wenn – zumindest in vielen Fällen – von der Farbe eines Klanges, dem Rhythmus eines Bauwerks oder anderen zweifelhaften Synästhesien die Rede ist. Wie abenteuerlich und phantastisch die Herstellung solcher Beziehungen sein kann, möge als kleines Beispiel die Behauptung Karl Weidles in seinem Buch *Bauformen der Musik*[1] zeigen, in dem er Palestrina zum musikalischen Exponenten romanischer Architektur zu machen versucht.

Dennoch gibt es mitunter sehr direkte Beziehungen zwischen den einzelnen Künsten. So entstand beispielsweise in der indischen Gupta-Epoche die Malerei aus dem gleichzeitigen Tanz, der seinerseits wieder aus der Musik der Zeit hervorging. Oder es entstand eine weitgehend gegenseitige Abhängigkeit von bildender und darstellender Kunst, etwa schon in der Person jenes Wilhelm Rollinger, der gleichzeitig der Meister des alten Chorgestühls im Wiener Stephansdom und Leiter der Wiener Passionsspiele war, so daß die Darstellungen der Passionsszenen im Chorgestühl vielfach nach dem Muster der dramatischen Aufführungen entstanden.

Dennoch gilt es, vorsichtig zu sein und gewisse methodenkritische Abgrenzungen zu treffen, die so manches von diesem Kapitel hier ausschließen, was auf den ersten Blick hereinzugehören scheint. Erstens einmal fallen manche Erscheinungen der Beziehungen zwischen einzelnen Künsten genau genommen überhaupt nicht in den Bereich der Literaturwissenschaft. Wenn etwa Calvin Brown[2] unter anderem auch das Vorhandensein literarischer Typen in der Musik nachgewiesen und untersucht hat, dann ist dies im Grunde ein musikwissenschaftliches Anliegen, ebenso wie Renée R. Huberts Hinweis auf den erzählerischen Charakter von Werken Giorgio de Chiricos und Max Ernsts kunstwissenschaftlicher Natur ist.[3] Zweitens gehören manche Erscheinungen, die auf den ersten Blick vielleicht mit werktranszendenten Problemen der Beziehung anderer Künste zur Literatur zu tun haben, genauer betrachtet in die Sphäre werkimmanenter Methoden wie etwa die von Scher[4] untersuchte Sprachmusikalität oder die von Karl L. Schneider[5] untersuchte Bildhaftigkeit der Sprache. Ja selbst im Fall so weitgehend bildorientierter Wortkunst wie etwa jener Georg Heyms hat eine Untersuchung Ronald Salters[6] zwar einerseits ergeben, daß es sich bei Heyms Dichtung um mehr als rein optische Orientiertheit handelt, nämlich um eine Art bildnerischer Visualität, die nicht nur in bildhaften Metaphern, sondern auch in Gestaltungsprinzipien der bildenden Kunst im Gedicht ihren Ausdruck findet. Andererseits hat sich jedoch auch gezeigt, daß sich keinerlei nennenswerte Abhängigkeit Heyms von der Malerei und Graphik seiner Zeit nachweisen läßt. Allerdings gibt es Grenzfälle, in denen etwa die analoge Adaptierung musikalischer Formen in der Dichtung zwar ein im Grunde werkimmanentes Problem rein literarischer Komposition aufwirft, indessen werktranszendente Beobachtungen im Hinblick auf den musikalischen Ursprung jener Formen bis zu einem gewissen Grad notwendig macht. Der Fugencharakter von Wallace Stevens' «Variations on a Summer Day» etwa, auf den Edward Butscher[7] hinwies oder Hermann Brochs Adaptierung der Kompositionsform einer Symphonie für seinen *Tod des Vergil* sind zwar im Wesen innerliterarische Phänomene, aber doch so geartet, daß sie durch Einbeziehung musikwissenschaftlicher Kenntnisse wesentlich erhellt werden können.

Die Direktheit, die Reichweite und die Wichtigkeit der gegenseitigen Beeinflussung, Überlagerung und Durchdringung der einzelnen Künste wurde zu verschiedenen Zeiten sehr verschieden gesehen. Ebensosehr wie Lessing etwa in seinem *Laokoon* die Autonomie und Verschiedenartigkeit der Literatur gegenüber der bildenden Kunst unterstrich, ist die Romantik, wie beispielsweise Karl Konrad Polheim[8] zeigte, von der Einheit aller Künste ausgegangen. Es mag keine einfache präzise Antwort auf die Frage geben, sondern bei zweifellos grundsätzlicher Eigenständigkeit mag der Grad der jeweiligen gegenseitigen Beeinflussung und Durchdringung in verschiedenen Einzelfällen wie in verschiedenen Perioden verschieden groß sein.

Allgemeine und umfassendere Untersuchungen der Wechselwirkungen zwischen Literatur und Musik haben Calvin Brown[9] und Horst Petri[10] geliefert, solche über die Wechselwirkung zwischen Literatur und den bildenden Künsten unter anderen Helmut A. Hatzfeld[11] und Mario Praz.[12] Schon die wenigen wesentlichen Einwände Ronald Taylors[13] gegen Petris Buch zeigen, wie leicht man bei derlei Parallelen über das Ziel hinausschießen kann.

Vor allem aber zeigt auch schon der oberflächlichste Vergleich, daß es im wesentlichen verschiedene Elemente und Züge der Literatur sind, mit denen sich Parallelen mit den bildenden Künsten einerseits, mit der Musik andererseits ergeben und daß die Gesamtheit der literarischen Phänomene im Grunde autonom und unabhängig bleibt. Hermann Meyers Arbeit über Raumgestaltung und Raumsymbolik in moderner Erzählkunst und Malerei[14] sowie Marshall McLuhans und Harley Parkers Buch über den Raum in Dichtung und Malerei[15] zeigen zur Genüge, daß es vor allem raumbezogene Kategorien sind, die hier zum Tragen kommen. Was andererseits die Musik betrifft, so genügt ein Blick auf die von Hans Heinrich Baumann[16] so sehr unterstrichene Bedeutung der repetitio oder auf Emil Staigers Vergleich von romantischer Dichtung und Musik, um zu sehen, daß es vor allem zeitliche Kategorien sind, die hier im Vordergrund stehen. Staiger[17] führt im wesentlichen als Parallelen jenes Zerrinnen in Eines, jene Aufhebung des Unterschiedlichen an, das sich ebenso nur in zeitlicher Auffaltung vollziehen kann wie jene Vorliebe der romantischen Musik für die Möglichkeiten enharmonischer Verwechslung, deren literarische Entsprechung er in der Verwandlung im Märchen, in der mystischen Analogie, in der mühelosen Gleichsetzung entfernter Dinge sieht. Vollends aber bedeutet das romantische Übereinanderschieben verschiedener Taktsysteme mit seiner literarischen Parallele der romantischen Unterbrechung des Iambentrotts durch ein Sich-gehen-lassen eine Gleichartigkeit auf der Ebene rein zeitlicher Kategorien.

Da die einzelnen Künste sich nur in einzelnen Zügen berühren, bei aller möglichen gegenseitigen Wechselwirkung jedoch im Grunde eigenständig und unabhängig sind, hat Kurt Wais von einer «Symbiose»,[18] Curt Sachs von einem «Commonwealth»[19] der Künste gesprochen.

Man hat als eine echte Brücke und Parallele zwischen den Künsten die gleiche Stimmung angeführt. Wie wichtig der Begriff der Stimmung aber auch sein mag, mit seinen wissenschaftlichen Erfassungsmöglichkeiten ist es bis jetzt überaus fragwürdig bestellt, und Wellek[20] hat aus diesem Grund den geringen kritischen Wert dieses Begriffes unterstrichen. Ja wie sehr Vorsicht geboten erscheint, zeigt bereits der Hinweis von Fritz Medicus,[21] daß beispielsweise in der Musik keine andere Zeit existiert als die vom Stück erfüllte und daß somit nicht Zeit auch in ihr dargestellt werden kann wie in der Literatur. Oder Hermann Meyer[22] zeigte mit völliger Gewißheit, daß Rilkes «Verwandlung der Dinge ins Unsichtbare» nicht das geringste mit der Entgegenständlichung der bildenden Künste zu schaffen hat, auch wenn seine Beschäftigung mit Klee und Picasso eine solche Vermutung nahelegen sollte. Andererseits gibt es zweifellos gewisse Ausdrucksparallelen, und Rilkes Cézanne-Erlebnis hängt mit einer solchen zweifellos ebenso zusammen wie die von Del Ivan Janik[23] aufgezeigte parallele Tendenz zur Dinghaftigkeit bei Cézanne und D. H. Lawrence. Es handelt sich um die Gleichheit von dichterischem und bildnerischem Gefühlsausdruck und Formwillen, wie sie in der Regel unter dem Einfluß ein und derselben umgreifenden kulturellen oder psychologischen Gebundenheit zustandekommen kann. Daneben sind natürlich auch echte Berührungen auf sachlich-motivischer Ebene möglich.

Während sowohl Rilke wie Lawrence eine gewisse Parallelität ihres eigenen Schaffens zu den Bildern Cézannes in einem hohen Grad bewußt war, gibt es auch Fälle völlig indirekter und unbewußter Beziehungen von Dichtung und Musik. Calvin Brown[24] hat am Beispiel von Walt Whitman gezeigt, wie dieser ohne das geringste musikalische Vorbild in seiner Dichtung formale Symbolstrukturen analog denjenigen in der Musik entwickelte.

Die grundsätzliche hier zu stellende methodologische Frage richtet sich auf die Möglichkeit der eigentlichen und tiefsten Gemeinsamkeiten der einzelnen Künste als treibender Kraft für das Zustandekommen echter Parallelen. Trotz einzelner Ansätze dazu, etwa bei Theodore Meyer Greene[25] oder Pitirim A. Sorokin,[26] ist eine vergleichende geschichtliche Darstellung der Künste, die diese Probleme zusammenfassend löst, noch nicht geschrieben. Theoretisch handelte es sich darum, daß sowohl die äußerlich im Raum erscheinenden Werke der Kunst wie alle in der Zeit sich entfaltenden Werke der Musik und Dichtung Ausdruck einer Innerlichkeit sind. Aus diesem Grund verweist Hans Heinrich Baumann[27] bei seinem Vergleichsversuch von Musik und Dichtung darauf, daß sich seine Argumentation mit derjenigen der Gestaltpsychologie trifft. Nun würde natürlich nichts falscher sein, als wenn die Kunstwissenschaften sich von ihrem eigentlichen Gegenstand abwendeten und in einem bedenklichen Psychologisierungsakt sich jenem innerlichen Zentrum als Hauptinteressengebiet zuwendeten. Denn jenes Zentrum, so unübersehbar seine Wirkung auch sein mag, spricht sich ja nicht unmittelbar aus, sondern wird faßbar nur als äußere Gestalt, wie sie als sein

Ausdruck im jeweiligen Kunstwerk erscheint. Wiewohl sich die wissenschaftliche Kritik der Künste mit Sicherheit nur an jene äußerlichen Ausdrucksformen halten kann, so sollte man doch versuchen, jenes Wechselspiel von innen und außen, von Motivation und innerer Haltung einerseits und äußerer Gestaltung andererseits zu erschließen. Vorstellungen und Ideen über solche Wechselwirkung gehen auf älteste Zeiten zurück. Nach der mythischen Überlieferung der Griechen zeugte Zeus gemeinsam mit Mnemosyne, der Göttin des Gedächtnisses, alle neun Musen und demnach alle Künste. Nach derselben Überlieferung aber wurde schon bei den Alten eine Theorie und ein System solcher Wechselwirkung entwickelt, die im wesentlichen bis in die Zeit der Renaissance intakt blieben und zugleich mit rhetorischer und künstlerischer Praxis verbunden waren. Es ging dabei nicht um ein lediglich es mnemotechnisches Training des mechanischen Gedächtnisses, sondern um eine Verbindung von schöpferischer Kraft und Gedächtnis (Zeus *und* Mnemosyne), weshalb Frances Yates,[28] die sich mit der Rekonstruktion jenes Systems in der Renaissance beschäftigte, von einer «Kunst des Gedächtnisses» spricht und ausdrücklich darauf verweist, daß es um die Sichtbar- und Bewußtmachung innerer Techniken geht, die auf visuellen Eindrücken von fast unglaublicher Intensität beruhen. Sie zeigt auch, wie jenes System innerer Bildvorstellungen einen gemeinsamen Nenner zwischen den Künsten schuf, der von Giottos Darstellungen der Tugenden und Laster in der Paduanischen Arena-Kapelle bis zu einzelnen Zügen des Globe-Theaters in London reicht. Es mag sein, daß dieses System auch den «ikonischen Konventionen» Hagstrums[29] zu Grunde liegt und seine letzten Ausläufer noch in der Emblematikliteratur hat. Wie viel hier noch geleistet werden muß, mag der Umstand beleuchten, daß selbst ein so kenntnisreicher Kritiker wie John Hollander[30] den für seine kluge und umfassende Arbeit als Hauptrepräsentanten in Frage kommenden Robert Fludd als eher grotesken Neuplatoniker abtut. Von den beiden bekannten klassischen Zitaten, die am Beginn so vieler Untersuchungen über die Beziehungen zwischen den Künsten stehen, dem Horazischen «Ut pictura poesis» und dem Hinweis auf die Malerei als stumme Poesie und der Dichtung als sprechende Bilder des Sidonius bezieht sich zumindest das zweite auf das System jener «Kunst des Gedächtnisses» von Frances Yates. Selbst wenn dem System selbst keinerlei echte Wahrheit zugrunde liegen sollte, so kann seine Kenntnis doch wesentlich in einem werktranszendenten Sinn erhellend und verständnisvertiefend wirken, da es als gemeinsame kulturgeschichtliche Grundlage der Verbundenheit der Künste diente und von vielen Autoren als Muster akzeptiert war.

Neuerdings hat von der Literaturwissenschaft her David Malone[31] die

Querbeziehungen der Künste als besondere methodische Aufgabe der Komparatistik dargestellt, während von der Perspektive psychologischer Ästhetik her Rudolf Arnheim[32] als eine gewisse, allen Künsten gemeinsam unterliegende Einheit in den Kategorien von Zeit, Raum und Abstand herausgearbeitet hat. Auf breiterer Basis mit den Querbeziehungen zwischen sowjetrussischer Literatur und Musik befaßten sich Natalia Nikolaevna Grigorovich und S. I. Shifstein.[33]

Die einfachsten und offenkundigsten Beziehungen zwischen den Künsten, nämlich die thematischen, können bei entsprechend sorgfältiger und umsichtiger Untersuchung überraschende Einblicke in den Sinn literarischer Werke gewähren. Dies zeigen unter anderem Friedrich Wilhelm Wentzlaff-Eggeberts[34] Buch über die Motive des triumphierenden und des besiegten Todes in Kunst und Literatur des Barock oder Jacob Steiners Arbeit über Rilkes Kathedralengedichte.[35] Mehr mit Formproblemen berührt sich bereits Franz Schmitt von Mühlenfels' Untersuchung über den Einfluß des Kubismus auf die französische und nordamerikanische Literatur.[36]

Echte, ins Künstlerische tief eingreifende Formprobleme im Hinblick auf musikalische Einflüsse hat Northrop Frye am Beispiel der Lyrik von Wallace Stevens behandelt,[37] im Hinblick auf bildhafte Elemente Gisbert Kranz in seinem Buch über das Bildgedicht.[38] Auch Harphams[39] Arbeit über das Groteske und der Gattungsvergleich zwischen Kurzgeschichte und Kurzfilm von Marcus[40] berühren formal-künstlerische Bereiche.

Natürlich wurden auch auf die Querverbindungen der Literatur zumal mit der bildenden Kunst Methoden der Semiotik angewendet. Ladislav Matejkas und Irwin R. Tituniks Buch[41] geht zwar von der Prager Schule des Strukturalismus aus, versucht aber mit den üblichen einseitigen Ergebnissen, Grenzen und Reduktionsversuchen eine Semiotik beider Künste.

Seit dem zweiten Jahrzehnt des zwanzigsten Jahrhunderts scheinen zumal die Grenzen zwischen Literatur und bildender Kunst weiter aufgebrochen zu sein, denn je zuvor. Kubismus, Futurismus, Dadaismus, abstrakte Kunst, Surrealismus haben zum Teil aus dem Willen zur Ausdruckserweiterung, zum Teil als Ausdruck der Krise und des drohenden Identitätsverlusts der einzelnen Kunstgattungen zu wechselseitiger Durchdringung von Literatur und bildender Kunst wesentlich beigetragen. Die Literatur entwarf in diesem Zusammenhang in der visuellen Poesie das sprachlose Bild, bezog in Wort-Bild-Texten Fotos und Grafik in ihre Domäne ein und führte selbst zum Plakatgedicht. Wolfgang Max Faust hat diese Erscheinungen in seinem Buch *Bilder werden Worte* beschrieben.[42] Hier wird die Grenze der üblichen Querbezüge allerdings weit überschritten und es erhebt sich die Frage nach den letzten Grenzen des literarischen Mediums und nach der möglichen Selbstauflösung des Dichterischen.

b. Das Zusammenwirken verschiedener Künste

Es muß sich nicht gleich um ein gemeinsames, die verschiedenen Künste umfassendes Vorstellungssystem handeln, wenn das Zusammenwirken der Künste für die Literaturwissenschaft methodenkritisch nutzbar gemacht werden soll. Aus allen Nachbarkünsten, ja selbst aus kunstgewerblichen Gegenständen, kann der Literaturwissenschaftler oft Nutzen ziehen, da sie oft für einen allgemeinen Wandel bestimmter Motive und deren Ausdrucksformen Zeugnis ablegen, der aus einem einzigen literarischen Werk kaum erschlossen werden kann, der jedoch neue Perspektiven seines Verständnisses erschließen helfen kann. Besonders die bildenden Künste liefern hier oft reiches Material, welches die Entstehung und Verbreitung dichterischer Themen und Motive sowie die Beurteilung gewisser Formerscheinungen in neuem Licht zeigt. Der Vergleich des ältesten Tristan-Bildteppichs mit den literarischen Tristan-Überlieferungen führte beispielsweise Doris Fouquet[43] nicht nur zu der wohlfundierten Vermutung, daß der Bildteppich auf Grund mündlicher Tradition der Tristanfabel entstand, sondern ermöglicht auch in gewissen Grenzen die Rückerschließung jener mündlichen Tradition.

Am Rande nur sei an ganze Reihen bedeutender Dichtungen erinnert, die direkt oder indirekt im Anschluß an bildende Künste entstanden, an Homers Beschreibung vom Schild des Achilles etwa, an Dantes Verkündigung im zehnten Gesang des Fegefeuers, an Shakespeares Bilder in *The Rape of Lucrece,* bis hin zu jenen Gedichten von Keats, die durch Bilder Tizians und Poussins angeregt wurden, worüber Ian Jack[44] gehandelt hat, oder jenen Rilkes, die durch Werke Rodins oder Cézannes angeregt wurden. Art und Weise der Behandlung einer anderen Kunst oder sogar auch ihres Schöpfers, wie etwa in Werfels Verdi-Roman, kann überraschendes Licht auf den jeweiligen Dichter werfen.

Ohne Kenntnis der Tendenz in der Bildkunst des 18. Jahrhunderts, lebende, gegenwärtige Personen mit mythologischen Kostümen, Aufputz und Emblemen auszustatten, ließe sich etwa die Parodie auf diese Erscheinung in Sir Richard Steeles *The Tender Husband* (2. Szene des 4. Akts) gar nicht verstehen. Ebenso dunkel bliebe die Satire auf das allegorische Konversationsstück im 16. Kapitel von Goldsmith's *The Vicar of Wakefield* ohne die Kenntnis der einschlägigen Genremalerei jener Zeit.

Die methodenkritschen Schwierigkeiten liegen im allgemeinen keineswegs nur an einem Mangel an Einsicht oder einer Blindheit infolge übertriebener Gläubigkeit an Parallelen, sondern vor allem auch in der Vielfalt der möglichen Beziehungen zwischen den Künsten. Gedacht ist hier an die Beziehungen zwischen Werken der Musik oder bildenden Künste als reiner Stoff literarischer Werke und tiefgreifender innerer Parallelen oder zwischen den wenig besagenden Übereinstimmungen der Formen und Funktionen von Wiederholung und Kontrast als allgemeiner Stilmittel, die in gleicher Weise überall verwendet werden und tatsächlichen, weitgehenden Übereinstimmungen von Strukturen. Das heißt, daß infolge des weiten Spektrums, innerhalb dessen sich Berührungspunkte und Überlagerungen zwischen den Künsten finden und das von fast völliger Belanglosigkeit bis zu nahezu unmöglich zu meisternden Schwierigkeiten reicht, sich schwerlich Einheitliches und Einfaches über diese Beziehungen in ihrer Gesamtheit aussagen läßt. Wie schwierig die Probleme liegen, zeigt sich ganz offenkundig in vielen jener Beispielsfälle, in denen zwei verschiedene Künste einander in einer künstlerischen Schöpferpersönlichkeit begegnen. Wenn der Autor William Blake auch bildender Künstler ist, oder der bildende Künstler Michelangelo auch Lyrik schrieb oder der Komponist Richard Wagner selbst die Texte seiner Musikdramen schreibt, so dominiert dabei nicht nur in der Regel eine der Künste über die andere, sondern die Schöpfungen sind, sogar in jenen Fällen eines gemeinsamen Schöpfers nach Qualität und Eigenart überaus heterogen. Wellek[45] hat auf die Diskrepanz zwischen der Sprachgewalt von Blakes Gedicht «Tiger! Tiger! Burning bright» und dem grotesken kleinen Tier aufmerksam gemacht, das Blakes eigene Illustration dazu darstellt. Erwin Panofsky[46] hat gezeigt, daß sich die Parallelen zwischen Michelangelos Skulpturen und Bildern einerseits und seinen Sonetten andererseits im wesentlichen auf die gemeinsame neuplatonische Ideengrundlage und einige psychologische Ähnlichkeiten beschränken. Selbst im Idealfall der Verschmelzung zweier Künste, in den Musikdramen Wagners, von denen gesagt wurde, daß die musikalische Form völlig aus der dramatischen Szenenwendung herauswachse, selbst bei Wagner, der in seiner eigenen Theorie absolute Dichtung und absolute Musik geradezu ablehnte, zeigen sich Diskrepanzen. So verblassen etwa die musikalischen Wirkungen, die sich auf Haupt- und Schlüsselstellen seiner Texte als Verherrlichung von Keuschheit und Religion beziehen, gegenüber seinen auf Sinne und Nerven zielenden Techniken.

E. T. A. Hoffmann hat man in seiner Grabschrift die Vereinigung aller Künste nachgerühmt: «Ausgezeichnet im Amte, als Dichter, als Tonkünstler, als Maler.» Robert Mühlher[47] hat in ebenso interessanter wie kluger Weise versucht, den gemeinsamen Nenner dahinter als orphischen Hintergrund, eine Art harmonisierenden Grund, verwandt der alten Vorstellung von der «musica mundana», aufzuzeigen. Er selbst hat jedoch darauf aufmerksam gemacht, wie sich die Übereinstimmung der Töne, Farben und Düfte bei Hoffmann lediglich im Reich der Träume oder im Delirium oder aber in dem vollzieht, was man den poetischen Wahnsinn genannt hat.

Auf Grund der Schwierigkeiten einerseits und der vielfach phantasiebeschwingten, impressionistischen Kritik andererseits haben seit Wellek eine ganze Reihe von Forschern, von Etienne Souriau[48] bis James D. Merriman,[49] strenge methodologische Abgrenzung und Genauigkeit gefordert. Was bei Merriman allerdings zu Vorsicht und Bescheidung auf wenige, gesicherte Ergebnisse hinzielte, führte bei Souriau zu einem System, das gleichfalls über das Ziel hinausschießt.

Die direktesten Fälle des Zusammenwirkens zweier Künste stellen die Probleme der Illustration von Dichtungen, und die Vokalmusik dar. Methodenkritisch können diese Phänomene sowohl von der Perspektive der Literaturwissenschaft her wie auch von der Perspektive der Kunstwissenschaft beziehungsweise Musikwissenschaft her betrachtet werden, und es versteht sich von selbst, daß im vorliegenden Fall lediglich die literaturwissenschaftliche Perspektive von Interesse ist.

Es liegt in der Natur der Sache, daß der überwiegende Teil der Untersuchungen zur Illustration von Dichtungen vom kunstwissenschaftlichen Standpunkt aus geschrieben ist und daß selbst manche der Ausnahmen, wie etwa Richard Müllers Arbeit[50] über Dichtung und bildende Kunst im Barock oder Anita Fischers Untersuchung[51] zur Buchillustration der Romantik, die von der Literatur her kommen, nicht alle literaturästhetischen Schlußfolgerungen ziehen, die notwendig wären. Umgekehrt kann die Literaturwissenschaft manches aus kunstwissenschaftlich orientierten Arbeiten lernen, wenn sie sich deren Ergebnisse für ihre eigenen Zwecke nutzbar macht. So hat etwa Gérard Bertrand[52] drei verschiedene Typen von Buchillustratoren am Beispiel von Derain, Dufy und Picasso unterschieden: dabei repräsentiert Derain den Typus, der sich nicht erst lange mit zu vielen Details aufhält, sondern von sich aus eine Art adäquates Äquivalent auf bildnerischer Grundlage schafft, und Picasso schließlich den Typus, der souverän über dem zu illustrierenden Text steht und seiner eigenen Imagination Ausdruck verleiht. Die literaturwissenschaftliche Fragestellung setzt allerdings erst von hier an ein. Denn es handelt sich zunächst um das Problem, wie jeder dieser drei Illustrationstypen die Konkretisierung des literarischen Werks beeinflußt. Zweifellos wird der Gesamteindruck durch die Illustration, verglichen mit nicht-illustrierten Ausgaben, verändert. Wird die Konkretisierung des literarischen Werkes durch die Illustration gefördert – etwa durch Verdeutlichung, Verstärkung, Vermehrung der Eindrücke – oder wird sie beeinträchtigt? Und wie verhalten sich die drei verschiedenen Typen in dieser Hinsicht? Auch hier wird es eine einfache, allgemeingültige Antwort auf diese Frage nicht geben. Zweifellos aber werden in manchen Fällen Illustrationen eine adäquate Konkretisierung des Werkes vom Literarischen her eher beeinträchtigen als unterstützen.

Schon von der Problemstellung her ist der umgekehrte Vorgang dem literarischen Bereich sehr viel adäquater, wenn nämlich literarische Werke zu bereits vorhandenen Werken anderer Künste, Bildern oder Bildfolgen, geschaffen werden, so die Verse, die etwa Robert Reinick zu Rethels Totentanzbildern schrieb oder der Gedicht-Zyklus *Das unverlorene Paradies,* den Ernst Schönwiese zu neun Steinzeichnungen von Ernst Barlach schuf. Hier ist nicht nur die Interpretation der Zeichnungen Barlachs durch den Autor impliziert, sondern hier wurden die Zeichnungen darüber hinaus in eine Abfolge gebracht, die vom Künstler wahrscheinlich gar nicht beabsichtigt war. Dennoch gehen die Beziehungen zwischen den Künsten insofern über den reinen Anregungscharakter hinaus, als sich zweifellos eine ganze Reihe von Gemeinsamkeiten in der Denkhaltung und Vorstellungswelt Barlachs und Schönwieses finden und in diesem Fall zusätzliche ästhetische Momente zu dem reinen Nebeneinander von Bild- und Gedichtfolge ergeben.

Es gab sogar eigene Gattungen solcher Werke, die auf die besondere Wirkung der Gemeinsamkeit der Künste hin angelegt waren, wie etwa die Stundenbücher oder die Emblembücher, die keineswegs zunächst als Indizes zur Aufschlüsselung von dichterischen Allegorien angelegt waren, sondern als eine Art literarischer Orbis pictus für sich selbst standen und die Allegorie, der Dichtung wie der Malerei, als wichtige Technik der Zeit gemeinsam als Kunstmittel verwendeten. Robert Clements[53] ist sowohl auf die allgemeine ästhetische Theorie wie auf die eigene literarische Bedeutung der Emblembücher eingegangen.

Die direkteste Art des Zusammenwirkens von Literatur und Musik findet sich in der Vokalmusik, im Lied und in der Oper. Darum hat auch Jakob Knaus[54] in seiner Aufsatzsammlung das Problem der Text-Vertonung in den Vordergrund gestellt.

Die ursprünglichen Formen mündlicher Dichtungstradition, wie etwa der epische Heldensang, stellen eine unmittelbare Einheit von Text und Musik dar, vereinigt in der Person des Sänger-Dichter-Komponisten. Das Volkslied in seinen frühen Formen vereinigte zudem noch mit Text und Musik den Tanz. Die Kraft, die in seiner Einfachheit, Unmittelbarkeit und Naivität liegt, ist von ganz anderer Art als jene des besonders im deutschen Sprachraum hoch entwickelten Kunstliedes. Über dessen wichtigste Periode von Gluck bis Hugo Wolf liegt nun eine hervorragende Darstellung von Jack M. Stein[55] vor, die, gerade vom Standpunkt der Literatur her, das Verhältnis zwischen Text und Musik zum Gegenstand hat. Dies ist darum ungewöhnlich, weil im Kunstlied seit der Romantik im allgemeinen die musikalischen Mittel und Aussagewerte jene des Textes überwiegen und weil auch die Majorität des Publikums offenbar von der musikalischen Seite angesprochen wird. Die ästhetische Hauptfrage beim Kunstlied ist nun, ob und wenn ja, inwieweit einzelne Vertonungen der Bedeutung und dem Ausdruck der Texte gerecht werden, sie treffen, ja vielleicht sogar musikalisch vertiefen. Natürlich kann es nur verschiedene Grade der Annäherung an das erfüllte Ideal völliger Übereinstimmung geben. Es scheint überdies nichts so selten zu sein, wie die Vertonung eines hervorragenden Gedichts durch einen bedeutenden Komponisten, wie etwa Schumanns Vertonung von Heines Gedicht «Im wunderschönen Monat Mai» oder Wolfs Vertonung von Mörikes «Im Frühling». Das Mitreißen zweitrangiger Texte durch große Musik – wie etwa Schuberts Vertonung der Gedichte Wilhelm Müllers oder Schumanns Vertonung der Gedichte Chamissos – ist scheinbar ebenso viel leichter zu verwirklichen wie die Anpassung einfacherer Vertonungen an bedeutende Texte, wie etwa die Vertonungen von Goethe-Gedichten durch Reichardt und Zelter.

Ähnlich liegen die Verhältnisse bei der Oper, mit dem Unterschied, daß der lyrische Dichter in der Regel nicht mit dem Blick auf die Vertonung schreibt, während sich der Libretto-Autor in der Regel bewußt ist, etwas ganz anderes zu schreiben als ein Sprechstück.[56] Von Da Ponte bis Hofmannsthal waren sich die großen Librettisten bewußt, daß sich ein Operntext, verglichen mit dem Drama, durch eine Neigung zum Vereinfachten und Lyrischen unterscheidet und wie sehr gewisse Eigentümlichkeiten in Aufbau und Sprache auf die Musik hin abgestimmt werden können, sieht man aus den zwischen Hofmannsthal und Richard Strauss gewechselten Werkstattbriefen. Wenn aber ein bedeutender Komponist auf ein vorliegendes Drama als Text zurückgreift, dann hat er es souverän zu raffen und auf seine musikalische Bestimmung hin einzurichten. Wie genial dies Alban Berg mit Büchners Woyzeck gelungen ist, hat Jack M. Stein gezeigt. Eine kurze Überschau über das vernachlässigte Genre der deutschen Barock-Opern-Libretti gab John D. Lindberg.[57]

Es mag jene notwendig besonders geschärfte Bewußtheit des Zusammenwirkens mehrerer Künste als ein möglicher Ausdruck des Willens zum Universellen sein, welche der Oper vom Barock bis herauf zu Werner Egk[58] eine besondere Stellung einräumt. War es doch schon im 17. Jahrhundert ein Zusammenwirken mehrerer Künste, der bildhaften Dekorationen, der Bühnenmaschinerie, der Musik und der Dichtung, die auf eine Art Totalaffekt abzielten. In solchem «Totaleffekt» soll die Identifikationsmöglichkeit des Zuschauers mit dem Dargestellten vollkommen werden, so daß er bereit ist, die Kunst als das Wirkliche zu erleben. In jener Vereinigung der Künste, die als Erneuerung der antiken Tragödie in der Renaissancetradition empfunden wurde, vollzog sich eine Art säkulares Mysterium der Kunst schlechthin, durch welches der Zuschauer-Myste ganz jenem Reich der Künste einverleibt wurde. Christliche Musik und antik-mythische Stoff- und Bildwelt durchdrangen einander, und es entstand eine neue künstlerische Form der Ichüberwindung und inneren Erneuerung. Auch der von Eva Maria Lenz[59] unterstrichene Festcharakter der mythologischen Oper hängt damit zusammen. Auch wenn einzelne Opern schon sehr früh sich von solchem Idealbild weg zum geraden Gegenteil, zu reiner Trug- und Scheinbeschwörung ohne jenen universal-menschlichen Sinn entwickelten, blieb die Erinnerung an die ursprüngliche Idee dahinter in wechselndem Gewande doch erhalten. In Thomas Manns Essay über die Kunst Richard Wagners heißt es noch – oder schon wieder –: «Aber die Künste sind ja nur die Erscheinungsformen der Kunst, welche in allen dieselbe ist, und Wagner hätte der große Vermischer der Künste nicht zu sein brauchen, der er war, um auf jede Art von Künstlertum lehrend und nährend wirken zu können.» Allerdings kann man auch in derlei Vermischung eine Beeinträchtigung der freien Eigenentfaltung nicht zuletzt der Dichtung sehen.

Auf dem literarischen Gebiet des deutschen Opernlibrettos hat Klaus Günther Just die damit verbundenen Probleme zusammenfassend dargestellt.[60] Grundsätzliche und weitreichende Einsichten der Wechselbeziehungen von Literatur und Musik, allerdings vom Standpunkt des Komponisten aus, finden sich in den verschiedenen Beiträgen eines von Laurence Berman herausgegebenen Buches.[61] Ebenso grundsätzliche Erörterungen des Problems des Zusammenwirkens von Literatur und bildender Kunst, wenngleich am relativ begrenzten Beispiel mittelalterlicher Textillustration hat Hella Frühmorgen-Voss geliefert.[62]

c. Kunstwissenschaftliche Methoden und Literaturwissenschaft

Methodenkritisch sollte zwischen dem Einfluß anderer Künste auf die Literatur und der Hilfestellung unterschieden werden, die andere Kunstwissenschaften der Literaturwissenschaft zu leisten imstande sind. Die Verwendung von Leitmotiven oder die literarische Adaptierung von Sonaten- oder Fugenformen in der Dichtung kann durch Kenntnis der Nachbarkünste gelöst werden, während gewisse theoretische Einsichten durch ihre Nutzbarmachung in Form werktranszendenter Methoden der Literaturwissenschaft aus den benachbarten Kunstwissenschaften kommen. Gewiß sind auch hier wieder Art, Reichweite und Bedeutung dieser Ergebnisse überaus verschieden. Wenn etwa ein Musikwissenschaftler wie Ernst Bücken[63] eine Textpartie aus Metastasios *Catone in Utica* einer entsprechenden Stelle aus Gottscheds *Cato* gegenübergestellt, um Parallelen zwischen der Oper und dem Wortdrama derselben Zeit sichtbar zu machen, dann zeigt sich als gemeinsamer zeittypischer Hintergrund die Haltung eines weitgehenden Rationalismus, was ebenso richtig, wie zu erwarten und in seinen Konsequenzen begrenzt ist, um so mehr, als es sich im wesentlichen um eine Gegenüberstellung der Texte handelt.

Von wesentlich größerer Bedeutung ist es, wenn ein Literarhistoriker wie Frank J. Fabry[64] auf Grund musikwissenschaftlicher Studien den Nachweis führt, daß die englische Lyrik im wichtigen Zeitpunkt des ausgehenden 16. Jahrhunderts unter dem Einfluß der in Mode gekommenen italienischen Gesangskompositionen zur Einführung von Trochäen und, nach zweihundertjähriger Unterbrechung, zur Wiedereinführung weiblicher Reime gelangt.

Eine der recht weitreichenden Parallelen zwischen literarischen und musikalischen Stilen wurde von dem von Dilthey herkommenden Göttinger Pädagogen und Philosophen Herman Nohl[65] gezogen, was ohne musikwissenschaftliche Einsichten nicht möglich gewesen wäre.

Weitaus intensiver und einflußreicher als die Beziehungen zwischen Literaturwissenschaft und Musikwissenschaft gestalteten sich jene zwischen Literaturwissenschaft und Kunstwissenschaft, so sehr sogar, daß Jost Hermand[66] ein eigenes Buch über die geschichtliche Darstellung dieser Beziehungen schreiben konnte, das eine kluge Zusammenfassung bietet.

Der am tiefsten reichende Impuls, den die Literaturwissenschaft bis jetzt von der Kunstwissenschaft empfing, ging von Heinrich Wölfflin[67] aus, dessen *Kunstgeschichtliche Grundbegriffe* von 1915 nicht nur die Schulen Fritz Strichs und Oskar Walzels sowie ihrer Nachfolger so sehr anregten, daß Beate Pinkerneil[68] noch 1973 einen heftigen Angriff dagegen veröffentlichte, sondern von internationalem Einfluß bis zu Hautecoeur[69] und zu Wylie Sypher[70] und Roy Daniell[71] hin waren. Sowohl der Umstand der zentralen Bedeutung des Stilbegriffs für die Literaturwissenschaft wie für die anderen Kunstwissenschaften wie auch der Umstand, daß die Kunstwissenschaft in der Entwicklung des Stilbegriffes der Literaturwissenschaft voraus war, helfen diesen Einfluß erklären. Sind sich doch nahezu alle Theoretiker auf dem Gebiet der vergleichenden Künste wie der vergleichenden Kunstwissenschaften darüber einig, daß, abgesehen von der äußeren Begegnung und dem äußeren Zusammenwirken der Künste in Buchillustrationen und Vokalmusik, die wichtigste innere Parallele eine solche gemeinsamer Struktur- und Kompositionsformen, gemeinsamer Stile und Stilhaltungen ist. Curt Sachs[72] sagt von seinem eigenen Buch, daß nur dessen dritter und letzter Teil über das Geschick der Stile einige der verborgenen Regeln freilegen kann, welche die großartige Szenenfolge der Geschichte der Künste bestimmen. Mario Praz[73] widmete das dritte Kapitel seines Buches «*Mnemosyne*» den Strukturparallelen in der Literatur und in den bildenenden Künsten. Pitirim A. Sorokin[74] versuchte die gesamte Entwicklung der Künste der westlichen Hemisphäre am Beispiel von drei grundlegenden Stilen darzustellen.

Jene innere Sehweise als stilbestimmendes Mittel, auf die es Wölfflin so sehr ankommt, findet sich unabhängig von ihm im Titel von Geoffrey Hartmans Buch «*The unmediated vision*»[75] und korrespondiert mit Antonio Russis Annahme des Gedächtnisses als gemeinsamer Grundlage der Sinnesempfindungen wie der Medien der verschiedenen Künste.[76]

Die große Wirkung von Wölfflins Buch beruht auf den hervorragenden Ergebnissen, die er bei der Anwendung seiner fünf grundlegenden Gegensatzpaare (linear-malerisch, Fläche-Tiefe, geschlossen-offen, Vielheit-Einheit, absolute-relative Klarheit) auf die bildenden Künste in Renaissance und Barock erzielte, sowie auf der methodenkritischen Versuchung, durch das relativ einfache Schema dieser fünf Gegensatzpaare jedes Kunstwerk durch eine Art Netz von Längen- und Breitengraden topisch bestimmen zu können.

Nun hat jedoch auch das Wölfflinsche Konzept, bei aller unanzweifelbaren Großartigkeit der Grundidee wie der Ergebnisse, seine Grenzen.

Erstens handelt es sich um die Erstellung einer überindividuellen, abstrahierten Typologie, die der Gesamtheit aller einzelnen Züge eines Kunstwerks nicht gerecht werden kann. Dies ist an sich methodenkritisch um so weniger zu verurteilen, als solche Typologien um so mehr einen hohen Wert als Ordnungsprinzip gewinnen können, je mehr man sich dieser Grenzen bewußt ist. Was Jahrzehnte nach Wölfflin im Hinblick auf abstrahierende Reduktion von literarischer Kunst auf linguistische oder soziologische Strukturen angerichtet wurde, ist zumeist weit schlimmer: erstens, weil es in der Regel mit größerer Robustheit und Gewaltanwendung geschieht und zweitens, weil es sich um die Reduktion auf außerkünstlerische und außerästhetische Strukturen handelt, während auch die unbedachteste Adaptierung Wölfflinscher Begriffe für die Literaturwissenschaft eine Reduktion auf zwar außerliterarische, doch wenigstens ästhetische Kategorien bedeutet.

Zweitens besteht eine gewisse Begrenzung der Wölfflinschen Methode dennoch auch gerade darin, daß sie in der Erfüllung eines gegensätzlichen Extrems als dem einer völligen Soziologisierung oder Historisierung den stilgeschichtlichen Ablauf der Entwicklung formbildender Sehweisen rein kunstimmanent sieht. Gerade bei größeren, weiter ausgreifenden Zeitstiltypologien können außerkünstlerische, realhistorische und soziologische Aspekte von nicht unwesentlicher Bedeutung sein, und hier haben Absicht und Annahme eines lediglich psychologisch fundierten, weitgehenden Formalismus gewiß ihre Grenzen.

Drittens aber – und dies hat Wölfflin selbst im Unterschied zu seinen Nachfolgern wiederholt unterstrichen – können jene wenigen Gegensatzpaare unmöglich ein Generalschema von universeller Anwendungsmöglichkeit auf alle Künste aller Breiten und Zeiten darstellen.

Die weniger bekannt gewordene Arbeit Theophil Spoerris,[77] die Wölfflins Grundbegriffe auf die italienische Literatur der Renaissance und des Barock anwendet, ist nicht nur darum überzeugender als andere, weil sie Wölfflins Gegensatzpaare auf dieselben Stile in der Literatur anwendet wie diese in der bildenden Kunst, sondern vor allem, weil sie sich größerer Vorsicht und Zurückhaltung bei der Übernahme kunstwissenschaftlicher Kategorien auf das Medium der literarischen Sprache bedient. Die höchsten Aspirationen im Hinblick auf eine allzu direkte und allzu weit zielende Übernahme der Wölfflinschen Begriffe hatte wohl Fritz Strich,[78] zumal er sie zu einer Zeit adaptierte, da, mit Bergson beginnend, die Idee der Zeit in den Mittelpunkt des philosophischen Interesses trat und er durch die Verbindung dieser Grundbegriffe mit der «ewig-menschlichen Substanz» des Willens zur Ewigkeit als einer einzigen Urpolarität zweier Gestaltungsmöglichkeiten der Kultur dem stilgeschichtlichen Problem höchste kulturphilosophische Ansprüche unterschob, die er freilich rückblickend im Hinblick auf die Romantik bedauerte. Auch betont er, daß sich eine Poetik, welche wirklich die Grundpfeiler der Literaturwissenschaft aufrichten könnte, sich keineswegs auf eine Anzahl beschränkter Grundbegriffe allein – welcher auch immer – stützen könnte. Unter diesen Umständen und bei solcher Beschränkung kann es überaus ergebnisreich und sinnvoll werden, typologischen Stuktur- und Stilparallelen in den verschiedenen Künsten nachzugehen, in denen sich der gleiche Menschengeist in übereinstimmenden Gestaltungen, wenn auch auf verschiedene Weise, zum Ausdruck bringt.

Es kann und muß dabei keineswegs so sein, daß die Demarkationslinien zwischen den einzelnen Künsten wegfallen, sondern es liegt in der Themenstellung des Herstellers derartiger stilgeschichtlicher Bezüge, den Blick allein auf Strukturgemeinsamkeiten zu richten, was nicht bedeutet, daß nicht auch anderes vorhanden sei: dieses andere darf aber bei dieser Themenstellung einfach nicht überbetont werden, ganz in dem Sinn, in dem Musil die Ähnlichkeit seines *Mannes ohne Eigenschaften,* Ulrich, mit dessen Zwillingsschwester beschreibt: Ihr Bild mochte «ihm so ähnlich sein, wie ein Pastell einem Holzschnitt, so daß man über der Verschiedenheit des Materials das Übereinstimmende der Linien- und Flächenführung übersah.» Den Vertreter der Anwendung von Wölfflins Grundbegriffen geht es in erster Linie um diese Gemeinsamkeiten, und daran ist nichts falsches.

Anhänger wie Gegner Wölfflins haben vielfach den psychologischen Ursprung seiner Grundbegriffe übersehen. Aber im Grunde handelt es sich doch um eine formorientierte, auf die Kunst beschränkte Entwicklung. Gewiß ist auch diese Perspektive im Recht, denn es gibt beispielsweise jenseits aller Formen der Romantik mit ihren verschiedenartigen realgeschichtlichen und soziologischen Grundlagen eine, jenseits dieser einzelnen geschichtlichen Realisierungen befindliche, kontinuierliche Idee des Romantischen. Auch spielen zweifellos innerhalb der Entwicklung von einem überindividuellen Zeitstil zum anderen kunstimmanente Tendenzen eine jeweils verschieden große Rolle. All dies kommt bei Wölfflin zu seinem Recht. Gewiß hat andererseits etwa Arnold Hauser recht, wenn er Wölfflin den Vorwurf macht, daß er mit den soziologischen Bedingungen den wirklichen Ursprung des Stilwandels zum Barock übersehe. Hauser zeigt zwar umgekehrt in seiner *Sozialgeschichte der Kunst und Literatur*[79] mit großer Umsicht die geschichtlichen und gesellschaftsgeschichtlichen Hintergründe, gibt Darstellungen des Publikums und der wirtschaftlichen Situation der Künstler, aber allzuoft steht dafür die Entwicklung der bildenden Künste und der Literatur völlig unverbunden nebeneinander, und keinerlei innere Stilparallelen werden gezeigt. Solche Gemeinsamkeiten werden schon eher in Wolfgang Kaysers Buch über *Das Groteske* sichtbar gemacht.[80]

Daß für die Erhellung der inneren Affinität der Künste zueinander, wie auch methodenkritisch bei der Nutzbarmachung anderer Kunstwissenschaften für die Literaturwissenschaft jenseits der Grundbegriffe Wölfflins, das Stilproblem die zentralste Rolle spielt, zeigen auch neuerlich wichtige Arbeiten, von der von Richard Hamann und Jost Hermand besorgten Buchreihe «Deutsche Kunst und Kultur von der Gründerzeit bis zum Expressionismus»[81] bis zu Sem Dresdens grundlegendem methodologischen Aufsatz über den Stilbegriff in der Literatur- und Kunstwissenschaft[82] und von Karl Ludwig Schneiders Studie zur Literatur und Kunst des Expressionsismus[83] bis zu Edelgard Hajeks Buch über den Jugendstil.[84]

Manche der Arbeiten, die sich vor allem mit der Nachbarkunst als Stoff, als Anregung ohne tiefer gehende Gleichartigkeit des Stils oder mit der Begegnung zwischen Vertretern verschiedener Künste befassen, wie etwa Theodore Reffs[85] materialreiche Untersuchung über Degas und die Literatur seiner Zeit, gehören methodenkritisch gesehen zu groben Teilen oft gar nicht mehr in den vorliegenden Abschnitt, sondern behandeln biographische, psychologische und andere außerliterarische Probleme, wodurch sie als Übergangserscheinungen zu den nächsten Kapiteln überleiten.

Verhältnismäßig früh bereits hat die Kunstwissenschaft sich darauf besonnen, literarische Phänomene zur Verständnisvertiefung ihres Gegenstandes, der bildenden Kunst, heranzuziehen. Carl Robert[86] hat etwa Parallelen zwischen griechischen Vasenbildern einerseits und Szenen Homers und in der griechischen Tragödie andererseits aufgezeigt. Auch Louis Sechan[87] hat besonders Parallelen zwischen der griechischen Tragödie und Vasenbildern aufgewiesen. Was ursprünglich rein thematische Wechselbeziehung und Erhellung zwischen Literatur und bildender Kunst war, begann sich zumal durch Erwin Panofskys Arbeiten zu einer Wechselbeziehung zwischen Literaturwissenschaft und Kunstwissenschaft auszuweiten. In der von ihm entwickelten «Ikonologie»[88] spürte Panofsky den begrifflichen und symbolischen Bedeutungen von Kunstwerken sowie einzelnen ihrer Elemente und Ornamente nach, wobei deren Rückführung auf literarische Parallelen oder Quellen oft den wesentlichen Schlüssel zu ihrem Sinnverständnis bildete. Diese ikonologische Methode enthüllt oft einen zunächst verborgenen Sinn von in Kunstwerken dargestellten Gegenständen, deren thematische oder symbolische Bedeutung sodann auch für die Literaturwissenschaft in größerem Zusammenhang nutzbar gemacht werden kann.

Angeregt durch Panofsky hat nun neuerdings Theodore Ziolkowski eine literaturwissenschaftliche Ikonologie entwickelt,[89] die als analoge analytische Technik die jeweilige Wahl bildhafter Ausdrücke durch einen Autor untersucht und die dadurch nicht nur im einzelnen Detail, sondern darüber hinaus in ihrem jeweiligen Gesamtzusammenhang Werke als Manifestationen bestimmter kultureller Stile sichtbar macht.

Wenngleich nicht so weit in analoger Weise durchgeführt, sondern lediglich von der ikonologischen Methode Panofskys angeregt, hat Hans Jürgen Schings ein sehr ergebnisreiches Buch über die Melancholiker und ihre Kritiker in der Literatur des 18. Jahrhunderts vorgelegt.[90] Auf breiter, interdisziplinärer Grundlage wird hier gezeigt, wie eine über der wissenschaftlich-literarischen Intelligenz schwebende Melancholie von größter Wirksamkeit in der Auseinandersetzung zwischen religiös-literarischem Schwärmertum und aufklärerischer Rationalität gewesen ist und wie sie das literarische Leben überraschend stark geprägt hat.

Der deutsche Kunsthistoriker Dagobert Frey aber hat manche seiner Arbeiten, wie etwa seine Untersuchung über die Entwicklung von westlichen Nationalstilen im Mittelalter[91] nicht zuletzt im Hinblick darauf geschrieben, die Nachbarfächer auf die methodischen Ergebnisse und Möglichkeiten der Kunstwissenschaft aufmerksam zu machen.

3. Biographische Methoden

a. Theoretische Voraussetzungen

Seit langer Zeit, besonders seit Emerson und Sainte-Beuve, bilden biographische Studien einen wesentlichen Teil literaturkritischen Bestrebens, und die weite Verbreitung und Nutzbarmachung von ganzen biographischen oder monographischen Serien wie den entsprechenden Taschenbuchreihen der Editions du Seuil oder des Rowohlt Verlages, die englische Serie Men of Letters oder aber die Twayne's World Authors Series, bezeugen die große Bedeutung. Ansehen und Beliebtheit der biographischen Methode wie auch die Einsicht in ihre Möglichkeiten und Grenzen haben natürlich gewechselt: Überschätzung und Unterschätzung lösten einander ab, und der »stoffhuberisch» übertriebenen Gläubigkeit an das Sammeln selbst völlig nichtssagenden Materials um seiner selbst willen standen mitunter Gesichtspunkte völliger Ablehnung gegenüber.

Die Stoffkenntnis mag nicht das Wichtigste, ja sie mag das am wenigsten Wesentliche am Studium literarischer Kunstwerke sein, aber ganz ohne Stoffkenntnis geht es auch nicht. Das ist für die biographische Methode von besonderer Wichtigkeit, denn wenn es auch so gut wie unmöglich ist, sie in allen Fällen praktisch präzise und säuberlich von der psychologischen Methode zu trennen, so läßt sich doch grundsätzlich klarstellen, daß die biographische Methode der Sammlung, Auswahl und Verwertung der äußeren Materialien zugewendet ist, während sich die psychologische Methode mit der inneren Dynamik von Schaffensprozeß, Ausdrucksproblematik und Wirkungskriterien befaßt. Ja, die beiden Methoden ergänzen einander oft notwendig in komplementärer Weise, denn wie, beispielsweise, wollte man ein bestimmtes Werk als den «Traum» eines Autors, seinem wirklichen Leben als Wunschbild gegenübergestellt, oder als eine Art «Maske», hinter welcher er sich verbirgt, erkennen, wenn nicht biographische Materialkenntnis und psychologische Deutung sich miteinander verbunden hätten.

Ob die Einbettung des Werkes oder aller Werke eines Autors in die äußeren Anlässe, Motivationen, persönlichen Erfahrungen und Interessen seiner äußeren und inneren biographischen Entwicklung für das Verständnis des Werkes oder für seine Verständnisvertiefung von Wichtigkeit ist, wird je nach Fall verschieden zu beantworten sein. Wellek[1] hat zwischen zwei Arten von Dichtern unterschieden, den objektiven, die, wie Keats und T. S. Eliot, eine möglichst weitgehende Zurücknahme ihrer Person versuchen und den subjektiven, denen es in erster Linie auf ein Selbstporträt, auf das Ausdrükken ihrer eigenen Persönlichkeit ankommt. Gewiß ist diese Entscheidung eine oberflächliche, denn weder wird den ersteren die völlige Ausschaltung ihrer Persönlichkeit je gelingen, noch wird sich die Intention der letzteren immer so vollständig und bruchlos ins Werk umsetzen lassen, wie sie es wünschten. Das Problem ist vor allem darum etwas schwieriger, weil verschiedene Vertreter der Literaturwissenschaft jeweils vor demselben Beispielsfall eine verschiedene Stellung bezüglich der Wichtigkeit biographischer Fakten zum Werkverständnis einnehmen werden. Die Kenntnis des Umstandes beispielsweise, daß Lessing durch die Auferlegung des Schreibverbots in seinem Streit mit Hauptpastor Goeze veranlaßt wurde, seinen *Nathan* zu schreiben, würde von Puristen werkimmanenter Studien als irrelevant für das Verständnis des Dramas abgelehnt, während dieses Faktum für historisch interessierte Forscher einen wesentlichen Beitrag zur Verständnisvertiefung darstellt.

Eine Art Ausweg stellt der Vorschlag Horst Daemmrichs[2] dar, streng zwischen Literaturwissenschaft und Literaturkritik zu trennen, wobei die letztere auf historisch-biographische Details verzichten kann, während die erstere das nicht darf. Abgesehen davon aber, daß es fraglich ist, ob sich der Vorschlag einer derartigen Begriffstrennung, besonders in den angelsächsischen Ländern, durchsetzen ließe, bleibt die Frage für jene ungelöst bestehen, die auf jeden Fall gegen eine Einbeziehung äußerer biographischer Fakten sind. Diese Haltung ist darum begreiflich, weil es gerade auf dem Gebiet biographischer Methoden zu den lächerlichsten Übertreibungen gekommen ist. Ja, es kann sogar geschehen, daß die Beibringung biographischer Fakten das Verständnis eines Werkes eher vedunkelt als erhellt, wenn sie nämlich das Werk auf die Verkörperung einer Summe von Dichtererlebnissen als «Erklärung» zu reduzieren sucht und dabei den eigentlichen Charakter des Werkes als Werk innerhalb einer literarischen Tradition übersieht oder wenn sie manche und zudem unwesentliche äußeren Fakten überschätzt. Hier handelt es sich jedoch um extreme Überspitzungen oder gar um den Mißbrauch der biographischen Methode, und davor ist keine Methode geschützt. Die Tatsache, daß am Werk als Ausdruck seines Schöpfers weder die *ganze* Persönlichkeit des Dichters noch die Persönlichkeit des Dichters *allein* beteiligt ist, spricht nur gegen die Ausschließlichkeit und Verabsolutierung der biographischen Methode als einzig möglicher und keineswegs gegen ihre sinnvolle Verwendung im jeweils gegebenen Kontext und im Rahmen eines sich wechselseitig ergänzenden Methodenpluralismus.

Als etwa im deutschen Sprachraum der literaturwissenschaftliche Positivismus, der in einzelnen krassen Fällen die Anwendung der biographischen Methode bis zur unfreiwilligen Parodie ihrer selbst getrieben hatte, durch eine neue Gegenrichtung abgelöst wurde, da wurde keineswegs die Dichterbiographie völlig abgetan. Im Gegenteil: das literaturwissenschaftliche Standardwerk Diltheys *Das Erlebnis und die Dichtung*[3] besteht lediglich aus vier Dichtermonographien; Gundolf[4] betrachtete in seiner Goethemonographie Leben und Werk lediglich als verschiedene Attribute einer geistig-leiblichen Einheit der Gestalt Goethes, die zugleich als Bewegung und als Form erscheint. Ja, Dilthey ging in seinem Buch so weit, daß er zwar eine der verheerendsten und ältesten biographischen Studien, nämlich das Buch Karl Lessings über seinen Bruder Gotthold Ephraim zwar als solche brandmarkt, ihr jedoch zugute hält, daß sich gerade hier, unter dem unnützesten Berliner Räsonnement einige wertvolle Notizen finden. Dies aber gilt für nahezu alle, auch für die geistlosesten biographischen Materialsammlungen. Der Könner wird jeweils dasjenige herausgreifen, was tatsächlich bedeutungsvoll ist. Ja, im Grunde riß die Linie der Berücksichtigung des Biographischen fast niemals gänzlich ab, denn die späteste geisteswissenschaftliche Leistung auf diesem Gebiet, Emil Ermatingers[5] biographisch angelegte Literaturgeschichte, erschien zu einer Zeit, als die antihistorischen und antibiographischen Tendenzen in der deutschen Literaturwissenschaft nach dem Zweiten Weltkrieg bereits ihrem Höhepunkt zustrebten. Dem Extrem dieser Richtung wurde jedoch sehr bald sowohl von außen her, durch Friedrich Sengles Wieland-Biographie,[6] wie auch von inner her, durch Emil Staigers Goethe-Monographie,[7] Einhalt geboten.

In den U.S.A. verhielt es sich ähnlich. Der große Vertreter biographischer Literaturgeschichtsschreibung Van Wyck Brooks, von Hyman[8] als Paradigma der älteren Biographik glänzend charakterisiert, schrieb noch seine letzten Bücher, als der antibiographisch orientierte New Criticism bereits triumphierte und als nach dessen Abklingen Leon Edels Buch[9] über die Biographie erschien, eine neue biographische Strömung ankündigend.

Auch in der französischen Kritik ist die Betonung biographischer Methoden neben der reinen explication de texte kaum jemals ganz abgerissen, von André Maurois[10] und Victor Giraud[11] bis Jean Pierre Richard[12] und Jean

Starobinski,[13] und die praktischen Leistungen etwa der Wordsworth-Biographien von Herbert Read[14] und F. W. Bateson[15] sprechen für sich selbst.

Das Pendel der Entwicklung schwang wohl einmal in eine Richtung, die der biographischen Methode günstig war, ein anderes Mal in die entgegengesetzte Richtung, aber es kam nie zum Stillstand. Ein Grund der abwechselnden Zu- und Abwendung ist zweifellos darin zu suchen, daß in Zeiten der Hinwendung auch kritiklose Übertreibung der Methode in einem solchen Ausmaß gedieh, daß der Gegenschwung einfach nicht ausbleiben konnte. Die biographische Methode selbst hat dabei aus den ihr ungünstig gesonnenen Phasen oftmals insofern großen Vorteil gezogen, als sie gezwungen war, um ihre Existenzberechtigung zu erweisen, frühere Überspitzungen abzustellen und neue Wege fortschreitender Differenziertheit zu finden. Seit der romantischen Kunstpsychologie, die unbedenklich aus den Werken der Dichter Rückschlüsse auf ihre Biographie zog und seit der übersimplifizierten Formel des Positivismus vom Ererbten, Erlebten und Erlernten, hat die biographische Methode, zumal bei ihren führenden Vertretern, einen weiten Weg zurückgelegt. Ein Körnchen Wahrheit steckte indessen auch in jenen Vorstellungen, und mehr als hundert Jahre nach der romantischen Kunstpsychologie hat C. G. Jung[16] festgestellt, daß der Künstler im Grunde aus seiner Kunst erklärt werden müsse und nicht aus den Unzulänglichkeiten seiner Natur und aus seinen persönlichen Konflikten: «Nicht Goethe macht den Faust, sondern die seelische Komponente Faust macht Goethe.» Je länger je mehr hat sich die biographische Methode auch der psychologischen angenähert und hat sich vielfach mit ihr verbunden.

Ein anderer Grund für die wechselnde Zu- und Abwendung von der biographischen Methode liegt darin, daß ein nüchtern und pragmatisch denkender Methodenpluralismus, der jeweils alle die Methoden einsetzt, die Ergebnisse bringen, keineswegs allgemein etabliert ist, sondern daß es in der Literaturwissenschaft bislang ähnliche Zeitstilphasen gibt wie in der Literatur selbst. Dies führt gerade auch auf dem Gebiet der biographischen Methode zu der seltsamen Erscheinung, daß einzelne bedeutende Vertreter der Literaturwissenschaft unter dem Eindruck verschiedener geistes- und zeitgeschichtlicher Tendenzen in ihren Theorien, in denen sich jene direkt spiegeln, einen ganz anderen Standpunkt einnehmen als in ihrer Praxis. So war etwa Oskar Walzel in seiner Theorie antihistorisch eingestellt, was ihn nicht hinderte, in seiner Praxis eine ausgedehnte und ergebnisreiche historische Tätigkeit zu entfalten. Oder so standen etwa die frühen Schrumpf-Biographien von Boris Eichenbaum[17] über den jungen Tolstoi und über Lermontov nicht im Widerspruch zum Programm des russischen Formalismus und zu seinen eigenen Theorien, wohl aber zwang ihn Gegenstand und Anlage seiner späteren großen Tolstoi-Monographie, seine eigenen theoretischen Vorstellungen zumindest in der Praxis nicht zu beachten. Auch Serge Doubrovsky[18] etwa hält sich in seinem Corneille-Buch keineswegs an seine eigene phänomenologische Theorie mit ihrem ausschließlichen Blick auf das Werk, sondern wechselt zwischen werkimmanenten und werktranszendenten Methoden hin und her. Solche Inkonsequenz zeugt keineswegs von der Unzulänglichkeit, sondern im Gegenteil, von der Größe der jeweiligen Kritiker, die sich im jeweils gegebenen praktischen Fall und Kontext nicht auf theoretische Vorurteile versteifen, sondern aus der Erkenntnis heraus handeln, daß keinerlei Theorie ihren Wert in sich selbst, um der Theorie willen besitzt, sondern sich lediglich im Zusammenhang mit praktischer Literaturkritik und Literaturgeschichte zu bewähren hat.

Viele der Einwände, die gegen übereilte Schlußfolgerungen der biographischen Methode vorgebracht wurden, bestehen zu Recht. Es besteht auch kein Zweifel darüber, daß der Gegenstand der Literaturwissenschaft die Dichtung und nicht der Dichter ist. Zweifellos wenden sich auch oft beschränktere Kritiker, denen die Darstellung der inneren Entwicklung der Dichtung nicht gelingt, dem einfachen und handfesten Sammeln von biographischem Material zu, von dem der eine Teil überhaupt nichts, der andere Teil zumindest direkt nichts mit Dichtung selbst zu tun hat. Es mag schließlich auch sein, daß innerhalb der deutschen Literaturwissenschaft, infolge der zentralen Stellung Diltheys, der biographische Erlebnisbegriff mehr noch als irgendwo sonst – wie Wellek es einmal ausgedrückt hat – zum «Schibboleth» der Dichtungstheorie wurde. All dies zugestanden, könnte man so weit gehen, das reine Ausfindigmachen und Zusammentragen von biographischem Material von der eigentlichen literaturwissenschaftlichen Tätigkeit auszuschließen und ihren «Voraussetzungen» und «Vorarbeiten» zuzuzählen. Damit ist zwar sein «Rang» herabgesetzt, aber noch lange nicht seine Wichtigkeit, ja in vielen Fällen seine Notwendigkeit in Frage gestellt. Im Gegenteil, je mehr sich solche Methode ihrer Grenzen bewußt ist, desto weniger können ihr Sinn und ihre Bedeutung bestritten werden. Der Hinweis darauf, daß wir von vielen, vor allem älteren Autoren kaum biographische Angaben besitzen und dennoch ihre Werke deuten, besagt gar nichts, denn das völlige oder fast völlige Fehlen solchen Materials macht die Deutung gewiß nicht leichter.

Die biographische Methode vermag der reinen werkimmanenten Interpretation nicht nur eine vielleicht oft nicht unmittelbar notwendige weitere Perspektive, eine Perspektive von Fleisch und Blut, hinzuzufügen. Man hat theoretisch darauf verwiesen, daß der Dichtergeschichte auf jeden Fall eine verbindende Funktion zwischen Werk und Literaturgeschichte zukommt, was schwerlich bestritten werden kann. Vor allem aber spielt das Persönlichkeitsproblem hier herein, und gerade aus dem Vergleich der mit der empirischen Dichterpersönlichkeit nicht identischen Persönlichkeitsstruktur des Werkes kann für letzteres vieles klargestellt und können Einsichten wo nicht gewonnen, so doch verifiziert werden, die andernfalls vielleicht gar nicht existierten. Denn wohl ist einerseits Dichtung etwas Autonomes, auf einer ästhetischen Ebene in sich Geschlossenes, aber gerade infolge ihres Symbolcharakters ist sie nichts Außermenschliches, sondern Ausdruck eines Menschen, oder wie Serge Doubrovsky es formulierte: «un homme parle de l'homme aux hommes.»

Manches über biographische Methoden findet sich in Büchern, die außerhalb der literaturwissenschaftlichen Forschung zur Biographie im allgemeinen geschrieben wurden, wie jene Romeins,[19] Maurois',[20] Garratys[21] oder des Literaturwissenschaftlers Sem Dresden.[22] Auch aus dem Umstand, daß die literarische Biographie selbst Gegenstand der Literaturwissenschaft ist, kann die literaturwissenschaftliche Biographik und Methodenlehre lernen, wie etwa aus Alfred O. Aldriges[23] Hinweis auf die Fruchtbarkeit komparatistischer Perspektiven, und auch Heinrich Meyers[24] Hinweis ist bedenkenswert, wonach ihm die Mörike-Biographie eines Dichters wie Albrecht Goes tieferen Eindruck gemacht hatte als Mörike-Biographien von Forschern und zwar nicht im Hinblick auf unterhaltsamere Lesbarkeit, sondern im Hinblick auf das Lebensfrische vermittelnde Ausdrucksvermögen, dessen Grund auf innerer Geistesverwandtschaft beruht.

Gegenüber der alten Biographik mit ihren Tendenzen, das Werk auf biographische Fakten zu reduzieren, hat bereits 1930 Walter Muschg[25] die Forderung nach der neuen Form einer «symbolischen» Biographie erhoben, wie dies zwei Jahrzehnte später Friedrich Sengle[26] getan hat. An die Stelle des unhaltbaren, naiv-positivistischen Kausalitätsdenkens will er eine neue Abgrenzung der einzelnen Wirklichkeitsbereiche setzen. Denn für die Deutung einzelner Dichtungen mag die Biographik bloße Voraussetzung oder Hilfswissenschaft sein. Für die Bestimmung eines ganzen Lebenswerks indessen, für die Unterscheidung zentraler und peripherer, originaler und epigonenhafter Dichtungen innerhalb eines solchen Lebenswerks, kann die biographische Methode von größter Bedeutung sein. Nach Sengle ist es nicht gleichgültig, ob «ein Werk in acht Tagen oder acht Jahren, in einem gesellschaftlichen Zusammenhang oder in Einsamkeit entstanden ist, ob es einem inneren oder einem materiellen Bedürfnis entsprang, ob es unter dem Eindruck einer Lektüre oder eines Erlebnisses sich bildete, ob es ein vereinzeltes Experiment oder das Ergebnis planmäßiger Bemühungen war».

Die Vertreter biographischer Methoden stellen sich damit vor allem gegen die extreme Form semantischer Autonomie des literarischen Werks, die über das Faktum der Nichtidentität von Autor und Werk hinaus den radikalen Schritt vollzieht, jeglichen Zusammenhang zwischen beiden zu bestreiten. Es gibt aber, wie E. D. Hirsch[27] gesagt hat, keine logische Notwendigkeit, «die einen Kritiker zwingt, den Autor völlig auszuschalten, nur um sein Werk analysieren zu können.» Den Autor als sinnbestimmendes Element zu eliminieren ist ebenso unsinnig, wie ihn zum ausschließlichen sinnbestimmenden Faktor zu machen, wie es eine unhaltbare ältere Biographik oft getan hat. Zwar mag die Intention eines Autors bezüglich eines Werkes keineswegs völlig in dessen Ausdruck umgesetzt worden sein – schon darum, weil die Intention sich auf sein Bewußtsein beschränkt, während sich im Werk auch unbewußte Aspekte ausdrücken können – aber in manchen Fällen kann auch das Wissen um jene bewußte Intention vieles klären helfen. Darüber hinaus liefert die biographische Methode notwendige Voraussetzungen, um, zusammen mit psychologischen Methoden, auch manches des unbewußt Ausgedrückten erschließen zu helfen, was vom Werk allein her gesehen oft unmöglich wäre.

b. Einzelne Aspekte der biographischen Methode

Einer der bedeutendsten neueren Vertreter ausschließlich werkimmanenter Interpretation, Cleanth Brooks,[28] erklärte es zur Aufgabe der Kritik, das literarische Werk selbst zu betrachten, das Werk als solches und nicht das Werk als Anhang zur Biographie seines Autors, noch als Reflex seiner Lektüre, noch als Illustration der Geistesgeschichte seiner Zeit. Leon Edel[29] hat Brooks' Auffassung vom Werk als Ausgangspunkt und von der Notwendigkeit genauen Lesens völlig zugestimmt, jedoch er hat dies für den Anfang der kritischen Beschäftigung gehalten, die sich aber darin nicht erschöpft. Das Werk, so argumentiert er, kann gar nicht als gesonderter Anhang zur Biographie betrachtet werden, da es ein integraler Teil von ihr ist, und es ist natürlich auch nicht nur ein Reflex der Lektüre seines Autors, sondern der gesamten Art seiner Lebenserfahrung. Dazu kommt noch, daß das Werk manchmal tatsächlich eine Illustration der Geistesgeschichte seiner Zeit darstellt und daß die Kenntnis dieser Geistesgeschichte zur Verständnisvertiefung beitragen kann: denn nur im geistes- und dichtungsgeschichtlichen Kontext und im

Vergleich der Gemeinsamkeiten wie der Unterschiede werden die Konturen eines Werks wirklich sichtbar. Aus solcher Argumentation wird bereits klar, daß die biographische Methode – zumal wenn man ihren Umfang so weit faßt wie Leon Edel – mehr als einen einzelnen Aspekt umfaßt. Aber auch wenn man ihren Umkreis enger begrenzt, kann doch nicht in Abrede gestellt werden, daß sie sich mit anderen Methoden wie der psychologischen, der geschichtlichen, der geistesgeschichtlichen oft engstens berührt.

Im folgenden soll sie – soweit dies möglich ist – von jenen anderen Methoden getrennt behandelt werden, und dennoch ergeben sich zumindest vier verschiedene Aspekte.

Zunächst soll hier zwischen «äußerer», fakten-orientierter und «innerer» Biographie unterschieden werden. Jeder dieser beiden grundsätzlich verschiedenen methodenkritischen Ausgangspunkte hat selbst wieder zwei verschiedene Aspekte und zwar denjenigen direkter oder indirekter Bezugnahme auf das Werk und sein Verständnis.

Was die «äußere» Biographie betrifft, so wurde etwa von Sengle[30] auf den Umstand hingewiesen, daß man ein Gedicht wie Goethes «Willkommen und Abschied» mit ganz anderen Augen liest, wenn man weiß, daß er tatsächlich zur Geliebten nach Sesenheim hinausritt, als wenn man annimmt, das ganze sei freie Erfindung. Oder Douglas Bush[31] hat die Worte Samsons in Miltons Tragödie

«O dark, dark, dark amid the blaze of noon»

als unpersönliche Kunst, erfüllt von persönlicher Bedeutung, bezeichnet, und tatsächlich scheinen die Worte einen anderen Sinn zu erhalten, wenn man um Miltons Blindheit weiß.

Handelte es sich so weit um direkte Bezugnahmen äußerer Fakten auf das Werk, so kann die indirekte ebenfalls von Bedeutung sein. Nicht nur hilft schon das äußerlichste Faktum des Geburtsdatums als Hinweis auf die Generationszugehörigkeit oder das Erscheinungsdatum als Hinweis auf die entwicklungsgeschichtliche Abfolge von Werken innerhalb der Produktion eines Autors oder innerhalb eines Gattungs- oder Zeitstils, sondern auch andere äußeren Fakten, wie sie verdienstvoll in biographischen Lexika oder Monographien gesammelt werden, können weiterhelfen. Der überaus äußerliche Umstand etwa, daß und wann Döblin sich dem Sturm-Kreis anschloß und sich wieder von ihm trennte, hat durchaus dichtungsästhetische und werkbezogene Implikationen.

Wenn allerdings – wie dies mitunter geschieht – im Zusammenhang mit der biographischen Methode das Yeats-Wort zitiert wird, wonach sich hinter jeder Maske ein lebendes Gesicht findet, dann denkt man eher an Bezüge der innerern Biographie. Gewiß ist es sehr viel schwieriger, ja oft wohl unmöglich, die einzelne Züge der Imaginationsweisen oder gar die einzelnen Phasen von Gefühlen und ihre Umsetzung ins Werk nachzuzeichnen. Selbst ein so nachdrücklicher Verfechter der biographischen Methode wie Leon Edel[32] bemerkt eher skeptisch, daß geradezu grenzenloser Scharfsinn dazugehöre, solches nachzuvollziehen. Es wird selbst da schwierig sein, wo die Aufgabe dem Kritiker dadurch leicht gemacht erscheint, daß schriftlich überlieferte Zeugnisse der Autoren selbst vorliegen, wie gedruckte Gespräche, Tagebücher, Autobiographien, Briefe oder selbst erläuternde Essays zu ihren eigenen Werken. Nicht nur werden solche Zeugnisse oft mit einem Auge auf ihre spätere Veröffentlichung und literarische Wirkung hin geschrieben, sondern vor allem gelten auch hier, neben den großen Möglichkeiten der objektiven Kriterien der eigenen Bekenntnisse und Intentionen, die allgemeinen psychologischen und erkenntnistheoritischen Grenzen, deren sich die Autoren selbst in der Regel gar nicht bewußt sind. Aber ebenso gibt es natürlich gewisse Kriterien zur sachlichen Abschätzung und zur enthüllenden Analyse solcher Unsicherheitskoeffizienten.

Zweifellos ist es oft eine nicht zu unterschätzende methodenkritische Hilfe, wenn sich etwa bestimmte Stellen in Rilkes Briefen wie erklärende Prosafassungen einzelner seiner Verse lesen oder wenn sich etwa in Kafkas Briefen oder Tagebüchern auf die Realität bezogene metaphorische Ausdrücke finden, die dann in seinen Werken parabolisch durchgestaltet sind, oder aber wenn Broch einen eigenen Aufsatz über Form und Komposition seines Vergilromans geschrieben hat. Mehr als fünfzig der Gedichte von Yeats[33] sind ohne die Hinweise in seiner Autobiographie auf seine enttäuschte und unheilbare Liebe zu Maude Gonne gar nicht zu verstehen. Gewiß kommt es auch hier auf den jeweiligen literarhistorischen Kontext an, denn für die meisten Liebesgedichte in der formalisierten Tradition des Petrarkismus nach solchen biographischen Hintergründen fahnden zu wollen, wäre blanker Unsinn.

Der große potentielle Wert der verschiedenen Äußerungen von Autoren selbst zu ihrem Werk wurde oftmals erkannt und etwa von einer ganzen, von Rudolf Hirsch und Werner Vordtriede herausgegebenen Buchserie «Dichter über ihre Dichtungen»[34] methodenkritisch nutzbar gemacht. Vor allem bei manchen neueren Dichtungen, bei Kafka etwa oder in *Finnegans Wake* von Joyce, wenn sich alles von den üblichen, objektiven Konventionen unterscheidet und das Werk völlig eine private Welt in einer privaten Sprache ausdrückt, enthoben allen üblichen Zugängen, bleiben im Grunde dem Kritiker nur zwei Wege offen: entweder seinen eigenen subjektiven Anwandlungen dem Werk gegenüber freien Lauf zu lassen, was zu unverbindlich impressionistischer Kritik führt oder aber biographische Methoden anzuwenden, die ihm helfen, einen Schlüssel zum Zugang zu finden. Dabei wird er sich am besten auch die innerbiographischen Aspekte nutzbar machen und zwar nicht nur jene direkten, wie sie etwa in der Reihe «Dichter über ihre Dichtungen» zusammengefaßt sind, sondern auch die sehr viel schwerer faßbaren indirekten.

Für die letzteren und ihre methodenkritische Erfassung sei hier als Beispiel Leon Edels[35] Versuch angeführt, eine innerbiographische, «objektive Entsprechung» aus T. S. Eliots Lyrik abzuleiten. Was hier unternommen wird, ist, auf neuer Ebene, auf ähnliche Weise modifiziert und verfeinert, wie es die nachromantischen Arbeiten mit ihrer Ableitung der äußeren Biographie aus dem Werk versucht hatten, wie denn auch die alte positivistische Kausalerklärung einer vorsichtigeren, sinnvolleren und ergebnisreicheren Methode wich, wie sie von Muschg, Sengle und Hirsch vertreten wird. Jedenfalls ist es erstaunlich, was Edel bei seiner Rekonstruktion innerbiographischer Imaginationsstrukturen der Persönlichkeit Eliots fertigbringt, eine Leistung, die ein wenig an eine bestimmte Periode in der Entwicklung Leo Spitzers erinnert. Hier ganz besonders beginnt die kritische Tätigkeit, wie bei der Werkinterpretation, zumindest teilweise eine Kunst zu werden, was nicht hindert, daß sie, wie die Kunst selbst, Wahrheit zu Tage zu fördern vermag. Eine Autorin vom Rang Virginia Woolfs[36] hat auch gerade in der biographischen Methode eine Kunst erblickt, und ein Forscher wie Friedrich Sengle[37] forderte vom modernen Biographen den Mut, sich von engherzigen Fachwissenschaftlern wegen seines «Auch-Künstlertums» wie von den künstlerischen Biographen wegen seiner «Gründlichkeit» belächeln zu lassen.

Mitunter ergänzen verschiedene Methoden einander und bestätigt eine andere die Ergebnisse biographischer Methodik oder umgekehrt. Ein schöner Beispielsfall dafür ist das wohl bekannteste Gedicht Ernst Stadlers «Der Aufbruch» aus dessen gleichnamigen Gedichtband. Nachdem Karl Ludwig Schneider eine stilkritische Untersuchung über die frühexpressionistische Lyrik an den Beispielen der Gedichte Heyms, Trakls und Stadlers geschrieben hatte, machte er sich an eine historisch-kritische Ausgabe der Dichtungen Stadlers und trug für die Einleitung dieser ersten Gesamtausgabe auch die noch auffindbaren biographischen Fakten zusammen.[38] Dabei stellte sich heraus, daß das Gedicht «Der Aufbruch» durch die ersten vierzig Jahre seiner Existenz einmütig falsch gedeutet worden war. Denn praktisch alle Kritiker sahen in jener lyrischen Schilderung in der ersten Person, die mit einem Ritt zum Tambourmarsch beginnt, in schattiger Rast innehält und daraufhin zu neuem Aufbruch in unbekannte Schlachten mit möglichem Tod ausmündet, eine «prophetische» Vorschau auf den Ersten Weltkrieg und Stadlers eigenen frühen Schlachtentod. Erst durch die Gesamtausgabe und die recht genaue biographische Einleitung stellte sich heraus, daß Stadler nichts ferner gelegen hatte, als jenen Aufbruch in eine Schlacht wörtlich zu nehmen, sondern daß es sich um eine einzige große Metapher handelte, die sich auf seine literarische Entwicklung bezog: auf die erste Phase des «Tambourmarsches», als er an der kleinen elsässischen Zeitschrift *Der Stürmer* mitgearbeitet hatte, über die Zwischenphase süßer Rast in weichen Traumstunden seines ersten eigenen Gedichtbandes «Präludien» nach George-Hofmannsthalschem Vorbild, zum neuen, frühexpressionistischen «Aufbruch» in neue literarische Schlacht. Nicht umsonst wurde dieses ästhetische Programmgedicht zum Titelgedicht des ganzen Bandes gemacht.

Die fehlende biographische Einsicht von Kritikern seit Erscheinen des «Aufbruch» und seit dem im selben Jahr erfolgten Tod Stadlers in dessen vergessene «Präludien»-Zeit, von der niemals wirklich bekannt gewordenen «Stürmer»-Zeit gar nicht erst zu reden, verhinderte geradezu die richtige Deutung des Gedichts. Erst durch die erste historisch-kritische Ausgabe und erst durch die erste Biographie wurden die für solche richtige Interpretation notwendigen Fakten bekannt. Die der Ausgabe und Biographie vorausgegangene Stiluntersuchung verifizierte jedoch gleichsam diese neue richtige Deutung unabhängig von allen anderen, denn sie zeigt, daß grundsätzlich keine der frühexpressionistischen lyrischen Aussagen Stadlers wörtlich genommen werden dürfen, da der Kern der gesamten Gedichte sich aus bildhaften Ausdrücken zusammensetzt und eine metaphorische Deutung die einzig gegenstandsgemäße ist.

Ein Problem, das sich entsprechend der Überzeugung mancher Literaturtheoretiker hier erhebt, ist die Frage, ob nicht neben der ursprünglich vom Autor intendierten Bedeutung auch noch andere objektiv zulässig seien, zumal wenn eine ganze Generation von Kritikern und Lesern sich diese zu eigen gemacht haben. Das Problem ist nicht ganz einfach, da ein literarisches Werk schon auf Grund seines Symbolcharakters natürlich nicht mit einer einfachen mathemathischen Gleichung verglichen werden kann, sondern mehrschichtig und mehrdeutig sein kann. Vor allem ist bei aller Hilfestellung, welche die Berufung auf des Autors Intention geben kann, diese Intention allein unmöglich ausschlaggebend. Cervantes mag vielleicht wirklich keine andere unmittelbare Absicht mit dem Don Quijote gehabt haben, als auf eine der auch damals grassierenden literarischen Moden, in seinem Fall den Ritterroman, eine Parodie zu schreiben. Es besteht kein Zweifel, daß dem Werk in der Zeit vieler Kritiker- und Lesergenerationen eine ganze Reihe anderer Bedeutungen zugewachsen sind, die es objektiv wirklich verkörpert. Die Quantität und Verbreitung solcher Urteile hat nicht das mindeste mit ihrer Richtigkeit zu tun, und es mag durchaus eine ganze Generation ein Werk völlig verkennen. Im Falle Stadlers ist das auch zweifellos der Fall, denn nur ein profundes Mißverstehen der expressionistischen Stilhaltung konnte zur wörtlichen Deutung des Gedichts führen. In anderen Worten: ein literarisches Werk mag tatsächlich mehrdeutig sein in dem Sinn, daß verschiedene Bedeutungen zugleich zutreffen und einander nicht ausschließen. Dennoch gibt es auch die Fälle, in denen etwas falsch hineingelesen oder in denen etwas zu Unrecht übersehen wird, was zu völlig falscher Deutung führen kann. In vielen Zweifelsfällen kann hier die richtig gehandhabte biographische Methode ein Entscheidungskriterium liefern, und man sollte schon darum ihren Wert nicht unterschätzen.

Eine besondere Form biographischer Methoden ist auch in den Versuchen der Autorbestimmung von Werken enthalten, die anonym oder pseudonym überliefert sind. Auch hier zeigt sich bei vergleichendem Gegenüberstellen von werkimmanenten und werktranszendenten Faktoren, wie biographische Fakten zur Vertiefung des Werkverständnisses beitragen können. Ja es ließen sich aus manchen solcher Arbeiten zur Autorenbestimmung, etwa jenen Karl Guthkes[39] oder Jost Schillemeits,[40] allgemeine Verselbständigungen zu biographisch orientierter Werkanalyse ableiten.

Was die Methode der individuellen Autorenbestimmung selbst anbelangt, so scheint allerdings die streng werkimmanente Methode statistischer Stilanalyse mit Hilfe eines Computers doch eine wirksame Kontrollmöglichkeit vom Negativen her zu bieten. Denn die biographische Zuschreibung der *Nachtwachen* von Bonaventura zu A. Klingemann als Autor durch Jost Schillemeit wurde durch Dieter Wickmanns mathematisch-statistische Überprüfung doch sehr in Frage gestellt, wenn nicht mit Gewißheit widerlegt.

Wie sehr sich biographische Methoden oft einer vielfachen Perspektive bedienen müssen, welche vom allgemeinen Zeithintergrund des Autors über persönliche Beobachtungen bis zu eigenen Erlebnissen und Erfahrungen reicht, hat Frederick J. Beharriell am Beispiel von Schnitzlers «Fräulein Else» gezeigt, bei welcher Novelle die Möglichkeit solch biographischer Deutungshilfen durch Jahrzehnte hindurch nicht vermutet worden ist.[41] Dabei ist es nicht nur von Wichtigkeit, die entsprechenden Materialquellen ausschöpfen zu lernen, sondern von besonderer Bedeutung ist es, zwischen den zum Werkverständnis wirklich relevanten und irrelevanten «tatsächlichen Erfahrungen, persönlichem Gefühl und versteckter Konfession» des jeweiligen Autors zu trennen, die letzteren auszuscheiden und auch die ersteren auf ein notwendiges Mindestmaß zu beschränken.

c. Die literarische Biographie

Die erste methodenkritische Frage im Hinblick auf die literarische Biographie ist, ob es sich dabei um ein mögliches und legitimes, ja nützliches und vielleicht sogar notwendiges Unternehmen der Literaturwissenschaft handelt. Obwohl diese Frage von extremen Vertretern dessen, was E. D. Hirsch «semantischen Absolutismus» genannt hat, verneint wird, besteht kein Zweifel darüber, daß in der literarischen Biographie eine durchaus mögliche und legitime Themenstellung der Literaturwissenschaft zu sehen ist. Nicht von der Anwendung der biographischen Methode in einzelnen besonderen Zusammenhängen ist hier die Rede, sondern von der umfassenden Darstellung des gesamten literarischen Werks einer Persönlichkeit im Rahmen ihrer äußeren und inneren Entwicklung. Die Werke eines Autors und die persönliche Note ihres Stils sind ja schließlich Projektion und Ausdruck einer Individualität. Die Träume und Imaginationsformen, die Visionen und der innere Vorstellungsraum, all das, was in seinem Wandel wie in der Unveränderlichkeit im Lauf einer individuellen Entwicklung das Wesen einer Persönlichkeit ausmacht, kann in seinen Einzelheiten am besten wohl im Zusammenhang mit der gesamten Persönlichkeitsdarstellung sichtbar gemacht werden. Der Mensch, hat Emerson einmal gesagt, ist erklärbar durch nichts als durch seine ganze Geschichte.

Wenn Vertreter einzelner literaturwissenschaftlicher Strömungen oft biographiefeindlich orientiert sind, dann geschieht dies mitunter, weil sie sich berechtigt gegen allzu primitive und verfehlte Beispielsfälle der Biographik wehren und den Mißbrauch mit der Sache selbst verwechseln, dann geschieht dies auch mitunter, weil sie grundsätzlich richtige Theorien bis zu einseitiger Überspitzung entwickeln und daraus die Unstatthaftigkeit der literarischen Biographie ableiten zu können glauben, dann geschieht dies aber mitunter auch, weil sie – und sei es auch nur unbewußt – der Ganzheit und Bedeutung des Individuellen und der Individualität gegenüber gemischte Gefühle haben. Wie es umgekehrt kein Zufall ist, daß Albert Béguin,[42] der durch sieben Jahre *L'Esprit*, das Organ des französischen «Personalismus» redigierte, eine Reihe bedeutender Biographien verfaßt hat. Karol Sauerland[43] hat in seiner Untersuchung von Diltheys Erlebnisbegriff auf den inneren Zusammenhang der blühenden Biographik des 19. Jahrhunderts mit der gleichzeitigen individualistischen Geschichtsauffassung hingewiesen. Solche, oftmals tiefgreifende, sozial- und geistesgeschichtliche Strömungen mögen indessen das zeitweilige quantitative Hervortreten oder Zurückweichen literaturwissenschaftlicher Biographik erklären, ihre eigentliche Funktion und Bedeutung wird davon nicht betroffen.

Eher schon ist es ein echtes Problem dieser literaturwissenschaftlichen Biographik, gewisse Grenzziehungen zu treffen und zu entscheiden, welche Arbeiten in das Zentrum ihrer Bemühungen gehören, welche Randerscheinungen darstellen und welche ganz auszuschließen sind. Dies ist keineswegs nur ein qualitatives Problem der Distanzierung von unbeholfenen, unzusammenhängenden Materialsammlungen oder den Schleuderprodukten feuilletonistischer Schnellschreiber, sondern es ist auch ein Problem der jeweiligen Anlage. Eine der besten Goethe-Biographien etwa, jene Georg Simmels,[44] gehört auf Grund ihrer Anlage nicht in das Zentrum literaturwissenschaftlicher Biographik, nicht weil sie fast nichts an eigentlicher biographischer Faktizität des äußeren Lebens bietet, sondern weil sie praktisch die Behandlung der Goetheschen Dichtung völlig vermeidet und lediglich ein Bild der philosophischen Entwicklung der geistigen Persönlichkeit gibt.

Welche Schicht oder Perspektive jeweils im Vordergrund zu stehen hat, wird übrigens in verschiedenen Beispielsfällen verschieden sein. Einerseits wird ein ins Literaturwissenschaftliche abgewandeltes Kriterium der Psychologin Charlotte Bühler[45] eine methodische Hilfe bedeuten, die zwischen drei Typen von Lebensläufen unterschied: solchen, bei denen das Leben dem Werk untergeordnet ist, solchen, bei denen ein Gleichgewicht von Leben und Werk besteht und solchen, bei denen das Werk dem Leben untergeordnet ist. Oft wird jedoch auch einfach das schlichte Faktum entscheiden, wie wenig oder wie viel an biographischen Fakten einerseits, an Werken andererseits dem Biographen zur Verfügung steht. Eine literaturwissenschaftliche Typologie von möglichen Biographien hat Hugo Kuhn[46] aufgestellt, als er zwischen drei Arten von Dichtern unterschied: dem priesterlichen und seherischen Dichter, dem Barden oder Heldendichter und dem Troubadour oder Liebesdichter.

Was den Aufbau der literaturwissenschaftlichen Biographie betrifft, so hat wohl Walter Muschg[47] recht, wenn er auch das biographische Geschäft als ein «work in progress» betrachtet und annimmt, daß die jeweils erste Autorenbiographie stets eine eher historisch orientierte Biographie, ein materialsammelndes «Gefäß für Dokumente» sein wird, aus der sich die komplizierteren und bedeutenden biographischen Synthesebildungen späterer Monographien ergeben. Die wesentliche Aufgabe der Biographie besteht darum in der Zusammenfassung der verschiedenen Schichten und Aspekte zu einer die wesentlichen menschlichen und geistigen Bezüge umgreifenden Ganzheit. «Man muß Goethe als ein Ganzes erlebt haben, eh man es wagen darf, seine einzelnen Leistungen einzureihen, zu deuten oder zu benutzen», fordert Gundolf[48] in seiner Goethebiographie. Natürlich ist dies leichter gefordert als in zufriedenstellendem Maß erfüllt, zumal voreilige und besonders idealisierend-harmonisierende Synthesen eine der größten Gefahren abrundender Reduktion sind. Verschiedene Biographen haben verschiedene Mittel vorgeschlagen, um voreilige und irreführende Vereinfachungen der komplexen Werk- wie Persönlichkeitsvielfalt zu verhindern. So hat etwa gleichfalls Gundolf von einer dreifachen Aufgabe des literaturwissenschaftlichen Biographen gesprochen: 1. jeden Lebensmoment des behandelten Autors selbständig zu betrachten, ohne Rücksicht auf das Ganze seiner Existenz, 2. diesen Moment als eine Stufe jener gesamten Existenz zu betrachten und 3. ihn als Ursache, Stoff oder Gehalt seines Schaffens zu erforschen. Ernst Robert Curtius wiederum hat seine Balzac-Monographie derart angelegt,[49] daß er von Kapitel zu Kapitel einen jeweils anderen Aspekt der inneren Persönlichkeit des Romanciers zu erfassen versucht und hierfür die Titel «Magie», «Gesellschaft», «Religion» wählt.

Je mehr sich indessen im Lauf der Entwicklung die Methoden der literarischen Biographie verfeinert und differenziert haben, je mehr hat sich auch die Reihe der Einsichten in Schwierigkeiten, Gefahren und Grenzen vergrößert. Man braucht nur den diesbzüglichen Katalog bei Wellek[50] nachzulesen, um die Schwierigkeiten, die oft sehr indirekten, versteckten und äußerst verschiedenartig funktionierenden Verbindungsglieder, Parallelismen, Ähnlichkeiten und Anspielungen zu erfassen. Darum hat Sengle[51] geurteilt, das schwierigste Problem der modernen Dichterbiographie liege darin, «wie der neuen Wissenschaftssituation entsprochen werden kann, ohne daß Leben und Werk in zwei beziehungslose Teile auseinanderfallen».

Abgesehen davon, daß man zumindest zwischen die äußeren biographischen Fakten und das Werk die Schicht der inneren, geistigen Persönlichkeit, ihres Vorstellungsraums und ihrer Imaginationsformen einschieben muß, sind verschiedene einzelne Vorschläge zu einer biographischen Theorie gemacht worden. Muschg hat etwa zwei Dinge unter anderem besonders betont. Erstens hat er auf die Wichtigkeit hingewiesen, das Unberechenbare, Unerwartete, Einmalige einer Persönlichkeit zu erfassen und nicht in die Versuchung zu verfallen, alles auf überindividuelle Bedingtheiten wie Rasse, Stil, Sprache, Staatlichkeit usw. zu reduzieren. Jene Kollektivmächte können wichtig sein, und sie müssen geradezu herangezogen werden, um das Unerwartete in seiner Kontrastwirkung dagegen sichtbar zu machen. Zweitens hat er auf den potentiellen Wert von Anekdoten aufmerksam gemacht, die im biographischen Bereich zu Trägern wichtiger Symbolik werden können. Wenn auch schwach und zudem durch die Augen Dritter, können sie von der mythenbildenden Kraft einer Persönlichkeit zeugen.

Leon Edel hat sein Buch über die literarische Biographie aufsteigend so angelegt, daß einem Kapitel über den Gegenstand und dessen Abgrenzung und einem anderen über Materialsuche drei weitere Kapitel über die Methoden folgen. Dabei ist nur eines, betitelt «Criticism», biographischen Methoden gewidmet, das zweite psychologischen Methoden und das dritte, betitelt «Time», geschichtlichen, sozial- und geistesgeschichtlichen. Die Biographie als literaturwissenschaftliche Themenstellung umfaßt ja selbstverständlich weit mehr als rein biographische Methoden, auch wenn diese vielfach im Vordergrund stehen mögen. Nach Edel ist es die synthetische Einheit des literarischen Detektivs, des Kritikers, des Psychologen – den Historiker erwähnt er erst gar nicht – die den Biographen ausmacht. Es gibt denn auch jene Form wissenschaftlich wohlfundierter literarischer Biographie, in der sich alles fugenlos und ohne oder nahezu ohne Anmerkungsapparat zu einem flüssigen Text zusammenfügt, dessen erreichtes Ziel in den aufeinanderbezogenen Schichten von Persönlichkeit und Werk besteht. Von Witkowskis Goethe[52] bis zu Brinkmanns Fontane,[53] Lacoutures Malraux[54] und Hydes Wilde-Biographie[55] gibt es zahlreiche bedeutende Beispiele. Daneben gibt es, als andere Form, die an Stelle fugenloser synthetischer Verschmolzenheit den wissenschaftlichen Dokumentationscharakter vor Augen hat, jene Art von Biographie, für welche die eigentliche biographische Darstellung nur einen Teil ausmacht. So ist in Uwe Schweikerts Jean Paul-Biographie[56] der eigentliche biographische Teil von anderen Abschnitten umgeben, die sich mit Darstellungen der vorhandenen Materialien, der Zeitbezogenheit und der Wirkung des Autors sowie mit der Geschichte der Jean Paul-Forschung beschäftigen.

Neben diesen beiden grundsätzlich verschiedenen methodenkritischen Darbietungsformen der literarischen Biographie, die sowohl eine verschiedene Themenstellung wie ein verschiedenes Publikum im Auge haben, hat man auch in anderer Hinsicht verschiedene Typen der Biographie unterschieden. Leon Edel[57] hat etwa drei verschiedene Arten voneinander abgesetzt: erstens die ausführliche, chronikartige Biographie, in welcher der behandelte Autor dauernd zu Wort kommt, zweitens das kurze, geraffte Porträt und drittens jene Art von Biographie, deren Länge in der Regel zwischen der ausführlichen ersten und kurzen zweiten Art in der Mitte liegt und deren

Gegenstand vom Biographen als allwissendem Erzähler dargestellt wird. Kurz gesagt, er unterscheidet zwischen chronikalischer, malerischer und erzählerisch-malerischer oder romanartiger Biographik.

Wodurch sich eine neuere, methodenkritisch bewußte Biographik von der älteren unterscheidet, das ist zunächst einmal das Abrücken vom Erlebnisbegriff, von dem sich der späte Dilthey[58] selbst mit Nachdruck distanziert hat und ganz besonders vom Erlebnisbegriff als Aufrichtigkeits-, Echtheits- und darum Wertkriterium mit direktem Bezug auf Probleme der Poetik oder der Dichtung, wie dies Wellek[59] geklärt hat. Sodann steht die neuere Biographik der Bewertung der Autorenintention kritischer gegenüber und identifiziert sie nicht mit dem Werk, was ebenso bedenklich wäre wie der Glaube an das gegenteilige Extrem eines absoluten semantischen Absolutismus. Schließlich aber ist die neuere Biographie vor allem durch eine kritischere Einstellung gegenüber dem zentralen Problem genetischer, entwicklungsgeschichtlicher Zusammenhänge zwischen Leben und Werk bestimmt. Ja, es scheint fast, als ob es zwischen einem ehemaligen Vertreter des radikal antibiographischen und antihistorischen New Criticism, wie W. K. Wimsatt,[60] dessen literaturtheoretische Leistungen nicht zuletzt auf dem Gebiet des Abweisens der überspitzten Schlußfolgerungen der naiven alten Biographik liegen und dem Anliegen der neueren Biographik zu einer Verständigung kommen könnte. Wimsatts neuerdings formulierte Bedenken und Einwände gegen eine allzu vereinfachte biographische-genetische Betrachtungsweise treffen vielfach mit Recht extreme Positionen und räumen einer zurückhaltenderen und kritischen Biographik durchaus die wesentlichsten Möglichkeiten ihrer Funktion und Bedeutung ein.

Alfred Owen Aldridge[61] hat auf einige der wichtigsten dieser Funktionen zusammenfassend hingewiesen: auf die Humanisierung und die damit verbundene Vertiefung der Freude an Dichtung, die aber auch zur Verbreitung des Interesses und Vertiefung des Verständnisses beitragen können, wofür er die Shakespeare-Biographie von Rowse[62] anführt. Um jedoch tatsächlich die richtigen Bezüge zwischen dem Leben, der Bildung und Kulturlandschaft eines Autors und seinem Werk herzustellen, vor allem jedoch um diese im Grunde inneren Zusammenhänge tatsächlich zu einer Art neuem Leben zu erwecken, bedarf es auch von der Seite des Biographen her der «großen empfangenden Persönlichkeit», wie Muschg[63] es genannt hat. Ähnlich wie bei der Interpretation sind hier zumindest Spuren oder Ansätze von Künstlertum von der Seite des Biographen wenn nicht erforderlich, so doch von Nutzen, damit, wie von Muschg bis Clifford[64] betont worden ist, «die Voraussetzungen zu einem lebendigen und Leben strahlenden Bild gegeben seien.» Ein schönes praktisches Beispiel dafür sind die «existenzielle» Stifterbiographie Erik Lundings[65] und die Bücher von Ramon Fernandez.[66]

Ja man könnte geradzu sagen, daß es zweierlei Arten von weitgehend vollendeten literarischen Biographien gibt: einmal jene, die alle auch nur einigermaßen für die Entwicklung von Persönlichkeit wie Werk eines Autors bedeutsamen Tatsachen sorgfältig und genau, verläßlich und ohne Auslassungen verzeichnen, wofür etwa die Hemingway-Biographie Carlos Bakers[67] oder die Emerson-Biographie Ralph Rusks[68] als Beispiel dienen können. Zum anderen gibt es jene Art von Biographien, welche all die einzelnen wichtigen Fakten zusammen mit den Entwicklungslinien des Werkes in einer Weise zu einer einzigen Ganzheit integrieren, daß es nicht zu weit hergeholt erscheint, auch hier von einer Art «Kunst» der Biographie zu sprechen. Das Thoreaubuch Walter Hardings[69] oder das Mark Twainbuch Justin Kaplans[70] mögen als Beispiele dafür dienen.

Nach derart überwältigender, praktischer Evidenz kann es nur mehr eine rein rhetorische Frage bedeuten, wenn Leroy R. Shaw fragt: «Biographie als Literaturwissenschaft?»[71] Gewiß, es kommt darauf an, was man unter Biographie und unter biographischen Methoden versteht. In den vollendetsten Fällen handelt es sich in der Regel um ein jeweils Autoren- wie werkadäquates Zusammenspiel von biographischen, psychologischen und interpretatorischen Methoden. Eines der eindrucksvollsten neueren Beispiele dafür ist Hartmut Binders Kafkabuch.[72] Sein methodischer Ausgangspunkt ist die jeweilige Situationsbezogenheit der einzelnen Werke Kafkas, da er annimmt, daß die Intention des entstehenden Werkes mit seismographischer Genauigkeit den jeweiligen Erlebnissen des Autors entspricht. Dabei hütet er sich jedoch, im Sinn der «intentional fallacy», das Werk auf Intentionen zu reduzieren und arbeitet auf eine Analyse der Interaktion von Intention und Werk hin. Das Geheimnis seines überraschenden Ergebnisreichtums liegt jedoch in einer Kombination eines unerhörten biographischen Detailwissens einerseits und eines gleichfalls unüblichen interpretatorischen Einfühlungsvermögens andererseits, die es ihm ermöglicht, durch sorgfältige und feine Differenzierung der Korrelation zwischen Lebens- und Werkgeschichte zu verblüffenden Resultaten zu gelangen. Diese Resultate verweisen vieles der vorherigen Kafkadeutungen mit Nachdruck und Sicherheit auf die Gebiete des Vorurteils oder der Legende. Dazu kommt zusätzlich die Entwicklung einer Methode, die den Zusammenhang von Wahrnehmungsweise und Darstellungsart enthüllt, wodurch der Verweisungszusammenhang von Motivik, Bildwelt, Raumdarstellung, Konfiguration, Gestik, Mimik und sprachlichem Gefüge sichtbar wird. Auf solche Weise kommt er auch der Struktur des sprichwörtlich schwer zu erfassenden Kafkaschen Handlungsmythos auf die Spur. In geschickt aufsteigender Abfolge werden biographische Dokumente und Tagebücher, Briefe und geistes- wie sozialgeschichtliche Hintergründe zu Entstehungsgeschichte, Motivverkettungen und handlungsmäßigem Verweiszusammenhang in Beziehung gesetzt und das Ergebnis des feinmaschigen Bezugsnetzes ist eine Dichtermonographie, die in ihrer Anwendung biographischer Methoden als Vorbild dienen kann. Wobei sich unter anderem auch wieder zeigt, daß es keinen besseren Beweis für die Fruchtbarkeit wie Tragfähigkeit einer Methode geben kann als das Erzielen überzeugender Ergebnisse bei ihrer praktischen Anwendung durch einen dazu Berufenen.

4. Psychologische Methoden

a. Methodenkritische Abgrenzungen

Psychologische und biographische Methoden berühren einander oft eng und ergänzen einander in direker Weise. Während im Verlauf der letzten Jahrzehnte die eigentlichen biographischen Methoden mehr und mehr sammelnder Tätigkeit und zur Auswahl von Material sowie zu bestimmten kritischen Methoden im Hinblick auf die Interpretation zusammenschmolzen, kann der literarische Biograph psychologische Methoden weniger denn je entbehren und begannen letztere mehr und mehr in die Biographie einzudringen. Die meisten Literaturtheorien der letzten Jahrzehnte unterstrichen sowohl die Eigenständigkeit des literarischen Werks wie auch die Grenzen der Intention und der bewußten Einsichten des Autors in das Wesen seines Werkes. Nun hat die Psychoanalyse fast von Anfang an, gerade auch im Hinblick auf das Verständnis literarischer Werke, Methoden angeboten, welche jene gegebenen Bewußtseinsgrenzen überschreiten und welche jenseits dieser Grenzen bestimmte Zusammhänge des Unbewußten, wie es sich auch in der Dichtung ausdrückt, sichtbar machen. Kenntnis und Anwendung dieser Methoden können nun bisher unbekannte, da gar nicht bewußte Bedeutungen im Werk selbst sowohl wie in den Beziehungen zwischen Autor und Werk sichtbar machen. Das Bestreben, solch unbewußte Zusammenhänge aufzudekken, läuft dem Wunsch nach Erfassung solcher Zusammenhänge im Unbewußten neurotischer Patienten parallel, so daß alle drei Begründer klassischer psychoanalytischer Schulen, Sigmund Freud,[1] Carl Gustav Jung[2] und Alfred Adler,[3] von vornherein großes Interesse an der Analyse von Dichtung zeigten und vielfach auch selbst solche Analysen vornahmen. Daß dem Traum und auch dem tagtraumhaften Phantasieren als dichterischem Schöpfungsakt eine große Bedeutung zugeschrieben wird, sowie die zentrale Stellung des Symbols und seiner Deutung sowohl in der Psychoanalyse wie in der Literaturwissenschaft, stellt eine Reihe enger, gegenstandsbezogener Parallelen dar.

Natürlich sind die psychologischen Methoden in keiner Weise auf die Psychoanalyse beschränkt. Richard Müller-Freienfels[4] und Robert Hartl[5] versuchten eine Poetik auf psychologischer Grundlage zu schaffen. Eine Typologie von Autoren, die ihre Persönlichkeit wie Stilhaltung betrifft, wurde gleichfalls von Müller-Freienfels[6] auf der Grundlage teleologisch verstehender Strukturpsychologie erstellt, von Ernst Kretschmer[7] auf der Grundlage naturwissenschaftlich orientierter Psychiatrie. Mit der Psychographie des Dichters wie mit dem künstlerischen Schaffensprozeß hat sich Paul Plaut[8] von der angewandten experimentellen Psychologie her auseinandergesetzt, und der phänomenologische Psychologe Theodor Spoerri[9] hat eine äußerst differenzierte anthropographische Methode zur Erhellung der Zusammenhänge von Persönlichkeit und Werk entwickelt. Der Schaffensprozeß wurde von den verschiedensten psychologischen Schulen zu analysieren versucht. Das gleiche gilt für psychologische Studien über literarische Figuren und Vorgänge in literarischen Werken, wobei von der Strukturpsychologie wie etwa von Oppenheim[10] wie auch von der Psychoanalyse, nicht zuletzt durch Freud[11] selbst, außerordentlich scharfsichtige Ergebnisse erzielt wurden. Wie aber manche Psychologen, wie etwa Binswanger, die psychologischen Grundlagen des kritischen Verstehensakts zwischen dem Bewußtsein des Autors und jenem des Kritikers zu erhellen unternahmen, hat Paul de Man[12] gezeigt.

Schon diese wenigen Beispiele zeigen die breite Skala der Aspekte, mit denen sich die psychologischen Untersuchungen befassen, die vom Schaffensprozeß über die Werke selbst bis zum Verstehens- und Rezeptionsprozeß reichen. Nicht weniger verschieden ist die Qualität der Untersuchungen, die von den meisterhaften Analysen Freuds selber bis zu unfreiwilligen Parodien solcher Analysen durch einzelne seiner Schüler reicht. Bei aller Verschiedenartigkeit haben alle diese Arbeiten jedoch eines gemeinsam: es sind psychologische Untersuchungen literarischer Gegenstände durch Psychologen, und obwohl viele von ihnen interessante Ergebnisse für die Literaturwissenschaft enthalten und manche von ihnen sehr wichtige Ergebnisse, so bedienen sich doch alle der literarischen Themen lediglich als Materialien zur Erhellung ihres eigenen Gegenstandes, der menschlichen Psyche. Das heißt, sie alle reduzieren das literarische Werk auf Nichtliterarisches, und methodenkritisch gesehen müssen sie «umgedreht» werden, so daß die psychologischen Ergebnisse und Vorgangsweisen methodologisch der Literaturwissenschaft dienstbar gemacht werden, die sie ihren eigenen Methoden unterordnen beziehungsweise einverleiben muß. Der Fall, daß ein wissenschaftlich voll ausgebildeter Psychiater umsattelt und ein zudem noch besonders bedeutender

Literaturwissenschaftler wird, wie Jean Starobinski,[13] bildet eine seltene Ausnahme und erklärt die ungewöhnliche Qualität seines Buches über Psychoanalyse und Literatur.

Die psychologischen Theorien der beiden Männer, deren Werke geradezu zur Herausbildung internationaler Schulen in der Literaturkritik geführt haben, Freud und Jung, wurden methodologisch umgestülpt und in ihrer umfassenden literaturwissenschaftlichen Relevanz in den dichtungsästhetischen Büchern von Jack J. Spector[14] und Morris Philipson[15] theoretisch dargestellt. Aber natürlich haben sich zahlreiche Vertreter der Literaturwissenschaft schon vor dieser systematischen Darlegung der ästhetischen Implikationen verschiedene Einsichten und Methoden der Psychoanalyse wie der verschiedenen anderen Richtungen der Psychologie angeeignet und sie ihren eigenen literaturwissenschaftlichen Zwecken nutzbar gemacht.

Die größte Gefahr sowohl wie der unverzeihlichste Fehler vom methodenkritischen Standpunkt der Literaturwissenschaft her gesehen ist es jedenfalls, die psychologischen Arbeiten einfach zu übernehmen und nachzuahmen, was zu einer Reduktion der literarischen Gegenstände auf die Psychologie und damit zu einem Psychologismus führt. Von der Psychologie her gesehen ist dieser methodologische Ausgangspunkt nicht nur legitim, sondern der einzige richtige, der darum auch die Bücher von Ernest Jones[16] bis Jacques Lacan[17] und von Ernst Kris[18] bis Michael David[19] bestimmt. Freud selbst hat ja des öfteren literarische Figuren analysiert als wären sie lebende Patienten und hat den literaturwissenschaftlich vordringlichen Problemen von Form und Werk wenig oder keine Bedeutung beigemessen. Diese Verschiedenheit des methodologischen Ausgangspunktes soll indessen in keiner Weise die große Bedeutung herabsetzen, die den Ergebnissen jener psychologischen Arbeiten für die Literaturwissenschaft zukommen kann. Von Freud und Jung selbst ganz abgesehen, läßt es sich kaum überschätzen, was einzelne ihrer Nachfolger gerade für die Literaturwissenschaft geleistet haben. Man denke nur etwa an die Arbeiten von Hanns Sachs über Schiller und Shakespeare,[20] von Aniela Jaffé über Broch,[21] von Herbert Silberer über das Wesen mystischer Symbolik[22] oder von Erich Fromm über die Symbolsprache Kafkas.[23]

Daß es echte Gemeinsamkeiten von Psychoanalyse und Literaturkritik gibt, wie Heinz Politzer[24] gezeigt hat oder daß einschlägige Anthologien mit Beiträgen der Wechselbeziehungen zwischen Psychologie und Literaturwissenschaft, und zwar auch die guten wie jene von Bernd Urban,[25] Beiträge von beiden Seiten vermischt nebeneinander abdrucken, ändert nichts an der grundsätzlichen methodologischen Verschiedenheit der Ausgangspunkte oder der Ziele. Auch der bewußte Versuch, durch dialektische Argumentation dieses methodologische Grundfaktum wegzudisputieren, wie ihn der Psychologe Norbert Groeben in seiner *Literaturpsychologie*[26] unternimmt, vermag dies nicht zu ändern. Ja diese kenntnisreiche und umfassende Analyse der Beziehungen zwischen Literaturwissenschaft und Psychologie verliert wesentlich durch den seltsamen Anspruch, die Literaturwissenschaft zu einer empirischen Wissenschaft zu machen, die in einem derartigen Sinn auch die Tiefenpsychologie nicht ist, was bei Groeben besonders Jung zu entgelten hat. Bei Ausklammerung dieser Haltung zeigt jedoch gerade die profunde und dichte Darstellung Groebens auf solch breiter Basis, wie vieles die Literaturwissenschaft von der Psychologie zu lernen und ihren eigenen Methoden einzuverschmelzen hat. Eine sehr viel sachlichere Darstellung, die kein neues Modell für die Literaturwissenschaft erstellt, sondern sich auf eine ebenso ausgezeichnete wie sachliche Darstellung der Wechselbeziehungen beschränkt, hat Anne Clancier[27] für den französischen Raum geliefert, der auf diesem Gebiet äußerst wichtig ist und von Groeben kaum behandelt wird.

Anne Clancier gibt in den beiden referierenden Hauptabschnitten ihres Buches zunächst einen Überblick über die literarisch orientierten Arbeiten französischer Psychologen und damit einen solchen über die psychologische Methoden anwendenden Arbeiten der Literaturwissenschaft. Ein letzter Abschnitt ist der besonderen Methode der «Psychokritik» Charles Maurons gewidmet, der tatsächlich der bedeutendste Vertreter psychologisch orientierter Literaturkritik im Frankreich der letzten Jahrzehnte ist.

Die Kenntnis derart zusammenfassender Überblicke wie sie Norbert Groeben und Anne Clancier, und in etwas beschränkterem Umfang auch Morton Kaplan und Robert Kloss[28] geleistet haben, macht es fast noch deutlicher als die geschickten Argumente von Albert M. Reh, wie sehr psychologische Probleme und Methoden die verschiedensten literaturwissenschaftlichen Bestrebungen durchziehen: «Es ist jene Psychologie, die wir ... in der Regel unreflektiert in unsere Interpretationen einbeziehen, ohne uns darüber Rechenschaft abzulegen, wie dilettantisch wir sie doch eigentlich als Nichtpsychologen handhaben müssen, und wie einseitig und vordergründig ihre Perspektiven sind.»[29]

Die Psychologie hat ja selbst vieles vom Gegenstand der Literaturwissenschaft gelernt. Freud selbst sagte ja, er habe die Entdeckung des Unbewußten bereits in der Dichtung vorgefunden und nur seine Analyse zu einer wissenschaftlichen Methode entwickelt. Frederick Beharriell[30] hat die literarischen Einflüsse auf Freud beschrieben und ging sogar so weit, die literarische Technik des inneren Monologs vor der Aufhellung ihrer psychoanalytischen Implikationen als leeres Schema zu bezeichnen.

Was indessen für den auch humanistisch hochgebildeten Freud gilt, hat nicht weniger Bedeutung für andere Psychologen mit ähnlichen Interessen an und Sensibilität für Literatur, wie etwa Rudolf Arnheim[31] oder Frederick Wyatt,[31a] um nur zwei Beispiele von Psychologen zu nennen, deren Einsicht in Dichtung und dichterische Werte ihre Arbeiten für die Literaturwissenschaft von Bedeutung macht, auch wenn sie methodologisch von der Psychologie herkommen und letztlich wieder in sie ausmünden.

Die Zahl der literaturwissenschaftlichen Problemstellungen, bei denen psychologische Einsichten und Methoden eine Rolle spielen können, ist groß. Da ist neben der Autorenbiographie das Problem des Schaffensprozesses überhaupt, auch im Hinblick auf die Komponenten der Schaffenskraft, da ist vom Werk selbst her gesehen die Werkanalyse sowohl vom Autor aus, wie als Symbolanalyse, wie von den psychologischen Aspekten seiner Rezeption aus zu nennen. Diese Themenstellungen selbst umfassen wieder eine ganze Reihe von Sonderproblemen, wie den «Wahnsinn» des Dichters, Dichtung und Neurose, Autor und Drogeneinfluß, Psychologie des Publikums und des Lesens.

Die wesentliche methodenkritische Grenzziehung – trotz der möglichen inhaltlichen Bedeutung vieler rein psychologischen Werke für die Literaturwissenschaft – hat da zu verlaufen, wo es um Nutzbarmachung von psychologischen Einsichten für die literarischen Gegenstände als Material für die Seelenkunde geht. Albert M. Reh hat in diesem Zusammenhang von zwei grundlegend verschiedenen «Aspekten» gesprochen, und die Unterscheidung gefordert: «Wie weit versteht eine psychoanalytische Interpretation Literatur . . . als ‹Mimesis› jener Wirklichkeit des Unbewußten, die den Formen unserer bewußten Anschauung und den Kategorien unseres Denkens nicht adäquat ist» und «wo versucht die psychoanalytische Deutung Literatur . . . lediglich zum Gegenstand ihrer Theorien zu machen?» Oder noch einfacher: Dient die Psychologie als Mittel zum Zweck der Literaturwissenschaft, oder dient die Literatur als Mittel zum Zweck der Psychologie? Es liegt in der Natur dieses Buches, daß im folgenden nur von wichtigen Arbeiten und Themenstellungen der ersten Art die Rede sein kann.

b. Psychologisch orientierte Methoden der Literaturwissenschaft

Zunächst können psychologische Ergebnisse natürlich für die Erfassung der Dichterpersönlichkeit eine wichtige Rolle spielen, worauf Freud selbst bereits bei seiner Entgegennahme der Goethe-Medaille in Frankfurt verwies.[32]

Es scheint auch so, als würde der im allgemeinen fallengelassene Erlebnisbegriff im Ansatz schon durch die frühen psychoanalytischen Arbeiten, neuerdings aber als «Erfahrung» bei Behn[33] und besonders bei Wilhelm Salber[34] durch die Hintertür der Psychologie wieder in die Literaturwissenschaft in gleichwohl kritischerer und begrenzter Bedeutung Eingang gewinnen. Vertreter neuerer literaturwissenschaftlicher Biographik, wie Herbert Zeman,[35] betonen darum die Bedeutung des Psychologischen und sehen in neuer Version der alten biographischen Grundhaltung, daß die Linie der Wechselbeziehungen «vom Leben zum Werk» verläuft. Die meisten der bedeutenden literaturwissenschaftlichen Biographen sind dabei mit den Psychologen einig, daß die ganze Biographik über das eigentliche Wesen und den Wert der Dichtung direkt nichts aussagen kann.

Norbert Groeben[36] weist mit Recht auf dem Gebiet der Biographik auf die Gefahr eines Essentialismus hin, der unkontrolliert theoretisch Postuliertes als real ansetzt und führt als Beispiel den marxistischen Vertreter der Biographie M. Kagan[37] an, der bei der Betrachtung der Künstlerpersönlichkeit einfach «entsubjektivieren» muß.

Was den dichterischen Schaffensprozeß betrifft, so ist seine Kenntnis für das Erkennen des literarischen Werks und seine Konkretisierung an sich nicht von zentraler Bedeutung. Was indessen auf diesem Gebiet von den Schulen Freuds und Jungs bis jetzt geboten wurde, ist noch immer wesentlich relevanter für die Literaturwissenschaft als was von einer behavioristisch orientierten, empirisch vorgehenden neuen «Kreativitätsforschung» bis jetzt zumindest zu Tage gefördert wurde. Selbst da, wo – wie im Fall von Jackson und Messick[38] – die Produktkriterien «Transformation» und «Verdichtung» sind, Kriterien also, die der Anwendung auf literarische Werke und ihre ästhetischen Strukturen durchaus zu entsprechen scheinen, ist bis jetzt kein auch nur einigermaßen befriedigendes Ergebnis in Sicht. Ja so manches von den alten romantischen und idealistischen Theorien literarischen Schaffens, wie sie M. H. Abrams[39] systematisch beschrieben hat, scheint dem Kern des Gegenstandes näher zu kommen als die meisten jener naiven Rationalisierungsversuche neuer «Kreativitätsforschung». Ja, was Edmund Wilson[40] diesbezüglich in einem Buch gesagt hat, das vielleicht nicht zufällig den homerischen Helden Philoktet als symbolischen Beispielsfall benützt und das tiefenpsychologischen Überlegungen Alfred Adlers sehr nahe kommt, geht auf die Überzeugung von dichterischer Schöpfungskraft als besonderer «Gabe» zurück, die bezahlt werden muß. Adler[41] würde lediglich die Motivation umkehren und von Überkompensierung von Organminderwertigkeit sprechen. Mythische Tatsache ist, daß der Sänger Demodokos blind war. Ob ihm nun die Muse als Preis für die liebliche Gabe des Gesanges das Augenlicht nahm oder ob das Leiden an seiner Blindheit ihn zu solcher besonderer Leistung antrieb, ist vielleicht weniger wichtig, als die besondere Wahl der Blindheit als «Organminderwertigkeit», da sie als Ausgleich zur Schärfung des Blickes nach innen, in das eigene Unbewußte, ja in das Unbewußte überhaupt beiträgt, das ja auch nach Freud[42] und Jung die Ausgangsbasis für den dichterischen Schaffensprozeß darstellt. Nach Freud läuft dieser Schaffensprozeß auf die Hervorbringung tagtraumhafter Phantasieprodukte hinaus, welche die tiefere Wahrheit und Wirklichkeit von Träumen sichtbar machen; nach Jung[43] besteht das Geheimnis des Kunstschaffens im «Wiedereintauchen in den Urzustand der ‹participation mystique›», wodurch der Dichter als erster seiner Zeit die Strömungen und Tendenzen des kollektiven Unbewußten darzustellen vermag.

Sehr viel direkter der eigentlichen literaturwissenschaftlichen Aufgabe des Werkverständnisses verbunden ist die psychologische Werkanalyse, die sowohl Aspekte des Autors, wie auch Werkanalyse selbst als Symbolanalyse, wie auch die Werkrezeption berührt. Mit dem psychologischen Aspekt der Deutung und Abgrenzung von Autorenabsicht und Werkverständnis hat sich Hans Eichner[44] befaßt. Dominique Fernandez[45] verlegt den Hauptakzent bei der «psychobiographischen» Methode seiner Werkdeutung auf die Kindheit der Autoren. Er hat sich auch besonders mit dem Schaffensprozeß beschäftigt und stellt eine Art Übergangserscheinung von der psychoanalytischen Biographie zur Werkanalyse dar.

Eine Übergangsstellung zwischen dem Schaffensprozeß des Autors und der Werkanalyse nehmen auch die Arbeiten Gaston Bachelards[45a] über die dichterische Imagination ein. Er benützt allerdings nur einzelne Begriffe von Freud und Jung und entwickelte sich mehr und mehr zu einem konsequenten Antipsychologismus hin. Psychologisch fundiert, jedoch ohne auf einen Psychologismus reduziert zu werden, ist die Imaginationstheorie von Jean Starobinski.[46]

Gleichfalls vom Schaffensprozeß ausgehend, versucht Janine Chasseguet-Smirgel[47] auf psychoanalytischer Grundlage, unter Weglassung werktranszendenter Faktoren, eine Parallele zwischen dem aus dem Werk abgeleiteten Lebensstil und dem Stil des Werkes zu ziehen. Alain Costes[48] aber scheidet nicht scharf zwischen werktranszendenten und werkimmanenten Faktoren, verwendet die ersteren jedoch besonders zur Herausarbeitung von Strukturen des Unbewußten bei Camus.

Was die reine Werk- und Stilanalyse betrifft, so war Leo Spitzers[49] Methode zunächst so sehr von der Psychoanalyse angeregt, daß sein erstes Buch in einer Bibliographie von Freuds Zeitschrift *Imago* als Leistung der auf die Geisteswissenschaften angewandten Psychoanalyse erschien. Auch Karl Vosslers[50] idealistische Philologie, welche die Literaturforschung auf die sprachliche Ausdrucksform beschränkte, hat ihre Methode der Zurückführung des sprachlichen Ausdrucks von literarischen Motiven auf die Lieblingsvorstellung des jeweiligen Autors von der Psychoanalyse gelernt. Hier findet sich in nuce vorgeformt, was sich später im französischen Strukturalismus nach einzelnen Spezialseiten hin entwickeln sollte. Auch mehrere Strukturalisten haben ihre Analysen mit psychoanalytischen Begriffen und Denkhaltungen verbunden. Jacques Derrida[51] hat eine ausgezeichnete Darstellung dieser methodenkritischen Entwicklung gegeben. Auch Roland Barthes[52] hat in seiner Entgegnung auf Picards Angriff in *Critique et Vérité* insofern Werksprache und Ausdruck der Autorenpersönlichkeit miteinander in Verbindung gebracht, als beide die Transformation von Symbolen zur Aufgabe haben. Er verwahrte sich lediglich gegen die Reduktion eines völligen Psychologismus, und in seinem Racinebuch hatte er schon vorher psychoanalytische Begriffe und Vorstellungen benutzt.

In gleicher Weise wie Vossler und die Strukturalisten, lediglich nicht von sprachlichen, sondern von thematischen Prämissen herkommend, hat Jean-Paul Weber[53] seine monothematische Methode entwickelt. Obwohl er weder direkt mit Freuds Libidobegriff noch mit Jungs Lehre von den Archetypen zu tun haben will, hat er von der Psychoanalyse sowohl die Hinwendung zum Unbewußten wie auch die Betonung von Kindheitserlebnissen übernommen und literaturkritisch durch die Herausarbeitung eines einzigen Symbols «vergangener Wirklichkeit» im Leben des Autors nutzbar gemacht, ein monothematisches Wesenssymbol, dessen sich der Autor selbst nicht bewußt ist. Er hat dies an den Beispielen von Vignys Festhalten an der Uhr, am Thema des Rattenturms bei Hugo und am zentralen Motiv des Ertrinkens bei Valéry zu zeigen versucht. Die inhaltliche Seite der Werke Tolstois hat N. Ossipow[54] vom Psychoanalytischen her zu deuten unternommen.

Von den zahlreichen wichtigen Adaptierungen psychoanalytischer Erkenntnisse und Methoden seien hier vier Beispiele herausgegriffen, deren Bedeutung einen etwas ausführlicheren Hinweis verdient.

In England hat Maud Bodkin mit ihrem Buch *Archetypal Pattern in Poetry*[55] eine Arbeit geliefert, die tatsächlich literarische Strukturen sichtbar macht, wobei sie vor allem der Psychologie Jungs, aber auch anderen psychologischen Methoden verbunden ist. Ihr Buch zeichnet sich dadurch vor vielen ähnlichen aus, daß es fundierte literarische Kenntnisse mit Einfühlungsvermögen, Sinn für Proportionen und vorsichtigem Vermeiden einer psychologistischen Reduktion verbindet. Ausgehend vom grundsätzlichen Problem der Herausarbeitung von literarischen Archetypen in der Tagödie, findet sie den Wiedergeburtsarchetypus in D. H. Lawrences *Plumed Serpent* und in Charles Morgans *The Fountain* und phantasmagorische Fragmente von Wiedergeburtsriten in T. S. Eliots *Waste Land*. Ihre Fragen gelten immer dem Werk, und sie fragt nicht nur, was es bewirkt, sondern auch wie es bewirkt wird. Ihre Herstellung von Beziehungen zwischen den Strukturen eines Werkes und grundlegenden Formen und Symbolen der menschlichen Psyche wirkt nicht nur sinnvoll und überzeugend, sondern vor allem auch literarisch relevant.

Für die Werke von Charles Mauron,[56] das zweite wichtige Beispiel, bildet Freud den Ausgangspunkt. Maurons «psychokritische Methode» ist für einen sinnvoll pluralistischen Standpunkt in der Methodenkritik darum so akzeptabel, weil er immer wieder betont, daß sie nicht als einzige mögliche Methode Lösungen für alle Aspekte eines Werkes bereithält. Mauron konzentriert sich auf das Unbewußte des Dichters und versucht von hier aus genetisch dessen Ausdruck im Werk aufzuspüren. Er erblickt jedoch in diesem Unbewußten lediglich einen Teil des Autors, der durch das Bewußtsein ergänzt zu werden hat, und er sieht im Autor nur eine der drei stilbestimmenden Variablen, zu der noch die soziale Umwelt einerseits und die Sprache andererseits kommen. Mauron geht von den Werken eines Autors aus und spürt im literarischen Ausdruck, analog zum freien Assoziationsablauf der Psychoanalyse, Bezüge von Assoziationen und Gruppen von Metaphern oder Bildern auf, die gleichsam zwangsläufig und wahrscheinlich vom Autor ungewollt stets wiederkehren. Die Verfolgung der Gemeinsamkeiten dieser Bezüge in Bildgruppen führt zur Herausarbeitung von Zügen in der Struktur der Werke, die bestimmte mythische Figuren oder dramatische Situationen sichtbar machen, was zur Enthüllung des «persönlichen Mythos» eines Autors führt. Dieser stellt, zusammen mit seinen Variationsformen, den Ausdruck der unbewußten Persönlichkeit und ihrer Entwicklung dar, und erst nach vollzogener Darstellung all dieser aus dem Werk gewonnenen Zusammenhänge wird die Biographie des Autors als werktranszendente Kontrollfunktion herangezogen und mit den Ergebnissen konfrontiert. Diese Ergebnisse sind so eindrucksvoll, daß es nicht überrascht, daß Maurons Methode in Frankreich schulbildend gewirkt hat.

Das dritte Beispiel ist, wie im Falle von Maud Bodkin, das Buch einer Außenseiterin, Hedwig von Beits *Symbolik des Märchens*.[57] Hedwig von Beit fußt fast ausschließlich auf der Psychologie Jungs und entwickelt, im Hinblick auf den Ort des Magischen im Märchen, die Hauptgestalten des Magischen und die typischen Abläufe der Suchwanderung als Handlungsablauf, ein so durchgearbeitetes Netz von Symbolen, daß sich für die Richtigkeit der Deutung eines Bildes oder Motives als Kontrollmöglichkeit der vollständige Verlauf des Märchens ergibt. Das Märchen, wie es diese Art von Symboldeutung erhellt, beleuchtet die unbewußten Formen und Gesetzmäßigkeiten der Seele, die sich in ihm aber nicht nur in urtümlichen Bildern spiegeln, sondern durch ganze Abläufe als kinetische Typen ausdrücken, die sich in verschiedenen Erzählungen immer wieder anders zusammenschließen. Die Bilder aber repräsentieren nicht nur sich selbst als literarisch-stilistische Figuren, sondern auch psychische Potenzen. Die Untersuchung der parallelen Verhaltensweisen und Funktionen der typischen Gestalten des Magischen ergibt aber nicht nur, daß sich die Motive in einige Hauptprobleme zusammenfassen lassen, sondern auch, daß alle Bilder und Symbole zu einem zentralen Geheimnis führen, dessen Sinn diese Deutungsversuche zu erschließen anstreben.

Das vierte Beispiel stellt Simon O. Lessers Buch *Fiction and the Unconscious*[58] dar. Lesser bedient sich vor allem psychologischer Einsichten Freuds, und die besondere Leistung seiner Arbeit besteht vor allem darin, daß er sich dem Gebiet der gerade von Psychologen wie von Vertretern psychologisch orientierter Methoden in der Literaturwissenschaft zumeist vernachlässigten Probleme der literarischen Form zugewendet hat, die er aber natürlich nicht als solche, sondern im Hinblick auf ihre psychologische Funktion behandelt. Er sieht, wie W. R. D. Fairbairn, daß die Form in allen ihren Aspekten Abscheu vor Zerstörung ausdrückt und die Integrität ihres Gegenstandes zu bewahren sucht. Hinter jenem Bemühen der Form, ihren Gegenstand in solcher Perfektion sichtbar zu machen, daß er ewig lebt, scheint ihm auch eine abwehrhaft-beschwörende Absicht verschwommen sichtbar zu werden: sie mag eine Zaubergeste und eine versteckte Bitte sein – eine Bitte, mit der gleichen Liebe und fast mütterlichen Sorge behandelt zu werden wie der künstlerische Gegenstand. Zudem setzt er die Beschränkung der Form auf das Wesentliche der Vorstellung von Ökonomie in der Verausgabung psychischer Energie gleich.

Ein bedeutender britischer Literaturwissenschaftler, Laurence Lerner,[59] sowie einige der bekanntesten amerikanischen Literaturkritiker, wie Kenneth Burke,[60] Lionel Trilling[61] oder Edmund Wilson,[62] standen zumindest vorübergehend unter dem Einfluß Freuds. Wie Aspekte der Wahrnehmungspsychologie literarische Formen erhellen können, hat Morse Peckham[63] gezeigt. Ideen und Begriffe Jungs finden sich nicht nur in literaturwissenschaftlichen Arbeiten von James Baird,[64] Gilbert Durand,[65] G. Wilson Knight[66] und

W. P. Witcutt,[67] sondern auch in der deutschsprachigen Literaturwissenschaft. Vertiefte Einsichten erzielt die Methode besonders häufig, wenn bedeutende Kritiker sie zusammen und neben anderen Methoden anwenden, wie etwa Ernst Kaiser und Eithne Wilkins in ihrem Musilbuch[68] oder Gottfried Diener in seinem Goethebuch.[69] Auch Ernst Robert Curtius wies bei einigen der von ihm entdeckten Topoi darauf hin, daß sie Jungschen Archetypen entsprechen.[70]

Zu einer eigenen Abwandlung der Methode Jungs kommt es in Joachim Rosteutschers[71] Buch über das ästhetische Idol. Der Autor nimmt an, daß sich erotische Erlebnisse als individuelle Kompensation zu Idolen sublimieren und daß auf diese Weise in der Entstehung neuer Mythen spontan archetypische Bilder gestaltet werden.

In manchen Fällen werden nur Aspekte der Jungschen Lehre an literarischen Werken untersucht. Im Fall von Karl Schmid[72] oder Heinrich Goldmann[73] führte dies zu oft überraschenden und überzeugenden Einsichten und Ergebnissen in Hinblick auf Goethe und Trakl.

Die Beispiele der Verwendung und Adaptierung psychologischer Erkenntnisse für die literaturwissenschaftliche Methodenkritik sind so zahlreich, daß nicht einmal alle wichtigen hier aufgeführt werden können, selbst wenn es sich um so prominente Forscher wie Herbert Read[74] handelt, dessen Beiträge etwas kurz und allgemein sind oder um Northrop Frye,[75] der zwar vor allem den Archetypus-Begriff von Jung für seine eigene Literaturtheorie entlehnt hat, ihn jedoch in einem fast völlig anderen Sinn gebraucht. Ein ausführlicherer bibliographischer Überblick findet sich bei Norman Kiell[76] und für die Zeit seit 1963 am ehesten in den bibliographischen Zusammenstellungen, Buchbesprechungen und Forschungsberichten von Leonard Manheims Zeitschrift *Literature and Psychology*.[77]

Neuerdings nimmt die Psychologie vielfach die Richtung zum Soziologischen hin. Was aber in früherer Zeit noch pragmatisch und sachlich untermauert war,[78] wird jetzt durch die Adaptation marxistischer Ideologie bewerkstelligt. Während sich Jacques Lacan in Frankreich, der dieser Linie folgt, viel mit literarischen Werken als Gegenstand seiner psychologischen Betrachtungen auseinandersetzt, haben die Arbeiten des deutschen Psychologen Alfred Lorenzer bis jetzt kaum literarische Probleme enthalten, noch literaturkritische Folgerungen gezeitigt,[79] selbst seine Kritik des psychoanalytischen Symbolbegriffs[80] und seine Untersuchungen zu *Sprachzerstörung und Rekonstruktion*[81] nicht. Dennoch hat der Wellenschlag der Richtung seine Folgen zumindest indirekt auch auf literaturwissenschaftlichem Gebiet gehabt. Neben der stellenweise komisch wirkenden Einleitung Wolfgang

Beutins zu seiner Anthologie[82] ist da vor allem der von Mechthild Curtius besorgte Sammelband zu nennen.[83]

Auch vereinzelte behavioristische Beiträge zur Literaturwissenschaft finden sich, wie etwa jener von Robert Sears über Mark Twain.[84] Die vereinzelten echten Ergebnisse können aber als Ausnahmen von der Regel kaum über die allgemeine literaturkritische Fruchtlosigkeit des Behaviorismus hinwegtäuschen.

Die bedeutenden literaturwissenschaftlichen Ergebnisse sind nach wie vor der Anwendung klassischer psychoanalytischer Ansichten der drei großen Schulen und ihrer verschiedenen Erweiterer und Fortsetzer zu danken. Heinz Politzers Versuch über eine Gemeinsamkeit von Psychoanalyse und Literaturkritik[85] ist hier ebenso zu nennen wie das bedeutende Buch von Peter von Matt.[86] Die Einsichten allein in die Korrelation psychischer Strukturen Kleists etwa zu seiner Figur des Prinzen von Homburg bedeuten eine erstaunliche Verständnisvertiefung des Werks. In vereinfachender Zusammenfassung finden sich die methodenkritischen Einsichten Peter von Matts in einer Basler Veröffentlichung zur Methodendiskussion.[87]

Auch die Zusammenfassung der Möglichkeiten und Probleme einer Anwendung der Psychologie C. G. Jungs in der Literaturwissenschaft durch James Baird verdient besondere Erwähnung.[88]

Bei allen anderen Unterschieden steht auch in der Existenzialpsychologie R. D. Laings wie bei Jung der Begriff des «Selbst» im Mittelpunkt.[89] Wie C. G. Jung ist auch Laing an Literatur überaus interessiert und eine literaturkritische Anwendung seiner Methoden ist durchaus wahrscheinlich.

Manche der neueren literaturwissenschaftlichen Arbeiten, auch wenn das «Selbst» in ihrem Mittelpunkt steht, sind indessen nicht einmal indirekte Nutzbarmachungen tiefenpsychologischer Erkenntnisse, sondern einfach thematische Untersuchungen rein literaturkritischer Art, auch wenn sich ihre Ergebnisse oft mit Jungschen Ideen berühren. Eine besonders interessante Arbeit dieser Art stellt etwa John Holloways Buch *The Proud Knowledge* dar.[90] Sie berührt nämlich eines der wichtigsten und zentralsten, weil zutiefst humanen Probleme aller Literatur, wie sie Hans Erich Nossak einmal in die Frage gekleidet hat: «Können wir bestehen vor dem einsamen Menschen irgendwo in der Welt?»[91]

c. Sonderprobleme psychologischer Einsichten im Rahmen der Literaturwissenschaft

Neben der Adaption psychologischer Erkenntnisse und Methoden für die Literaturwissenschaft, das heißt neben der direkten Nutzbarmachung und Einverleibung psychologischer Aspekte in die Literaturwissenschaft, gibt es auch indirekte Beziehungen, die von Wichtigkeit für die Literaturwissenschaft sein können, obwohl sie sich in einem Randgebiet von ihr abspielen und im wesentlichen immer psychologische Probleme bleiben. Das wohl wichtigste Problem dieser Art sind die psychologischen Aspekte der Konkretisierung des literarischen Werkes.

In mancher Hinsicht ist dies kein echtes Problem der Literaturwissenschaft. Es mag für die Psychologie bedeutsam sein, herauszufinden, wie verschiedene Personen auf dasselbe Werk reagieren, für die Literaturwissenschaft ist dies im wesentlichen belanglos. Dort, wo es sich um allgemeine, überindividuelle Tendenzen einer breit basierten Publikumspsychologie handelt, gehört das Problem in den Bereich soziologischer Methoden oder der Wirkungsgeschichte. Dort, wo dies nicht der Fall ist, stellt die Tradition literaturwissenschaftlicher Studien eine Kette von Konkretisierungen durch Experten zur Verfügung, die dauernd Korrekturen oder aber Bestätigungen durch neue Konkretisierungen unterworfen sind. Daneben stellt natürlich die eher soziologisch als psychologisch bedingte Wirkungsgeschichte einen einzubeziehenden Faktor dar. Was Groeben darüber in seiner *Literaturpsychologie*[92] schreibt, ist gewiß vom Standpunkt der Psychologie aus wichtig, ist indessen, vom Standpunkt der Literaturwissenschaft aus gesehen, eine unzulässige Reduktion. Groeben führt dabei einmal als Kronzeugen seiner Schlußfolgerungen zwei so bedeutende Literaturkritiker wie Simon O. Lesser[93] und Norman N. Holland[94] an, die sich tatsächlich beide mit diesem Problem besonders beschäftigt haben. Obwohl sie sich aber, wie Groeben selbst, wiederholt und gleichsam prophylaktisch von dem zu erwartenden Vorwurf eines Psychologismus theoretisch freizuhalten suchen, kommen sie ihm mitunter bedenklich nahe, auch wenn sie ihm nicht wie Groeben völlig verfallen.

Es gibt unter mehreren psychologischen Aspekten der Werkkonkretisierung einen, der werktranszendent gesehen literaturwissenschaftlich von Interesse ist. Nicht die Aneinanderreihung verwirrender Fragen mit der anschließend irreführenden Schlußfolgerung über die Frage der Subjektrepräsentanz ist gemeint, wie sie sich bei Groeben einmal findet. Dieser erstmals von R. M. Adams[95] gewiesene methodologische Irrweg verkennt, wie Groebens Empirisierungsversuche, Gegenstand und Ziel der Literaturwissenschaft. Nun haben aber, wie Groeben richtig sieht, die Vertreter psychoanalytischer Rezeption, soweit ihre jeweiligen Deutungen in der Regel nur durch eigene Assoziationsketten belegt sind, enge Grenzen aufgerichtet und allenfalls einzelne andere Deutungen aus der literaturwissenschaftlichen oder psychologischen Expertentradition vergleichsweise herangezogen. Dies ist durchaus sinnvoll und literaturwissenschaftlich von Interesse, weil es zu Beantwortung der objektiv gestellten Frage nach der Konkretisierung des Werks und nach seiner Wirkung als Symbol vom psychologischen Aspekt her dient.

So gehen auch Lesser und Holland vor, etwa wenn Lesser die bereits kurz besprochenen psychologischen Wirkungen der literarischen Form klärt. Er hat sich in den darauf folgenden Kapiteln ganz besonders mit dem Problem des Reaktionsprozesses auf das Werk, mit den bewußten *und* unbewußten Schichten der Konkretisierung, wie auch mit den psychologischen Aspekten des ästhetischen Erlebnisses auseinandergesetzt. Dabei geht es ihm jedoch um die objektive und rein gegenstands-, das heißt werkbezogene Ergründung von gleichwohl psychologischen Zusammenhängen. Es geht ihm nicht wie Groeben um das Problem, wie eine verschieden und statistisch gezielt gestreute Gruppe von psychologischen Versuchspersonen auf ein Werk reagieren könnte. Er betont nicht zufällig, daß er sich der Existenz ganz bestimmter, rein literarischer Werte bewußt ist und daß es die grundlegende Verpflichtung jeglicher literaturwissenschaftlicher Bemühung – und natürlich auch seiner eigenen – darstellt, sich mit diesen zu beschäftigen und nicht mit empirischen Versuchspersonen.

Ähnliche Probleme löst Norman N. Holland, soweit die psychologischen Aspekte der Wirkung damit zu tun haben. So untersucht er etwa, wie sich von solcher Wirkung her ein literarischer Charakter erklären läßt, ob und auf welche Weise literarische Werke moralische Auswirkungen haben können und haben sollen, oder was realistischer Stil, den Leser betreffend, eigentlich bewirkt. Natürlich wird dadurch nicht das eigentliche literaturwissenschaftliche Problem, nämlich was Realismus ist, restlos gelöst, aber es wird ein Beitrag dazu geleistet.

Hollands Bemühungen sind mit viel Geschick und Erfolg darauf gerichtet, die zahllosen Wirkungskomponenten im Bewußtsein des Kritikers mit verhältnismäßig wenigen, beobachtbaren Elementen im Werk und noch weniger psychologischen Erklärungen dafür in Beziehung zu setzen und so gewisse Wirkungsprinzipien freizulegen. Sogar für das Problem der literarischen Wertung hat er vom Wirkungspsychologischen her eine ansprechende

Theorie zur Hand. Die einzige wirklich unzulässige Grenzüberschreitung, deren er sich dabei im Sinn literaturwissenschaftlicher Methodenkritik schuldig macht, ist die gelegentlich wiederkehrende Behauptung, daß alle anderen ästhetischen und literaturwissenschaftlichen Kriterien außer den wirkungspsychologischen zur Ergebnislosigkeit verurteilt sind. Aber sogar dieser psychologische Monopolismus ist insofern wesentlich abgeschwächt, als er – übrigens wie bei Groeben – insofern wesentlich eingeschränkt und relativiert wird, als es sich um ein «Modell» und das heißt um den unverbindlichen Versuch einer Literaturtheorie handelt, der erst verifiziert werden muß.

Hollands Kriterien literarischer Wertung bedeuten einen Schritt über die psychologischen Theorien von I. A. Richards[96] hinaus, die Wellek bereits als in merkwürdigem Widerspruch zu seiner hervorragenden kritischen Leistung stehen sah und die im Hinblick auf literarische Wertung von Daiches kurz und restlos erledigt wurden. Was immer ein Bedürfnis oder eine Begierde befriedigt, ist gut, heißt es bei Richards. Hollands Theorie, wonach in jedes Werk ein phantastisches Element eingebaut ist, um den Leser zu beunruhigen und zu stören, das aber zugleich einen Abwehrmechanismus enthält, um die Beunruhigung zu überwinden, ist – auch in den Beispielen seiner praktischen Anwendung – überzeugender. Allerdings reduziert Hollands Theorie die Wertqualitäten als unabhängige Elemente des literarischen Werkes zu Funktionen wirkungspsychologischer Erscheinungen.

Ein weiteres Sonderproblem stellen die Themen Genie und Irrsinn, anomale Bewußtseinszustände von Autoren, sowie Schaffensprozeß und Drogengenuß dar, soweit sie direkte oder indirekte Auswirkungen auf das Werk haben. Groeben hat in seinem Kapitel «Kreative Prozeß- und Produktqualitäten» einen kurzen Überblick darüber gegeben. Während Freud den Schaffensprozeß an die Neurose heranrückt, sieht Jung, zumindest im Hinblick auf «visionäre Dichtung», ein besonders entwickeltes Ahnungs- und Empfindungsvermögen für Schichten eines kollektiven, archetypischen Unbewußten damit verbunden. Seit Lombroso und Lange-Eichbaum ist die Vorstellung vom pathogenen Charakter aller Kunst immer wieder behauptet worden.

So hat etwa Leo Navratil[97] unter anderm auf die Möglichkeit hingewiesen, Erscheinungen wie Formalismus, Deformation und Symbolismus als «Hauptmerkmale schizophrenen Verhaltens» zu verstehen und hat Theodor Spoerri[98] diese und andere Erscheinungen vom Psychiatrischen her systematisch klassifiziert. Abgesehen davon, daß damit für die Literaturwissenschaft auch nicht viel mehr als die Reduktion auf einen Psychologismus erreicht ist, lassen sich darüberhinaus selten genaue Angaben aus der Autorenbiographie rekonstruieren, denn nur in den wenigsten Fällen sind genaue Krankengeschichten erhalten. So konnte Spoerri in seiner außerordentlich präzisen und wohlfundierten psychiatrisch-anthropographischen Untersuchung von Trakls Persönlichkeit, die vierzig Jahre nach des Dichters Tod erschien, nur mit Wahrscheinlichkeit eine Schizophrenie vermuten.

Ähnlich problematisch verhält es sich mit dem Einfluß von Drogengenuß. Theodor Spoerri, der auch hier am Beispielsfall von Trakl die genauesten Erhebungen gemacht hat, fragt sich schließlich, ob in diesen «Synästhesien überhaupt eine spezifische Giftwirkung gesehen werden kann, ob es sich nicht vielmehr um eine mehr oder allgemein vorhandene, latente Erlebnismöglichkeit handelt, die durch das Gift aktiviert und lediglich in der Erscheinungsform durch dieses mitbestimmt wird.» Als das *Literarische Echo* 1906 eine Rundfrage an 150 Autoren richtete, um das Verhältnis von dichterischem Schaffen und der Stimulierung durch Alkohol festzustellen, da ergab es sich, daß mehr als 90% Alkohol während ihrer Arbeit mieden und nur sieben der hundertfünfzig fühlten sich während der Arbeit durch Wein oder andere alkoholische Getränke gefördert.

Allerdings gibt es vereinzelt Autoren, deren Werk kaum von einer anderen Seite her wirklich verstanden werden kann. Wenn es etwa in Henri Michaux' Werken um Reisen in imaginäre Länder geht oder um besondere verbale Experimente und Spracherweiterungsversuche, dann bedeutet ihm dies eine erweiterte Wirklichkeitserfassung durch die Sichtbarmachung innerer Strukturen und verborgener Möglichkeiten des Unbewußten. Bei dem Michauxbiographen Brechon kann man aber nachlesen, daß dessen literarische Werke seit 1955 unter dem Einfluß von Meskalin, später auch Haschisch, LSD und Psilocybin entstanden.[99]

Die Experimente und Theorien von Aldous Huxley[100] über die visionäre Entrückungskraft von Dichtungen im Zusammenhang mit bewußtseinserweiternden Drogen sowie die kulturanthropologischen Arbeiten John M. Allegros[101] haben die altehrwürdige Tradition vom heiligen Wahnsinn der Dichter in ein neues Licht gerückt, und Vertreter der Literaturwissenschaft haben sich mehr und mehr mit diesen Problemen zu befassen begonnen, wofür hier als Beispiele nur die Bücher von R. A. Durr[102] und Alethea Hayter[103] angeführt seien.

5. Bezüge zu Philosophie und Religion

a. Methodenkritische Abgrenzungen

Eine wichtige Rolle unter den werktranszendenten Methoden spielt jene, die man als die ideenkritische bezeichnen könnte. Die Beziehung zwischen Dichtung und Ideen hat methodenkritisch gesehen zwei Aspekte: einen werkimmanenten, der solche Ideen betrifft, die, verschmolzen mit einer bestimmten Form, die sie mitgestaltet, im Werk selbst ihren Ausdruck finden. Es ist jener Aspekt, der, von der Aristotelischen Dianoia bis zu Erich Hellers Definition[1] der Poesie als «eine bestimmte Art des Denkens» und zu Northrop Fryes «Thematischen Aussageweisen»,[2] einen unanfechtbaren Teil des Werkes selbst ausmacht und der im vierten Kapitel des zweiten Teils dieses Buches erörtert wurde. Gewiß sind jene werkimmanenten Ideen integrale Teile des Werkes selbst als eines autonomen Ganzen, doch sind sie darum auch nicht vom Himmel gefallen. Sie sind vielmehr entstanden durch bewußte oder unbewußte Weiterentwicklungen, Umformungen, Adaptionen oder Entgegnung auf Ideen, die der Autor außerhalb des Werkes in den verschiedensten Formen von Philosophie und Religion oder aber natürlich auch in anderen literarischen Werken entdeckt hatte. Dies führt nun zum zweiten Aspekt literaturwissenschaftlicher Ideenkritik. Aufgabe der werktranszendenten, ideenkritischen Methoden ist es nun, diese Ideen außerhalb des Werks mit den in ihm ausgedrückten zu kontrastieren, zu vergleichen, und dadurch die werkimmanenten Ideen genauer zu bestimmen, die Eigenart ihrer Konturen präziser nachzuzeichnen und sie besser zu verstehen. Dieser Prozeß wird sowohl Gemeinsamkeiten wie Verschiedenheiten sichtbar machen.

Die zu internationalem Ansehen gelangte deutsche Methode der «Geistesgeschichte», wie sie etwa von 1911 an durch mehr als zwei Jahrzehnte bedeutende Leistungen hervorgebracht hat, umgriff einerseits beide Aspekte zugleich und beschränkte sich andererseits auf einen relativ engen Sektor. Denn diese Geistesgeschichte im engeren Sinn, wie sie von Kluckhohn[3] definiert wurde, ist auf jene Kräfte, jenen gemeinsamen Antrieb, jene Einheit des geistigen Lebens gerichtet, welche literarische und nicht-literarische Phänomene wie Philosophie, Kunst, Recht usw. zugleich durchdringen. Sie besitzt damit engere Affinitäten zu den typologischen Problemen vor allem der Periodenstile, und Fritz Strich[4] bildet denn auch den direkten stilgeschichtlichen Flügel der Richtung. Mehr im Hinblick auf die einzelne Schöpfergestalt vertrat vor allem Gundolf[5] die geisteswissenschaftliche Richtung, während Rudolf Unger[6] die Frage der Problemgeschichte in den Vordergrund rückte. Bei Hermann August Korff[7] wurde sie bewußt zur Ideengeschichte, in der sich in größerem, geschichtsphilosophischem Zusammenhang die Bestrebungen des denkenden Geistes spiegeln, Sinndeutung und Lebenserklärung zu geben, wobei die wechselnden Formen der jeweiligen Arten der Menschlichkeit wie des Menschenideals im Zentrum des Interesses stehen.

Die sogenannte deutsche Geistesgeschichte hat sich ebensowohl hervorragende Verdienste um die Entwicklung der Literaturwissenschaft erworben, wie sie auch zu gewissen Extremen und Überspitzungen geführt hat, vor allem zur Betrachtung literarischer Werke als reinen Belegen einer abstrakten Bewegung des objektiven Geistes. Es waren vor allem jene Extreme, die zu teilweise heftiger Ablehnung vor allem nach dem Zweiten Weltkrieg führten; durch Wellek-Warren[8] und Erik Lunding,[9] Ernst Robert Curtius[10] wie Benno von Wiese.[11] Die beste rückblickende Zusammenfassung, etwas kritisch angelegt, doch ohne die Verdienste zu verschweigen, schrieb Karl Viëtor,[12] die klügsten und fruchtbarsten Schlußfolgerungen von einem komparatistischen Standpunkt her und aus einer pragmatischen Haltung heraus zog Horst Rüdiger.

Der sogenannten «Geistesgeschichte» gemeinsam war eine bestimmte Betrachtungsweise. Es ging ihr lediglich um die Aufdeckung der jeweils einen und gleichen Geisteshaltung, sei sie nun zeitlich, national, regional oder wie immer bestimmt, die alle Kulturgebiete, wie Philosophie, Religion, Kunst, Literatur, durchdringt und bestimmt. Alles übrige an Methoden und Einsichten galt nur als Hilfsmittel zur Herausarbeitung jenes jeweiligen einheitlichen Gesamtgeistes. Dies ist eine durchaus interessante und wichtige Fragestellung, aber sie sollte doch nicht zur einzigen der Literaturwissenschaft erhoben werden. Sie ist nicht einmal die einzige Problemstellung im Hinblick auf die Bezüge zwischen Literaturwissenschaft und Philosophie. Aber auf ihrem Gebiet hat sie eine eindrucksvolle Reihe von Leistungen aufzuweisen. Sie hat den Zusammenhang der Literatur des Mittelalters mit der scholastischen Theologie einsichtig gemacht, sie hat besonders durch Burdach[13] bestimmte Zusammenhänge zwischen Dichtung einerseits, Philosophie und Religion andererseits, in der Zeit von Renaissance und Barock zum ersten Mal dargestellt, sie hat, besonders durch Unger und Kluckhohn die Romantik in ihrer geschichtlichen Entwicklung aufgeschlossen, und sie hat die Biedermeier-Forschung in Gang gebracht.

Umgekehrt hat sie sich mitunter der Reduktion von Dichtung auf philosophische Probleme oder überhaupt auf Philosophie schuldig gemacht, und derartiger Philosophismus ist vom Standpunkt der literaturwissenschaftlichen Methodenlehre her ebenso verwerflich wie der ärgste Psychologismus. Solcher Philosophismus ist legitim, fruchtbar und bedeutungsvoll, wenn er auf ernsthafter Grundlage von Philosophen mit dem Ziel der Erkenntnisvertiefung innerhalb der Philosophie betrieben wird und keinen Anspruch erhebt, Literaturwissenschaft zu sein. Der amerikanische Philosoph Richard Kuhns,[14] der, zumindest dem Index seines Buches nach zu schließen, keinen einzigen Vertreter deutscher Geistesgeschichte kennt, hat von sich aus etwas sehr ähnliches unternommen. Er nennt es nur nicht Formen eines Gesamtgeistes, sondern Erfahrungsstrukturen, was er in Literatur wie Philosophie zugleich entdeckt. Er beschäftigt sich mit Affinitäten zwischen Philosophie und Literatur von einem philosophischen Standpunkt aus, er kommt zu interessanten Ergebnissen, und er nennt seine Unternehmung nicht Literaturwissenschaft, was die Literaturwissenschaft nicht hindern sollte, von dem Buch zu lernen.

«Die Reduzierung eines Kunstwerks auf einen Lehrsatz» hat Wellek[15] gesagt, «oder, was noch schlimmer ist, die Herauslösung einzelner Stellen, wirkt sich auf das Verstehen der Einzigartigkeit eines Werkes verheerend aus.» Auch wenn die Einzelinterpretation nicht die einzig mögliche Themenstellung der Literaturwissenschaft darstellt und auf dem Gebiet der Biographie oder der Typologie eines Zeitstils die Problematik etwas anders liegt, bleibt Philosophismus Philosophismus und literaturwissenschaftlich unfruchtbar.

Das bedeutet umgekehrt nicht, daß ideenkritische Methoden, die sich der Ergebnisse der Philosophie oder Religionswissenschaft bedienen, nicht sinnvoll und oft sogar notwendig sein können. Gewiß gibt es zumal auf dem Gebiet der Lyrik Werke, in denen das Hauptgewicht so sehr auf Klang und Rhythmus liegt, daß das Gedankliche kaum eine Rolle spielt, und es gibt in allen literarischen Gattungen Werke, deren gedanklicher Gehalt keinerlei wissenschaftliche Hilfsstellung von seiten der Philosophie bedarf, um an sich oder historisch einsichtig zu werden. Ja es gibt sogar ausgesprochen philosophiefeindliche Werke, wie Lukians *Verkauf der Philosophen*, bekannt ist des Erasmus und Rabelais' offene Abneigung gegen die scholastische Theologie, Swifts gegen Descartes oder Voltaires gegen Leibniz. Aber wie kann man

Dante ohne Thomas von Aquin verstehen, wie Schiller ohne Kant, wie den romantischen Bekenntnisroman der französischen Literatur ohne Rousseau, Whitman ohne Emerson, Nizami ohne Sufismus, die Gesänge Milarepas ohne Tantrismus, die Haikus Bashos ohne Zen-Buddhismus?

Ja, in manchen Fällen gibt es zwischen dem Bereich der Ideen und dem der Dichtung fließendere Übergänge als zwischen dieser und dem Bereich der Psychologie, der Soziologie, der Anthropologie. Denn es gibt nicht nur philosophisch sehr geschulte und interessierte Dichter, ja Dichter, die selbst Philosophen waren, wie Coleridge, es gibt auch den Typus des Dichterphilosophen, wie Santayana oder Nietzsche. Es gibt auch nicht nur religiös tief beeinflußte Dichter wie Leon Bloy oder Jossef Zwi Rimon, sondern es gibt Mystiker, die zugleich große Dichter waren, wie Dschelaled-Din Rumi oder Johannes vom Kreuz.

Für die Religionswissenschaft, beziehungsweise für die verschiedenen Theologen, gilt im wesentlichen natürlich das Gleiche wie für die Philosophie. Ihre Erkenntnisse und Methoden können nicht nur, sondern müssen oft von der Literaturwissenschaft beachtet werden. Anders wäre etwa so manches an Drydens philosophischer Dichtung wie an Wü Ch'êng-ên's Roman *Der rebellische Affe* einfach nicht zu verstehen.

Umgekehrt ist es für die Literaturwissenschaft methodenkritisch nicht möglich, die Behandlung von Dichtung als reines Material der Theologie und demgemäß literaturwissenschaftlich gesehen jegliche Form eines Theologismus als Literaturwissenschaft anzuerkennen. Solche Arbeiten wurden von den verschiedensten Voraussetzungen her geschrieben, wofür hier nur jene von J. Duffy,[16] Hans Jürgen Baden[17] und Ernst Josef Krzywon[18] stehen sollen. Daß solche Arbeiten indessen vom Standpunkt der Religionswissenschaft oder der einzelnen Theologien her legitim, wichtig und notwendig sein können, steht außer Zweifel. Auch kann die Literaturwissenschaft vieles von ihnen lernen, wofür, weniger vom Standpunkt der praktischen Literaturkritik als von dem der Literaturtheorie aus, das Werk des großen Neuthomisten Jacques Maritain[19] genannt sei. Wenn aber die genaue Analyse einzelner Werke bei ihm etwas vernachlässigt wird, dann nur, weil eben die philosophischen, die theologischen, ja in gewissem Sinn die geistesgeschichtlichen Problemstellungen, für die er so vieles leistet, im Vordergrund stehen. Denn Dichtung bedeutet für ihn der Bezug zwischen dem inneren Sein der Dinge und dem inneren Sein des menschlichen Selbst, und sie hat in Maritains metaphysischem Kosmos ihren Ort auf der Ebene des praktischen Intellekts, was ihre Aussagen philosophischen, moralphilosophischen und theologischen Fragestellungen sehr naherückt.

Für die existenzialistische Ästhetik eines Maurice Merleau-Ponty[20] aber können die Aufgaben von Literatur und Philosophie gar nicht voneinander getrennt werden. Denn beide stellen Ausdrucksarten des Versuches dar, die «originären» menschlichen Lebenserfahrungen zu erfassen und in Sprache zu kleiden. Dementsprechend legt er das Hauptaugenmerk auf das gemeinsame Medium der Sprache als Kommunikationsmittel, und es interessiert ihn nicht so sehr die Beziehung zwischen Literatur und Philosophie und schon gar nicht die Rolle, wie philosophische Methoden zur Erhellung der Literatur beitragen können. Seine Hauptanliegen sind die Unterscheidung zwischen der «parole parlée», deren Bedeutung durch Gebrauch und Gewohnheit bestimmt wird und der «parole parlante», die als Sprache der Existenz darauf aufbaut, sowie ein besonderer Zeitbegriff. Er bedient sich eines literarischen Beispiels von Proust, um diesen Zeitbegriff zu erklären und nicht umgekehrt. Im Unterschied zu Maritain kann von einer direkten Nutzbarmachung für die Literaturwissenschaft bis jetzt kaum die Rede sein. Seine Bedeutung besteht lediglich im indirekten Einfluß seiner Auswirkungen auf Doubrovsky und die Literaturkritik der Genfer Schule.

b. Literaturwissenschaft und Philosophie

Obwohl die Richtung der sogenannten deutschen «Geistesgeschichte» ihre führende Rolle eingebüßt hat, da der alte Rechtshegelianismus von einem neuen Linkshegelianismus mit ähnlichen Möglichkeiten und Gefahren abgelöst wurde, und obwohl die Geistesgeschichte nur einen bestimmten, einzelnen Aspekt der Beziehung zwischen Philosophie und Literaturwissenschaft im Auge hat, ist sie nach Karl Riha[21] auch heute noch ein «integraler Bestandteil des praktizierten Methodenpluralismus». Dies ist auch insofern gut, als es sich um einen sehr wichtigen Aspekt handelt. Rudolf Unger[22] hat ihn als die «immanente Dialektik phantasiemäßiger Erlebnis- und Problemgestaltung» definiert, die sich «in der literarhistorischen Wirklichkeit als unlösliche Wechselbeziehung von subjektivem Erleben und Gestalten des Dichters und objektiver Wesensentfaltung der großen Lebensfragen der Menschheit oder des Menschlichen» realisiert.

Es ist kein Zufall, daß sich ähnliche und selbst parallele Bestrebungen, oft auch ohne direkte Abhängigkeit, in der Literaturwissenschaft anderer Nationen finden, wo die Überwindung der alten naiv-positivistischen Literaturgeschichtsschreibung bei manchen Vertretern des Faches zu ähnlichen Folgerungen geführt hatte. Ein ebenso anschauliches wie übersichtliches knappes

Schema dieser Entwicklung hat Manon Maren-Grisebach[23] gegeben. Beispielsfälle dafür liefern Bezzola in Frankreich,[24] J. T. Shipley in den USA[25] oder Berdjajew,[26] Ivanov[27] und Schestow[28] in Rußland.

Indessen entwickelten sich in einem gewissen Sinn parallel zur «Geistesgeschichte» zwei ähnliche Strömungen, eine in den USA, die andere in der französischen Schweiz und in Frankreich, von denen die erstere allerdings fast gar nichts, die zweite sehr wenig direkt mit der deutschen «Geistesgeschichte» zu tun hat.

Der Begründer der ersten Strömung ist A. O. Lovejoy,[29] und obwohl er seine Methode «Ideengeschichte» nannte, ist sie nicht einmal mit H. A. Korffs gleichnamiger Sonderform der Geistesgeschichte identisch. Es mangelt ihr sowohl der Hegelianismus wie auch der damit verbundene Hang zu breit angelegten, ausschweifenden geschichtsphilosophischen Konstruktionen, und was sie mit der «Geistesgeschichte» verbindet, ist, abgesehen von der Betonung der Wichtigkeit der Ideen für das Kunstwerk, allenfalls das peinliche Merkmal, daß auch sie sich des öfteren literarischer Werke lediglich als Material bedient, und damit mehr eine Angelegenheit der Gedankengeschichte als der Literaturgeschichte darstellt.

Das Positive an Lovejoys Methode ist ihr Verfolgen der Art der Wahl eines Autors zwischen verschiedenen Denksystemen sowie die Untersuchung der Beweggründe und Voraussetzungen, welche eine bestimmte Wahl veranlaßten. Im Unterschied zum Werk einzelner Vertreter der deutschen «Geistesgeschichte» ist Lovejoys «Ideengeschichte» auf komparatistischer Grundlage und das heißt weiträumig angelegt, was einen nicht zu unterschätzenden Vorteil bedeutet. Auch gelangt Lovejoys «Ideengeschichte» ebenso wie die «Geistesgeschichte» oft zu außerordentlich wichtigen Ergebnissen.

Die zweite literaturkritische Strömung, die sich parallel zur Geistesgeschichte entwickelte, ist die sogenannte Genfer Schule, der Marcel Raymond, Albert Béguin, George Poulet, Jean-Pierre Richard, Jean Starobinski, Jean Rousset und der frühe J. Hillis-Miller zugerechnet werden und über die Sarah H. Lawall[30] eine überaus nützliche Darstellung geschrieben hat. Ihre beiden ältesten Vertreter, Marcel Raymond und George Poulet wurden stark durch Dilthey und Gundolf beeinflußt, und von hier aus gesehen besteht sogar ein direkter Einfluß der «Geistesgeschichte». Abgesehen davon, daß die Akzente im Werk der einzelnen Mitglieder der Schule sehr verschieden gesetzt sind – bei Raymond liegen sie mehr auf dem Ontologischen, bei Starobinski mehr auf dem Psychologischen – kann man im allgemeinen wohl sagen, daß auch ihr philosophisches Leitgestirn nicht Hegel ist, sondern eher sind es Kierkegaard, Husserl, Heidegger, Sartre und Merleau-Ponty. Was bei der Geistesgeschichte vielfach Geschichte der deutschen Seele war, wird hier zur Geschichte des Bewußtseins, aus dem Diltheyschen Erlebnisbegriff wird eine persönliche Erfahrung, und an Stelle des objektiven Geistes tritt ein mentales Universum, in dem sich die menschliche Erfahrung zur Literatur gestaltet. Gemeinsamkeiten wie Unterschiede zwischen der «Geistesgeschichte» und der Genfer Schule werden schon darin sichtbar.

Bei aller Wichtigkeit der Ergebnisse und des Einflusses ganzer Schulen oder Strömungen innerhalb der Literaturwissenschaft darf aber doch nicht der von diesen unabhängige, manchmal weiter, manchmal enger gefaßte methodenkritische Rahmen übersehen werden, innerhalb dessen sich die literaturkritische Arbeit abspielt oder doch abspielen sollte. In diesem Sinn gehören alle Arbeiten hierher, welche die philosophischen Implikationen in Themen und Vorstellungen eines literarischen Werkes oder verschiedener Arten von Gruppen solcher Werke sichtbar machen. In diesem Sinn und das heißt im Rahmen eines gegenstandsadäquaten methodologischen Zusammenhanges läßt sich nach Wellek die Kenntnis der Geschichte der Philosophie und des allgemeinen Denkens für die Auslegung vieler Werke kaum überschätzen.

Ein methodenkritisches Problem, das sich hier stellt, ist die Berücksichtigung des alle nationalen wie sozialen Grenzen durchbrechenden Charakters geistiger Beeinflussungsmöglichkeiten. Man denke nur an den Einfluß Shaftesburys auf die deutsche Klassik, der französischen Philosophie des 18. Jahrhunderts auf Shelley, Kants auf Coleridge, des indischen Denkens auf die deutsche Romantik und einzelner antiker Philosophen auf viele westliche Literaturen überhaupt.

Ein anderes methodenkritisches Problem, das dem Standort der «Geistesgeschichte» nahekommt, mit ihr jedoch nicht identisch ist, ergibt sich aus dem Umstand, daß die Gedankenwelt bestimmter Philosophen mitunter von derartiger Wirkungskraft ist, daß sich geradezu ganze Wellen oder Phasen gewisser philosophischer Einflüsse innerhalb der Literaturentwicklung abzeichnen. Man denke nur an den Wechsel des Einflusses aristotelischen und platonischen Gedankengutes in der Literatur der Früh- und Hochrenaissance sowie an die nicht weniger «symptomatischen» Synthetisierungsversuche beider Richtungen. Oder man denke daran, wie sehr die deutsche Literatur des 19. und beginnenden 20. Jahrhunderts auf weiten Strecken abwechselnd zuerst von der Philosophie Hegels, daraufhin von jener Schopenhauers und schließlich von jener Nietzsches beeinflußt wurde.

Ein weiteres Problem besteht in der des öfteren zu beobachtenden Geringschätzung von literaturwissenschaftlich arbeitenden Philosophen gegenüber den Ideen in ernster gedanklicher Literatur, die indessen nur die gegensätzliche Komplementärhälfte einer ebenso unberechtigten Verachtung von Literaturkritikern im Hinblick auf die Wichtigkeit und mögliche Bedeutung von Ideen im literarischen Werk darstellt. So hat etwa Lovejoy die dichterische Gestaltung philosophischer Gedanken einmal abschätzig als «verwässerte philosophische Ideen» bezeichnet und hat der von der genau entgegengesetzten Seite herkommende T. S. Eliot im Grunde in dasselbe Horn gestoßen, wenn er bei einem Vergleich eines Abschnitts von Macbeth mit einem anderen aus Dantes Commedia zu dem Schluß gelangte, dichterisch seien die beiden Abschnitte einander an Qualität gleich, jedoch philosophisch sei Shakespeares Stelle minderwärtiger. Dies hat George Santayana[31] zu einer grundsätzlichen Klärung des Problems bewogen, und er hat Wert und Würde dichterischen «Philosophierens» aus dem notwendigen Kontext heraus zu analysieren und zu rechtfertigen unternommen. Solch dichterisches Philosophieren haben Walter Rehm[32] und Mario Praz,[33] C. S. Lewis[34] und Claude-Edmonde Magny[35] untersucht und für die Literaturwissenschaft methodenkritisch aufgeschlossen.

Dieses Problem der eigenen Form dichterischen Philosophierens berührt sich eng mit einem anderen für die literaturwissenschaftliche Methodenlehre wichtigem Problem: Auf Grund der in vielen Fällen entwickelten besonderen Eigenart dichterischer Wahrheit und dichterischer Erkenntnis ist es nämlich so, daß keineswegs nur die Schulphilosophie im engeren Sinn, sondern daß auf breiter Ebene und in besonders ausgeprägter Weise Ideen, Gedanken und Vorstellungen auf die Dichtung wirken und von ihr gestaltet werden, die äußerstenfalls als Randerscheinungen der Philosophie gelten können. Northrop Frye[36] hat dieses Problem einmal so beschrieben, daß er den Fall des Menschen darstellte, der vor die traurige Wahl zwischen Atheismus und Aberglaube gestellt ist. Der Naturwissenschaftler müßte sich dann für den Atheismus, der Dichter jedoch für den Aberglauben entscheiden. Denn dieser ließe, trotz seiner Verwirrung der Werte, der dichterischen Einbildungskraft mehr Spielraum als das dogmatische Bestreiten einer Unendlichkeit. Natürlich ist dies etwas radikal formuliert und trifft die Sache keineswegs ganz präzise. Denn diese Formulierung impliziert dieselbe, oft völlig ungerechtfertigte Geringschätzung von Einsicht, Wert und Sinn dichterischer Gestaltung von Ideen visionären, magischen oder «okkulten» Ursprungs, wie diejenige Lovejoys für die Gestaltung schulphilosophischer Ideen. Wie Frye auch Unrecht hat, wenn er im Anschluß daran behauptet, daß sowohl die erhabenste Religion wie der gröbste Aberglaube dem Dichter lediglich als eine Quelle für Metaphern dient. Das dichterische Selbstverständnis eines Hermann Broch hat da viel schärfer gesehen, wenn er Dichtung als «Ungeduld der Erkenntnis» definierte und, in seiner Forderung nach der Darstellung einer Lebenstotalität durch den Roman, die Einbeziehung aller Schichten bis hinauf zum Metaphysischen forderte. So hat denn auch ein Buch wie Will Erich Peukkerts[37] Pansophie interessante Beiträge zur Geschichte der Magie geleistet, die auch für die Literaturwissenschaft fruchtbar sind, nicht erst zu reden von den bedeutenden Einsichten, die Liselotte Dieckmann in die «hieroglyphische» Denkweise und ihre Symbolik innerhalb der Dichtung eröffnet hat.[38] Etwas oberflächlich sind die Ausführungen John Reads[39] über alchemistische Ideen in der Literatur, während das bedeutende Buch von Petrus Tax[40] am Beispiel Gottfried von Strassburg solche Probleme – wie etwa Numerologie in der Literatur – mitbehandelt.

Von hier aus ergibt sich bereits indirekt eine Lösung für ein anderes methodenkritisches Problem: ob man nämlich philosophische Kriterien für die literarische Kritik anwenden könne. Wellek[41] hat diese Frage mit einem entscheidenden Nein beantwortet, und abgesehen davon, daß es unmöglich sachlich zu entscheiden wäre, welche philosophischen Kriterien da heranzuziehen wären, fußt die ganze Vorstellung von einer solchen Möglichkeit auf einer methodologischen Verwechslung des Gegenstandes und Ziels der Literaturwissenschaft mit jenen der Philosophie. Gewiß ist das Problem eines Interessenkonflikts zwischen ästhetischen und außerästhetischen Werten im literarischen Werk mitunter höchst komplex und es haben sich, von Beardsley[42] bis Maritain,[43] zahlreiche Kritiker damit auseinandergesetzt. Die Antwort liegt auch hier in einer Absicherung vor reinem Philosophismus.

Dieses Problem aber berührt sich wiederum eng mit einem anderen; demjenigen von Moral und Moralphilosophie im literarischen Kunstwerk. Es gibt ja tatsächlich so etwas wie eine moralorientierte Literaturkritik, so etwa die rationalistischen Schlußfolgerungen von Yvor Winters,[44] welche das Werk zur reinsten Verwirklichung unseres Wesens im Aristotelischen und Thomistischen Sinn in Beziehung setzen, die sie wiederum moralisch bestimmt sehen. Auch ein oder zwei Bücher von Ramon Fernandez[45] gehören hierher. Ja, Wilbur Scott[46] wies in seiner Anthologie amerikanischer Literaturkritik solch moralorientierter Kritik einen eigenen Abschnitt neben psychologischer und soziologischer Kritik zu. Sosehr nun einerseits innerhalb des ästhetischen Rahmens eines Werkes auch moralische Bezüge ihre unbestreitbare Bedeutung und ihren Wert besitzen, sowenig ist es methodenkritisch gerechtfertigt, das Werk als ganzes auf eine Moral – welche auch immer – festzulegen. Derartiger Moralismus wäre nichts anderes als eine bestimmte Form des Philosophismus.

Eine im Grunde methodenpluralistische Synthese von philosophisch-ideenkritischen, psychologischen und zeitstil-typologischen Kriterien von großem Interesse entwickelt sich gleichsam am Rande der deutschen «Geistesgeschichte»: Diltheys drei Weltanschauungstypen des Positivismus, des objektiven Idealismus und des Idealismus der Freiheit wurden als Naturalismus, Pantheismus und Idealismus der Freiheit auf Kunststile angewendet und wurden von Hermann Nohl[47] auf Dichtung, Musik und Malerei in Form eines knappen Aufrisses übertragen. Auf breiter Basis durchgeführt hat diese Anwendung dann Oskar Walzel[48] am Beispiel der deutschen Literatur des 19. Jahrhunderts. Diese Durchführung ist darum äußerst fruchtbar, weil sie erstens gehalt- und gestaltästhetische Momente zur ganzheitlichen Einheit des literarischen Werkes verbindet und zweitens, weil sie, wie Wellek wohl mit Recht vermutet, auf die gesamte europäische Literatur des 19. Jahrhunderts ausgedehnt werden kann. In dem von Walzel behandelten Beispielsfall wirkt auch die scheinbar notwendige, immanente Abfolge durchaus logisch und überzeugend. Im Grunde ist allerdings das Hegelsche dialektische Dreitaktschema von These, Antithese und Synthese impliziert, und dieses Hegelsche «Gesetz» kann wohl überraschend oft, wird aber wohl niemals immer mit der geschichtlichen Wirklichkeit übereinstimmen.

Man wird also nicht rein deduktiv verfahren können, doch fragt es sich, ob reine Induktion wirklich möglich ist und ob auch nicht hier die Synthese des entsprechenden Zirkelverfahrens der Hermeneutik die bestmöglichen Lösungen des eigentlichen Hauptproblems sichert. Dieses Hauptproblem besteht in der Darstellung und Erhellung der Frage, wie Ideen wirklich in die Literatur eingegangen sind und welche Funktion sie in ihr haben. Methodenkritisch kann dies für die Literaturwissenschaft nicht den Weg bedeuten, den Maurice Friedman[49] in seinem geistreichen Buch *To Deny Our Nothingness* eingeschlagen hat und in dem er zehn Typen von «Menschenbildern» aus der Literatur sowie aus einigen philosophischen und psychologischen Werken ableitet, um sie als Material für die Moralphilosophie unserer Zeit zu verwenden. Als Beispiele positiver Ansätze zur Lösung des eigentlichen Hauptproblems seien hier nur drei Arbeiten angeführt. Zunächst hat Ronald Crane[50] einen kurzen, aber systematisch durchdachten Abriß der Beziehungen zwischen Literatur, Philosophie und der Ideengeschichte geliefert. Er geht dabei von einer Darstellung von Lovejoys Ideengeschichte aus, um an diesem Modellfall Möglichkeiten und Grenzen zu zeigen, sowie um die Richtung zu weisen, welche eine methodenkritische Theorie einzuschlagen hat, die der Analyse philosophischer Ideen in der Literatur zugrunde liegen soll. Darum betont er zunächst die Notwendigkeit, alle philosophischen Elemente, die er, ähnlich den literarischen Topoi, als Gemeinplätze im rhetorischen Sinn sieht, als einzelne begriffliche Teile oder Vorstellungsteile der Ganzheit des Werks zu betrachten. Viele solcher Elemente mögen in vielen Werken enthalten sein. Worauf es ankommt, ist die jeweilige Verwendung und die Beziehung jener Teile zueinander innerhalb des Werkganzen, aus denen sich ihre Bedeutung ergibt. Julián Mariás[51] hat noch deutlicher von der Wichtigkeit der jeweiligen Perspektive und der funktionalen Artikulation solcher Teile gesprochen. So betrachtet unterscheidet Crane drei verschiedene Grundtypen von literarischen Werken, je nachdem, welche Rolle philosophische Ideen in ihnen spielen. Der erste Typus ist derjenige des reinen Lehrgedichts in der Art von *De rerum natura* des Lukrez, in denen ganze Systeme begrifflicher Vorstellungen direkt und sichtbar im Vordergrund stehen. Neben diesem Typus diskursiver oder philosophischer Dichtung unterscheidet er zwei Typen von darstellender Dichtung. In einem davon wird die Handlung als Mittel zur indirekten Entwicklung und Mitteilung einer bestimmten Bedeutung oder Botschaft benützt, wie etwa in Ibsens *Puppenhaus* oder in Orwells *1984*. Im anderen werden die philosophischen Elemente in erdichteter oder direkt einverleibter Form zum Zweck menschlichen oder gefühlsmäßigen Interesses dargestellt, wie etwa in der «Ode to a Nightingale».

In allen Werken jedoch unterscheidet Crane dabei zwei grundsätzlich verschiedene künstlerische Verwendungsarten von philosophischen Ideenelementen überhaupt, die weitgehend den beiden Ingardenschen Schichten[52] der dargestellten Gegenständlichkeiten und der schematisierten Ansichten entsprechen. Obwohl die erstere Art direkter im Vordergrund steht und Crane nicht weniger als fünf verschiedene Strukturen oder besser Schichten unterscheidet, in denen sich die Ideenbedeutung ausdrückt, ist es doch die zweite, wenngleich weniger sichtbare und eher implizierte als direkt ausgesprochene ideelle Bedeutung, die dem Werk den wesentlichen, sinnprägenden Charakter verleiht: die «Vision des Lebens», die «Weltanschauung» oder «Philosophie», die der Autor einem Werk jeweils zugrundelegt. Das heißt, daß Ideen in literarischen Werken auf zwei verschiedene Weisen ihren Ausdruck finden, und zwar erstens als moralische und intellektuelle Grundlagen *von* deren Formen und zweitens als Teile oder Mittel, die *durch* ihre Formen sichtbar werden.

Das zweite Beispiel ist kein theoretisches wie jenes Cranes, sondern die praktische Anwendung einer bestimmten Methode zur Sichtbarmachung von Eigenart und Funktion philosophischer Ideen in literarischen Werken. Es ist Käthe Hamburgers Versuch,[53] die philosophischen Ideen in ihrer Eigenart wie Funktion im Werk von Novalis, Schiller und Rilke deutlich zu machen. Sie geht von keinerlei besonderen theoretischen Vorstellungen aus, sondern verwendet einfach die alte, ebenso wirksame wie simple Methode des Vergleichs. Sie stellt die Dichtungen des Novalis seinen mathematischen Äußerungen gegenüber, betrachtet Schillers ästhetische Schriften als komplementäre Ergänzung der offen gebliebenen Problematik seines «Menschenfeind»-Fragments, stellt Schillers Dichtung und Denken ein anderes Mal Sartre gegenüber und versucht schließlich, die dichterische Ideenwelt Rilkes durch einen Vergleich mit der Husserlschen Phänomenologie zu erhellen. Dabei erweist es sich, daß gegenstandsadäquate Vergleichskriterien, wie in den ersten Arbeiten, weit fruchtbarer sind als der Vergleich etwa Schillers mit einem verhältnismäßig so weit hergeholten Beispiel wie Sartre. Es zeigt sich auch, daß die Konfrontation einer Dichtung wie jener Rilkes auch mit einem rein philosophischen Werk, wenn sie von methodenkritischen Voraussetzungen der Literaturwissenschaft durchgeführt wird, keineswegs in die methodologischen Fallgruben des Philosophismus etwa der Bollnowschen Rilkedeutung[54] stolpert.

Obwohl ein solcher Philosophismus vom Standpunkt der Philosophie und des Philosophischen aus, wie im Falle Bollnow, durchaus legitim erscheint, gibt es mitunter doch auch Philosophen, die ihn zu vermeiden wissen. Ein solcher Fall ist das dritte Beispiel, das praktische und theoretische Aspekte in vorbildlicher Weise miteinander verbindet. Morris Weitz hat in seinem Buch *Philosophy in Literature* an vier verschiedenen Beispielen vier mögliche Typen der Beeinflussung verschiedenster Elemente und Schichten des literarischen Werkes dargestellt.[55] Nicht nur die Fabel einer Erzählung oder die Charaktere eines Romans oder Dramas können solchart beeinflußt sein, nicht nur thematische Elemente überhaupt, sondern auch die Kommentare des Autors, ja der Ton sowie die Art der Darstellung. In einem «Epilog» faßt Weitz nach der ideenkritischen Interpretation seiner vier Beispielsfälle die wichtigsten theoretischen Schlußfolgerungen seiner Methoden zusammen. Er unterscheidet zwischen expliziten und impliziten philosophischen Ideen im Werk, er zeigt den Unterschied der Eigenart wie der Kriterien für im Werk verwendete Formen der Schulphilosophie («philosophy proper» von Thales bis Wittgenstein) und des dichterischen Philosophierens. Er läßt letzteres, wenngleich schulphilosophisch nicht nur unrichtig oder ungenügend begründet, nicht nur als mögliche besondere Ansichten von Welt und Leben gelten, sondern konstituiert sogar ihre Eigenwürde und erklärt, daß die Schulphilosophie davon lernen könne. Vor allem aber zeigt er überzeugend, daß Philosophie und Dichtung miteinander nicht nur zum jeweiligen Nachteil des einen oder anderen Mediums verbunden werden können, sondern auch zu deren gegenseitiger Bereicherung. Danach können Beispielsfälle, wie etwa Conrad Wiedemanns Hinweis auf den Geist- und Feuertopos in der deutschen Barockdichtung,[56] nicht überraschend wirken. Trotz der großen Abneigung des Begründers der modernen Toposforschung Ernst Robert Curtius gegen die deutsche «Geistesgeschichte» im engeren Sinn, zeigt Wiedemann, daß auch der von ihm herausgegriffene Topos geistesgeschichtliche Implikationen und Verzahnungen aufweist.

Ja, wie sehr die Methoden der deutschen «Geistesgeschichte» auf neue, zugleich eingeschränktere wie gültigere Weise fruchtbar gemacht werden können, zeigen die Arbeiten Karl Guthkes[57] wie die Erwägungen von Hans Joachim Schoeps.[58]

Abgesehen von den großen geistesgeschichtlichen Konzeptionen, zu denen im Grunde auch die geschichtsphilosophischen Ideen eines Walter Benjamin gehören, wenn er etwa von den Surrealisten sagt, daß sie nicht Revolution, sondern Revolte repräsentieren,[59] gibt es eine Vielzahl von Einzelperspektiven und Einzelproblemen möglicher Bezüge zwischen Literaturwissenschaft und Philosophie. Gerhard Kaiser hat daran erinnert, daß Benjamin auch sein großes Baudelaire-Projekt in dem übergreifenden geschichtsphilosophischen Rahmen einer «Urgeschichte des 19. Jahrhunderts» sehen wollte.[60]

Das weite Spektrum philosophischer Bezüge beginnt mit der Frage nach dem eigentlichen Sinn aller Literatur als Kunst, auf welche die verschiedensten Antworten erteilt wurden, die trotz ihrer Verschiedenheit keineswegs alle einander ausschließen: nach Croce etwa ist Kunst Intuition,[61] nach DeWitt H. Parker ist sie eine Vereinigung von Befriedigung durch Phantasie, sozialer Bedeutung und Harmonie,[62] nach Hans Egon Holthusen eine Art von Rechtfertigung,[63] nach Alvin B. Kernan eine Form biologischer Adaptation.[64]

Daran schließen sich damit vielfach zusammenhängende Einzelfragen, wie etwa die nach der besonderen künstlerischen oder literarischen Wahrheit, wie sie unter vielen anderen von Purser gestellt wurde,[65] oder die Frage nach Literatur und Moral, wie sie unter anderem Hare erhoben hat,[66] oder aber die Frage nach Kunst und Ideologie, wie sie unter vielen anderen Geoffrey Hartman an einem bestimmten Beispiel von Keats untersucht hat.[67]

Selbst auf einem so abstrakten Gebiet wie jenem der Bezüge zwischen Literatur und Philosophie muß aber die literaturwissenschaftliche Darstellung keineswegs darauf beschränkt bleiben, eine akademische Fundgrube gelehrten Wissens zu bilden, womöglich noch dazu im Volapück eines Jargon, der Eindruck schinden soll, sondern kann durch ihre Darbietungsweise selbst zu einer Art Kunst werden. Was Erich Heller etwa über die These des lyrischen Gedichts bei Schopenhauer, Nietzsche und seither gesagt hat,[68] ist nicht nur wechselseitige Erhellung der Bezüge von Philosophie und Dichtung, sondern ist selbst schon wieder Kunst durch die meisterhafte Darbietungsweise, wie hier die Traurigkeit der tiefsten Einsicht in das Wesen des Lebens zur Apotheose der Dichtung umschlägt, die, anstatt direkt gepriesen zu werden, sich als positiver Kontrast vor dem Leid, der Sinnlosigkeit, der Vergeblichkeit des menschlichen Lebens abhebt, in dem es nicht mehr geben kann, als «Überstehn. Denn es gibt keine Siege in einem ungedichteten, ungesungenen, unverwandelten Dasein, in einer Welt, die aus der Niederlage des Geistes entstanden zu sein scheint.»[69]

c. Literaturwissenschaft und Religion

Der Literarhistoriker, sagt Northrop Frye,[70] und es könnte kaum besser gesagt werden, ist wie der Historiker dazu gezwungen, «jede Religion in der gleichen Weise zu behandeln, wie die Religionen einander behandeln, nämlich als sei sie eine menschliche Hypothese, ganz gleich, wofür er sie in anderen Zusammenhängen hält.» Es ist zweifellos ebenso falsch, die «Richtigkeit» bestimmter religiöser Ideen in literarischen Werken zu Kriterien für deren Wert zu machen wie jene bestimmter philosophischer Ideen. Die literarischen Werke Leon Bloys sind nicht einfach darum gut (oder schlecht), weil sie religiös sind, und die literarischen Werke Voltaires nicht einfach gut (oder schlecht), weil sie antireligiös sind. Ebenso jedoch wie derartige Wertungen sind die diversen literaturkritischen «Bekehrungsversuche» an literarischen Werken durch Verschiebung von Akzenten und Verzerrung von Einzelteilen im Gesamtzusammenhang – gleichviel ob bewußt oder unbewußt und gleichviel von welcher religiösen (oder antireligiösen) Seite sie kommen sollten – nicht nur läppisch, sondern vom literaturwissenschaftlichen Standpunkt aus ein Frevel und Sakrileg, da sie die Rechtfertigung unrichtiger Deutungen implizieren.

Die Problematik der Wechselbeziehungen von Literatur und Religion ist schon schwierig genug, wenn man sich objektiv an die gegebenen literarischen und historischen Fakten zu halten bemüht. Der Wechsel der Auffassungen oder Einsichten braucht dabei weder mit dem in Frage stehenden Werk selbst zu tun zu haben noch mit verschiedenen subjektiven Haltungen des jeweiligen Kritikers, wie sie nach J. Hillis Miller[71] nur allzu leicht entweder zur Assimilation des Werkes zu seiner eigenen Anschauung oder aber zu seiner Zurückweisung oder Trivialisierung führen können. Wenn etwa, im Unterschied zur allgemeinen früheren Einstellung der Kritik, Momme Mommsen[72] Goethes Werk in eine wesentlich nähere und positivere Stellung zu Christus und dem Christentum rückt, als dies vor ihm der Fall war, dann scheint das vor allem auch mit einer veränderten allgemeinen Auffassung vom Wesen des Christlichen zusammenzuhängen. Daß sich derartige Auffassungsveränderungen in Verlauf der Geistes- und Religionsgeschichte des öfteren vollziehen, zeigt W. B. Fleischmanns[73] Nachweis der Verbindung von Christentum und Epikuräismus in der Renaissanceliteratur.

Mehr noch als J. Hillis Miller[74] hat David Daiches[75] eine ausgezeichnete Zusammenfassung der literaturwissenschaftlichen Probleme gegeben, die durch die vielfachen Wechselbeziehungen zwischen Literatur und Religion entstehen. Er wies unter anderem darauf hin, daß literarische Werke, deren Bedeutung durch völlig unannehmbare religiöse Auffassungen bestimmt sind, einfach dadurch, daß sie als bedeutende Werke immer menschliche Situationen und Bezüge allgemeiner, realer und anerkennenswerter Natur berühren werden, ihre literarische Größe erhalten.

Methodenkritisch gesehen stellt das Hauptproblem die möglichst vollständige Erfassung religiöser Einflüsse zum Zweck gegenstandsadäquaten Werkverständnisses dar. T. S. Eliot,[76] dessen Grundforderung nach ethischer und theologischer Grundlegung der Literaturkritik seine Überzeugungsstärke als Autor ebenso ehrt wie sie sachlichem Objektivitätsstreben der Literaturwissenschaft hinderlich ist, hat drei verschiedene Typen von literarischen Werken unterschieden, zu deren Erfassung das Einbeziehen außerliterarischer religiöser Phänomene notwendig ist.

Die erste Gruppe besteht aus jener rein religiösen Literatur, die, wie das Alte und Neue Testament, die Veden und der Koran, das Taoteking und die buddhistischen Sutras, zumindest auf weite Strecken durch ihre allgemeine menschliche Bedeutung wie vor allem durch die Großartigkeit des sprachlichen Ausdrucks als Werke der Weltliteratur betrachtet worden sind. Auch die liturgische Literatur gehört hierher, deren christlich-mittelalterliche Variationsform von Josef Gotzen und Heinz Rupp[77] in ihrem literaturwissenschaftlichen Zusammenhang ausgezeichnet dargestellt worden ist. Auch die von Annelies Julia Hofmann[78] dargestellte Ordensliteratur gehört zu großen Teilen hierher.

Zur zweiten Gruppe gehören alle jene Dichtungen, bei denen religiöse Bedeutungen im Vordergrund stehen, von Miltons *Paradise Lost* bis zu Elisabeth Langgässers *Unauslöschlichem Siegel,* und man braucht sie wohl keineswegs auf «geringere» Autoren zu beschränken, wie T. S. Eliot dies tut.

Zur dritten Gruppe gehört jene religiöse Zweckliteratur, die von der von Wentzlaff-Eggebert beschriebenen Kreuzzugsdichtung des Mittelalters[79] in vielen ihrer Erscheinungsweisen bis zu Chestertons Romanen *Man Who was Thursday* oder *Father Brown* reicht. T. S. Eliot versucht sie als Propagandaliteratur zu charakterisieren.

Vom methodenkritischen Standpunkt der Literaturwissenschaft her gesehen, sollten diese drei Gruppen durch mindestens zwei weitere ergänzt werden. Die vierte Gruppe würde demnach die besondere Problematik mystischer Dichtung umfassen. Wenn nämlich W. K. Wimsatt nicht nur gewisse allgemeine Parallelen zwischen Religion und Literatur, sondern auch zwischen Literaturtheorie und gewissen Aspekten theologischen Denkens beschrieben hat,[80] dann sind die gemeinsamen Affinitäten bei bestimmten Formen mystischer Dichtung als individueller Ausdruck persönlicher Erfahrung noch viel größer, von den Upanischaden bis zu Dschuang Dsse und von den Gedichten des Johannes vom Kreuz bis zu den Gesängen Milarepas.

Eine der wichtigsten stellt sodann die fünfte Gruppe dar, die literarische Werke umfaßt, die entweder gar nicht besonders und direkt religiös orientiert sind oder deren religiöse Vordergrundbedeutung von eingeflossenen anderen und verschiedenen religiösen Komponenten mitgeprägt wurde. Die liturgische Neuerung des Hochhaltens der Hostie etwa, wie sie sich in der Schilderung der Gralsprozession durch Wolfram niederschlug, ist ein solcher Einfluß. Oder der Nachweis August Rüeggs,[81] welch vielfache vor- und außerchristliche Jenseitsvorstellungen die christliche *Commedia* Dantes beeinflußten, gehört hierher.

Dantes große Dichtung allein führte zu einer ganzen Reihe von Diskussionen über religiöse Probleme, wie etwa die Auseinandersetzung zwischen C. S. Singleton[82] und R. H. Green,[83] ob man die *Commedia* im Sinn der allegorischen Vierschichteninterpretation zu lesen hätte, wie sie die mittelalterliche Theologie auf die Bibelinterpretation anwendete. Von besonderem Interesse ist Robert Johns Nachweis,[84] wonach Dante in seinem Werk Symbole der «häretischen» Templer-Gnosis dichterisch gestaltete.

Eine Art Überblick über die wichtigsten Problemstellungen von verschiedenen Perspektiven aus hat Stanley R. Hopper[85] in einem Sammelband von mehreren Beiträgen zu geben versucht, der die religiösen Beziehungen zur Situation des Künstlers, zu den künstlerischen Mitteln des Autors und zu der Vorstellungswelt des Autors untersucht. Einzelne bedeutende Kritiker haben einzelne Aspekte in den Vordergrund gestellt. So hat etwa G. Wilson Knight,[86] ausgehend von einer prophetischen Imaginationsgabe als gemeinsamer Grundlage, Teile des Neuen Testaments und vor allem die Paulus zugeschriebenen Teile zusammen mit Werken Dantes, Shakespeares und Goethes gedeutet. Ludwig Kahn[87] untersucht anhand klug gewählter Beispiele nicht weniger als die gesamte Entwicklung der westlichen Literaturen vor dem Hintergrund der seit der Reformation ständig anwachsenden Säkularisation und gelangte bei solcher Kontrastierung zu bedeutenden Ergebnissen.

In einzelnen Zeitabschnitten und im Fall einzelner Gattungen ist der Einfluß des Religiösen und damit die methodenkritische Notwendigkeit seines Erkennens so überragend, daß alles andere dagegen in den Hintergrund tritt. Die Untersuchungen besonders der mittelalterlichen Literatur von Robert Stroppel[88] bis Heinz Rupp[89] oder aber Joseph Szövérffys[90] breit angelegte Darstellung der lateinischen Hymnendichtung des Mittelalters legen Zeugnis dafür ab. Ja selbst säkulare Dichtung des Mittelalters, die auf den ersten Blick völlig frei von religiösen Einflüssen erscheinen mag, solange man sie isoliert und ohne Kenntnis des größeren Kontexts betrachtet, ergibt ein ganz anderes Bild, wenn man sie vor dem Hintergrund von Texten der Bibel, Augustins, Rhabanus Maurus' oder Thomas von Aquins betrachtet.

Dabei ist es vom methodenkritischen Standpunkt der Literaturwissenschaft her nicht zulässig, die Untersuchung und Herausarbeitung religiöser Komponenten in literarischen Werken auf die jeweils offiziell überlieferten, orthodoxen Formen des Religiösen zu beschränken. Wenn man aber erst einmal die verschiedenen mystischen und «häretischen» Formen, von den gnostischen Vorstellungen im Altertum und Mittelalter bis herauf etwa zur sogenannten Theosophie im zwanzigsten Jahrhundert, einschließt, dann zeigt die erdrückende Fülle des Materials, daß der Einfluß religiöser Vorstellungen auf die Literatur und die methodenkritische Bewältigung seiner Aufarbeitung hinter dem Einfluß der Philosophie kaum nachsteht, ja sich oft mit dem letzteren überschneidet und verbindet, nicht erst zu sprechen von jenem Einfluß fremder Religionen, die oft indirekt auf dem Umweg über weltliterarische Wechselbeziehungen durch andere Literaturen auf viele Werke einwirkt. Der knappe Übersichtsaufsatz Diethelm Balkes[91] über die Einflüsse orientalischer Literaturen auf die deutsche vermittelt hier einen anschaulichen Einblick in wachsende Einwirkungen von ungeahnten Ausmaßen.

Neuerdings hat Richard Brinkmann in einem eher allzu knappen Abriß die Position nicht der Literaturwissenschaft und der Religion, sondern der Literaturwissenschaft und der Theologie und ihre Bezüge zueinander für die Gegenwart zu klären versucht.[92] Ein etwas älterer und weitaus unzulänglicherer Versuch dieser Art stammt von Ernst Josef Krzywon.[93] Auch Bücher erschienen zu diesem Thema, etwa von A. N. Wilder,[94] Norman Reed Cary[95] und Dorothee Sölle.[96] Dabei versteht es sich von selbst, daß es wie bei den Bezügen zu den anderen Wissenschaften auch hier für die Literaturwissenschaft um die Bewahrung vor völliger Reduktion auf eine Art Theologismus geht. Wie es ebenso selbstverständlich ist, daß in den neueren westlichen Literaturen die Einflüsse und Bezüge von judäo-christlichen Religionen und Theologien – wenngleich keineswegs ausschließlich – vorherrschen, während in den großen östlichen Literaturen die großen östlichen Weltreligionen quantitativ dominieren.

Es versteht sich von selbst, daß die religiösen Einflüsse auf die Literaturen des Mittelalters sehr tief reichen, was für die jüdischen Einflüsse genau so gilt wie für die christlichen. Die Bücher von José Millas Valicrosa[97] oder Leo Strauss[98] zeigen dies mit gebührendem Nachdruck. Trotz fortschreitender Säkularisierung finden sich auch in der Renaissance und im Barock noch immer religiöse Einflüsse von einer Stärke, daß vieles an Literatur ohne ihre Berücksichtigung nicht verstanden werden könnte. Hier seien als einige wenige Einzelbeispiele, willkürlich herausgegriffen, die Bücher von Lucien Febvre,[99] Michael A. Screech,[100] und C. A. Mater[101] über französische Autoren, Helder Macedos Buch über eine portugiesische Dichtung[102] und die Ausführungen von Robert J. Clements über Michelangelos Lyrik[103] genannt, sowie das Miltonbuch von Patrides[104] und Wolfarm Mausers Gryphiusbuch[105].

Von den unzähligen Einzelbeispielen über die Literatur des 18. Jahrhunderts sei Gerhard Kaisers Klopstockbuch genannt,[106] das mit Recht den Untertitel «Religion und Dichtung» trägt und das von der Perspektive des Religiösen her das vorherige Klopstockverständnis beträchtlich erweitert und vertieft.

Wenn aber schon von literaturwissenschaftlich relevanten Bezügen zwischen Literatur einerseits, Religion und Theologie andererseits die Rede ist und darüber hinaus von direkten möglichen Bezügen zwischen der Literaturwissenschaft selbst und Religion und Theologie, dann sei auch darauf hingewiesen, daß auch religiöse Literatur im wesentlichen Literatur ist, um ihrer literarischen Qualitäten willen gelesen wird und nach ihnen bewertet werden sollte. Ja mehr noch: auch rein religiöse Quellenbücher wie etwa die Bibel besitzen literarische Eigenschaften und können von ihnen aus gelesen und beurteilt werden. Wie es überhaupt in der Natur der Sache liegt, daß zwischen Literatur und Mystik weitaus größere Affinitäten bestehen[107] als zwischen Literatur und Theologie. Abgesehen davon, daß sich durch gewisse symbolische und parabolische Ausdrucksprobleme paralleler Art ein möglicher gemeinsamer Nenner ergeben kann, gehen sie gleicherweise von einer überaus individuellen und persönlichen Erfahrung aus, selbst wenn sie – und dies mag wiederum für beide gelten – eine Überwindung alles rein Subjektiven um einer objektiven Anschauung willen vor Augen haben.

6. Bezüge zu Volkskunde und Anthropologie

a. Methodenkritische Abgrenzungen

Die Volkskunde, von Ingeborg Weber Kellermann[1] als «Dialog zwischen dem Volksleben selbst und der Einordnung und Interpretation der aufgesammelten Volkslebensäußerung» definiert, berührt sich auf beiden Seiten des «Dialogs» mit der Literaturwissenschaft: auf der sozialgeschichtlichen Seite des Volkslebens wie auf jener der Volkslebensäußerungen. Ja, was die letzteren betrifft, so gibt es sogar eine völlige Überlagerung von Literaturwissenschaft und Volkskunde, denn der Gegenstand der Volksliteratur ist Gegenstand beider Wissenschaften zugleich. Der einzige Unterschied mag darin bestehen, daß in manchen Ländern die Vertreter der Volkskunde sich strikt auf die Volksliteratur beschränken, während die Vertreter der Literaturwissenschaft sich nicht nur mit der Volksliteratur selbst, sondern auch mit deren Beziehungen zur Hochliteratur befassen. Zudem bestehen noch andere nationale Unterschiede, denn wenn etwa im Fachgebiet der deutschen Volkskunde die Volksliteratur neben dem Volksleben und seinen Bräuchen, wie auch neben der Volkskunst nur einen Teil, wenngleich einen sehr wichtigen, ausmacht, so steht in der amerikanischen «Folklore» die Volksliteratur – übrigens in recht «gemischter» Weise – fast alleinherrschend im Vordergrund, wie das verbreitete Buch von B. A. Botkins[2] zeigt.

Die Volksliteratur, die sich trotz der Einbeziehung kurzer geschriebener Sprüche oder Inschriften auf Häusern oder Gebrauchsgegenständen im wesentlichen auf mündlich überlieferte Dichtung beschränkt, hat in den letzten Jahrzehnten großen Zuwachs an Bedeutung für die Literaturwissenschaft erfahren. Ältere wie neuere Forscher wie Antti Aarne,[3] Friedrich von der Leyen,[4] Archer Taylor,[5] wie Lutz Röhrich,[6] Max Lüthi[7] oder Stith Thompson[8] haben Eigenart und Wert volksliterarischer Gattungen wie Sprichwort, Sage, Märchen, Volkslied genauer bestimmt und dadurch ihre Bedeutung für die Literatur als Ganzes wesentlich erweitert. Dazu kamen vor allem neue Einsichten in die mündlich tradierte Heldenepik und ihren Zusammenhang mit den großen frühen Volksepen der Weltliteratur durch D. Subotič,[9] Albert Lord[10] und M. Braun[11] und in gewissem Zusammenhang damit die Erschließung mündlicher Tradition der literarischen Überlieferung unterentwickelter Völker.

Nicht nur jene mündlich überlieferte Epik findet jedoch in Afrika etwa eine gewisse Entsprechung, wie sie u. a. von Biebuyck[12] und Wolfe[13] untersucht wurde, sondern auch die Sprichwörter, wie etwa die Bücher von Ajibola[14] und Ries[15] zeigen, die Lieder, wofür die Bücher Dengs[16] und Kilsons[17] oder die Volkserzählungen und Märchen, wofür jene Bagdanavicius,[18] Kosovas[19] und Kohl-Larsens[20] Zeugnis ablegen.

Wiewohl ein großer Teil der Arbeit von Seiten der Volkskunde geleistet wurde und zwar keineswegs nur, was das Sammeln der Texte betrifft, sondern auch auf ihre literarische Eigenart hin gesehen, so haben doch bereits die russischen Formalisten mit Recht vor einem «Ethnographismus» gewarnt. Auch die Volksliteratur selbst ist keineswegs einfach ein direkter Spiegel wirklicher Bräuche, wie Šklovskij und Bogatyrev zeigten.[21]

Infolge der Überschneidung von Literaturwissenschaft und Volkskunde im Hinblick auf die Volksliteratur als gemeinsamen Gegenstand ergibt sich für die literaturwissenschaftliche Methodenlehre eine dreifache Problematik: 1. das Verhältnis zwischen Volksliteratur und Volksbräuchen, 2. das Verhältnis zwischen Volksliteratur und Hochliteratur und 3. das Verhältnis zwischen Hochliteratur und Volksbräuchen.

Was das erstere Verhältnis betrifft, so wies Bogatyrev darauf hin, daß die Handlung der Volkserzählung um so wirksamer ist, je mehr die Erzählsituation vom tatsächlichen Publikum zeitlich geschieden ist, ja daß «exotische» oder «archaische» Themen und Motive bevorzugt würden. Nach Šklovskij aber drückt die mündliche Überlieferung nicht gegenwärtige Sitten und Haltungen aus, sondern ruft längst vergangene Bräuche in die Erinnerung. Diese Ansichten lassen sich durchaus mit jenen Hans Naumanns[22] vereinen, der zwischen «primitivem Gemeinschaftsgut» und «gesunkenem Kulturgult» unterschied. So hat etwa Bagdanavicius[23] litauische Legenden bis zur Steinzeitkultur zurückgeführt, und Otto Huth[24] hat Bezüge zwischen dem Volksmärchen und der Megalithreligion aufgezeigt. Dabei mag es sich in der mündlichen Überlieferung der Volksliteratur auch oft um «gesunkenes Kulturgut» frühester esoterischer Oberschichten handeln, wie sie etwa Otto Höfler in seinem Buch über kultische Geheimbünde der Germanen zu rekonstruieren versuchte,[25] ohne daß man dabei seine geschichtsphilosophischen Folgerungen zu akzeptieren braucht.

Für die Literaturwissenschaft ist dabei das Bezugsverhältnis zwischen

Volksliteratur und Hochliteratur weitaus wichtiger als jenes zwischen Volksdichtung und Brauchtum, da die Wechselwirkung zwischen mündlicher und schriftlicher Dichtung von den Anfängen der letzteren bis in unsere Gegenwart reicht. Hier hat Wellek[26] vor dem einseitigen Extrem Naumanns gewarnt, in allen Volksdichtungen gesunkenes Kulturgut zu sehen und hat dem Prozeß des Absinkens einen gegenläufigen des Aufsteigens gegenübergestellt. Wie ja innerhalb der Volkskunde auch Eduard Hoffmann-Krayer[27] die fruchtbaren und interessanten Ideen Naumanns differenzierend modifiziert hat. An Stelle der übervereinfachenden Zweiteilung in Oberschicht und Unterschicht führt er verschiedene Gruppenbildungen stark oder schwach differenzierter Individuen ein und sieht in jeglicher Gruppenbildung, ja in jeder Art von Volkstum, das Ergebnis eines Assimilationsprozesses. Die Wechselwirkung zwischen Individuum und Masse erscheint ihm in drei Stadien verwirklicht: bei der Schaffung kultureller Güter durch ein Individuum, bei der Übertragung von vorhandenem Volksgut durch ein Individuum und durch die Veränderung solchen Volksgutes durch eine Persönlichkeit. Das Absinken von literarischen Formen des Minnesangs zum Meistersang und in die Volkskunst oder jenes der Ritterromane zu Volksbüchern wie umgekehrt das Aufsteigen von volksliterarischen Formen zur Hochliteratur stellt jedoch keineswegs das einzige methodenkritische Problem dar, bei dem die Volkskunde und ihre Erkenntnisse für die Literaturwissenschaft von Bedeutung sein können. Eine der wichtigsten werktranszendenten Methodenprobleme stellt das Verhältnis von Werken der Hochliteratur zu Volksbräuchen und Volksglauben dar.

Von der Hexenküche in Goethes *Faust* bis zu den Bräuchen und Anschauungen der Hirten in Jean Gionos *Le serpent d'étoiles* und von den Erzählungen Bret Hartes bis zu jenen von Ivo Andrič sind zahlreiche Werke der Hochliteratur erfüllt von Bezügen zu Sitten, abergläubischen Vorstellungen und eigenartigen Auffassungen, die oft zum Teil, mitunter zum größten Teil, kaum jemals aber vollständig aus dem Werk selbst heraus verständlich werden und deren volles Verständnis volkskundliche Kenntnisse der jeweiligen Zeit und Umgebung notwendig macht. Wenn Northrop Frye[28] einmal schrieb, daß die Strukturprinzipien der Literatur ebenso eng mit Mythologie und vergleichender Religionswissenschaft verwandt sind wie jene der Malerei mit Geometrie, dann faßt er diese Begriffe im weitesten Sinn, so daß die Mythologie auch alle volkskundlich erfaßten Wandlungen des Mythos in Volkstum, die vergleichende Religionswissenschaft auch die Götter- und Heldensymbole, die rituellen und magischen Vorstellungen umfaßt, mit denen sich die Anthropologie beschäftigt. Das von dem Anthropologen Sir James Frazer[29] geschilderte Ritual der Tötung des Gottkönigs ist, unbeschadet aller möglichen anthropologischen Bedeutungen, für Frye[30] im literaturwissenschaftlichen Sinn die dämonische, die nicht umgesetzte Grundform tragischer und ironischer Strukturen.

Auch die Anthropologie bedient sich wie die Psychologie, zu der sie sich etwa verhält wie die Soziologie zur Geschichte, literarischer Werke als Material, um zu Ergebnissen in ihrem eigenen Bereich zu gelangen, und sie gelangt dabei mitunter zu Einsichten, die auch für die Literaturwissenschaft von großer Bedeutung sind, obwohl sie natürlich methodologisch umgestülpt werden müssen, um ihr angepaßt und eingegliedert zu werden. Natürlich handelt es sich nicht um naturwissenschaftliche Anthropologie und deren Probleme der Abstammungslehre, der Palaeanthropologie, der Populationsgenetik, sondern um geisteswissenschaftliche, besonders Kultur-Anthropologie, deren Arbeiten sich oft nicht nur eng mit solchen der Volkskunde, Religions- und Mythengeschichte berühren, sondern sogar überlagern. Arbeiten eines vergleichenden Religionshistorikers wie Mircea Eliade,[31] zumal wenn sie sich mit frühgeschichtlichen oder allgemein kulturgestaltenden Problemen befassen oder eines vergleichenden Mythenforschers wie Joseph Campbell[32] berühren sich eng mit rein anthropologischen Büchern wie Frazers *Goldenem Zweig*[33] oder Wilhelm Emil Mühlmanns *Homo Creator*,[34] zumal wo es um die vergleichende Herausarbeitung allgemeiner menschlicher Grundhaltungen, Reaktionsweisen und Gestaltungsformen geht, wie sie auch in der Dichtung ihren Niederschlag gefunden haben. Eliade weist auf Parallelen und mitunter selbst direkte Abhängigkeiten literarischer Gestaltungen von mythischen Formen hin, etwa der keltischen Mythologie und der König-Artus-Literatur. Ja, die Fortführung mythischer Thematik bis hinein in den modernen Kriminalroman oder die Herausarbeitung genereller Züge bestimmter Eigenschaften, Verhaltungsweisen und Motive im «Leben» mythischer Helden, wie es sich in den Werken Firdusis, Dantes, Goethes widerspiegelt, durch Joseph Campbell, berührt sich eng mit den Formen magischen Königstums, von Wiedergeburts- und Fruchtbarkeitsriten, wie sie Frazer beschrieben und gleichfalls mitunter an literarischen Beispielen Vergils oder Shakespeares exemplifiziert hat. In Mühlmanns Buch über den schöpferischen Menschen gibt es kaum ein größeres Kapitel, in dem er nicht auf Goethe als Beispielsfall verweist, und Mühlmann hat als Kulturanthropologe auch ein eigenes, äußerst interessantes Buch über Literatur geschrieben.

Eine sehr ins Abstrakte gehende Formenlehre mit literarischen sowohl wie linguistischen Implikationen lieferte Claude Lévi-Strauss.[35] Er stellt der logischen Rede das totemistische Denken gegenüber, das mit dem mythischen und dichterischen Denken die Gemeinsamkeit verbindet, daß das Gleichwertigkeitsprinzip, wie Jakobson es für das dichterische Denken gezeigt hat, auf zwei Ebenen Anwendung findet. Er wurde von Paul Ricoeur[36] seines Formalismus wegen angegriffen. Was jedoch bei ihm wie bei den anderen Anthropologen nicht nur verständlich, sondern geradezu notwendig erscheint, ist ihre von der Literaturwissenschaft methodologisch gesehen verschiedene Ausgangsbasis.

Wenn indessen ein Literaturwissenschaftler dieselbe Haltung einnimmt, dann ist das Ergebnis ein unhaltbarer Anthropologismus. Dies ist etwa der Fall bei Wayne Shumaker,[37] der zwar zunächst nur vom anthropologischen Hintergrund der Literatur spricht, dann jedoch mitunter literarische Phänomene auf diesen Hintergrund reduziert. Schon in seinen *Elements of Critical Theory* führt die Theorie zu einer Entmenschlichung der Künste und zu einer Behinderung der Kritik. In seinem literaturanthropologischen Buch *Literature and the Irrational* ist er sich allerdings der partiellen Bedeutung anthropologischer Ergebnisse und Methoden innerhalb des literaturwissenschaftlichen Methodenpluralismus bewußt und gibt einen weit gefaßten Überblick über die Möglichkeiten der Anwendung anthropologischer Einsichten für die Literaturwissenschaft: Ob es sich nun um Theorien von Anthropologen wie George Thompson[38] handelt, die die griechische Tragödie zu Kult und Ritus in Beziehung setzten oder um Literaturhistoriker wie H. Munro Chadwick[39] oder Maurice Bowra,[40] ob um Westons Theorie[41] der Entwicklung der Epen aus alten Riten oder Carpenters[42] mehr ethnologisch ausgerichtete Epentheorie.

Schließlich sei noch auf die rein semantische Verschiedenheit verwiesen, wobei Gegenstände und Methoden, die im deutschsprachigen und russischen Bereich als ethnologisch bezeichnet werden, im angelsächsischen und französischen Raum oft die Benennung «anthropologisch» erhalten, so daß sich auf breiter, vergleichender Grundlage als volkskundlich-ethnologisch bezeichnete Arbeiten mit «anthropologischen» oft weitgehend überschneiden.

b. Literaturwissenschaft und Volkskunde

Gleichgültig ob sie von Vertretern der Literaturwissenschaft oder der Volkskunde herstammen, stellen viele Arbeiten über volksliterarische Dichtungsarten rein literarisch-poetische Gattungsformen dar, wie etwa die Arbeit Mathilde Hains[43] über das *Rätsel,* Erwin Leibfrieds über die *Fabel,*[44] Max Lüthis über das *Märchen*,[45] Lutz Röhrichs über die *Sage*,[46] Hellmut Rosenfelds über die *Legende*[47] oder Wolfgang Suppans über das *Volkslied.*[48] Darüberhinaus haben Vertreter der Volkskunde zur Klärung und Konstituierung poetischer Gattungsformen beigetragen. Den wichtigsten Beitrag, die «Einfachen Formen» von Jolles[49] weiterführend, stellt wohl Hermann Bausingers Buch *Formen der Volkspoesie*[50] dar, in dem er die neun Grundformen von Jolles um einige weitere ergänzt wie die Sprach- und Spielformel, das Sprichwort, den Schwank, die Anekdote, einfache szenische Formen des Volksschauspiels und einfache musikalische Formen des Volkslieds.

Die Herausstellung und Abgrenzung derartiger poetischer Elementarformen kann auch für die Hochliteratur folgenreich sein. Wie sich ja gewisse grundsätzliche Tendenzen und Züge kaum auf die eine oder andere literarische Schicht beschränken lassen.

Ja in manchen Fällen läßt es sich gar nicht vermeiden, daß volksliterarische und hochliterarische Probleme in ihren vielfältigen Berührungspunkten und gegenseitigen Durchdringungen gleichzeitig in Arbeiten behandelt werden wie etwa in Cecil Maurice Bowras[51] vergleichender Phänomenologie der heroischen Poesie aller Zeiten und Völker *Heroic Poetry* oder in Hippolyte Delehayes *Légendes hagiographiques*.[52]

Zunächst wurden für die Volksdichtung bestimmte Methoden entwickelt, um Wanderungen und Parallelen von Themen und Motiven zu verfolgen. Besonders im Hinblick auf die unglaubliche Reichweite und die zähe Überlebenskraft einzelner solcher Motive sind manche dieser Arbeiten gleichfalls von allgemein literaturwissenschaftlichem Interesse, wie etwa Herbert Frankes Nachweis[53] indogermanischer Mythenparallelen zu einem chinesischen Text der Hanzeit oder Gadjanskis Verfolgung alter Balkan-Motive durch viele Jahrhunderte.[54]

In Ergänzung zur Untersuchung elementarer Materialien ist jedoch methodenkritisch nunmehr das Studium von nicht weniger elementaren poetischen Formen – wie bei Bausinger – aber auch von Mustern und Stilmitteln getreten. J. Mistrik[55] etwa hat exakte Methoden einer Texttypologie zusammenfassend beschrieben, und Eckehard Catholy[56] hat Strukturveränderung bei Gattungswechsel verfolgt, und zwar am Beispiel der Überführung des *Volksbuches von Salomon und Markolf* in ein Fastnachtsspiel.

Die Untersuchung von Stilmitteln der Volksdichtung und der mündlich überlieferten Dichtung hat nicht nur bestimmte wiederkehrende Techniken enthüllt, wie etwa die Arbeiten von Oladele Awobuluyi[57] oder Daniel P. Kunene[58] zeigen, sondern hat auch zur Sichtbarmachung soziologischer Bezüge geführt, wie etwa in Hailu Arrayas Arbeit[59] über semantische Kategorien in der abessinischen Volksdichtung.

Methoden soziologischer Betrachtung, den besonderen Ausgangspunkten und Zielrichtungen der Volkserzählung entsprechend, hat Jan de Vries[60] entwickelt. Im Unterschied zu den romantischen Vorstellungen vom Märchen muß dieses ursprünglich, im Stadium symbolischer Verständlichkeit auch gesellschaftliche Funktion besessen haben, im Hinblick auf Ahnengeschichte, Genealogie, die Herkunftserläuterung des Schatzes u.s.w. Auf gewisse soziologische Aspekte des Volksliedes hat schon früh Julius Schwietering hingewiesen.[61]

Was manche Methoden betrifft, welche die Volkskunde zur Erfassung und Darstellung der Volksdichtung entwickelt hat, wie man sie am besten bei Kaarle Krohne[62] und Gerhard Heilfurth[63] nachlesen kann, so sind sie für die literaturwissenschaftliche Methodenlehre zumindest indirekt von Interesse. Zum Teil müssen sie erst für die Literaturwissenschaft adaptiert werden. Zum anderen Teil aber überdecken sie sich oft weitgehend mit literaturwissenschaftlichen Methoden. Dies zeigt etwa die Untersuchung der Geschichte eines Erlösungsmotivs der Volksdichtung durch Emma Frank.[64] Es sind Motiv und Geschichte des „Schlangenkusses", die hier verfolgt werden und durch welche die gegenseitige Überlagerung von Volksdichtung und Individualdichtung auch methodenkritisch sichtbar wird. Es zeigt sich dabei, wie ein altes mythisches Motiv in den Schöpfungen der Kunstdichtung gestaltet wird, in literarischem Austausch von Nation zu Nation wandert, um wieder in die Volksdichtung abzusinken und ihr integriert zu werden. Es wird dabei auch sichtbar, daß und wie sehr zur Erforschung der Kunstdichtung, im vorliegenden Fall des mittelalterlichen Romans, die Heranziehung mündlich tradierter Volksdichtung unabdingbar notwendig ist.

Zehn Jahre später veröffentlichte die Amerikanerin Constance Rourke[65] ihr methodenkritisch wichtigstes Buch *Charles Sheeler*, in dem sie eine besondere literaturwissenschaftliche Methode der Interpretation von Kunstdichtung in ihren Bezügen zur Volksdichtung entwickelte. Dabei handelt es sich keineswegs allein um die Ausarbeitung einer besonderen methodischen Technik, sondern eine wesentliche Voraussetzung für die hier erzielte Meisterschaft – was keinen Kenner hermeneutischer Auslegung überraschen wird – besteht in dem bewundernswerten Reichtum an Kenntnissen der Tradition amerikanischer Folklore, über den Constance Rourke verfügt. Nicht zuletzt ist dabei auch ihre unorthodoxe Grundhaltung von Bedeutung, die sie davor bewahrte, sich in puristischer Weise mit streng begrenztem echten Brauchtum und Volksdichtungstraditionen zu beschäftigen, und die durch ein breites und universales Interesse an volkstümlicher Kunstdichtung wie an allgemeinen Problemen von Sozial- wie Regionalgeschichte gekennzeichnet ist. So begrenzt ihr theoretisches Verständnisvermögen im engeren Sinne ist, so nahezu unbegrenzt erscheint ihr Einfühlungsvermögen in die primitiven Grundlagen des „Volkstümlichen".

In *Charles Sheeler* hat sie gezeigt, wie ein individueller Künstler in all seiner persönlichen Eigenart dennoch in der Volkstradition wurzeln kann, und wie solche Bezüge die künstlerische Ausdruckskraft seines Werkes wesentlich bereichern. Dabei ist es von besonderer Bedeutung, daß sie entdeckt hat, wie auch im Bereich der Volkskunst nicht das Stoffliche, sondern die Form den entscheidenden Ausschlag gibt. Dazu kommt noch etwas anderes: hier wie in ihrem letzten Buch *The Roots of American Culture* ist ihr das Enthüllen von ursprünglichen Herkunfts- und Energiezentren der amerikanischen Volkstradition geglückt, die in einem Land von so junger und heterogener Kulturtradition besonders schwierig abzugrenzen sind. Sie entdeckte sie in Überresten indianischer wie Neger-Überlieferungen, verbunden mit europäischem „Import"; alle diese Einzelzüge sind indessen fast bis zur Unkenntlichkeit verändert worden, um ihrer neuen Funktion zu dienen. Entgegen verbreiteter gegensätzlicher Anschauungen wies sie den Ursprung der sogenannten „minstrel shows" in alter Negerkultur und deren Einfluß auf Kunstdichtung nach, wie sie auch zeigte, daß die früheste Form des amerikanischen Dramas in den im Rituellen fundierten Friedenszeremonien indianischer Stämme zu suchen sei. Dazu gesellt sich kulturelle Volkstradition verbreiteter Sekten wie etwa der Shaker.

Schließlich erkannte sie, daß die amerikanische Volkstradition in der Hauptsache eher abstrakt als naturalistisch orientiert ist. Bei ihren gelegentlichen Synthetisierungsversuchen griff sie dabei zu Ruth Benedicts Konzept[66] von struktureller Gesamtkonfiguration lebendiger Kulturintegration, wobei Ruth Benedict mit ebensolchem Gewinn Wilhelm Worringer gelesen hatte wie Constance Rourke Herder.

Besondere Bedeutung kommt in der literaturwissenschaftlichen Methodenlehre natürlich dem Verhältnis von Volksliteratur und Kunstliteratur im allgemeinen zu, nicht nur dem Aspekt der Bezogenheit eines bedeutenden Autors zu mythischer, volksliterarischer oder überhaupt volkskundlicher Tradition, wofür es neben Constance Rourkes Buch *Charles Sheeler* zahllose andere Modellbeispiele gibt, von Colin Stills Arbeit[67] über Shakespeares *Tempest* bis zu William Troys Aufsatz[68] über D. H. Lawrence und von Zierens Studie[69] zum Teufelsbild in der Literatur des Mittelalters bis zu Wesselskis Arbeit über Bezüge Goethes zur Volksdichtung.[70]

Gemeinsame dichtungsästhetische Grundlagen von *Volksliteratur und Hochliteratur* hat besonders Max Lüthi herauszuarbeiten unternommen.[71]

Er hat direkte Parallelen und gegenseitige Überlagerungen vor allem bei Motiven, Motivkomplexen, Themen und Grundideen nachgezeichnet. Ausgehend vom Beispiel der Geschichte von Olegs Tod in der russischen Nestor-Chronik aus dem 12. Jahrhundert, kommt er bei dem Vergleich motivischer und thematischer Parallelen in Volksdichtung und Hochdichtung zu Schlußfolgerungen von allgemeiner Bedeutung. So erweist es sich beispielsweise, daß die Themen Schein und Sein, Mißverständnis, Unmögliches wird möglich, Kleines überwindet Großes, unter sich eine Gruppe bilden, ebenso wie Selbstverstrickheit und Hybris. Gegenüber diesen führenden Hauptthemen ist das vordergründige Thema der Unausweichlichkeit des Schicksals von wesentlich geringerer Wichtigkeit sowohl für die Volksliteratur wie auch für die Hochliteratur, und Lüthi sieht den Grund dafür in seiner ungleich geringeren „anthropologischen" Bedeutung: Als Ausdruck menschlicher Einsicht in die Unausweichlichkeit des Todes überhaupt kommt es einer Platitüde gleich, als Ausdruck des Glaubens an bestimmte, genau determinierte individuelle Schicksalsabläufe ist es von viel geringerem Gewicht als die Themen Schein und Sein oder die Selbstverstrickheit des Menschen.

Als einem weiteren Thema von überragender Bedeutung als gemeinsamen Nenner von Volksdichtung und Hochdichtung geht Lüthi verschiedenen Gestaltungen menschlicher *Selbstbewegung* nach, die sich natürlich oft mit dem Problem der Selbstverwirklichung berühren. In solch thematologischem Brennpunkt treffen sich tatsächlich mythische Überlieferung und die Sublimierungsform des Mythos in der Mystik, treffen sich hochgespannte Esoterik der Kunstliteratur und das „primitive" Volksmärchen, aber auch Volkskundliches und Anthropologisches. Sozialkritik, Wunschträume, Selbsttrost der Benachteiligten spielen nach Lüthi mit hinein, aber die „Fülle der Möglichkeiten" und nicht nur diese weist nach ihm über das sozialkritische Schema hinaus. Hier hat für die Volksdichtung des Märchens Hedwig von Beit mit der wesentlichen Hilfe von Marie-Louise von Franz Pionierarbeit geleistet.[72]

Sie hat gezeigt, wie nicht nur einzelne urtümliche Bilder und Gestalten im Märchen, sondern ganze Handlungsabläufe als kinetische Typen symbolisch zu verstehen sind, die als bildhaft-literarische Gestaltungsformen nicht nur die Bilder selbst, sondern zusammen mit diesen und in ihnen seelische Potenzen ausdrücken, wobei sie in all ihrer Variationsvielfalt der zahlreichen Einzelfälle auf das generelle Problem der Selbstverwirklichung hinauslaufen. Hier, in solcher zeitloser Parallele von Grundkräften der menschlichen Psyche und bestimmten symbolischen Ausdrucksformen, scheint auch das Geheimnis der zeitüberdauernden Qualität wie der elementaren Kraft gewisser

Urformen der Imagination im Dichterischen zu liegen. Bei Vermeidung der dem Thema innewohnenden Gefahren eines Psychologismus oder Ethnographismus ergeben sich hier wesentliche Möglichkeiten für die Literaturwissenschaft.

Einen Sonderfall der Berührungspunkte von Volksdichtung und Kunst- oder Individualdichtung stellt die Mundartliteratur dar. Mitunter beschränken sich Darstellung der Mundartliteratur, deren allgemeines literarisches Ansehen in den letzten Jahrzehnten zugenommen hat, auf mundartliche Kunstdichtung, das heißt auf Werke, die von vornherein als feststehend gedacht, schriftlich festgehalten und zumeist für den Druck abgefaßt sind. Die Formen der Volksdichtung wurden von ihren Sammlern keineswegs immer in der mundartlichen Originalform aufgezeichnet, und mundartliche Volksdichtung entsteht notwendig überall dort, wo das Mundartliche noch lebendig ist und vor allem auch da, wo die Volksdichtung in irgendeiner Weise auf die mundartliche Individualdichtung eingewirkt hat. Kurt Wagner[73] hat offenkundig nur die direktesten Einwirkungen im Auge, wenn er als Beispiele lediglich die bayrischen Dichtungen Franz von Kobells und Kaspar Stielers sowie die Dichtungen des Steirers Peter Rosegger anführt. Die indirekten Bezüge haben zweifellos eine viel breitere Basis, und es ist wohl kaum ein Zufall, daß bestimmte Formen der Volksdichtung, vor allem Volkslieder, in der Regel nach regionalen Gesichtspunkten gesammelt werden, die sich mit mundartlichen Gebieten weitgehend überdecken: in Deutschland nach den alten Fürstentümern oder jetzigen Bundesländern, in Frankreich nach „provinces", in England nach „shires", in den U.S.A. gleichfalls nach Bundesstaaten oder bestimmten kulturgeographischen Regionen.

Der literarische Wert der Mundartdichtung wird weder durch die Tatsache, daß die Mundarten lokal begrenzt erscheinen, notwendig eingeengt, noch kann die Authentizität und „Reinheit" einer Mundart ein Wertkriterium abgeben. Auch hier sind Wesen und Ziele der Sprach- und Literaturwissenschaft völlig verschieden: Der mitunter erhobene Vorwurf mangelnder „Echtheit" der Sprache von Hofmannsthals *Rosenkavalier* oder seines *Schwierigen* ändert nichts daran, daß sie literarisch bedeutender und größer sind als der größte Teil „echter" Mundartdichtung. Auch auf dem Gebiet der Volksliteratur sind oft gerade weit verbreitete und dadurch sprachlich gleichsam abgeschliffene Volkslieder, die mundartlich kaum auf eine engere Region zurückgeführt werden können, gerade die literarisch bedeutendsten.

Einen methodenkritischen Extremfall stellt Josef Nadlers Vorgangsweise[74] dar, der, von einer volkskundlich orientierten Rektoratsrede August Sauers ausgehend, das „stammhafte Gefüge" des deutschen Volkes zur methodenkritischen Grundlage seiner Literaturgeschichtsschreibung macht. Dieser methodologisch unhaltbare Biologismus wurde von ihm mit weitausgedehnten Detailkenntnissen vor allem literarisch weniger bekannter und bedeutender Werke verbunden.

c. Literaturwissenschaft und Anthropologie

Eine der frühesten neueren Nutzbarmachungen anthropologischer Einsichten und Methoden für die Literaturwissenschaft ist der sogenannten Cambridge-Schule zu verdanken, deren geistiger Anreger und Hauptvertreter Gilbert Murray[75] gleichwohl aus Oxford kommt. Wie Murray haben sich auch F. M. Cornford,[76] A. B. Cook und Jane Harrison[77] mit den rituellen Grundlagen des altgriechischen Epos und Dramas befaßt. Dabei versteht es sich von selbst, daß ethnographische und anthropologische Probleme und Erkenntnisse einander oft überschneiden. So könnte etwa die bereits oben genannte Jessie Weston genausogut hier angeführt werden, die ebenso wie Lord Raglan[78] eine Einzelgängerin ist und keiner Schule angehört.

Lord Raglan hat eine Art idealtypisches Schema für den Helden der frühen Epen aufgestellt, das aus 22 Einzelzügen besteht und die teils mythische, teils rituelle Abstammung dieser Frühform des literarischen „Helden" sichtbar macht. Nach Lord Raglan erfüllte Ödipus 21 dieser insgesamt 22 idealtypischen Züge, Theseus 20, Romulus 18, Herkules 17, Perseus 18, Jason 15, Bellerophon 16, Pelops 13, Siegfried 11, König Arthur 19, Robin Hood 13 u.s.w.

Von den frühen amerikanischen Literaturwissenschaftlern sei hier nur Colin Still genannt, der ähnliche Methoden vor allem auf Shakespeare angewendet hat. Auf breiterer Basis werden diese Ideen wohl erst durch Kenneth Burke[79] in Erinnerung gebracht, der besonders bei der Erwägung „stammhafter Formen" in seiner *Grammar of Motives* darauf einging. Bei Burke spielen jedoch soziologische und psychologische Methoden eine große Rolle, und es war wohl Francis Fergusson,der in seinem Buch *Idea of a Theatre* diese Ideen auf breiter Basis verarbeitete.[80] Eine Art synthetischer Zusammenschau der verschiedensten Ideen und Methoden zu einer Art anthropologisch orientierter Literaturtheorie hat dann Wayne Shumaker[81] zu geben versucht.

Für Northrop Fryes Literaturtheorie ist, von den Elementen der Wiederkehr und des Wunschdenkens her gesehen, der erzählende Aspekt der Literatur überhaupt eine Art sich wiederholender Akt symbolischer Mitteilung und damit ein Ritual im weitesten Sinn. Er setzt dieses literarische Ritual indessen durchaus mit Ritualien im engeren Sinn in Verbindung, indem er etwa Analogien der Gattungsform der Romanze zum Ritus wie zum Traum aufzeigt. Frazers *Golden Bough* ist für ihn ein Essay über den rituellen Inhalt des naiven Dramas, von dem die strukturellen Prinzipien des Dramas zwar nicht chronologisch, jedoch logisch abgeleitet werden können. Ohne sich etwa um die rein anthropologischen Implikationen zu kümmern, erblickt er in dem von Frazer geschilderten Ritual der Tötung des Gottkönigs die dämonische, die nicht umgesetzte Grundform tragischer und ironischer Strukturen in der Literatur.

Schlußfolgerungen und Analogien aus anthropologischen Einsichten in das Wesen des Ritus spielen bei Frye eine Hauptrolle auf der Ebene seiner «archetypischen Kritik», bei der «Theorie der Mythen». Da nun allerdings der Begriff des Mythos zu den am meisten strapazierten und vieldeutigsten in der Literaturwissenschaft gehört und keineswegs immer in einem engeren kulturanthropologischen Zusammenhang verstanden wird, hat Wallace W. Douglas[82] in einem Aufsatz darüber Ordnung zu schaffen versucht.

In einer weitaus umfassenderen und grundlegenderen Weise hat Haskell Block[83] die besondere Bedeutung kulturanthropologischer Methoden für die Literaturwissenschaft dargelegt. Er geht von den zunächst rein anthropologischen Ergebnissen aus, wonach das Studium der Gedanken und Handlungen sogenannter primitiver Völker mehr Licht auf deren Nachfahren wirft als man früher erwartet hatte und daß Mythos und Ritual keineswegs ausschließlich prähistorische Erscheinungen sind. Auf knappem Raum zeigt er dann, was die Anwendung kulturanthropologischer Methoden innerhalb der Literaturwissenschaft bei William York Tindall[84] und Colin Still,[85] bei Robert Graves[86] und Ian Watt[87] leistet. Er macht aber auch gerade auf die besonderen methodenkritischen Gefahren aufmerksam, die hier lauern. Vor allem verwechselt anthropologisch orientierte Literaturkritik nur allzuleicht die Entdeckung von oft recht vagen thematischen Analogien mit der Analyse künstlerischer Strukturen. Zudem erkennen und anerkennen keineswegs immer alle Vertreter der Anwendung anthropologischer Methoden in der Literaturwissenschaft die Einzigartigkeit und Besonderheit des individuellen literarischen Werks und verfallen ebenso wie Vertreter anderer Methoden in den Trugschluß der Reduktion von Literatur auf Nicht-Literarisches, hier auf eine Art Anthropologismus.

Wenn es allerdings ein Anthropologe ist, der methodologisch so vorgeht, wie etwa der französische Kulturanthropologe Gilbert Durand,[88] dann ist dies durchaus legitim. Ja, aus Durands Buch über das zentrale Thema anthropologischer Strukturen der menschlichen Einbildungskraft und Imagination kann nicht nur der Literaturwissenschaftler eine Menge für ihn wichtiger anthropologischer Einsichten lernen, es zeigt sich auch, daß Gilbert Durand sich zu seinem Vorteil mehrerer literaturkritischer Werke als Quellen bedient hat, um zu seiner imponierend umfassenden Zusammenschau zu gelangen: von R. Barthes und A. Béguin, M. Carrouge und L.Cellier bis R. D. Gray und P. Guiraud, M. Milner und R. Minder.

Geoffrey Hartman[89] meint, wir hätten so etwas wie Frazers anthropologische Thesen zu akzeptieren, auch wenn er keine logischen Schlüsse für die Literaturtheorie aus ihnen ziehen möchte wie Frye, sondern phänomenologische. Ja, es erscheint ihm, daß zur Erfassung gewisser überindividueller und kollektiver Strukturen und deren Nutzbarmachung für die Literaturgeschichte die Sozialanthropologie von Bedeutung sei.

Keineswegs von Mythos und Ritus und den Anwendungn werktranszendenter Methoden in der Literaturwissenschaft her kommt Emil Staiger.[90] Er ging vielmehr den umgekehrten Weg, er ging von der Dichtung aus und keineswegs von der mythosbezogenen. Es geht ihm zunächst um allgemeine Dichtungsstrukturen, die er in den literarischen Gattungsbegriffen der Poetik findet und die er in einem tieferen Zusammenhang zu verankern sucht. Philosophie, Psychologie, Soziologie mögen ihm vielleicht zu vorbelastet erscheinen, möglicherweise auch zu partiell. Aber da ihm Lyrisches, Episches und Dramatisches als Bereiche des Emotionalen, des Bildlichen, des Logischen grundlegende Züge des menschlichen Wesens im allgemeinen konstituieren, wendet er sich größeren, allgemeineren Zusammenhängen zu. Für die Poetik selbst genügt es ihm zunächst, wenn sie durch die philosophische Ontologie bewährt wird, aber jene Weite der Perspektive, die seine «Grundbegriffe» kennzeichnet, zielt über eine Poetik im engeren Sinn hinaus, verleiht ihr vorbereitende Funktion einer neuen Stilistik, die einen Beitrag zur Anthropologie darstellen könnte und sollte.

In einem womöglich noch allgemeineren Sinn hat H. Keller[91] eine methodenkritische Orientierung der Literaturwissenschaft auf anthropologische Methoden hin konstituieren wollen, als er «Lachen und Weinen» als zwei menschliche Grundverhaltensweisen zur Basis der Literaturbetrachtung machen wollte.

Bald darauf hat Walter Höllerer Lachen und Weinen[92] oder genauer die literarischen Gestaltungen von Lachen und Weinen zum übergreifenden Hauptkriterium der Darstellung deutscher Literatur zwischen Klassik und Moderne, zwischen 1832 und 1856 gemacht. Er kommt von Helmut Plessner[93] her, der gezeigt hat, wie Lachen und Weinen Grenzen menschlichen

Verhaltens bezeichnen, und er zeigt, wie die Gestaltung dieser Haltungen zentrale Stellen in den Dichtungen des von ihm behandelten Zeitraums einnimmt. Er tut dies, indem er vor allem den Gesten der Autoren nachgeht, wie sie nicht nur als Motive, sondern auch als «Ordnungsgesetze» der Werke zutagetreten.

Die methodenkritische Bedeutung von Höllerers Buch, das bedauerlicherweise keine direkte Nachfolge gefunden hat, liegt aber nicht zuletzt darin, daß es jenen anthropologischen Ansatz nicht verabsolutiert, sondern in den Rahmen sinnvoller Proportionen einer Methodenkombination stellt, die von der Deutung einzelner Werke und besonders deren Bildbezügen ausgeht, die er jedoch in den größeren Zusammenhang der Spannungsfelder von Dichtungsgeschichte und Zeithintergrund stellt, so daß neben dem Einzelnen das Zusammenwirken, neben dem zeitlos menschlichen Grundverhalten von Lachen und Weinen die historische Perspektive sichtbar wird.

Durch seinen Sinn für geschichtliche Entwicklungen weist das Buch hinüber in den nächsten Abschnitt über Literatur und Geschichte.

7. Literaturwissenschaft und Geschichte

a. Methodenkritische Abgrenzungen

Die wichtigste, wo nicht einzig wichtige Verbindung von Literatur und Geschichte besteht methodenkritisch darin, das einzelne Werk oder Gruppen von Werken nicht losgelöst von Zeit und Raum zu betrachten, sondern sie in die chronologische Abfolge einer eigenen, geschichtlichen Entwicklung der Literatur zu stellen. In einem so allgemeinen Sinn stellt Literaturgeschichte einen der Hauptpfeiler der Literaturwissenschaft dar, wie sie noch besonders in dem zusammenfassenden Schlußabschnitt «Gesamtdarstellungen» behandelt werden soll. Nach Wellek[1] kann die Literaturwissenschaft als Ganzes als aus drei Hauptzweigen bestehend angesehen werden: aus der Literaturtheorie, die dem Studium methodologischer Probleme gewidmet ist, aus der Literaturkritik im engeren Sinn, die in ihren praktischen Methoden vor allem synchronisch orientiert ist und aus der Literaturgeschichte, die die Zusammenhänge des dynamischen Ablaufs der Literatur zum Gegenstand hat. Wellek erklärte, daß diese drei Einzeldisziplinen einander in einer weitgehenden Weise bedingen und daß diese Unterscheidungen «ziemlich offensichtlich und auch im allgemeinen anerkannt sind». Nach einundeinhalb Jahrzehnten mußte er jedoch herausfinden, daß selbst jene offensichtlich erscheinenden Selbstverständlichkeiten in der methodenkritischen Konfusion in Frage gestellt wurden, selbst diese einleuchtenden Unterscheidungen verwischt und Totalitätsaussprüche an jede der drei Unterdisziplinen gestellt wurden, und er unternahm es in einem eigenen Aufsatz, eine methodologische Klärung zu geben.

Nun haben sich gerade auf dem Gebiet der Literaturgeschichte die Probleme seither womöglich noch mehr verwirrt, so daß Wellek[2] ihr ein weiteres Jahrzehnt später einen weiteren eigenen klärenden Beitrag gewidmet hat, der den Ernst der Krise schon im Titel verrät: «Der Untergang der Literaturgeschichte».

Da gibt es zunächst einmal das allgemeine Problem von Subjektivismus und Objektivismus in der Geschichte, das nach Max Wehrli[3] indessen in gewisser Weise auf ein rein semantisches Problem hinausläuft und leichter pragmatisch lösbar ist, als manche Forscher es wahrhaben wollen. Da es gilt, die Geschichte im Nachvollzug zu erfassen, ist sie nach Wehrli stets zugleich objektiv und subjektiv: «Sie wird nur wirklich in der Organisation durch den Betrachter und immer wieder anders nach dem Maß seines Wertens, seines Erkennens, seines Interesses. Das drückt sich bekanntlich in den merkwürdigen terminologischen Schwierigkeiten aus, daß wir mit dem Begriff Geschichte ein als objektiv gedachtes Geschehen, die Geschichte selbst meinen und zugleich unsere Darstellung davon.»

Eine erste praktische methodenkritische Schwierigkeit ergibt sich zunächst daraus, daß infolge der Reichweite und Wichtigkeit der Literaturgeschichte sich die verschiedensten historischen Themenstellungen ergeben, die nach ganz verschiedenen einzelnen Methoden oder Methodenkombinationen verlangen können, je nachdem ob es sich um die Analyse eines einzelnen Werkes in seinem entwicklungsgeschichtlichen Zusammenhang, um die Geschichte einer Gattung, einer literarischen Technik, eines literarischen Themas, usw. handelt.

Eine zweite praktische und wesentlich größere methodenkritische Schwierigkeit stellt die Tatsache dar, daß der Nachvollzug der Erfassung geschichtlich-dynamischer Abläufe in der Regel eine ähnlich dynamisch-flexible, wechselnde Methodenkombination erfordert, bei der vor allem werkimmanente und werktranszendente Methoden laufend in verschiedener Weise ineinanderfließen, was dem starren Systemdenken vieler Vertreter sowohl der einen wie der anderen Methodengruppe zuwiderläuft.

Was zunächst die einseitig werkimmanent operierende Gruppe betrifft, so seien als Beispiele hier die russischen Formalisten und in ihrem Gefolge Jan Mukařovský[4] angeführt. Diese Gruppe geht zwar nicht so weit, eine Art richtungslose literarische Fakten- und Materialsammlung zu betreiben, die ohne jeglichen Zusammenhang und gegenseitig sinngebende Bedeutung einer bestimmten, historisch und empirisch festliegenden Entwicklung gesehen wird, aber sie vertritt das Prinzip einer einseitig-extremen Reduktion der literarischen Entwicklung auf literaturimmanente Kräfte, beschränkt auf das Prinzip der Neuartigkeit als treibende Kraft. Alte literarische Konventionen werden automatisiert und erstarren epigonenhaft, worauf als Gegenschlag die Aktualisierung völlig neuer literarischer Techniken und Stilmittel folgt. Ein Kunstwerk wird demnach von positivem Wert sein, wenn es nach gewisser Formermüdung eine Neugruppierung der Strukturen der vorhergehenden Periode durchführt. Es versteht sich von selbst, daß solche Beschränkung nicht nur auf dem Gebiet des Wertproblems Originalitätshascherei über die vollendete Größe der Gestaltung überlieferter Strukturen stellen kann, sondern vor allem im Hinblick auf die Dynamik der geschichtsverbundenen Entwicklung von hoffnungslos einseitiger Halbwahrheit bestimmt wird.

Diesem einseitigen Extrem steht ein ebensolches entgegengesetztes gegenüber, das in geradezu kausaler und determinierter Weise die historische Entwicklung literarischer Formen und Gegenstände allein aus werktranszendenten Entwicklungen abgeleitet sehen möchte. An Stelle der naturwissenschaftlich-biologisch oder geradezu darwinistisch orientierten Kräfte solch historischer Determinierung, wie sie von den naiven Positivisten des 19. Jahrhunderts bis zu Josef Nadler reichen, ist nun ein soziologisch orientierter Historismus getreten, der in schöner Eintracht mit den naiven Extremen des älteren Historismus lediglich die verursachenden und treibenden Kräfte der Entwicklung woanders sucht. Da er sie im sozialen Kräftespiel sucht und da solchen Zusammenhängen eine tiefere Antriebskraft zweifellos zukommt, ist das Ergebnis in den Fällen eines determinierenden Historismus (oder Soziologismus) eine gleichartige Halbwahrheit wie im Fall des vorhergehenden Extrems, denn die grundlegende Möglichkeit und Wirksamkeit werkimmanenter Kräfte für die Literaturentwicklung wird kein Einsichtiger leugnen wollen, lediglich die Behauptung ihrer Totalität und Alleinherrschaft wird er lächerlich finden.

René Wellek[5] führt als gut gewähltes Beispiel solch neueren Historismus die Ästhetik von Georg Lukács an. Er fand in ihr die Bestimmung der Literatur als «Wiederspiegelung der Wirklichkeit», was sie zu einer lediglichen Sonderform von Wissen reduziert, nicht weniger als 1032 mal im ersten Band der «Ästhetik» gebraucht. Nicht der soziologische Ansatz bei Lukács ist es, sondern die soziologistische Reduktion auf ein allzu simples Basis-Überbau-Schema, das den schlichten, geschichtlichen wie ästhetischen Tatsachen Gewalt antut. Das Ergebnis läuft auf eine soziologisch orientierte Spielart eines Historismus hinaus, der die Literaturgeschichte zu einem Teil und einem reinen Symptom der Geschichte oder Sozialgeschichte reduziert.

Geschichtliche und soziologische Methoden an sich stehen in der Literaturwissenschaft so wenig wie sonstwo als unüberbrückbare Gegensätze einander gegenüber. Wenn die historische Methode mehr auf das konkrete Einzelfaktum, die soziologische Methode jedoch mehr auf typisierende und generalisierende Schlußfolgerungen aus gewissen Gemeinsamkeiten von parallelen Einzelfakten gerichtet ist, dann können sie einander im Grunde nicht entbehren, sondern bedingen und ergänzen vielmehr einander, wenn auch die Perspektive mitunter thematisch eine verschiedene sein mag.

Beide, sowohl die geschichtliche Methode der Darstellung als auch die soziologische, sind auch gleicherweise von Mißbrauchsmöglichkeiten bedroht, was gegen die Methoden selbst nichts besagen will. Dabei ist es von sekundärer Bedeutung, ob es willkürlicher Spieltrieb mit dem historischen Stoff oder ob es ideologisches Sendungsbewußtsein ist, welche die Verzerrungs- und Mißbrauchsgrundlage bilden. Als ein Beispiel der ersteren Spielart führt Sengle[6] Josef Nadlers *Literaturgeschichte der deutschen Stämme und Landschaften*[7] an. Als Beispiel des zweiten Typus stehe hier die von Hans Kaufmann und Dieter Schiller besorgte Geschichte der deutschen Literatur von 1917 bis 1945,[8] die sich auf weiten Strecken gar nicht wie eine Literaturgeschichte liest, sondern wie ein politisches Propagandapamphlet.

Die unverschämte Dümmlichkeit, mit welcher solcher Mißbrauch im Sinn von bewußter Wahrheitsverfälschung oft gefordert wird, wie etwa von Marie Luise Gansberg,[9] wird nur verständlich durch eine jeweils dahinterstehende breite, kollektivegoistische und ideologietragende Schicht mit machtvoll massenwahnartigen Symptomen. Friedrich Sengle[10] hat demgegenüber eine auch der Literaturgeschichtsbetrachtung einzig gemäße Voraussetzung redlicher Wahrheitssuche auf dem Boden eines allgemeinmenschlichen Universalismus gefordert, dem es aus seiner geistigen Einsicht heraus unmöglich ist, *eine* bestimmte Nation, *eine* Rasse, *eine* Klasse, *eine* Methode als allein gültig zu betrachten. Derartige Einzelgrößen durch grundsätzliche Betonung aus der Vielschichtigkeit der Historie herauszulösen, um ihnen eine übergeschichtliche, «und das heißt doch metaphysische Bedeutung» zu geben, erscheint nicht mehr zulässig. Dies hat mit dem oben zitierten semantischen Objektivitätsproblem bei der Anwendung geschichtlicher Methoden nichts zu tun, handelt es sich hier doch um eine bewußte Parteilichkeit, – oder aber deren Vermeidung – die schon im Ansatz auf wissenschaftliche Wahrheitsforschung verzichtet und sowohl Faktentreue wie Denken durch eine Art Glauben ersetzt.

Daß die Literaturgeschichtsschreibung wie die Geschichtsschreibung selbst weit mehr als reines Sammeln von Fakten, daß sie letzten Endes eine divinatorische Aufgabe darstellt, wie Sengle[11] es ausdrückt, und daß vollends die Literaturgeschichtsschreibung historische Tatsachen mit ästhetischen Wertungen zu verschmelzen hat, daß – um es einfach zu sagen – Literaturgeschichtsschreibung nicht die Präzision der klassischen Naturwissenschaften für sich beanspruchen kann, bedeutet keine Berechtigung für das Aufrechterhalten und die Durchsetzungsversuche von bewußten Vorurteilen als Glaubensgeboten. Gerhard Kaiser hat als den Sinn jeglicher Reflexion auf den eigenen Standort das Festlegen der reinen Ausgangsbasis aufgezeigt, dem ein

Prozeß der «Abarbeitung und Sättigung am Gegenstand» zu folgen hat.[12] Aufgabe dieses Prozesses aber ist keineswegs die Bestätigung des Vorurteils im Urteil um jeden Preis, sondern je nachdem seine Bestätigung, seine allfällige Korrektur oder sogar seine allfällige Destruktion, wie es die zunehmende Erkenntnis des Gegenstandes erfordert.

Was die oben implizierte Notwendigkeit der Einheit von Literaturgeschichte und Literaturkritik betrifft, so ist eine letzte wichtige Abgrenzung von einem älteren Vorurteil von Wichtigkeit, das dem radikalen Panästhetizismus entsprang, der zusammen mit einer Verabsolutierung des Schönen auch so manches Mal die unüberwindliche Trennung des Historischen vom Ästhetischen nicht nur forderte, sondern als Faktum behauptete. Dieses Vorurteil kann zur Zeit wohl als überwunden gelten. Douglas Bush,[13] Manfred Gsteiger,[14] Murray Krieger,[15] René Pomeau,[16] Friedrich Sengle,[17] H. P. H. Teesing[18] – um nur einige zu nennen – haben teilweise von verschiedenen Perspektiven aus die Notwendigkeit der Einheit von Literaturgeschichte und Literaturkritik, der Einheit von ästhetischem Phänomen und geschichtlichem Kontext aufzuzeigen unternommen. René Wellek[19] hat das Problem auf die schlagende Formulierung gebracht, wonach die meisten älteren, führenden Literaturgeschichten entweder Kulturgeschichten oder aber Sammlungen kritischer Aufsätze darstellen. Die einen sind keine Geschichte der *Kunst*, die anderen keine *Geschichte* der Kunst. Gute Literaturgeschichte hätte natürlich eine Synthese aus beiden zu sein.

b. Theoretische Voraussetzungen

Die Synthese der gleicherweise notwendigen Erkenntnis der ästhetischen wie der historischen Aspekte kann sich natürlich in verschiedenen Schichten vollziehen und von verschiedenen Perspektiven aus betrachtet werden. Ein ebenso pragmatisch-allgemeiner wie notwendiger Vorschlag wurde etwa von Leonard Forster[20] gemacht, der die Werkinterpretationen der fünfziger Jahre mit den historischen Bestrebungen der siebziger Jahre verbunden sehen wollte. Ein solcher Hinweis ist nicht zuletzt darum von Wichtigkeit, weil gesichert geglaubte Ergebnisse der Vergangenheit in oft verblüffender Weise um neuer Methodenmoden willen vergessen werden können. Friedrich Sengle[21] hat Forsters Vorschlag zum Anlaß genommen, um einen handwerklichen Hinweis für die literaturwissenschaftliche Praxis zu geben, indem er die Einbeziehung von Kurzinterpretationen einzelner Werke in literaturgeschichtliche Darstellungen anregte.

Ein anderer theoretischer Synthese-Versuch stammt von dem zunächst eher formalistisch orientierten Neuaristoteliker Ronald S. Crane,[22] der, auch hier von Aristoteles ausgehend, dessen vierte Art von «Ursachen», die sich aus der Absicht oder dem Ziel einer bestimmten Sache ergibt, als den methodischen Ausgangspunkt darstellt. Solcherart stellt Crane die Frage nach den geschichtlichen Motiven und Intentionen, die bestimmte Werke veranlaßten, was sich in der Regel indessen um so schwerer beantworten läßt, je großartiger und genialer ein untersuchtes Werk ist.

Wieder ein anderer theoretischer Vorschlag zu solcher Synthese stammt von Ingrid Strohschneider-Kohrs,[23] die Ideen des Prager Strukturalismus mit literaturgeschichtlichen Aspekten verbunden sehen möchte.

Eine der bedeutendsten theoretischen Grundlegungen solcher Art stellt die Topos-Kritik von Ernst Robert Curtius[24] dar, die im besten Sinn des Wortes auf eine historische Rhetorik hinausläuft, oder genauer auf eine historische Topik, da viele Topoi ursprünglich aus der Poesie stammen und erst später in die Rhetorik übergehen.

Manchen Literaturwissenschaftlern genügt es indessen nicht, eine rein vom Literarischen ausgehende Methode des Literaturgeschichtlichen zu schaffen, wie dies die willkürlich herausgegriffenen obigen Beispiele dartun, sondern sie bemühen sich um eine mehr oder weniger tiefgehende Verankerung ihrer Bestrebungen in der allgemeinen Historiographie. So etwa fußt der alte Gustave Lanson[25] in einem ebenso erfreulich sachlichen wie beschränkt naiven Sinn auf der französischen Historiographie des frühen Postivismus im 19. Jahrhundert, auf den Ideen Comtes mehr als auf jenen Taines. Gerhard Kaiser,[26] der Historie und Literarhistorie so eng benachbart sieht, daß sie grundlegende Bedingungen, Möglichkeiten, Verfahren und Ziele teilen, griff nicht nur in die Auseinandersetzung zwischen zwei Historikern ein, sondern untersuchte auch mit einem Nebenblick auf die Literaturgeschichte Walter Benjamins *Geschichtsphilosopische Thesen*.

Reinhard Kosellecks[27] Versuche, eine Art neue Historik methodisch zu entwerfen, sind nicht ohne Implikationen für die Literaturgeschichtsschreibung, und nicht zufällig nimmt ein grundsätzlicher Aufsatz Kosellecks eine wichtige Stellung in einem Sammelband über literaturgeschichtliche Methodenfragen ein. In Italien schlug Renato Poggioli[28] die Nutzbarmachung von Paretos Soziologie für die Literaturgeschichtsschreibung vor, was ihn selbst allerdings einem zu weit gehenden Historismus in die Arme trieb. Sehr viel fruchtbarer ist es, wenn sich Roy Harvey Pearce[29] auf die pluralistische und vernünftig-sachliche, relativierende methodische Grundlage des amerikanischen Historikers Maurice Mandelbaum bezieht, was übrigens auch Rosalie

L. Colie[30] tut. Robert E. Spiller[31] jedoch fordert vom Literarhistoriker die Kenntnis und Nutzbarmachung der verschiedensten geschichtlichen Detaildisziplinen, der politischen wie der Wirtschafts-, der Geistes-, wie der Kulturgeschichte.

René Welleks[32] literarhistorische Ansichten sind lediglich in der äußerst allgemeinen, wenngleich wichtigen historiographischen Grundanschauung verankert, wonach geschichtliches Denken immer teleologisch und niemals determiniert ist, worin er sich mit Historikern vom Range Meineckes, Tröltschs, Huizingas, Collingwoods und Carrs trifft.

Gleichgültig ob die neueren Versuche methodologischer Selbstbesinnung oder theoretischer Grundlegung der methodischen Möglichkeit des Sinns für geschichtliche Entwicklungen im literarischen Bereich in Ideen der allgemeinen Historiographie verankert sind oder nicht, gleichgültig ob sie aus einer zumindest vorübergehenden geradezu geschichtsfeindlichen Atmosphäre stammen oder nicht, die seriösesten und brauchbarsten unter ihnen geben sich nicht als einmalige und unerhörte methodenkritische Neuheit, sondern knüpfen bewußt an eine lange Tradition von Literaturgeschichtsschreibung an, die sie gleichwohl im einzelnen erneuern, differenzieren und korrigieren. Dies gilt sowohl von Walther Kühne[33] und Jean Weisgerber[34] wie von F. W. Bateson[35] und David Daiches.[36]

Friedrich Sengle[37] geht nicht grundlos so weit, daß er die vorgeblichen radikalen Neu-Erfinder von Methoden und ihr undankbares Verhalten gegenüber ihren Vorgängern als sicheres Symptom dafür nimmt, daß sie der Aufgabe, die Wissenschaft zu erneuern, nicht gewachsen sind, sondern egoistische und gruppenegoistische Ziele verfolgen. Bis zu einem gewissen Grad gehört die forcierte Form der Rezeptionsgeschichte von Jauss[38] und noch mehr von einzelnen seiner Anhänger hierher. Als Wirkungsgeschichte im allgemeinen ist sie tatsächlich alles andere als neu. In jener radikalisierten Form indessen, die vom Werk selbst geradezu völlig ablenkt und wegführt, befriedigt sie nach Sengle[39] lediglich dogmatische Bedürfnisse und bedeutet wissenschaftlich einen Holzweg. Von der naiven russischen Variationsform der Rezeptionsgeschichte, wie sie etwa M. Chraptschenko[40] vertritt, gilt dies in mindestens ebenso hohem Maß.

Auch die meisten Arbeiten in der Zeitschrift *New Literary History*, obwohl im allgemeinen gediegen, sind keineswegs grundsätzlich so neu, wie ihr Titel glauben machen möchte, und René Wellek[41] hat dies an einigen Beispielen schlagend dargelegt. In dem gleichfalls von Ralph Cohen herausgegebenen repräsentativen Auswahlband bildet wohl nur Michael Riffaterres[42] Beitrag über stilanalytische Ansätze zur Literaturgeschichte eine Ausnahme, der im Grunde geradezu auf das völlige Umstülpen der herkömmlichen literaturgeschichtlichen Methoden hinausläuft: im Gegensatz zur genetisch dargestellten, vergleichenden Thematologie soll den Ausgangspunkt eine stilanalytische Untersuchung der literarischen Struktur und der Funktion der jeweiligen literarischen Symbolik des Einzelwerks bilden, von wo aus sich durch vergleichende Methoden größere gemeinsame Zusammenhänge wie unterschiedliche Stileinheiten ableiten lassen. Solche Vorgangsweise schließt die grundlegenden methodenkritischen Überlegungen Emil Staigers[43] zur Entwicklung einer besonderen Stilgeschichte als wesentlichem Rückgrat neuer Literaturgeschichtsschreibung nicht nur nicht aus, sondern ließe sich durchaus damit vereinigen.

Weit weniger anspruchsvoll und doch kaum weniger bedeutend, ja, auf den ersten Blick fast überraschend, scheint Karl S. Guthkes[44] Forderung nach einem «historischen Neupositivismus» zu sein, der vom Kausaldenken des alten, naiven Positivismus «kuriert» ist. Auch solche Forderung steht keineswegs in wirklichem Gegensatz zu den Ansätzen Riffaterres oder Staigers, sondern betont lediglich einen anderen Aspekt: Riffaterre geht vom einzelnen Werk aus, Staiger betont überindividuell stilistische Gemeinsamkeiten, und Guthke geht mit seinem Schlüsselbegriff vom «literarischen Leben» über die reine Werkebene hinaus, indem er sowohl von der Schöpfung wie von der Rezeption her werktranszendente Züge einbezieht. Hier ist der rezeptionsgeschichtliche Aspekt in vernünftigen Proportionen in einen größeren, den gesamten literaturgeschichtlichen Bereich umgreifenden Zusammenhang gestellt, in dem er fruchtbar werden kann.

Auch Guthkes Forderung nach einem «historischen Neopositivismus» in der Literaturwissenschaft ist keineswegs so überraschend und neu, wie dies auf den ersten Blick erscheinen mag, was den Wert und die Bedeutung dieser Forderung und ihre praktische Umsetzung in Guthkes Buch in keiner Weise herabmindert.

Einerseits haben die auf Geschichtsschreibung angewendeten Ideen von Carl G. Hempel,[45] der ursprünglich dem Wiener Kreis nahestand und dann nach den USA auswanderte, eine überraschend weitgreifende und lebendige Diskussion in den angelsächsischen Ländern ausgelöst. Andererseits zeigt die Bibliographie von Becker und Dehn,[46] daß die Beschäftigung mit dem geschichtlichen Kontext des «literarischen Lebens» gleichfalls auf eine reiche Tradition zurückblicken kann.

Eine umfassende und fruchtbare Synthese müßte die durchaus positivistischem Bestreben verwandte Annalistik einschließen, die als sachlichstes und nüchternes Skelett historischen Faktensammelns unvoreingenommene und wissenschaftlich präzise Dokumentation zu sein scheint, indessen schon infolge der Auswahl des Ausgewählten wie Weggelassenen durch ästhetische Urteile mitbestimmt ist. Conrad Wiedemann[47] hat die Möglichkeiten und Grenzen der reinen Annalistik kritisch und vernünftig dargestellt.

René Wellek hat mit guten Gründen erklärt, daß die neue Literaturgeschichte im wesentlichen auf die Rückkehr zur alten hinausläuft, weniger atomistisch aufgefaßt, gewiß, und durch tiefere Einsicht in die Schwieirgkeiten der Darstellung gekennzeichnet. Man sollte die Verdienste, den Wert und die Bedeutung der zunehmenden Verbesserung durch solch kleine Schritte indessen nicht unterschätzen und vor allem nicht übersehen, welch außerordentliche praktische Leistungen sich auf dem Boden der so gar nicht revolutionierenden theoretischen Thesen etwa Friedrich Sengles entwickeln ließen. Demnach hat die neue Literaturgeschichtsschreibung – übrigens wie die alte – vorläufige Kritik und Korrektur des jeweils älteren Geschichtsbildes zu sein, wobei das Erkennen literarischer Traditionszusammenhänge von besonderer Wichtigkeit ist. Sofern man nicht von der Voraussetzung eines dogmatisch-erstarrten Kanondenkens ausgeht, wird sich in freilich jeweils im einzelnen wieder zu revidierender Weise im Gegensatz zu Sengles Thesen[48] wohl schon aus Verdeutlichungsgründen bei der Zusammenfassung größerer Zusammenhänge immer eine gewisse Kanonbildung ergeben. Diese muß keineswegs im Gegensatz zu der von Sengle vorgeschlagenen vergleichenden Interpretationen stehen, sondern kann vielmehr aus ihnen als Ergebnis hervorgehen. Auf jeden Fall wird der vergleichenden Methode vor allem auch auf dem Gebiet der Literaturgeschichte immer eine besonders wichtige Rolle zufallen, schon im Hinblick auf die hier zu leistende Bewältigung größerer Stoffmassen, deren Auswahl und deren Einfügen in qualitätsbestimmte sinnvolle Proportionen. Die wechselseitigen Bezüge von geschichtlicher Entwicklung und ästhetischer Wertsetzung sind auch, von H. M. Richmond[49] bis Sengle,[50] immer wieder herausgearbeitet worden. Darüberhinaus geht es natürlich um die Etablierung und Sichtbarmachung der verschiedensten Zusammenhänge, Gemeinsamkeiten, Gegensätzlichkeiten und Trends im Verlauf der geschichtlichen Entwicklung. In unveränderlicher Weise geht es im Grunde in Geschichte wie Literaturgeschichte um das Berichten von Vorgängen und um das Erzählen von Folgen, und auch die reine Literaturgeschichte, deren Gegenstand nichts als die Literatur ist, wird mitunter um das Eingehen auf echte Berührungspunkte mit der allgemeinen Realgeschichte nicht herumkommen.

Der wesentliche Unterschied der «neuen» Literaturgeschichte gegenüber der «alten» scheint zunächst darin zu bestehen, daß – nach Sengle – Literaturgeschichte auf universaler und menschlicher Basis im Zeitalter der technischen Perfektion und der ihr zuzuordnenden ästhetischen und philologischen Filtrierkunst schwieriger geworden ist. Dazu kommt, daß sie außer der naiven Vorstellung jeglichen Kausalitätsdenkens vor allem auch die schöne Illusion einer echten Entwicklung überhaupt hat aufgeben müssen. In René Welleks Worten: Es gibt keinen Fortschritt, keine zielgerichteten Abläufe, keine Geschichte der Kunst mit Ausnahme einer Geschichte der Autoren, der Institutionen und der Techniken. Mit anderen Worten: die Serie konkreter Beispiele im Ablauf der Zeit weist immer wieder auf wiederkehrende und zeitlose menschliche und literarische Problemstellungen hin.

Die praktische Schlußfolgerung, die für eine neue Literaturgeschichtsschreibung daraus zu ziehen ist, bedeutet größere Bescheidung bei gleichzeitig zunehmenden Schwierigkeiten. Sowenig einladend dies auf den ersten Blick auch aussehen mag, so wird ernste Arbeit in dieser Richtung doch durch größere Präzision wie größere Perfektion belohnt werden.

Claudio Guillen[51] ist theoretisch für eine Literaturgeschichtsschreibung eingetreten, bei der weder die Geschichte der Literatur in die Realgeschichte eingebettet wird, noch einzelne literarische Werke auf bestimmte soziale, ökonomische oder intellektuelle Systeme reduziert werden. Es geht ihm vielmehr um eigene literarische «Systeme» und deren entwicklungsgeschichtlichen Ablauf, wobei jene literarischen Systeme eine Art zusammenfassenden Oberbegriff verschiedener literarischer Einzelstrukturen bilden. Guillen weicht dabei den beiden Extremen einer Aneinanderreihung von Einzelinterpretationen einerseits wie der Auffassung eines einzigen, ganzheitlichen, literarischen «Universums» andererseits gleicherweise aus.

Wie sehr gerade indessen auch ein Einzelwerk mitunter selbst unter dem Aspekt seiner Historizität auch als Kunstwerk ästhetisch zu verstehen ist, hat am Beispiel von Thomas Manns *Dr. Faustus* Joseph Peter Stern in meisterhafter Weise gezeigt.[52] Es ging ihm darum, zu dokumentieren, wie sehr manches literarische Werk ein typisches Beispiel für jene datierungsmögliche Art von Schrifttum darstellt, die Roland Barthes «écriture» genannt hat und wie gerade die künstlerische Größe wie auch die künstlerischen Grenzen des *Dr. Faustus* in zeitloser Weise darin bestehen, daß dieser Roman auf verschiedene Arten, symbolisch, allegorisch, durch thematische Raffungen und eine komplizierte Struktur von Querverbindungen repräsentativer zeitgenössischer Zitate eine Art großartiger Kondensierung der gesamten Periode darstellt, in der er spielt und geschrieben wurde.

Das theoretische Programm einer strukturalistischen Literaturgeschichte hat Gérard Genette entworfen.[53] Ausgehend von Paul Valérys Idee einer Literaturgeschichte, die nicht eine Geschichte einzelner Autoren und individueller Werke darstellt, sondern eine Geschichte des Geistes ist, der Literatur produziert und konsumiert, ohne daß ein Name genannt wird, plädiert er für eine neue Darstellung der Literatur als einem zusammenhängenden Ganzen aus verschiedenen Einzelelementen und Einzelstrukturen, die weder mit der Ganzheitlichkeit einzelner Werke, noch mit der Gesamtpersönlichkeit ihrer Autoren zu tun haben. Dieser homogene Raum der Literatur (oder einer nationalen Literatur oder einer Gattung), innerhalb dessen die einzelnen Werke einander gegenseitig berühren und beeinflussen, ist zugleich eingebettet in einen weiteren, das Literarische wie auch andere Erscheinungen mitumgreifenden Kultur-Raum. Literaturgeschichte soll nun innere wie äußere Strukturuntersuchung des rein literarischen Raumes wie auch seiner Zusammenhänge mit dem weiteren Kultur-Raum darstellen.

Im Zentrum des Interesses steht dabei die Frage nach Funktion und Funktionsveränderung der Literatur: «Der strukturalistische Gedanke besteht nun darin, die Literatur in ihrer Gesamtentwicklung zu verfolgen, bei den einzelnen Etappen synchronische Schnitte vorzunehmen und die Übersichten miteinander zu vergleichen. Die literarische Entwicklung erscheint so in ihrer ganzen Vielfalt, die dafür sorgt, daß das System in ständiger Wandlung weiterbesteht.»[54]

Diese synchronischen Schnitte sehen so aus, daß etwa im Literaturbild der französischen Klassik außer den Werken dieser Klassik selbst auch bestimmte Rezeptionsformen von Homer und Vergil einen wichtigen Platz einnehmen, während damals Dante und Shakespeare fehlten. In der französischen Literatur der Sechzigerjahre des 20. Jahrhunderts ist dafür neben der eigenen, zeitgenössischen Literatur ein modern verstandener Shakespeare als Zeitgenosse Brechts und Claudels sehr präsent, wie auch ein vom literarischen Kafkaerlebnis nicht ganz unabhängiger Cervantes.

Diese Ideen verbindet Genette sodann mit der Forderung Lucien Febvres nach einer Literaturgeschichte als Geschichte der literarischen Funktionen,[55] eine Forderung, die auch von Roland Barthes aufgenommen wurde.[56]

Manches an diesen Ideen – zumal die Literaturgeschichtsschreibung ohne Namen, auf Gattungs- und Stilstrukturen ausgerichtet – ist nicht so neu, wie es auf den ersten Blick aussehen mag. Thibaudet in Frankreich hat schon in diese Richtung gearbeitet und Julius Wiegand hat bereits 1922 eine ganze deutsche Literaturgeschichte «nach Gedanken, Stoffen und Formen, in Längs- und Querschnitten» vorgelegt.[57]

In ihrer radikalen Einseitigkeit macht sie einerseits gewisse Zusammenhänge klarer anschaulich, als dies vielleicht anders geschehen könnte. Auf der anderen Seite bezahlt sie dafür den hohen Preis, auf die Darstellung individueller Werke in ihrer Ganzheit wie auf deren Autoren und deren Gesamtpersönlichkeit völlig zu verzichten. «Nun hat die schwergeprüfte deutsche Literaturgeschichte auch diese Verirrung und Verwirrung zu überstehen. In ihren 1031 Paragraphen eine zerfaserte, pulverisierte, atomisierte, eine quergeschnittene Literaturgeschichte» lautete der empörte Protest August Sauers dagegen,[58] der heute mit den gleichen Gründen gegen viele Strukturalisten erhoben werden könnte.

Eine andere Art programmatischer Forderung nach einer strukturalistischen Literaturgeschichte hat zehn Jahre nach Genette Hayden White erhoben.[59] Sein Modell basiert ganz auf Roman Jakobson und dessen weithin bekannt gewordener polarer Gegenüberstellung der beiden Tropen Metapher und Metonymie.[60] Obwohl White sich der literarischen Grenzen der Linguistik Jakobsons bis zu einem gewissen Grad bewußt ist und obwohl er auch die Gefahren unzulässiger Vereinfachung sieht, den Wandel aller Literaturgeschichte vom Wechsel zwischen zwei Polen verschiedener rhetorischer Figuren, nämlich dem jeweiligen Dominieren der Metapher oder jenem der Metonymie abhängig zu machen, hält er doch mit einigen Einschränkungen dieses Schema für eine realisierbare theoretische Grundlage künftiger Literaturgeschichtsschreibung. Dabei ist sein Hauptanliegen der Zug, alles auf die Grundlage des jeweiligen linguistischen Codes zu stellen.

Nicht auf allzu schmaler linguistischer, sondern auf breiter geschichtsphilosophischer und literaturtheoretischer Basis stellt Jürgen Söring die Kategorien der Literaturgeschichtsschreibung,[61] nachdem er zuvor ihre Aporien und sodann die Voraussetzungen ihrer Möglichkeit abgehandelt hat. Mit aller gebührenden Vorsicht geht er vor und sieht schließlich im geschichtlichen Wissen perspektivisch gespannte Reflexion. Dieses Wissen ist ferner durch Selbst-Entwurf über den Abstand, die Differenz sich hinwegsetzendes Verstehen, ist durch Wiederholung (vergegenwärtigende Rückwendung) erwirkte Aneignung. Geschichtliches Wissen ist nach Söring aber auch Überlieferung, die das Erlesene aufbewahrt und ist damit Poiesis. Demnach ist also auch Literaturgeschichtsschreibung letztlich eine Art Kunst und liegt in ihrem Wesentlichsten jenseits aller Versuche, sie in ein Prokurstesbett reiner, formalisierter Linguistik oder statistisch erfaßbarer, ökonomischer Systeme zu zwängen.

c. Angewandte Methoden

Die praktische Umsetzung der zunehmenden theoretischen Schwierigkeiten steht vor allem der Schwierigkeit einer Synthesenbildung aus den vielen und verschiedenartigen, synchronischen wie diachronischen Längs- und Querschichtungen gegenüber, einer Synthesenbildung, die sich am besten von einer einzelnen Persönlichkeit durchgehend und harmonisch verwirklichen zu lassen scheint. Nun gibt es auch tatsächlich eine ganze Reihe von Beispielsfällen, in denen ein einzelner Literarhistoriker in ungewöhnlich glücklicher Kombination über alle drei notwendigen Hauptgaben, das literarische Einfühlungsvermögen, den Sinn für geschichtliche Entwicklungen und die Stoffbeherrschung verfügt, um allein die Geschichte einer ganzen Nationalliteratur zu bewältigen. Fritz Martinis[62] deutsche, Dimitrij S. Mirskijs[63] russische, Albert Thibaudets französische Literaturgeschichte[64] stellen nur einige einer überraschend großen Auswahl von Beispielsfällen dar, in denen eine verschiedene Verwirklichung solcher Synthesenbildung versucht wurde. Nun stehen jedoch die Unternehmungen solcher Ein-Mann-Literaturgeschichten vor dem rein äußerlichen, nichtsdestoweniger jedoch praktisch unüberwindlichen Paradox, daß die Menge des zu bewältigenden Stoffes eine wirkliche Ideallösung in einem Band einfach unmöglich macht und daß selbst die ausgedehnteste Stoffbeherrschung des einzelnen Literarhistorikers zu solchen zusammenziehenden und verdichtenden Vereinfachungen greifen muß, daß das Ergebnis gar nichts anderes sein kann als ein weitgehend unzulässig abstrahierender Leitfaden.

Das Übergehen zu mehrbändigen Darstellungen mit verschiedenen Mitarbeitern tauschte gegen den Verlust der einheitlichen Synthese zumeist wenige Vorteile ein. Abgesehen von der nach wie vor bestehenden Unmöglichkeit, selbst hier auf so manche wichtige Details einzugehen, kam es, ganz abgesehen von dem naturgemäß verschiedenen Standpunkt der einzelnen Beiträger, zu einem im vorliegenden Zusammenhang besonders beklagenswerten, heillosen Mischmasch von verschiedenartigen Methodenkombinationen. Die von Helmut de Boor und Richard Newald herausgegebene *Geschichte der deutschen Literatur*,[65] die von Robert E. Spiller, W. Thorp und T. H. Johnson besorgte *Literary History of the United States*[66] oder die berühmte *Oxford History of English Literature*[67] sind nur einige typische Beispiele dafür, obwohl es sich vergleichsweise noch um die besten vorhandenen Werke dieser Art handelt.

Von der genannten *Geschichte der deutschen Literatur* existiert bis heute keine zusammenfassende ausführliche Besprechung, da mit Recht niemand auf den Gedanken kam, jeden einzelnen Band anders als ein für sich bestehendes, abgeschlossenes Ganzes aufzufassen. Der *Literary History of the United States* hat es auch nicht geholfen, daß sie im Unterschied zu dem deutschen Werk bis in Einzelheiten hinein auf sorgfältig durchdachter Planung aufgebaut ist. René Wellek[68] hat in seiner Kritik den hoffnungslos chaotischen Mischmasch von Biographie, Bibliographie, Anthologie, Faktenvermittlung, Interpretation und Wertung beanstandet, und Harry Levin nahm in ähnlicher Weise die *Oxford History of English Literature* unter die Lupe.[69]

Will man vom methodenkritischen Standpunkt her fruchtbare Betrachtungen anstellen, dann muß man sich zur Zeit thematisch beschränkteren literaturgeschichtlichen Arbeiten zuwenden: der Geschichte einer bestimmten Gattung oder Epoche oder Technik.

Da jedes literarische Werk innerhalb der Geschichte sowohl der Kultur wie des Geistes, wie der Gesellschaft entsteht und sich auswirkt, hat sich die Literaturgeschichte nach Fritz Martini[70] der verschiedensten Methoden kultur- geistes- und gesellschaftsgeschichtlicher Art zu bedienen. Viele Jahre vor der Formulierung dieses theoretischen Programms hatte bereits Klaus Ziegler[71] eine Kombination dreier diesem fast völlig adäquater Methoden entwickelt, um eine Geschichte des deutschen Dramas der Neuzeit zu schreiben. Der speziellen literarischen Kultur entspricht seine formgeschichtliche, den geistesgeschichtlichen Bezügen seine ideengeschichtliche und den gesellschaftsgeschichtlichen Bezügen seine gesellschaftsgeschichtliche Methode. Zieglers eigenes Programm einer fugenlosen «Synthese» der drei Methoden läßt sich praktisch natürlich nicht durchführen. Durch die Aufgaben der geschichtlichen Darstellung ist er immer wieder gezwungen, auf die einzelnen Schichten und Perspektiven einzeln einzugehen, weshalb man tatsächlich wohl besser von einer Methodenkombination spricht. Die Könnerschaft Zieglers ließ ihn dabei immer wieder in jeder der drei einzelnen Perspektiven wesentliche Grundstrukturen der jeweils behandelten Dramen sichtbar machen, ganz abgesehen von den gleichzeitig aufgezeigten diachronischen Zusammenhängen innerhalb der einzelnen Schichten. Zieglers geschichtliche Darstellung mit ihren ausgezeichneten Ergebnissen beweist, was sinnvolle methodenkritische Überlegungen zu Wege bringen können.

Während Klaus Ziegler vom Drama selbst ausgeht und die literarische Ebene so wenig als möglich verläßt, geht der Vertreter des zweiten hier herausgegriffenen Beispielsfalls der praktischen Durchführung literaturgeschichtlicher Methodenkombination Leon Howard von einer breiteren Basis aus und bettet literaturgeschichtliche Trends und Tendenzen in eine breitere geistes- und realgeschichtliche Grundlage ein. Etwa um die gleiche Zeit, als der Deutsche Hans Egon Hass[72] die von Ernst Troeltsch für die Historiographie erhobene Forderung nach der Schaffung einer gegenwärtigen Kultursynthese aus der historischen Erfahrung und Erkenntnis heraus auch auf die Literaturgeschichtsschreibung übertragen wissen wollte, schuf der Amerikaner Leon Howard eine solche Synthesenbildung und obwohl er sich theoretisch nicht zeitlich begrenzt, versucht er auch nicht übertrieben seine Ergebnisse zu aktualisieren und befaßt sich vorwiegend mit dem ausgehenden achtzehnten Jahrhundert und besonders mit der Periode von 1829–1867.

Ein solcher Versuch ist, vom methodenkritischen Standpunkt der Literaturwissenschaft aus, kein unzulässiger Historismus, keine Reduktion der Literatur auf realhistorische Fakten, sondern das Herausarbeiten von parallelen kulturmorphologischen Strukturen auf dem Gebiet der Literatur- wie der Geistes- und der Realgeschichte, Strukturen, deren innerer Zusammenhang in ähnlichen oder gleichartigen Reaktionen des Geistes und der Phantasie gegenüber der Wirklichkeit auf allen drei Gebieten besteht. Howard[73] rekonstruiert auf allen drei Gebieten jene Wahlsituationen, wie sie Staiger[74] für die Begründung einer neuen Stilgeschichte so wichtig erscheinen, und er zeigt daraufhin, in welche Richtung die getroffene Wahl führte. Ein wesentlicher Punkt solch geschichtlicher Wahlentscheidung war nach Howard im Amerika des 18. Jahrhunderts jener, sich entweder für eine amerikanische Form cartesianischer Tradition oder aber eine Weiterführung der Tradition Bacons zu entschließen. Am Beispiel einer Auseinandersetzung über das Naturrecht bei Samuel Johnson zeigt er, wie die Entscheidung auf die letztere fällt und durch ihr Eingehen in die Unabhängigkeitserklärung ausschlaggebend für die geistige und literarische Entwicklung Amerikas wird; Staiger würde sagen, für die in einem bestimmten Rhythmus zutage tretende Urfigur geschichtlichen Daseins.

Geradezu verblüffend ist es jedoch, wie die verschiedenartigsten Phänomene der amerikanischen Literatur von Cooper bis Poe der geschichtlichen Kultursynthese Howards entsprechen.

Als drittes praktisches Beispiel sei hier schließlich Friedrich Sengles[75] Werk über die Biedermeierzeit herausgegriffen, da es nicht nur im deutschsprachigen Raume, sondern in der ganzen westlichen Welt eine der bedeutendsten literaturgeschichtlichen Darstellungen der letzten Jahrzehnte verkörpert. Sengles Hauptmethode besteht darin, geschichtliche Strukturen, ähnlich wie Werkstrukturen, durch Interpretation zu erschließen. Indessen ist es keineswegs allein die Beherrschung der «Kunst» solcher geschichtlichen Interpretation, die jenes literarhistorische Werk so bedeutend macht, sondern ebenso die zumal bis heute einzigartig verbreiterte Induktionsbasis an geschichtlichem Faktenstoff, aus welcher diese Kunst ihre Schlußfolgerungen zieht.

Richard Brinkmann,[76] der eine Art Kommentar zu den ersten beiden Bänden von Sengles Werk schrieb, empfand, besonders im Licht der oft beobachtenden Vorliebe zum Abstrakten, wie sie Debatten zumal zum Thema Literatursoziologie vielfach beherrscht und in denen «der angeblich vom Kopf auf die Marxschen Füße gestellte Hegel weiterhegelt in Totalitäten», die empirische Unmittelbarkeit des Sengleschen Zugangs als ein wahres Labsal. Gewiß, auch bei Sengle werden die gesellschaftsgeschichtlichen Aspekte behandelt, aber nicht im Sinn dogmatischer Glaubensbekenntnisse, sondern im Sinn schlichter historischer Fakten, und sie stehen zudem neben allgemeinen kulturgeschichtlichen Erörterungen und mitunter auch Anekdoten. Es herrscht ein überwältigender Reichtum an Details, der gerade darum so eindrucksvoll ist, weil es nicht in blinder Zufälligkeit nebeneinandergestellte, Chaos verbreitende Einzelpartikel sind, sondern weil es sich um Details handelt, die entweder eine Verständnisvertiefung des allgemeinen Themas bewirken oder überhaupt typische Bedeutsamkeit besitzen. Mit einem Wort, es ist jene Art von Details, die sich nach Guthke für den Historiker legitimieren und in denen die Wahrheit liegt.

Die Möglichkeit nicht nur, die Notwendigkeit und Wichtigkeit der Aufhellung geschichtlicher Aspekte für das einzelne Werk wie für Werkgruppen und ganze Literaturen liegt in dem jedem literarischen Werk eignenden ästhetischen und historischen Doppelcharakter begründet und dann auch in seiner Entstehung und Rezeption. Die mögliche Fruchtbarkeit und der Ergebnisreichtum geschichtlicher Methoden kann sich jedoch kaum besser erweisen als am praktischen Beispielsfall, zumal wenn es sich um einen so hervorragenden handelt wie das epochengeschichtliche Werk Friedrich Sengles.

«Geschichtliche Gesamtdarstellungen besitzen aus guten Gründen nicht die Gunst der Stunde» urteilte Karl S. Guthke[77] und nicht zuletzt hatte er dabei wohl die allzuvielen, mehr oder minder gewaltsam parteiischen, ideologiegefärbten Aktualisierungsversuche vor Augen, die quantitativ in den letzten Jahrzehnten überhand genommen haben. Darum will er absichtlich überhaupt nicht aktualisierender Geschichtsschreiber der deutschen und schweizerischen Literatur des 18. Jahrhunderts sein, sondern ein Historiker «sachlich explorierender» Art und will absichtlich keinen konkreten Bezug des Geschichtlichen zu seiner Gegenwart hergestellt sehen. Man fragt sich, ob hier nicht aus psychologisch verständlichen Gründen, das heißt aus Angst vor allzu viel geschehenem Mißbrauch, das Kind mit dem Bade ausgegossen wird. Aber Guthke ist sich der Gefahr des Rückfalls in einen allzu engen und trockenen Historismus nur allzu bewußt und fand seinen eigenen persönlichen Ausweg, indem er nicht einfach eine Chronik von Fakten und Werktiteln gibt, sondern dem «literarischen Leben» im 18. Jahrhundert nachspürt, der «Atmosphäre» also, in welcher Literatur selbst Gestalt annimmt. Er versucht durch Hereinnahme der zeitgenössischen Kritik diese geschichtlichen Abläufe so lebendig wie möglich darzustellen, das Kräftespiel von Traditionen und Impulsen sichtbar werden zu lassen. Der Versuch, ein gleichsam authentisches Fluidum der Zeitstimmung zu erfassen, rettet dabei in der Praxis, was die Theorie aufzugeben gewillt scheint. Hier aber, in der praktischen Darstellung selbst, werden denn auch ohne irgendwelche ideologische Verkrampfungen die allgemein menschlichen und damit zeitlichen Bezüge sichtbar gemacht, welche das literarische Leben des 18. Jahrhunderts jenseits aller Verschiedenheiten und Eigenarten mit den Möglichkeiten dichterischer Faszination für die heute Lebenden gemeinsam hat.

8. Literaturwissenschaft und Soziologie

a. Methodenkritische Abgrenzungen

Vom methodenkritischen Standpunkt der Literaturwissenschaft her ist zunächst zwischen zwei wesentlich verschiedenen Grundhaltungen zu unterscheiden: der Verwendung soziologischer Erkenntnisse und Methoden als werktranszendenter Methoden innerhalb der Literaturwissenschaft und der Benützung literarischer Werke als Material für rein soziologische Forschungen. Letztere Haltung einer Literatursoziologie im engeren Sinn eines allenfalls besonderen Seitenzweigs der Soziologie und die analoge methodologische Perspektive bedeuten, von der Literaturwissenschaft her gesehen, analog zu den entsprechenden Phänomenen des Psychologismus, Historismus etc. einen unzulässigen Soziologismus.

Das bedeutet keineswegs, daß diese Haltung, die für den Soziologen im Unterschied zum Literaturwissenschaftler die einzig legitime darstellt, nicht zu Werken und Einsichten führen kann, die für die Literaturwissenschaft von großer Bedeutung sein können. Das zeigt beispielsweise die höchst informative Einführungs-Anthologie in literatursoziologische Probleme von Hans Norbert Fügen,[1] die, grundsätzlich soziologisch ausgerichtet, Arbeiten von Soziologen, Historikern und auch Literaturwissenschaftlern in bunter Mischung bringt. Es bedeutet lediglich, daß solche rein soziologischen Ergebnisse an literaturwissenschaftliche Methoden angepaßt werden müssen.

Im wörtlichen Sinn bezieht sich der Ausdruck Literatursoziologie nur auf die Arbeiten und Bestrebungen der Soziologie, wird indessen auch auf literaturwissenschaftliche Arbeiten öfters angewendet, was nicht zu Klärung der methodologischen Verhältnisse beiträgt. Viktor Žmegač,[2] der von der Literaturwissenschaft herkommt, findet den Begriff zudem oft zu weit oder zu eng gefaßt: auf der einen Seite wird darunter eine in die allgemeine Sozialgeschichte eingebettete Literarhistorie verstanden, was terminologisch richtig sein mag, methodologisch indessen für den Literaturwissenschaftler Soziologismus bedeutet, auf der anderen Seite wird ein streng separiertes Spezialfach der Literaturwissenschaft damit bezeichnet, das von den übrigen überlieferten Arbeitsweisen der Literaturwissenschaft abgesondert ist. Solche Absonderung mag mitunter aus rein thematischen Gründen zulässig, ja befürwortbar sein, kann jedoch keineswegs die allgemeine Regel ausmachen. Besonders mit den geschichtlichen Methoden der Literaturwissenschaft werden sich die soziologischen oft berühren und mitunter sogar auch überschneiden.

Dies führt zum nächsten wichtigen Problem grundsätzlicher methodologischer Abgrenzung; der Begriffsbestimmung des Soziologischen. Adorno[3] hat auf die Verschiedenartigkeit soziologischer Bestrebungen in Gegenstand wie Methode hingewiesen, eine Auseinandersetzung, welche die Literaturwissenschaft indessen weder theoretisch noch praktisch betrifft: theoretisch nicht, weil es nicht ihr Gebiet ist und praktisch nicht, weil für ihre Zwecke eine allgemeine Rahmenbestimmung, wie sie von Max Weber[4] und Max Scheler[5] bis herauf zu Georg Lukács[6] und Hans Norbert Fügen[7] als verbindlich angesehen wird, nur einen Teilaspekt ihrer Aufgaben beschreibt. Demnach behandelt Soziologie nicht nur Gesellschaftliches und Gesellschaftsgeschichtliches, sondern unterscheidet sich vom rein Historischen vor allem darin, daß dieses individualisierend und beschreibend, jene aber typisierend und in zusammenfassendem Sinn generalisierend vorgeht. Innerhalb dieses weit gesteckten Rahmens ist für die Literaturwissenschaft jegliche soziologische Richtung oder Methode annehmbar, soweit sie nur fruchtbare und literaturwissenschaftlich sinnvolle Ergebnisse zu produzieren vermag.

Allgemein läßt sich vom methodenkritischen Standpunkt aus in diesem Zusammenhang zumindest feststellen, in welchen Fällen sich gewiß keine wissenschaftlich relevanten Ergebnisse erwarten lassen können: nämlich dann nicht, wenn sich die soziologischen Methoden oder Richtungen, anstatt schlicht und nüchtern faktenorientiert zu sein, die Aureole geben, eine Art Eschatologie säkularisierter Heilslehren zu sein. Als anschauliches Beispiel für das gesunde Selbstbewußtsein und die erbitterte Aggressivität der Heilslehre-Vertreter sei Bernd Jürgen Warnekens Kritik[8] positivistischer Literatursoziologie angeführt. Žmegač[9] spricht in diesem Zusammenhang indirekt und vornehm vom Streit zwischen Hegelnachfolge und Pragmatismus. Fügen wird schon deutlicher, wenn er von einer «teils anders interessierten, teils ideologisch befangenen Betrachtungsweise» spricht. Das Kind beim wahren Namen nennt aber Richard Brinkmann,[10] wenn er erklärt: «Da werden ... unentwegt Glaubensbekenntnisse für Soziallehren urgiert, die nicht bewiesen, wohl aber, wie wir wissen, par force in die Realität übergeführt werden können.»

Dasselbe Problem besteht auch in der russischen Forschung, und Peter Brang[11] berichtet, daß es sogar eine terminologische Sonderbezeichnung zur Unterscheidung der beiden Möglichkeiten gibt: während die Heilslehre-Vertreter ihre Arbeiten als «soziologisch» bezeichnen, nennen seit 1967 manche der auf wissenschaftliche Forschung hin orientierten Vertreter wie Y. Andrejew oder V. Kantorowitsch die ihren «konkret-soziologisch».

Bei den soziologischen Methoden wie bei den geschichtlichen, die einander ja nicht ausschließen, sondern komplementär ergänzen sollen, finden sich Vertreter, die an eine vollständige Determinierung des Literarischen durch die jeweiligen soziologischen Grundlagen beziehungsweise die geschichtlichen Voraussetzungen glauben. In dieser Hinsicht sind manche marxistischen Vertreter soziologischer Methoden direkte Nachfahren der in anderer Hinsicht von ihnen verachteten Vertreter eines naiven Positivismus des 19. Jahrhunderts. Es handelt sich um das vielberufene Basis-Überbau-Problem, das indessen von den bedeutenderen Vertretern marxistischer Herkunft im Unterschied zu ihren simpleren Mitläufern gar nicht deterministisch gesehen wird.

Lucien Goldmann[12] etwa schwächt die Abhängigkeit des Überbaus von der Basis zur «Homologie» ab. Rolf Tiedemann hat gezeigt,[13] wie Walter Benjamin durch seinen Begriff «Ausdruck» die Basis-Überbau-Lehre aushöhlt. Ernst Blochs Utopiekonzept[14] von literarischen Phänomenen als «Ungleichzeitigkeit» und «Vorschein» der gesellschaftlichen Verhältnisse impliziert eine solche Indirektheit der Abhängigkeit, daß sie fast völlig negiert ist. Urs Jaeggi[15] aber versucht in diesem Zusammenhang aus guten Gründen den von ihm verehrten Georg Lukács zu retten, indem er dessen «Wiederspiegelungstheorie» eine liberale Auslegung unterschiebt.

In der russischen Literaturwissenschaft gibt es eine eigene Basis-Schule in dieser Hinsicht, die auf der Determinierung literarischer Inhalte oder Formen durch den «Unterbau» besteht und eine Sonderrolle neben anderen Bestrebungen spielt. Paradoxerweise war gerade ihr Hauptvertreter, Valerijan F. Pereverzev[16] von 1938 bis 1956 in offizieller Ungnade und unterdrückt. Neben Vertretern sehr viel pragmatischerer Methoden der Darstellung literarischer und soziologischer Zusammenhänge gibt es neuerdings auch sowjetische Literaturwissenschaftler wie M. Bachtin, die einem Methodenpluralismus anhängen.[17]

Es gibt ja überhaupt innerhalb des «marxistischen» Lagers – zumal wenn man den Begriff recht weit faßt – eine unerhörte Verschiedenheit von Standpunkten, die im einzelnen bis zu Gegensätzen reicht. Gewiß hat man wiederholt versucht, – so etwa Frederic Jameson[18] – eine Art gemeinsamen Nenner zu finden, und Jameson hat für die von ihm gewählten sechs «antisowjetischen» Vertreter marxistischer Literaturkritik Adorno, Benjamin, Bloch, Lukács, Herbert Marcuse und Sartre als gemeinsamen Nenner jene hegelianisch-spekulative Tendenz zu übertriebenen Abstrahierungen gesehen, wie sie zumal dem angelsächsischen Geist, dem er die sechs näher bringen wollte, zutiefst fremd sind. Eine derartige «Laboratoriumssituation» der Literaturkritik, wie sie solch dialektischen Denkversuchen nach Jameson so zuträglich ist, findet sich indessen bei vielen Vertretern marxistischer Literaturkritik so wenig wie der abstrakt-spekulative Zug: all dies fehlt im wesentlichen etwa bei Zdenko Škrebs[19] Deutung der ästhetischen Auffassung von den zwei Wirklichkeiten oder bei Jan Kotts Darstellung[20] der einen empirischen Wirklichkeit hinter der Insel des literarischen Robinson oder aber bei Christopher Caudwell,[21] wenn sich hinter den naiven marxistischen Phrasen oft Einblicke in Tiefendimensionen des Unbewußten, Mythischen, Volkskundlichen, Ritualistischen auftun.

Aufgabe der soziologischen Methoden im Bereich der Literaturwissenschaft ist es, drei voneinander weitgehend abgrenzbare, wenngleich natürlich zusammenhängende Bereiche zu erhellen: erstens die Entstehung des Werkes, zweitens und vor allem soziologische Bezüge im Werk selbst und drittens soziologische Probleme im Hinblick auf die Rezeption des Werkes.

Obwohl nichts falscher wäre als direkte Kausalbeziehungen im Hinblick auf die Entstehung eines Werkes anzunehmen, so wird es von seinem Autor doch unter gewissen allgemeinen, auch überindividuellen, allgemein «soziologischen» Bedingungen religiöser, politischer, philosophischer und kultureller Art geschaffen. Die Einsicht in jene allgemeinen Bedingungen aber kann nach Dalziel Duncan[22] zu objektiverem Verständnis oft sehr beitragen.

Abgesehen von den unmittelbaren Umweltsbedingungen des Autors selbst, spielt in der Regel das Publikum, an welches das Werk gerichtet ist, eine wichtige Rolle. Ja, bei Drama und Theater hat Julius Bab[23] gezeigt, daß das Publikum eigentlich seine «lebendige Substanz» darstellt. Ob der Autor nun durch seine künstlerische Gestaltung beliebte und weitverbreitete Sensationsstoffe auf eine höhere Stufe hebt oder ob er den erlesenen Geschmack einer Bildungselite popularisiert: die jeweiligen Spannungen und Synthesen zwischen Autorenintention und Geschmacksbildung des Publikums spielen oft eine wichtige Rolle bei der Werkentstehung, worauf bereits Levin L. Schücking hingewiesen hat.[24]

Den größten Einfluß jedoch üben oft jene allgemeinen Umwelteinflüsse aus, denen sowohl der Autor, wie das Publikum, wie natürlich auch die zeitgenössische Kritik ausgesetzt sind. Das Zusammenwirken der einzelnen

Komponenten solcher übergreifenden sozialen Einflüsse wurden indessen bisher ausführlicher und eindrucksvoller von Soziologen als von Literaturwissenschaftlern dargestellt, wofür wiederum nur als ein Beispiel Hugh Dalziel Duncan angeführt sei.[25] In diesem Zusammenwirken kommt einzelnen gesellschaftlichen Institutionen der Anregung und Vermittlung gelegentlich besondere Bedeutung zu, etwa der Rolle des Mäzens, wie sie beispielsweise für die Renaissance Alfred von Martin[26] oder für das 19. Jahrhundert Malcolm Cowley[27] kurz beschrieben haben, des Kritikers, wie sie Leo Löwenthal,[28] des Buchhandels, wie ihn Walter Rüegg[29] und der Bibliotheken, wie sie Peter Karstedt[30] kurz behandelte.

Das zentrale Anliegen der Literaturwissenschaft ist indessen das Herausarbeiten soziologischer Zusammenhänge, wie sie im Werk selbst ihren Ausdruck finden. Dabei sind soziologische Bezüge der literarischen Form zwar weniger offenkundig, indirekter und weitaus schwieriger aufweisbar, jedoch literarisch in der Regel von ungleich größerer Bedeutung als Bezüge des Inhalts. Eine interessante Erscheinung auf dem Gebiet dramatischer Form als gesellschaftlicher Ausdrucksgestaltung hat etwa Walter Sokel aufgezeigt.[31] Er wies darauf hin, wie die mangelnde soziale Wirkungsmöglichkeit in den Dramatikern sowohl der Sturm- und Drang-Periode wie auch des Expressionismus eine solche Emotionsaufstauung verursachte, daß die Folge die Gestaltung nicht-mimetischer Formen war. Der junge Georg Lukács[32] hat wesentliche formsoziologische Einsichten auf dem Gebiet des Dramas und des Romans vermittelt. Ich selbst habe mich einmal an Problemen einer Stilsoziologie versucht.[33]

Schließlich gibt es auch einen soziologischen Aspekt des Problems literarischer Wirkung. Am vergleichsweise einfachen Modell altgriechischer Dichtung hat Bruno Snell[34] eine schöne Darstellung gegeben. War jedoch schon im Mittelalter und in der Renaissance die Publikumssituation und damit die direkte Wirkungsmöglichkeit oft differenzierter als vielfach angenommen wird, so hat sich die Entwicklung seit dem 18. Jahrhundert durch die fortschreitende Desintegration des Publikums und die steigende Zahl von Elementen, die vermittelnd wirken und den direkten Wirkungsprozeß mit beeinflussen, noch viel komplizierter gestaltet. Q. D. Leavis[35] hat hier einiges geklärt.

Die Vielfalt literarischer Erscheinungen bringt es mit sich, daß die literarische Wirkung verschiedener Art sein und sich in verschiedenste Richtungen bewegen kann. Sofern es sich um Literatur handelt, wird ihre adäquate Wirkung immer literarisch sein, trotz aller fallweise möglichen didaktischen, religiösen, politischen und philosophischen Implikationen. Als Alfred Döblin[36] eine «ars militans» forderte, da unterstrich er nachdrücklich, daß es ihm nicht um «Politisierung der Kunst, sondern Wiederherstellung, Renaissance der Kunst» ging. Literatur ist nicht versifizierter oder literarischer Ersatz für politische Rhetorik, und die Vertreter solch kunstfremder Glaubensbekenntnisse tun weder der Politik noch der Literatur auf lange Sicht etwas Gutes damit. Wenn ein Peter-Paul Zahl[37] etwa für politische Terrormaßnahmen eintritt und die «Schriftstellerstuben» in derartigem Mißverständnis zur Unterstützung aufruft, dann kann ihm nur gelingen –, vorausgesetzt daß er Erfolg mit seiner Agitation hat, – daß einerseits eine Gruppe minderwertigster Autoren emporgeschwemmt und andererseits die gesamte Literatur jener Zeit weitgehend barbarisiert wird.

Was Ausdehnung und Erfolg direkter literarischer Wirkung betrifft, so sollten sie nicht überschätzt werden und zwar nicht nur im Hinblick auf politische oder «weltanschauliche» Nebeneffekte. Die literarische Wirkung hängt nämlich weder von den subjektiven Intentionen des Autors, noch von den objektiv im Werk selbst tatsächlich gestalteten Gegenständlichkeiten und Werten ab, sondern im wesentlichen von der soziologisch jeweils dominierenden Trägerschicht rezipierender Gruppen der Gesellschaft.

Zur Veranschaulichung der seltsam-paradoxen Blüten, welche solch soziologisch erklärbare, objektiv gesehen jedoch haarsträubende Rezeption treiben kann, seien einige Punkte aus der Wirkungsgeschichte der Werke Lessings in Erinnerung gerufen: In der Ära Bismarcks, des kleindeutsch-preußischen Standpunktes und des Wilhelminismus, wurde Lessing zu einem literarischen Dioskuren des Politikers Friedrich des Großen gestempelt.[38] Diese Karikatur wurde noch überboten, als er zu einem Vorläufer des Nazismus erklärt und neuerdings in Ostdeutschland zu einem Propheten der Geschmacksdiktatur des sowjetischen Realismus gemacht wurde.

b. Theoretische Grundlagen

Wie im Falle der Psychologie, der Volkskunde, der Philosophie, gibt es auch im Falle der Soziologie nicht eine, sondern eine ganze Reihe außerordentlich verschiedener Methoden und Perspektiven, und je nach Gegenstand und Themenstellung wird entweder eine bestimmte einzelne oder eine Kombination mehrerer dieser Methoden die besten Ergebnisse erzielen. Dabei zeigt es sich, daß ein erfahrener Kenner mittelalterlicher Literatur, wie Hugo Kuhn, auch von vornherein die soziologischen Bezüge dieser Dichtung sieht.[39] Am Beispiel der Entwicklung des Rollenbewußtseins von Ritter und Dame in der ritterlichen Dichtung des Mittelalters macht er einsichtig, daß diese Dichtung gerade da gesellschaftliche Wirkung erfährt, wo sie bewußt als Fiktion erfahren wird. Die ritterliche Dichtung ist damit keineswegs einfach problemloser Ausdruck der gesellschaftlichen Trägerschicht dieser Dichtung, wie es vordergründig auf den ersten Blick erscheinen könnte, sondern sie erweist sich am Beispiel Chrétiens als kritische Sicherung der Gesellschaft durch eine neue metaphysische Rückversicherung. Damit erweist sich methodenkritisch, daß es einer weitreichenden literarhistorischen und interpretatorischen Kenntnis bedarf, um soziologische Methoden gerade in einer tieferen Schicht anzuwenden und soziologische Bezüge da sichtbar zu machen, wo sie indirekter, schwerer faßbar, aber zugleich von ungleich größerer Bedeutung sind als bei vordergründigen Fragestellungen.

Da sich in vielen Fällen im Bereich der Literatur des Altertums wie des Mittelalters typisierende und generalisierende Gemeinsamkeiten im Sinn soziologischer Bezüge leichter herausarbeiten lassen als in der neueren Literatur, gibt es, von Georg Thomson[40] bis Henning Brinkmann und Wolfgang Mohr,[41] eine stattliche Reihe von Arbeiten mit fruchtbaren Ergebnissen, die auf der Aufdeckung soziologischer Zusammenhänge beruhen.

Die beiden letzteren Arbeiten wurden von Klaus-Peter Philippi[42] mit dem seltsamen Argument angegriffen, daß das literaturwissenschaftlich doch besonders wichtige Aufspüren sozialer Voraussetzungen und Implikationen literarischer Formen, Gattungen, rhetorischer Figuren, Symbole und Topoi den empirischen Soziologen nicht befriedigen könne, der seinen Wissenschaftsbegriff erst dann erfüllt sähe, wenn er «quantifizierbare Ergebnisse im Bereich der literarischen Kommunikationszusammenhänge durch statistisch erfaßbare Faktorenreihen» erzielen könne. Nun ist gegen letztere Methoden auch im literaturwissenschaftlichen Bereich nicht das geringste einzuwenden, im Gegenteil. So hat etwa Robert Escarpit jene empirisch-statistischen Methoden durch Kartenskizzen und Kurvendarstellungen auf ein leicht überschaubares Koordinatensystem gebracht und auch durch die Beibringung eines reichen Faktenmaterials auf weitester induktiver Grundlage bereichert, wodurch das soziologische Verständnis der Literaturwissenschaft außerordentlich gefördert wurde.

Nun haben indessen beide Methoden, sowohl jene von Brinkmann und Mohr, wie auch jene von Escarpit[43] ihre bestimmten Möglichkeiten wie auch ihre bestimmten Grenzen und ergänzen einander, ohne einander auszuschließen. Die eine zu bejahen und die andere zu verneinen, liefe auf einen scheuklappenbehafteten Methodenmonismus hinaus, wie wenn man im Bereich der Literaturgeschichte die Annalistik bejahte, aber die literaturgeschichtliche Darstellung verwürfe (oder umgekehrt) oder wie wenn ein Mathematiker für die Addition, aber gegen die Subtraktion wäre.

In schöner logischer Inkonsequenz attackiert jedoch Philippi wenige Seiten später auch Robert Escarpit. Man müßte daraus fast schließen, daß er in stillschweigender Weise impliziert, was Ingrid Kerkhoff[44] naiv ausspricht, daß sie nämlich bei ihrer funkelnagelneuen soziologisch orientierten «Textwissenschaft» auf eine ausgedehnte Auseinandersetzung mit der bisherigen Forschung großzügig verzichtet, da sie die ganze bisherige und altmodische, «narrative und beschwörende Literaturwissenschaft» einfach «vom Tisch wischt».

Das einzigartig Neue bei Kerkhoff besteht im Insistieren auf einer möglichst trockenen, unimaginativen Sprache, einer dürren und oftmals übersimplifizierenden Abstraktionstendenz und dem fruchtbaren Nebeneinanderstellen von verschiedenen teils literarischen, teils soziologischen Fakten und Perspektiven, die jedoch stets durch Absätze getrennt sind und deren offenkundige Zusammenhänge zu zeigen ängstlich vermieden wird.

Beispielsweise macht ein Diagramm das Auflösen der Erzählerperspektive einsichtig, ähnlich wie Gustav Freytag im 19. Jahrhundert naiv den Gang der Handlung im Drama veranschaulichte. Gegen all dies wäre nichts einzuwenden, außer natürlich dagegen, daß dies tatsächlich alles sein soll, was man von der Literaturwissenschaft erwarten dürfte und könnte.

Nicht vergessen werden sollte indessen die Forderung Kerkhoffs nach der «Sprachsoziologie» als «Voraussetzung» des Verständnisses der synchronen Textstruktur, da dies zu einem weiteren Aspekt soziologischer Methoden der Literaturwissenschaft überleitet. Alles was sich bei Kerkhoff selbst über diese Voraussetzung findet, ist eine jener verhungerten, abstrakt-vereinfachenden Tabellen über die sprachsoziologischen Grundideen Thomas Luckmanns,[45] aus der nicht einmal klar einsichtig wird, daß Luckmann, wie übrigens die meisten seiner soziolinguistischen Kollegen bis heute, im wesentlichen die Literatursprache, die Literatur und die Literaturwissenschaft rechts liegen läßt, wofür man ihm dankbar sein muß. Was nämlich zu erwarten wäre, wenn er dies nicht getan hätte, ist der Versuch, die «Verschränkung von Sozialstruktur, Kultur und Sprache . . . präzise zu formulieren und *kausalerklärend* zu analysieren.»

Welche Vorteile eine Zusammenarbeit von Sprach- und Literaturwissenschaft zwecks Erstellung systematischer Sammlungen soziolinguistischer Daten in den Werken der Schönen Literatur haben könnte, darauf hat Peter Brang hingewiesen,[46] der auch die Möglichkeiten gesicherter soziolinguistischer Unterlagen für die Werkinterpretation hervorhob. Bis jetzt ist der soziolinguistische Aspekt in einer für die Literaturwissenschaft fruchtbaren Weise fast ausschließlich in literaturwissenschaftlichen Detailarbeiten dargestellt worden, so etwa in Albrecht Schönes Arbeit über den *Hofmeister* von Lenz,[47] in der sichtbar wird, wie sowohl Leben, Selbstverständnis der eigenen Person und ihrer Existenz wie auch das dichterische Werk bis hinein in das sprachliche Material, aus dem es gebildet ist, sich als «Umsetzung, Übertragung, als Säkularisation der biblischen Parabel vom verlorenen Sohn» enthüllen.

In einem weiteren Zusammenhang mit Linguistik im allgemeinen steht Jacques Leenhardts Versuch,[48] semantische Elemente ins Zentrum literatursoziologischer Untersuchungen zu stellen. Er geht von der Voraussetzung aus, daß die Weltsicht einer Dichtung als Ganzes in engem Zusammenhang mit der Funktion aller Einzelelemente in ihrer Verbindung zum Ganzen steht. Wie seinerzeit Spitzer, nur mit dem Blick auf soziologische Bezüge, untersuchte Leenhardt am Beispiel von Robbe-Grillets Roman *La Jalousie* semantische Mikrostrukturen mit überzeugendem Erfolg.

Die literaturwissenschaftliche wie die linguistische wie die sozialgeschichtliche Sphäre im weitesten Sinn umgreift die Kulturanthropologie, und mit Hilfe kulturanthropologischer Methoden haben bis jetzt vor allem Anthropologen selbst Stellung bezogen. Weit über sein engeres Fachgebiet der Untersuchung der verschiedenen Umweltschichten des Menschen hinaus hat etwa Wilhelm Emil Mühlmann mit seinem Buch *Bestand und Revolution in der Literatur*[49] einen wesentlichen Beitrag zu einer ganzen Reihe soziologischer Bezüge der Literaturwissenschaft, von der Trennung zwischen echter und Schein-Revolution über das Wertungsproblem bis zur Wirkungsgeschichte, geleistet.

Was die Wirkungsgeschichte betrifft, so sei als Beispiel auf Reinhold Grimms Arbeit über Friedrich Theodor Vischers Roman *Auch Einer* hingewiesen,[50] in der ein fünffacher Aspekt der methodischen Problemstellung sichtbar wird. Neben dem rein quantitativen Aspekt der Auflagegeschichte und der geschichtlichen Darstellung der widerspruchsvollen Rezeption einerseits durch das Leserpublikum, andererseits durch die Kritik gibt Grimm eine vergleichende Untersuchung der wichtigsten Kritiken vom gattungspoetischen Standpunkt aus und schließt mit einer Art synthetischer Zusammenfassung, in welcher seine eigene Deutung die einzelnen scheinbaren wie wirklichen Widersprüche der Kritik zu klären unternimmt.

Zusammenfassung und Kombination verschiedener Aspekte und Methoden ist ebenso wie auf dem Gebiet der geschichtlichen so auch auf jenem der soziologischen Methoden eine oftmals erhobene Forderung, zumal der literarisch aufgeschlossenen Wissenschaftler, für welche die außerliterarisch-soziologischen Bezüge nur dann sinnvolle Bedeutung gewinnen können, wenn sie direkt mit den ästhetischen Strukturen des literarischen Werkes in Zusammenhang gebracht werden können. So besteht für Adorno[51] das kunstsoziologische Ideal in objektiven Werkanalysen, wobei er allerdings die Details, und zwar auch die soziologischen, in den Zusammenhang mit einer möglichst umfassenden Ganzheit der gesamten Gesellschaft gestellt sehen will.

Natürlich gibt es Forderung wie Durchführung einer Kombination von formal betonter Werkdeutung mit Einbeziehung soziologischer Zusammenhänge schon vor Adorno. F. O. Matthiessen hat mit seinem Buch *American Renaissance*[52]ein nahezu perfektes Beispiel für solche Zusammenfassung gesetzt. Peter Brang[53] hat gezeigt, wie in Sowjetrußland sowohl durch die Schule der «Forsotstvos» wie auch im Kreis der späteren russischen Formalisten selbst Bestrebungen zu solcher Zusammenfassung gefordert wie auch durchgeführt wurden. Einige der wichtigsten Bestrebungen, soziologische Methoden im Hinblick auf die Entstehung und Strukturbildung literarischer Gattungsformen anzuwenden, hat Klaus W. Hempfer zusammengestellt.[54]

Am Rande gibt es eine ganze Reihe von Sonderproblemen, deren Behandlung heute wesentlichen soziologischen Methoden der Literaturwissenschaft zufällt. Da ist zunächst das Problem positiver wie negativer Beeinflussung sowohl der Entstehung wie auch der Wirksamkeit, ja sogar des Verständnisses literarischer Werke. Die Wechselwirkung von Literatur und Massenmedien hat beispielsweise Alphons Silbermann[55] behandelt. Über die verschiedenen Hauptarten literarischer Zensur gibt die Anthologie von John McCormick und Mairi MacInnes einen schönen Querschnitt.[56] Dazu kommen Studien über Bücherproduktion, das Verlagswesen und den Buchhandel, sofern ihr Interesse oder zumindest ihre Ergebnisse auf die Literaturgeschichte hin zielen. Solche Studien wurden in neuerer Zeit vielfach in Frankreich unternommen, vom Dumazedier, Hassenforder,[57] Machéry[58] und anderen.

All diese Probleme umgreift die gelenkte Förderung beziehungsweise Unterdrückung von Literatur durch moderne Staaten, besonders totalitäre Staaten. Dietrich Strothmann[59] hat «die Regie des Autoreneinsatzes» durch das totalitäre Deutschland darzustellen versucht, während die Kehrseite derselben Medaille, die deutschsprachige Exilliteratur nach 1933, in einem von Manfred Durzak herausgegebenen Buch zusammengestellt wurde.[60] Was die Literaturpolitik des totalitären Rußland betrifft, so geben Max Hayward[61] sowie das Buch von Helen Ssachno und Manfred Grunert[62] einen allgemeinen Überblick.

Ein weiteres Randgebiet der Anwendung soziologischer Methoden innerhalb der Literaturwissenschaft stellt die Trivialliteratur dar, die sich schon vom Gegenstand her einer typisierenden und quantitativen Vorgangsweise besonders anbietet und tatsächlich auch oft vom Zentrum lohnender literaturkritischer Bestrebungen wegführt, ja mehr noch, zu Soziologismus oder wie Werner Schebach[63] es genannt hat, «soziologischem Mißverständnis» verleitet. Indessen können aus Formen der Trivialliteratur auch Werke der Hochliteratur entwickelt werden, für deren Verständnis diese Vorformen entwicklungsgeschichtlich wichtig sein können. Mitunter wird der Begriff auch so weit gefaßt, – etwa von Helmut Kreuzer[64] – daß er auch literarisch nennenswerte Romane einschließt, was freilich nichts mit einer tatsächlichen Aufhebung der Dichotomie von Kitsch und Kunst zu tun hat, wie Kreuzer impliziert.

Nicht nur Grenzerweiterungen und durch echte Gegenpositionen fruchtbare Auseinandersetzungen, auch ideologische Vorurteile und unwissenschaftlicher Unfug werden in den letzten Jahrzehnten durch soziologische Methoden mehr als durch viele andere in die Literaturwissenschaft einzuschleusen versucht, was nicht wunder nehmen kann, steht doch einerseits die machtvollste weltanschauliche Auseinandersetzung der Gegenwart unter soziologischen Vorzeichen und umfassen die soziologischen Methoden andererseits ein ungewöhnlich weites Spektrum. Urs Jaeggi hat es ihre «komplexe Aufgabe» genannt, für den Gesamtprozeß von der Werkentstehung bis zur Werkwirkung Erklärungen zu liefern.

Eine bei aller Knappheit recht umfassende Übersicht über die verschiedenen, oft einander gegensätzlichen Perspektiven, wie man an die Lösung dieser Probleme herangehen kann, liefern die diesbezüglichen Diskussionsbeiträge des V. Internationalen Germanisten Kongresses in Cambridge.[65] Die von einem wissenschaftlichen Standpunkt aus annehmbarsten Beiträge stammen dabei von Bernd Peschken und Karl Pestalozzi, die den Standpunkt objektiven Erkenntnisstrebens mit Hilfe soziologischer Methoden unterstreichen und vor allem die Möglichkeiten vor Augen haben, wie die geschichtlichen Aspekte literarischer Werke mit Hilfe von solch soziologischen Methoden besser verstanden werden können.

Neuerdings hat Zoran Konstantinović den Versuch unternommen, phänomenologische Ideen mit soziologischen, genauer gesagt, mit marxistischen Methoden zu vereinen.[66] Abgesehen davon, daß dabei in seinem Fall mitunter die methodologischen Grenzen zwischen Prinzipien und Methoden etwas verwischt werden, sind diese «Skizzen wissenschaftstheoretischer Begründung» solider und überzeugender als ein späterer, kleiner, etwas modischer Versuch in anderer Richtung.[67]

In besonders fragwürdiger Weise haben Manfred Naumann und andere versucht, rezeptionsgeschichtliche Perspektiven mit soziologischen Methoden zu verbinden.[68] Dies wäre in einer traditionell wirkungsgeschichtlichen Weise innerhalb der damit gegebenen Grenzen durchaus möglich. Der theoretische Ansatz Naumanns und seiner Kollegen zielt jedoch in die Richtung der ideologischen Vorstellungen eines Claus Träger, die mit sachlichem, wissenschaftlichen Erkenntnisstreben nichts mehr zu tun haben, sondern in den Bereich wirklichkeitsfremden politischen Wunschdenkens gehören.[69]

Auch Gert Mattenklotts und Klaus Scherpes[70] Projekt von soziologischen Perspektiven her Literatur im historischen Prozeß darzustellen, läuft auf eine Korrelation zwischen der eigenen sozialen Situation mit der Fähigkeit der Rezipienten von Literatur hinaus, den Vergangenheitscharakter der Werke so zu konkretisieren, daß er für die Gegenwart besondere Bedeutung gewinnt. Diese Art von Interaktion, die wie bei Foucault nicht auf Kontinuität, sondern auf Diskontinuität gerichtet ist, hat indessen mit reiner Wahrheitsforschung nach den jeweiligen Gegebenheiten historischer Relativierung und einer nüchternen Analyse des Gebots der Stunde nichts zu tun, sondern hängt mit Vorstellungen von einer Progressivität zusammen, welcher die Fakten untergeordnet und angepaßt werden. Die Anlehnung an Robert Weimann erweist sich als problematisch.[71]

Besondere neue theoretische Versuche laufen vor allem auf eine Verbindung von semiotischen Vorstellungen mit soziologischen Methoden hinaus. Gerade in solchem Zusammenhang wurde von einem kommunikationstheoretischen Standpunkt aus das Autor-Leser-Verhältnis reflektiert. Götz Wienold hat unter dem Begriff «Literarisches Leben» vor allem wirkungs- und rezeptionsgeschichtliche Probleme abgehandelt.[72] Dieter Breuer hat vor allem auf die Wichtigkeit und Funktion der Medienwahl für den literarischen Schöpfungsprozeß hingewiesen[73] und in einer neueren «Einführung in die Literaturwissenschaft» findet sich ein recht differenziertes Modell «Literarischer Kommunikation»,[74] das auf eine Verbindung von semiotischen mit soziologischen Ideen hinausläuft.

Den gemeinsamen methodologischen Nenner solcher Tendenzen, linguistische, semiotische und soziologische Methoden zu kombinieren, hat Ernest W. B. Heß-Lüttich treffsicher als «Empirisierung literarischer Textanalyse» bezeichnet.[75] Daß er sich und wie sehr er sich dabei der natürlichen Grenzen solcher Empirisierung bewußt ist, zeigt der Umstand, daß er seine theoretischen Überlegungen und Forderungen an der praktischen Analyse literarischer Texte bewahrt sehen will. In einem solchen Fall würde ein großer Teil anderer gegenwärtiger «Theorien» sehr rasch das Zeitliche segnen und würden auch die Grenzen jeglicher Empirisierungsmöglichkeit der Literaturwissenschaft sehr schnell zu Tage treten, da doch nicht einmal ihr Gegenstand empirisch ist.

Sehr möglich, und dies sogar in einem gewissen empirischen Sinn, fruchtbar ist es indessen, gerade auch mit Hilfe soziologischer Methoden der «geschichtlichen Komponente in der Literaturbetrachtung wieder Gehör zu verschaffen», wie Karl Pestalozzi es ausgedrückt hat.[76]

In solchem Sinn eine Gegenüberstellung sachlich-empirischer Wahrheitsforschung einerseits und ideologischen Nebelschießens andererseits, hat Klaus Weimar am Beispiel einer ausgezeichneten, knappen und dennoch erschöpfenden Analyse der marxistischen Literaturtheorien geliefert.[77] Nach einer ebenso nüchternen wie hervorragenden Untersuchung der Schlüsselbegriffe «Materie», «Wiederspiegelung», «Literatur» und «Wissenschaft» gelangt er zu dem Schluß, daß man sich zwischen Ideologie und Wissenschaft zu entscheiden hat. Was auf das Schönste mit Karl Pestalozzis warnendem Erinnerungsruf zusammenstimmt: «Im Zentrum unserer Wissenschaft stehen die Texte. Sie rufen den Theoretikern zwar nicht zu: ‹Du mußt dein Leben ändern›, wohl aber: ‹Hic Rhodus, hic salta!›»[78]

c. Angewandte Methoden

Soziologische Methoden angewandt auf die Deutung literarischer Werke können zunächst Arbeiten von höchst aktueller, kulturkritischer Bedeutung im allgemeinen hervorbringen. Die Beliebtheit des Mißbrauchs für nivellierende und freiheitsgefährdende politische Parteipropaganda schließt nicht die Möglichkeit fruchtbarer und positiver Anwendung aus, so wie umgekehrt César Graña dem primitiven Vulgär-Soziologismus den ebenso primitiven Vulgär-Antisoziologismus gegenübergestellt hat. Übrigens hat Graña selbst in seinem Buch *Fact and Symbol*[79] ein hervorragendes Beispiel für die positive kulturkritische Nutzbarmachung der Anwendung soziologischer Methoden auf literarische Zusammenhänge gesetzt, um die Dringlichkeit der Verbreitung und Beherzigung bestimmter humanistischer Ideen aufzuzeigen, wie sie in Dichtungen von Baudelaire bis D. H. Lawrence ihren Ausdruck gefunden haben.

Bei aller Wichtigkeit und Notwendigkeit solcher Arbeiten gehören sie doch nicht dem Zentrum engerer literaturwissenschaftlicher Bestrebungen an. Hier seien einige Beispiele zweier Gruppen dieser Bestrebungen methodenkritisch betrachtet, erstens solche der Anwendung soziologischer Methoden auf enger abgegrenzte Detailgebiete und zweitens solche der Anwendung auf umfassendere Darstellungen.

Als Beispiel der ersten Gruppe sei Wolfgang Frühwalds Buch *Ruhe und Ordnung*[80] angeführt. Es geht Frühwald dabei nicht einmal um das an sich schon eng abgegrenzte Thema «Ruhe und Ordnung», sondern um die Erstellung einer soziologisch orientierten Begriffsgeschichte der beiden Wörter am Beispiel von rechtsgeschichtlichen, politischen und literarischen deutschen Texten des 19. und 20. Jahrhunderts. Dabei «begeht» er jedoch nicht eine «Sozialwissenschaft», wie dies W. H. Auden einmal ausgedrückt hat, sondern zeigt aus der Perspektive des Literarhistorikers in sachlich-nüchterner Weise Interferenzen von Literatursprache, Standardsprache, Fachsprache und Sprache der Politik auf. Da jedoch nach Gustav Radbruch Gerechtigkeit, Zweckmäßigkeit und Sicherheit des Rechts die Rechtsidee bestimmen, so ist am jeweiligen Sinngehalt von Formeln wie «Ruhe und Ordnung» die Gefährdung des Gleichgewichts der die Rechts- und Rechtsstaatsidee konstituierenden Elemente abzulesen. In solchem Rahmen weisen sich die ausgewählten literarischen Beispiele gleichsam von selbst eine bestimmte Position zu, die ihre jeweilige soziologische Bedeutung einsichtig macht. Frühwalds Kommentar klärt und erläutert die Zusammenhänge.

Weniger offenkundig treten die soziologischen Aspekte zutage, wenn sie mit biographischen Methoden so eng verbunden sind wie etwa in Humphrey Houses Buch *The Dickens World*.[81] Das Buch zeigt in fortschreitenden Gegenüberstellungen des geschichtlich wechselnden Hintergrundes mit entsprechenden Stellen aus Dickens' Romanen den Unterschied zwischen der Realität und seinen Reformideen, zwischen der gesellschaftlichen Wirklichkeit und den literarisch dargestellten Lebenshaltungen, zwischen dem Detail der sozialen Realität und dem Detail der dargestellten literarischen Gegenständlichkeit. Vor allem das Geschick dieser Detailkonfrontation bestimmt den besonderen Wert von Houses Buch.

Robert Minder geht in seiner Essay-Sammlung *Kultur und Literatur in Deutschland und Frankreich*[82] vor allem von einer vergleichenden Methode aus, indem er abwechselnd und oft geradezu sprunghaft die deutsche Literatur der französischen und beide ihrem jeweiligen gesellschaftgeschichtlichen Hintergrund gegenüberstellt, wie es die Durchführung des jeweiligen thematischen Gedankengangs gerade nahelegt oder erfordert. Minders gleichsam impressionistische Methodentechnik verbindet kluge Auswahl äußerst verdichteter Darstellung soziologischer Bezüge mit echter Kunst der Kritik.

Wenn die durch soziologische Methoden nahegelegten und oft notwendigen Verkürzungen bei Frühwald durch ein strenges und knappes anthologisches Prinzip, bei House durch die Selektion von bestimmten Details, bei Minder durch eine impressionistische Methodentechnik erzielt wurden, dann von Eda Sagarra in ihrem Buch *Tradition und Revolution*[83] durch generalisierende Abstrahierungen soziologischer wie literarischer Entwicklungstendenzen, die indessen nicht aus einem ideologischen Glaubensbekenntnis heraus deduziert, sondern von einer breiten Tatsachenbasis aus induziert werden. Das Buch behandelt in etwas vereinfachend-abstrahierender, jedoch innerhalb dieser Vereinfachung solider und anschaulicher Weise die soziologischen Zusammenhänge der Grundströmungen deutscher Literaturentwicklung von 1830–1890. Hier ist allzuviel Raum für Details, und dennoch ist vieles an historischer und literarischer Wirklichkeit eingefangen, und hier werden im Rahmen eines relativ noch beschränkteren Detail-Themas bereits die großen methodischen Schwierigkeiten der synthetischen Zusammenfassungsversuche größerer Abläufe sichtbar.

Wenn man sich der Anwendung soziologischer Methoden in solch großen, zusammenfassenden Darstellungen zuwendet, wird man zunächst der anscheinend paradoxen Tatsache gewahr, daß gerade die Darstellung so breiter Räume und Zeitstrecken, in denen das Soziologische deutlicher zutage tritt als im einzelnen, beschränkten Detail, der Verbindung mit geschichtlich-konkreten Einzelentwicklungen noch weniger entbehren zu können scheint als die Detaildarstellung. Ja, die programmatisch-soziologischen großen Darstellungen laufen in der Regel auf historische Darstellungen hinaus, in denen soziologischen Bezügen einfach eine dominierende oder doch besonders wichtige Bedeutung zukommt.

Diese notwendige gegenseitige Verzahnung von soziologischen und historischen Aspekten im literaturwissenschaftlichen Bereich hängt vor allem mit der Tatsache zusammen, daß ein Hauptmerkmal gerade der größten und bedeutendsten Werke ihre künstlerische Einmaligkeit ist und daß eine gegenstandsgemäße Darstellung solcher Einmaligkeit allein durch Herausarbeitung der Unterschiede von ähnlichen und gleichartigen anderen Erscheinungen erfolgen kann. Andererseits sind vielfach gerade die größten Werke der vollkommenste, ganzheitliche Ausdruck ihrer Zeit, was die typisierend soziologischen Aspekte und ihren Zusammenhang mit dem Werk äußerst wichtig machen kann. Zudem entstehen die größten Werke gewöhnlich nicht abrupt, sondern aus der Entwicklung zahlreicher gleichgerichteter mittlerer und kleinerer Werke heraus, oder aber durch Ineinsfassen von Bestrebungen, die in verschieden gerichteten, weniger bedeutenden Werkgruppen als Einzelelemente vorhanden sind. Schließlich lassen sich einmalige Besonderheit und typische Gemeinsamkeit nur durch gegenseitige Gegenüberstellung voneinander abheben.

Als der sowjetische Literaturwissenschaftler P. N. Sakulin,[84] der bereits zwei theoretische Bücher über soziologische Methoden vorgelegt hatte, daranging, eine Geschichte der russischen Literatur auf soziologischer Grundlage zu schreiben, da fiel sie, abgesehen von einer keineswegs rein sowjetisch erklärbaren «großrussischen Färbung» weitaus traditioneller im Sinn der traditionellen Literaturgeschichtsschreibung aus, als man hätte erwarten können. Im ersten Abschnitt gliedert er seinen Stoff lediglich nach literarischen Gattungen, im zweiten und dritten Abschnitt verwendet er teils soziologische, teils literarische Kategorien, um den geschichtlichen Zusammenhang sichtbar zu machen. Erst der vierte und fünfte Abschnitt sind weitgehend konsequent nach soziologischen Kategorien gegliedert.

Dazu unterscheidet Sakulin nicht einfach ideologisch-primitiv zwischen feudaler, bürgerlicher und proletarischer Literatur, sondern zwischen einer großen Zahl verschiedener soziologischer Schichten, deren Bedeutung er je nach ihrer literarischen Wichtigkeit ausführlich behandelt, kurz streift oder ganz übergeht. Außerdem betont er ausdrücklich, daß die vielschichtige Stände- und Klassengliederung keineswegs immer mit den literarisch zu erwartenden Ausdrucksformen übereinstimmt, da sich ankündigende Umschichtungen sozialgeschichtlicher Art im kulturellen und literarischen Leben bald früher, bald später auswirken.

Obwohl er auch das Problem der literarischen Einflüsse von deren soziologischen Bezügen her betrachtet, betont Sakulin weiterhin, daß er «selbstverständlich ... die rein literarische Entwicklung nicht außer acht lassen werde».

Das Ergebnis ist eine soziologisch orientierte Literaturgeschichte, die, abgesehen von den letzten zehn Seiten proletarischer Beweihräucherung, literarisches Einfühlungsvermögen mit breiter Faktenkenntnis in erfreulich sachlicher Weise verbindet.

Als zweites Beispiel sei Pitirim A. Sorokins Werk *Social and Cultural Dynamics* angeführt,[85] von dem jedoch nur ein Teil des ersten Bandes der literarischen Entwicklung gewidmet ist. Diese breite Anlage und Zusammenschau verschiedenster realer und künstlerischer Phänomene läßt auf den ersten Blick vermuten, daß die Entwicklung der Künste gleichsam nur als Nebenprodukt in eine breit angelegte Wirtschafts-, Sozial- und Staatengeschichte eingebettet dargestellt wird. Sorokin betrachtet jedoch nicht nur die Entwicklung jeder Kunst für sich, sondern legt in erster Linie sogar auf literaturimmanente Faktoren als treibende Kräfte der Entwicklung Wert.

Allerdings entwickelt er so große, übergreifende Typenbegriffe, daß eine gewisse Parallelität nicht nur zwischen den einzelnen Künsten, sondern auch zur Realgeschichte auf weiten Strecken sichtbar wird. Er unterscheidet grundsätzlich zwischen zwei einander entgegengesetzten Polen, der ideationalen und der sensitiven Art von Kunst und Literatur. Letztere ist rationalrealistisch, erstere das genaue Gegenteil. Beide Pole können sich zu einer Art dritten Grundform, dem idealistischen Typus als einer Art Synthese zusammenschließen.

Einzelne dieser drei Typen dominieren dabei nach Sorokin in einzelnen Kulturen, in bestimmten Epochen und parallel dazu in allen Künsten. Innerhalb der einzelnen Kulturen vollzieht sich dabei jeweils ein Wandel von den ideationalen zu den sensitiven Formen. Dabei sind für die ideationalen Formen Mythisches und Göttliches, Transzendenz und antirealistischer, statischer Formalismus die Hauptcharakteristika, während die sensitiven Phasen durch rationale Dokumentation, aber auch Effekthascherei gekennzeichnet werden. Trotz der großzügigen Abstraktionen und Vereinfachungen wirken Sorokins Darlegungen am Beispiel einzelner Kulturen recht überzeugend.

Die bekannteste Gesamtdarstellung auf soziologischer Grundlage, welche die gesamte westliche Kunst und Literatur vom Paläolithikum bis zu James Joyce zu umfassen unternimmt, ist Arnold Hausers *Sozialgeschichte der Kunst und Literatur.*[86] Sowohl das weite Spektrum, wie die kluge Auswahl der wichtigsten Themen, wie auch schließlich der methodenkritisch pragmatische Ansatz einer Art Gruppentheorie der Literatur und Kunstsoziologie erklären den Erfolg des Werkes. Obwohl seine Kapitel- und Abschnittüberschriften abwechselnd sozialgeschichtliche und stilgeschichtliche Begriffe benutzen, ist die praktisch angewandte Methode durchwegs auf die Herausarbeitung soziologischer Zusammenhänge im Hinblick auf die Gestaltung überindividueller Formen und Stile gerichtet, also auf jenen Sektor, auf dem diese Methoden ihr Bestes leisten, sofern der Stilwandel nicht weitgehend immanent bedingt ist. Dazu werden von der Werkentstehung bis zur Wirkungsgeschichte der Werke die wichtigsten Zusammenhänge über die jeweilige Stellung der Autoren, über Mäzenatentum und Buchhandel bis zur Publikumsoziologie behandelt.

Hauser vermittelt einen eindrucksvollen Einblick, was soziologische Methoden in der Literatur- und Kunstwissenschaft heute schon leisten können, obwohl sie noch lange nicht zur vollsten Entfaltung ihrer Entwicklungsmöglichkeiten gelangt sind. Was nicht bedeutet, daß diesen Methoden nicht auch Grenzen gesetzt sind. Denn mit der Literatur- wie mit der Sozialgeschichte verhält es sich durchaus so wie mit der Geschichte im allgemeinen, die nach Robert Musils Vergleich keineswegs einem Billardball gleicht, der, einmal abgestoßen, eine bestimmte Bahn durchläuft, sondern es verhält sich mit ihr weit eher wie mit dem Weg der Wolken, oder demjenigen eines durch die Gasse Streichenden, «der hier von einem Schatten, dort von einer Menschengruppe oder einer seltsamen Verschneidung von Häuserfronten abgelenkt wird und schließlich an eine Stelle gerät, die er weder gekannt hat, noch erreichen wollte.»[87]

D. Zusammenfassende Aspekte

1. Probleme der literarischen Wertung

Die literarische Wertung ist ein integraler Teil der Bestrebungen literaturwissenschaftlicher Methoden und kann von ihnen nicht getrennt werden. Streng davon zu unterscheiden ist jedoch die außerliterarische Wertung, etwa wenn die Laienspielgruppe eines Kirchenspiels «wertet», der kommunistische Redakteur oder Parteiideologe oder ein Fachphilosoph, der ohne Interesse für literarische Zusammenhänge ein literarisches Werk lediglich auf seine Denkinhalte hin prüft. In allen diesen Fällen wird die Ganzheit des literarischen Werkes (oder von Werkgruppen) nicht beachtet und ein beliebiger normativer Aspekt von außen her zum alleinigen Kriterium erhoben. Das mag im jeweiligen Zusammenhang seinen Sinn haben, hat jedoch nichts mit *literarischer* Wertung oder mit Literaturwissenschaft zu tun.

Eine andere Trennung, die manche Kritiker – wie etwa Northrop Frye[1] – durchführen wollen, was so weit geführt hat, daß Eric Donald Hirsch[2] zwischen „Separatisten" und „Antiseparatisten" auf dem Gebiet der literarischen Wertung unterschieden hat, ist nur an der äußeren Peripherie literaturwissenschaftlicher Bemühungen und nur außerhalb der eigentlichen literaturwissenschaftlichen Methoden durchführbar. Völlig getrennt werden kann die literarische Wertung nur von jenen Gebieten und Aktivitäten, die in diesem Buch als „Voraussetzungen" literaturwissenschaftlicher Methodik bezeichnet wurden. Innerhalb der Anwendung literaturwissenschaftlicher Methoden selbst ist eine solche Trennung, wie Wellek[3] wiederholt gezeigt hat, einfach undurchführbar, weil die durch diese Methoden während der Interpretation oder Darstellung zutage geförderten Fakten wie die literarischen Werke selbst Wertsysteme sind und der Forschungsgegenstand sich dem Literarhistoriker nur durch eine Reaktion erschließt, „die jene Art geistiger Tätigkeit einbezieht, die Werturteile hervorbringt." In der Literatur ist im Grunde nichts neutral-faktisch, da jedes von den verschiedenen kritischen Methoden sichtbar gemachte Einzelelement durch den schöpferischen Akt besonders ausgewählt worden ist, weshalb kein Kunstwerk mit „rein deskriptiven Mitteln analysiert werden“ kann. Darum wird das Problem der literarischen Wertung hier auch nicht als eine eigene und besondere „Methode“ behandelt. Einerseits sind einzelne Wertungsakte jeder der Methoden bereits impliziert, andererseits stellt die zusammenfassende, bewußte Wertung wie die Gesamtdarstellung einen synthetischen Akt dar, der mehrere Methoden zusammenfaßt.

In beiden Fällen, im ersten Fall der notwendigen Trennung wie im zweiten Fall der unmöglichen Trennung liegen indessen die Dinge in praktischer Hinsicht etwas komplizierter, als die einfache theoretische Abstraktion unmittelbar einsichtig macht, was zu vielen Verwirrungen und Mißverständnissen geführt hat und darum geklärt werden muß.

Was die erste, notwendige Trennung der *literarischen* Wertung von nichtliterarischer Wertung betrifft, so versteht es sich einerseits von selbst, daß wirkliche außerliterarische Werte vom Standpunkt der Literaturwissenschaft ebenso sinnlos und verwerflich sind wie Psychologismus, Soziologismus oder Historismus innerhalb der einzelnen Methoden. Es bedeutet indessen keineswegs, daß nur werkimmanente, innerliterarische Methoden zur Wertung angewendet werden oder beitragen können. Auch die werktranszendenten, außerliterarischen Methoden, soweit sie legitime literaturwissenschaftliche Methoden sind, wie sie oben behandelt wurden, werden ihren Beitrag oft nicht nur leisten können, sondern müssen. Das ist es, was W. W. Robsen vor Augen hatte,[4] als er den biographischen Umstand von Fieldings' menschlichen Eigenschaften der Männlichkeit, der Wärme und des Mitgefühls, wie wir sie aus seinen Werken selbst erkennen, ein notwendiges Element zu angemessener Bewertung nannte, oder wenn gleichfalls Robson darauf hinweist, daß es unerläßlich ist, das moralische Element in der Literatur mitzubeurteilen, ohne die moralische Erfahrung und Bestimmung des Menschlichen außer acht zu lassen. Das hat lediglich damit zu tun, auch diesem Element innerhalb des Werks angemessene Beachtung zu schenken und keineswegs damit, womöglich eine ganz bestimmte Moral als normativen Maßstab von außen her an das Werk anzulegen. L. C. Knights aber hat es so ausgedrückt,[5] daß er von der Notwendigkeit sprach, wonach die Beschäftigung mit der Literatur Hand in Hand mit der Geschichtswissenschaft, der Philosophie, der Theologie u.s.w. gehen müsse. „Aber sie kann nur von denen geleistet werden, die sich wirklich auf die Literatur verstehen, und nicht von Spezialisten anderer Fächer“ setzt er sofort hinzu und meint damit: nur im Rahmen adäquater literaturwissenschaftlicher Methodik und also auch nicht von Literaturwissenschaftlern, die ihre eigene Disziplin in ihrer Eigenwürde aufgeben, um sie irgendwelchen anderen Disziplinen oder bestimmten „Weltanschauungen" auszuliefern.

Was die zweite Trennungsproblematik betrifft, die Unmöglichkeit der Trennung literarischer *Wertung* von den literaturwissenschaftlichen Methoden, so gibt es eine andere Schwierigkeit, die leicht zu Verwechslungen führen kann. Das Problem liegt in einer Art Doppelaspekt begründet, der das Werk selbst, seine Konkretisierung und schließlich seine Wertung kennzeichnet. Roman Ingarden[6] hat aus diesem Grund zwischen künstlerischen und ästhetischen Werten unterschieden. Künstlerische Werte nennt er jene, die im Werk selbst auftreten und in ihm ihre Seinsfundierung besitzen. Da das Werk jedoch nur durch seine Konkretisierung als ästhetischer Gegenstand zum Leben erweckt werden kann, so entstehen dadurch ästhetische Werte, die natürlich durch das mitschöpferische Verhalten des Betrachters wesentlich mitbestimmt sind. Nun können sich diese ästhetischen Werte entweder so sehr an die künstlerischen annähern, daß sie einander fast überdekken, oder aber sie können durch individuelle oder überindividuelle Geschmacksvorurteile so verschieden von den künstlerischen Werten, ja so verzerrt ausfallen, daß sie trotz allfälliger vorübergehender „Allgemeingültigkeit" mit ihnen kaum allzuviel zu tun haben und tatsächlich auf einen schrankenlosen Relativismus des „De gustibus non est disputandum" hinauslaufen.

So wenig nun das völlige Erreichen und Verwirklichen der künstlerischen Werte im Nachvollzug möglich ist, was einem axiologischen Absolutismus gleichkäme, wie man ihn vor Jahrhunderten allgemein und heute in totalitären Staaten durch einen normativen und starren Regelkanon zu stützen versucht, so wenig ist es notwendig, darum das andere Extrem einer schrankenlos relativistischen, geschmacksgeschichtlichen Haltung zu beziehen. „Das Ansehen der Größten überlebt unterdessen alle Geschmacksrichtungen der verschiedenen Generationen", sagte Austin Warren.[7]

Es ist der Fehler Northrop Fryes,[8] den Begriff „Wertung" lediglich auf jene vordergründigen, geschmacksgeschichtlich bedingten ästhetischen Werte zu beziehen und mit seiner daraus resultierenden Ablehnung jeglicher sinnvollen Wertung das Kind gleichsam mit dem Bade auszugießen und auch jene weitgehend objektiven Wertungen in Abrede zu stellen, die durchaus möglich sind und oft durchgeführt wurden. Frye befindet sich in guter Gesellschaft, denn nicht nur sind die meisten russischen Formalisten Vertreter eines radikalen Wertrelativismus, was von Erlich[9] überzeugend kritisiert wurde, auch manche deutsche Kritiker, wie etwa der von J. Schulte-Sasse[10] als vorbildliches Beispiel genannte W. Ross[11] weisen in diese Richtung, von den extremen Vertretern der Rezeptionsgeschichte nicht erst zu reden. Dies alles macht jedoch eine solche Stellungnahme um nichts richtiger, sondern leitet zum Problem der Möglichkeit weitgehend objektiver literarischer Werturteile über.

Die Frage nach dem Anspruch des ästhetischen Urteils auf Allgemeingültigkeit wurde in aller modernen Schärfe zum ersten Mal von Kant gestellt. Nach ihm besteht eine solche – im Grund objektive – Allgemeingültigkeit, die darauf beruht, daß ein kritisches ästhetisches Urteil keineswegs lediglich Ausdruck subjektiven Gefühls ist, sondern von allem individuellen Interesse abstrahiert und sich auf das allen Menschen gemeinsame Zusammenspiel der Gemütskräfte beim Auffassen des Kunstwerks gründet. Neuere Kritik an diesem Standpunkt, etwa durch Gadamer[12] und Adorno,[13] hat diese Konstituierung ästhetischer Objektivität keineswegs ins Schwanken gebracht, sondern lediglich im Hinblick auf seine Begründung modifiziert. Norbert Mecklenburg hat darum sogar von einer Verbesserung der Begründung gesprochen, die nun im Kontext der Interpretation selbst begründet liegt, was übrigens zu Kant keineswegs in Widerspruch steht. Denn selbstverständlich sind die wertenden Elemente sachgemäßer methodenkritischer Interpretation eines Werkes keine subjektiven Beigaben, sondern stehen in einem notwendigen Zusammenhang mit dem Ganzen der Erkenntnis der Interpretation. Gewiß, wie die Interpretation als Ganzes nicht aus einem streng logisch deduzierbaren Beweisverfahren besteht, sondern Elemente künstlerischer Vorgangsweise in sich birgt, so auch jene ihrer Elemente, die sich auf die Wertung beziehen. David Daiches[14] hat dies besonders unterstrichen.

Dennoch sehen viele der bedeutendsten Forscher, von Helga Hultberg[15] bis Austin Warren,[16], den Kern des Problems in einem zumindest theoretisch rational leicht zu verstehenden Funktionalismus. Nach Warren müssen Wesen, Funktion und Bewertung der Literatur notwendigerweise in enger Wechselbeziehung zueinander stehen, was methodologisch gesehen nicht bezweifelt werden kann. Der jeweils sachgemäße und richtige Gebrauch eines Dinges muß aber derjenige sein, zu dem sich das Ding durch sein Wesen oder seine Struktur besonders eignet: „Sein Wesen ist potentiell, was seine Funktion aktiv ist. Es ist das, was es verrichten kann, und es kann und sollte das verrichten, was es ist. Wir müssen Dinge wertschätzen für das, was sie sind und verrichten können, und müssen sie bewerten, indem wir sie mit anderen Dingen von gleichem Wesen und gleicher Funktion vergleichen.“ Das gilt in der literaturwissenschaftlichen Praxis so sehr, daß man sogar sagen kann, daß es innerhalb des Phänomens der Literatur einzelne Sphären oder Kategorien gibt, innerhalb deren sich Wertungen leicht durchführen lassen, während die Anwendung vergleichender Methoden oder eines Zirkelverfahrens auf zwei einzelne Werke völlig verschiedener Kategorien, etwa ein japanisches Haiku aus dem 17. Jahrhundert und einen französischen Roman aus dem 19. Jahrhundert nahezu unmöglich ist. Hier können sich Vergleich und Wertung nur auf die allgemeinste, weiteste Funktion beider Werke als Literatur beziehen, nicht aber auf gattungs-, kultur- und zeitbezogene Spezialfunktionen.

Dennoch erfordert auf der anderen Seite in der methodenkritischen Praxis das Erstreben größtmöglicher Objektivität die stillschweigende Einbeziehung einer breitesten Basis allgemeiner oder, im Goetheschen Sinn, weltliterarischer Maßstäbe. René Wellek,[17] dessen Standpunkt man einen universalen, nach allen Seiten offenen, funktionalistischen Perspektivismus nennen könnte, hat mit Nachdruck darauf hingewiesen, daß die globale Verbreitung der Literatur «ihre Menschlichkeit, die engen Querverbindungen zwischen den Kunstwerken, das Weiterwirken von Traditionen über Abgründe der Zeit und des Raumes hinweg ... überzeugende Beweise gegen die provinzielle und nationalistische Beschränkung vieler Kritiker und Literaturgeschichtler in vielen Ländern» liefern. Eine ganze Reihe von Kritikern, wie Milan Dimič,[18] Adrian Marino[19] und auch ich haben darum für eine möglichst breite komparatistische Basis plädiert.[20]

Eine weitere, selbstverständliche Voraussetzung weitgehender Objektivität ist das möglichst vollständige Ausklammern persönlicher Vorurteile des wertenden Kritikers. Christiaan L. Hart Nibbrig[21] hat es so formuliert, daß der Nachweis der Standpunktbezogenheit einer Darstellung eine eigene Standpunktbezogenheit bedingt, «die reflektiert werden muß, wenn Aussagen über Werte nicht selbst verfälscht und undurchschaut normativ werden sollen.»

Walter Müller-Seidel,[22] der übrigens auch in der Überwindung eines schrankenlosen Wertrelativismus das Gebot der Stunde erblickt, nennt noch drei weitere unabdingbare Voraussetzungen oder Bedingungen literarischer Wertung: den Aspekt geschichtlicher Betrachtung, den Zeitpunkt der Wertung und die Dignität des Urteils.

Um mit der selbstverständlichsten, dritten Voraussetzung zu beginnen: natürlich sind literarische Werturteile nicht mit Gerichtsurteilen oder Schulzensuren zu vergleichen. Erstens beginnen in Sachen der literarischen Wertung tatsächlich mehr noch als andernorts die Probleme jenseits der weithin eindeutigen Urteile. Zudem aber ist bei aller möglicherweise erreichbaren, relativen Objektivität das Problem der Wertung kein statisches, sondern ein dynamisches. Neu entstehende literarische Werke ebenso wie neue kritische

Leistungen halten die Bemühungen in ständiger Bewegung, und wenn diese Bewegung auch nicht so abrupt ist, wie manche Dilettanten glauben möchten, die sich oft einbilden, soeben die Literaturwissenschaft erst erfunden zu haben, so ist doch eine gewisse Vorsicht geboten, die zur notwendigen Würde und gemessenen Zurückhaltung beiträgt.

Die nächste Voraussetzung der Wichtigkeit des Zeitpunktes der Wertung hat einen doppelten Aspekt: erstens denjenigen – und das ergibt sich aus dem bisher Vorgebrachten eigentlich als selbstverständlich – daß eine zusammenfassende, synthetische Bewertung erst am Ende eines längeren Interpretations- und Verstehensprozesses wird erfolgen können, zweitens aber, daß eine weitgehend objektive Wertung aus einem gewissen zeitlichen Abstand – zumal für ganz große Kunst – leichter zu verwirklichen ist als aus nächster zeitlicher Distanz.

Was schließlich die Voraussetzung des geschichtlichen Denkens betrifft, so kann naturgemäß jede historische Erscheinung zunächst nur aus ihren eigenen Voraussetzungen ganz verstanden und auch gewertet werden. Friedrich Sengles Bemerkung, wonach die repräsentative Bedeutung Goethes nicht zuletzt darin liegt, daß er mit der Epoche des Sturm und Drang jung war und sich mit ihr zu wandeln verstand, gehört hierher. Müller-Seidel macht mit Recht darauf aufmerksam, daß der Hinweis auf den Stilwandel hier nicht nur reine Beschreibung ist, sondern zugleich auch Wertung.

Obwohl Müller-Seidel den historischen Aspekt als besonders wichtige Voraussetzung betont, geht er sodann daran, fünf übergeschichtliche Normen zu entwickeln. Nun sind diese fünf Normen des «Öffentlichen, Höheren, Ganzen, Wahren, Menschlichen» notwendigerweise so allgemein gefaßt, daß sie nur jeweils gemeinsam mit der konkreten geschichtlichen Bestimmung des einzelnen Falles zu nennenswerten Ergebnissen führen. Die Notwendigkeit einer solchen gegenseitigen Verzahnung übergeschichtlicher und geschichtlicher Aspekte reicht noch tiefer: sie liegt in der Eigenart des literarischen Werkes selbst mit seinem ästhetischen und historischen Doppelaspekt begründet, dem auch die Methodenkritik durch die Anwendung sowohl immanenter wie transzendenter Methoden Rechnung trägt, woraus beim darin teils schon implizierten, teils daraus resultierenden Prozeß des Wertens sich ein gleicher Doppelaspekt als notwendig erweist.

Darum ist Christiaan L. Hart Nibbrig[23] ähnlich vorgegangen wie Müller-Seidel, mit dem wesentlichen Unterschied allerdings, daß seine übergeschichtlichen Kategorien nicht gehaltsbezogen sind, wie jene Müller-Seidels, sondern mehr form-orientiert. Jener Doppelaspekt kommt auch in Wolfgang Kaysers[24] Unterscheidung von künstlerischer, geschichtlicher und funktionaler Wertung zum Ausdruck. Stärker noch unterstreicht dies Max Wehrli[25] mit seinem Hinweis auf den Zusammenhang von «ästhetischen» und «außerästhetischen» Werten, die im Grunde nicht voneinander zu trennen sind. Auch Erik Lunding,[26] der Kayser nicht zu Unrecht der zu weitgehenden Nichtbeachtung geschichtlicher Aspekte beschuldigt, betont die Rolle des geschichtlichen Aspekts neben dem zeitlos-ästhetischen in der Wertung: «denn der Sog des Zeitgeistes konstituiert die Zeitlosigkeit.»

Auch vor dem gegenteiligen Extrem einer ausschließlich geschichtsbezogenen Perspektive muß man sich indessen hüten. «Die historische Einschätzung», sagt Victor Erlich,[27] «ist ein unentbehrliches Teilstück innerhalb der gesamten kritischen Beurteilung, aber keineswegs ein Ersatz für sie.» In der chinesischen Kritik gab es nach Adele Rickett[28] schon in der Zeit der Tang-Dynastie eine Schule, welche die Wichtigkeit des historischen Aspekts so unterstrich, daß sie sich Pen-schih-schih, «Hintergrundfakten von Dichtung» nannte. Toshihiko Izutsu[29] hat die Verschmelzung ästhetischer und geschichtlich-existenzieller Werte in der japanischen Haiku-Dichtung aufgewiesen. T. S. Eliot[30] schlug sogar vor, das Literarische der Literatur nach ästhetischen Kriterien und die Größe der Literatur nach außerästhetischen Kriterien zu beurteilen.

Dabei versteht es sich von selbst, daß auch jene außerästhetischen Kriterien methodologisch von der Literaturwissenschaft zunächst adaptiert werden müssen, so daß sie zwar außerliterarisch, nicht aber außerliteraturwissenschaftlich sind. Denn wie René Wellek[31] darlegte, hat zwar die Kritik – und mit ihr die Wertung – die rein literatursprachlichen Schichten der Lautung (Wohlklang, Metrik, Rhythmus) und der Bedeutungseinheiten (Diktion, Syntax) zu überschreiten und über das rein Sprachliche hinaus in die ‹Welt› der Dichtung vorzustoßen, doch ist jene dichterische Welt mit der realen nicht identisch: nicht im Fall der staubigen Slums oder öden Provinzstädte Dostojewskis und noch weniger im Fall der Welten Mallarmés oder Rilkes.

Es war auch Wellek, der auf die weitreichende objektive Übereinstimmung der praktischen literarischen Bewertung zumal großer Autoren hingewiesen hat. Nur an zweitrangigen Autoren verliere man schnell den Geschmack und hier komme es zu schwankenderen Urteilen: «Der relativistische Einwand von der ungeheuren Vielfalt der Kunst gilt nur gegenüber einem engstirnigen Dogmatismus und gegenüber dem erstarrten Wertabsolutismus eines älteren Klassizismus. Eben weil wir Homer *und* T. S. Eliot, Grimms Märchen *und* Joyce zu verstehen und zu genießen vermögen, können wir einsehen, daß es in aller Literatur und Kunst Gemeinsames gibt: den ästhetischen Wert, der durch die traditionelle Bezeichnung «Schönheit» nur unvollständig umschrieben wird.» Hier ist der Begriff «ästhetischer Wert» so weit gefaßt, daß er auch die meisten zuvor genannten außerästhetischen Werte einschließt, und lediglich ein Kriterium wie dasjenige Emil Staigers[32] von der «gemeinschaftsbildenden Macht» literarischer Werke zielt in völlig außerliterarische, empirische Bereiche.

Da es jedoch außerhalb der Literatur keine festen Normen allgemeingültiger Kriterien gibt, sich andererseits auch nicht einfach Maßstäbe einem einzelnen Werk entnehmen lassen, so wird die Wertung ebenso wie die Deutung des Werkes selbst erst im Vollzug der Kritik konstituiert.

Aus diesem Grund hat Norbert Mecklenburg,[33] entsprechend dem hermeneutischen Zirkel des Verstehens, den Begriff von einem «axiologischen Zirkel» geprägt. Interpretation ist demnach der Versuch, «einen immer schon leitenden poetologischen und damit auch axiologischen Vorgriff mit ästhetischer Erfahrung zu vermitteln.» Der axiologische Zirkel bedeutet somit, daß man das Einzelne nur bewerten kann, wenn schon irgendein Urteil vom Ganzen vorweggeht und umgekehrt. Außerdem bezieht sich der axiologische Zirkel auf das Verhältnis der einzelnen ästhetischen Urteile zu den allgemeinen Kriterien. Schon August Wilhelm Schlegel[34] hat in der kritischen Reflexion jeglicher literarischen Wertung und kritischen Deutung ein «beständiges Experimentieren» gesehen, um auf «theoretische Sätze zu kommen.» Natürlich wird die Angemessenheit der aufgestellten Kriterien um so größer sein, je tiefgreifender sie in Theorie und Geschichte begründet sind. Dabei sind natürlich auch Theorie und besonders Geschichte der Kritik von wechselseitiger Abhängigkeit bestimmt. René Wellek[35] nach soll die Theorie aus der Geschichte «hervorgewachsen» sein, genauso wie die Geschichte ihrerseits nur verstanden werden kann, wenn man «ein System von Fragen und Antworten an sie anlegt.»

Der damit verbundene axiologische Zirkel aber stellt sich nach Mecklenburg[36] schematisch vereinfacht als ein im Verlauf der Deutung zwischen Werk und Theorie vermittelnder Kreislauf von Analyse, Kriterienbestimmung, Kriterienanwendung und Kritik dar. Dabei sind sowohl im Begriff des Werkes wie in dem der Theorie natürlich auch die jeweils adäquaten geschichtlichen Aspekte impliziert.

Mecklenburg hat auch auf die Gefahren und Grenzen dieses axiologischen Zirkels aufmerksam gemacht. Die Hauptgefahr liegt wohl in der Möglichkeit einer Erstarrung, die darauf hinausläuft, daß sich im Rahmen der praktischen Anwendung dieses Zirkelverfahrens ein Normensystem herausbildet, das immer weniger reflexiv in Frage gestellt wird und das damit die notwendige Offenheit gegenüber den literarischen Werken einerseits und den theoretischen Möglichkeiten andererseits verliert. Die wichtigste Grenze des axiologischen Zirkels aber liegt in der Tatsache der Existenz feststehender geschichtlicher Erfahrungen begründet, die jenseits dieses Zirkels liegen und nicht in jedem Einzelfall erst durch ihn erschlossen werden müssen.

Dies gilt keineswegs nur für inhaltliche, sondern in einem sehr weiten Sinn sogar auch für formale Kriterien. Man denke nur an die Beobachtung von Coleridge, wonach präziser Wortgebrauch eine heilsame Wirkung bei der Ausschaltung von Fanatismus spielt, da der Fanatismus die Gefühle besonders durch vage Schlagworte zu beherrschen pflegt.

Auf den gemeinsamen Quellgrund, aus dem alle literarischen Werte zusammen mit den Werken, die sie enthalten, wachsen, hat indessen bereits L. C. Knights[37] hingewiesen: es ist nichts anderes als die menschliche Einbildungskraft, und mit der Bereicherung jener Imaginationskraft fallen viele literarische Werte zusammen. Handelt es sich doch um jene zentrale schöpferische Triebkraft im Menschen, die Bezüge stiftet und «Vorstellungswirklichkeiten schafft, durch die das begrenzte Selbst mit seinen grenzlosen Wünschen und seiner abgrundtiefen Unkenntnis von allem, über das es nicht verfügen und das es sich nicht zunutze machen kann, zu einer Persönlichkeit wird, die sich frei in einer Welt der Werke und inneren Bezüge bewegt.»

Dies bedeutet keineswegs notwendig die Reduktion auf einen Psychologismus etwa von der Art I. A. Richards',[38] sondern führt zurück zum Symbolcharakter des literarischen Werks. Symbole jedoch sind «zweischneidig»: sie öffnen die Realität wie die Seele. Die Betonung liegt dabei auf dem Sich-Offenhalten, wenngleich natürlich kritischem Sich-Offenhalten. Denn nichts gefährdet den Wertungsvorgang mehr als ungerechtfertigtes Selbstbewußtsein, das sich mit Unzureichendem zufrieden gibt und nichts fördert ihn so sehr, wie die Bereitschaft für gerechtfertigte Revisionen. Dies führt jedoch im Grunde zurück zum «axiologischen Zirkel», dessen angemessene Durchführung am ehesten die für die Konkretisierung des Werkes entsprechenden Bewußtseinsdimensionen erschließen wird und die tatsächliche, jeweilige «Gestalthöhe» des Werkes – wie Mühlmann[39] sie nennt – einsichtig machen kann.

2. Aspekte der literaturgeschichtlichen Gesamtdarstellung

Die herkömmlichen Formen literarhistorischer Gesamtdarstellung überschneiden sich natürlich mit manchem, was bereits bei Behandlung der geschichtlichen Methoden gesagt wurde. Im Idealfall verlangt eine solche Gesamtdarstellung neben umfassender, detaillierter Stoffbeherrschung auch die Beherrschung sämtlicher Methoden und ein sicheres Urteil darüber, welche von ihnen jeweils angewendet werden sollen. Da die Erfüllung eines solchen Ideals nicht ganz einfach ist, wurde wiederholt auch nur die Möglichkeit einer Annäherung an dieses Ideal in Zweifel gezogen. Roman Jakobson[1] etwa verglich einmal die Vertreter solcher Gesamtdarstellungen mit der Polizei, die den Auftrag hat, eine bestimmte Person zu verhaften, die aber nun aus umfassender Gründlichkeit jeden im Haus verhaftet, alle Dinge aus dem Haus beschlagnahmt und auch noch alle Leute einsperrt, die zufällig an dem Haus vorbeikommen. Stanley Edgar Hyman[2] spricht im letzten Kapitel seines methodenkritischen Buches vom «idealen Kritiker», den er sich aus Plastik und Leichtmetall produziert vorstellt, und der solch übermenschliche Aufgabe zu leisten fähig wäre. Etwas vorsichtiger urteilt Karl S. Guthke,[3] demzufolge geschichtliche Gesamtdarstellungen «aus guten Gründen» heute lediglich nicht die Gunst der Stunde besitzen.

Die Gründe, die gegen die historischen Synthesebildungen einer Gesamtdarstellung in unserer Zeit sprechen, liegen kaum in der Unmöglichkeit eines solchen Unternehmens, das auf jeden Fall zeitlich und räumlich begrenzt zu sein hätte und im Grunde in beschränkter Weise nur eine Art «Rahmen schaffen» könnte, wie Friedrich Sengle es ausdrückte.[4]

Indessen ist selbst das, was möglicherweise geschaffen werden könnte, ungeheuer schwierig und dies nicht nur darum, weil der Forschertyp, der wie Sengle oder Lesky[5] nicht Jahre, sondern Jahrzehnte auf ein solches Unternehmen zu wenden bereit ist, selten geworden zu sein scheint, so daß sein Werk über die Biedermeierzeit eher eine Ausnahme als die Regel darstellt. Es verhält sich vielmehr auch so, daß sich sowohl im Hinblick auf die jeweils zu bewältigende Stoffmenge wie auch im Hinblick auf die zu beherrschende

Methodenkritik eine derartige, geradezu explosionsartige Erweiterung des zu erfassenden Materials und Wissens ergab, daß die Erstellung einer angemessenen Zusammenfassung eine synthetische Leistung von fast unerfüllbaren Ausmaßen erfordert.

Dazu kommt noch die Diskreditierung der Gesamtdarstellung durch den Mißbrauch, sie eher in den Dienst des Spiels mit Ideenkonstruktionen als in den Dienst nüchterner Wahrheitsforschung zu stellen, wie dies von Sengle aufgezeigt wurde. Sengle war es auch, der auf die weitere Schwierigkeit des notwendigen Polyperspektivismus hinwies, der zu dem Problem der Methodenkombination noch hinzukommt. Er war es auch, der darum wohl mit Recht vermutete, daß noch viele Experimente nötig sein würden, ehe sich ein neuer, konkreter und der Wahrheit verpflichteter Darstellungsstil würde herausbilden können.

Auf den ersten Blick erscheint es geradezu ausgeschlossen, die Möglichkeiten auch nur der wichtigsten neueren Methoden, die entwickelt wurden, zu kombinieren: etwa Böckmanns Kategorien der Formgeschichte,[6] Muschgs typologische Poetik seiner «Tragischen Literaturgeschichte»,[7] Staigers Ideen von der Zeit als Einbildungskraft der Dichter,[8] Sengles Erneuerung pragmatischer Literaturgeschichtsschreibung,[9] Charles Maurons psychographische Methode,[10] die strukturorientierte Biographik Boris Eichenbaums,[11] David Daiches literarhistorischer und kulturgeschichtlicher Kontextualismus,[12] Robert Spillers Zyklentheorie[13] und das Begriffsgerüst der geschlossenen, alles einbeziehenden Literaturtheorie Northrop Fryes.[14] Dies ist auch gar nicht notwendig. M. H. Abrams[15] hat am kleinen Modell von Miltons Gedicht «Lycidas» fünf verschiedene Typen der Deutung gezeigt, die angewendet wurden. Ohne alle einzelnen Details und Ergebnisse aller fünf Typen tatsächlich zu retten, gelangte er selbst zu einem zusammenfassenden sechsten Typus, der durchaus zufriedenstellend erscheint, besonders für die synthetische Leistung einer Gesamtdarstellung. Gewiß, er kennt alle die anderen fünf Typen und er weiß, was er sich wegzulassen leisten kann und was nicht. Man könnte sagen, daß alles auf eine pragmatische Einstellung bei der Anwendung der jeweils adäquaten Methodenkombination sowie auf ein Gefühl für die richtige Proportion hinausläuft.

Eine ähnliche Art unausgesprochenen Hintergrundwissens in einer ganz anderen Hinsicht ist für jede ernstzunehmende Gesamtdarstellung ebenso unerläßlich. Es wurde bereits beim Problem der Wertung darauf hingewiesen: Wie sehr jeweils eine bestimmte Gesamtdarstellung räumlich, zeitlich, gattungsmäßig oder wie auch immer begrenzt sein mag, sie muß sich immer ihrer jeweiligen Stellung in einem größeren, weltliterarischen Zusammenhang bewußt bleiben, will sie nicht in hoffnungsloser Beschränktheit versanden. Max Wehrli[16] hat in diesem Zusammenhang von «Bewußtsein und Willen des Europäismus» gesprochen, und er hat Fritz Ernst[17] und noch mehr Ernst Robert Curtius[18] als beredte Zeugen solcher Haltung angeführt, da letzterer nicht nur nach der gemeinsamen «Geisterluft» der europäischen Literatur fragt, sondern dem sie einenden literarischen Ausdruckssystem auf der Spur ist. René Wellek[19] findet indessen sowohl den europäischen wie auch den atlantisch-westlichen Kulturkreis als noch immer viel zu beschränkt. Nach ihm wäre es das Ideale, «wenn der Orient in unseren Blickkreis einbezogen würde und wenn sich die vergleichende Dichtungstheorie auf Literaturen stützen könnte, die unabhängig vom Westen entstanden sind.»

Es gibt bereits eindrucksvolle Beispiele von Gesamtdarstellungen, in denen vor allem das Problem der rechten Proportion zwischen rein stofflicher Faktenakkumulation, kritisch kunstbezogener Deutung und historischen Entwicklungstendenzen in den verschiedensten Einzelschichten vorbildlich gelöst erscheint. Wenn man bedenkt, daß man bereits von der Zeit Gervinus' hat überzeugend erklären können – und die liegt rund einundeinhalb Jahrhunderte zurück –, daß sie Spezialisierung als eine unausweichliche Notwendigkeit erkannt hätte, dann ist es überraschend, daß sich einzelne Literarhistoriker heute überhaupt noch an Gesamtdarstellungen wagen. Noch überraschender und tröstlich ist es indessen, daß sie ihnen manches Mal so vorbildlich gelingen. Albin Leskys Geschichte der griechischen oder Dimitrij Tschižewskijs Geschichte der ukrainischen Literatur,[20] oder aber in gattungsmäßiger Beschränkung Peter Dronkes Buch über mittelalterliche Lyrik[21] oder das Monumentalwerk René Welleks[22] über die Geschichte der westlichen Literaturkritik seit dem 18. Jahrhundert, das ja nicht Literaturwissenschaft als akademische Disziplin behandelt, können hier als Beispiele stehen.

Es scheint schon so zu sein, daß alles fortschreitende Spezialistentum die Gesamtdarstellungen, trotz all ihrer notwendigen thematisch bedingten Beschränkung, nicht überflüssig machen, geschweige denn ersetzen kann. Trotz des Fehlens der spektakulären Note mancher Spezialarbeiten kommt gerade den Gesamtdarstellungen, sofern sie gut sind, eine besonders wichtige Rolle zu, da sie nicht nur innerhalb eines größeren Gebietes den zahllosen Einzelerscheinungen den ihnen gemäßen Platz zuweisen, sondern durch ihren weiten Überblick auch Richtung und Möglichkeiten neuer Detailforschung einsichtig machen. Bei dem anwachsenden Reichtum an Stoffmassen wie bei der zunehmenden Vielfalt methodenkritischer Aspekte besteht allerdings kein Zweifel darüber, daß es nur einer immer kleiner werdenden

Gruppe einzelner, besonders überragender Literarhistoriker gelingen kann, diese Aufgabe zu bewältigen. Denn mehr und mehr wird es ein Ausnahmefall, daß ein Forscher so verschiedene Qualitäten wie die unfassende Kenntnis der jeweiligen Forschungslage im einzelnen, das Einfühlungsvermögen in Literatur und die notwendige Fähigkeit zu solch synthetischer Verdichtung in sich vereinigt.

Obwohl jedoch in der Regel auch die bedeutenden Gesamtdarstellungen nicht einen Bruchteil der Aufmerksamkeit und Wirkung erfahren, die sie verdienten, sind es doch vor allem sie, die, abgesehen von gewissen Spezialarbeiten und besonderen Hinweisen so verschiedenartiger Kritiker wie Adorno, Frye, Weidlé, Sprecher, Vermittler, Anwälte des Dichterischen schlechthin sind.

Diejenigen nämlich, die auf ihre eigene Weise Literatur wie Literaturwissenschaft mit dem wirklichen Leben in neue Verbindung zu bringen trachten, indem sie nach rassenmäßiger, klassenmäßiger oder anderer «Relevanz» rufen, erweisen ihnen beiden gerade dadurch einen Totengräberdienst. Denn sie nehmen der Literatur wie der Literaturwissenschaft ihre Eigenwürde, ihre Eigenfunktion, ihren eigentlichen Wert und degradieren sie zur Magd politischer Rhetorik, ideologischer Patentrezepte und kollektiver Vorurteile. Das Gegenteil solch erstrebter Afteraktualität ist richtig.

So hat für Adorno[23] die Kunst entfetischisierende Wirkung und widerstrebt jeglichem Konformismus. Ihre Bedeutung liegt im Einsichtigmachen dessen, was die Ideologie verbirgt.

Frye[24] geht hier auch vom Unterschied zwischen mythischer Sprache (der Literatur) und logischer Sprache (der Wissenschaft) aus. Vor allem jedoch unterscheidet er darüber hinausgehend zwischen Kunst und Unkunst, freier und Unterdrücker-Gesellschaft im Hinblick auf den Unterschied zwischen einer «offenen» und einer «geschlossenen» Mythologie. Erstere allein ermöglicht echte individuelle Glückhaftigkeit, deren Grundlage ein Sinn für Freiheit ist. Die Grundlage jenes Sinns für Unabhängigkeit wiederum ist eine bestimmte Art von wachem Bewußtsein. Und es sind die artikulierten Welten dieses Bewußtseins, die intelligiblen und imaginären Welten, die der Lohn der Freiheit und ihre Voraussetzung und Garantie zugleich sind.

In Verbindung mit jener individuellen Freiheit ist der offene Mythos die Grundlage jener seltsamen und zentralen Tatsache, wonach literarische Werke die Fähigkeit haben, zu wachsen, durch den Raum, durch die Zeit, durch alle begrenzenden Glaubensvorstellungen und kulturellen Verschiedenheiten hindurch. Ihr Wachstum aber ist, nach Frye, die Literaturkritik. Und, können wie hinzusetzen, die Zusammenschau dieses Wachstums sind die guten Gesamtdarstellungen.

Nach Weidlé[25] sind es schöpferische Phantasie, gleichfalls mythisches Denken und eine bestimmte Art von «negativem Vermögen», als verschiedene Ansichten der einen geistigen Tätigkeit, die sich in Kunst bezeugt. Es sind die Inkarnation eines Gehalts in einer Form und die Transfiguration des Wirklichen im Imaginären, die das Kunstwerk hervorbringen. Was solche echte Kunst will und kann und bewirkt, welche dringliche humane und humanistische Funktion sie zu erfüllen hat, aber auch ihr Absterben als ein notwendiger Vorbereitungsakt auf eine neue Wiedergeburt hin, dies alles hat Weidlé selbst in einer Art Gesamtdarstellung westlicher Kunst und Literatur des 19. und 20. Jahrhunderts mit beträchtlicher synthetisierender Meisterschaft sichtbar gemacht.

Die Gesamtdarstellung bringt demnach besonders deutlich den Reichtum der vielen Einzelelemente der Funktion in Erinnerung. Gewiß, man mag zusammenfassend mit Emerson sagen, daß Schönheit ihre eigene Rechtfertigung sei oder mit René Wellek,[26] daß die erste und hauptsächliche Funktion der Literatur in der Treue gegenüber ihrem eigenen Wesen liege. Dies ist ebenso richtig wie es einfacher ist als die Aufzählung all der zahllosen Facetten, Formen und Richtungen der verschiedenen innerliterarischen Einzelaspekte, die hier angeführt werden könnten. In der Gesamtdarstellung treten sie alle oder doch fast alle in der Regel früher oder später zutage und implizieren so auch gewisse außerliterarische Funktionen etwa jene der Persönlichkeitsbildung oder jene der Erschließung von Möglichkeiten der Erfüllung des menschlichen Daseinssinnes oder aber jene der Eröffnung neuer Bewußtseinsdimensionen durch die Anregung im Nachvollzug schöpferischer Einbildungskraft.

Anmerkungen

Die in den Anmerkungen genannten Bücher sind in der Regel mit vollem Titel, Ort und Jahr des Erscheinens zitiert. Wenn ein Buch im selben Kapitel zwei oder mehrere Male Erwähnung findet, wird vom zweiten Mal an nur mehr der Autorenname mit einem «a.a.O.» genannt. In jenen Fällen, in denen nur ein Autorenname, ohne Titel und ohne «a.a.O.» aufscheint, verweist dieser Name auf den entsprechenden Titel in der «Allgemeinen Bibliographie» auf den Seiten XIII–XXII.

I. PRINZIPIENLEHRE

A. Der Gegenstand der Literaturwissenschaft

1. Abgrenzungen

1. KAYSER 12–18.
2. WELLEK-WARREN 14–22.
3. BARTHES II 31–35.
4. WEHRLI 45–47.
5. PAULHAN 45–61.
6. BATESON 101–110.
7. FRIEDRICH I. 294 & CHATMAN-LEVIN 412–441.
9. ŠKREB 75–88.
10. HAMBURGER 12.
11. WLADIMIR WEIDLÉ: Die Zwei «Sprachen» der Sprachkunst. In: JAAK, Bd. XII/2, 154–191.
12. WEHRLI 51.
13. POLLMANN I 33.
14. BATESON 62–70.
15. SENGLE 12–13 und 18–19.

2. Das literarische Kunstwerk als Gefüge

16. GÜNTHER MÜLLER: Über die Seinsweise von Dichtung. In: DVLG, Bd. 17 (1939), 137–152.
17. INGARDEN I.
18. WELLEK-WARREN 121–136.
19. NICOLAI HARTMANN: Ästhetik. Berlin 1953.
20. FRYE I, 73–132.

3. Das literarische Werk als Symbol

21. INGARDEN I 25 und 319–321.
22. VYACHESLAV IVANOV: Symbolism. In: Russian Review, Bd. 26 (1966), Heft 1, 24–34; RENÉ WELLEK: Russian Formalism. In: ARC, Bd. 6, (1971), 175–186.
23. GASTON BACHELARD: La Psychanalyse du feu. Paris 1938; ders.: Poetik des Raumes. München 1960.
24. WHEELWRIGHT 3–17, 32–55, 124–185.

25. HAMBURGER 269–281; MAIER 16–40; STRELKA 20–40; WILLIAM YORK TINDALL: The Literary Symbol. Bloomington 1965.
26. WILBUR MARSHALL URBAN: Language and Reality. New York 1939, 46–48, 399–628.
27. OPPEL I 37.
28. WLADIMIR WEIDLÉ, a.a.O. 160–161, 167, 168 Fußnote 19, 169 Fußnote 22, 170, 185 Fußnote 34.
29. TOBER 17–18, 116–117; WINKLER 8–12; MAIER 16–34.

4. Konstituierende Qualitäten

30. INGARDEN I 310–319.
31. INGARDEN II 67–71.
32. JEAN STAROBINSKI: Imagination. In: Actes du IVe Congrès de l'Association Internationale de Littérature Comparée, redigé par FRANÇOIS JOST. The Hague-Paris 1966, II 952–963.
33. KAYSER.
34. STAIGER I und II.
35. MAIER; STRELKA 42–46.
36. MUSCHG; MARITAIN; JOSEPH STRELKA: Die gelenkten Musen. Wien 1971, 249–275.
37. JOHN M. ELLIS: The Theory of Literary Criticism. Berkeley and Los Angeles 1977, S. 51.
38. ZION BEN-PORAT und BENJAMIN HRUSHOVSKI: Structuralist Poetics in Israel. Tel Aviv University 1974, S. 11.
39. RAINER WARNING: Rezeptionsästhetik. München 1975, S. 10–11.
40. EARL MINER: «The Objective Fallacy and the Real Existence of Literature». In: P.T.L. A Journal for Descriptive Poetics and Theory of Literature. Bd. I. 1976, S. 1–31.
41. WOLFGANG ISER: Der implizierte Leser. München 1974.
42. JONATHAN CULLER: Structuralist Poetics. Ithaca and New York 1975, S. 255–265.
43. UMBERTO ECO: Einführung in die Semiotik. München 1972, S. 145–146.
44. GÖTZ WIENOLD: Semiotik der Literatur. Frankfurt/M. 1972, S. 219, 204, 210, 213, 217.
45. DIETER BREUER: Einführung in die pragmatische Texttheorie. München 1974, S. 10.
46. HEINRICH F. PLETT: Textwissenschaft und Textanalyse. Heidelberg 1975, S. 19–37.
47. M. H. ABRAMS: The Mirror and the Lamp. London–Oxford–New York 1953.
48. TERENCE HAWKES: Structuralism and Semiotics. Berkeley and Los Angeles 1978.
49. PAUL HERNADI: «Literary Theory: A Compass for Critics». In: Critical Inquiry Bd. 3 (1976), Nr. 2, S. 369–386.
    PAUL HERNADI (Ed.): What is Literature. Bloomington-London 1979.

B. Das Ziel der Literaturwissenschaft

1. Doppelaspekte des Erkenntnisaktes:

1. JENS IHWE (Hrsg.):Literaturwissenschaft und Linguistik. Frankfurt a. M. 1971, Bd. I, S. 8 und Bd. II/2, S. 609.
2. HELMUT KREUZER und RUL GUNZENHÄUSER (Hrsg.): Mathematik und Dichtung. München 1965, S. 7.
3. JÜRGEN HABERMAS: Zur Logik der Sozialwissenschaften. In: Sonderheft der Philosophischen Rundschau 5, 1967, S. 28; Vgl. dazu POLLMANN Bd. I, S. 71–72.

4. CLEMENS HESELHAUS: Auslegung und Erkenntnis. In: Gestaltprobleme der Dichtung, hrsg. von RICHARD ALEWYN, HANS-EGON HASS und CLEMENS HESELHAUS. Bonn 1957, S. 259–282.
5. POLLMANN Bd. I, S. 74–76.
6. BLOOMFIELD 76, 84, 89.
7. KOLBE 131–142; JOSEPH STRELKA (Hrsg.): The Personality of the Critic. Bd. VI des YCC. University Park and London 1973. DILTHEY I und II; BULTMANN; BETTI; GADAMER 7–10.

2. Probleme der Hermeneutik

8. POLLMANN BD. I, S. 73–74.
9. SZONDI 146–165.
10. ULFERT RICKLEFS: Hermeneutik. In: Fischer Lexikon, Literatur, Bd. II/1, hrsg. von W. H. FRIEDRICH und W. KILLY. Frankfurt a. M. 1965, S. 277–293.
11. WELLEK-WARREN 9–13; WELLEK III 190, 192–195, 198, 209–210, 215–252; RICHARD E. PALMER: Hermeneutics. Evanston 1969.
12. IVOR ARMSTRONG RICHARDS: The Philosophy of Rhetoric. London: 1936.
13. WILLIAM EMPSON: Seven Types of Ambiguity. New York: New Directions o. j.
14. RICOEUR.
15. CLEANTH BROOKS: Paradoxie im Gedicht. Frankfurt a. M. 1956.
16. WELLEK-WARREN 13.
17. R. G. COLLINGWOOD: Are History and Science Different Kinds of Knowledge? In: Mind, Bd. XXXI (1922), S. 448–450.
18. PITIRIM A. SOROKIN: Social and Cultural Dynamics. Cincinnati 1937, Bd. I, S. 168–174.
19. FRIEDRICH D. E. SCHLEIERMACHER: Hermeneutik, hrsg, von H. KIMMERLE. Heidelberg: 1959.
20. STAIGER I, 250–251; STAIGER II, 11–13.
21. HANS EGON HOLTHUSEN: Kritisches Verstehen. In: CG Heft 3 1968, S. 233–239.
22. GADAMER I und III; OTTO FRIEDRICH BOLLNOW: Das Verstehen. Drei Aufsätze zur Theorie der Geisteswissenschaften. Mainz: 1949; Ders.: Die Methode der Geisteswissenschaften. Mainz: 1950; BETTI.
23. HIRSCH.

3. Der phänomenologische Beitrag:

24. INGARDEN II; STRELKA 49–55.
25. GADAMER I, S. 269; Ricklefs, a.a.O. 284–285; POLLMANN Bd. I, S. 78.
26. INGARDEN III; WELLEK-WARREN 135; Ricklefs, a.a.O., S. 288, 279.
27. WELLEK II, S. 9–23.
28. FRYE 15.
29. WEHRLI 153–156; MAYER Bd. I, S. 44; FRITZ STRICH: Goethe und die Weltliteratur. Bern 1957[2], S. 15–98 und 322–367; BAUER, KOPPEN, GSTEIGER; WELLEK-WARREN 39–46; CORSTIUS 6–19; A. OWEN ALDRIDGE: Comparative Literature. Urbana–Chicago–London 1969, S. 1–6.

4. Rezeptionsästhetische, soziologisch orientierte und Synthese-Versuche

30. PAUL RICOEUR: Le Conflit des Interpretations. Paris 1969.
31. Vgl. DON IHDE: Hermeneutic Phenomenology. The Philosophy of Paul Ricoeur. Evanston 1971.
32. Vgl. MARIE LUISE ROTH: ROBERT MUSIL: Ethik und Ästhetik. München 1972.
33. MICHEL VAN ESBROECK: Herméneutique structuralisme et exégèse. Paris 1968.

34. ADELBERT REIF (Hg.): Antworten der Strukturalisten. Hamburg 1973, S. 180.
35. MANFRED TITZMANN: Strukturale Textanalyse. München 1977, S. 4 und 20–32.
36. MANFRED TITZMANN, S. 19.
37. JÜRGEN HABERMAS: «Vorbereitende Bemerkungen zu einer Theorie der kommunikativen Kompetenz.» In: J. HABERMAS und N. LÜHMANN: Theorie der Gesellschaft oder Sozialtechnologie. Franfurt/M. 1971, S. 101–141.
38. SIEGFRIED J. SCHMIDT: Texttheorie. Müchen 1976, S. 121–123.
39. RICHARD OHMANN: «Speech Acts and the Definition of Literature». In: Philosophy and Rhetoric, Winter 1971, S. 17.
40. SIEGFRIED J. SCHMIDT: Texttheorie, S. 129–137.
41. DIETER BREUER: Einführung in die pragmatische Texttheorie. München 1974, S. 44–55.
42. MICHEL FOUCAULT: Language, Counter Memory Practice. Ithaca and New York 1977, S. 68–72.
43. EDWARD W. SAID: Beginnings. New York 1975, S. 279–321.
44. MICHEL FOUCAULT: L'Archéologie du Savoir. Paris 1969.
45. EDWARD W. SAID: Beginnings. S. 279–321.
46. HANS ROBERT JAUSS: Literaturgeschichte als Provokation. Frankfurt/M. 1970, S. 183.
47. WOLFGANG ISER: Der Appellstruktur der Texte. Konstanz 1970.
48. WOLFGANG ISER: Der Akt des Lesens. München 1976.
49. ERIKA FISCHER-LICHTE: «Probleme der Rezeption klassischer Werke – am Beispiel von Goethes ‹Iphigenie›». In: KARL OTTO CONRADY (Hg.): Deutsche Literatur zur Zeit der Klassik. Stuttgart 1977, S. 114–125.
50. UMBERTO ECO: Einführung in die Semiotik. München 1972, S. 427–442.
51. CHRISTOPH EYKMAN: Phänomenologie der Interpretation. Bern und München 1977.

II. METHODENLEHRE

A. Voraussetzungen

1. Philologische Voraussetzungen

a. Sprachverständnis der Texte

1. FRIEDRICH I. 294;
2. ROMAN JAKOBSON: Linguistics and Poetics. In: T. A. SEBEOK (Hrsg.): Style in Language. Cambridge, Massachusetts 1960, S. 350;
3. MICHAEL RIFFATERRE. In: L'homme 2 1962, S. 5–21;
4. N. E. ENKVIST: Linguistics and Style. London 1964; JENS IHWE: Literaturwissenschaft und Linguistik. 3 Bde. Frankfurt am Main 1971–1972; Seit 1971 befaßt sich eine eigene Zeitschrift mit diesen Problemen: Literaturwissenschaft und Linguistik. hrsg. von HELMUT KREUZER, WOLFGANG KLEIN, RUL GUNZENHÄUSER und WOLFGANG HAUBRICHS. Frankfurt am Main; WOLF-DIETER STEMPEL (Hrsg.): Beiträge zur Textlinguistik. München 1971;
5. W. P. LEHMANN: Generative Sprachwissenschaft und Literaturwissenschaft. In: VICTOR LANGE und HANS GERT ROLOFF (Hrsg.): Dichtung, Sprache, Gesellschaft. Frankfurt am Main 1971, S. 127–144;
6. GERHARD STORZ: Sprache und Dichtung. München 1957, S. 377; KLAUS BAUMGÄRTNER: Formale Erklärung poetischer Texte. In:KREUZER 67–84; HANS JOACHIM SCHÄDLICH: Über Phonologie und Poetik. In: JFIG Jahrgang I Heft 1 («Literaturwissenschaft und Linguistik»), S. 44–60;
7. FRIEDRICH II 80 und 82.

8. DEMETZ 5.
9. PETER VON POLENZ: Gibt es eine germanistische Linguistik? In: KOLBE 153–171.
10. BEDA ALLEMANN: Strukturalismus in der Literaturwissenschaft? In: KOLBE 150.
11. ILPO TAPANI PIIRAINEN: Zur Linguistierung der Literaturforschung. In: Linguistische Berichte I 1969 Heft 1, S. 70–73.
12. STEINER II 102–125.
13. FRIEDRICH II.
14. WELLEK II 46–56.
15. BEDA ALLEMANN, a.a.O., S. 143–152.
16. JAKOB und WILHELM GRIMM und andere: Deutsches Wörterbuch. 32 Bde. Leipzig 1954–1961; FRIEDRICH KLUGE, ALFRED GÖTZE: Etymologisches Wörterbuch der deutschen Sprache. Berlin 1963.
17. LUDWIG ERICH SCHMIDT: «Deutscher Sprachatlas» und linguistische Datenverarbeitung. In: Germanistische Linguistik I, 1969, S. 1–8. WOLFGANG PUTSCHKE: Über ein Computerprogramm zur Herstellung von Sprachkarten. In: Germanistische Linguistik I, 1969, S. 45–114. GISBERT KESELING: Mundartwörterbücher und Datenverarbeitung. In: Zeitschrift für Dialektologie und Linguistik, Jg. 1969, S. 310–326; M. L. GANSBERG: Der Prosa-Wortschatz des deutschen Realismus. Bonn 1964.
18. LEO SPITZER: Essays in Historical Semantics. New York 1948, STEPHEN ULLMANN: Grundzüge der Semantik. Berlin 1967, S. 99 und 183.
19. LOUIS HJELMSLEV: Pour une sémantique structurale, Travaux du Cercle Linguistique de Copenhague XXII, (1959), S. 96–112. Vgl auch HORST GECKELER (Hg.): Strukturelle Bedeutungslehre. Darmstadt 1978.
20. GÉRARD GENETTE: «Strukturalisme et Critique Littéraire». In: *L'ARC* Nr. 26, Aix-en-Provence 1965, S. 30–44. Vgl. auch: GÉRARD GENETTE: «Poétique et Histoire.» In: *Figures* III, Paris 1972.
21. FRITZ SCHALK: «Der Strukturbegriff in der Literaturwissenschaft.» In: V. EINEM, BORN, SCHALK und SCHMID: Der Strukturbegriff in den Geisteswissenschaften. Mainz 1973, S. 31–41.
22. JEAN STAROBINSKI: J.-J. Rousseau. Paris 1972.
23. PAUL ZUMTHOR: Essai de póetique médiévale. Paris 1972.
24. PATRICK BRADY: «Phenomenology, Structuralism, Semiology.» In: HENRY R. GARVIN (Hg.): Phenomenology, Structuralism, Semiology. Lewisburg-London 1976, S. 13–25.
25. RICHARD MACKSEY und EUGENIO DONATO: The Structuralist Controversy. Baltimore and London 1970.
26. DIANE LEONARD HINKLE: «The Voices of Silence.» In: Colloquia Germanica, 1974, 3/4, S. 240–251.
27. GEOFFRY HARTMAN: «Structuralism: The Anglo-american adventure.» In: Yale French Studies, Nr. 36–37, 1966, S. 148–168.
28. WOLFGANG U. DRESSLER und SIEGFRIED J. SCHMIDT: Textlinguistik. München 1973.
29. A. J. GREIMAS: Du Sens. Essais Semiotique. Paris 1970.
30. WALTER A. KOCH: »Linguistique Structurale et Littérature.» In: Orbis 13 (1964), S. 28–34. Derselbe: «Einige Probleme der Textanalyse». In: Lingua 16 (1966), S. 383–398. Derselbe: Reocurrence and a three model approach to poetry. Den Haag–Paris 1966. Derselbe: Varia Semiotica. Hildesheim–New York 1971.
31. TEUN A. VAN DIJKS: Beiträge zur generativen Poetik. München 1970. Derselbe: Some Aspects of Text Grammars. Den Haag–Paris 1972.
32. JÜRGEN LINK: Literaturwissenschaftliche Grundbegriffe. München 1974.
33. I. SCHULTE-SASSE: und R. WERNER: Einführung in die Literaturwissenschaft. München 1977.
34. SIEGFRIED I. SCHMIDT: *Texttheorie.* München 1976.
35. ELISABETH GÜLICH und WOLFGANG RAIBLE (Hg.): *Textsorten.* Wiesbaden 1975.

b. Konkordanzen

36. Wortindex zu GOTTFRIED KELLER: Der grüne Heinrich. Erste Fassung. Bearbeitet von EDDA SCHRADER. 2 Bde. Berlin–New York 1971, S. VII.
37. HEINZ WETZEL: Konkordanz zu den Dichtungen GEORG TRAKLS. Salzburg 1971.
38. THOMAS WALSH: Concordance to the Poetry of Wallace Stevens. University Park and London 1963.
39. Concordance to VAUGHANS «Silex Scintillans», hrsg. von IMIZDA TUTTLE, University Park and London 1969.
40. HELMUT SCHANZE: Computerunterstützte Literaturwissenschaft. Probleme und Perspektiven in Zusammenhang mit dem maschinell hergestellten Kleist-Index. In: Muttersprache, 79 (1969), S. 315–321.
41. W. LENDERS, H.D. LUTZ und R. RÖMER: Untersuchungen zur automat. Indizierung mhd. Texte. Bonn: Institut für Phonetik und Kommunikationsforschung und Germanistisches Seminar, 1969.
42. PHILIP H. SMITH JR.: A Computor Program to Generate a Text Concordance.
43. JAMES A. PAINTER: Implications of the Cornell Concordances for Computing, In: Literary Data Processing Conference Proceedings, September 9, 10, 11, 1964, edited by JESS B. BESSINGER JR., STEPHEN M. PARRISH und HARRY F. ARADER. New York 1964.
44. ROY A. WISBEY: The Computer in Literary and Linguistic Research. Cambridge 1971; ROY A. WISBEY: Concordance Making by Electronic Computor. In: MLR 57 (1962), S. 161–172.
45. Computors and the Humanities, Flushing, New York 1966ff.
46. Germanistische Linguistik. Berichte aus dem Forschungsinstitut für deutsche Sprache. Marburg/Lahn 1969ff.; Zeitschrift für Literaturwissenschaft und Linguistik. Frankfurt am Main 1971 ff.
47. S.M. PARRISH: Concordance to Matthew Arnold. Ithaca, New York 1959.
48. A Concordance to «Beowulf», edited by J. B. BESSINGER. Ithaca, New York 1968.
49. JAMES A. PAINTER: Programmer's Preface. In: A Concordance to the Poems of W. B. YEATS. edited by S. M. PARRISH, Ithaca, New York 1963, S. XXIX.
50. Die Konkordanzen-Reihe von R. A. WISBEY erscheint in Leeds: W. S. Maney and Son LTD., eine seiner Konkordanzen auch im Erich Schmidt Verlag, Berlin.
51. HELMUT SCHANZES Konkordanzen-Reihe erscheint im Athenäum Verlag, Frankfurt am Main.
52. Die Konkordanzen Reihe von LUDWIG ERICH SCHMIDT im Verlag De Gruyter, Berlin und New Yok; HANS DIETER LUTZ: Übersicht zur maschinellen Analyse altdeutscher Texte. In: ZfDP 90 (Sept. 1971), S. 336–355.

c. Fachterminologie

53. EMIL STAIGER: Andeutung einer Musterpoetik. In: Unterscheidung und Bewahrung. Festschrift für HERMANN KUNISCH. Berlin 1961, S. 354–362.
54. R. ESCARPIT und N. ROBINE: Enquête préliminaire sur le vocabulaire de la critique littéraire. In: RLC 1961, I, S. 91–101; R. ESCARPIT: Rapport sur le Dictionnaire International des Termes Littéraires. Fribourg/Suisse 1er September 1964, Bordeaux: Université de Bordeaux 1964; SVETOZAR PETROVIC: The dictionary of literary terms and the concept of literary terminology. In: SKREB 259–309.
55. CONRADY 97.
56. PETER VON POLENZ in KOLBE 165.
57. GEORG BANGEN: Die schriftliche Form germanistischer Arbeiten. SM, Bd. 13.
58. FRYE 7 und 363–366.
59. HEINRICH LAUSBERG: Handbuch der literarischen Rhetorik. 2 Bde. München: 1960.
60. MANFRED BIERWISCH: Poetik und Linguistik. In: KREUZER 49–65.

61. WERNER KOHLSCHMIDT und WOLFGANG MOHR (Hrsg.): Reallexikon der deutschen Literaturgeschichte. Berlin Bd. I 1958ff.
62. GERO VON WILPERT: Sachwörterbuch der deutschen Literatur, Stuttgart 1969^{5}.
63. HORST RÜDIGER und ERWIN KOPPEN (Hrsg.): Kleines literarisches Lexikon, Bd. 3: Sachbegriffe. Bern und München 1966.
64. RENATE KLAUSEN und OTTO MEYER (Hrsg.): Clavis Medievalis. Wiesbaden 1966.
65. Vocabulaire d'initiation à la critique et à l'explication littéraire. Paris: Ministère de l'education nationale. 1961. Vgl. auch H. MORIER: Dictionnaire de poétique et de rhétorique. Paris 1961.
66. Kratkaja literaturnaja enciklpedija, Bd. I. Moskau 1962 ff. (geplant sind sechs Bände); Vgl. auch: R. BERARDI: Dizinario di termini della critica letteraria. Firenze 1966.
67. JOSEPH T. SHIPLEY (Hrsg.): Dictionary of World Literary Terms. New York 1955.
68. ALEX PREMINGER (Hrsg.): Princeton Encyclopedia of Poetry and Poetics. Princeton 1965.
69. M. H. ABRAMS: A Glossary of Literary Terms. New York 1971; Vgl. auch: A. F. SCOTT: Current Literary Terms. London 1965.
70. JOHN CASEY: The Language of Criticism. London 1966.
71. ROLAND BARTHES: Die Literaturkritik als Metasprache. In: MAYER II 20–26.
72. HERMANN WEIN: Sprache und Wissenschaft. In: Sprache und Wissenschaft. Vorträge gehalten auf der Tagung der Joachim Jungius-Gesellschaft der Wissenschaften in Hamburg 1959. Göttingen 1960, S. 13–41.
73. ERICH ROTHACKER: Die Sprache in den Geisteswissenschaften. In: Sprache und Wissenschaft, a.a.O., S. 121–136.
74. ALONSO 399.
75. WELLEK II 35–56.
76. TOBER 18–40.
77. WELLEK II 57–182; WELLEK III 55–121.
78. KONRAD BURDACH: Reformation, Renaissance, Humanismus. Darmstadt 1970.
79. KAYSER 331–388; Vgl. BATESON 194–196; Vgl. auch: KENNETH BURKE: Terministic Screens. In: K. B. Language as Symbolic Action. Berkeley and Los Angeles 1966, S. 44–62; ders.: A Theory of Terminology. In: STANLEY R. HOPPER und DAVID L. MILLER (Hrsg.): Interpretation. The Poetry of Meaning. New York 1967, S. 83–102; DIETRICH HARTH: Begriffsbildung in der Literaturwissenschaft. In: DVLG 45 (1971), S. 397–433. Dazu: ADRIAN MARINO: Kritik der literar. Begriffe. Cluj-Napoca 1976.

2. Quellenkundliche und textkritische Voraussetzungen

a. Bibliographie und Quellenkunde

80. PAUL RAABE: Einführung in die Bücherkunde zur deutschen Literaturwissenschaft. SMI, 1969^{6}.
81. ROBERT FRANZ ARNOLD: Allgemeine Bücherkunde zur neueren deutschen Literaturgeschichte, neu bearbeitet von HERBERT JACOB. Berlin 1966.
82. JOHANNES HANSEL: Bücherkunde für Germanisten. Berlin 1959.
83. KARL GOEDEKE: Grundriß zur Geschichte der deutschen Dichtung. Aus den Quellen. 2. bzw. 3. ganz neu bearbeitete Auflage. Bd. I ff. Dresden 1884 ff; Goedekes Grundriß zur Geschichte der deutschen Dichtung. Neue Folge. Fortgeführt von 1830–1880. hrsg. von der Deutschen Akademie der Wissenschaften zu Berlin. Bearbeitet von GEORG MINDE-POUET und EVA ROTHE. Bd. I. Berlin 1962.
84. JOSEF KÖRNER: Bibliographisches Handbuch des deutschen Schrifttums. Bern 1949.
85. HANNS W. EPPELSHEIMER: Bibliographisches Handbuch der deutschen Literaturwissenschaft 1945–1969. Frankfurt a.M. 1971; CLEMENS KÖTTELWESCH: Bibliographie der deutschen Sprach- und Literaturwissenschaft. Bd. X. 1970 ff. Frankfurt a. M. 1971ff.

86. JOHN M. SPALEK: Ernst Toller and his Critics. Charlottsville 1968.
86a. RUDOLF BILLETTA: Sternheim-Kompendium. Wiesbaden 1975.
87. HANS FROMM: Germanistische Bibliographie seit 1945. Theorie und Kritik. 1960 (Referate aus der DVLG); Vgl. auch HANS W. EPPELSHEIMER: Von der Würde bibliographischer Arbeit. In: das werck der bucher. Eine Festschrift für HORST KLIEMANN. Freiburg i. Br. 1956, S. 86–89.
88. WALTER WILSON GREG: The Function of Bibliography in Literary Criticism. Illustrated in a Study of the Text of King Lear. In: Neophilologus, Bd. XVIII (1933), S. 241–262.
89. FERNAND BALDENSPERGER und WERNER P. FRIEDRICH: Bibliography of Comparative Literature. Chapel Hill 1950; Diese Bibliographie wird laufend fortgeführt in: Yearbook of Comparative and General Literature. Edited by WERNER P. FRIEDRICH, Bd. I ff. Chapel Hill 1952 ff.
90. Kindlers Literatur Lexikon, begründet von WOLFGANG VON EINSIEDEL. Bd. I., Darmstadt 1970.
91. Publications of the Modern Language Association of America, Bd. I ff. Menasha, Wisconsin 1884 ff. In jedem Jahr erscheint ein eigener Band «MLA International Bibliography», gegenwärtig herausgegeben von HARRISON T. MESEROLE, seit 1969 ist die Bibliographie dreigeteilt und es erscheint je ein eigener Band 1. General, English, American, Medieval and Neo-Latin, and Celtic Literatures, 2. General Romance, French, Italian, Spanish, Portuguese and Brazilian, Romanian, General Germanic, German, Netherlandic, Scandinavian, Modern Greek, Oriental, African, and East European Literatures und 3. Linguistics. Vgl. auch BATESON 26–50 und 184–191; eine hervorragende Einführung gibt R. B. MCKERROW: An Introduction to Bibliography for Literary Students. Oxford 1927.
92. PAUL RAABE: Einführung in die Quellenkunde zur neueren deutschen Literaturgeschichte. SM 21a 1966².
93. PAUL RAABE: Quellenrepertorium zur neueren deutschen Literaturgeschichte. SM 21b 1966²; WILHELM FRELS: Deutsche Dichterhandschriften von 1400–1900. Leipzig 1934.
94. FRITZ SCHLAWE: Die Briefsammlungen des 19. Jahrhunderts. Bibliographie und Gesamtregister der Briefschreiber und Briefempfänger 1815–1914. Bd. 1–2, Stuttgart 1969; Vgl. Paul Raabes Einführung in die Bücherkunde, a.a.O., S. 68–69; BERNHARD ZELLER (Hrsg.): Schiller-Nationalmuseum, Deutsches Literaturarchiv, Marbach am Neckar. Marbach 1969; für die USA vgl. PHILIP M. HAMER: A Guide to Archives and Manuscripts in the United States. New Haven 1961; für England: H. G. T. CHRISTOPHERSON: Paleography and Archives. 1938; vgl. auch FREDSON BOWERS: Principles of Bibliographical Description. Princeton 1949.
95. JOHN SPALEK und JOSEPH STRELKA (Hrsg.): Die deutsche Literatur im Exil seit 1933. Bd. I: Die deutsche Exilliteratur seit 1933 in Kalifornien. Bern und München 1976ff.
96. KARL LÖFFLER: Einführung in die Handschriftenkunde. Leipzig 1929 und KARL LÖFFLER: Allgemeine Handschriftenkunde, Anführung der Kataloge. In: Handbuch der Bibliothekswissenschaft. Bd. I. Leipzig 1931, S. 277–287; vgl. auch das von den vereinigten Akademien ins Leben gerufene Unternehmen der «Mittelalterlichen Bibliothekskataloge» und PAUL OSKAR KRISTALLERS Latin Manuscript Books before 1600 – a bibliography of printed catalogues of extant collections. In: Traditio. Studies in ancient and medieval history, thought, and religion. Vol. 6, New York 1948, S. 227–317 und Vol. 9 (1953), S. 393–418; Vgl. auch GEORG LEYH: Die deutschen wissenschaftlichen Bibliotheken nach dem Krieg. Tübingen 1947.

b. Papier- und Schriftenkunde, Datierungsfragen, Autorenermittlung

97. LUDWIG TRAUBE: Vorlesungen und Abhandlungen. Bd. I. München 1909, hrsg. von PAUL LEHMANN: Geschichte der Paläographie und Grundlagen der Handschriftenkunde; vgl. auch GERHARD EIS: Altdeutsche Handschriften. München 1949; Monumenta palaeogra-

phica. Denkmäler der Schreibkunst des Mittelalters. Herausgegeben von ANTON CHRONST. Reihe 1–2: München 1902-1917, Reihe 3: Leipzig: Harrassowitz 1927 ff.; ERICH PETZET und OTTO GLANNING: Deutsche Schrifttafeln des 9. bis 16. Jahrhunderts. 5. Bde. München: KUHN, Leipzig 1910–1930; BERNHARD BISCHOFF: Paläographie mit besonderer Berücksichtigung der deutschen Kulturgeschichte. In: Deutsche Philologie im Aufriß. Hrsg. von WOLFGANG STAMMLER. Bd. I, Berlin 1955², Spalte 379–451.

98. H. M. ELSTER (Hrsg.): Deutsche Dichterhandschriften. 13 Bde., Dresden 1920–1922.
99. PAUL RAABE: Einführung in die Quellenkunde, a.a.O., S. 23–37; H. G. T. CHRISTOPHERSON: Palaeography and Archives, a.a.O.; M. PROU: Manuel de paléographie. Paris 1904³.
100. CHAUNCEY SANDERS: An Introduction to Research in English Literary History. New York 1952, S. 1–93 und 393–403.
101. ANDRÉ MORIZE: Chronology in Literary History. In: Problems and Methods of Literary History. Boston etc.: Ginn and Company 1922, S. 132–156; CHAUNCEY SANDERS: An Introduction to Research, a.a.O., S. 192–206 und 401–402.
102. WELLEK-WARREN 53 und 55.
103. KARL ZWIERZINA: Beobachtungen zum Reimgebrauch Hartmanns und Wolframs. In: Abhandlungen zur Germanischen Philologie. Festgabe für Richard Heinzel. Halle 1898, S. 437–511 und in: ZfdA. Jg. 1901, S. 317–419.
104. GUSTAVE LANSON: Histoire de la littérature française. Paris 1894.
105. GEORGE CIROT, ALBERT DUFOURCQ und RENÉ THIRY: Synchronismes de la littérature française. Paris 1894; J. NICHOL: Tables of European History, Literature and Art. Glasgow 1884; WERNER STEIN: Kulturfahrplan. Berlin-Grunewald 1958.
106. FRITZ SCHMITT und GERHARD FRICKE: Deutsche Literaturgeschichte in Tabellen. 3 Bde., Bonn 1949–1952.
107. HEINZ OTTO BURGER (Hrsg.): Annalen zur deutschen Literatur. Stuttgart 1961² ff.; dazu: KURT HERBERT HALBACH: Vergleichende Zeittafel zur deutschen Literaturgeschichte. Stuttgart 1952. Vgl. auch: ADOLF SPEMANN: Vergleichende Zeittafel zur deutschen Literaturgeschichte. Stuttgart 1951.
108. J. M. QUERARD: Les supercheries littéraires dévoilées, 3 Bde. Paris 1869–1870; mehr Titel bei KAYSER 395; dazu: C. G. MAASSEN: Literarische Fälschungen. In: Der grundgescheute Antiquarius. Frechen 1966, S. 205–229; HORST FUHRMANN: Die Fälschungen im Mittelalter. In: Historische Zeitschrift, Bd. 197 (1963), S. 529–564.
109. M. HOLZMANN und H. BOHATTA: Deutsches Anonymen-Lexikon 1501–1926. 7 Bde. Weimar 1920–1928; M. HOLZMANN und H. BOHATTA: Deutsches Pseudonymen Lexikon. Wien, Leipzig 1906; mehr Titel in KAYSER 394–395.
110. PAUL RAABE: «Werkzeugnisse» und «Lebenszeugnisse», in: Einführung in die Quellenkunde, a.a.O., S. 61–86.
111. WOLFGANG KAYSER: Bestimmungen des Verfassers aus dem Text. In: KAYSER 40–45.
112. MAX ROUCHÉ: Bonaventure ne serait-il pas Jean Paul Richter lui-même? In: EG 24 (1969), S. 329–345.
113. DAVID V. ERDMAN und EPHIM G. FOGEL (Hrsg.): Evidence for Authorship. Ithaca, N.Y. 1966; M. H. T. ALFORD: Computer Assistance in Language Learning and in Authorship Identification. In: R. A. WISBEY (Hrsg.): The Computer in Literary and Linguistic Research. Cambridge 1971, S. 77–86.
114. WILHELM FUCKS: Nach allen Regeln der Kunst. Stuttgart 1968, S. 120.

c. Textkritik und Editionstechnik

115. WELLEK-WARREN 48–49.
116. ROSE-MARIA HURLEBUSCH: Zur Methodik der Vorbereitung historisch-kritischer Ausgaben. In: GUNTER MARTENS und HANS ZELLER: Texte und Varianten. München 1971, S. 401–412; HANS ZELLER: Befund und Deutung. In: MARTENS-ZELLER: Texte und Varian-

ten, a.a.O., S. 45–89; das Sammelwerk enthält auch eine sehr gute Bibliographie; vgl. dazu: HANS ZELLER: Zur gegenwärtigen Aufgabe der Editionstechnik. In: Euph. Bd. 52 (1968), S. 356–377 und HANS ZELLER: Einführung in die Editionswissenschaft der neueren Literatur. Darmstadt. Angekündigt; HERBERT KRAFT: Die Geschichtlichkeit literarischer Texte. Eine Theorie der Edition. Bebenhausen 1973; PAUL MAAS: Textkritik. Leipzig 1960; vgl. auch HANS WERNER SEIFFERT: Untersuchungen zur Methode der Herausgabe deutscher Texte. Berlin 1969[2]. FREDSON BOWERS: Textual and Literary Criticism. Cambridge 1966[2]; ders.: Bibliography and Textual Criticism. Oxford 1964.

117. KARL STACKMANN: Grundsätzliches über die Methode der altgermanischen Edition. In: MARTENS-ZELLER: Texte und Varianten, S. 293–299; vgl. auch: HUGO KUHN, KARL STACKMANN, DIETER WUTTKE (Hrsg.): Kolloquium über Probleme altgermanistischer Editionen. Wiesbaden 1968, und PETER F. GANZ und WERNER SCHRÖDER: Probleme mittelalterlicher Überlieferung und Textkritik. Berlin 1968; Zur Apparatgestaltung vgl. in MARTENS-ZELLER: Texte und Varianten, a.a.O., vor allem die Beiträge von HANS ZELLER, GUNTER MARTENS, ELISABETH HÖPKER-HERBERG, FRIEDRICH WILHELM WOLLENBERG und MANFRED ENGELBERT.

118. FRIEDRICH BEISSNER: Editionsmethoden der neueren deutschen Philologie. In: ZfdP 83 (1964), Sonderheft S. 72–95.

119. HERBERT KRAFT: Die Geschichtlichkeit literarischer Texte, a.a.O., S. 57–65.

120. FRIEDRICH BEISSNER: Einige Bemerkungen über den Lesartenapparat zu Werken neuerer Dichter. In: Orbis Litterarum, Supplementum 2, 1958, S. 5–20; ders.: Lesbare Varianten. Die Entstehung einiger Verse in Heines «Atta Troll». In: Festschrift für JOSEF QUINT, hrsg. von HUGO MOSER, RUDOLF SCHÜTZEICHEL und KARL STACKMANN, Bonn 1964, S. 15–23; Hölderlin, Friedensfeier, Lichtdrucke der Reinschrift und ihrer Vorstufen, hrsg. von WOLFGANG BINDER und ALFRED KELLETAT. Tübingen Schriften der Hölderlin Gesellschaft 2, 1959.

121. KLAUS KANZOG: Prolegomena zu einer historisch-kritischen Ausgabe der Werke Heinrich v. Kleists. München 1970.

122. GERHARD SEIDEL: Die Funktions- und Gegenstandsbedingtheit der Edition, untersucht an poetischen Werken Bertolt Brechts. Berlin 1970.

123. KARL LUDWIG SCHNEIDER: Die wissenschaftliche Teilausgabe als Modell für die Edition expressionistischer Dichtungen. In: MARTENS-ZELLER: Texte und Varianten, a.a.O., S. 285–299.

124. First Editorial Conference in Toronto 1965: Editing sixteenth century texts. Toronto 1966; Second Editorial Conference in Toronto 1966: Editing nineteenth century texts. Toronto 1967; Third Editorial Conference in Toronto 1967: Editing eighteenth century texts. Toronto 1968; Fourth Editorial Conference in Toronto 1968: Editor, author and publisher. Hrsg. von WILLIAM J. HOWARD. Toronto 1969.

125. WALTER WILSON GREG: The Rationale of Copy-Text. In: Studies in Bibliography 3 (1950–1951), S. 19–36.

126. FREDSON BOWERS: Current Theories of Copy Text, with an Illustration from Dryden. In: Modern Philology, 48 (1950–1951), S. 12–20.

127. CHARLTON HINMAN: The Printing and Proof-Reading of the First Folio of Shakespeare. 2. Bd. New York 1963; der Hinman-Collator wurde zum ersten Mal beschrieben in: «Mechanized Collation at the Houghton Library», in: Harvard Library Bulletin 9 (1955), S. 132–134; R. L. WIDMANN: The Computer in Historical Collation: Use of the IBM 360/75 in Collating Multiple Editions of A Midsummer Night's Dream. In: R. A. WISBEY (Hrsg.): The Computer in Literary and Linguistic Research. Cambridge 1971, S. 57–64.

128. V. A. DEARING: A Manual of Textual Analysis. Berkeley and Los Angeles 1959.

129. W. M. GIBSON vgl. RONALD GOTTESMAN und SCOTT BENNETT (Hrsg.): Art and Error: Modern Textual Editing. Bloomington and London 1970; dazu auch: GEORGE R. PETTY JR. und WILLIAM M. GIBSON: Project Occult. New York and London 1970.

130. HAROLD LOVE: The Computer and Literary Editing: Achievements and Prospects. In: R. A. WISBEY: The Computer, a.a.O., S. 47–56.
131. HANS ZELLER: «Struktur und Genese in der Editorik.» In: Literaturwissenschaft und Linguistik, 5. Jg. (1975), Heft 19/20, S. 105–126.
132. GÜNTER DAMANN: «Die Mindergründigkeit einer Literatur ohne Leser.» In: *Lili*, 5. Jg. Heft 19/20, S. 26–42.
133. RAINER KOHLMAYER: «Textgliederung als Rezeptionssteuerung in Handschrift und Rezeption». Und: NORBERT OELLERS: «Aspekte der Rezeptionsforschung, Rezeptionsorientierte Briefkommentierung.» Beides in: *Lili*, 5. Jg. Heft 19/20, S. 43–56 und 68_81.
134. GUNTER MARTENS: «Texterschließung durch Edition. Überlegungen zur rezeptionsästhetischen Bedeutung textgenetischer Apparate.» In: *Lili* 5. Jg. Heft 19/20, S. 82–104.
135. Zitiert nach JENS IHWE: Linguistik in der Literaturwissenschaft. München 1972, S. 201.
136. HANS JOACHIM KREUTZER: Überlieferung und Edition. Heidelberg 1975.
137. JÜRGEN KÜHNEL: Der «offene Text». «Beitrag zur Überlieferungsgeschichte volkssprachlicher Texte des Mittelalters.» In: LEONARD FORSTER und HANS GERT ROLOFF (Hg.): Akten des V. Internationalen Germanisten-Kongresses Cambridge 1975, Bern–Frankfurt 1976, S. 311–321.

3. Methodische Voraussetzungen

a. Theoretische Voraussetzungen

138. WELLEK–WARREN 9–13, 22–38 und 121–136. WELLEK II 9–23. JOSEPH STRELKA: Universaler Humanismus und seine einzelnen Disziplinen: Zur Funktion und Möglichkeit der Literaturkritik. In: STRELKA 64–89.
139. ROY HARVEY PEARCE: Gesta Humanorum: Notes on the Humanist as Witness. In: Daedalus, Bd. 99, Nr. 2, Spring 1970, S. 435–450.

b. Das Ganzheits- und das Wertproblem

140. RENÉ WELLEK: The Attack on Literature. In: The American Scholar, Bd. 42, Nr. 1, Winter 1972–1973, S. 27–42.
141. WELLEK-WARREN 214–227.
142. T. S. ELIOT: Die Grenzen der Literaturkritik. In: Merkur, Bd. 11 (1957), S. 1005–1022.

c. Die Relativität literaturwissenschaftlicher Methoden

143. HARRY LEVIN: Contexts of Criticism. New York 1963.
144. STEPHEN C. PEPPER: The Development of Contextualistic Aesthetics. In: Antioch Review, Bd. 28 (1968), S. 169–185.
145. MURRAY KRIEGER: The Play and Place of Criticism. Baltimore 1967, S. 153–176; ders.: The Existential Basis of Contextual Criticism. In: Criticism, Bd. VIII, S. 305–317; BATESON 67; TOBER 100–117; RONALD S. CRANE: The Idea of the Humanities. Chicago und London 1967, Bd. I, S. 9–12.
146 WELLEK-WARREN 31–46.

4. Stoffkataloge und Stoffgeschichte

147. J. W. GOETHE in: Noten und Abhandlungen zum West-östlichen Divan.
148. WALZEL I.

149. KAREL SVOBODA: Content, Subject und Material of a Work of Literature. In: JAAC IX (1950), S. 39–45.
150. WELLEK-WARREN 236.
151. DEMETZ-GREENE-NELSON 129.
152. ELISABETH FRENZEL: Stoff- Motiv- und Symbolforschung. SM 1966², S. 22.
153. E. SAUER: Die Verwertung stoffgeschichtlicher Methoden in der Literaturforschung. In: Euph. XXIX (1928); EUGENE FALK: Types of Thematic Structure. Chicago and London 1967.
154. HELLMUTH PETRICONI: Metamorphosen der Träume. Frankfurt am Main 1971.
155. ARTHUR LUTHER: Deutsches Land in deutscher Erzählung. Ein literarisches Ortslexikon. Leipzig 1937²; ders.: Deutsche Geschichte in deutscher Erzählung. Ein literarisches Lexikon. Leipzig 1943².
156. ANDRÉ FERRÉ: Geographie littéraire. Paris 1946.
157. PAUL MERKER und GERHARD LÜDTKE (Hrsg.): Stoff- und Motivgeschichte der deutschen Literatur. Berlin 1922 ff.
158. FRANZ ANSELM SCHMITT: Stoff- und Motivgeschichte der deutschen Literatur. Eine Bibliographie. Begründet von KURT BAUERHORST. Berlin 1965; ELISABETH FRENZEL: Stoff- und Motivgeschichte. Berlin: 1966; dieselbe: Stoffe der Weltliteratur. Ein Lexikon dichtungsgeschichtlicher Längsschnitte. Stuttgart 1963².

B. Werkimmanente Methoden

1. Das Problem werkimmanenter Interpretation

a. Theoretische Aspekte

1. STAIGER II 14.
2. EDGAR LOHNER: The Intrinsic Method: Some Reconsiderations. In: DEMETZ 147–172.
3. C. GUDE: Erläuterungen deutscher Dichtungen. Leipzig 5 Bde., 1881–1883.
4. GUSTAVE RUDLER: L'Explication francaise: Principes et Applications. Paris 1902.
5. ERLICH 58–77, 189–211.
6. WALZEL I und II.
7. LEO SPITZER: Stilstudien, 2 Bde. 1928; SPITZER II.
8. KAYSER; STAIGER II.
9. JOHN CROWE RANSOM: The New Criticism. Norfolk, Connecticut 1941; W. K. WIMSATT: The Verbal Icon. Lexington, Kentucky: 1954.
10. ARTHUR CHILD: Interpretation. A General Theory. Berkeley and Los Angeles 1965.
11. ELISABETH WALTHER: Interpretation – ein semiotisches Phänomen. In: FRITZ MARTINI (Hrsg.): Probleme des Erzählens in der Weltliteratur. Stuttgart 1971.
12. HEIDE GÖTTNER: Logik der Interpretation. München 1973; vgl. auch MICHEL VAN ESBROECK: Herméneutique, structuralisme et exégèse. Paris 1968.
13. ERIC DONALD HIRSCH: Prinzipien der Interpretation. München: 1972.
14. POLLMANN II 72–89.
15. FRIEDRICH I 296–302.
16. CLEMENS HESELHAUS: Auslegung und Erkenntnis. In: Gestaltprobleme der Dichtung. Hrsg. von RICHARD ALEWYN, HANS-EGON HASS und CLEMENS HESELHAUS. Bonn: 1957, S. 259–282.

17. BARTHES III; vgl. dazu HIRSCH: Validity of Interpretation, a.a.O., S. 224–235.
18. WHEELWRIGHT.
19. STANLEY ROMAINE HOPPER und DAVID L. MILLER: Interpretation: The Poetry of Meaning. New York: 1967, besonders S IX–XXII, 35–76 und 103–127.
20. MURRAY KRIEGER: Mediation, Language and Vision in Literature. In: CHARLES SINGLETON (Hrsg.): Interpretation: Theory and Practice. Baltimore 1969, S. 211–242; vgl. auch MURRAY KRIEGER: A Window to Criticism: Shakespeares Sonnets and Modern Poetics. Princeton 1964; vgl. schließlich auch LOTMAN I 43–46 und 95–110.

b. Werkinterpretation und Sprachwissenschaft

21. LEO SPITZER: Wortkunst und Sprachwissenschaft. In: GRM, Jahrgang 13 (1925), S. 169–186.
22. ROLAND POSNER: Strukturalismus in der Gedichtinterpretation. In: JENS IHWE (Hrsg.): Literaturwissenschaft und Linguistik. Bd. II/1, Frankfurt am Main 1971, S. 224–266.
23. POLLMANN II 84.
24. JENS IHWE: Literaturwissenschaft und Linguistik, 3 Bde., a.a.O.; GÜNTHER SCHIWY: Der französische Strukturalismus – Mode, Methode, Ideologie. Reinbeck 1969.
25. SAMUEL R. LEVIN: Linguistic Structures in Poetry. The Hague – Paris 1962; vgl. dazu auch: M. A. K. HALLIDAY: The Linguistic Analysis of Literary Texts. In: Proceedings of the IXth Congress of Linguistics. The Hague 1964; A. A. HILL: An Analysis of The Windhover. An Experiment in Structural Method. In: PMLA LXX (1955), S. 968–978; NICOLAS RUWET: L'analyse structurale de la poésie. In: Linguistics, 2. Dezember 1963, S. 38 ff.; RADOSLAV KATAČIĆ: Literary Theory and Linguistics. In: SKREB 75–88.
26. LOTMAN I 158–241.
27. LEO SPITZER: Stilstudien, a.a.O.; Bd. II, S. 208–300 und 301–364; vgl. auch ders.: Die groteske Gestaltungs- und Sprachkunst Christian Morgensterns. Leipzig 1918.
28. ROMAN INGARDEN: Poetik und Sprachwissenschaft. In: Poetics, Poetyka, Poètika I. Warschau – Den Haag 1961, S. 3–9.
29. WILHELM SCHNEIDER: Ausdruckswerte der deutschen Sprache. Darmstadt 1968.
30. KARL LUDWIG SCHNEIDER: Der bildhafte Ausdruck in den Dichtungen Georg Heyms, Georg Trakls und Ernst Stadlers. Heidelberg 1954; ders.: Klopstock und die Erneuerung der deutschen Dichtersprache im 18. Jahrhundert. Heidelberg 1960.
31. BRIAN LEE: The New Criticism and the language of poetry. In: ROGER FOWLER ((Hrsg.): Essays on Style and Language. New York 1966, S. 29–52.
32. WILLIAM EMPSON: Seven Types of Ambiquity. New York o.J.
33. DAVID DAICHES: The Literary Use of Language. In: DAICHES I 21–46.
34. ROMAN JAKOBSON und CLAUDE LÉVY-STRAUSS «Les Chats» de CHARLES BAUDELAIRE. In: L'Homme, Revue française d'anthropologie II/1 (1962) S. 5–21.
35. MICHAEL RIFFATERRE: Describing Poetic Structures: Two Approaches to Baudelaire's «Les Chats». In: JACQUES EHRMANN (Hrsg.): Structuralism. New Haven and London 1966, S. 188–230.
36. ROGER FOWLER: Linguistic Theory and the Study of Literature. In: ROGER FOWLER (Hrsg.): Essays on Style and Language, a.a.O., S. 27.
37. J. MC. H. SINCLAIR: Taking a Poem to Pieces. In: ROGER FOWLER (Hrsg.): Essays on Style and Language, a.a.O. S. 68–81.
38. IRMGARD WEITHASE: Mörike «Auf eine Lampe». Versuch einer sprechwissenschaftlichen Interpretation. In: DVLG 41 (1967), S. 61–81.
39. GERHARD STORZ: Interpretation dichterischer Texte und Sprachwissenschaft. In: Deutschunterricht, 21 (1969), Heft 3, S. 41–50.
40. F. W. BATESON: Linguistics and Literary Criticism. In: DEMETZ, S. 3–16.
41. RAYMOND PICARD: Nouvelle critique ou nouvelle imposture. Paris 1965.

42. WELLEK III 327–343 und 353–354.
43. PHILIP HOBSBAUM: Theory of Criticism. Bloomington and London 1970, S. 188–207. Vgl. besonders auch WERNER KELLER: Zum Wesen dichterischer Form und Formdeutung. In: Deutschunterricht, Jg. 17 (1965), S. 38–57.

c. Die Kunst der Interpretation

44. BERNHARD BLUME und ADOLF E. SCHRÖDER: Interpretations of German poetry (1939–1956). A bibliography. In: Monatshefte. Jahrgang 49 (1957), S. 241–263; REINHARD SCHLEPPER: Was ist wo interpretiert? Ein bibliographisches Handbuch für den Deutschunterricht. Paderborn 1970.
45. HEINZ OTTO BURGER: Methodische Probleme der Interpretation. In: HORST ENDERS (Hrsg.): Die Werkinterpretation. Darmstadt 1967, S. 198; vgl. dazu: HORST RÜDIGER: Zwischen Interpretation und Geistesgeschichte. In: Euphorion, Jahrgang 57 (1963), S. 227–244.
46. LEO SPITZER: Zur sprachlichen Interpretation von Wortkunstwerken. In: HORST ENDERS (Hrsg.): Die Werkinterpretation. a.a.O., S. 34–62.
47. HEINZ OTTO BURGER: Methodische Probleme der Interpretation, a.a.O. S. 198–213.
48. WOLFGANG KAYSER: Literarische Wertung und Interpretation. In: Die Vortragsreise. Bern 1958, S. 39–57.
49. POLLMANN II 90–91.
50 SPARSHOTT 129–141 und 162–182.
51. BATESON 101–125; vgl. dazu: C. D. ABBOTT: Poets at work. New York 1948; auch: J. BENNETT: Poetry and Interpretation. In: Proceedings of the British Academy, 44 (1958), S. 185–197.
52. RAYMOND PICARD: Werkimmanente Kritik. In: MAYER II 27–34.
53. GERARD GENETTE: Figures. Paris 1966, S. 156; vgl. auch: Bibliographie de l'explication française. In: Les Etudes classiques. Namur 1948, S. 112–174 und 247–309, sowie R. CORTAT: L'explication de texte. Paris 1957; P. POUGET: L'explication française. Paris 1952 und W. D. HOWARTH und C. L. WALTON: Explications. The Technique of French Literary Appreciation. London 1971.
54. PAUL DE MAN: Form and Intent in the American New Criticism. In: Blindness and Insight. New York 1971, S. 27.
55. CLEANTH BROOKS und AUSTIN WARREN: Understanding Poetry. New York 1938.
56. W. K. WIMSATT (Hrsg.): Explication as Criticism. New York und London 1963.
57. MORTON W. BLOOMFIELD (Hrsg.): The Interpretation of Narrative: Theory and Practice. Cambridge, Massachusetts 1970.
58. CLEANTH BROOKS: Keat's Sylvan Historian: History without Footnotes und ELDER OLSON: «Sailing to Byzantium»: Prolegomena to a Poetics of the Lyric. Beide abgedruckt in: WILBUR S. SCOTT (Hrsg.): Five Approaches of Literary Criticism. New York 1962, S. 215–230 und 231–244.
59. ERICH AUERBACH: Mimesis. Bern 1946.
60. BENNO VON WIESE: Die deutsche Novelle von Goethe bis Kafka, Bd. I, Düsseldorf 1964, S. 176–195.
61. ROBERT LOUIS JACKSON: Chance and Design in Anna Karenina. In: DEMETZ 315–329.
62. CLEANTH BROOKS: Paradoxie im Gedicht. Frankfurt am Main 1965, S. 71–99.
63. THEOPHIL SPOERRI: Die Struktur der Existenz. Einführung in die Kunst der Interpretation. Zürich 1951.
64. F. GERMAIN: L'Art de commenter un texte. Paris 1965.
65. SPARSHOTT 200–206.
66. RONALD S. CRANE: I. A. RICHARDS on the Art of Interpretation. In: ZABEL II 711–728.
67. R. P. BLACKMUR: A Critic's Job of Work. In: ZABEL II 770.
68. HEINZ POLITZER: Das Handwerk der Interpretation. In: Das Schweigen der Sirenen. Stuttgart 1968, S. 373–398.
69. STAIGER II.

d. Beschränkungen und Erweiterungen der Interpretation

70. HANS ROBERT JAUSS: Literaturgeschichte als Provokation der Literaturwissenschaft. Konstanz 1967, S. 43.
71. WOLFGANG ISER: Die Appellstruktur der Texte. Konstanz 1970, S. 7.
72. GERHARD KAISER: «Nachruf auf die Interpretation?» In: *Poetica*, 4. Jg. (1971), S. 270.
73. GERHARD KAISER, op. cit., S. 271.
74. GERHARD KAISER, op. cit., S. 272.
75. HANNELORE LINK: «‹Die Appellstruktur der Texte› und ein Paradigmawechsel in der Literaturwissenschaft?» In: Jahrbuch der Deutschen Schillergesellschaft. 17. Jg. (1973), S. 545.
76. HANNELORE LINK: op. cit., S. 548.
77. ROLAND HARWEG: «Stilistik und Textgrammatik». In: Literaturwissenschaft und Linguistik, 5. Jg. (1972), S. 71–81.
78. T. A. VAN DIJK, JENS IHWE, JÁNOS PETOFI und HANNES RIESER: Zur Bestimmung narrativer Strukturen auf der Grundlage von Textgrammatiken. Hamburg 1972.
79. GÜNTER MARTENS: «Textlinguistik und Textästhetik.» In: Sprache im technischen Zeitalter. Jg. 1975, Heft 53, S. 13–14.
80. LOUIS HJELMSLEV: Pour une sémantique structurale. Travaux du Cercle Linguistique de Copenhague XXII (1959), S. 96–112.
81. GERARD GENETTE: «Strukturalismus und Literaturkritik». In: HANS NAUMANN (Hg.): Der moderne Strukturbegriff. Darmstadt 1973, S. 364–5.
82. DIETER KIMPEL und BEATE PINKERNEIL (Hg.): Methodische Praxis der Literaturwissenschaft. Modelle der Interpretation. Kronberg im Taunus 1975.
83. KARL EIMERMACHER: Zum Verhältnis von formalistischer, strukturalistischer und semiotischer Analyse. In: DIETER KIMPEL und BEATE PINKERNEIL (Hg.), op. cit., S. 261.
84. KARL EIMERMACHER, op. cit., S. 278.
85. UMBERTO ECO: Einführung in die Semiotik. München 1972.
86. JURIJ M. LOTMAN: Die Struktur literarischer Texte. München 1972, S. 245.
87. GÖTZ WIENOLD: Semiotik der Literatur. Frankfurt am Main 1972, S. 27.
88. JACQUES DERRIDA: «Structure, Sign and Play in the Discourse of the Human Sciences.» In: RICHARD MACKSEY and EUGENIO DONATO (Hg.): The Structuralist Controversary. Baltimore and London 1972, S. 264–65.
89. HEINRICH HENEL: «Interpretation als Wissenschaft». In: Akten des V. Internationalen Germanisten-Kongresses Cambridge 1975, Bern 1976, Bd. I., S. 17–35.
90. WOLFGANG KLEIN: «Die Wissenschaft der Interpretation.» In: WOLFGANG KLEIN (Hg.): Methoden der Textanalyse. Heidelberg 1977, S. 1–23.
91. EBERHARD LÄMMERT: «Einführung.» In: WOLFGANG KLEIN (Hg.): Methoden der Textanalyse, op. cit., S.V.
92. GERHARD PASTERNAK: Theoriebildung in der Literaturwissenschaft. München 1975.
93. MANFRED TITZMANN: Strukturale Textanalyse. München 1977, S. 381.
94. DIETER BREUER: Einführung in die pragmatische Texttheorie. München 1974.
95. HEINRICH F. PLETT: Textwissenschaft und Textanalyse. Heidelberg 1975.
96. PHILIP FURIA und MARTIN ROTH: «Stevens' Fusky Alphabet.» In: Publications of the Modern Language Association of America, Jg. 93 (1978), Nr. 1, S. 66–77.
97. WOLFGANG WITTKOWSKI: Der junge Hebbel. Berlin 1969, S. 33–36.
98. WERNER WEBER: Tagebuch eines Lesers. Olten und Freiburg im Breisgau 1966.
99. WERNER WEBER, op. cit., S. 343.

2. Rhythmus, Klang und Gliederung

a. Rhythmus und Metrum

1. WOLFGANG MOHR: Rhythmus. In: KOHLSCHMIDT III 460.
2. A. W. SCHLEGEL: Poesie. In: Vorlesungen über schöne Literatur und Kunst. Hrsg. von Jakob Minor. Heilbronn 1884, Bd. I, S. 260–269.
3. OCTAVIO PAZ: El ritmo. In: El arco y la lira. Mexico City und Buenos Aires 1956, S. 59.
4. FRANZ SARAN: Deutsche Verslehre. München 1907.
5. ANDREAS HEUSLER: Deutsche Versgeschichte. Berlin und Leipzig Bd. I–III 1925–1929; ders.: Wege und Irrwege in der neueren Verslehre. In: Kleine Schriften. Berlin Bd. I 1969, S. 420–443.
6. DIETRICH SECKEL: Hölderlins Sprachrhythmus. Mit einer Einleitung über das Problem des Rhythmus und einer Bibliographie zur Rhythmusforschung. Leipzig 1937.
7. EDUARD SIEVERS: Ziele und Wege der Schallanalyse. In: Germanische Bibliothek. hrsg. von Wilhelm Streitberg. Abt. II, Bd. 14, Heidelberg 1924.
8. WOLFGANG KAYSER: Kleine deutsche Versschule. Bern 1946, S. 106.
9. ROBERT BRÄUER: Tonbewegung und Erscheinungsformen des sprachlichen Rhythmus. Berlin 1964, S. 11; MOHR, a.a.O., S. 457; BRÄUER, a.a.O., S. 11.
10. HANS-JOACHIM SCHÄDLICH: Über Phonologie und Poetik. In: JENS IHWE (Hrsg.): Literaturwissenschaft und Linguistik. Frankfurt am Main, Bd. III, 1972, S. 42–60.
11. FRIEDRICH BEISSNER: Unvorgreifliche Gedanken über den Sprachrhythmus. In: Festschrift für Paul Kluckhohn und Hermann Schneider. Hrsg. von ihren Tübinger Schülern. Tübingen 1948, S. 427–444.
12. WOLFGANG KAYSER: Kleine deutsche Versschule, a.a.O., S. 111–120.
13. INGARDEN I 46.
14. GEORG BAESECKE: Kleine metrische Schriften. München 1968, S. 36–45.
15. MORRIS HALLE: On Meter and Prosody. In: MANFRED BIERWISCH und KARL ERICH HEIDOLPH: Progress in Linguistics. The Hague-Paris 1970, S. 64–80.
16. LORENZO BIANCHI: Untersuchungen zum Prosa-Rhythmus JOHANN PETER HEBELS, HEINRICH VON KLEISTS und der Brüder GRIMM. Heidelberg 1922.
17. VIKTOR ŠKLOVSKIJ: Theorie der Prosa. Frankfurt am Main 1966, S. 27.
18. KAYSER 262–263.
19. ALFRED DÖBLIN: Der Bau des epischen Werkes. In: Die Neue Rundschau, Jg. 1929, Bd. I, S. 547.
20. DAICHES I 196–198.
21. ALFRED BEHRMANN: Einführung in die Analyse von Prosatexten. SM Bd. 59, Stuttgart 1968², S. 7–16 und 56–57.
22. W. M. PATTERSON: The Rhythm of Prose. New York 1916.
23. MORRIS W. CROLL: The Cadence of English Oratorical Prose. In: Studies in Philology, Bd. XVI (1919), S. 1–55.
24. BORIS TOMASCHEWSKIJ: Ritm prozy (po Pikovey Dame). In: O. Stikhe. Statyi. [= Essays über den Vers]. Leningrad 1929.
25. EDUARD NORDEN: Die antike Kunstprosa. Stuttgart 1958⁵, bes. Bd. II, S. 909–911.
26. KONRAD BURDACH: Über den Satzrhythmus der deutschen Prosa. In: Vorspiel. Bd. I, Teil 2, Halle an der Saale 1925, S. 223–242.
27. PAULL FRANKLIN BAUM: . . . the other harmony of prose . . . Durham 1952; vgl. auch E. K. BROWN: Rhythm in the Novel. Toronto 1950.
28. GERHARD STORZ: Der Vers in der neueren deutschen Dichtung. Stuttgart 1970, S. 14; vgl. auch HENRI BREMOND: Les deux musiques de la prose. Paris 1924.
29. WELLEK, WARREN 144.
30. RALPH FREEDMAN: The Lyrical Novel. Princeton 1963.

31. WOLFGANG MOHR: Rhythmus, a.a.O., S. 470–471.
32. ALFRED BEHRMANN: Einführung in die Analyse von Verstexten. Stuttgart 1970, SM 89.
33. OTTO PAUL und IINGEBORG GLIER: Deutsche Metrik. München 1968[7].
34. ERWIN ARNDT: Deutsche Verslehre. Berlin 1968.
35. FRIEDRICH LOCKEMANN: Der Rhythmus des deutschen Verses. München 1960.
36. ULRICH PRETZEL: Deutsche Verskunst. Mit einem Beitrag über altenglische Strophik von HELMUT THOMAS. In: STAMMLER Bd. 3 1962[2], Spalte 2453–2466.
37. KAYSER 83–100; vgl. auch WOLFGANG KAYSER: Geschichte des deutschen Verses. Bern 1960.
38. ALBERT VERWEY: Rhythmus und Metrum. Halle an der Saale 1934.
39. E. W. SCRIPTURE: Die neue Metrik. In: Archiv für die gesamte Psychologie, Bd. 64 (1928), S. 463–474; vgl. auch PAUL VERRIER: Le Vers Français. 3 Bde., Paris 1931–1932.
40. WELLEK WARREN 145–148.
41. RICHARD ROE: The Principles of rhythm both in speech and music; especially as exhibited in the mechanism of English verse. Dublin 1823.
42. SIDNEY LANIER: Science of English Verse. New York 1880; vgl. GEORG SCHÜBEL: Die musikbezogene deutsche Versmessung. Neustadt/Aisch 1969.
43. HERMANN MEYER: On the Spirit of Verse. In: DEMETZ 331–347.
44. WILBUR L. SCHRAMM: Approaches to a Science of English Verse. Iowa City: University of Iowa Studies 1935.
45. GEORGE E. MCSPADDEN: Phonetics, Intonation, Metrics and Stylistics. In: YCC III, S. 116–129.
46. THRASYBULOS GEORGIADES: Sprache als Rhythmus. In: Sprache und Wirklichkeit. hrsg. von der Bayrischen Akademie der Schönen Künste. München 1967, S. 224–244.
47. HELMUT LÜDTKE: Der Vergleich metrischer Schemata hinsichtlich ihrer Redundanz. In: HELMUT KREUZER und RUL GUNZENHÄNSER (Hrsg.): Mathematik und Dichtung. München 1965, S. 233–242.
48. MARIE-HED KAULHAUSEN: Die Bedeutung der irrationalen Sprachkräfte für die Gestalt des lyrischen Gedichtes. In: DVLG, Jg. 25 (1951), S. 232–249.
49. LAWRENCE J. RYAN: Hölderlins Lehre vom Wechsel der Töne. Stuttgart 1960.

b. Klang und Melodie

50. KAYSER 157.
51. JOHN HOLLANDER: The Music of Poetry. In: JAAC vol. 15 (1956), S. 232–244.
52. NORTHROP FRYE: Lexis and Melos. In: Sound and Poetry. Edited by NORTHROP FRYE, New York 1957, S. IX–XXVII.
53. GEORG REICHERT: Literatur und Musik. In: KOHLSCHMIDT-MOHR II 157; vgl. auch JULIUS TENNER: Über Versmelodie. In: ZfÄsth., Bd. 8 (1913), S. 247–279 und JULIUS STENZEL: Sinn, Bedeutung, Begriff, Definition. Ein Beitrag zur Frage der Sprachmelodie. In: Jahrbuch für Philologie, Bd. I (1925), S. 160–201, sowie KARL KNAUER: Die klangästhetische Kritik des Wortkunstwerks am Beispiel französischer Dichtung. In: DVLG Bd. 15 (1937), S. 69–91 und WOLFGANG KAYSER: Die Klangmalerei bei Harsdörffer. Leipzig 1932.
54. WILHELM SCHNEIDER: Über die Lautbedeutsamkeit. In: ZfdP. Bd. 63 (1938), S. 138–179; WELLEK, WARREN 137.
55. ERNEST M. ROBSON: The Orchestra of the Language. New York and London: 1959.
56. HEINRICH LÜTZELER: Die Lautgestaltung in der Lyrik. In: ZfÄsth. Bd. XXIX, (1935), S. 193–216.
57. OSIP BRIK: Zvukovie povtory (1917). In: Poètika. Petrograd: 1919.
58. KARL KNAUER: Die Analyse von Feinstrukturen im sprachlichen Zeitkunstwerk. In: KREUZER, GUNZENHÄUSER 193–210.

59. John Crowe Ransom: The Strange Music of English Verse. In: James L. Calderwood und Harold E. Toliver (Hrsg.): Perspectives on Poetry. New York, London, Toronto 1968, S. 184–190.
60. Harvey Gross: Sound and Form in Modern Poetry. Ann Arbor: 1968, S. 174.
61. T. S. Eliot: The Music of Poetry. Glasgow 1942.
62. E. M. Forster: Ansichten des Romans. Frankfurt am Main 1962, Kapitel 7: «Über Prophetie», S. 129–151.
63. David I. Masson: Sound in Poetry. In: Preminger 784–790.
64. Steven Paul Scher: Verbal Music in German Literature. New Haven and London 1968.
65. Viktor Šklovskij. In: Poètika: Sborniki po teorii poètičeskogo jazyka. Petrograd 1919, S. 17.
66. Lev Jakubinskij. In: Poètika, etc. S. 37; Etienne Souriau: La correspondence des arts. Paris 1947.
68. Minoru Yoshida: Word-Music in English Poetry. In: JAAC, Bd. 11 (1952), S. 151–159.
69. Calvin S. Brown: Tones into Words. Athens, Georgia 1953; ders. The relations between music and literature as a field of study. In: CL, Jg. 22 (1971), S. 97–107; Ronald Peacock: Probleme des Musikalischen in der Sprache. In: Walter Muschg und Emil Staiger (Hrsg.): Weltliteratur. Festgabe für Fritz Strich. Bern 1952, S. 85–100; Albert Wellek: The Relationship between Music and Poetry. In: JAAC, Jg. 21 (1962), S. 149–156.
70. Ulrich Suerbaum und Heinz Becker: Sprache und Musik. In: Poetica, Jg. I, 1967, S. 401–408 und 408–414.
71. Friedrich Wilhelm Joseph von Schelling: Sämtliche Werke. Stuttgart 1856–1861, I,5, S. 497–502.
72. Henry Lanz: The Physical Basis of Rime. New York 1968.
73. Wellek, Warren 139.
74. Walzel I 366.
75. Fritz Strich: Deutsche Klassik und Romantik. Bern 1949, S. 224 und 219.
76. John Draper: The Origin of Rhyme. In: RLC, Jg. 31 (1957), S. 74–85.
77. Viktor Žirmunskij: Rifma ee istorija i teorija. Petrograd: 1923.
78. E. M. Forster, a.a.O. S. 131 und 130.
79. Maier 54 und 51; vgl. auch Günther Schweikle: Reim. In: Kohlschmidt, Mohr III 403–420.

c. Raum, Zeit und Gliederung

80. Hermann Meyer: Raumgestaltung und Raumsymbolik in moderner Erzählkunst und Malerei. In: Wolfdietrich Rasch (Hrsg.): Bildende Kunst und Literatur. Frankfurt am Main 1970, S. 13–14.
81. Joseph Frank: Spatial Form in Modern Literature. In: Sewanee Review, Jg. LIII (1945), S. 221–240 und 433–456; ders.: The Widening Gyre. New Brunswick, N. J. 1963.
82. Hermann Meyer: Raum und Zeit in Wilhelm Raabes Erzählkunst. In: DVLG, Jg. 27 (1953), S. 236–267; ders.: Raumgestaltung und Raumsymbolik, a.a.O.
83. William de Sua und Gino Rizzo (Hrsg.): A Dante Symposium. Chapel Hill 1965, S. 59; vgl. auch: Eugene F. Timpe: Infernal Space: Structure and Context. In: Italian Quarterly. Jg. XVI (1972), S. 73–95.
84. Fritz Strich: Deutsche Klassik und Romantik. Bern 1949, S. 83–96.
85. Edwin Muir: The Stucture of the Novel. London 1957.
86. Theophil Spoerri: Eléments d'une critique constructive. In: Trivium, Jg. VIII, (1951), S. .
87. Robert Petsch: Wesen und Formen der Erzählkunst. Halle 1942[2].
88. Erwin Kobel: Untersuchungen zum gelebten Raum in der mittelhochdeutschen Dichtung. Zürich 1951.
89. Dietrich Seckel: Hölderlins Raumgestaltung. In: DVLG, Jg. 39 (1938), S. 469 ff.

90. EUGENE TIMPE: The Spatial Dimension: a Stylistic Typology. In: YCC, Bd. III (1971), S. 179–197.
91. RICHARD ALEWYN: Eine Landschaft EICHENDORFFS. In: Euph., Jg. 51 (1957), S. 42–60.
92. BENNO VON WIESE: Die deutsche Novelle von GOETHE bis KAFKA, Bd. I. Düsseldorf 1964, S. 175.
93. WOLFGANG HARMS: Homo Viator in Bivio. Studien zur Bildlichkeit des Weges. München 1970.
94. WOLFGANG STAROSTE: Raum und Realität in dichterischer Gestaltung. Heidelberg 1971, S. 104–122.
95. WERNER GÜNTHER: Weltinnenraum. Berlin-Bielefeld: 1952^{2}.
96. E. M. FORSTER: Ansichten des Romans, a.a.O. S. 47.
97. EBERHARD LÄMMERT: Bauformen des Erzählens. Stuttgart 1955, S. 85–86.
98. GASTON BACHELARD: Poetik des Raumes. München 1960; vgl. auch: GEORGES POULET: L'Espace proustien. Paris 1963 und R. C. CHURCHILL: An Atlas of Fictional Geography. In: Review of English Literature, Jg. VII, Heft 2, S. 99–106; Von allgemeiner Wichtigkeit: GERHARD HOFFMANN: Raum, Situation, Erzählte Wirklichkeit. Stuttgart 1978.
99. INGARDEN II 95–150.
100. GÜNTHER MÜLLER: Über das Zeitgerüst des Erzählens. In: DVLG, Jg. 24 (1950), S. 7 ff.
101. FRIEDRICH BEISSNER: Unvorgreifliche Gedanken über den Sprachrhythmus. In: Festschrift für PAUL KLUCKHOHN und HERMANN SCHNEIDER. hrsg. von ihren Tübinger Schülern. Tübingen 1948, S. 436; vgl. auch WELLEK, WARREN 147.
102. GÜNTHER MÜLLER: Aufbauformen des Romans. In: Neophilologus, Jg. 27 (1953), S. 1–14.
103. WALTER JENS: Statt einer Literaturgeschichte. Pfullingen S. 27.
104. HUGO FRIEDRICH: Die Struktur der modernen Lyrik. Hamburg 1968, S. 24, 54 und 204 f.
105. FRITZ STRICH: Deutsche Klassik und Romantik, a.a.O., S. 94 und 108 f.
106. WALTER KILLY: Elemente der Lyrik. München 1972, S. 40–65; vgl. auch HERMAN SALINGER: Time in the Lyric. In: SIEGFRIED MEWS (Hrsg.): Studies in German Literature of the nineteenth and twentieth centuries. Chapel Hill 1970, S. 157–173.
107. PETER PÜTZ: Die Zeit im Drama. Göttingen 1970.
108. EBERHARD LÄMMERT: Bauformen des Erzählens. Stuttgart 1955.
109. E. M. FORSTER: Ansichten des Romans, a.a.O., S. 45–46.
110. VIKTOR ŠKLOVSKIJ: Theorie der Prosa. Frankfurt am Main.
111. JEAN POUILLON: Temps et Roman. Paris 1946.
112. A. A. MENDILOW: Time and the Novel. London 1952.
113. BEATE LOOS: Mythos, Zeit und Tod. Frankfurt am Main 1971.
114. GEORGES POULET: Etudes sur les temps humain. Edinburgh 1949; ders.: La Distance interieur: Etudes sur les temps humain II. Paris 1952; ders. Le Point de départ: Etudes sur les temps humain III; Paris 1964; ders.: Mesure de l'instant: Etudes sur les temps humain IV. Paris 1968; STAIGER III; vgl. auch: WOLFGANG BINDER: Dichtung und Zeit in HÖLDERLINS Werk. Habilitationsschrift. Tübingen 1955.
116. PETER PAUL SCHWARZ: Aurora. Bad Homburg–Berlin–Zürich 1970.
117. INGARDEN I 45; vgl. auch J. STENZEL: Sinn, Bedeutung, Begriff, Definition. In: Jahrbuch für Philologie, Bd. I, S. 175.
118. ALFRED BEHRMANN: Einführung in die Analyse von Verstexten. SM 89, S. 80–83.
119. INGARDEN I 229–260.
120. CLEANTH BROOKS: Irony as a Principle of Structure. In: ZABEL Bd. II, 729–741.
121. CLEMENS LUGOWSKI: Die Form der Individualität im Roman. Studien zur inneren Struktur der frühen deutschen Prosaerzählung. Berlin 1932.
122. DAVID L. MINTER: The Interpreted Design as a Structural Principle in American Prose. New Haven and London 1969.
123. KARL S. GUTHKE: Englische Vorromantik und deutscher Sturm und Drang. Kapitel I. Göttingen 1958.

124. GUTHKE 72–91.
125. Zu den strukturalistischen Gestaltauffassungen vgl.: GERARD GENETTE: Strukturalismus und Literaturkritik. In: HANS NAUMANN (Hrsg.): Der moderne Strukturbegriff. Darmstadt 1973, S. 354–376; ADELBERT REIF (Hrsg.): Antworten der Strukturalisten. Hamburg 1973; HEINZ BLUMENSATH (Hrsg.): Strukturalismus in der Literaturwissenschaft. Köln 1972.
126. Zu DILTHEYS Strukturbegriff vgl.: HEINRICH KÜNTZEL: Über WILHELM DILTHEYS Begriffe der Struktur und des Erlebnisausdrucks. In: DVLG, Jg. 47 (1973), S. 1–25.
127. FRIEDRICH II:
128. RENE WELLEK: Die Begriffe Form und Struktur in der Literaturkritik des 20. Jahrhunderts. In: WELLEK II:
129. ERNEST L. STAHL: Darstellung. In: Gestaltprobleme der Dichtung. hrsg. von RICHARD ALEWYN, HANS-EGON HASS und CLEMENS HESELHAUS. Bonn 1957, S. 283–298.
130. NICOLAS RUWET: Langage, Musique, Poésie. Paris 1972, S. 228–47.
132. FRANK C. MAATJE: Versuch einer Poetik des Raums. In: ALEXANDER RITTER (Hg.): Landschaft und Raum in der Erzählkunst. Darmstadt 1975, S. 392–416.
133. BRUNO HILLEBRAND: Poetischer, Philosophischer, Mathematischer Raum. In: Landschaft und Raum in der Erzählkunst, a.a.O., S. 417–63.

3. Rhetorische Figuren und Bildstrukturen

a. Die rhetorische Tradition

1. Zur Rhetorik im allgemeinen vgl. den Aufsatz von WALTER JENS: Rhetorik. In: KOHLSCHMIDT-MOHR III 432–456; WILFRIED BARNER: Barockrhetorik. Tübingen 1970.
2. SISTER MIRIAM JOSEPH: Shakespeare's Use of the Arts of Language. New York 1947.
3. ROSEMUND TUVE: Imagery and Logic: Ramus and Metaphysical Poets. In: Journal of the History of Ideas, Jahrgang III (1942), S. 365–400.
4. Y. LE HIRE: Rhétorique et stilistique de la Pléiade au Parnasse. Grenoble: Faculté des Lettres Publications 1960.
5. R. HILDEBRANDT-GÜNTHER: Antike Rhetorik und deutsche literarische Theorie im 17. Jahrhundert. Marburg 1966.
6. J. DYCK: Ticht-Kunst. Bad Homburg von der Höhe-Berlin 1966.
7. LUDWIG FISCHER: Gebundene Rede. Tübingen 1968.
8. KLAUS DOCKHORN: Macht und Wirkung der Rhetorik. Bad Homburg von der Höhe–Berlin–Zürich 1968.
9. GERT UEDING: Schillers Rhetorik: Tübingen: 1971.
10. CHARLES ALLEN BEAUMONT: Swift's Classical Rhetoric. Athens, Georgia 1961; vgl. auch die Bibliographie von JAMES J. MURPHY: Medieval Rhetoric. Toronto 1971; WILBUR HOWELL: Logic and Rhetoric in England 1500–1700. Princeton 1956; JEROLD EDWARD SEIGEL: Rhetoric and Philosophy in Renaissance humanism. Princeton 1968.
11. LAUSBERG; vgl. dazu auch BABILAS.
12. MANFRED WINDFUHR: Die barocke Bildlichkeit und ihre Kritiker. Stuttgart 1966.
13. RICHARD A. LANHAM: A Handlist of Rhetorical Terms. Berkeley and Los Angeles 1969; LEE A. SONNINO: A Handbook to Sixteenth-Century Rhetoric. New York 1968; ARON VARGA: Rhétorique et littérature. Paris–Bruxelles–Montreal 1970; EDWARD P. J. CORBETT: Rhetorical analysis of literary Works. New York 1969; PETER DIXON: Rhetoric. London 1971.
14. ERNST ROBERT CURTIUS: Europäische Literatur und Lateinisches Mittelalter. Bern 1948.
15. FRANCES A. YATES: The Art of Memory. London 1966.

16. KENNETH BURKE: A Rhetoric of Motives. Englewood Cliffs, New Jersey 1950; ders.: The Rhetoric of Religion. Boston 1961.
17. H. MORIER: Dictionnaire de poétique et de rhétorique. Paris 1960.
18. ROSEMUND TUVE: Elizabethan and Metaphysical Imagery. Chicago 1947.
19. WAYNE C. BOOTH: The Rhetoric of Fiction. Chicago and London 1961.
20. EDWIN BLACK: Rhetorical Criticism. New York 1965.
21. THOMAS R. NILSON: Essays on rhetorical criticism. New York 1968; vgl. auch: EDWARD P. J. CORBETT: Rhetorical analysis of literary works. New York 1969. GEOFFREY LEECH in: Times Literary Supplement, 23. Juli 1970.
22. BIRGIT STOLT: Tradition und Ursprünglichkeit. In: Studia Neophilologica. Jahrgang 41 (1969), S. 325–338; PETER DIXON: Rhetoric. a.a.O., S. 76.
23. JOACHIM DYCK: Bedarf an Rhetorikforschung. In: JfIG. Bd. 8 (1976), Nr. 2, S. 8–16. Vgl. auch THOMAS FRIES: Die Wirklichkeit der Literatur. Tübingen 1975, S. 5–46.
24. DIETER BREUER: Einführung in die pragmatische Texttheorie. München 1974, S. 140–149.
25. HEINRICH F. PLETT: Textwissenschaft und Textanalyse, Heidelberg 1975, S. 139–301.
26. Rhétorique générale par le group μ. J. DUBOIS, F. EDELINE, J. M. KLINKENBERG, P. MINGUET, F. PIRE und H. TRINON, Paris 1970 und Rhétorique de la poésie par la group μ. JACQUES DUBOIS, FRANCIS EDELINE, JEAN-MARIE KLINKENBERG und PHILIPPE MINGUET. Paris 1977.
27. HENRI MESCHONNIC: Pour la poétique I. Paris 1970.

b. Emblem und Topos

28. MARIO PRAZ: Studies in Seventeenth-Century Imagery. London: 1947; vgl. auch: DIETER SULZER: Zu einer Geschichte der Emblemtheorien. In: Euph. 64 (1970), S. 23-50.
29. ARTHUR HENCKEL und ALBRECHT SCHÖNE: Emblemata. Handbuch zur Sinnbildkunst des XVI. und XVII. Jahrhunderts. Stuttgart 1967; ALBRECHT SCHÖNE: Emblematik und Drama. München 1968, S. 30-34.
30. LISELOTTE DIECKMANN. Hieroglyphics. St. Louis 1970.
31. ERNST ROBERT CURTIUS: Europäische Literatur und Lateinisches Mittelalter. Bern 1948.
32. WALTER VEIT: Toposforschung. In: DVLG, Jahrgang 37 (1963), S. 125–126.
33. OTTO WEINREICH: Phöbus, Aurora, Kalender und Uhr. Stuttgart 1937; Ein anderer Vorläufer ist MARIA ROSA LIDA: Transmisiôn y recreaciôn de temas graecolatinos en la poesía espanola. In: Revista de Filología Hispanica, Jahrgang I, 1939.
34. MAX L. BAEUMER: Die zeitgeschichtliche Funktion des dionysischen Topos in der romantischen Dichtung. In: HELMUT KREUZER und KÄTE HAMBURGER (Hrsg.): Gestaltungsgeschichte und Gesellschaftsgeschichte. Stuttgart 1969, S. 265–283. Zur Toposforschung allgemein vgl. MAX L. BAEUMER [Hrsg.]: Toposforschung. Darmstadt 1973.

c. Metapher, Allegorie, Symbol

35. WELLEK, WARREN 163, 169, 170.
36. WEHRLI 103.
37. HERMANN PONGS: Das Bild in der Dichtung. Marburg 3 Bde., 1965–1969; vgl. Band I, S. V.
38. MUSCHG 9–23.
39. ERLICH 194.
40. BROOKS 21–46.
41. LEO SPITZER: Romanische Stil- und Literaturstudien. Band I, S. 7.
42. KARL LUDWIG SCHNEIDER: Der bildhafte Ausdruck in den Dichtungen GEORG HEYMS, GEORG TRAKLS und ERNST STADLERS. Heidelberg 1954.
43. FRANCIS FERGUSSON: The Human Image in Dramatic Literature. Garden City, New York 1957.

44. J. MIDDLETON MURRY: Metaphor. In: Countries of the Mind, 2. Reihe. London 1931, S. 1–16.
45. WEHRLI 104 und 123.
46. C. DAY LEWIS: The poetic Image. London 1964, S. 65.
47. ERLICH 194.
48. RICHARDS I 114–133.
49. ROGER JUDRIN: Les images et l'imagination. In: L'image. Ses pouvoirs, ses limites, ses rôle. Numero 226 (Oct. 1971) der Nouvelle Revue Francaise, S. 18.
50. LUDWIG SCHRADER: Sinne und Sinnesverknüpfungen. Heidelberg 1969.
51. STAROBINSKI I.
52. WHEELWRIGHT 81–84, 115–119; ders.: Metaphor and Reality. Bloomington 1962.
53. WARREN SHIBLES: Metaphor. An Annotated Bibliography and History. Whitewater, Wisconsin 1971.
54. IVOR ARMSTRONG RICHARDS: Philosophy of Rhetoric. London 1936, S. 117–118.
55. WELLER EMBLER: Metaphor and Meaning. DELAND, Florida 1966.
56. WERNER INGENDAHL: Der metaphorische Prozeß. Düsseldorf 1971.
57. OWEN PAUL THOMAS: Metaphor and related subjects. New York 1969.
58. STEPHEN J. BROWN: The World of Imagery: Metaphor and Kindred Metaphor. London 1927, S. 149–153.
59. KENNETH BURKE: A Grammar of Motives. Englewood Cliffs, New Jersey 1945, letzter Abschnitt.
60. H. W. WELLS: Poetic Imagery. New York 1924.
61. WELLEK, WARREN 177–180.
62. CHRISTINE BROOKE-ROSE: A Grammar of Metaphor. London 1958; vgl. auch HEDWIG KONRAD: Etude sur la metaphor. Paris 1958^2.
63. MARCUS B. HESTER: The Meaning of Poetic Metaphor. The Hague – Paris 1967.
64. WOLFGANG H. CLEMEN: The Development of Shakespeare's Imagery. London 1966; vgl. auch: BODO MÜLLER: Gongoras Metaphorik. Versuch einer Typologie. Wiesbaden 1963.
65. MANFRED WINDFUHR. Die barocke Bildlichkeit und ihre Kritiker. Stuttgart 1966.
66. ERNST ROBERT CURTIUS: Europäische Literatur und Lateinisches Mittelalter, a.a.O., S. 138.
67. VIKTOR PÖSCHL: Bibliographie zur antiken Bildersprache. Heidelberg 1964.
68. HANS GALINSKY: Natura Cursus. Heidelberg 1968.
69. WALTHER KILLY: Wandlungen des lyrischen Bildes. Göttingen 1956.
70. RICHARD M. MEYER: Deutsche Stilistik. München 1906, S. 112.
71. NORTHROP FRYE: Allegory. In: PREMINGER 12.
72. EDWIN HONIG: Dark Conceit. The Making of Allegory. Evanston 1959, S. 57.
73. zu DANTE vgl.: POMPEO GIANNANTONIO: Dante e l'allegorismo. Florenz 1969.
74. Zu KAFKA vgl.: EDWIN HONIG: Dark Conceit, a.a.O., besonders S. 57, 117–118, 160–163, 194–197.
75. GERHARD PRIESEMANN: Allegorie. In: Das Fischer Lexikon: Literatur II, Erster Teil, hrsg. von WOLF-HARTMUT FRIEDRICH und WALTHER KILLY. Frankfurt am Main 1965, S. 93.
76. PETER BEREK: The Transformation of Allegory from Spenser to Hawthorne. Amherst, Massachusetts 1962.
77. WALTER BENJAMIN: Allegorie und Emblem. In: Deutsche Barockforschung. hrsg. von RICHARD ALEWYN. Köln–Berlin 1965, S. 395–413.
78. ROGER HINKS: Myth and Allegory in Ancient Art. London 1939.
79. INGRID STROHSCHNEIDER-KOHRS: Erzähllogik und Verstehungsprozeß in KAFKAS Gleichnis «Von den Gleichnissen». In: Probleme des Erzählens in der Weltliteratur. Festschrift für KÄTE HAMBURGER. hrsg. von FRITZ MARTINI. Stuttgart 1971, S. 306–308; vgl. auch: KLAUS-PETER PHILIPPI: Parabolisches Erzählen. In DVLG Jahrgang 43 (1969), S. 297–332.
80. HERMANN PONGS: Das Bild in der Dichtung, a.a.O., Bd. III, S. 460.

81. WALTER BLANK: Die deutsche Minneallegorie. Stuttgart 1970.
82. JOHN PAYNE COLLIER: History of English Dramatic Poetry up to the Time of Shakespeare. London 1831.
83. HANS ROBERT JAUSS: Genèse de la poésie allegorique française au moyenâge de 1180 à 1240. Heidelberg 1962.
84. JAMES I. WIMSATT: Allegory and mirror. New York 1970.
85. VYACHESLAV IVANOV: Freedom and the tragic life. 1952, Aufsatz über DOSTOJEVSKIJ.
86. MONROE ENGEL: A Kind of Allegory: The Old Curiosity Shop. In: The Interpretation of Narrative. hrsg. von MORTON W. BLOOMFIELD. Cambridge 1970, S. 135–147.
87. FRANCIS FERGUSSON: Three Allegorists: BRECHT, WILDER, and ELIOT. In: The Human Image in Dramatic Literature, a.a.O., S. 41–71.
88. LOUIS BROUSSARD: American Drama. Contemporary Allegory from EUGENE O'NEIL to TENNESSEE WILLIAMS.
89. Vgl. TZVETAN TODOROV: Théories du symbole. Paris 1977, S. 235–59. Vgl. auch: WALTHER KILLY: Elemente der Lyrik. München 1972, S. 94–113; ANGUS FLETCHER: Allegory. The Theory of a symbolic Mode. Ithaca, New York 1964.
90. ROSEMUND TUVE: Allegorical Imagery. Princeton 1966; vgl. auch H. BERGER: The Allegorical Temper. New Haven 1957 und JOHN MACQUEEN: Allegory. London 1970 und HASKELL M. BLOCK: Allegory and Symbol: A Reappraisal. In: Actes du IIIe Congrès de l'Association Internationale de Littérature Comparé. s'Gravenhage: Mouton 1962, S. 346; HERMANN PONGS: Das Bild in der Dichtung, a.a.O., Bd. III, S. 16.
91. FRYE I 76–77.
92. MARTIN FOSS: Symbol and Metaphor in Human Experience. Princeton 1949.
93. WILLIAM K. WIMSATT: The Verbal Icon. Lexington 1954, S. 119.
94. PONGS, a.a.O. II, 14; PONGS, a.a.O., III, 14–15.
95. WILHELM EMRICH: Die Symbolik von Faust II. Bonn 1957²; ders.: Symbolinterpretation und Mythenforschung. In: W. E.: Protest und Verheißung. Frankfurt am Main–Bonn 1968³, S. 67–94.
96. WELLEK III 139–140.
97. ERLICH 311.
98. SUSANNE K. LANGER: Philosophy in a New Key. Cambridge 1942.
99. ERNST CASSIRER: An Essay on Man. New Haven 1944.
100. PONGS, a.a.O., II, S. 4.
101. ERLICH 321.
102. J. CHRISTOPHER MIDDLETON: Two Mountain Scenes in Novalis and the Question of Symbolic Style. In: Literary Symbolism. hrsg. von HELMUT RHEDER. Austin and London 1965, S. 83–106; vgl. auch: Perspectives in Literary Symbolism. YCC, Bd. I, 1968.
103. WILLIAM YORK TINDALL: The Literary Symbol. Bloomington 1965, S. 28–67.
104. PONGS, a.a.O., II, S. 283–296, 299–321, 490–618.
105. WELLEK, WARREN 182–183; vgl. auch L. C. KNIGHTS and B. COTTLE (Hrsg.): Metaphor and Symbol. London 1960; FRITZ TSCHIRCH: Literarische Bauhüttengeheimnisse. Vom symbolbestimmten Umfang mittelalterlicher Dichtungen. In: F. T. Spiegelungen. Berlin 1966, S. 212–225.

4. Elemente und Aspekte des Gehalts

a. Motiv-Charakter-Typus

1. ELISABETH FRENZEL: Stoff-, Motiv- und Symbolforschung. Stuttgart 1966², SM 28.
2. ULRICH WEISSTEIN: Stoff- und Motivgeschichte. In: WEISSTEIN 163–183.

3. RAYMOND TROUSSON: Les études des thèmes. Paris 1965, S. 6.
4. BORIS TOMACHEVSKI: Théorie de la littérature. Paris 1965, S. 268; Beispiele für solche allgemeine Titel: Stoffe, Formen, Strukturen. hrsg. von ALBERT FUCHS und HELMUT MOTEKAT. München 1962; Themes and Directions in American Literature. hrsg. von RAY B. BROWNE und DONALD PIZER. Lafayette, Indiana 1969; MARIO PRAZ: Motivi e figure. Turin 1945.
5. HELLMUTH PETRICONI: Metamorphosen der Träume. Fünf Beispiele zu einer Literaturgeschichte als Themengeschichte. Frankfurt am Main 1971.
6. POLLMANN II 24–63.
7. Z. CZERNY: Contribution à une théorie comparée du motif dans les arts. In: Stil- und Formprobleme in der Literatur. hrsg. von PAUL BÖCKMANN. Heidelberg 1959, S. 38–50.
8. PAUL ZUMTHOR: Langue et technique poétiques à l'epoque romane. Paris 1963.
9. EUGENE H. FALK: Types of Thematic Structure. Chicago 1967.
10. HARRY LEVIN: Thematics and Criticism. In: DEMETZ, GREENE, NELSON Jr. 125–145 ; vgl. auch WILLY KROGMANN: Motiv. In: KOHLSCHMIDT – MOHR II 427–432.
11. WEHRLI 104.
12. WEISSTEIN 166 und 182.
13. RICHARD KUHNS: Structures of Experience. New York, London 1970.
14. MICHAEL LANE: Introduction to Structuralism. New York 1970.
15. FRYE 294.
16. EUGENE FALK a.a.O.
17. HARRY LEVIN: Thematics and Criticism a.a.O., S. 129, 139, 144, 145.
18. WALTER VEIT: Motiv. In: Das Fischer Lexikon. Literatur II, zweiter Teil. hrsg. von WOLF-HARTMUT FRIEDRICH und WALTHER KILLY. Frankfurt am Main 1965, S. 401.
19. ERLICH 31.
20. POLLMANN II 31–32.
21. FALK a.a.O.
22. WILLIAM FREEDMAN: The Literary Motif. In: Novel, Jahrgang 4, (1970–1971, S. 123–131.
23. POLLMANN II 34.
24. EUGENE FALK: Stylistic Forces in the Narrative. In: YCC III (1971), S. 43.
25. WEISSTEIN 174.
26. ELISABETH FRENZEL: Stoff- Motiv- und Symbolforschung a.a.O., S. 28.
27. POLLMANN II 38–41.
28. HERMAN MEYER: Das Zitat in der Erzählkunst. Stuttgart 1967, S. 215.
29. ERLICH 260.
30. VICKIE ZIEGLER: The Leitwort in Minnesang. University Park and London 1974.
31. ELISABETH FRENZEL a.a.O., S. 30; ADOLF BEISS: Nexus und Motive. Beitrag zur Theorie des Dramas. In: DVLG, Jahrgang 36 (1962), S. 265–267.
32. JOSEF KÖRNER: Erlebnis – Motiv – Stoff. In: Vom Geiste neuer Literaturforschung. Festschrift für OSKAR WALZEL. Wildpark-Potsdam 1924, S. 80–90.
33. VIKTOR ŽIRMUNSKIJ: BAJRONISM PUŠKINA kak istoriko-literaturnaja problema. In: PUŠKINSKIJ sbornik. Petrograd 1922, S. 299.
34. ELISABETH FRENZEL, a.a.O., S. 32.
35. MAX LÜTHI: Märchen. Stuttgart 1967, SM 16; ders.: Freiheit und Bindung im Volksmärchen. In: Märchen, Mythos Dichtung. hrsg. von HUGO KUHN und KURT SCHIER. München 1963, S. 7–10.
36. HEDWIG VON BEIT: Symbolik des Märchens. Bern 1960², Bd. I, S. 463.
37. Zur Motivik in der Volksliteratur vgl. STITH THOMPSON: Motif – index to folk literature. Kopenhagen 1956 ff.; sowie die Buchreihe «Motive». Freiburger Folkloristische Forschungen. hrsg. von LUTZ RÖHRICH. München 1970 f.
38. ADELHEID BECKMANN: Motive und Formen der deutschen Lyrik des 17. Jahrhunderts. Tübingen 1970.

39. RONALD PEACOCK: Das Leitmotiv bei THOMAS MANN. Bern 1934.
40. HARRY LEVIN: Thematics and Criticism, a.a.O., S. 144.
41. OSKAR WALZEL: Leitmotive in Dichtungen. In: WALZEL II 152–181.
42. JOHANNES VOLKELT: Die Kunst des Individualisierens in den Dichtungen JEAN PAULS. In: Philosophische Abhandlungen, dem Andenken RUDOLF HAYMS gewidmet. 1902, S. 273–336.
43. GÜNTHER VOIGT: Die humoristische Figur bei JEAN PAUL. München 1969.
44. HARRY STEINHAUER: The Guilt of Emilia Galotti. In: JEGP XLVIII (1949), S. 173–185.
45. HENRY HATFIELD: Emilia's Guilt Once More. In: MLN, Jahrgang LXXI (1956), S. 287–296.
46. FRITZ BRÜGGEMANN: Die Entwicklung der Psychologie im bürgerlichen Drama LESSINGS und seiner Zeit. In: Euph. XXVI (1925), S. 376–388.
47. LEON EDEL: The Modern Psychological Novel. New York 1955.
48. KAYSER 197.
49. WELLEK, WARREN 196.
50. DAVID DAICHES: The Novel and the Modern World. Chicago und London S. 12–24.
51. E. M. FORSTER: Ansichten des Romans. Frankfurt am Main 1962, S. 51–89.
52. MARY MCCARTHY: On the Contrary. New York 1961, S. 271–292.
53. WLADIMIR WEIDLÉ: Die Sterblichkeit der Musen. Stuttgart 1958, S. 47–84.
54. WELLEK, WARREN 76–77.
55. GERTRUD GELDERBLOM: Die Charaktertypen THEOPHRASTS, LABRUYÈRS, GELLERTS und RABENERS. In: GRM, Jahrgang 14 (1926), S. 269–284; FRIEDRICH ARNOLD: Von der Charakterbeschreibung zur Charaktererzählung. Die Entwicklung des theophrastischen Charakterporträts im 17. und 18. Jahrhundert. Würzburg: Diss. 1956.
56. CHRISTOPHER GILLIE: Character in English Literature. London 1965.
57. W. J. HARVEY: Character and the Novel. Ithaca, New York 1965.
58. LEVIN SCHÜCKING: Shakespeares Charaktere. Leipzig 1919.
59. KÄTE HAMBURGER: Von Sophokles zu Sartre. Stuttgart – Berlin – Köln – Mainz: Kohlhammer 1962.
60. ERNST ROBERT CURTIUS: Europäische Literatur und Lateinisches Mittelalter. Bern 1948; vgl. auch W. DIBELIUS: CHARLES DICKENS. Leipzig 1926, S. 347–373; HUGO KUHN: Versuch einer Literaturtypologie des deutschen 14. Jahrhunderts. In: Typologia Litterarum. hrsg. von STEFAN SONDEREGGER, ALOIS M. HAAS und HARALD BURGER. Zürich und Freiburg 1969, S. 261–280.
61. HERMAN MEYER: Der Sonderling in der deutschen Literatur. München 1963.
62. RAYMOND TROUSSON: Un problème de littérature comparé, a.a.O., S. 14.
63. RONALD S. CRANE: The Concept of Plot and the Plot of «Tom Jones». In: Critics and Criticism: Ancient and Modern. hrsg. von RONALD S. CRANE. Chicago 1951.
64. WLADIMIR WEIDLÉ: Die Sterblichkeit der Musen, a.a.O., S. 71 und 74–75.
65. HARRY LEVIN: Thematics and Criticism, a.a.O., S. 143.
66. ELISABETH FRENZEL: Stoff- Motiv- und Symbolforschung, a.a.O., S. 28.
67. ERICH AUERBACH: Typologische Motive in der mittelalterlichen Literatur. Krefeld 1953; vgl. auch: ders.: Mimesis. Bern 1949.
68. MARIO PRAZ: The Romantic Agony. London 1933.
69. INGARDEN III 29–50.

b. Geschehen–Fabel–Thema

70. WLADIMIR WEIDLÉ: Die Sterblichkeit der Musen, a.a.O., S. 11–46.
71. STAIGER I 19.
72. INGARDEN III 47.
73. HUGO FRIEDRICH: Die Struktur der modernen Lyrik. Hamburg 1968, S. 69 und 109.

74. ROBERT SCHOLES und ROBERT KELLOGG: The Nature of Narrative. New York 1966.
75. JEAN HANKISS: Les problèmes du milieu. In: Helicon, III. Jahrgang (1924), S. 19–34.
76. RICHARDS I.
77. WILLIAM EMPSON: Seven Types of Ambiguity. London 1940.
78. TREVOR EATON: The Semantics of Literature. The Hague – Paris 1966.
79. STEPHEN ULLMANN: Grundzüge der Semantik. Berlin 1967, S. 99, 106, 183, 247–267; ders.: Stylistics and Semantics. In: SEYMOUR CHATMAN (Hrsg.): Literary Style. London und New York 1971, S. 133–152; ders.: Two Approaches to Style. In: YCC, Bd. III, S. 217–225; ders.: Style in the French Novel. Oxford: 1964^2.
80. TZVETAN TODOROV: La description de la signification en littérature. In: Communications, Paris, Jahrgang 4 (1964), S. 33–39.
81. EUGENE FALK: Types of thematic structure. Chicago and London 1967, S. 26–27.
82. B. TOMACHEVSKI: Théorie de la littérature. Paris 1965, S. 263 ff.
83. KAYSER 79–82.
84. R. S. CRANE: The Concept of Plot. In: CRANE I.
85. NORMAN FRIEDMAN: Forms of the Plot. In: Journal of General Education, Jahrgang VII (1955), S. 241–253.
86. GEOFFREY HARTMAN: Beyond Formalism. New Haven and London 1970, S. 113–123.
87. POLLMANN II, S. 24–41.
88. HARRY LEVIN: Thematics and Criticism. In: DEMETZ, GREENE, NELSON Jr. 125–145.
89. EUGENE FALK: Types of Thematic Structure, a.a.O.
90. H. PETRICONI: Metamorphosen der Träume. Frankfurt am Main 1971.
91. HUGO FRIEDRICH: Die Struktur der modernen Lyrik. Hamburg 1968, S. 123.
92. MARGOT KRUSE: Literaturgeschichte als Themengeschichte. In: PETRICONI: Metamorphosen, a.a.O., S. 201.
93. VOLKER KLOTZ: Die erzählte Stadt. München: 1969.
94. ROBERT S. FOWLER: Themes in Life and Literature. London 1967.
95. WALTHER REHM: Europäische Romdichtung. München 1960^2; MANFRED KRÜGER: GERARD DE NERVAL. Darstellung und Deutung des Todes. Stuttgart 1966.
96. BERNHARD BLUME: Lebendiger Quell und Flut des Todes. In: Arcadia, Bd. I, Heft 1, S. 18–30.
97. JACQUES BOUSQUET: Les Thèmes du Rêve dans la Littérature Romantique. Paris 1964; vgl. auch: A. BARTLETT GIAMATTI: The Earthly Paradise and the Renaissance Epic. Princeton 1966.
98. STAIGER 20.
99. FRYE I 57–72.
100. PETRICONI: Metamorphosen, a.a.O.
101. JEAN PAUL WEBER: Domaines thematiques. Paris 1963.

c. Vorwurf – Idee – Mythos

102. BATESON 106.
103. ARTHUR LOVEJOY: The Great Chain of Being. Cambridge, Massachusetts 1936.
104. RUDOLF UNGER: Literaturgeschichte als Problemgeschichte. Berlin 1924.
105. FRYE I 57 und 209.
106. PIERRE ALBOUY: Mythes et mythologies dans la littérature française. Paris 1969.
107. POLLMANN II 25, Anmerkung 13.
108. ROLAND BARTHES: Sur Racine. Paris 1963.
109. WELLEK III 334.
110. BATESON 110–115. Vgl. ADRIAN MARINO: Dictionar de Idei Literare. Bukarest 1971.
111. HERMANN AUGUST KORFF: Geist der Goethezeit. 4 Bde., Leipzig 1923–1953.
112. GEORG LUKÁCS: Schriften zur Literatursoziologie. Neuwied – Berlin 1963.

114. KARL GUTHKE: Die Mythologie der entgötterten Welt. Göttingen 1971; FRIEDRICH WILHELM WENTZLAFF–EGGEBERT: Deutsche Mystik zwischen Mittelalter und Neuzeit. Tübingen 1947.
115. ROBERT L. JOHN: DANTE. Wien 1946.
116. PAUL ARNOLD: Esoterik im Werke Shakespeares. Berlin o.J.; ders.: Esotérisme de Baudelaire. Paris 1972; JEAN PARIS: Rabelais au Futur. Paris 1970.
117. ROLF CHRISTIAN ZIMMERMANN: Das Weltbild des jungen Goethe. München 1969.
118. THEODORE ZIOLKOWSKI: Der Hunger nach dem Mythos. In: Die sogenannten Zwanzigerjahre. hrsg. von REINHOLD GRIMM und JOST HERMAND. Bad Homburg von der Höhe – Berlin – Zürich 1970, S. 169–201.
119. FRYE I 136.
120. WELLEK, WARREN 169.
121. WELLEK II 224.
122. KLAUS ZIEGLER: Mythos und Dichtung. In: KOHLSCHMIDT-MOHR II 569–584.
123. GERHARD SCHMIDT-HENKEL: Mythos und Dichtung. Bad Homburg von der Höhe – Berlin – Zürich 1967.
124. KARL GUTHKE: Die Mythologie der entgötterten Welt. Göttingen 1971.
125. FRANCIS FERGUSON: Idea of a Theater. 1949.
126. WHEELWRIGHT.
127. NORTHROP FRYE: Mythos, Dichtung, Umsetzung. In: STRELKA-HINDERER 369–390 und FRYE 98–120 und 133–143.
128. THEODORE ZIOLKOWSKI: Der Hunger nach dem Mythos, a.a.O., Zur allgemeinen Einführung siehe besonders: KARL KERÉNYI (Hrsg.): Die Eröffnung des Zugangs zum Mythos. Darmstadt 1967.
129. KURT HOFFMANN (Hrsg.): Die Wirklichkeit des Mythos. München: 1965.
130. MANFRED FUHRMANN (Hrsg.): Terror und Sprache. Probleme der Mythenrezeption. München 1971.
131. T. A. SEBEOK (Hrsg.): Myth. Bloomington 1965; HENRY A. MURRAY (Hrsg.): Myth and Mythmaking. New York 1960.
132. JOHN B. VICKERY (Hrsg.): Myth and Literature. Lincoln 1966; JOHN B. VICKERY und J'NAN M. SELLERY: The Scapegoat: Ritual and Literature. Boston 1972.
133. KLAUS ZIEGLER: Mythos und Dichtung, a.a.O.,
134. E. W. HERD: Myth Criticism: Limitations and Possibilities. In: Mosaic, Jahrgang 2, Heft III, S. 69–77; vgl. auch: JOSEPH STRELKA: Psychoanalyse und Mythenforschung in der Literaturwissenschaft. In: ZMEGAC-SKREB 208-215.
135. CLAUDE LEVI-STRAUSS. In: ADELBERT REIF (Hrsg.): Antworten der Strukturalisten. Hamburg 1973, S. 106.
136. HARALD WEINRICH: Erzählstrukturen des Mythos. In: Literatur für Leser. Stuttgart 1971, S. 148–149.
137. KARL GUTHKE: Die Mythologie der entgötterten Welt, a.a.O., S. 20.
138. MAX L. BAEUMER: Zur Psychologie des Dionysischen in der Literaturwissenschaft. In: WOLFGANG PAULSEN (Hrsg.): Psychologie in der Literaturwissenschaft. Heidelberg 1970, S. 79–111.
139. KARL KERENYI (Hrsg.): Die Eröffnung des Zugang zum Mythos, a.a.O., S. 227, 234 und 241 und 243.
140. WALTER F. OTTO. In: KERÉNYI, a.a.O., S. 275–278 und 283; vgl. auch: ERNESTO GRASSI: Kunst und Mythos. Hamburg 1957.
141. ERNST CASSIRER: Philosophie der symbolischen Formen. Darmstadt Bd. 3 1958, S. 79–90, 104–107, 119; ROGER HINKS: Myth and Allegory in Ancient Art. London 1939; C. G. JUNG: Aion. Zürich 1950.
142. MIRCEA ELIADE: Der Mythos der ewigen Wiederkehr. Düsseldorf 1953, S. 11–30 und 46–76; ders.: Myths, Dreams, and Mysteries. New York and Evanston 1967.

143. ANDRE JOLLES: Einfache Formen. Tübingen 1965, S. 124–125.
144. WILHELM EMRICH: Symbolinterpretation und Mythenforschung. In: Protest und Verheißung. Frankfurt am Main 1963, S. 67–94.
145. JOHANNES KLEINSTÜCK: Mythos und Symbol in englischer Dichtung. Stuttgart 1964.
146. KARL GUTHKE: Die Mythologie der entgötterten Welt, a.a.O., S. 25; vgl. auch: RICHARD CHASE: Quest for Myth. Baton Rouge 1949 und DAVID BIDNEY: Myth, Symbolism and Truth. In: JOHN B. VICKERY (Hrsg.): Myth and Literature, a.a.O., S. 3–14.
147. HARRY SLOCHOWER: Mythopoesis. Detroit 1970, S. 14, 40, 31, 15; vgl. auch: HERMANN BROCH: Gesammelte Werke, Bd. VI, «Dichten und Erkennen», Zürich 1955, S. 239–248 und 277–294.
148. JOHN J. WHITE: Mythology in the Modern Novel. A Study of Prefigurative Techniques. Princeton 1971; TAMAS UNGVARI: Mythos und Kunst. In: Acta litteraria Academia scientiarum Hungaricae. Budapest, Jahrgang XII (1970), S. 89–103; MANFRED FUHRMANN: Mythos als Wiederholung in der griechischen Tragödie und im Drama des 20. Jahrhunderts. In: M. FUHRMANN (Hrsg.): Terror und Spiel, a.a.O., S. 121–143; FRANCIS FERGUSSON: The Human Image in Dramatic Literature. New York 1957.
149. WALTHER KILLY: Elemente der Lyrik. München 1972, S. 66–93.
150. LILIAN FEDER: Ancient Myth in Modern Poetry. Princeton 1971.

5. Gattungsprobleme

a. Grundprobleme der Gattungstheorie

1. MARKWARDT, Bd I–V.
2. IRENE BEHRENS: Die Lehre von der Einteilung der Dichtkunst, vornehmlich vom 16. bis 19. Jahrhundert. Studien zur Geschichte der poetischen Gattungen. Beihefte zur Zeitschrift für romanische Philologie, Band 92, Halle 1940.
3. STAIGER I, 256–261.
4. WELLEK III, 225.
5. N. H. PEARSON: Literary Forms and Types. In: English Institute Annual 1940, New York 1941, p. 59ff.
6. MICHAIL BACHTIN: «Slove v romane» in: Voprosy literatury 1965, no. 8.
7. HAMBURGER, S. 11–12.
8. ALBERT WILLIAM LEVI: Literature, Philosophy, and the Imagination. Bloomington 1962, S. 50–184.
9. HENRI BONNET: Roman et poésie. Paris 1951.
10. FRYE I, S. 248.
11. WEHRLI, S. 72.
12. KAYSER 331–388.
13. MUSCHG 23–138.
14. GERHARD PRIESEMANN: Gattungen – Stil. In: Das Fischer Lexikon, Literatur II., Erster Teil, hrsg. von Wolf-Hartmut Friedrich und Walther Killy, Frankfurt am Main 1965, S. 235–245.
15. KAYSER 331–388.
16. MUSCHG 59–131.
17. HAMBURGER 34, 62, 105–109.
18. KARL BÜHLER: Sprachtheorie. Stuttgart 1965.
19. STAIGER I, 212–215.
20. ERNST CASSIRER: Philosophie der symbolischen Formen. Darmstadt I. Teil: Die Sprache, 1956.

21. FRITZ MARTINI: Poetik. In: Deutsche Philologie im Aufriß. Hrsg. von WOLFGANG STAMMLER. Berlin – Bielefeld – München, Band I, 1957, Spalte 225.
22. HANS-PETER BAYERDÖRFER: Poetik als sprachtheoretisches Problem. Tübingen 1967, S. 131–139.
23. ALEKSANDR K. ŽOLKOVSKIJ und JURIJ ŠČEGLOV: Strukturnaja poétika – poraždajuščaja poétika! In: Voprosy Literatury vol. XI (1976), no. 1; TZVETAN TODOROV: Grammaire du Décameron. The Hague – Paris 1969; POLLMANN II, S. 53; LOTMAN I, S. 404–419; Zu Gozzi siehe ŽMEGAČ, S. 260.
24. NORMAN FRIEDMAN: Form and Meaning in Fiction. Athens/Georgia 1975, S. 79–101.
25. V. I. PROPP: Morphologie des Märchens. Frankfurt am Main 1975.
26. HEDWIG VON BEIT: Symbolik des Märchens, 3 Bde., Bern 1952, 1956, 1957.
27. E. SOURIAU: Les deux cent milles situations dramatiques. Paris 1950.
28. GUY MICHAUD: L'Oeuvres et ses techniques. Paris 1957.
29. A. J. GREIMAS: Sémantique structurale. Paris 1966.
30. STAIGER I, 207–256.
31. ROLF TAROT: Mimesis und Imitatio. Grundlagen einer neuen Gattungspoetik. In: Euphorion, Bd. 64 (1970), S. 125–142.
32. STAIGER I, 257.
33. HAMBURGER, 53–56, und 187.
34. DAICHES I, 47–70 und 135–195.
35. HENRI BONNET: Roman et Poésie, a.a.O.
36. RALPH FREEDMAN: The Lyrical Novel. Princeton 1963.
37. FRIEDRICH SENGLE: Vorschläge zur Reform der literarischen Formenlehre. Stuttgart 1969.
38. FRITZ MARTINI: Der Essay, in: KOHLSCHMIDT-MOHR, I, 408–410; LUDWIG ROHNER: Der deutsche Essay. Neuwied – Berlin 1966; JOSEPH STRELKA: Der literarische Reisebericht. In: Jf IG, Jg. III, Heft 1, S. 63–75; ROLF TAROT, a.a.O., S. 141.
39. MARIO FUBINI: Entstehung und Geschichte der literarischen Gattungen. Tübingen 1971.
40. BOUSOÑO, 44–47 und 377–380.
41. GEORGE WATSON: The Study of Literature. Harmondsworth 1969, Kapitel 5.
42. ZYGMUNT LEMPICKI: Zum Problem der Begründung einer reinen Poetik. In: Poetica, 4. Jg. (1971), S. 378–397.

b. Die einzelnen Gattungsformen

43. Vgl. bspw. BEDA ALLEMANN (Hrsg.): Ars Poetica. Darmstadt 1971.
44. HENRI BONNET: Roman et Poésie. Paris 1951, S. 97–104 und 155–162.
45. STAIGER I, S. 248–256.
46. STAIGER I, 253, vgl. dazu WOLFGANG RUTTKOWSKI: Die literarischen Gattungen. Bern 1968.
47. FRIEDRICH BEISSNER: Geschichte der deutschen Elegie. Berlin ³1965; vgl. dazu ALBIN LESKY: Geschichte der griechischen Literatur. Bern 1958, S. 110–121
48. KLAUS WEISSENBERGER: Formen der Elegie. Bern 1969.
49. ABBIE FINDLEY POTTS: The Elegiac Mode. Ithaca 1967.
50. JOSEPH SZÖVERFFY: Weltliche Dichtungen des Lateinischen Mittelalters, Band I: Von den Anfängen bis zum Ende der Karolingerzeit, Berlin 1970, S. 27–96.
51. HUGO KUHN: Gattungsprobleme der mittelhochdeutschen Literatur. In: Dichtung und Welt im Mittelalter. Stuttgart 1959, S. 41–61.
52. WALTER BLANK: Die deutsche Minneallegorie. Stuttgart 1970.
53. WEHRLI. S. 77–86.
54. ARTUR KUTSCHER: Stilkunde der Deutschen Dichtung. Band II, Bremen-Horn 1952.
55. HERBERT SEIDLER: Die Dichtung. Stuttgart ²1965, S. 415–437, 450–455, 505–564 und 616–652.

56. HELMUT PRANG: Formgeschichte der Dichtkunst. Stuttgart 1968.
57. HELLMUT ROSENFELD: Legende. Stuttgart 1961, SM 9, vgl. in der Sammlung Metzler die Bändchen 16, 27, 38, 52, 53, 55, 56, 63, 66, 68, 77, 78, 83, 85, 101.
58. ROLAND BOURNEUF et REAL OUELLET: Le roman. Paris 1971, vgl. auch andere Bändchen derselben Reihe «Que Sais-Je?».
59. STAIGER I, 255–256. Als Muster prakt. Darstellung vgl. HARTMUT STEINECKE: Romantheorie und Romankritik in Deutschland, 2 Bde. Stuttgart 1975 und 1976.
60. WEISSTEIN, S. 154.
61. WALTER KILLY: Elemente der Lyrik. München 1972.
62. JAMES L. CALDERWOOD and HAROLD E. TOLIVER: Perspectives on Poetry. New York 1968.
63. EBERHARD LÄMMERT: Bauformen des Erzählens. Stuttgart 1955.
64. HEINRICH MEYER: Die Kunst des Erzählens. Bern 1972.
65. ROBERT PETSCH: Wesen und Formen des Dramas. 1945.
66. ROBERT CHAMPIGNY: Le Genre dramatique. Monte Carlo 1965.
67. HUGO FRIEDRICH: Die Struktur der modernen Lyrik. Hamburg [2]1968.
68. RUDOLF NIKOLAUS MAIER: Das Gedicht. Düsseldorf [3]1963.
69. E. M. FORSTER: Ansichten des Romans. Frankfurt am Main 1962.
70. NORMAN FRIEDMAN: Theory of the Novel. Athens, Georgia 1974.
71. WALTER BENJAMIN: Ursprung des deutschen Trauerspiels. In: Schriften. Hg. von Th. W. Adorno, Frankfurt a.M. 1955.
72. NINO ERNÉ: Kunst der Novelle. Wiesbaden [2]1961.
73. ANDRÉ JOLLES: Einfache Formen. Tübingen [3]1965.
74. W. P. LEHMANN: Generative Sprachwissenschaft und Literaturwissenschaft. In: VICTOR LANGE und HANS-GERT ROLOFF: Dichtung – Sprache – Gesellschaft. Frankfurt a. M. 1971, S. 136–38.
75. SERGE MELEUC: Structure de la maxime. In: Langages, Jg. 13 (1969), S. 69–99.
76. GÖTZ WIENOLD: Probleme der linguistischen Analyse des Romans. In: JfIG, I. Jg., Heft 1 (1969), S. 108–128.
77. KLAUS BAUMGÄRTNER: Der methodische Stand eioner linguistischen Poetik. In: JFIG, I. Jg. Heft 1 (1969), S. 15–43.
78. KLAUS W. HEMPFER: Gattungstheorie, München 1973.

c. Jenseits der Gattungen und Gattungsarten

79. F. BRUNETIÈRE: L'evolution des genres dans l'histoire de la littérature. Paris 1890.
80. MATTHEW ARNOLD: Essays in Criticism. In: Complete prose works, edited by R. H. Super 1960.
81. G. W. F. HEGEL: Ästhetik. Frankfurt am Main o.J., Band II, S. 326–586.
82. FRIEDRICH THEODOR VISCHER: Ästhetik. 1922–23.
83. RUDOLF LEHMANN: Deutsche Poetik. München 1908, S. 198 und 215–258.
84. ARTUR KUTSCHER: Stilkunde der deutschen Dichtung. Bremen–Horn 1951, Bd. I, S. 151.
85. WEHRLI, S. 87.
86. FRIEDRICH SENGLE: Zur Einheit von Literaturgeschichte und Literaturkritik. In: Žmegač, S. 243.
87. vgl.: KARL S. GUTHKE: Geschichte und Poetik der deutschen Tragikomödie. Göttingen 1961.
88. WOLFGANG KAYSER: Das Groteske. Seine Gestaltung in Malerei und Dichtung. Oldenburg–Hamburg 1957; ERICH HELLER: The ironic German. A study of Thomas Mann. London 1958.
89. BEDA ALLEMANN: Ironie und Dichtung. Pfullingen 1956.
90. WALTER HÖLLERER: Zwischen Klassik und Moderne. Stuttgart 1958.
91. HELMUT PLESSNER: Lachen und Weinen. Eine Untersuchung nach den Grenzen menschlichen Verhaltens. Bern [2]1950.

92. PAUL HERNADI: Beyond Genre. Ithaca and London 1972.
93. LOTMAN I, S. 408–419.
94. WLADIMIR WEIDLÉ: Die zwei «Sprachen» der Sprachkunst. In: JAAK, Band XII 12, S. 172–173.
95. GERHARD R. KAISER: Zur Dynamik literarischer Gattungen. In: HORST RÜDIGER (Hrsg.): Die Gattungen in der Vergleichenden Literaturwissenschaft. Berlin–New York 1974, S. 32–62.
96. JAN TRZYNADLOWSKI: Information theory and literary genres. In: Zagadnienia rodzajów literackich Bd. 4 (1961), Heft 1, S. 45.
97. TZVETAN TODOROV: Qu'est-ce que le structuralisme? 2. Poetique. Paris 1968.
98. KAYSER.
99. KLAUS W. HEMPFER: Gattungstheorie. München 1973.
100. STAIGER I, S. 208 und 254.
101. ARTUR KUTSCHER: Stilkunde der deutschen Dichtung. Bremen–Horn 1952, Band II.
102. HENRI BONNET: Roman et Poésie. Paris 1951, S. 142, 144.
103. BATESON, S. 90–93.

4. Der literarische Stil

a. Allgemeine Voraussetzungen

1. WELLEK III, 329.
2. HUGO KUHN: Sprach- und Literaturwissenschaft als Einheit? In: GRIMM-HERMAND S. 229.
3. KAYSER 149–152.
4. SAMUEL R. LEVIN: Linguisitic Structures in Poetry 1962.
5. WELLEK-WARREN, S. 153; WELLEK III, S. 332–333.
6. NICOLAS RUWET: Limits de l'analyse linguistique en poétique. In: Langages, Bd. 12 (1968), S. 56.
7. JAMES P. THORNE: Poetry, stylistics, and imaginary grammar. In: Journal of Linguistics, Band V (1969), S. 147–150.
8. RICHARD OHMANN: Generative Grammars and the concept of literary style. In: Word, Jg. XX (1964), S. 423–439.
9. RENÉ WELLEK: Closing Statement: From the Viewpoint of Literary Criticism. In: THOMAS A. SEBEOK (Hrsg.): Style in Language. Cambridge, Mass. 1960, S. 410 und 411.
10. W. TURBIN: Was ist denn eigentlich der Stil eines literarischen Kunstwerks? In: Kunst und Literatur, 8. Jg. (1960), S. 143–158.
11. ALONSO, S. 429.
12. WELLEK III, S. 332–333.
13. ALVIN EUSTIS: Stylistics. In: PREMINGER, S. 817.
14. PIERRE GUIRAUD: La stylistique. Paris 1954.
15. A. SCHIAFFINI: La stilistica letteraria. In: Momenti di storia della lingua italiana. 1953.
16. STEPHEN ULLMANN: Stylistics and Semantics. In: SEYMOUR CHATMAN (Hrsg.): Literary Style. London and New York 1971, S. 133.
17. RICHARD OHMANN: Generative Grammars and the concept of Literary Style, a.a.O., S. 427–430.
18. LUBOMÍR DOLEŽEL: A framework for the statistical analysis of style. In: L. DOLEŽEL and R. W. BAILEY (Hrsg.): Statistics and Style. New York 1969, S. 10.
19. WAIZEL I, letztes Kapitel.
20. VIKTOR ŽIRMUNSKIJ: Zadači poetiki, In: Voprosy teorii literatury. Leningrad 1928, S. 17–88.

21. MICHAEL RIFFATERRE: Stylistic Context. In: CHATMAN-LEVIN, S. 431–441.
22. LUBOMÍR DOLEŽEL: A framework for the statistical analysis of style, a.a.O., S. 13.
23. ULRICH LEO: Stilforschung und dichterische Einheit. München 1966; S. 30.
24. W. K. WIMSATT: The Prose Style of Samuel Johnson. New Haven and London 1941.
25. RICHARD OHMANN: Generative Grammars and the Concept of Literary Style, a.a.O., S. 427.
26. STANLEY E. FISH: What is stylistics and why are they saying such terrible things about it? In: Seymour Chatman (Hrsg.): Approaches to Poetics. New York and London 1973, S. 109–152.
27. LEO SPITZER: Zur sprachlichen Interpretation von Wortkunstwerken. In: Romanische Stil- und Literaturstudien, Band I, Marburg a.d. Lahn 1931, S. 30–31.
28. EMIL WINKLER: Die neuen Wege und Aufgaben der Stilistik. In: Die neueren Sprachen, Band 33 (1925), S. 40f., vgl. dazu LEO SPITZER in: Literaturblatt für germanische und romanische Philologie. 1926, Spalte 89–95.
29. STEPHEN ULLMANN: Two Approaches to Style. In: Patterns of Literary Style. YCC, Band III, S. 217–225.
30. PAUL HERNADI: Literary Theory: A Compass for Critics. In: Critical Inquiry, Winter 1976, vol. 3, Nr. 2. S. 384.
31. JOHANNES ANDEREGG: Stildefinition und Wissenschaftsparadigma. In: WOLFGANG KLEIN (Hg.): Methoden der Textanalyse. Heidelberg 1977, S. 74.
32. MORTON W. BLOOMFIELD: Stylistics and Literary Theory. In: New Literary History, Bd. VII, (Jg. 1976), Nr. 2, S. 274.
33. JOHANNES ANDEREGG: op-cit., S. 74 und 80.
34. D. R. TALLENTIRE: Mathematical Modelling in Stylistics. In: R. A. WISBEY (Hg.): The Computer in Literary and Linguistic Research. Cambridge 1971, S. 117–28 und: The Mathematics of Style. In: TLS, 13. August, S. 973–74.
35. FRANK J. D'ANGELO: Style as Structure. In: Style, 82. Jg. (1974), S. 322–364.
36. ZIVA BEN-PORAT und BENJAMIN HRUSHOVSKI: Structuralist Poetics in Israel. Tel-Aviv 1974, S. 50–60.
37. MORTON W. BLOOMFIELD, a.o.O., S. 273–276.
38. G. N. LEECH: Linguistics and the Figures of Rhetoric. In: R. FOWLER (Hg.): Essays on Style and Language. London 1966, S. 135–156. G. N. LEECH: A Linguistic Guide to English Poetry. London 1969.
39. J. DUBOIS und andere: Rhetorique générale. Paris 1970.
40. HEINRICH F. PLETT: Textwissenschaft und Textanalyse. Heidelberg 1975, S. 147–150.
41. INGER ROSENGREN: Style as choice and deviation. In: Style. 6. Jg. (1972), Heft 1, S. 3–18.
42. JOHANNES ANDEREGG, a.o.O., S. 74–76.

b. Stilkomponenten

43. WELLEK III, S. 333.
44. VIKTOR VINOGRADOV: Yazyk Pushkina. Moskau 1935.
45. KAYSER, S. 329.
46. EMMY L. KERKHOFF: Kleine deutsche Stilistik. Bern 1962, S. 51.
47. JÜRGEN STENZEL: Zeichensetzung. Göttingen 1966.
48. KERKHOFF, a.a.O., S. 15.
49. EMIL WINKLER: Grundlegung der Stilistik. Bielefeld und Leipzig 1929, S. 47–80.
50. WILHELM SCHNEIDER: Ausdruckswerte deutscher Sprache. Leipzig und Berlin 1931, S. 21.
51. KAYSER, S. 301–311.
52. WELLEK III, S. 335.
53. ZDENKO ŠKREB: Sprachstil und Stilkomplex. In: ŠKREB, S. 95–107.
54. ALFRED BEHRMANN: Einführung in die Analysen von Verstexten. Stuttgart 1970.

55. GEORG MICHEL und andere: Einführung in die Methode der Stiluntersuchung. Berlin 1968.
56. KAYSER, S. 275; und S. 101–184.
57. E. BACH: The syntax of Hölderlins poems. In: Texas Studies in Literature and Language Bd. II (1960), S. 383–397 und (1961), S. 444–457.
58. JOSEPHINE MILES und HANAU C. SELOIN: A factor analysis of the vocabulary of poetry in the seventeenth century. In: JACOB LEED (Hrsg.): The Computor and Literary Style. Kent, Ohio 1966, S. 116–127.
59. THOMAS A. SEBEOK: Decoding a Text: Levels and Aspects in a Cheremis Sonnet. In: THOMAS A. SEBEOK: Style in Language. Cambridge, Mass. 1960, S. 221–35.
60. BURGHARD RIEGER: Wort- und Motivkreise als Konstituenten lyrischer Umgebungsfelder. Eine quantitative Analyse semantisch bestimmter Textelemente. In: Zeitschrift für Literaturwissenschaft und Linguistik. 1. Jg. (1971), Heft 4, S. 23–41; vgl. auch HEINZ-MARTIN DANNHAUSER und DIETER WICKMANN: «Quantitative Bestimmung semantischer Umgebungsfelder» und «Segmentierung eines fortlaufenden Prosatexts», in: Literaturwissenschaft und Linguistik, 2. Jg. (1972), Heft 8, S. 29–49.
61. WILHELM FUCKS: Nach allen Regeln der Kunst. Stuttgart 1968, S. 93.
62. SHELDON KLEIN: Control of style with a generative grammar. In: Language, Jg. XLI (1965), S. 619–631; vgl. auch ders.: Automatic paraphrasing in essay format. In: Mechanical translation, Jg. 8, Heft 3–4 (1965), S. 68–83.
63. STANLEY E. FISH: What is Stylistics and why are they saying such terrible things about it? In: SEYMOUR CHATMAN (Hrsg.): Approaches to Poetics. New York 1973, S. 120–121; vgl. auch: HUBERT DREYFUS: What Computors Can't Do. New York 1972, S. 133–134.
64. PAUL BÖCKMANN (Hrsg.): Stil- und Formprobleme in der Literatur. Heidelberg 1959, S. 14; E. ARNOULD: Essai d'une théorie du style. 1851; H. SPENCER: The philosophy of Style. 1852; R. DE GOURMONT: Le problème du style. 1902; E. P. MORRIS: A science of style. 1915.
65. WILLIAM EMPSON: Seven Types of Ambiguity. New York o.J.; ELDER OLSON: WILLIAM EMPSON, Contemporary Criticism, and Poetic Diction. In: CRANE I, S. 27.
66. J. STRIEDTER (Hrsg.): Texte der russischen Formalisten, Band I, München 1969, S. 33; vgl. auch RENATE LACHMANN: Die «Verfremdung» und das «neue Sehen» bei VIKTOR SKLOVSKIJ. In: Poetica, 3. Jg. (1970), Heft 1–2, S. 228ff.
67. ALEKSANDAR FLAKER: Der russische Formalismus. Theorie und Wirkung. In: ŽMEGAČ-ŠKREB, S. 119.
68. STAIGER II, S. 7–28 und STAIGER III.
69. KAYSER, S. 102–105.
70. FERDINAND DE SAUSSURE: Cours de linguistique générale. Paris ^{4}1949, S. 100.
71. DELL H. HYMES: Phonological Aspects of Style: Some English Sonnets. In: THOMAS A. SEBEOK (Hrsg.): Style in Language, a.a.O., S. 109–131.
72. DAVID I. MASSON: Thematic Analysis of Sounds in Poetry. In CHATMAN-LEVIN, S. 54–68.
73. WOLFGANG KAYSER: Die Klangmalerei bei Harsdörffer. Leipzig 1932.
74. ANTS ORAS: Spenser and Milton: Some Parallels and Contrasts in the Handling of Sound. In: NORTHROP FRYE (Hrsg.): Sound and Poetry. New York 1957, S. 109–133.
75. D. TSCHIŽEWSKIJ: Stil und Lexik. In: PAUL BÖCKMANN (Hrsg.): Stil- und Formprobleme in der Literatur. A.a.O., S. 91–95.
76. VIKTOR VINOGRADOV: Ocerki po istorii russkogo literaturnogo jazyka. Leiden ^{2}1949.
77. JAN MUKAŘOVSKÝ: Polákova «Vznešenost přirody. In: Kapitoly z české poetiky, Band II, Prag 1941. Vgl. MIROSLAV ČERVENKA: Grundkategorien des Prager literaturwissenschaftlichen Strukturalismus. In: ŽMEGAČ-ŠKREB, S. 141–145.
78. KAYSER, S. 106–110 und 128–131.
79. DAMASO ALONSO: La lengua poética de Góngora. Madrid 1935.
80. R. A. SAYCE: The Style of Montaigne: Word-Pairs and Word-Groups. In: SEYMOUR CHATMAN (Hrsg.): Literary Style. London und New York 1971, S. 383–402.

81. EMILIJA GRUBAČIĆ: Untersuchungen zur Frage der Wortstellung in der deutschen Prosadichtung der letzten Jahrzehnte. Zagreb: Veröffentlichungen der Philosophischen Fakultät der Universität Zagreb 1965.
82. ROBERT BRÄUER: Tonbewegung und Erscheinungsformen des sprachlichen Rhythmus. Berlin 1964.
83. LEO SPITZER: Die Wortbildung als stilistisches Mittel bei Rabelais. Halle 1910.
84. LEO SPITZER: Linguistics and Literary History. New York 1962, S. 41–86.
85. HANS GRAUBNER: Stilistik. In: ARNOLD, S. 169–172.
86. PHILIP WHEELWRIGHT: On the Semantics of Poetry: In: CHATMAN-LEVIN, S. 250–63.
87. JOSEPHINE MILES: More Semantics of Poetry. In: CHATMAN-LEVIN, S. 264–68.
88. W. K. WIMSATT, Jr.: The Prose Style of Samuel Johnson. New Haven and London 1941, S. 50–62.
89. KAYSER, S. 147.
90. JÜRGEN STENZEL: Zeichensetzung. Göttingen 1966.
91. E. LERCH: Typen der Wortstellung, in: Festschrift für KARL VOSSLER, Heidelberg 1922.
92. ELISE RICHTER: Grundlinien der Wortstellungslehre. In: Zeitschrift für romanische Philologie, Bd. 40 (1920).
93. WILHELM HAVERS: Handbuch der erklärenden Syntax. Heidelberg 1931.
94. W. VON WARTBURG: Einführung in die Problematik und Methodik der Sprachwissenschaft. Halle 1943.
95. MORTON W. BLOOMFIELD: The syncategorematic in poetry: From semantics to syntax. In: To honor Roman Jakobson I, Den Haag 1967, S. 309–317.
96. W. NELSON FRANCIS: Syntax and Literary Interpretation. In: CHATMAN-LEVIN, S. 209–216.
97. RICHARD OHMANN: Literature as Sentences. In: CHATMAN-LEVIN, S. 231–38.
98. KAYSER, S. 148.
99. HERBERT GRIERSON: The paragraph. In: Rhetoric and English Composition. Edinburgh and London 1944.
100. WILLIAM O. HENDRICKS: On the notion «Beyond the Sentence» in: Linguistics, Bd. 37 (1967), S. 12–51.
101. LAWRENCE GAYLORD JONES: Grammatical patterns in english and russian verse. In: To Honor Roman Jakobson II, Den Haag 1967, S. 1015–1045.
102. LEIBFRIED, S. 308–309.
103. GUNTHER IPSEN: Ursprache, Sondersprache, Gemeinsprache. In: Blätter für deutsche Philosophie, Jg. 4 (1930), S. 71.
104. WOLFGANG KAYSER: Sprachform und Redeform. In: Jahrbuch des Freien Deutschen Hochstifts 1936–40, S. 52–91.
105. HANS GRAUBNER: Sprachstil – Redestil. In: ARNOLD, S. 178–79.
106. POLLMANN II, S. 64.
107. LUBOMÍR DOLEŽEL: A framework for the statistical analysis of style. In: L. DOLEŽEL und R. W. BAILEY (Hrsg.): Statistics and Style. New York 1969, S. 12.
108. ARTUR KUTSCHER: Stilkunde der Deutschen Dichtung. Bremen-Horn 1951, Bd. I, S. 265.
109. RICHARD M. MEYER: Deutsche Stilistik. München 1906.
110. ROLF KLÖPFER und URSULA OOMEN: Sprachliche Konstituenten moderner Dichtung. Bad Homburg v.d. Höhe 1970.
111. KAYSER, S. 292, vgl. auch S. 187–212 und 339–388.
112. ARTUR KUTSCHER: Stilkunde, a.a.O., Bd. I, S. 151–166; vgl. auch H. P. H. TEESING in BÖCKMANN, a.a.O., S. 258–266.
113. HANS GRAUBNER in ARNOLD, S. 166.
114. DAEMMRICH, S. 121–185.
115. R. BRÄUER: Der Stilwille Mérimées. Genf 1930.
116. ALEKSANDAR FLAKER: Motivation und Stil. In: VIKTOR ZMEGAC (Hrsg.): Marxistische Literaturkritik. Bad Homburg 1970, S. 387–397.

117. FRITZ STRICH: Deutsche Klassik und Romantik. München 1922.
118. WALZEL I.
119. JASZI, S. 1–44 und 76–113.
120. HANS GRAUBNER in: ARNOLD, S. 186.
121. MICHAEL RIFFATERRE: Stylistic Context. In: Word, Bd. 16, Nr. 2 (August 1960).
122. STEPHEN ULLMANN: Language and Style. Oxford 1964.
123. KAYSER, S. 329–30.
124. POLLMANN II, S. 69–70.

c. Stiltypologien, ihre Einheit, ihre Tradition und ihr Wandel

125. LUBOMÍR DOLEŽEL: A framework for the statistical analysis of style. In: L. DOLEŽEL und R. W. BAILEY: Statistics and Style. New York 1969, S. 10.
126. LEIBFRIED, S. 240–245.
127. WOLFGANG KAYSER: Sprachform und Redeform in den «Heidebildern» der Annette Droste-Hülshoff. In: Jahrbuch des Freien Deutschen Hochstifts 1936–40, S. 52.
128. WELLEK-WARREN, S. 160.
129. WEHRLI, S. 59.
130. KAYSER, S. 290.
131. GRAUBNER in ARNOLD, S. 176–177.
132. HELMUT HATZFELD: Don Quixote als Wortkunstwerk. 1927.
133. MICHAEL RIFFATERRE: «Describing Poetic Structures: Two Approaches to Baudelaire's ‹Les Chats›» in: JACQUES EHRMANN (Hrsg.): Structuralism. New Haven and London 1966, S. 188–230.
134. HERBERT SEIDLER: Allgemeine Stilistik. Göttingen 1963.
135. PETER CASSIRER: Deskriptivstilistik. Stockholm 1970.
136. BENNISON GRAY: Style. 1969.
137. PIERRE GUIRAUD et PIERRE KÜNTZ: La stylistique. Paris 1970.
138. BENNO VON WIESE: Die deutsche Novelle von Goethe bis Kafka, Bd. I, Düsseldorf 1964, S. 154–175.
139. RICHARD EXNER: Hugo von Hofmannsthals «Lebenslied». Heidelberg 1964.
140. ALFRED BEHRMANN: Einführung in die Analyse von Verstexten, SM 89, S. 80.
141. RUDOLF NIKOLAUS MAIER: Das Gedicht. Düsseldorf 1963, S. 74.
142. JEAN ROUSSET: Forme et Signification. Paris 1962, S. V, VI, IX, XV.
143. FRIEDRICH GUNDOLF: Goethe. Berlin 1916, S. 98–106.
144. LEO SPITZER: Die Wortbildung als stilistisches Mittel. Halle 1910; LEO SPITZER: Zur sprachlichen Interpretation von Wortkunstwerken. In: Neue Jahrbücher für Wissenschaft und Jugendbildung, VI (1930), S. 632–651.
145. HENRY A. MURRAY: Personality and Creative Imagination. In: Englisch Institute Annual 1942 (New York 1943), S. 139–162.
146. M. H. ABRAMS: The mirror and the lamp. London – Oxford – New York 1953, Kapitel IX.
147. VIKTOR VINOGRADOV: O zadačach stilistiki. 1923, Bd. I, S. 195–293. VIKTOR VINOGRADOV: Jazyk Puškina. Leningrad 1937.
148. R. A. SAYCE: The Style of Montaigne: Word-Pairs and Word-Groups. In: SEYMOUR CHATMAN (Hrsg.): Literary Style. London – New York 1971, S. 383–402.
149. WILHELM FRANZ: Shakespearegrammatik. Heidelberg 1924.
150. KARL LUDWIG SCHNEIDER: Klopstock und die Erneuerung der deutschen Dichtersprache im 18. Jahrhundert. Heidelberg 1960.
151. FRANZ DORNSEIFF: Pindars Stil. 1921.
152. WILLIAM K. WIMSATT: The Prosa Style of Samuel Johnson. 1941.
153. UWE SCHWEIKERT: JEAN PAUL, SM 91.
154. HERMANN NOHL: Typische Kunststile in Dichtung und Musik. Jena 1915.

155. FRITZ MARTINI: Persönlichkeitsstil und Zeitstil. In: Studium Generale, 8. Jg. (1955), Heft 1, S. 31–40; vgl. auch: YCC III., S. 90–115.
156. KARL LUDWIG SCHNEIDER: Der bildhafte Ausdruck in den Dichtungen GEORG HEYMS, GEORG TRAKLS und ERNST STADLERS. Heidelberg 1954.
157. VIKTOR ŽIRMUNSKIJ: Voprosy teorii literatury. Leningrad 1928.
158. PAUL BÖCKMANN: Formgeschichte der deutschen Dichtung. Hamburg 1949.
159. ROBERT E. SPILLER: The Cycle of American Literature. New York 1956.
160. HUGO KUHN: Stil als Epochen-, Gattungs- und Wertproblem in der deutschen Literatur des Mittelalters. In: Dichtung und Welt des Mittelalters. Stuttgart 1959, S. 62–69.
161. PAUL ZUMTHOR: Style and Expressive Register in Medieval Poetry. In: SEYMOUR CHATMAN (Hrsg.): Literary Style. London and New York 1971, S. 263–281.
162. RICHARD BRINKMANN (Hrsg.): Begriffsbestimmung des literarischen Realismus. Darmstadt 1974.
163. HEINZ OTTO BURGER (Hrsg.): Begriffsbestimmung der Klassik und des Klassischen. Darmstadt 1972.
164. HELMUT PRANG: Begriffsbestimmung der Romantik. Darmstadt 1972.
165. WELLEK II, S. 57–182; WELLEK III, S. 55–121.
166. TOBER, S. 11–40.
167. MURRAY KRIEGER: Visions of Extremity in Modern Literature. Band II: The Classic Vision. Baltimore and London 1971.
168. JOSEPH STRELKA: Die gelenkten Musen. Wien – Frankfurt – Zürich 1971, S. 225–275.
169. ERICH NEUMANN: Kunst und Zeit. In: Eranos Jahrbuch. Zürich, Bd. 20 (1951), S. 11–56.
170. BATESON, S. 90–100.
171. R. LARTHOMAS: La notion de genre littéraire en stylistique. In: Français Moderne, Bd. 32 (1964), S. 185–93.
172. ERMATINGER I, S. 311, 331, 362.
173. TZVETAN TODOROV: Die strukturelle Analyse der Erzählung. In: JENS IHWE (Hrsg.): Literaturwissenschaft und Linguistik. Frankfurt am Main, Bd. 3, 1972, S. 265–275.
174. E. M. FORSTER: Ansichten des Romans. Frankfurt am Main 1962.
175. NINO ERNÉ: Kunst der Novelle. Wiesbaden 1961.
176. TOMACHEVSKI, S. 127.
177. ŠKLOVSKIJ, S. 28–61.
178. ROY PASCAL: Autobiography as an Art-Form. In: PAUL BÖCKMANN (Hrsg.): Stil- und Formprobleme in der Literatur. Heidelberg 1959, S. 114–119.
179. JEAN STAROBINSKI: The Style of Autobiography. In: SEYMOUR CHATMAN: Literary Style. London und New York 1971, S. 285–294.
180. ROBERT MINDER: Deutsche und französische Literatur – inneres Reich und Einbürgerung des Dichters. In: Kultur und Literatur in Deutschland und Frankreich. Frankfurt am Main 1962, S. 5–43.
181. MARIANNE MOORE: Henry James as a Characteristic American. In: ZABEL, Bd. II, S. 395–403.
182. ROBERT E. SPILLER: The Affirmation: Emerson, Thoreau. In: The Cycle of American Literature. New York 1956, S. 46–56.
183. KARL VIETOR: Vom Stil und Geist deutscher Barockdichtung. In: GRM XIV (1926), S. 154–184.
184. HOWARD MUMFORD JONES: The Theory of American Literature. Ithaca, New York 1948.
185. A. FLAKER: Geschichte der Nationalliteratur und vergleichende Literaturforschung. In: ZIEGENGEIST, S. 74–82.
186. JOSEPH STRELKA: Brücke zu vielen Ufern. Wien – Frankfurt – Zürich, Verlag 1966, S. 9–16.
187. PITIRIM A. SOROKIN: Social and Cultural Dynamics. Bd. I, New York etc. 1937, S. 595–688.
188. EMIL STAIGER: Das Problem des Stilwandels. In: GRIMM-HERMAND, S. 70.

189. ERIC A. BLACKALL: Die Entwicklung des Deutschen zur Literatursprache. Stuttgart 1966, vgl. besonders S. 132–156 und 175–209.

C. Werktranszendente Methoden

1. Das Problem werktranszendeter Interpretation

a. Der Stil als zentraler Begriff literarischer Einheit

1. A. H. KING: The Language of Satirized Characters in Poetaster: a Socio-Stylistic Analysis, 1597–1602. Lund Studies in English, Band X, Lund 1941.
2. HERBERT SEIDLER: Allgemeine Stilistik. Göttingen 1963, S. 256–270.
3. JOSEPH STRELKA: Die gelenkten Musen. Wien – Frankfurt – Zürich 1971, S. 225–275.
4. HANS EICHNER: Dichterische Absicht und literarische Deutung. In: WOLFGANG PAULSEN (Hrsg.): Psychologie in der Literaturwissenschaft. Heidelberg: 1970, S. 56–78.
5. WELLEK–WARREN, S. 134–135.
6. HIRSCH, S. 266–279.

b. Grenzen transzendenter Methoden

7. ROBERT HARTL: Versuch einer psychologischen Grundlegung der Dichtungsgattungen. Wien: 1924.
8. SIGMUND FREUD: Psychoanalytische Studien an Werken der Dichtung und Kunst. Wien – Leipzig – Zürich 1924.
9. DIETER JÄHNIG: Nietzsches Kunstbegriff. In: HELMUT KOOPMAN und J. ADOLF SCHMOLL (Hrsg.): Beiträge zur Theorie der Künste im 19. Jahrhundert. Frankfurt a. M. 1927, S. 30.
10. JOHANNES VOLKELT: System der Ästhetik. 1905–1914.

c. Kritische Einheit und Materialauswahl

11. HUGO FRIEDRICH: Dichtung und die Methoden ihrer Deutung. In: Die Albert-Ludwigs-Universität Freiburg 0457–1957, Band II, Freiburg 1957, S. 101–102.
12. WELLEK-WARREN, S. 59; KLAUS LAERMANN: Was ist literaturwissenschaftlicher Positivismus? In: ZMEGAC-SKREB, S. 51–74.

2. Methodische Bezüge zu anderen Künsten

a. Querbeziehungen und ihre Grenzen zwischen der Literatur und den anderen Künsten

1. KARL WEIDLE: Bauformen der Musik. Kassel 1925.
2. CALVIN S. BROWN: Music and Literature. Athens, Georgia 1948, S. 219–228.
3. RENÉE RISE HUBERT: The Fabulous Fiction of Two Surrealist Artists: GIORGIO DE CHIRICO and MAX ERNST. In: New Literary History, Volume IV (Autumn 1972), number 1, S. 151–166.
4. STEVEN PAUL SCHER: Verbal Music in German Literature. New Haven and London 1968.
5. KARL LUDWIG SCHNEIDER: Der bildhafte Ausdruck in den Dichtungen GEORG HEYMS, GEORG TRAKLS und ERNST STADLERS. Heidelberg: 1954.

6. RONALD SALTER: GEORG HEYMS Lyrik. Ein Vergleich von Wortkunst und Bildkunst. München 1972.
7. EDWARD BUTSCHER: Wallace Stevens' Neglected Fugue: «Variations on a Summer Day», in: Twentieth Century Literature, Bd. 19, (Juli 1973), Nummer 3, S. 153–164.
8. KARL KONRAD POLHEIM: Zur romantischen Einheit der Künste. In: WOLFDIETRICH RASCH (Hrsg.): Bildende Kunst und Literatur. Frankfurt a. M. 1970, S. 157–178.
9. CALVIN S. BROWN: Music and Literature, a.a.O.
10. HORST PETRI: Literatur und Musik. Göttingen 1964.
11. HELMUT A. HATZFELD: Literature through Art. New York 1952.
12. MARIO PRAZ: Mnemosyne. The Parallel between Literature and the Visual Arts. Princeton 1967.
13. RONALD TAYLOR: Formal Parallels in Literature and Music. In: German Life and Letters, Bd. 19 (1965–66), S. 10–18.
14. HERMAN MEYER: Raumgestaltung und Raumsymbolik in moderner Erzählkunst und Malerei. In: WOLFDIETRICH RASCH (Hrsg.): Bildende Kunst und Literatur, a.a.O., S. 13–26.
15. MARSHALL MCLUHAN and HARLEY PARKER: Trough the Vanishing Point. Space in Poetry and Painting. New York 1968.
16. HANS HEINRICH BAUMANN: Musik und sprachliches Modell. In: Poetica, Bd. 2 (1968), S. 433–437.
17. EMIL STAIGER: Musik und Dichtung. Zürich und Freiburg 1959, S. 61–85.
18. KURT WAIS: Symbiose der Künste. Schriften und Vorträge der württembergischen Gesellschaft der Künste, in: ERMATINGER II, S. 209.
19. CURT SACHS: The Commonwealth of Art. New York 1946.
20. WELLEK-WARREN S. 111.
21. FRITZ MEDICUS: Das Problem einer vergleichenden Geschichte der Künste. In: ERMATINGER II, S. 209.
22. HERMAN MEYER: Die Verwandlung des Sichtbaren. Die Bedeutung der modernen bildenden Kunst für Rilkes späte Dichtung. In: DVLG., 31. Jg. (1957), S. 491. HERMAN MEYER: Rilkes Cézanne-Erlebnis. In: JAAK, Bd. 2 (1952–54), S. 69–102.
23. DEL IVAN JANIK: Toward «Thingness»: Cézannes's Painting and Lawrence's Poetry. In: Twentieth Century Literature. Bd. 19 (1973), S. 119–128.
24. CALVIN BROWN: The Musical Development of Symbols: WHITMAN. In: Music and Literature, a.a.O., S. 178–194.
25. THEODORE MEYER GREENE: The Arts and the Art of Criticism. Princeton 1940.
26. PITIRIM A. SOROKIN: Social and Cultural Dynamics. Bd. I: Fluctuations of Forms of Art. New York etc. 1937.
27. HANS HEINRICH BAUMANN: Musik und sprachliches Modell, a.a.O., S. 437.
28. FRANCES A. YATES: The Art of Memory. London 1966, S. 19, 101, 330-354.
29. JEAN H. HAGSTRUM: The Sister Arts: The Tradition of Literary Pictorialism and English Poetry from Dryden to Gray. Chicago and London 1958.
30. JOHN HOLLANDER: The Untuning of the Sky. Ideas of Music in English Poetry 1500–1700. Princeton 1961, S. 262.
31. DAVID H. MALONE: Comparative Literature and Interdisciplinary Research. In: Synthesis, I (1974), S. 17–26.
32. RUDOLF ARNHEIM: The Unity of the Arts: Time, Space, and Distance. In: YCGL, Jg. 25 (1976), S. 7–12.
33. NATALIA NIKALAEVNA GRIGOROVICH und S. I. SHIFSTEIN: Russkaia literatura v sovetskoi muzyke. Moskva 1975.
34. FRIEDRICH WILHELM WENTZLAFF-EGGEBERT: Der triumphierende und der besiegte Tod in der Wort- und Bildkunst des Barock. Berlin 1975.
35. JACOB STEINER: Kunst und Literatur. Zu Rilkes Kathedralengedichten. In: ALEXANDER VON BORMANN (Hg.): Wissen und Erfahrungen. Werkbegriff und Interpretation heute. Tübingen 1976, S. 621–35.

35. FRANZ SCHMITT VON MÜHLENFELS: Zur Einwirkung des Kubismus auf die französische und nordamerikanische Literatur. In: Arcadia, 11. Jg. (1976), S. 238–55.
37. NORTHROP FRYE: Wallace Stevens and the Variations Form. In: N. FRYE: Spiritus Mundi. Bloomington und London 1976.
38. GISBERT KRANZ: Das Bildgedicht in Europa. Paderborn 1973.
39. GEOFFREY HARPHAM: The Grotesque. First Principles. In: Journal of Aesthetics and Art Criticism, 34. Jg. (1976), S. 461–68.
40. FRED H. MARCUS: Short Story – Short Film. Los Angeles 1977.
41. LADISLAV MATEJKA und IRWIN R. TITUNIK: Semiotics of Art. Cambridge, Mass. 1976.
42. WOLFGANG MAX FAUST: Bilder werden Worte. München 1977.

b. Das Zusammenwirken verschiedener Künste

43. DORIS FOUQUET: Wort und Bild in der mittelalterlichen Tristantradition. Berlin 1971.
44. IAN JACK: Keats and the Mirror of Art. Oxford 1967.
45. WELLEK-WARREN, S. 112.
46. ERWIN PANOFSKY: The Neoplatonic Movement in Michelangelo. In: Studies in Iconology. New York 1939, S. 171 ff.
47. ROBERT MÜHLHER: Die Einheit der Künste und das Orphische bei E. T. A. Hoffmann. In: ALBERT FUCHS und HELMUT MOTEKAT (Hrsg.): Stoffe, Formen, Strukturen. München 1962, S. 345–360.
48. ETIENNE SOURIAU: La Correspondance des arts: éléments d'esthétique comparée. Paris 1947.
49. JAMES D. MERRIMAN: The Parallel of the Arts: Some Misgivings and a Faint Affirmation. In: JAAC. Bd. 31 (1972–73), S. 153–64 und 310–21.
50. RICHARD MÜLLER: Dichtung und bildende Kunst im Zeitalter des Barock. Wege zur Dichtung, Bd. 29, 1937.
51. ANITA FISCHER: Die Buchillustration der deutschen Romantik. Germanistische Studien Bd. 145, 1933.
52. GÉRARD BERTRAND: L'Illustration de la Poésie à l'époque du cubisme 1909–1914. Paris 1971.
53 ROBERT J. CLEMENTS: Picta Poesis. Rom 1960, S. 173–207 und 17–20.
54. JAKOB KNAUS (Hrsg.): Sprache. Dichtung, Musik. Tuebingen 1973.
55. JACK M. STEIN: Poem and Music in the German Lied from Gluck to Hugo Wolf. Cambridge, Mass. 1971.
56. JACK M. STEIN: From Woyzek to Wozzek: Alban Berg's adaptation of Büchner. In: The Germanic Review, May 1972, S. 168–180.
57. JOHN D. LINDBERG: The German Baroque Opera Libretto: A Forgotten Genre. In: GEORGE SCHULZ-BEHREND: The German Baroque. Austin and London 1972, S. 87–122.
58. WERNER EGK: Von königlichem Rang: die Oper. In: JAKOB KNAUS (Hrsg.): Sprache. Dichtung. Musik. A. a. O., S. 64–71.
59. EVA MARIA LENZ: Hugo von Hofmannsthals Mythologische Oper «Die ägyptische Helena». Tübingen 1972, S. 145–148.
60. KLAUS G. JUST: Das deutsche Opernlibretto. In: Poetica, 7. Jg. (1975), S. 203–20.
61. LAURENCE BERMAN und andere: Words and Music. Cambridge, Mass. 1972.
62. HELLA FRÜHMORGEN-VOSS: Text und Illustration im Mittelalter. München 1975.

c. Kunstwissenschaftliche Methoden und die Literaturwissenschaft

63. ERNST BÜCKEN: Geist und Form in musikalischen Kunstwerk. Wildpark-Potsdam 1929, S. 146.

64. FRANK J. FABRY: Sidney's Poetry and Italien Song Form. In: English Literary Renaissance, Bd. 3 (1973), Nr. 1, S. 232–248.
65. HERMAN NOHL: Typische Kunststile in Dichtung und Musik. Jena 1915.
66. JOST HERMAND: Literaturwissenschaft und Kunstwissenschaft. Stuttgart: SM 41 (1965).
67. HEINRICH WÖLFFLIN: Kunstgeschichtliche Grundbegriffe. München 1915.
68. BEATE PINKERNEIL: Selbstreproduktion als Verfahren. In: ZMEGAC-SKREB, S. 95–114.
69. L. HAUTECOEUR: Littérature et peinture en France du XVIIe aus XXe siècle. Paris 1942.
70. WYLIE SYPHER: Four Stages of Renaissance Style. 1955; ders.: Rococo to Cubism. 1960.
71. ROY DANIELL: Milton, Mannerism and Baroque. 1963.
72. CURT SACHS: The Commonwealth of Art, a. a. O., S. 25.
73. MARIO PRAZ: Mnemosyne, a. a. O. S. 55–78.
74. PITIRIM A. SOROKIN: Fluctuations of Forms of Art, a. a. O., S. 195–688.
75. GEOFRREY H. HARTMAN: The unmediated vision. New Haven and London 1954.
76. ANTONIO RUSSI: L'Arte e le Arti. Pisa 1960.
77. THEOPHIL SPOERRI: Renaissance und Barock. Bern 1922.
78. FRITZ STRICH: Deutsche Klassik und Romantik. Bern 1949, S. 9–17.
79. ARNOLD HAUSER: Sozialgeschichte der Kunst und Literatur. München 1953, Bd. I, S. 458.
80. WOLFGANG KAYSER: Das Groteske. Seine Gestaltung in Malerei und Dichtung. Oldenburg-Hamburg 1957.
81. RICHARD HAMANN und JOST HERMAND: Gründerzeit. Berlin 1965; Dieselben: Naturalismus 1959; Dieselben: Impressionismus 1960.
82. SEM DRESDEN: La notion de style en littérature et dans les beaux-arts. In: Actes du 5e Congrès international des langues et littératures modernes: Les Langues et littératures modernes dans leurs relations avec les beaux-arts, Florenz, 27.–31. März 1951, Florenz 1955, S. 11–19.
83. KARL LUDWIG SCHNEIDER: Expressionismus. Literatur und Kunst von 1910–1923. In: Philobiblon Bd. 6 (1962), S. 57–70.
84. EDELGARD HAJEK: Literarischer Jugendstil. Düsseldorf: Bertelsmann Universitätsverlag 1971.
85. THEODORE REFF: Degas and the literature of his time. In: ULRICH FINKE (Hrsg.): French 19th century painting and literature. New York 1972, S. 182–231.
86. CARL ROBERT: Bild und Lied. Berlin 1881.
87. LOUIS SECHAN: Etudes sur la tragedie grecques dans ses rapports avec la ceramique. Paris 1926.
88. ERWIN PANOFSKY: Studies in Iconology. New York 1962. Vgl. auch Meaning in the Visual Arts. Garden City, N.Y. 1955.
89. THEODORE ZIOLKOWSKI: Disenchanted Images. Princeton 1977.
90. HANS JÜRGEN SCHINGS: Melancholie und Aufklärung. Stuttgart 1977.
91. DAGOBERT FREY: Die Entwicklung nationaler Stile in der mittelalterlichen Kunst des Abendlandes. Darmstadt 1970.

3. Biographische Methoden

a. Theoretische Voraussetzungen

1. WELLEK-WARREN, S. 63.
2. DAEMMRICH, S. 10–17.
3. WILHELM DILTHEY: Das Erlebnis und die Dichtung. Leipzig 1905.
4. FRIEDRICH GUNDOLF: Goethe. Berlin 1916.

5. EMIL ERMATINGER: Deutsche Dichter 1700–1900. Eine Geistesgeschichte in Lebensbildern. Bonn – Frauenfeld 2 Bde., 1948 u. 49.
6. FRIEDRICH SENGLE: Christoph Martin Wieland. Stuttgart 1949.
7. EMIL STAIGER: Goethe, 3 Bde., Zürich und Freiburg 1952–59.
8. HYMAN, S. 106–126.
9. LEON EDEL: Literary Biography. Toronto 1957.
10. ANDRÉ MAUROIS: The Ethics of Biography. In: English Institute Annual 1942, New York 1943, S. 6–8.
11. VICTOR GIRAUD: La critique littéraire. Le probléme, les théories, les méthodes. Paris 1946.
12. JEAN PIERRE RICHARD: Littérature et sensation. Paris 1954.
13. JEAN STAROBINSKY: Jean Jacque Rousseau. La transparence et l'obstacle. Paris 1957.
14. HERBERT READ: Wordsworth. London 1931.
15. F. W. BATESON: Wordsworth: A Reinterpretation. London 1956.
16. C. G. JUNG: Gestaltungen des Unbewußten. Zürich 1950, S. 32–35.
17. BORIS EICHENBAUM: Lev Tolstoj. 2 Bde., Leningrad 1928 und 1931.
18. SERGE DOUBROVSKY: Corneille et la dialectique du héros. Paris 1963, S. 20.
19. JAN ROMEIN: Die Biographie. Bern 1948.
20. ANDRÉ MAUROIS: Aspects de la biographie. Paris 1928.
21. JOHN A. GARRATY: The Nature of Biography. New York: Knopf 1957.
22. SEM DRESDEN: De Structuur van de Biografie. Den Haag 1956.
23. ALFRED OWEN ALDRIDGE: Biography, the Criticism of Biography, and Comparative Literature. In: The Modern Language Journal, Bd. 50, (May 1966), S. 286–289.
24. HEINRICH MEYER: Biographia Literaria. In: Books Abroad, Bd. 26 (1957), S. 15.
25. WALTER MUSCHG: Das Dichterporträt in der Literaturgeschichte. In: ERMATINGER II, S. 277–314.
26. FRIEDRICH SENGLE: Zum Problem der modernen Dichterbiographie. In: DVLG 26. Jg (1952), S. 100–111.
27. E. D. HIRSCH: Prinzipien der Interpretation, München 1972, S. 17

b. Einzelne Aspekte der biographischen Methode

28. CLEANTH BROOKS: Critiques and Essays in Criticism. New York 1949, S. XIX.
29. LEON EDEL: Literary Biography. Bloomington and London 1973, S. 63.
30. FRIEDRICH SENGLE: Zum Problem der modernen Dichterbiographie, a.a.O., S. 102.
31. DOUGLAS BUSH: John Milton. In: Englich Institute Essays 1946, New York 1947, S. 5–19.
32. LEON EDEL: Literary Biography, a.a.O., S. 59.
33. W. B. YEATS: Autobiographies. London und New York: 1955.
34. Dichter über ihre Dichtungen. Herausgegeben von RUDOLF HIRSCH und WERNER VORDTRIEDE. München 1969ff.
35. LEON EDEL: Literary Biography, a.a.O., S. 77–89.
36. VIRGINIA WOOLF: The Art of Biography. In: Atlantic Monthly, Bd. CLXIII (April 1939), S. 506–10.
37. FRIEDRICH SENGLE: Zum Problem der modernen Dichterbiographie, a.a.O., S. 109.
38. KARL LUDWIG SCHNEIDER: Der bildhafte Ausdruck in den Dichtungen Georg Heyms, Georg Tralks und Ernst Stadlers. Heidelberg 1954; ERNST STADLER: Dichtungen. Herausgegeben von Karl Ludwig Schneider. Hamburg o.J., Bd. I, S. 66–72.
39. KARL S. GUTHKE: Wege zur Literatur. Bern und München 1967, S. 9–35.
40. JOST SCHILLEMEIT: Bonaventura-Problem. In: Zeitschrift für Literaturwissenschaft und Linguistik. Heft 16 (1975), S. 13–29.
41. FREDERICK J. BEHARRIELL: Schnitzler's «Fräulein Else»: ‹Reality› and Invention. In: Modern Austrian Literature, lo. Jg. (1977), Heft 3/4, S. 247–264.

c. Die literarische Biographie

42. ALBERT BÉGUIN: GÉRARD DE NERVAL. Paris 1945; Ders.; Balzac visionnaire. Paris 1946; ders.: Leon Bloy, mystique de le douleur. Paris 1948; Pascal par lui même. Paris 1952; Bernanos par lui même. Paris 1954.
43. KAROL SAUERLAND: Diltheys Erlebnisbegriff. Berlin-New York 1972, S. 22–24.
44. GEORG SIMMEL: Goethe. 1913.
45. CHARLOTTE BÜHLER: Der menschliche Lebenslauf als psychologisches Problem. Leipzig 1923.
46. HUGO KUHN: Dichter und Dichtung. In: WOLF HARTMUT FRIEDRICH und WALTER KILLY (Hrsg.): Das Fischer-Lexikon. Literatur. Band 2/1, Frankfurt am Main 1965, S. 148.
47. WALTER MUSCHG: Das Dichterporträt in der Literaturgeschichte, a.a.O., S. 305.
48. FRIEDRICH GUNDOLF: Goethe, a.a.O., S. 5–6 und 273.
49. ERNST ROBERT CURTIUS: Balzac. Bern 1951.
50. WELLEK-WARREN S. 61–65.
51. FRIEDRICH SENGLE: Zum Problem der modernen Dichterbiographie, a.a.O., S. 104.
52. GEORG WITKOWSKI: Das Leben Goethes. Berlin 1932.
53. RICHARD BRINKMANN: Theodor Fontane. München 1967. Auch PETER DEMETZ: Formen des Realismus. Th. F., München 1966.
54. JEAN LACOUTURE: André Malraux. New York 1975.
55. H. MONTGOMERY HYDE: Oscar Wilde. New York 1975.
56. UWE SCHWEIKERT: Jean Paul. SM 91.
57. LEON EDEL: Literary Biography, a.a.O., S. 125 und 131.
58. WILHELM DILTHEY: Gesammelte Schriften (12 Bde., Stuttgart 1913–58), Bd. 7.
59. WELLEK I, Bd. 4, S. 323; WELLEK-WARREN, S. 65–66; WELLEK III, S. 247–252.
60. W. K. WIMSATT: Genesis: A Fallacy Revisited. In: DEMETZ-GREENE-NELSON, S. 193–225.
61. ALFRED OWEN ALDRIDGE: Biography in the Interpretation of Poetry. In: College English, Bd. 25 (März 1964), S. 412–20.
62. A. L. ROWSE: Shakespeare. London 1963.
63. WALTER MUSCHG: Das Dichterporträt in der Literaturgeschichte, a.a.O., S. 302.
64. JAMES L. CLIFFORD: Biography as an Art. Oxford 1962.
65. ERIK LUNDING: Adalbert Stifter Kopenhagen 1946.
66. RAMON FERNANDEZ: De la personnalité. Paris 1928; ders.: La Vie de Molière. Paris 1929; ders.: Balzac. Paris 1943; ders.: Marcel Proust. Paris 1944.
67. CARLOS HEARD BAKER: Hemingway. The writer as artist. Princeton 1952.
68. RALPH RUSK: The life of R. W. Emerson. New York 1957.
69. WALTER ROY HARDING: The days of Henry Thoreau. New York 1966.
70. JUSTIN KAPLAN: Mr. Clemens and Mark Twain. New York 1966; vgl. auch ERNEST SAMUELS: Henry Adams, 3 Bde., Cambridge, Mass. 1948, 1958 und 1964.
71. LEROY R. SHAW: Biographie als Literaturwissenschaft? In: DIETER PAPPENFUSS und JÜRGEN SÖRING (Hg.): Rezeption der deutschen Gegenwartsliteratur im Ausland. Stuttgart etc. 1976, S. 247–54.
72. HARTMUT BINDER: Kafka in neuer Sicht. Stuttgart 1976.

4. Psychologische Methoden.

a. Methodenkritische Abgrenzungen

1. SIGMUND FREUD: Psychoanalytische Studien an Werken der Dichtung und Kunst. Wien-Leipzig-Zürich 1924.
2. CARL GUSTAV JUNG: Psychologie und Dichtung. In: ERMATINGER II., S. 315–330.

3. Zu ADLER vgl. die Literaturanalisierenden Beiträge in seiner Internationalen Zeitschrift für Individualpsychologie. Leipzig 1922 ff.
4. RICHARD MÜLLER-FREIENFELS: Poetik. Leipzig 1914.
5. ROBERT HARTL: Versuch einer psychologischen Grundlegung der Dichtungsgattungen. Wien 1922.
6. R. MÜLLER-FFREIENFELS: Persönlichkeit und Weltanschauung. Leipzig 1923.
7. ERNST KRETSCHMER: Geniale Menschen. Berlin 1948.
8. PAUL PLAUT: Prinzipien und Methoden der Kunstpsychologie. Berlin 1928.
9. THEODOR SPOERRI: Georg Trakl. Bern 1954, S. 7–15.
10. D. E. OPPENHEIM: Dichtung und Menschenkenntnis. München 1926.
11. SIGMUND FREUD: Dostojewski und die Vatertötung. In: Almanach der Psychoanalyse für 1930. Hg. von A. J. Storfer, Wien, S. 9–31.
12. PAUL DE MAN: Blindness and Insight. New York 1971, S. 36–50.
13. JEAN STAROBINSKI: Psychoanalyse und Literatur. Frankfurt a. M. 1973.
14. JACK J. SPECTOR: The Ästhetics of Freud. New York-Washington 1972.
15. MORRIS PHILIPSON: Outline of a Jungian Aesthetics. Evanston 1963.
16. ERNEST JONES: Hamlet. London 1947.
17. JACQUES LACAN: Ecrits. Paris 1965.
18. ERNST KRIS: Psychoanalytik Exploration in Art. London 1953.
19. MICHEL DAVID: a psicoanalisi nella cultura italiano. Turin 1966.
20. HANNS SACHS: Gemeinsame Tagträume. Leipzig-Wien-Zürich 1924.
21. ANIELA JAFFÉ: Hermann Broch: Der Tod des Vergil. In: Studien zur analytischen Psychologie C. G. Jungs, Band II., Zürich 1955, S. 288–343.
22. HERBERT SILBERER: Probleme der Mystik. Darmstadt 1961.
23. ERICH FROMM: Märchen, Mythen, Träume. Konstanz-Stuttgart 1957.
24. HEINZ POLITZER: Hatte Ödipus einen Ödipuskomplex? München 1974, S. 203–236.
25. BERND URBAN (Hrsg.): Psychoanalyse und Literaturwissenschaft. Tübingen 1973.
26. NORBERT GROEBEN: Literaturpsychologie. Stuttgart 1972, S. 9–11, 20–25 und besonders 170–173.
27. ANNE CLANCIER: Psychoanalyse et critique literaraire. Toulouse 1973.
28. MORTON KAPLAN und ROBERT KLOSS: The unspoken motive. A guide to psychoanalytic literary criticism. New York 1973.
29. ALBERT M. REH: Psychologische und psychoanalytische Interpretationsmethoden in der Literaturwissenschaft. In: Wolfgang Paulsen (Hrsg.): Psychologie in der Literaturwissenschaft. Heidelberg 1971, S. 39.
30. F. J. BAHARRIELL: Freud's debt to literature, Psychoanalysis. In: Journal of the National Psychological Association for Psychoanalysis 1956, Heft 4, S. 18–28; ders.: Freud and Literature. In: Queen's Quarterly 1958, S. 118–125.
31. R. ARNHEIM: Toward a psychology of art. Berkeley 1966.

31a. FREDERICK WYATT: Das Psychologische in der Literatur. In: Wolfgang Paulsen (Hrsg.): Psychologie in der Literaturwissenschaft, a. a. O.

b. Psychologisch orientierte Methoden der Literaturwissenschaft.

32. SIGMUND FREUD: Collected Works. London Band XXI (1961) S. 208–212.
33. S. BEHN: Die Dichtung als Quelle der Psychologie. In: Psychologische Beiträge, 1953, I. Band, S. 554–582.
34. WILHELM SALBER: Literaturpsychologie, Gelebte und erlebte Literatur. Bonn 1972.
35. H. ZEMAN: Ein Wort zur modernen Dichtermonographie: In: Wissenschaft und Weltbild, Jg. 1966, Heft 9, S. 201.
36. NORBERT GROEBEN: Literaturpsychologie. Stuttgart 1972, S. 43 f.

37. M. KAGAN: Kunst und Persönlichkeit. In: Kunst und Literatur, Jg. 1968, Heft 16, S. 434–35.
38. P. W. JACKSON und S. MESSIK: The person, the product, and the response. In: Journal of Personality, Jg. 1965, No. 33, S. 309–329.
39. M. H. ABRAMS: The mirror and the lamp. New York 1953, S. 156–225.
40. EDMUND WILSON: The Wound and the Bow. New York 1941.
41. ALFRED ADLER: Studie über Minderwertigkeit von Organen. Leipzig 1927.
42. SIGMUND FREUD: Der Dichter und das Phantasieren. In: Psychoanalytische Studien an Werken der Dichtung und Kunst. Wien-Leipzig-Zürich 1924, S. 3–14.
43. C. G. JUNG: Gestaltungen des Unbewußten. Zürich 1950, S. 27–36.
44. HANS EICHNER: Dichterische Absicht und literarische Deutung. In: Wolfgang Paulsen (Hrsg.): Psychologie in der Literaturwissenschaft.
45. DOMINIQUE FERNANDEZ: Incidences de la psychanalyse. In: Nouvelle Revue Psychanalyse, Nr. 1, Jg. 1970; ders.: L'Arbre jusq'aux racines. Psychanalyse et creation. Paris 1972.
45a. GASTON BACHELARD: La Psychanalyse du feu. Paris 1938.
46. JEAN STAROBINSKY: Imagination. In: Proceedings of the IVth Congress of the International Comparative Literature Association. Hrsg. von François Jost. Haag-Paris 1966, S. 952–963.
47. JANINE CHASSEQUET-SMIRGEL: Pour une psychanalyse de l'art et de créativité. Paris 1971.
48. ALAIN COSTES: Albert Camus on la parole manquante. Paris 1973.
49. LEO SPITZER: Die Wortbildung als stilistisches Mittel. Halle 1910, zitiert in: Imago, I. Jg. Heft 1 (1912), S. 98.
50. KARL VOSSLER: Gesammelte Aufsätze zur Sprachphilosophie. München 1923.
51. JACQUES DERRIDA: L'Ecriture et la difference. Paris 1967.
52. ROLAND BARTHES: Critique et vérité. Paris 1966; ders.: Sur Racine. Paris 1963.
53. JEAN-PAUL WEBER: Domaines thematiques. Paris 1963.
54. N. OSSIPOW: Die Psychotherapie in den literarischen Werken L. N. Tolstois. In: Psychotherapie, Jg. 1911, Nr. 1.
55. MAUD BODKIN: Archetypal Patterns in Poetry. Oxford 1934.
56. CHARLES MAURON: Des métaphores obsédantes au mythe personnel. Introduction á la psychocritique. Paris 1963.
57. HEDWIG VON BEIT: Symbolik des Märchens. Bern 1960; dies.: Gegensatz und Erneuerung im Märchen. Bern 1956; Registerband zu beiden: 1957.
58. SIMON O. LESSER: Fiction and the Unconscious. New York 1957.
59. LAURENCE LERNER: Psychoanalysis and Art, in: YCC, vol VII, p. 31–47.
60. KENNETH BURKE: The Philosophy of literary Form. New York 1961 (besonders S. 221–250).
61. LIONEL TRILLING: The Liberal Imagination. New York 1950.
62. EDMUND WILSON: To the Finland Station. New York 1940.
63. MORSE PECKHAM: Man's Rage for Chaos. Philadelphia 1965.
64. JAMES BAIRD: Ishmael. Baltimore 1956.
65. GILBERT DURAND: Les Structures Anthropologiques de l'imaginaire. Paris 1969 (besonders S. 493–501).
66. G. WILSON KNIGHT: The Christian Renaissance. New York 1963.
67. W. P. WITCUTT: Blake. A Psychological Study. London 1946.
68. ERNST KAISER und EITHNE WILKINS: Robert Musil: Stuttgart 1962.
69. GOTTFRIED DIENER: Fausts Weg zu Helena. Stuttgart 1961.
70. E. R. CURTIUS: Europäische Literatur und Lateinisches Mittelalter. Bern 1948, S. 90, 109, 130.
71. JOACHIM ROSTEUTSCHER: Das ästhetische Idol im Werke von Winckelmann, Novalis, Hoffmann, Goethe, George und Rilke. Bern 1956.
72. KARL SCHMID: Geheimnis und Ergänzung. Zürich 1960.

73. HEINRICH GOLDMANN: Katabasis. Salzburg 1957.
74. HERBERT READ: Dynamics of Art. In: Eranos Jahrbuch. Zürich 1952; ders.: Poetic Consciousness and Creative Experience. In: Eranos Jahrbuch. Zürich 1956.
75. FRYE I., S. 98–119 und 143–159.
76. NORMAN KIELL: Psychoanalysis, Psychology and Literature: A bibliography. Madison, Wisconsin 1963.
77. LEONARD F. MANHEIM: Literature and Psychology, darin besonders Jg, 16 (1966), S. 192–197 und Jg. 17 (1967) S. 159–176.
78. Vgl. CH. A. ELLWOOD: Das seelische Leben der menschlichen Gesellschaft. Karlsruhe 1927.
79. ALFRED LORENZER: Die Wahrheit der psychoanalytischen Erkenntnis. Frankfurt am Main 1974.
80. ALFRED LORENZER: Kritik des psychoanalytischen Symbolbegriffs. Frankfurt am Main 1972.
81. ALFRED LORENZER: Sprachzerstörung und Rekonstruktion. Frankfurt am Main 1973.
82. WOLFGANG BEUTIN: (Hg.): Literatur und Psychoanalyse. München 1972.
83. MECHTHILD CURTIUS in Zusammenarbeit mit URSULA BÖHMER (Hg.): Seminar. Theorien der künstlerischen Produktivität. Frankfurt am Main 1976.
84. ROBERT R. SEARS: Episodic and content analysis of Mark Twains novels: a longitudinal study of separation anxiety. In: YCC, Bd. VII (1976), S. 198–206.
85. HEINZ POLITZER: Ödipus auf Kolonos. Versuch einer Gemeinsamkeit von Psychoanalyse und Literaturkritik. In: Psyche, Jg. 26 (1972), S. 489–519.
86. PETER VON MATT: Literaturwissenschaft und Psychoanalyse. Freiburg i. Br. 1972.
87. PETER VON MATT: Psychologie. In: Seminar: Literaturwissenschaft heute. Hg. von der Fachgruppe Germanistik der Universität Basel. Zürich 1977. S. 41–52.
88. JAMES BAIRD: Jungian Psychology in Criticism. In: YCC, Bd. VII (1976), S. 3–30.
89. R. D. LAING: The divided self. Harmondsworth 1965.
90. JOHN HOLLOWAY: The Proud Knowledge. London-Henley-Boston 1977.
91. HANS ERICH NOSSAK zitiert nach Joseph Strelka: Auf der Suche nach dem verlorenen Selbst. Bern-München 1977, S. 8.

c. Sonderprobleme psychologischer Einsichten im Rahmen der Literaturwissenschaft

92. NORBERT GROEBEN: Literaturpsychologie. Stuttgart 1972, S.119–121, 170–175 und 183–194; besonders zitiert hier: S. 121 und 172.
93. SIMON O. LESSER: Fiction and the Unconscious. New York 1962.
94. NORMAN N. HOLLAND: The Dynamics of Literary Response. New York 1968.
95. R. M. ADAMS: Literature and Psychology. In: Literature and Psychology, 5. Jg., S. 67–72.
96. I. A. RICHARDS: Principles of Literary Criticism. London 1924, S. 63–83.
97. LEO NAVRATIL: Schizophrenie und Kunst. München 1965, S. 161.
98. THEODOR SPOERRI: Sprachphänomene und Psychose. New York 1964, S. 17–21; ders.: GEORG TRAKL. Bern 1954, S. 108 und 95.
99. R. BRECHON: HENRI MICHAUX. Paris 1959; vgl. auch Y. BÉLEVAL: HENRI MICHAUX. In: Critique, November 1962.
100. ALDOUS HUXLEY: Himmel und Hölle. München 1955; ders.: Pforten der Wahrnehmung. München 1955.
101. JOHN M. ALLEGRO: The Sacred Mushroom and the Cross. Garden City, New York 1970.
102. R. A. DURR: Poetic Vision and Psychedelic Experience. Syracuse, New York 1970.
103. ALETHEA HAYTER: Opium and the Romantic Imagination. Berkeley 1970.

5. Bezüge zu Philosophie und Religion

a. Methodenkritische Abgrenzungen

1. ERICH HELLER: Enterbter Geist. Frankfurt a. M. 1954, S. 211.
2. FRYE I, S. 57–72.
3. PAUL KLUCKHOHN: Geistesgeschichte. In: KOHLSCHMIDT- MOHR, Bd. II, S. 537–540.
4. FRITZ STRICH: Deutsche Klassik und Romantik. München 1922.
5. FRIEDRICH GUNDOLF: Shakespeare und der deutsche Geist. Berlin 1911.
6. RUDOLF UNGAR: Hamann und die Aufklärung. Jena 1911; ders.: Literaturgeschichte als Problemgeschichte. Berlin 1924; Paul Kluckhohn: Die Auffassung der Liebe in der Literatur des 18. Jahrhunderts und in der deutschen Romantik. Halle 1922.
7. HERMANN AUGUST KORFF: Humanismus und Romantik. Leipzig: o. J. (1924); ders.: Geist der Goethezeit. Leipzig Bd. I–IV. 1923–53.
8. WELLEK-WARREN S. 94.
9. ERIK LUNDING: Kierkegaard und die existentielle Literturwissenschaft. In: Adalbert Stifer. Kopenhagen 1946, S. 143–44.
10. ERNST ROBERT CURTIUS: Europäische Literatur und lateinisches Mittelalter. Bern 1948, S. 19–20.
11. BENNO VON WIESE: Geistesgeschichte oder Interpretation. In: Zwischen Utopie und Wirklichkeit. Düsseldorf 1963, S. 11–31.
12. KARL VIËTOR: Deutsche Literaturgeschichte als Geistesgeschichte. In: PLMA, Jg. 60 (1945) S. 899ff., auch in ŽMEGAČ, S. 178–198; HORST RÜDIGER: Zwischen Interpretation und Geistesgeschichte. In: Euphorion, Jg. 57 (1963) S. 227–244.
13. KONRAD BURDACH: Vorspiel., Bd. 1–3 der Buchreihe der DVLG, 1925–1927.
14. RICHARD KUHNS: Structures in Experience. New York 1970.
15. WELLEK-WARREN: S. 95.
16. J. DUFFY: A Philosophy of Poetry. Washington 1945.
17. HANS JÜRGEN BADEN: Poesie und Theologie. Hamburg 1970.
18. ERNST JOSEF KRZYWON: Literaturwissenschaft und Theologie. In: Stimmen der Zeit. Jg. 99 (1974) S. 108–116.
19. JACQUES MARITAIN: Frontières de la Poésie et autre essais. Paris 1935; ders.: Craetive Intuition in Art and Poetry. New York 1953.
20. MAURICE MERLEAU-PONTY: Phénomenologie de la perception. Paris 1945.

b. Literaturwissenschaft und Philosophie

21. KARL RIHA: Literaturwissenschaft als Geistesgeschichte. In: ŠKREB-ŽMEGAČ, S. 75.
22. RUDOLF UNGER: Literaturgeschichte und Geistesgeschichte. In: Žmegač, S. 113.
23. MAREN-GRISEBACH, S. 28.
24. RETO R. BEZZOLA: Les origines et la formation de la littérature courtoise en occident (500–1200) Bd. I, Paris 1944.
25. J. T. SHIPLEY: Trends in Literature. New York 1949.
26. NICOLAI BERDJAJEW: Die Weltanschauung Dostojewskijs. München 1925.
27. VJATSCHESLAV IVANOV: Freedom and the Tragic Life. A Study in Dostoevsky. New York. 1952.
28. LEO SCHESTOW: Dostojewskij und Nietzsche. Philosophie der Tragödie. Berlin 1931.
29. ARTHUR O. LOVEJOY: The Great Chain of Being. Cambridge, Mass, 1936; ders.: Essays in the History of Ideas. Baltimore 1948; vgl. auch ders.: Zum Begriff der Zeit. In: STRELKA-HINDERER, S. 86–99.
30. SARAH N. LAWALL: Critics of the Existential, Cambridge, Mass. 1968: vgl. auch: J. HILLIS MILLER: The Geneva School. In: SIMON, S. 277–310.

31. GEORGE SANTAYANA: Tragic Philosophy. In: Scrutiny, Jg. IV, März 1936, S. 365–76, auch in ZABEL, S. 113–122.
32. WALTER REHM: Orpheus. Der Dichter und die Toten. Düsseldorf 1950.
33. MARIO PRAZ: La Carne, la morte e il diavolo nella letteratura romantica. Mailand 1930.
34. C. S. LEWIS: The Allegory of Love. Oxford 1936.
35. CALUDE-EDMONDE MAGNY: Les Sandales d'Empedocle. Neuchâtel 1945.
36. FRYE, I S. 130.
37. WILL-ERICH PEUCKERT: Pansophie. Stuttgart 1936.
38. LISELOTTE DIECKMANN: Hieroglyphics. St. Louis 1970.
39. JOHN READ: The alchemist in life, literature and art. London-New York 1947.
40. PETRUS WILHELMS TAX: Wort, Sinnbild, Zahl im Tristanroman. Berlin 1971.
41. RENE WELLEK: Literary Criticism and Philosophy. In: Scrutiny, Jg. V., (1937) S. 375–383.
42. MONROE C. BEARDSLEY: The Limits of Critical Interpretation. In: Sidney Hook (Hrsg.): Art and Philosophy. New York 1966, S. 85.
43. JACQUES MARITAIN: The Responsibility of the Artist. New York 1960, S. 40–41.
44. YVOR WINTERS: In Defense of Reason. Chicago 1947.
45. RAMON FERNANDEZ und JACQUES RIVIÈRE: Moralisme et littérature. Paris 1933; RAMON FERNANDEZ: L'homme est-il human? Paris 1936
46. WILBUR SCOTT: Five Approaches of Literary Criticism. New York 1962, S. 23–66.
47. HERMANN NOHL: Typische Kunststile in Dichtung und Musik. Jena 1915; ders.: Die Weltanschauung der Malerei. Jena 1908.
48. OSKAR WALZEL: Deutsche Dichtung von Gottsched bis zur Gegenwart. 2 bde., Wildpark-Potsdam 1929–1930.
49. MAURICE FRIEDMAN: To Deny Our Nothingness. New York 1967; vgl. dazu: HAZEL E. BARNES: Philosophical Criticism. In: Contemporary Literature, Bd. 9. Nr. 3 (1968) s. 427–30.
50. R. S. CRANE: Literature, Philosophy and the History of Ideas. In: Modern Philology. Jg. 52 (1954) Nr. 2, S. 73–83.
51. JULIÁN MARIÁS: Reason and Life. New Haven and London 1956, s. 21.
52. INGARDEN I S. 229–306.
53. KÄTE HAMBURGER: Philosophie der Dichter. Stuttgart 1966.
54. OTTO FRIEDRICH BOLLNOW: Rilke. Stuttgart 1956.
55. MORRIS WEITZ: Philosophy in Literature. Detroit 1963.
56. CONRAD WIEDEMANN: Engel, Geist und Feuer. In: REINHOLD GRIMM und CONRAD WIEDEMANN (hrsg.): Literatur und Geistesgeschichte. Berlin 1968, S. 85–109.
57. KARL S. GUTHKE: Wege zur Literatur. Bern und München 1967, S. 221–268.
58. HANS JOACHIM SCHOEPS: Was ist und was will die Geistesgeschichte. In: Zeitschrift für Religiös- und Geistesgeschichte. Jg. 25 (1973) S. 243–60.
59. WALTER BENJAMIN: Der Surrealismus. In: W. B.: Angelus Novus. Ausgewählte Schriften, Bd. 2, Frankfurt am Main 1968, S. 200–215.
60. GERHARD KAISER: Benjamin. Adorno. Frankfurt am Main 1974, S. 68.
61. BENEDETTO CROCE: Art as Intuition. In: W. E. KENNICK: Art and Philosophy. New York 1964, S. 19–32.
62. DEWITT H. PARKER: The Nature of Art. In: Revue Internationale de Philosophie, Juli 1939.
63. HANS EGON HOLTHUSEN: Kreiselkompaß. München–Zürich 1976, S. 13–49.
64. ALVIN B. KERNAN: Aggression and Satire: Art Considered as a Form of Biological Adaptation. In: FRANK BRADY, JOHN PALMER, and MARTIN PRICE (Hg.): Literary Theory and Structure. New Haven and London 1973, S. 115–29.
65. J. W. R. PURSER: Art and Truth. Glasgow 1956.
66. R. M. HARE: The Language of Morals. Oxford 1952.
67. GEOFFREY H. HARTMAN: Poem and Ideology: A Study of Keats's «To Autumn». In: BRADY, PALMER, and PRICE (Hg.): Literary Theory and Structure, a.a.O., S. 305–330.

68. ERICH HELLER: Die Wiederkehr der Unschuld und andere Essays. Frankfurt am Main 1977.
69. ERICH HELLER, a.a.O., S. 97.

c. Literaturwissenschaft und Religion

70. FRYE I, S. 130.
71. J. HILLIS MILLER: Literature and Religion. In: THORPE, S. 112.
72. MOMME MOMMSEN: Goethes Verhältnis zu Christus und Spinoza. In: KLAUS W. JONAS (hrsg.): Deutsche Weltliteratur von Goethe bis Ingeborg Bachmann. Tübingen 1972, S. 1–27.
73. WOLFGANG BERNHARD FLEISCHMANN: Christus und Epicurus. In: STEPHEN G. NICHOLS und RICHARD B. VOWLES: Comparatists at Work. Waltham, Mass. 1968, S. 235–246.
74. J. HILLIS MILLER, a.a.O.
75. DAICHES I S. 212–233.
76. T. S. ELIOT: Religion and Literature. In: Essays Ancient and Modern. London 1936.
77. JOSEF GOTZEN und HEINZ RUPP: Liturgie. In: KOHLSCHMIDT–MOHR, Bd. II, S. 212–223.
78. A. J. HOFMANN: Ordensliteratur. In: KOHLSCHMIDT-MOHR, Bd. II, S. 786–816.
79. FRIEDRICH WILHELM WENTZLAFF-EGGEBERT: Die Kreuzzugsdichtung des Mittelalters. Berlin 1960.
80. W. K. WIMSATT: The Verbal Icon. Lexington 1954, S. 267–79.
81. AUGUST RÜEGG: Die Jenseitsvorstellungen vor Dante und die übrigen literarischen Voraussetzungen der «Divina Commedia». Einsiedeln–Köln 1945, 2 Bde.
82. C. S. SINGLETON: Dante's Allegory. In: Speculum. Jg. XXV, (1950) S. 78–83.
83. RICHARD HAMILTON GREEN: Dante's «Allegory of Poets» and the Medieval Theory of Poetic Fiction. In: Comparative Literature, Jg. IX (1957) S. 118–128.
84. ROBERT JOHN: Dante: Wien 1946.
85. STANLEY ROMAINE HOPPER. (Hrsg.): Spiritual Problems in Contemporary Literature. New York 1952.
86. G. WILSON KNIGHT: The Christian Renaissance. New York 1963.
87. LUDWIG W. KAHN: Literatur und Glaubenskrise. Stuttgart 1964.
88. ROBERT STROPPEL: Literatur und geistliche Dichtung zwischen 1050 und 1300. Frankfurt am Main 1927.
89. HEINZ RUPP: Deutsche religiöse Dichtungen des 11. und 12. Jhdts. Freiburg. Br. 1958.
90. JOSEPH SZÖVERFFY: Die Annalen der lateinischen Hymnendichtung. Berlin Bd. I 1964; Bd. II, Bd. III.
91. DIETHELM BALKE: Orient und orientalische Literaturen. In: KOHLSCHMIDT–MOHR, Bd. II, S. 816–869.
92. RICHARD BRINKMANN: Theologie und Literaturwissenschaft. Die freundlichen Brüder. In: Theologische Quartalschrift, 157. Jg. (1977), S. 219–22.
93. ERNST JOSEF KRZYWON: Literaturwissenschaft und Theologie. In: Stimmen der Zeit, 99. Jg. (1974), S. 108–16; vgl. auch Stimmen der Zeit, 100. Jg. (1975), S. 199–204.
94. A. N. WILDER: Theology and Modern Literature. Cambridge, Mass. 1958.
95. NORMAN REED CARY: Christian criticism in the 20th century. Port Washington, New York, London 1975.
96. DOROTHEE SÖLLE: Realisationen. Darmstadt–Neuwied 1973.
97. JOSÉ MILLAS VALICROSA: La poesia sacrada judaica espagnola. Madrid–Barcelona 1937; ders.: Literatura hebraicoespagnola. Madrid 1970.
98. LEO STRAUSS: Persecution and the art of writing. Glencoe, III., 1952.
99. LUCIEN FEBVRE: Amour sacré, amour profan. Paris 1944.
100. MICHAEL A. SCREECH: L'evangelism de Rabelais. Genf 1959; ders.: Marot evangelique, Genf 1967.

101. C. A. MAYER: La religion de Marot. Genf 1960.
102. HELDER MACEDO: De significado occulto da Menina e Moça. Lissabon 1977.
103. ROBERT J. CLEMENTS: The Poetry of Michelangelo. New York 1965, S. 221–27.
104. C. A. PATRIDES: Milton and the Christian tradition. Baltimore 1966.
105. WOLFRAM MAUSER: Dichtung, Religion und Gesellschaft im 17. Jahrhundert. Die Sonette des Andreas Gryphius. München 1976.
106. GERHARD KAISER: Klopstock. Religion und Dichtung. Gütersloh 1963.
107. Vgl. JOSEPH STRELKA (Hg.): Anagogic Qualities of Literature. University Park and London 1971.

6. Bezüge zu Volkskunde und Anthropologie

a. Methodenkritische Abgrenzungen

1. INGEBORG WEBER-KELLERMANN: Deutsche Volkskunde zwischen Germanistik und Sozialwissenschaften. Stuttgart 1969. SM 79.
2. B. A. BOTKIN: A treasury of American Folklore. New York 1944.
3. ANTTI AARNE: Leitfaden der vergleichenden Märchenforschung. Helsinki 1913.
4. INGEBORG GLIER: Verzeichnis der Schriften von FRIEDRICH VON DER LEYEN: In: HUGO KUHN und KURT SCHIER (Hrsg): Märchen, Mythos Dichtung. München 1963, S. 491–516.
5. ARCHER TAYLOR: Proverbial Comparisons and Similes from California. Berkeley and Los Angeles 1954.
6. LUTZ RÖHRICH, gemeinsam mit ROLF BREDNICH: Deutsche Volkslieder. 2 Bde., 1965 und 1967; ders.: Gebärde Methapher, Parodie. Düsseldorf 1967.
7. MAX LÜTHI: Das europäische Volksmärchen. Bern 1960.
8. STITH THOMPSON: The Folktale. New York 1951.
9. D. SUBOTIČ: Yugoslav Popular Ballads. Cambridge 1932.
10. A. B. LORD: The Singer of Tales. Cambridge, Mass. 1960.
11. M. BRAUN: Das serbokroatische Heldenlied. Göttingen 1961.
12. DANIEL BIEBUYCK: The Epic as a Genre in Congo Oral Literature. In: RICHARD M. DORSON: African Folklore. Garden City, New York 1972, S. 257–73.
13. PAUL und PAULE WOLFE (Hrsg.): Un mvet de Zwè Nguéma: Chant epique fang. Paris 1972.
14. J. O. AJIBOLA: Owe Yoruba. Ibadan 1971.
15. HUBERT RIES: Afrikanische Sprichwörter. Köln 1969.
16. FRANCIS M. DENG: The Dinka and their Songs. Oxford 1972.
17. MARION KILSON: Kpele Lala: Ga Religious Songs and Symbols. Cambridge, Mass. 1971.
18. VYTAUTAS BAGDANAVICIUS: Cultural Wellsprings of Folktales. New York 1970.
19. MARIA KOSOVA und VLASISLAV STANOVSKY: Contes africains. Paris 1970.
20. LUDWIG KOHL-LARSEN: Fünf Mädchen auf seinem Rücken. Kassel 1969, vgl. auch: JACQUELINE THOMAS: Contes, proverbes, devinettes ou énigmas, chants et prières Ngbaka-Ma'bo. Paris 1970.
21. S. PETR BOGATYREV und ROMAN JAKOBSON: Slavanskaja filologija v Rossii za gody vojny i revoljucii. Berlin 1923; SKLOVSKIJ.
22. HANS NAUMANN: Grundzüge der deutschen Volkskunde. Leipzig 1929; ders.: Über das sprachliche Verhältnis von Ober- zu Unterschicht. In: Jahrbuch für Philologie, Bd. I (1925), S. 55–69.
23. VYTAUTAS J. BAGDANAVICIUS: The Lithuanian Legends of Laumes (Fairies) as a Remnent from a Stone Age Culture. In: Lituanus: Lithuanian Quarterly. Chicago, Jg. 18 (1972) I, S. 73–80.

24. OTTO HUTH: Märchen und Megalithreligion. In: Paideuma. Mitteilungen zur Kulturkunde. Meisenheim-Bamberg. Bd. V, Heft 1–2, Oktober 1950.
25. OTTO HÖFLER: Kultische Geheimbünde der Germanen. 1934.
26. WELLEK-WARREN, S. 39f.
27. EDUARD HOFFMANN-KRAYER: Kleine Schriften zur Volkskunde. 1946, S. 223–36.
28. FRYE I, S. 136.
29. SIR JAMES FRAZER: The New Golden Bough. New York 1964, S. 273–88 und 339–391.
30. FRYE I, S. 150.
31. MIRCEA ELIADE: Myths, Dreams and Mysteries. New York 1967; ders.: Das Mysterium der Wiedergeburt. Zürich 1959; ders.: Das Heilige und das Profane. Hamburg 1957.
32. JOSEPH CAMPBELL: The Hero with a thousand faces. Cleveland and New York 1956.
33. SIR JAMES FRAZER: The New Golden Bough, a.a.O.
34. WILHELM EMIL MÜHLMANN: Homo Creator. Wiesbaden 1962; ders.: Bestand und Revolution in der Literatur. Stuttgart 1973.
35. CLAUDE LEVI-STRAUSS: Das wilde Denken. Frankfurt a.M. 1968.
36. PAUL RICOEUR in: Esprit. 31. Jg. (1963) Nr. 322, S. 652–53.
37. WAYNE SHUMAKER: Elements of Critical Theory. Berkeley 1952; ders.: Literature and the Irrational. A Study in Anthropological Backgrounds. Englewood Cliffs, N. J. 1960.
38. GEORGE THOMPSON: Äschylus and Athens. London 1941.
39. H. MUNRO CHADWICK: The Heroic Age. Cambridge 1912.
40. SIR MAURICE BOWRA: Homer and his Forerunners. Edinburgh 1955.
41. JESSIE L. WESTON: From Ritual to Romance. Cambridge 1920.
42. RHYS CARPENTER: Folk Tale, Fiction, and Saga in the Homeric Epics. Berkeley 1946.

b. Literaturwissenschaft und Volkskunde

43. MATHILDE HAIN: Rätsel, SM 53.
44. ERNST LIEBFRIED: Fabel SM 66.
45. MAX LÜTHI: Märchen, SM 16.
46. LUTZ RÖHRICH: Sage, SM 55.
47. HELMUT ROSENFELD: Legend, SM 9.
48. WOLFGANG SUPPAN: Volkslied SM 52.
49. ANDRÉ JOLLES: Einfache Formen. Tübingen 1965.
50. HERMANN BAUSINGER: Formen der Volkspoesie. Berlin 1968.
51. CECIL MAURICE BOWRA: Heroic Poetry. London 1961.
52. HIPPOLYTE DELEHAYE: Les Legendes hagiographiques. Brüssel 1955.
53. HERBERT FRANKE: Indogermanische Mythenparallelen zu einem chinesischen Text der Han-Zeit. In HUGO KUHN und KURT SCHIER (Hrsg.): Märchen, Mythos, Dichtung. München 1963, S. 243–249.
54. I. GADJANSKI: The Vitality of Some Ancient Balkan Motifs as Found in Serbocroation Epic Poetry. In: Živa Antika, 21. Jg. (1971), S. 313–24.
55. J. MISTRIK: Exakte Methoden einer Texttypologie. In: Zeitschrift für Slawische Philologie. Jg. 36, S. 318–31.
56. ECKEHARD CATHOLY: Das Fastnachtsspiel des Spätmittelalters 1961.
57. OLADELE AWOBULUYI: Stylistic Repetition in Yoruba Poetry. In: *Ibadan*, 29 (1971) S. 56–62.
58. DANIEL P. KUNENE: Methaphor and Symbolism in the Heroic Poetry of Southern Africa. In: RICHARD M. DORSON (Hrsg.): African Folklore. Garden City, NY 1972, S. 295–318.
59. HAILU ARAAYA: Ten Semantic Categories Most Recurrent in Ethiopian Folk Poetry. Dissertation: Georgetown University, Washington 1972.
60. JAN DE VRIES: Betrachtungen zum Märchen besonders in seinem Verhältnis zu Heldensage und Mythos. Helsinki 1954.

61. JULIUS SCHWIETERING: Das Volkslied als Gemeinschaftslied. In: Euphorion. 30. Jg. (1929) S. 236–244.
62. KAARLE KROHNE: Die folkloristische Arbeitsmethode. Oslo 1926.
63. GERHARD HEILFURTH: Volkskunde jenseits der Ideologien 1961.
64. EMMA FRANK: Der Schlangenkuß. Leipzig 1928.
65. CONSTANCE ROURKE: CHARLES SHEELER. New York 1938; dieselbe: The Roots of American Culture. New York 1942.
66. RUTH BENEDICT: Urformen der Kultur. Hamburg: Rowohlt 1955, S. 39–47.
67. COLIN STILL: The Timeless Theme. London 1936.
68. WILLIAM TROY: The D. H. Lawrence Myth. In: Partisan Review, 4. Jg. (1937), S. 3–13.
69. HELENE ZIEREN: Studien zum Teufelsbild in der deutschen Dichtung 1050–1250. 1937.
70. A. WESSELSKI: Goethe und der Volksmund. In: Hessische Blätter für Volkskunde. Jg. 36, S. 32–83.
71. MAX LÜTHI: Volksliteratur und Hochliteratur. Bern–München 1970; besonders S. 90–113.
72. HEDWIG VON BEIT: Symbolik des Märchens. Bern 1960; dieselbe: Gegensatz und Erneuerung im Märchen. Bern 1956.
73. KURT WAGNER: Mundartdichtung. In: KOHLSCHMIDT-MOHR, Bd. II, S. 444.
74. JOSEF NADLER: Das Stammhafte Gefüge des deutschen Volkes. München 1934; ders.: Literaturgeschichte der deutschen Stämme und Landschaften. Regensburg 1923–28, 4 Bde.

c. Literaturwissenschaft und Anthropologie

75. GILBERT MURRAY: Excursus on the Ritual Forms Preserved in Greek Tragedy. In: Themis. Cambridge 1912; GILBERT MURRAY: The Rise of the Greek Epic. London 1924; ders.: The Origin of Tragedy; ders.: The Classical Tradition in Poetry. Oxford 1927; ders.: Äschylus, Creator of Tragedy; ders.: Humanist Essays. London 1964.
76. F. M. CORNFORD: The Origin of Attic Comedy. London 1914.
77. JANE ELLEN HARRISON: Ancient Art and Ritual. New York 1913.
78. LORD RAGLAN: The Hero: A Study in Tradition, Myth and Drama. London 1936.
79. KENNETH BURKE: A Grammar of Motives. Englewood Cliffs, N. J. 1945.
80. FRANCIS FERGUSON: The Idea of a Theatre. Princeton 1949.
81. WAYNE SHUMAKER: Literature and the Irrational. Englewood Cliffs, N. J. 1960.
82. WALLACE W. DOUGLAS: The Meaning of «Myth» in Modern Criticism. In: Modern Philology, Bd. L (1953) S. 232–242.
83. HASKELL M. BLOCK: Cultural Anthropology and Contemporary Literary Criticism. In: Journal of Ästhetics and Art Criticism. Jg. XI (1952) S. 46–54.
84. W. Y. TINDALL: D. H. LAWRENCE and Susan his Cow. New York 1939.
85. COLIN STILL: The Timeless Theme. London 1936.
86. ROBERT GRAVES: The White Goddess, New York 1948.
87. IAN WATT: «Robinson Crusoe» as a Myth. In: Essays in Criticism, Bd. I (1951) S. 95–119.
88. GILBERT DURAND: Les Structures anthropologique de l'imaginaire. Paris 1969.
89. GEOFFREY H. HARTMAN: Beyond Formalism. New Haven 1970, S. 21 und 369.
90. EMIL STAIGER: Grundbegriffe der Poetik. Zürich 1951, S. 213, 226, 258.
91. H. KELLER: Lachen und Weinen. Ein Versuch anthropologischer Literaturbetrachtung. In: GRM, Bd. 38 (1957) S. 309–328.
92. WALTER HÖLLERER: Zwischen Klassik und Moderne. Lachen und Weinen in der Dichtung einer Übergangszeit. Stuttgart 1958.
93. HELMUT PLESSNER: Lachen und Weinen 1950.

7. Literaturwissenschaft und Geschichte

a. Methodenkritische Abgrenzungen

1. WELLEK-WARREN. S. 33; RENÉ WELLEK: Literaturtheorie, Kritik und Literaturgeschichte. In: WELLEK II, S. 9–23.
2. RENÉ WELLEK: The Fall of Literary History. In: REINHART KOSELLECK und WOLF-DIETER STEMPEL (Hrsg.): Geschichte – Ereignis und Erzählung. München 1973, S. 426–440.
3. MAX WEHRLI: Gibt es eine deutsche Literaturgeschichte? In: JfIG, 2 Jg. (1970) Heft 1, S. 17.
4. JAN MUKAŘOVSKY: Polakova Vznešenost přirody. Prag 1934, S. 9, wiederholt in: Kapitel aus der Poetik. Frankfurt a. M.: Suhrkamp 1970.
5. RENÉ WELLEK: The Fall of Literary History. a.a.O., S. 431.
6. FRIEDRICH SENGLE: Zur heutigen Literaturgeschichtsschreibung. In: GRIMM-HERMAND, S. 394.
7. JOSEF NADLER: Literaturgeschichte der deutschen Stämme und Landschaften. Regensburg BD. I–IV, 1923–28.
8. HANS KAUFMANN und DIETER SCHILLER: Geschichte der deutschen Literatur. 1917–1945. Berlin 1973.
9. M. L. GANSBERG und G. VOELKER: Methodenkritik der Germanistik. Stuttgart 1971, S. 38 ff.
10. FRIEDRICH SENGLE: Zur Überwindung des anachronistischen Methodenstreits in der heutigen Literaturwissenschaft. In: Historizität in Sprach- und Literaturwissenschaft hg. in Verbindung mit HANS FROMM und KARL RICHTER von WALTER MUELLER SEIDEL. München 1974, S. 163.
11. FRIEDRICH SENGLE: Zur heutigen Literaturgeschichtsschreibung, a.a.O., S. 392.
12. GERHARD KAISER: Antithesen. Frankfurt a. M. 1973, S. 109.
13. DOUGLAS BUSH: Literary History and Literary Criticism. New York 1965, S. 1–13.
14. MANFRED GSTEIGER: Werkimmanenz und Historiographie. In: Arcadia, Jg. 8 (1973) S. 167–71.
15. MURRAY KRIEGER: Critical Historicism: The Poetic Context and the Existential Context. In: LEON EDEL (Hrsg.): Literary History and Literary Criticism. a.a.O. S. 280–282.
16. RENÉ POMEAU: L'Histoire et la littérature et les methodologies. In: Revue d'Histoire Litteraire de la France. Jg. 70 (1970) S. 769–75.
17. FRIEDRICH SENGLE: Zur Einheit von Literaturgeschichte und Literaturkritik. In: GRIMM-HERMAND S. 47–61:
18. H. P. H. TEESING: Der Zusammenhang von Literaturgeschichte und Literaturkritik. In: LEON EDEL (Hrsg.): Literary History and Literary Criticsm. a.a.O., S. 219–21.
19. RENÉ WELLEK: Zur methodischen Aporie einer Rezeptionsgeschichte. In: REINHART KOSTELLECK und WOLF-DIETER STEMPEL: Geschichte, Ereignis und Erzählung., a.a.O., S. 515.

b. Theoretische Voraussetzungen

20. LEONARD FORSTER: Einleitung. In: JfIG, Jg. II (1970) Heft 1, S. 9.
21. FRIEDRICH SENGLE: Zur Überwindung des anachronistischen Methodenstreits, a.a.O., S. 164.
22. RONALD S. CRANE: Critical and Historical Principles of Literary History. Chicago and London 1971.
23. INGRID STROHSCHNEIDER-KOHRS: Literarische Struktur und geschichtlicher Wandel. München 1971.
24. ERNST ROBERT CURTIUS: Europäische Literatur und lateinisches Mittelalter. Bern 1948.
25. GUSTAVE LANSON: Essais de méthode de critique et d'histoire littéraire. Paris 1965.

26. GERHARD KAISER: Antithesen., a.a.O., S. 99–111 und 197–273.
27. REINHARD KOSELLECK: Geschichte, Geschichten und formale Zeitstrukturen. In: R. KOSELLECK und W.-D. STEMPEL (Hrsg.): Geschichte, Ereignis und Erzählung., a.a.O. S. 211–222.
28. RENATO POGGIOLI: Teoria dell'arte d'avanguardia. Bologna 1962.
29. ROY HARVEY PEARCE: Noch einmal Historismus. In: STRELKA-HINDERER S. 109.
30. ROSALIE L. COLIE: Literature and History. In: THORPE S. 9.
31. ROBERT E. SPILLER: Die Kunst der Literaturgeschichte. In: STRELKA-HINDERER S. 134, vgl. auch: ders.: The Third Dimension. New York 1965.
32. RENÉ WELLEK: The Fall of Literary History. A.a.O., S. 437.
33. WALTHER KÜHNE: Literaturgeschichtsschreibung. Erlangen 1963.
34. JEAN WEISGERBER: Defense de l'histoire. In: LEON EDEL (Hrsg.): Literary History and Literary Criticism. a.a.O., S. 261–62.
35. BATESON S. 147–65.
36. DAICHES II S. 261–80 und 376–90.
37. FRIEDRICH SENGLE: Zur Überwindung des anachronistischen Methodenstreits, a.a.O., S. 164.
38. HANS ROBERT JAUSS: Literaturgeschichte als Provokation. Frankfurt a. M. 1970.
39. FRIEDRICH SENGLE: Zur Überwindung des anachronistischen Methodenstreits. a.a.O., S. 159 ff.
40. M. CHRAPTSCHENKO: Die Zeit und das Leben literarischer Werke. In: Kunst und Literatur, 21. Jg. (1973) S. 3–25.
41. RENÉ WELLEK: The Fall of Literature History. a.a.O., S. 438–39.
42. MICHAEL RIFFATERRE: The Stylistic Approach to Literary History. In: RALPH COHEN (hrsg.); New Directions in Literary History. Baltimore 1974, S. 147–164.
43. EMIL STAIGER: Das Problem des Stilwandels. In: GRIMM-HERMAND, S. 62–78.
44. KARL S. GUTHKE: Literarisches Leben im achtzehnten Jahrhundert. Bern und München 1975, S. 17.
45. CARL G. HEMPEL: The function of General Laws in History. In: Journal of Philosophy. Jg. 39 (1942) S. ; vgl. dazu: ARTHUR C. DANTO: Analytical Philosophy of History. Cambridge 1968; sowie WILLIAM DRAY: Laws and Explaination in History. Oxford 1957; sowie W. B. GALLIE: Philosophy and Historical Understanding. New York 1968; sowie PATRICK GARDINER: The Nature of Historical Explanation. Oxford 1952; sowie W. H. WALSH: Philosophy of History. New York 1960; sowie MORTON WHITE: Foundations of Historical Knowledge. New York 1965.
46. EVA D. BECKER und MANFRED DEHN: Literarisches Leben. Hamburg 1968.
47. CONRAD WIEDEMANN: Annalistik als Möglichkeit der Literaturgeschichtsschreibung. In: JfIG, II Jg. (1970) Heft 1, S. 61–69.
48. FRIEDRICH SENGLE: Zur heutigen Literaturgeschichtsschreibung. In: GRIMM-HERMAND S. 375–401.
49. H. M. RICHMOND: Tradition and the Lyric. An Historical Approach to Value. In: LEON EDEL (Hrsg.): Literary History and Literary Criticism, a.a.O., S. 274–75.
50. FRIEDRICH SENGLE: Aufgaben und Schwierigkeiten der heutigen Literaturgeschichtsschreibung. In: GRIMM-HERMAND S. 390; RENÉ WELLEK: The Fall of Literary History. a.a.O., S. 340.
51. CLAUDE GUILLEN: Literature as System. Toward the Theory of Literary History. Princeton 1971; JOSEPH PETER STERN: From Family Album to Literary History. In: New Literary History, Jg. VII (1975), S. 113–133.
53. GÉRARD GENETTE: Structuralisme et Critique littéraire. In: L'ARC Nr. 26, Aix-en-Provence 1965, S. 41–44.
54. GÉRARD GENETTE, zitiert nach der Übersetzung in HANS NAUMANN (Hg.): Der moderne Strukturbegriff. Darmstadt 1973, S. 373.
55. LUCIEN FEBVRE: Combats pour l'Historie. S. 263–68.

56. ROLAND BARTHES: Sur Racine. Paris 1963, S. 150–56.
57. JULIUS WIEGEND: Geschichte der deutschen Dichtung. Köln 1922.
58. AUGUST SAUER in Euphorion, Jg. XXV, S. 121.
59. HAYDEN WHITE: The Problem of Change in Literary History. In: New Literary History, Jg. VII (1975), S. 97–11.
60. ROMAN JAKOBSON und MORRIS HALLE: Fundamentals of Language. The Hague 1956, S. 77–78.
61. JÜRGEN SÖRING: Literaturgeschichte und Theorie. Stuttgart, ect. 1976, S. 106–135.

c. Angewandte Methoden

62. FRITZ MARTINI: Deutsche Literaturgeschichte. Stuttgart 1968.
63. DMITRIJ S. MIRSKIJ: Geschichte der russischen Literatur. München 1964.
64. ALBERT THIBAUBET: Geschichte der französischen Literatur von 1789 bis zur Gegenwart. Freiburg – München 1954.
65. HELMUT DE BOOR und RICHARD NEWALD (Hrsg.): Geschichte der deutschen Literatur. 10 Bde., München seit 1949.
66. ROBERT E. SPILLER, W. THORP und T. H. JOHNSON (Hrsg.): Literary History of the United States. 3. Bde. New York 1948.
67. F. P. WILSON und B. DOBRÉE (Hrsg.): The Oxford History of English Literature. Oxford 1945 ff.
68. RENÉ WELLEK in Keyon Review. 11 Jg. (1949) S. 500–506; vgl. auch FRANZ H. LINK: Amerikanische Literaturgeschichtsschreibung. Stuttgart 1963, S. 11–20.
69. HARRY LEVIN: Refractions. New York 1966, S. 151–170.
70. FRITZ MARTINI: Fragen der Literaturgeschichtsschreibung. In: JfIG, 2 Jg. (1970) Heft 1, S. 47–53.
71. KLAUS ZIEGLER: Das deutsche Drama der Neuzeit. In: WOLFGANG STAMMLER (Hrsg.): Deutsche Philologie im Aufriß. Berlin, Bielefeld, München 1954, Bd. II., S. 950–1298.
72. HANS EGON HASS: Literatur und Geschichte. In GRIMM–HERMAND, S. 370–371.
73. LEON HOWARD: Literatur and the American Tradition. Garden City, N.Y. 1960.
74. EMIL STAIGER: Probleme des Stilwandels. In: GRIMM-HERMAND, S. 62–78.
75. FRIEDRICH SENGLE: Biedermeierzeit. Deutsche Literatur im Spannungsfeld zwischen Restauration und Revolution 1815–1848. Stuttgart Bd. I, 1971, Bd. II. 1972, Bd. III noch nicht erschienen.
76. RICHARD BRINKMANN: Gedanken über einige Kategorien der Literaturgeschichtsschreibung. In: Euphorion. Jg. 69 (1975) S. 41–68.
77. KARL S. GUTHKE: Literarisches Leben im achtzehnten Jahrhundert, a.a.O. S. 16.

8. Literaturwissenschaft und Soziologie

a. Methodenkritische Abgrenzungen

1. HANS NORBERT FÜGEN: Wege der Literatursoziologie. Neuwied am Rhein und Berlin 1968.
2. VIKTOR ŽMEGAČ: Probleme der Literatursoziologie. In: ŽMEGAČ-ŠKREB, S. 256.
3. THEODOR W. ADORNO: Der Positivismusstreit in der deutschen Soziologie. Neuwied am Rhein und Berlin 1970, S. 81.
4. MAX WEBER: Wirtschaft und Gesellschaft. Tübingen 1925, S. 9.
5. MAX SCHELER: Versuche einer Soziologie des Wissens. München und Leipzig 1924, S. 4.
6. GEORG LUKÁCS: Schriften zur Literatursoziologie. Neuwied am Rhein und Berlin 1961, S. 244.

7. HANS NORBERT FÜGEN: Die Hauptrichtungen der Literatursoziologie. Bonn 1966, S. 27.
8. BERND JÜRGEN WARNEKEN: Zur Kritik posivistischer Literatursoziologie. In Literaturwissenschaft und Sozialwissenschaften I. Grundlagen und Modellanalysen. Mit Beiträgen von HORST ALBERT GLASER, PETER HAHN, OLAF HANSEN, HELMUT HARTWIG und anderen. Stuttgart 1972, S. 81–150.
9. VIKTOR ŽMEGAĆ: Probleme der Literatursoziologie, a.a.O., S. 254; HANS NORBERT FÜGEN (Hrsg.): Wege der Literatursoziologie, a.a.O., S. 14.
10. RICHARD BRINKMANN: Gedanken über einige Kategorien der Literaturgeschichtsschreibung. In: Euphorion, Jg. 69 (1975) S. 64.
11. PETER BRANG: Sociological Methods in Twentieth Century Russian Literary Criticism. In: YCC, Bd. V, 1973, S. 233 f.
12. LUCIEN GOLDMANN: Pour une sociologie du roman. Paris 1964, S. 36.
13. ROLF TIEDEMANN: Studien zur Philosophie WALTER BENJAMINS. Frankfurt 1965, S. 106.
14. ERNST BLOCH: Das Prinzip Hoffung. Frankfurt a. M. 1959.
15. URS JAEGGI: Literatursoziologie. In: ARNOLD, S. 406.
16. VALERIJAN F. PEREVERZEV: Notwendige Voraussetzungen der marxistischen Literaturwissenschaft. In: VIKTOR ŽMEGAČ (hrsg.): Marxistische Literaturkritik. Bad Homburg v. d. H. 1970, S. 19–28; ders.: TWORTSCHESTWO DOSTOJEWSKOGO. Moskau 1912.
17. M. BACHTIN in Novy Mir, Nr. 11 (1970) S. 240.
18. FREDERIC JAMESON: Marxism and Form. Princeton 1971, S. X–XIV.
19. ZDENKO ŠKREB: Die Bedeutung der Lehre von den zwei Wirklichkeiten. In: VIKTOR ŽMEGAČ (hrsg.): Marxistische Literaturkritik, a.a.O., A. 98–109.
20. JAN KOTT: Kapitalismus auf einer öden Insel. In: Die Schule der Klassiker. Berlin 1954, S. 31–51.
21. CHRISTOPHER CAUDWELL: Illusion and Reality. London 1937.
22. HUGH DALZIEL DUNCAN: Language and Literature in Society. Chicago 1953, S. 59.
23. JULIUS BAB: Das Theater im Lichte der Soziologie. Leipzig 1931, S. 196–217.
24. LEVIN L. SCHÜCKING: Soziologie der literarischen Geschmacksbildung. Bern und München 1961, S. 36–45.
25. HUGH DALZIEL DUNCAN: Language and Literature in Society. a.a.O., S. 58–74.
26. ALFRED VON MARTIN: Soziologie der Renaissance. Stuttgart 1932, S. 86–89.
27. MALCOLM COWLEY: Literatur in Amerika. Olten und Freiburg 1963, S. 176–177.
28. LEO LÖWENTHAL: Der Kritiker als Vermittler, in: FÜGEN, a.a.O. S. 401–404.
29. WALTER RÜEGG: Der gesellschaftliche Sinn des Buchhändlers, in: FÜGEN, a.a.o. S. 405–421.
30. PETER KARSTEDT: Soziologie öffentlicher Bibliotheken, In: HANS NORBERT FÜGEN: Wege der Literatursoziologie, a.a.O., S. 422–436.
31. WALTER H. SOKEL: Der literarische Expressionismus. München o. J., S. 29.
32. GEORG LUKÁCS: Schriften zur Literatursoziologie., a.a.O., S. 71–74 und 81–108.
33. JOSEPH STRELKA: Die gelenkten Musen. Wien–Frankfurt–Zürich 1971, S. 225–275.
34. BRUNO SNELL: Dichtung und Gesellschaft. Hamburg 1965.
35. Q. D. LEAVIS: Fiction and the Reading Public. London 1932.
36. ALFRED DÖBLIN: Kunst ist nicht frei, sondern wirksam: ars militans, ebenso
37. PETER-PAUL ZAHL: Literatur und revolutionärer Kampf. In: BEATE PINKERNEIL, DIETRICH PINKERNEIL und VIKTOR ŽMEGAČ Hrgs.: Literatur und Gesellschaft. Frankfurt a. M. 1973, S. 160–164 und 269–278.
38. Zu LESSING vgl. ERICH SCHMIDT: LESSING 2. Bde., Berlin 1884–92; dazu: MATHILDE LUDENDORFF: Lessings Geisteskampf und Lebensschicksal. München 1937; dazu: ELIDA M. SZAROTA: Lessings Laokoon. Eine Kampfschrift für eine realistische Kunst und Poesie. Weimar 1959.

b Theoretische Grundlagen

39. HUGO KUHN: Dichtungswissenschaft und Soziologie. In: GRIMM-HERMAND S. 450–462.
40. GEORGE THOMSON: Aeschylus and Athens. London 1941.
41. HENNING BRINKMANN: Der deutsche Minnesang, ebenso wie WOLFGANG MOHR: Minnesang als Gesellschaftskunst. In: HANS FROMM (Hrsg.): Der deutsche Minnesang. Darmstadt 1961.
42. KLAUS-PETER PHILIPPI: Methodologische Probleme der Literatursoziologie. In: GRIMM-HERMAND S. 508–530.
43. ROBERT ESCARPIT: Sociologie de la littérature. Paris 1958.
44. INGRID KERKHOFF: Angewandte Textwissenschaft. Düsseldorf 1973, S. 7 und 22.
45. THOMAS LUCKMANN: Soziologie der Sprache. In: RENÉ KÖNIG (Hrsg.): Handbuch für empirische Sozialforschung. Band 2 1967, S. 1050–1086.
46. PETER BRANG: Über die Aufgaben der sprachsoziologischen Forschung, vornehmlich am Beispiel der russischen Literatursprache. In: Slavica Helevetica. Jg. 1973, S. 3–33.
47. ALBRECHT SCHÖNE: Säkularisation als sprachbildende Kraft. Göttingen: 1968.
48. JACQUES LEENHARDT: Semantique et Sociologie de la Littérature. In: Sociologie de la Littérature, herausgegeben vom Institut für Soziologie der Universite Libre in Brüssel, Brüssel 1970, S. 99–111.
49. WILHELM EMIL MUEHLMANN: Bestand und Revolution in der Literatur. Stuttgart–Berlin–Köln–Mainz 1973.
50. REINHOLD GRIMM: Zur Wirkungsgeschichte von Vischers «Auch Einer». In: HELMUT KREUZER und KÄTE HAMBURGER (hrsg.): Gestaltungsgeschichte und Gesellschaftsgeschichte. Stuttgart 1969, S. 352–381.
51. THEODOR W. ADORNO: Thesen zur Kunstsoziologie. In: Ohne Leitbild. Parva Ästhetica. Frankfurt a. M. 1967, S. 96; ders.: Der Positivismusstreit in der deutschen Soziologie, a.a.O., S. 82.
52. F. O. MATTHIESSEN: American Renaissance. New York 1941.
53. PETER BRANG: Sociological Methods in Twentieth Century Russian Literary Criticism. in: YCC, Bd. V (1973) S. 224–228.
54. KLAUS W. HEMPFER: Gattungstheorie. München 1973, S. 186–189.
55. ALPHONS SILBERMANN: On the Effects of Literature as a Means of Mass Communication. In: YCC Bd. V (1973) S. 174–194.
56. JOHN MCCORMICK and MAIRI MACINNES (Hrsg.): Versions of Censorship. Garden City, New York 1962.
57. J. DUMAZEDIER und J. HASSENFORDER: Elements pour une sociologie comparé de la production, de la diffusion et de l'utilisation du livre. Paris 1963.
58. P. MACHÉRY: Pour une theorie de la production litteraire. Paris 1967.
59. DIETRICH STROTHMANN: Die Regie des Autoreneinsatzes. In: HANS NORBERT FÜGEN: Wege der Literatursoziologie, a.a.O. S. 315–331.
60. MANFRED DURZAK (Hrsg.): Die deutsche Exilliteratur 1933–1945. Stuttgart 1973.
61. MAX HAYWARD: Soviet Literature 1917–1962 in: PATRICIA BLAKE and MAX HAYWARD (Hrsg.): Dissonant Voices in Soviet Literature. New York and Evanston 1964, S. VII-XLII.
62. HELEN VON SSACHNO und MANFRED GRUNERT (Hrsg.): Literatur und Repression. Sowjetische Kulturpolitik seit 1965. München 1970.
63. WERNER SCHEBACH: Trivialliteratur-chronisch fehlinterpretiert. In: Buch und Bibliothek, Jg. 26 (1974), S. 13–22.
64. HELMUT KREUZER: Trivialliteratur als Forschungsproblem. In: GRIMM-HERMAND S. 463–486; vgl. dazu auch: GERHARD SCHMIDT-HENKEL, HORST ENDERS, FRIEDRICH KNILLI und WOLFGANG MAIER (Hrsg.): Trivialliteratur. Berlin 1964 sowie GUENTER WALDMANN: Theorie und Didaktik der Trivialliteratur. München 1974; URS JAEGGI: Literatursoziologie. In: ARNOLD S. 412.

65. LEONARD FORSTER und HANS-GERT ROLOFF (Hg.): Akten des V. Internationalen Germanisten-Kongresses Cambridge 1975, Bern 1976, Band 2, 4, S. 352–65.
66. ZORAN KONSTANTINOVIĆ: Phänomenologie und Literaturwissenschaft. München 1973.
67. ZORAN KONSTANTINOVIĆ: Über Ingarden hinaus. In: Zeitschrift für Literaturwissenschaft und Linguistik, Heft 17, S. 25–34.
68. MANFRED NAUMANN, DIETER SCHLENSTADT, KARLHEINZ BARCK, DIETER KLICHE und ROSEMARIE LENZER: Gesellschaft, Literatur, Lesen. Berlin–Weimar 1975.
69. CLAUS TRÄGER: Studien zur Realismustheorie und Methodologie der Literaturwissenschaft. Leipzig 1972.
70. GERT MATTENKLOTT und KLAUS SCHERPE: Position der literarischen Intelligenz zwischen bürgerlicher Reaktion und Imperialismus. Kronberg im Taunus 1973.
71. ROBERT WEIMANN: Gegenwart und Vergangenheit in der Literaturgeschichte. In: Weimarer Beiträge, Jg. 16 (1970), Heft 5, S. 31–57.
72. GÖTZ WIENOLD: Semiotik der Literatur. Frankfurt am Main 1972, S. 185–97.
73. DIETER BREUER: Einführung in die pragmatische Texttheorie. München 1974, S. 210–212.
74. J. SCHULTE-SASSE und R. WERNER: Einführung in die Literaturwissenschaft. München 1977, S. 204–05.
75. ERNEST W. B. HESS-LÜTTICH: Empirisierung literarischer Textanalyse. In: WOLFGANG KLEIN (Hg.): Methoden der Textanalyse. Heidelberg 1977, S. 61–72.
76. LEONARD FORSTER und HANS-GERT ROLOFF: Akten des V. Internationalen Germanisten Kongresses, a.a.O., S. 36.
77. KLAUS WEIMAR: Analyse marxistischer Literaturtheorien. Bern–München 1977
78. Akten des V. Internationalen Germanisten Kongresses, a.a.O., S. 363.

c. Angewandte Methoden

79. CÉSAR GRAÑA: Fact and Symbol. New York 1971, S. V und 3–64.
80. WOLFGANG FRÜWALD: Ruhe und Ordnung. München 1976.
81. HUMPHREY HOUSE: The Dickens World. Oxford–London 1941.
82. ROBERT MINDER: Kultur und Literatur in Deutschland und Frankreich. Frankfurt a. M. 1962.
83. EDA SAGARRA: Tradition und Revolution. New York 1971.
84. P. N. SAKULIN: Die russische Literatur. Wildpark–Potsdam 1927.
85. PITIRIM A. SOROKIN: Social und Cultural Dynamics. 1. Bd.: Fluctuations of Forms of Art. New York etc. 1937, S. 3–191 und 595–688.
86. ARNOLD HAUSER: Sozialgeschichte der Kunst und Literatur. München 2 Bde. 1953.
87. ROBERT MUSIL: Der Mann ohne Eigenschaften. Hamburg 1952, S. 370.

d. Zusammenfassende Aspekte

1. Probleme der literarischen Wertung

1. NORTHROP FRYE: Contexts of Literary Evaluation. In: YCC 2. Bd. (1969) S. 14–21.
2. ERIC DONALD HIRSCH Jr.: In: J. SCHULTE-SASSE: Literarische Wertung Stuttgart 1971 (SM 98) S. 5.
3. RENÉ WELLEK: Literary History. In: NORMAN FOERSTER (Hrsg.): Literary Scholarship, Its Aims and Methods. Chapel Hill 1941, S. 100; ders.: Einige Grundsätze der Literaturkritik. In: MAYER Bd. I, S. 42–43.

4. W. W. ROBSON: Sind «rein literarische Werte» genug? In: MAYER Bd. I., S. 51 und 53.
5. L. C. KNIGHTS: Auf der Suche nach grundlegenden Werten. In: MAYER, Bd. I, S. 79–80.
6. ROMAN INGARDEN: Erlebnis, Kunstwerk, Wert. Tübingen 1969, S. 153–179.
7. WELLEK-WARREN S. 224.
8. FRYE I S. 25 und 31.
9. ERLICH S. 310, 315 und 317.
10. J. SCHULTE-SASSE: literarische Wertung, a.a.O., S. 57.
11. W. ROSS: Zur Wertung moderner Lyrik. In: DU 10 Jg (1958) S. 27.
12. HANS GEORG GADAMER: Wahrheit und Methode. Tübingen 1965, S. 39 ff.
13. THEODOR W. ADORNO: Ästhetische Theorie. Frankfurt a. M. 1970, S. 22 und 244–247.
14. DAVID DAICHES: Literary Evaluation. In: YCC, 2. Bd. (1969), S. 181.
15. HELGA HULTBERG: Eine instrumentale Werttheorie. In: OL Jg. 21, (1966) S. 39–48.
16. WELLEK-WARREN, S. 214 f.
17. RENÉ WELLEK: Einige Grundsätze der Literaturkritik, a.a.O., S. 44.
18. MILAN V. DIMIČ: Nationaler und übernationaler Standpunkt im literarischen Werturteil.
19. ADRIAN MARINO: La notion de valeur en Litterature comparee. In: Actes du IVe Congrés del' Association Internationale de Littérature Comparée. In: Etudes Litteraire, Laval, Canada, 7. Jg. Nr. 2 (1974) S. 245–53.
20. JOSEPH STRELKA: Internationale Germanistik und literarische Wertung. In: Akten des V. Internationalen Germanisten-Kongresses Cambridge 1975, Heft 4, Bern–Frankfurt 1976, S. 119–124; vgl. auch STRELKA, S. 11–12 und JOSEPH STRELKA: Die gelenkten Musen. Wien–Frankfurt–Zürich 1971, S. 337–355.
21. CHRISTIAN L. HART NIBBRIG: Ja und Nein. Studien zur Konstitution von Wertgefügen in Texten. Frankfurt a. M. 1974, S. 32.
22. WALTER MÜLLER-SEIDEL: Probleme der literarischen Wertung. Stuttgart 1965, S. 33–41.
23. CHRISTIAAN L. HART NIBBRIG: Ja und Nein., a.a.O., S. 39–262.
24. WOLFGANG KAYSER: Literarische Wertung und Interpretation. In: DU 4 Jg. (1952) S. 13–27; ders.: Vom Werten der Dichtung. In: Die Vortragsreise. Bern 1958, S. 58–70.
25. MAX WEHRLI: Wert und Unwert in der Dichtung. Köln und Olten 1965, S. 35–46.
26. ERIK LUNDING: Das Wagnis des Wertens. In: DU 19 Jg. (1967) Heft 5, S. 24–42.
27. ERLICH S. 316.
28. ADELE AUSTIN RICKETT: The personality of the Chinese Critic. In:XCC 6 Bd. (1973) S. 121.
29. TOSHINIKO IZUTSU und TOGO IZUTSU: Far Eastern Existentialism: Haiku and the Man of Wabi. In: YCC 6. Bd. (1973) S. 40–69.
30. T. S. ELIOT: Essays Ancient and Modern. New York 1936, S. 93.
31. RENÉ WELLEK: Einige Grundsätze der Literaturkritik., a.a.O., S. 41 und 43–44.
32. EMIL STAIGER: The questionalbe Nature of Value Problems. In: YCC 2 Bd. (1969) S. 205.
33. MECKLENBURG, S. 170–176.
34. AUGUST WILHELM SCHLEGEL: Kritische Schriften und Briefe. Hrsg. von EDGAR LOHNER: Stuttgart 1962 ff., Bd. 2, S. 29.
35. RENÉ WELLEK: Einige Grundsätze der Literaturkritik., a.a.O., S. 45.
36. MECKLENBURG, S. 73.
37. L. C. KNIGHTS: Auf der Suche nach grundlegenden Werten. In: MAYER, Bd. I, S. 79–80.
38. RICHARDS I S. 44–57.
39. WILHELM EMIL MÜHLMANN: Das Wertungsproblem. In: Bestand und Revolution in der Literatur. Stuttgart 1973, S. 75–90.

2. Aspekte der literaturgeschichtlichen Gesamtdarstellung

1. ROMAN JAKOBSON nach RENÉ WELLEK: The Fall of Literary History. In: REINHARDT KOSELLECK und WOLF-DIETER STEMPEL (Hrsg.): Geschichte, Ereignis und Erzählung. München 1973, S. 428.
2. HYMAN S. 395.
3. KARL S. GUTHKE: Literarisches Leben im 18. Jahrhundert. Bern–München 1975 S. 16.
4. FRIEDRICH SENGLE: Zur Heutigen Literaturgeschichtsschreibung. In: GRIMM-HERMAND S. 391; ders.: Biedermeierzeit. Stuttgart Bd. I 1971, Bd. II 1972 Bd. III, noch nicht erschienen; ders.: Zur heutigen Literaturgeschichtsschreibung., a.a.O. S. 394, 396–97 und 399.
5. ALBIN LESKY: Geschichte der griechischen Literatur. Bern und München 1963. Als ein perioden- wie gattungsmäßig begrenztes praktisches Muster solch großer Synthetisierungsfähigkeit vgl. vor allem auch: ROGER BAUER: La Réalité royaume de Dieu. München 1965.
6. PAUL BÖCKMANN:Formgeschichte der deutschen Dichtung. Hamburg 1949.
7. WALTER MUSCHG: Tragische Literaturgeschichte. Bern 1948.
8. EMIL STAIGER: Die Zeit als Einbildungskraft des Dichters. Zürich 1939.
9. FRIEDRICH SENGLE: Biedermeierzeit, a.a.O.
10. CHARLES MAURON: Psychocritique du genre comique. Paris 1964.
11. BORIS EICHENBAUM: LEO TOLSTOJ. Leningrad 1928.
12. DAICHES I S. 376–390.
13. ROBERT SPILLER: The Cycle of American Literature. New York 1957.
14. FRYE I:
15. M. H. ABRAMS: Five Ways of Reading Lycidas. In: STANLEY BURNSHAW (Hrsg.): Varieties of Literary Experience. New York 1962, S. 1–29.
16. WEHRLI S. 155.
17. FRITZ ERNST: One World. In: HESPERIA 2 (1950).
18. E. R. CURTIUS: Europäische Literatur und Lateinisches Mittelalter. Bern 1948.
19. RENÉ WELLEK: Einige Grundsätze der Literaturkritik. In: MAYER I., S. 44.
20. DIMITRIJ ČYŽEVSKYJ: Istorija ukraınsliteratury. New York 1956.
21. PETER DRONKE: The Medieval Lyric. London 1968.
22. WELLEK I.
23. THEODOR W. ADORNO: Ohne Leitbild. Frankfurt a. M. 1970.
24. NORTHROP FRYE: The Critical Path. Bloomington 1973, S. 104, 107, 155, 170–71.
25. WALDIMIR WEIDLÉ: Die Sterblichkeit der Musen. Stuttgart 1958.
26. WELLEK-WARREN, S. 31.

Namensverzeichnis

Aarne, Atti 282, 393
Abrams, M. H. 11, 41, 191, 252, 341, 346, 351, 379, 388, 403
Adams, Hazard XIII
Adams, Henry 386
Adams, R. M. 259, 389
Adler, Alfred 247, 252, 387, 388
Adorno, Theodor W. 314, 316, 322, 334, 343, 374, 391, 398, 400, 402, 403
Aischylos 394
Ajibola, J. O. 283, 393
Albouy, Pierre 140, 370
Aldridge, Alfred Owen 233, 244, 347, 385, 386
Alewyn, Richard 49, 100, 347, 356, 363, 364, 366
Alford, M. H. T. 49, 353
Allegro, John M. 262, 389
Allemann, Beda XIII, 31, 32, 161, 349, 373, 374
Alonso, Damaso XIII, 42, 66, 169, 182, 351, 375, 377
Amoroso Lima, Alceu XIII
Anderegg, Johannes 173, 174, 175, 376
Anderson Imbert, Enrique XIII
Andreae, Johann Valentin 110
Andrejew, Y. 315
Andrič, Ivo 284
D'Angelo, Frank J. 174, 376
Apollinaire, Guillaume 71
Araaya, Hailu 287, 394
Arader, Harry F. 350
Aristoteles 16, 66, 113, 135, 136, 141, 301
Arndt, Erwin 89, 361
Arnheim, Rudolf 215, 251, 382, 387
Arnim, Achim von 127
Arnold, Friedrich 369
Arnold, Heinz Ludwig XIII, 379, 400
Arnold, Matthew 38, 159, 374
Arnold, Paul 142, 371
Arnold, Robert Franz 44, 351
Arnould, E. 180, 377
Asoh, Ken VIII
Auden, Wystan Hugh 326
Auerbach, Erich 76, 133, 358, 369
Augustin 279
Avvakum, Petrowitsch 191
Awobuluyi, Oladele 287, 394
Bab, Julius 316, 399
Babilas, Wolfgang XIII
Bach, E. 179, 377
Bachelard, Gaston 8, 100, 104, 253, 345, 363, 388
Bachmann, Ingeborg 392
Bachtin, Michail 147, 315, 372
Bacon, Francis 310
Baden, Hans Jürgen 266, 390
Baesecke, Georg 86, 360
Baeumer, Max L. 112, 144, 365, 371
Bagdanavicius, Vytautas 283, 393
Bailey, R. W. 375, 378, 379
Baird, James 256, 388, 389
Baker, Carlos Heard 245, 386
Baldensperger, Fernand XIII, 45, 351
Balke, Diethelm 279, 392
Balzac, Honoré de 242, 386
Bangen, Georg 40, 350
Baran, Henryk XIII
Barck, Karlheinz 401
Barlach, Ernst 219
Barner, Wilfried 106, 364
Barnes, Djuna 99
Barnes, Hazel E. 391
Barthes, Roland XIII, 3, 10, 42, 67, 137, 140, 254, 294, 305, 306, 345, 351, 357, 370, 388, 398
Basho, Matsuo 266
Bate, Walter Jackson XIII
Bateson, F. W. XIII, 4, 6, 17, 30, 31, 71, 73, 74, 139, 141, 165, 196, 231, 302, 345, 351, 352, 355, 357, 358, 370, 375, 380, 385, 397
Battaglia, Salvatore XIII
Baudelaire, Charles 95, 101, 104, 142, 275, 379
Bauer, Gerhard XIII, 347
Bauer, Roger 403
Bauerhorst, Kurt 62, 356
Baum, Paull Franklin 88, 360
Baumann, Hans Heinrich 212, 213, 382
Baumgärtner, Klaus 158, 348, 374
Bausinger, Hermann 287, 394
Bayerdörfer, Hans Peter 148, 373
Beardsley, Monroe C. XIII, 202, 271, 391
Beaumont, Charles A. 107, 364
Beaurline, Lester A. XIII

Becker, Eva D. 303, 397
Becker, Heinz 97, 362
Becking, Gustav 181
Beckmann, Adelheid 128, 368
Beer, Johann 49
Béguin, Albert 240, 268, 294, 386
Beharriell, Frederick J. 239, 250, 385, 387
Behn, S. 252, 387
Behrens, Irene 146, 372
Behrmann, Alfred 87, 89, 92, 103, 178, 190, 360, 361, 363, 376, 379
Beiss, Adolf 127, 368
Beissner, Friedrich 52, 85, 87, 101, 153, 354, 360, 363, 373
Beit, Hedwig von 128, 149, 255, 290, 368, 373, 388, 395
Béleval, Y. 389
Ben-Borat, Zion 346, 376
Benda, Oskar X, XIV
Benedict, Ruth 289, 395
Benjamin, Walter XIV, 119, 156, 275, 301, 315, 316, 366, 374, 391
Bennett, Arnold 102
Bennett, J. 358
Berardi, R. 351
Berdjajew, Nicolai 268, 390
Berek, Peter 119, 366
Berg, Alban 220, 383
Berger, H. 367
Bergson, Henri 103
Berman, Laurence 221, 283
Bernanos, Georges 386
Bertrand, Gérard 218, 383
Beissinger, J. B. 38, 350
Betti, Emilio XIV, 65, 347
Beutin, Wolfgang 258, 389
Bezzola, Reto R. 268, 390
Bianchi, Lorenzo 87, 360
Bidney, David 372
Birbuyck, Daniel 283, 393
Bierwisch, Manfred 41, 350, 360
Billeskov-Jansen, Frederik Julius XIV
Billetta, Rudolf 45, 352
Binder, Hartmut 245, 386
Binder, Wolfgang 354, 363
Bischoff, Bernhard 353
Black, Edwin 109, 365
Blackall, Eric A. 200, 381
Blackmur, R. P. 74, 76, 358
Blake, Patricia 400
Blake, William 217, 388
Blank, Walter 120, 154, 367, 373
Bloch, Ernst 315, 316, 399
Block, Haskell 293, 367, 395
Bloom, Harold XIV
Bloomfield, Morton W. XIV, 14, 74, 174, 183, 347, 358, 367, 376, 378
Bloy, Leon 266, 276, 386
Blume, Bernhard 138, 358, 370
Blumensath, Heinz 364
Boccaccio, Giovanni 59
Bodkin, Maud 254, 255, 388
Böckmann, Paul 180, 193, 341, 368, 377, 378, 380, 403
Böhmer, Ursula 389
Boekh, August 65
Bogatyrev, S. Petr 283, 393
Bohatta, H. 353
Bollnow, Otto Friedrich 105, 274, 347, 391
Boltzmann, Ludwig 5
Bonati, F. M. XIV
Bonnet, Henri 147, 150, 153, 165, 372, 373, 375
Boor, Helmut de 308, 398
Booth, Wayne 109, 365
Borgese, Guiseppe Antonio XIV
Bormann, Alexander von 382
Botkin, B. A. 282, 393
Bourneuf, Roland 155, 374
Bousoño, Carlos XIV, 152, 373
Bousquet, Jacques 138, 370
Bowers, Fredson 54, 354
Bowra, Cecil Maurice 286, 287, 394
Brady, Frank 391
Brady, Patrick 35, 349
Bräuer, Robert 84, 86, 182, 360, 378
Brandt-Corstius, Jan XIV
Brang, Peter 315, 320, 322, 399, 400
Braun, M. 283, 393
Brechon, R. 262, 389
Brecht, Bert 78, 151, 306, 367
Bremond, Henri XIV, 360
Brentano, Clemens 103
Breuer, Dieter 11, 20, 81, 109, 324, 346, 348, 359, 365, 401
Brik, Osip 95, 361
Brinkmann, Henning 319, 400
Brinkmann, Richard 194, 243, 279, 311, 380, 386, 392, 398, 399
Broch, Hermann 100, 102, 103, 211, 249, 270, 372, 387
Brontë, Emily 131
Brooke-Rose, Christine 117, 366

Brooks, Cleanth XIV, XXII, 15, 64, 74, 76, 103, 113, 234, 347, 358, 363, 365, 385
Brooks, Van Wyck 230
Broussard, Louis 120, 367
Brown, Calvin 97, 211, 212, 213, 362, 381, 382
Brown, E. K. 360
Brown, Stephen J. 116, 366
Browne, Ray B. 368
Brüggemann, Fritz 129, 369
Brunetière, Ferdinand 159, 374
Büchner, Georg 220
Bücken, Ernst 222, 383
Bühler, Charlotte 241, 386
Bühler, Karl 148, 372
Bultmann, Rudolf XIV, 347
Burdach, Konrad 43, 88, 264, 351, 360, 390
Burger, Harald 369
Burger, Heinz Otto 48, 72, 73, 194, 353, 358, 380
Burke, Kenneth XIV, 75, 108, 116, 256, 292, 351, 365, 366, 388, 395
Burnshaw, Stanley 403
Bush, Douglas 235, 300, 385, 396
Butscher, Edward 211, 382

Calderwood, James L. 156, 362, 374
Campbell, Joseph 285, 394
Camus, Albert 142, 253, 388
Cannabrava, Euryalo XIV
Carloni, Jean-Claude XIV
Carpenter, Rhys 286, 394
Carr, Edward Hallett 302
Carrouge, M. 294
Cary, Norman Reed 280, 392
Casas Monteiro, Adolfo XIV
Casey, John 42, 351
Cassirer, Ernst 122, 144, 148, 367, 372
Cassirer, Peter 189, 379
Catholy, Eckehard 287, 394
Caudwell, Christopher 316, 399
Cazamian, Louis 64
Celan, Paul 82
Cellier, L. 294
Cervantes, Miguel de 238, 306
Červenka, Miroslav 377
Cézanne, Paul 213, 216, 382
Chadwick, H. Munro 286, 394
Chamisso, Adalbert von 220
Champigny, Robert 156, 374
Chase, Richard 372
Chassequet-Smirgel, Janine 253, 388
Chatman, Seymour XIV, 345, 370, 375, 378, 379, 380
Chaucer, Geoffrey 166
Chesterton, Gilbert Keith 278
Child, Arthur 65, 356
Chirico, Giorgio de 211, 381
Chomsky, Noam 36, 37, 78, 172, 174, 183
Chraptschenko, M. 302, 397
Chrétiens de Troyes 319
Christopherson, H. G. T. 352, 353
Christus 277, 392
Chronst, Anton 353
Churchill, R. C. 363
Cirot, George 353
Čiževskij, D. 181, 342, 377, 403
Clancier, Anne 250, 387
Claudel, Paul 306
Clemen, Wolfgang H. 117, 366
Clements, Robert J. 219, 280, 383, 393
Clifford, James L. 244, 386
Cohen, Ralph 302, 397
Coleridge, Samuel Taylor 266, 269, 339
Colie, Rosalie L. 302, 397
Collier, John Payne 120, 367
Collingwood, R. G. 16, 302, 347
Comte, Auguste 301
Conrady, Karl Otto XIV, 40, 348, 350
Cook, A. B. 292
Cooper, James Fenimore 310
Corbett, Edward P. J. 364, 365
Corneille, Pierre 124, 232
Cornford, F. M. 292, 395
Cortat, R. 358
Costes, Alain 253, 388
Coutinho, Afranio da XIV
Cowley, Malcolm 317, 399
Coy, Juan José XIV
Crane, Ronald S. XIV, 59, 76, 133, 137, 272, 273, 301, 355, 358, 369, 370, 377, 391, 396
Croce, Benedetto XIV, 6, 146, 152, 275, 391
Croll, Morris W. 87, 360
Culler, Jonathan XIV, 10, 346
Cummings, Edward Estlin 71
Curtius, Ernst Robert 62, 108, 111, 112, 117, 132, 242, 257, 264, 275, 301, 342, 364, 365, 366, 369, 386, 388, 390, 396, 403
Curtius, Mechthild 258, 389
Cysarz, Herbert XIV
Czerny, Z. 124, 368

Daemmrich, Horst 186, 229, 378, 384
Daiches, David XV, 69, 87, 129, 150, 261, 277, 302, 334, 341, 357, 360, 369, 373, 392, 397, 402, 403
Damman, Günter 54, 355
Daniell, Roy 223, 384
Dannhauser, Heinz-Martin 377
Dante 59, 99, 118, 142, 167, 216, 266, 270, 278, 279, 285, 306, 366, 392
Danto, Arthur C. 397
Da Ponte, Lorenzo 220
David, Michael 249, 387
Dearing, V. A. 54, 354
Degas, Edgar 227
Dehn, Manfred 303, 397
Delehaye, Hippolyte 287, 394
De Man, Paul: siehe Man, Paul de
Dembo, L. XV
Demetz, Peter XV, 349, 356, 368, 370, 386
Demodokos 252
Denat, Antoine XV
Deng, Francis M. 283, 393
Derian, André 218
Derrida, Jacques XV, 35, 79, 254, 359, 388
Descartes, René 265
Dibelius, W. 369
Dickens, Charles 369
Dieckmann, Lieselotte 110, 271, 365, 391
Diener, Gottfried 257, 388
Dijk, Teun A. van 24, 36, 349, 359
Dilthey, Wilhelm XV, 14, 15, 63, 104, 192, 198, 222, 230, 232, 240, 244, 268, 269, 272, 347, 364, 384, 386
Dimič, Milan V. 335, 402
Dixon, Peter 109, 364, 365
Dobrée, B. 398
Dockhorn, Klaus 107, 364
Döblin, Alfred 87, 235, 317, 360, 399
Doležel, Lubomír 170, 171, 185, 187, 375, 378, 379
Donat, Branimir XV
Donato, Eugenio XVIII, 35, 349, 359
Dornseiff, Franz 192, 379
Dorson, Richard M. 393, 394
Dostojewkski, Fjodor Michailowitsch 337, 390, 399
Doubrovsky, Serge 232, 233, 267, 385
Douglas, Wallace W. 293, 395
Draper, John 97, 362
Dray, William 397
Dresden, Sem 226, 233, 384, 385
Dressler, Wolfgang 35, 349
Dreyfus, Hubert 377
Dronke, Peter 342, 403
Droste-Hülshoff, Annette von 100, 379
Dryden, John 54, 266, 382
Dschelaled-din Rumi 266
Dschuang-Dse 278
Dubois, Jacques 365, 376
Duffy, J. 266, 390
Dufourcq, Albert 353
Dufy, Raoul 218
Dumazedier, J. 322, 400
Duncan, Hugh Dalziel 316, 317, 399
Durand, Gilbert 256, 293, 294, 388, 395
Durr, R. A. 262, 389
Durzak, Manfred 322, 400
Dyck, Joachim 107, 364, 365
Dymshits, Aleksandr L'vovich XV

Eaton, Trevor XV, 136, 370
Eco, Umberto 11, 24, 79, 346, 348, 359
Eckhoff, Lorenz XV
Edel, Leon 129, 230, 234, 235, 236, 237, 243, 369, 385, 386, 396, 397
Edeline, Francis 365
Egebak, Niels XV
Egk, Werner 221, 383
Ehrmann, Jacques 357, 379
Eibl, Karl XV
Eichenbaum, Boris 64, 231, 341, 385, 403
Eichendorff, Joseph von 100, 117
Eichner, Hans 202, 253, 381, 388
Eimermacher, Karl 79, 359
Einsiedel, Wolfgang 352
Eis, Gerhard 352
Ejsensteyn, S. 148
Elema, Johannes XV
Eliade, Mircea 144, 285, 371, 394
Eliot, T. S. 39, 58, 64, 96, 229, 237, 255, 270, 277, 278, 337, 355, 362, 367, 392, 402
Elisabeth I., Königin von England 52
Ellis, John M. XV, 10, 346
Ellwood, Ch. A. 389
Elster, H. M. 47, 353
Embler, Weller 115, 366
Emerson, Ralph Waldo 57, 88, 198, 228, 240, 245, 266, 344, 386
Empson, William 15, 69, 136, 180, 347, 357, 370, 377
Emrich, Wilhelm 122, 123, 144, 367, 372
Enders, Horst 358, 400

Engel, Monroe 120, 367
Engelbert, Manfred 354
Enkvist, N. E. 30, 348
Eppelsheimer, Hanns W. 351, 352
Erasmus von Rotterdam 265
Erdman, David V. 49, 353
Erlich, Victor XV, 113, 122, 123, 127, 333, 337, 356, 365, 366, 367, 368, 402
Ermatinger, Emil XV, 196, 230, 380, 382, 385, 386
Erné, Nino 156, 197, 374, 380
Ernst, Fritz 342, 403
Ernst, Max 211, 381
Esbroeck, Michel van 19, 347, 356
Escarpit, Robert 39, 319, 320, 350, 400
Euklid 5
Eustis, Alvin 169, 375
Even-Zohar, Itamor 174
Exner, Richard 190, 379
Eykman, Christoph XV, 24, 25, 348

Fabry, Frank J. 222, 384
Fairbairn, W. R. D. 256
Falcãos, Cristóvão 49
Falk, Eugene 62, 124, 125, 126, 127, 128, 136, 137, 139, 140, 356, 368, 370
Faulkner, William 101
Faust, Wolfgang Max 215, 383
Fayolle, Roger XV
Febvre, Lucien 280, 306, 392, 397
Feder, Lilian 145, 372
Feininger, Lyonel 100
Fergusson, Francis 114, 120, 143, 292, 365, 366, 371, 372, 395
Fernandez, Dominique 253, 388
Fernandez, Ramon 245, 271, 386, 391
Ferré, André 62, 356
Fielding, Henry 332
Filoux, Jean-C. XIV
Finke, Ulrich 384
Firdusi 285
Fischer, Anita 218, 383
Fischer, Ludwig 107, 364
Fischer-Lichte, Erika 23, 348
Fish, Stanley E. 172, 180, 376, 377
Fjord Jensen, Johan XV
Flach, Brigitte XV
Flach, Werner XV
Flaker, Aleksandar 180, 186, 199, 377, 378, 380
Flaschka, Horst XV
Fleischmann, Wolfgang Bernhard 277, 392
Fletcher, Angus 120, 367
Fludd, Robert 214
Foerster, Norman XV, 401
Fogel, Ephim G. 49, 353
Fontane, Theodor 243, 386
Forster, Edward Morgan 96, 98, 100, 102, 130, 134, 136, 156, 197, 362, 363, 369, 374, 380
Forster, Leonard 300, 355, 396, 401
Foss, Martin 121, 367
Foucault, Michel XV, 19, 21, 348
Fouquet, Doris 216, 383
Fowler, Robert S. 138, 370
Fowler, Roger 70, 357
Fowlie, Wallace XV
Francis, W. Nelson 183, 378
Frank, Emma 288, 395
Frank, Joseph 99, 362
Franke, Herbert 287, 394
Franz, Marie Louise von 290
Franz, Wilhelm 191, 379
Frazer, Sir James 285, 293, 394
Fredén, Gustaf XV
Freedman, Ralph 88, 360, 373
Freedman, William 126, 150, 368
Frels, Wilhelm 46, 352
Frenz, Horst XXI
Frenzel, Elisabeth 61, 62, 124, 126, 127, 133, 356, 367, 368, 369
Freud, Sigmund 130, 206, 247, 248, 249, 250, 251, 252, 253, 254, 256, 261, 381, 386, 387, 388
Frey, Dagobert 227, 384
Freytag, Gustav 320
Fricke, Gerhard 48, 353
Friedman, Maurice 272, 391
Friedman, Norman 137, 149, 156, 370, 373, 374
Friedrich, Hugo XV, XVI, 4, 29, 31, 32, 66, 67, 101, 104, 135, 137, 156, 207, 345, 348, 349, 356, 363, 364, 369, 370, 374, 381
Friedrich, Werner P. 45, 352
Friedrich, Wolf-Hartmut 347, 348, 366, 368 386
Friedrich II., König von Preussen 318
Fries, Thomas 365
Fromm, Erich 249, 387
Fromm, Hans 45, 352, 396, 400
Frost, Robert 95
Frühmorgen-Voss, Hella 221, 383

Frühwald, Wolfgang 326, 401
Frye, Northrop X, XVI, 7, 19, 40, 93, 118, 119, 121, 125, 138, 140, 142, 143, 147, 215, 257, 263, 270, 276, 284, 285, 292, 293, 294, 331, 333, 341, 343, 345, 347, 350, 361, 366, 367, 368, 370, 371, 372, 377, 383, 389, 390, 391, 392, 394, 401, 402, 403
Fubini, Mario 152, 159, 373
Fuchs, Albert 368, 383
Fucks, Wilhelm 49, 179, 353, 377
Fügen, Hans Norbert 313, 314, 398, 399, 400
Fuhrmann, Horst 353
Fuhrmann, Manfred XVI, 143, 371, 372
Furia, Philip 82, 359

Gadamer, Hans-Georg XVI, 23, 24, 65, 334, 347, 402
Gadjanski, I. 287, 394
Galinsky, Hans 117, 366
Gallie, W. B. 397
Gansberg, Marie Louise 299, 349, 396
Ganz, Peter F. 354
Gardiner, Patrick 397
Gardner, Helen Louise XVI
Garraty, John A. 233, 385
Garvin, Henry R. 349
Geckeler, Horst 349
Gelderblom, Gertrud 130, 369
Gellert, Christian Fürchtegott 369
Genette, Gérard XVI, 33, 34, 35, 74, 79, 305, 349, 358, 359, 364, 397
George, Arapura Ghevarghese XVI
George, Stefan 71, 238, 388
Georgiades, Thrasybulos 91, 361
Gerard, Harold B. 23
Germain, F. 76, 358
Gervinus, G. G. 342
Giamatti, A. Bartlett 370
Giannantonio, Pompeo 366
Gibson, William M. 54, 354
Gifford, Henry XVI
Gillie, Christopher 131, 369
Ginger, John XVI
Giono, Jean 284
Giotto di Bondone 214
Girard, René 35
Giraud, Victor XVI, 230, 385
Glanning, Otto 353
Glaser, Horst Albert 399
Glicksberg, Charles XVI
Glier, Ingeborg 89, 361, 393
Gluck, Christoph Willibald 220, 383
Goedeke, Karl 44, 351
Goes, Albrecht 233
Goethe, Johann Wolfgang 8, 61, 100, 103, 106, 122, 123, 135, 142, 156, 190, 192, 220, 230, 231, 235, 241, 242, 243, 251, 257, 277, 279, 284, 285, 335, 336, 355, 385, 386, 388, 392, 395
Göttner, Heide 65, 356
Götze, Alfred 32, 349
Goeze, Johann Melchior 229
Goldmann, Heinrich 257, 389
Goldmann, Lucien 315, 399
Goldsmith, Oliver 216
Gongoras, Louis 182, 366
Gonne, Maude 236
Gottesmann, Ronald 354
Gottfried von Strassburg 271
Gotthelf, Jeremias 76
Gottsched, Johann Christoph 222, 391
Gotzen, Josef 277, 392
Gourmont, R. de 377
Gozzi, Carlo Graf 149, 373
Grähn, Franz 178
Graff, Gerald XVI
Graña, César 325, 401
Grassi, Ernesto 371
Graubner, Hans 183, 184, 186, 189, 378, 379
Graves, Robert 141, 293, 395
Gray, Bennison 189, 379
Gray, Ronald D. 392
Gray, Thomas 382
Green, Richard Hamilton 278, 392
Greene, Theodore Meyer XVI 213, 382
Greene, Thomas XV, 356, 368, 370, 386
Greene, William Chase XVI
Greg, Walter Wilson 45, 54, 352, 354
Greimas, Algirdas J. 10, 24, 36, 149, 349, 373
Grierson, Herbert 183, 378
Grigorovich, Natalia Nikolaevna 215, 382
Grimm, Jacob 32, 54, 337, 349, 360
Grimm, Reinhold XVI, 112, 321, 371, 391, 396, 397, 400, 403
Grimm, Wilhelm 32, 54, 337, 349, 360
Groeben, Norbert 250, 252, 259, 261, 387, 389
Gross, Harvey 96, 362
Grubačič, Emilija 182, 378

Grunert, Manfred 322, 400
Gryphius, Andreas 280, 393
Gsteiger, Manfred XIII, 300, 347, 396
Gude, C. 64, 356
Gülich, Elisabeth 349
Günther, Werner 100, 363
Guillen, Claudio XVI, 305, 397
Gundolf, Friedrich X, 190, 230, 242, 264, 268, 379, 384, 386, 390
Gunzenhäuser, Rul XVII, 346, 348, 361
Guthke, Karl S. XVI, 104, 139, 141, 143, 239, 275, 303, 311, 312, 340, 363, 364, 371, 372, 374, 385, 391, 397, 398, 403

Haas, Alois M. 369
Habermann, Paul 86
Habermas, Jürgen 13, 20, 346, 348
Hagstrum, Jean H. 215, 382
Hahn, Peter 399
Hain, Mathilde 286, 394
Hajek, Edelgard 226, 384
Halbach, Kurt Herbert 353
Hallberg, Peter XVI
Halle, Morris 86, 360, 398
Halliday, M. A. K. 357
Hamann, Johann Georg 390
Hamann, Richard 226, 384
Hamburger, Käte XVI, 4, 8, 131, 147, 148, 150, 273, 345, 346, 365, 369, 372, 373, 391, 400
Hamer, Philip M. 352
Hankiss, Jean 135, 370
Hanneborg, Knut XVI
Hansel, Johannes 44, 351
Hansen, Olaf 399
Harding, Walter Roy 245, 386
Hare, R. M. 275, 391
Harms, Wolfgang 100, 363
Harpham, Geoffrey 215, 383
Harrison, Jane Ellen 292, 395
Harsch-Niemeyer, Robert X
Harsdörffer, Georg Philipp 110, 181
Harth, Dietrich 351
Harte, Bret 284
Hartl, Robert 206, 248, 381, 387
Hartman, Geoffrey XVI, 35, 137, 223, 275, 294, 349, 370, 384, 391, 395
Hartmann, Nicolai 7, 345
Hartwig, Helmut 399
Harvey, W. J. 131, 369
Harweg, Roland 77, 359
Hass, Hans Egon 310, 347, 356, 364, 398
Hassenforder, J. 322, 400
Hatfield, Henry 129
Hatzfeld, Helmut 189, 212, 369, 379, 382
Haubrichs, Wolfgang 348
Hauser, Arnold 225, 329, 384, 401
Hautecoeur, L. 223, 384
Havers, Wilhelm 183, 378
Hawkes, Terence 11, 346
Haym, Rudolf 369
Hayter, Alethea 262, 389
Hayward, Max 322, 400
Hebbel, Friedrich 82
Hebel, Johann Peter 360
Hegel, Georg Wilhelm Friedrich 21, 141, 159, 268, 269, 272, 311, 374
Heidegger, Martin 15, 103, 268
Heidolph, Karl Erich 360
Heilfurth, Gerhard 288, 395
Heine, Heinrich 161, 220
Heller, Erich 263, 276, 374, 390, 392
Helmholtz, Hermann von 14
Hemingway, Ernest 245, 386
Hempel, Carl G. 303, 397
Hempfer, Klaus W. 158, 165, 322, 374, 375, 400
Henckel, Arthur 110, 369
Hendricks, William O. 183, 378
Henel, Heinrich 80, 359
Herd, E. W. 143, 371
Herder, Johann Gottfried 110, 149, 289
Hermand, Jost XVI, 222, 226, 371, 384, 396, 400, 403
Hernadi, Paul 12, 162, 163, 164, 173, 346, 375, 376
Heselhaus, Clemens 14, 67, 347, 356, 364
Heß-Lüttich, Ernest W. B. 324, 401
Hester, Marcus B. 117, 366
Heusler, Andreas 83, 84, 88, 89, 90, 360
Heym, Georg 50, 193, 211, 237, 357, 365, 380, 381, 382, 385
Hiebel, Hans H. XVI
Highsmith, Patricia 157
Hildebrandt-Günther, R. 107, 364
Hill, A. A. 357
Hillebrand, Bruno 105, 364
Hillmann, Kurt 117
Hinderer, Walter XXI, 371, 390, 397
Hinkle, Diane 35, 349
Hinks, Roger 119, 366, 371
Hinman, Charles 54, 354

Hirsch, Eric Donald XVI, 17, 19, 22, 65, 159, 203, 204, 234, 237, 240, 331, 347, 356, 381, 385, 401
Hirsch, Rudolf 236, 385
Hjelmslev, Louis 33, 78, 349, 359
Hobsbaum, Philip XVII, 71, 358
Höfler, Otto 283, 394
Hölderlin, Friedrich 5, 21, 52, 92, 100, 179, 360, 361, 362, 363
Höllerer, Walter 161, 294, 295, 374, 395
Höpker-Herberg, Elisabeth 354
Hoffmann, E. T. A. 117, 217, 218, 383, 388
Hoffmann, Gerhard 363
Hoffmann, Kurt 143, 371
Hoffmann-Krayer, Eduard 284, 394
Hofmann, Annelies Julia 277, 392
Hofmannsthal, Hugo von 220, 238, 291, 383
Holland, Norman N. 259, 260, 261, 389
Hollander, John 93, 214, 361, 382
Holloway, John 258, 389
Holthusen, Hans Egon XVII, 17, 275, 347, 391
Holzmann, M. 353
Homer 216, 226, 306, 337
Honig, Edwin 118, 120, 366
Hook, Sidney 391
Hopper, Stanley Romaine 67, 278, 351, 357, 392
Horaz 153, 214
Hough, Graham XVII
Houm, Philip XVII
House, Humphrey 326, 327, 401
Howard, Leon 309, 310, 398
Howard, William J. 354
Howarth, W. D. 358
Howell, Wilbur 364
Hrushovski, Benjamin XVII, 10, 346, 376
Hubert, Renée R. 211, 381
Hugo, Victor 254
Huizinga, Jan 302
Hultberg, Helga 324, 402
Humboldt, Wilhelm von 184
Hurlebusch, Rosa-Maria 50, 353
Husserl, Edmund 17, 25, 64, 184, 268, 274
Huth, Otto 283, 394
Huxley, Aldous 262, 389
Hyde, H. Montgomery 243, 386
Hyman, Stanley Edgar XVII, 230, 340, 385, 403
Hymes, Dell H. 181, 377

Ibsen, Henrik 273
Ihde, Don 347
Ihwe, Jens 13, 30, 68, 346, 357, 360, 380
Ingarden, Roman X, XVII, 6, 7, 8, 9, 10, 12, 17, 18, 19, 21, 22, 23, 25, 56, 58, 64, 69, 86, 101, 103, 134, 135, 176, 184, 273, 333, 345, 346, 347, 357, 360, 363, 369, 391, 401, 402
Ingendahl, Werner 115, 116, 366
Ipsen, Gunther 184, 378
Iser, Wolfgang 10, 21, 22, 23, 24, 25, 76, 77, 346, 348, 359
Ivánov, Vjaceslâv 8, 120, 268, 345, 367, 390
Izutsu, Toshihiko 337, 402

Jack, Ian 216, 383
Jackson, P. W. 252, 388
Jackson, Robert Louis 76, 358
Jaffé, Aniela 249, 387
Jaeggi, Urs 315, 323, 399, 400
Jähnig, Dieter 206, 381
Jakobson, Roman XVII, 10, 11, 21, 29, 33, 64, 69, 123, 174, 189, 286, 307, 340, 348, 357, 378, 393, 398, 403
Jakubinskij, Leo 97, 362
James, Henry 54, 198
Jameson, Frederic 315, 316, 399
Janik, Del Ivan 213, 382
Jaszi, Andrew XVII, 186, 379
Jauss, Hans Robert XVII, 10, 21, 23, 76, 120, 205, 302, 348, 359, 397
Jennings, Edward M. XVII
Jens, Walter 101, 363, 364
Johannes vom Kreuz 266, 278
John, Robert 142, 278, 371, 392
Johnson, Samuel 171, 183, 310, 379
Johnson, Thomas H. 308, 398
Jolles, André XVII, 144, 148, 156, 157, 287, 372, 374, 394
Jonas, Klaus W. 392
Jones, Edward E. 23
Jones, Ernest 249, 387
Jones, Howard Mumford XVII, 198, 380
Jones, Lawrence Gaylord 184, 378
Jonson, Ben 132, 201
Jost, François 346, 388
Joyce, James 88, 99, 142, 236, 329, 337
Judrin, Roger 114, 366
Jung, Carl Gustav 114, 140, 195, 206, 231, 249, 250, 252, 253, 254, 255, 256, 257, 258, 261, 371, 385, 386, 387, 388
Just, Klaus Günther 221, 383

Kafka, Franz 118, 119, 142, 236, 245, 249, 306, 366, 386
Kagan, M. 252
Kahn, Ludwig 279, 388, 392
Kaiser, Ernst 257, 388
Kaiser, Gerhard 76, 77, 164, 275, 280, 299, 301, 359, 375, 391, 393, 396, 397
Kant, Immanuel 3, 106, 266, 269, 334
Kantorowitsch, V. 315
Kanzog, Klaus 52, 55, 354
Kaplan, Justin 245, 386
Kaplan, Morton 250, 387
Karstedt, Peter 317, 399
Katačić, Radoslav 4, 357
Kaufmann, Hans 299, 396
Kaulhausen, Marie-Hedwig 92, 361
Kayser, Wolfgang XVII, 3, 6, 9, 43, 49, 64, 66, 73, 74, 84, 86, 87, 89, 93, 123, 137, 147, 148, 155, 165, 167, 176, 177, 178, 181, 183, 184, 185, 187, 188, 225, 336, 337, 345, 346, 351, 353, 356, 358, 360, 361, 369, 370, 372, 374, 375, 376, 377, 378, 379, 384, 402
Keats, John 75, 216, 229, 275, 391
Keller, Gottfried 38, 50, 103, 350
Keller, H. 294, 395
Keller, Werner 358
Kelletat, Alfred 354
Kellog, Robert 135, 370
Kennick, W. E. 391
Kerényi, Karl 144, 371
Kerkhoff, Emmy L. 177, 376
Kerkhoff, Ingrid 320, 400
Kernan, Alvin B. 275, 391
Keseling, Gisbert 349
Kiell, Norman 257, 389
Kierkegaard, Søren 268, 390
Kilche, Dieter 401
Killy, Walther 102, 117, 145, 155, 347, 363, 366, 367, 368, 372, 374, 386
Kilson, Marion 283, 393
Kimmerle, H. 347
Kimpel, Dieter 349
King, A. H. 201, 381
Klausen, Renate 351
Klee, Paul 213
Klein, Sheldon 179, 377
Klein, Wolfgang XVII, 80, 348, 359, 401
Kleinstück, Johannes 144, 372
Kleist, Heinrich von 85, 87, 127, 360
Kliemann, Horst 352
Klingemann, A. 239
Klinkenberg, Jean-Marie 365
Kloepfer, Rolf 185, 378
Klopstock, Friedrich Gottlieb 69, 192, 280, 357, 379, 393
Kloss, Robert 250, 387
Klotz, Volker 138, 370
Kluckhohn, Paul 263, 265, 360, 363, 390
Kluge, Friedrich 32, 349
Knauer, Karl 95, 361
Knaus, Jakob 219, 383
Knight, G. Wilson 256, 278, 388, 392
Knights, L. C. 332, 339, 367, 402
Knilli, Friedrich 400
Kobel, Erwin 362
Kobell, Franz von 291
Koch, Walter A. 36, 349
König, René 400
Körner, Josef 44, 45, 127, 351, 368
Köster, Albert 50
Köttelwesch, Clemens 44, 45, 351
Kohl-Larsen, Ludwig 283, 393
Kohlmayer, Rainer 54, 355
Kohlschmidt, Werner XVII, 351, 362, 364, 368, 371, 373, 390, 392
Kolbe, Jürgen XVII, 347, 349, 350
Konrad, Hedwig 366
Konstantinović, Zoran 323, 401
Koopmann, Helmut 381
Koppen, Erwin XII, 41, 347, 351
Korff, Hermann August 141, 264, 268, 370, 390
Koselleck, Reinhard 301, 396, 397, 403
Kosik, Karel 23
Kosova, Maria 283, 393
Kott, Jan 316, 399
Kraft, Herbert 52, 354
Kranz, Gisbert 215, 383
Krauss, Werner XVII
Kretschmer, Ernst 248, 387
Kreutzer, Hans Joachim 55, 355
Kreuzer, Helmut XVII, 13, 323, 346, 348, 350, 361, 365, 400
Krieger, Murray XVII, 59, 68, 194, 300, 355, 357, 380, 396
Kris, Ernst 249, 387
Kristaller, Paul Oskar 352
Krogmann, Willy 368
Krohne, Kaarle 288, 395
Krüger, Manfred 138, 370
Kruse, Margot 137, 370
Krzywon, Ernst Josef 266, 280, 390, 392
Kühne, Walther 302, 397

Kühnel, Jürgen 55, 355
Küntz, Pierre 379
Küntzel, Heinrich 364
Kuhn, Hugo XVII, 132, 154, 167, 194, 241, 318, 368, 369, 373, 375, 380, 386, 393, 394, 400
Kuhns, Richard 125, 265, 368, 390
Kunene, Daniel P. 287, 394
Kunisch, Hermann 350
Kutscher, Artur 154, 160, 165, 185, 373, 374, 375, 378

La Bruyère, Jean de 369
Lacan, Jacques 249, 257, 387
Lachmann, Renate 377
Lacouture, Jean 243, 386
Lämmert, Eberhard 80, 100, 102, 156, 359, 363, 374
Laermann, Klaus 209, 381
Laing, R. D. 258, 389
Lane, Michael 368
Lange, Victor 348, 374
Lange-Eichbaum, Wilhelm 261
Langer, Susanne K. 122, 367
Langgässer, Elisabeth 277
Lanham, Richard A. 364
Lanier, Sidney 90, 361
Lanson, Gustave 48, 64, 301, 353, 396
Lanz, Henry 97, 362
Larken, Philip 70
Larthomas, R. 196, 380
Lasker-Schüler, Else 82
Lausberg, Heinrich XVII, 41, 108, 109, 350, 364
Lawall, Sarah H. XVII, 268, 390
Lawrence, David Herbert 213, 255, 289, 325, 382, 395
Leavis, Q. D. 317, 399
Lee, Brian 357
Leech, Geoffrey N. 109, 175, 365, 376
Leed, Jacob 377
Leenhardt, Jacques 321, 400
Le Hire, Y. 107, 364
Lehmann, Günther XVII
Lehmann, Paul 352
Lehmann, Rudolf 160, 374
Lehmann, W. P. 30, 157, 348, 374
Leibfried, Erwin 184, 186, 187, 286, 378, 379, 394
Leibniz, Gottfried Wilhelm 265
Lemon, Lee T. XVII
Lempicki, Zygmunt 152, 373
Lenders, W. 38, 350
Lenz, Eva Maria 221, 383
Lenz, Jakob Michael Reinhold 321
Lenzer, Rosemarie 401
Leo, Ulrich 171, 376
Lerch, E. 183, 378
Lermontov, Michail 231
Lerner, Laurence 256, 388
LeSage, Laurent XVII, XVIII
Lesky, Albin 340, 343, 373, 403
Lesser, Simon O. 256, 259, 260, 388, 389
Lessing, Gotthold Ephraim 211, 229, 230, 318, 369, 399
Lessing, Karl 230
Levi, Albert William 147, 372
Lévi-Strauss, Claude 20, 21, 32, 69, 143, 174, 189, 285, 357, 371, 394
Levich, Marvin XVIII
Levin, Harry XVIII, 59, 61, 124, 125, 128, 133, 137, 138, 167, 309, 355, 368, 369, 370, 398
Levin, Samuel R. 68, 345, 357, 375, 377, 378
Lewis, C. Day 114, 366
Lewis, Clive Staples XVIII, 270, 391
Leyen, Friedrich von der 282, 393
Lida, Maria Rosa 365
Lindberg, John D. 220, 383
Link, Franz H. XVIII
Link, Hannelore 77, 359
Link, Jürgen 36, 349
Litz, A. Walton XVIII
Liu, James J. Y. XVIII
Lockemann, Friedrich 89, 361
Löffler, Karl 47, 352
Löwenthal, Leo 317, 399
Lohner, Edgar 64, 356, 402
Lombroso, Cesare 261
Longhave, Georges XVIII
Loos, Beate: siehe Pinkerneil, Beate
Lopes, Oscar XVIII
Lord, Albert B. 283, 393
Lorenzer, Alfred 257, 389
Lotman, Jurij M. XVIII, 69, 79, 163, 357, 359, 373, 375
Love, Harold 54, 355
Lovejoy, Arthur O. 140, 268, 270, 272, 370, 390
Luckmann, Thomas 320, 400
Ludendorff, Mathilde 399
Lüdtke, Gerhard 62, 356

Lüdtke, Helmut 91, 361
Lühmann, N. 348
Lüthi, Max 128, 282, 289, 290, 368, 394, 395
Lützeler, Heinrich 94, 361
Lugowski, Clemens 103, 363
Lukács, Georg 119, 141, 164, 209, 298, 314, 315, 316, 317, 370, 393, 398, 399
Lukian 265
Lukrez 273
Lunding, Erik XVIII, 245, 264, 337, 386, 390, 402
Luther, Arthur 62, 356
Lutz, H. D. 38, 39, 350

Maas, Paul 51, 354
Maassen, C. G. 48, 353
Maatje, Frank C. XVIII, 104, 105, 364
McCarthy, Mary 130
McCormick, John 322, 400
MacInnes, Mairi 322, 400
McKenzie, Gordon XX
McKerrow, R. B. 352
McLuhan, Marshall 212, 382
MacQueen, John 367
McSpadden, George E. 91, 361
Macedo, Helder 280, 393
Machado, Antonio 101, 126
Machéry, P. 322, 400
Macksey, Richard XVIII, 35, 349, 359
Magny, Claude-Edmonde XVIII, 270, 391
Maier, Rudolf Nikolaus XVIII, 9, 98, 156, 190, 346, 362, 374, 379
Maier, Wolfgang 400
Mallarmé, Stéphane 137, 337
Malone, David XVIII, 214, 382
Malraux, André 243, 386
Man, Paul de XVIII, 74, 248, 358, 387
Mandelbaum, Maurice 301
Manheim, Leonard F. 257, 389
Mann, Thomas 78, 128, 161, 221, 305
Marbe, Karl 87
Marcus, Fred H. 215, 383
Marcuse, Herbert 316
Maren-Grisebach, Manon XVIII, 268, 390
Mariás, Julián 273, 391
Marino, Adrian 335, 351, 370, 402
Maritain, Jacques XVIII, 266, 267, 271, 346, 390, 391
Markov, Georgi Mitrev XVIII
Markwardt, Bruno XVIII, 146, 372
Marot, Clément 393
Martens, Gunter 52, 54, 55, 78, 353, 354, 355, 359
Martin, Alfred von 317, 399
Martini, Fritz 148, 193, 308, 309, 356, 366, 373, 380, 398
Marvardi, Umberto XVIII
Marx, Karl 21, 206, 311
Masson, David I. 96, 181, 362, 377
Matejka, Ladislav 215, 383
Mater, C. A. 280
Matt, Peter von 258, 389
Mattenklott, Gert 324, 401
Matthiessen, F. O. 322, 400
Maurois, André 230, 233, 385
Mauron, Charles 250, 255, 341, 388, 403
Mauser, Wolfram 280, 393
Mayer, C. A. 393
Mayer, Hans XVIII, 347, 401, 402
Mecklenburg, Norbert XVIII, 334, 338, 402
Medicus, Fritz 213, 382
Meinecke, Friedrich 302
Meleuc, Serge 157, 374
Melville, Herman 88
Mendilow, A. A. 102, 363
Mérimée, Prosper 186
Merker, Paul 62, 356
Merleau-Ponty, Maurice 35, 267, 268, 390
Merriman, James D. 218, 383
Meschonnic, Henri 109, 365
Meserole, Harrison T. 352
Messick, S. 252, 388
Metastasio, Pietro Antonio 222
Mews, Siegfried 363
Meyer, Heinrich 156, 233, 374, 384
Meyer, Herman 90, 98, 99, 100, 127, 132, 211, 213, 361, 362, 368, 369, 382
Meyer, Otto 351
Meyer, Richard M. 118, 119, 185, 366, 378
Meyer, Theodor XIX
Michaud, Guy 149, 373
Michaux, Henri 262, 389
Michel, Georg 178, 377
Michelangelo Buonarotti 217, 280
Middleton, J. Christopher 367
Milarepa 266, 278
Miles, Josephine XX, 179, 183, 377, 378
Miller, David L. 67, 351, 357
Miller, J. Hillis 268, 276, 277, 390, 392
Milner, M. 294
Milton, John 181, 235, 277, 280, 341, 393
Minde-Pouet, Georg 351

Minder, Robert 198, 294, 326, 380, 401
Miner, Earl 10, 346
Minguet, Philippe 365
Minor, Jakob 360
Minter, David L. 103, 363
Miriam Joseph, Sister 107, 364
Mirskij, Dimitrij S. 308, 398
Mistrik, J. 287, 394
Mörike, Eduard 70, 82, 220, 233
Mohr, Wolfgang XVII, 83, 84, 88, 319, 351, 360, 361, 362, 364, 368, 371, 373, 392, 400
Molho, Raphael XIX
Molière 132, 386
Mommsen, Momme 277, 392
Montaigne, Michel de 182, 191, 379
Montanari, Fausto XIX
Moore, Marianne 198, 380
Moreau, Pierre XIX
Morgan, Charles 255
Morier, Henri 108, 351, 365
Morize, André 47, 353
Morris, E. P. 180, 377
Moser, Hugo 354
Motekat, Helmut 368, 383
Mozart, Wolfgang Amadeus 133
Mühlher, Robert 218, 383
Mühlmann, Wilhelm Emil 285, 321, 339, 394, 400, 402
Müller, Bodo 366
Müller, Günther XIX, 6, 101, 102, 345, 363
Müller, Karl Otfried 144
Müller, Richard 218, 383
Müller, Wilhelm 220
Müller-Freienfels, Richard 248, 387
Müller-Seidel, Walter 335, 336, 396, 402
Muir, Edwin 99, 362
Mukařovski, Jan XIX, 23, 123, 182, 297, 377, 396
Murphy, James J. 364
Murray, Gilbert 292, 395
Murray, Henry A. 190, 191, 371, 379
Murry, John Middleton 114, 366
Muschg, Walter XIX, 9, 113, 147, 148, 233, 237, 241, 242, 244, 341, 346, 362, 365, 372, 385, 386, 403
Musil, Robert 225, 257, 329, 347, 388, 401

Nadler, Josef 291, 298, 299, 395, 396
Naumann, Hans 283, 284, 359, 364, 393, 397
Naumann, Manfred 324, 401
Navratil, Leo 261, 389
Nelson, Lowry XV, 356, 368, 370, 386
Nerval, Gérard de 370, 386
Neumann, Erich 195, 380
Newald, Richard 308, 398
Nibbrig, Christiaan L. Hart 335, 336, 402
Nichol, J. 352
Nichols, Stephen G. 392
Nietzsche, Friedrich 21, 216, 266, 276, 381, 390
Nilsen, Thomas R. XIX, 109, 365
Nivelle, Armand XIX
Nizami, Mohammed Elyas-ebn-e Yusof 266
Nohl, Hermann 192, 222, 272, 379, 384, 391
Norden, Eduard 87, 360
Nossak, Hans Erich 258, 389
Novalis 273, 388

Oellers, Norbert 54, 355
Ohmann, Richard 20, 168, 170, 171, 183, 348, 375, 376, 378
Olson, Elder 75, 159, 180, 358, 377
O'Neill, Eugene 142, 367
Oomen, Ursula 185, 378
Oppel, Horst XIX, 8, 346
Oppenheim, D. E. 248, 387
Oras, Ants 181, 377
Orwell, George 273
Ossian 48
Ossipow, N. 254, 388
Otto, Walter F. 144, 371
Oullet, Réal 155, 374

Pagnini, Marcello XIX
Painter, James A. 38, 39, 350
Palestrina 210
Palmer, John 391
Palmer, Richard E. 347
Parrish, Stephen Maxwell 38, 39, 350
Panofsky, Erwin 217, 226, 227, 383, 384
Pappenfuss, Dieter 386
Pareto, Vilfredo 301
Paris, Jean 371
Parker, De-Witt H. 275, 391
Parker, Harley 212, 382
Pascal, Blaise 14, 386
Pascal, Roy 198, 380
Pasternack, Gerhard XIX, 80, 359
Patrides, C. A. 280, 393

Patterson, W. M. 87, 360
Paul, Jean 49, 129, 193, 243, 253, 369, 379, 386
Paul, Otto 89, 361
Paulhan, Jean XIX, 4, 345
Patankar, R. B. XIX
Paulsen, Wolfgang 371, 381, 387
Paz, Octavio XIX, 83, 360
Peacock, Ronald 128, 362, 369
Pearce, Roy Harvey 57, 301, 355, 397
Pearson, N. H. 147, 372
Peckham, Morse 256, 388
Peirce, Charles Sanders 11, 65
Pepper, Stephen R. XIX, 59, 355
Pereverzev, Valerijan F. 315, 399
Peschken, Bernd 323
Pestalozzi, Karl 323, 325
Petöfi, Janos 359
Petri, Horst 212, 382
Petricioni, Hellmuth 62, 124, 137, 138, 139, 356, 368, 370
Petrović, Svetozar XIX, 40, 350
Petsch, Robert 99, 100, 156, 362, 374
Petty, George R. 354
Petzet, Erich 353
Peuckert, Will Erich 271, 391
Peyre, Henri XIX
Philippe, Charles Louis 190
Philippi, Klaus-Peter 119, 319, 320, 366, 400
Philipson, Morris 249, 387
Piaget, Jean 158, 159
Picard, Raymond 71, 73, 152, 254, 357, 358
Picasso, Pablo 213, 218
Pichois, Claude XIX
Picon, Gaëton 190
Piirainen, Ilpo Tapani 31, 349
Pindar 5, 192, 379
Pinkerneil, Beate 103, 222, 359, 363, 384, 399
Pinkerneil, Dietrich 399
Pirandello, Luigi 133
Pire, F. 365
Pizer, Donald 368
Plato XIII
Plaut, Paul 248, 387
Plautus 132
Plessner, Helmut 161, 294, 374, 395
Plett, Heinrich F. XIX, 11, 81, 109, 175, 346, 359, 365, 376
Podewils, Clemens Graf XIV
Poe, Edgar Allan 310
Pöschl, Victor 117, 366
Poggioli, Renato 301, 397
Polenz, Peter von 31, 40, 349, 350
Polgar, Alfred 48
Polheim, Karl Konrad 211, 382
Politzer, Heinz 76, 249, 258, 358, 387, 389
Pollmann, Leo XIX, 5, 14, 15, 66, 68, 73, 124, 126, 127, 137, 140, 184, 187, 345, 346, 347, 356, 368, 370, 373, 378, 379
Pomeau, René 300, 396
Pongs, Hermann 113, 116, 117, 119, 121, 123, 365, 366, 367
Portella, Eduardo XIX
Posner, Roland 68, 357
Pott, A. F. 153, 373
Pouget, P. 358
Pouillon, Jean 102, 363
Poulet, Georges XIX, 34, 103, 268, 363
Poussin, Nicolas 216
Prang, Helmut 154, 194, 374, 380
Praz, Mario 110, 133, 212, 223, 270, 365, 368, 369, 382, 384, 391
Preminger, Alex XIX, 351, 375
Pretzel, Ulrich 89, 361
Price, Martin 391
Priesemann, Gerhard 118, 148, 366
Prihoda, Wolfgang X
Pritchard, John Paul XX
Propp, V. I. 149, 373
Prou, M. 353
Proust, Marcel 99, 101, 173, 176, 267,386
Pütz, Peter 102, 363
Purser, J. W. R. 275, 391
Puschkin, Alexander 87, 167, 176, 191, 368, 379
Putschke, Wolfgang 349

Quadrelli, Rudolfo XX
Quérard, J. M. 48, 353
Quint, Josef 354
Quintilian 175

Raabe, Paul 44, 46, 47, 49, 351, 352, 353
Raabe, Wilhlem 99, 362
Rabelais, François 182, 265
Rabener, Gottlieb Wilhelm 369
Racine, Jean Baptiste 255, 398
Radbruch, Gustav 326
Raglan, Fitzroy Richard Somerset, Lord 292, 395
Raible, Wolfgang 349

Ramus, Petrus 107, 364
Ranke, Leopold von 5
Ransom, John Crowe XX, 64, 95, 356, 362
Rasch, Wolfdietrich 362, 382
Rawlinson, David H. XX
Raya, Gino XX
Raymond, Marcel 268
Read, Herbert 231, 257, 385, 389, 391
Read, John 271
Reeves, James XX
Reff, Theodore 226, 384
Reh, Albert M. 250, 251, 387
Rehm, Walter 138, 270, 370, 391
Reichardt, Johann Friedrich 220
Reichert, Georg 93, 361
Reif, Adelbert 347, 364, 371
Reinick, Robert 219
Rethel, Alfred 219
Reyes, Alfonso XX
Rhabanus Maurus 279
Rheder, Helmut 367
Ribeiro, Bernardim 49
Ribeiro, Joaquim XX
Richard, Jean Pierre XX, 230, 268, 385
Richards, Ivor Armstrong XX, 15, 64, 114, 115, 136, 261, 339, 347, 366, 370, 389
Richmond, H. M. 304, 397
Richter, Elise 183, 378
Richter, Karl 396
Rickett, Adele 337, 402
Rickleffs, Ulfert 15, 347
Ricoeur, Paul XX, 15, 19, 34, 286, 347, 394
Rieger, Burghart 179, 377
Ries, Hubert 283, 393
Rieser, Hannes 359
Riffaterre, Michael 4, 29, 70, 170, 186, 189, 302, 303, 348, 357, 376, 379, 397
Righter, William XX
Riha, Karl 267, 390
Rilke, Rainer Maria 100, 213, 215, 216, 236, 273, 274, 337, 382, 388, 391
Rimon, Jossef Zwi 266
Ritter, Alexander 364
Rivière, Jacques 391
Rizzo, Gino 362
Robbe-Grillet, Alain 321
Robert, Carl 226, 384
Robine, N. 350
Robson, Ernest M. 94, 361
Robson, W. W. 332, 402
Rodin, Auguste 216
Rodway, Allen Edwin XX
Roe, Richard 90, 361
Röhrich, Lutz 282, 287, 368, 393, 394
Römer, R. 38, 350
Rollinger, Wilhelm 210
Roloff, Hans Gert 348, 355, 374, 401
Romains, Jules 191
Romein, Jan 233, 385
Rosegger, Peter 291
Rosenfeld, Hellmut 154, 286, 374, 394
Rosengren, Inger 175, 376
Ross, W. 333, 402
Rosteutscher, Joachim 257, 388
Roth, Marie Louise 347
Roth, Martin 82, 359
Rothacker, Erich XX, 42, 351
Rothe, Eva 351
Rouché, Max 353
Rourke, Constance 288, 395
Rousseau, André XIX
Rousseau, Jean Jacques 52, 266
Rousset, Jean 190, 268, 379
Rowse, A. L. 244, 386
Royce, Josiah 65
Rudler, Gustave 64, 356
Rüdiger, Horst XX, 41, 264, 351, 358, 390
Rüegg, August 278, 392
Rüegg, Walter 317, 399
Rupp, Heinz 277, 279, 392
Rusk, Ralph 245, 386
Russi, Antonio 223, 384
Rutz, Ottmar 86, 192
Ruwet, Nicolas 35, 104, 167, 357, 364, 375
Ryan, Lawrence J. 361

Sachs, Curt 212, 223, 382, 384
Sachs, Hanns 249, 387
Sachs, Nelly 82
Sagarra, Eda 327, 401
Said, Edward W. 21, 348
Sainte-Beuve, Charles Augustin 228
Sakulin, P. N. 328, 401
Salber, Wilhelm 252, 387
Salinger, Hermann 363
Salter, Ronald 211, 382
Samuels, Ernest 386
Sanders, Chauncey 47, 353
Santayana, George 266, 270, 391
Saraiva, António José XX
Saran, Franz 83, 89, 90, 360
Sartre, Jean-Paul 102, 268, 274, 316
Sauer, August 291, 307, 398

Sauer, E. 62, 356
Sauerland, Karol 240, 386
Saussure, Ferdinand de 4, 70, 181, 206, 377
Sayce, R. A. 182, 191, 377, 379
Ščeglow, Jurij 149, 373
Schädlich, Hans-Joachim 85, 348, 360
Schalk, Fritz 35, 349
Schanze, Helmut 38, 39, 350
Schebach, Werner 323, 400
Scheler, Max 314, 398
Schelling, Friedrich Wilhelm Joseph von 97, 362
Scher, Steven Paul 96, 211, 362, 381
Scherpe, Klaus 323, 401
Schestow, Leo 268, 390
Schiaffini, A. 169, 375
Schier, Kurt 368, 393, 394
Schillemeit, Jost 239, 385
Schiller, Dieter 299, 396
Schiller, Friedrich 107, 161, 162, 164, 249, 266, 273, 274
Schings, Hans Jürgen 227, 384
Schiwy, Günther 357
Schlawe, Fritz 46, 352
Schlegel, August Wilhelm 83, 338, 360, 402
Schleiermacher, Friedrich 17, 24, 347
Schlenstadt, Dieter 401
Schlepper, Reinhart 358
Schmid, Karl 257, 388
Schmidt, Ludwig Erich 39, 349, 350
Schmidt, Siegfried J. 20, 35, 37, 348, 349
Schmidt-Henkel, Gerhard 143, 371, 400
Schmitt, Franz Anselm 356
Schmitt, Fritz 48, 353
Schmitt von Mühlenfels, Franz 215, 383
Schmoll, J. Adolf 381
Schneider, Hermann 360, 363
Schneider, Karl Ludwig 53, 69, 114, 116, 192, 193, 211, 226, 237, 354, 357, 365, 379, 380, 381, 384, 385
Schneider, Wilhelm 69, 93, 94, 95, 177, 178, 357, 361, 376
Schnitzler, Arthur 127, 176, 239, 385
Schöne, Albrecht 110, 111, 321, 365, 400
Schönwiese, Ernst 219
Schoeps, Hans-Joachim 275, 391
Scholes, Robert XX, 135, 370
Schopenhauer, Arthur 269, 276
Schorer, Mark XX
Schrader, Edda 38, 350
Schrader, Ludwig 114, 366
Schramm, Wilbur 91, 361
Schröder, Adolf E. 358
Schröder, Werner 354
Schubert, Franz 220
Schücking, Levin L. 131, 316, 369, 399
Schützeichel, Rudolf 354
Schulte-Sasse, J. 36, 333, 349, 401, 402
Schulz-Behrend, George 383
Schumann, Robert 220
Schwab, Gustav 164
Schwarz, Peter Paul 103, 363
Schweikert, Uwe 192, 243, 379, 386
Schweikle, Günther 362
Schwietering, Julius 288, 395
Scott, A. F. 351
Scott, Bennett 354
Scott, Wilbur S. 75, 271, 358, 391
Screech, Michaela 280, 393
Scripture, E. W. 89, 90, 361
Searle, J. R. 20
Sears, Robert 258, 389
Sebeok, Thomas A. 143, 179, 348, 371, 375, 377
Sechan, Louis 226, 384
Seckel, Dietrich 84, 360, 362
Seidel, Gerhard 52, 354
Seidler, Herbert XX, 154, 189, 201, 373, 379, 381
Seiffert, Hans Werner 354
Seigel, Jerold Edwar 364
Sellery, J'nan M. 371
Seloin, Hanau C. 179, 377
Sengle, Friedrich XX, 6, 151, 152, 160, 230, 233, 235, 237, 242, 299, 300, 302, 304, 310, 311, 336, 340, 341, 345, 373, 374, 385, 386, 396, 397, 398, 403
Serge, Cesare XX
Setschkareff, Vsevolod XX
Shaftesbury, Anthony Ashley Cooper, Lord 269
Shakespeare, William 31, 82, 96, 107, 113, 117, 131, 142, 191, 216, 244, 249, 270, 279, 285, 289, 292, 306, 364, 366, 369, 386, 390
Shaw, Leroy R. 245, 386
Shelley, Percy Bysshe 269
Shibles, Warren 115, 366
Shiftstein, S. I. 215, 382
Shipley, Joseph T. 41, 268, 351, 390
Shumaker, Wayne 286, 292, 394, 395
Sidney, Sir Philip 384
Sidonius Apollinaris 214
Sievers, Eduard 84, 86, 192, 360

Silberer, Herbert 249, 387
Silbermann, Alphons 322, 400
Simmel, Georg 241, 386
Simon, John K. XX, 390
Sinclair, J. Mc. H. 70, 357
Sinemus, Volker XIII
Singleton, C. S. 278, 357, 392
Skelton, Robin XX
Šklovskij, Viktor XX, 64, 87, 97, 102, 147, 180, 197, 283, 360, 362, 363, 380, 393
Škreb, Zdenko XX, XXII, 78, 316, 350, 371, 376, 377, 381, 390, 399
Slochower, Harry 145, 372
Smith, Henry Nash 57
Smith, Philip H., Jr. 38, 350
Snell, Bruno 317, 399
Sölle, Dorothee 280, 392
Söring, Jürgen XXI, 307, 386, 398
Sokel, Walter 317, 399
Sonderegger, Stefan 369
Sonnino, Lee A. 364
Sorokin, Pitirim A. 16, 199, 213, 223, 328, 347, 380, 382, 384, 401
Souriau, Etienne 97, 149, 218, 362, 373, 383
Spalek, John M. 45, 352
Sparshott, F. E. XXI, 73, 76, 358
Spector, Jack J. 249, 387
Spemann, Adolf 353
Spencer, H. 377
Spenser, Edmund 181
Špet, Gustav 64
Spiller, Robert E. 193, 198, 302, 308, 341, 380, 397, 398, 403
Spinoza, Baruch 392
Spitzer, Leo XXI, 32, 35, 64, 69, 72, 74, 79, 113, 172, 173, 182, 183, 186, 190, 191, 237, 253, 321, 349, 356, 357, 376, 378, 379, 388
Spoerri, Theodor 248, 261, 387, 389
Spoerri, Theophil XXI, 76, 100, 224, 358, 362, 384
Srinivasa, Iyengar K. R. XXI
Ssachno, Helen von 322, 400
Stackmann, Karl 51, 354
Stadler, Ernst 193, 237, 238, 239, 357, 365, 380, 381, 385
Stahl, Ernest 104, 364
Staiger, Emil X, XXI, 9, 17, 39, 63, 64, 66, 71, 76, 82, 83, 103, 135, 138, 147, 148, 150, 153, 155, 158, 160, 164, 165, 181, 199, 212, 230, 294, 303, 310, 338, 341, 346, 347, 350, 356, 358, 362, 363, 369, 370, 372, 373, 374, 375, 377, 380, 382, 385, 395, 397, 398, 402, 403
Stallknecht, Newton R. XXI
Stammler, Wolfgang 353, 361, 373, 398
Starke, Günter 178
Starobinski, Jean XXI, 9, 35, 115, 198, 231, 249, 253, 268, 346, 349, 366, 380, 385, 387, 388
Staroste, Wolfgang 100, 363
Steele, Richard 216
Stein, Gertrude 88
Stein, Jack M. 220, 383
Stein, Walter XXI
Stein, Werner 353
Steinecke, Hartmut 374
Steiner, George XXI, 32, 349
Steiner, Jacob 215, 382
Steinhauer, Harry 129, 369
Stempel, Wolf-Dieter 348, 396, 397, 403
Stenzel, Julius 361, 363
Stenzel, Jürgen 183, 376, 378
Stern, Joseph Peter 305, 397
Sternheim, Carl 45, 352
Stevens, Wallace 38, 82, 211, 215, 350, 359, 383
Stieler, Kaspar 291
Stifter, Adalbert 390
Still, Colin 289, 292, 293, 395
Stöcklein, Paul XXI
Stolt, Birgit 109, 365
Storfer, A. J. 387
Storm, Theodor 50, 87
Storz, Gerhard 30, 71, 88, 348, 357, 360
Strauss, Leo 280, 393
Strauss, Richard 220
Streitberg, Wilhelm 360
Strelka, Joseph XXI, 346, 347, 352, 371, 373, 380, 381, 389, 390, 393, 397, 399, 402
Strich, Fritz 52, 97, 99, 102, 186, 222, 224, 264, 347, 362, 363, 379, 384, 390
Striedter, J. 377
Strohschneider-Kohrs, Ingrid 119, 301, 366, 396
Strothmann, Dietrich 322, 400
Stroppel, Robert 279, 392
Sua, William de 362
Subotič, D. 382, 393
Sulzer, Dieter 365
Suppan, Wolfgang 287, 394
Suerbaum, Ulrich 362
Svoboda, Karel 61, 356

Swift, Jonathan 107, 265, 364
Sypher, Wylie 223, 384
Szarota, Elida M. 399
Szondi, Peter XXI, 15, 347
Szövérffy, Joseph 154, 279, 373, 392

Taine, Hippolyte 301
Tallentire, D. R. 174, 376
Tarot, Rolf 150, 152, 373
Tate, Allen 64
Tax, Petrus 271, 391
Taylor, Archer 282, 393
Taylor, Ronald 212, 382
Teesing, H. P. H. 300, 378, 396
Tenner, Julius 361
Terenz 132
Thales von Milet 274
Theophrastus 130, 369
Thibaudet, Albert X, XXI, 306, 308, 398
Thiry, René 353
Thomas, Helmut 361
Thomas, Jacqueline 393
Thomas, Owen Paul 116, 366
Thomas von Aquin 266, 279
Thompson, George 286, 400
Thompson, Stith 282, 368, 393
Thomson, George 319, 394
Thoreau, Henry David 245, 386
Thorne, James 168, 375
Thorp, Willard 308, 393
Thorpe, James XXI, 392
Tieck, Ludwig 117
Tiedemann, Rolf 315, 399
Timpe, Eugene 100, 362, 363
Tindall, William York 123, 293, 346, 367, 395
Titunik, Irwin R. 215, 383
Titzmann, Manfred XXI, 19, 80, 348, 359
Tizian 216
Tober, Karl XXI, 9, 43, 194, 346, 351, 355, 380
Todorov, Tzvetan XXI, 136, 165, 197, 367, 370, 373, 374, 380
Toliver, Harold 156, 362
Toller, Ernst 45, 253
Tolstoi, Leo 100, 177, 231, 232, 254, 388
Tomaschewskij, Boris XXI, 87, 124, 136, 137, 197, 360, 368, 370, 380
Torre, Guillermo de XXI
Träger, Claus 324, 401
Trakl, Georg 38, 193, 237, 257, 262, 357, 365, 380, 381, 385, 387, 389
Traube, Ludwig 47, 352
Trilling, Lionel 256, 388
Trinon, H. 365
Troeltsch, Ernst 302, 310
Trousson, Raymond XXI, 124, 132, 137, 368, 369
Troy, William 289, 395
Trzynadlowski, Jan 164, 375
Tschirch, Fritz 367
Tschižewskij, D. s. Čiževskij
Turbin, W. 168, 375
Turk, Horst XXI
Tuttle, Imizda 350
Tuve, Rosemund 107, 109, 120, 364, 365, 367
Twain, Mark 245, 258, 386, 389
Tynjanov, Jurij XXI, 199

Ueding, Gert 107, 364
Ullmann, Stephen XXII, 32, 136, 169, 173 186, 349, 370, 375, 376, 379
Unger, Rudolf 140, 264, 265, 267, 370, 390
Ungvari, Tamas 372
Urban, Bernd 249, 387
Urban, Wilbur Marshall 8, 346

Valéry, Paul 33, 98, 152, 254, 305
Valicrosa, José Milcas 280, 392
Van Tieghem, Philippe XXII
Varga, Aron 364
Vaughan, Henry 38, 350
Veit, Walter 111, 112, 365, 368
Verdi, Guiseppe 216
Vergil 285, 306
Verrier, Paul 90, 361
Verwey, Alfred 89, 361
Veselovskij, Alexander 126
Vickery, John B. XXII, 143, 371, 372
Vico, Giovanni Battista 11
Viëtor, Karl 198, 264, 380, 390
Vigny, Alfred 254
Vinogradov, Viktor 176, 182, 191, 376, 377, 379
Vischer, Friedrich Theodor 119, 159, 321, 374
Stanovsly, Vlasilav 393
Vodicka, F. 55
Voelker, G. 396
Voigt, Günther 129, 369
Volkelt, Johannes 129, 207, 369, 381

Vordtriede, Werner 236, 385
Vossler, Karl 72, 254, 388
Vowles, Richard B. 392
Vries, Jan de 288, 394

Wackenroder, Wilhelm Heinrich 117
Wagner, Kurt 291, 395
Wagner, Richard 127, 217, 221
Wais, Kurt 212, 382
Waldmann, Günther 400
Walsh, Thomas 350
Walsh, W. H. 397
Walther, Elisabeth 65, 356
Walton, C. L. 358
Walzel, Oskar XXII, 61, 64, 97, 124, 129, 137, 170, 186, 222, 231, 272, 355, 356, 362, 368, 369, 375, 379, 391
Warneken, Bernd Jürgen 314, 399
Warning, Rainer XXII, 10, 346
Warren, Austin XXII, 74, 123, 129, 130, 164, 264, 333, 334, 345, 347, 353, 355, 356, 358, 360, 361, 362, 363, 365, 366, 367, 369, 371, 375, 379, 381, 382, 383, 384, 390, 394, 396, 402, 403
Wartburg, Walther von 183, 378
Watson, George 152, 373
Watt, Ian 293, 395
Weber, Jean Paul 139, 254, 370, 388
Weber, Max 314, 398
Weber, Werner 82, 359
Weber-Kellermann, Ingeborg 282, 393
Wehrli, Max XXII, 4, 5, 62, 113, 114, 125, 147, 154, 160, 188, 297, 337, 342, 345, 347, 365, 366, 368, 372, 373, 374, 379, 396, 402, 403
Weidle, Karl 210, 381
Weidlé, Wladimir XXII, 5, 8, 119, 130, 131, 133, 134, 135, 163, 164, 343, 344, 345, 346, 369, 375, 403
Weimann, Robert 324, 401
Weimar, Klaus 325, 401
Wein, Hermann 42, 351
Weinreich, Otto 112, 365
Weinrich, Harald 144, 371
Weisgerber, Jean 302, 397
Weisstein, Ulrich XXII, 124, 125, 127, 155, 367, 368, 374
Weissenberger, Klaus 82, 153, 373
Weithase, Irmgard 70, 357
Weitz, Morris 274, 391
Wellek, Albert 362
Wellek, René X, XXII, 3, 6, 12, 15, 16, 18, 32, 43, 47, 50, 51, 57, 59, 61, 67, 71, 88, 89, 90, 94, 97, 104, 113, 115, 116, 122, 140, 142, 143, 147, 164, 166, 167, 168, 169, 176, 177, 188, 194, 195, 203, 204, 205, 208, 212, 217, 218, 229, 232, 242, 244, 261, 264, 265, 271, 272, 284, 296, 298, 300, 302, 304, 305, 309, 331, 335, 337, 338, 342, 344, 345, 347, 349, 351, 353, 355, 356, 358, 360, 361, 362, 363, 364, 365, 366, 367, 369, 370, 371, 372, 375, 376, 379, 380, 381, 382, 383, 384, 386, 390, 391, 394, 396, 397, 398, 401, 402, 403
Wells, Henry W. 116, 366
Wentzlaff-Eggebert, Friedrich Wilhelm 142, 215, 278, 371, 382, 392
Werfel, Franz 216
Werner, R. 36, 349, 401
Wesselski, A. 395
Weston, Harold XXII
Weston, Jessie L. 286, 292, 394
Wetzel, Heinz 38, 350
Wheelwrigth, Philip XXII, 8, 67, 115, 118, 123, 143, 183, 345, 357, 366, 371, 378
White, Hayden 307, 398
White, John J. 145, 372
White, Morton 398
Whitman, Walt 213, 266
Whorf, Benjamin Lee 42
Wickmann, Dieter 239, 377
Widmann, R. L. 354
Wiedemann, Conrad 275, 304, 391, 397
Wiegand, Julius 306, 398
Wieland, Christoph Martin 161, 230, 385
Wienold, Götz XXII, 11, 79, 324, 346, 359, 374, 401
Wiese, Benno von 76, 100, 189, 264, 358, 363, 379, 390
Wilde, Oscar 243, 386
Wilder, A. N. 280, 392
Wilder, Thornton 367
Wilkins, Eithne 257, 388
Williams, Tennessee 367
Wilpert, Gero von 41, 351
Wilson, Edmund 252, 256, 388
Wilson, F. P. 398
Wimsatt, James I. 120, 367
Wimsatt, William K. XXII, 64, 74, 109, 121, 171, 183, 192, 202, 244, 278, 356, 358, 367, 376, 378, 379, 386, 392
Winckelmann, Johann Joachim 388

Windfuhr, Manfred 108, 117, 364, 366
Winkler, Emil XXII, 173, 177, 346, 376
Winters, Yvor 271, 391
Wisbey, Roy 38, 39, 350, 353, 354, 355, 376
Witcutt, W. P. 257, 388
Witkowski, Georg 243, 386
Wittgenstein, Ludwig 42, 117, 274
Wittkowski, Wolfgang 82, 359
Wölfflin, Heinrich 5, 206, 222, 223, 224, 225, 384
Wolandt, Gerd XXII
Wolf, Hugo 220, 383
Wolfe, Paul 283, 393
Wolfe, Paule 393
Wolff, Ernst Georg XXII
Wolfram von Eschenbach 278
Wollenberg, Friedrich Wilhelm 354
Woolfe, Virginia 99, 237, 385
Wordsworth, William 76, 231
Worringer, Wilhelm 289
Wü Ch'êng-en 266
Wuttke, Dieter 354
Wyatt, Frederick 251, 387

Yates, Frances A. XXII, 108, 214, 364, 382
Yeats, William Butler 75, 235, 236, 350, 385
Yon, André XVIII
Yoshida Minoru 97, 362

Zabel, Morton Dauwen XXII, 391
Zahl, Peter-Paul 318, 399
Zeller, Bernhard 352
Zeller, Hans 51, 52, 54, 353, 354, 355
Zelter, Karl Friedrich 220
Zemann, Herbert 252, 387
Ziegengeist, Gerhard XXII, 380
Ziegler, Klaus 143, 309, 371, 398
Ziegler, Vickie 127, 368
Zieren, Helene 395
Zimmermann, Rolf Christian 142, 371
Ziolkowski, Theodore 142, 143, 226, 371, 384
Žirmunskij, Victor 98, 127, 170, 193, 362, 368, 375, 380
Žmegać, Viktor XXII, 313, 371, 377, 378, 381, 390, 398, 399
Žokolovskij, Aleksandr K. 149, 373
Zuleta, Emilia de XXII
Zumthor, Paul 35, 124, 194, 349, 368, 380
Zwierzina, Karl 48, 353